현대 지방자치론

[객관식 문제해설]

박 응 격
이 용 진

신 조 사

머 리 말

지방자치 없는 민주주의는 뿌리 없는 나무와 같다고 할 수 있다. 뿌리가 튼튼한 나무가 강한 비바람과 혹독한 가뭄에도 잘 견딜 수 있듯이 지방자치가 견실하게 뿌리를 내리면 국가 전체도 보다 번영된 선진화를 이룰 수 있다. 이렇게 지방자치는 종래의 획일적인 중앙의 관치행정의 타율성에서 벗어나 지역실정에 적합한 지방행정을 자율적으로 펼칠 수 있는 토양을 제공한다. 아울러 지방자치는 자율성 못지않게 책임성도 요구되는데 이것이 바로 칼 슈미트(C. Schmitt)가 '민주주의의 본질적 요건이 자율성(self-discipline)과 책임성(responsibility)'이라고 말한 것과 같은 맥락이다.

지난 2010년부터 지방자치론이 지방 일반행정직 7급 공무원 공채시험에 선택과목으로 채택되었다. 특히 국가 일반·교육행정직 7·9급 공무원 공채시험 행정학에 지방자치가 포함되었다.

지난 1997년 발간되어 2007년 제4판까지 대학생 및 수험생들에게 꾸준히 읽혀진 「지방행정론」[요점정리 및 문제해설]을 절판하였다. 대신에 새로운 공무원시험환경에 수험생들이 보다 손쉽게 적응 할 수 있도록 「현대지방자치론」[객관식 문제해설]을 발간하였다. 아울러 본서의 자매서인 「현대지방자치론」을 이론서로 함께 공부하면 짧은 시간에 시너지효과를 얻을 수 있을 것이다.

본서 「현대지방자치론」[객관식 문제해설]의 주요 특징들은 다음과 같다.

① 지방자치제도의 근거법인 지방자치법(2011.5.30 개정, 2012.7.1 시행)을 포함해 2012년 상반기까지 제·개정된 각종 지방자치관련 법령을 문제에 최대한 반영하였고 이를 확인할 수 있도록 해설에도 해당 법률조항을 표기했다.

② 최근 2012년 국가행정직 9급 기출문제까지 수록해 근래 10여 년 동안 어떤 문제들이 언제 출제되었는지 각종 기출문제들의 경향을 파악·분석할 수 있도록 했으며, 무엇보다 이를 통해 시험의 실전감각을 높이도록 했다.

③ 최근 현안이 되고 있는 행정구역개편, 주민소환제, 정부간 관계, 지방

재정 분야 등 시사적 쟁점 및 이론들을 문제와 해설에 반영하였다.

④ 지방자치론 이론서를 탐독할 시간이 부족한 수험생들을 위해 본서만으로도 시험을 준비할 수 있도록 해설을 충분히 보강하였다.

⑤ 이해가 힘든 전문용어 외엔 가급적 한글로 표기하고, 개념을 지루하게 기술해 해설하기보다는 일목요연하게 잘 이해할 수 있도록 가급적 도식화(圖式化)해 가독성(可讀性)을 높이고자 했다.

끝으로 출판계의 어려운 여건에도 불구하고, 출판을 맡아주신 신조사의 이명재 사장님께 깊은 감사를 드리며, 아울러 편집과 교정 작업을 맡아주신 송일근 주간님과 여러 조언과 지원을 해준 이종은 부장님의 노고에도 깊은 사의를 표한다.

2012년 6월

저 자

차 례

참고문헌

강승철 외. 「지방정부간 갈등과 협력: 이론과 실제」, 한국행정DB센터, 2006
강용기, 「현대지방자치론」, 대영문화사, 2008
국회 법률정보시스템: http://likms.assembly.go.kr/law
김병준, 「지방자치론」(수정판), 법문사, 2011
김종욱, 「한권으로 끝내는 지방자치론」, 탑출판사, 2010
박응격, 「지방행정론」, 신조사, 2003
「행정학강의」, 박영사, 1995
박응격 외, 「지방행정 거버넌스」, 인간사랑, 2009
「서구 연방주의와 한국」, 인간사랑, 2006
「독일지방정부론」, 앰-애드, 2003
「지방자치성공시대」, 백산, 2002
「유럽연합정부론」, 앰-애드, 2002
「독일연방정부론」, 백산, 2001
방성은, 「비타민 지방자치론」, 박문각, 2012, 2011
배용수, 「지방자치경영론」, 법문사, 2000
백형배 외, 「새 지방자치행정론」, 가람북스, 2011
법제처 국가법령정보센터: http://www.law.go.kr
성경륭 외, 「국가균형발전의 비전과 전략」, 동도원, 2004
「지방분권형 국가만들기」, 나남, 2003
소순창, 「지방정부의 이론과 실제」, 사회과학사, 2002
소진광, 「한국 지방자치의 이해」, 박영사, 2008
안용식 외, 「지방행정론」, 대영문화사, 2006
이규환, 「한국지방행정학」, 법문사, 2011
「한국지방행정학: 이론과 실제」, 법문사, 2006
이규환 외, 「객관식 도시 및 지방행정론」, 법문사, 2002
이달곤 외, 「지방자치론」, 박영사, 2012
이승종, 「지방자치론」, 박영사, 2005
임승빈, 「지방자치론」, 법문사, 2010
정세욱, 「지방자치학」, 법문사, 2005
정일섭, 「한국지방자치론」, 대영문화사, 2010
최창호, 「지방자치학」, 삼영사, 2011
최창호 외, 「지방자치의 이해」, 삼영사, 2011

한국지방자치학회, 「한국 지방자치의 이해」, 박영사, 2008
　　「지방의회의 이해」, 박영사, 2008
한국지방행정연구원, 「지방행정체제 개편 선진사례에서 길을 찾다」, 매일경제신문사, 2011
행정안전부, 「지방 행정 구역 요람」, 행정안전부, 2009
홍정선, 「신 지방자치법」, 박영사, 2009

제 1 장

지방행정의 이해

제1장 지방행정의 이해

1. 다음 중 지방행정의 개념에 대한 설명이 잘못된 것은?

① 최협의의 개념은 자치행정만을 의미한다.
② 광의의 개념은 자치행정+관치행정+위임행정을 의미한다.
③ 우리나라는 광의의 지방행정개념을 사용한다.
④ 자치단체가 지역공공사무를 자주적으로 처리하는 행정을 지방행정으로 파악하는 국가는 주민자치국가들이다.

해설

현재 우리나라의 지방행정은 자치행정+위임행정만을 포함하는 협의의 지방행정 개념으로 사용되며, 단체자치국가인 프랑스와 이탈리아에서도 지방행정 개념을 협의의 개념으로 사용한다. <답 ③>

개 념	범 위	대 표 국 가
최협의	자치행정	영국, 스위스, 미국, 호주
협 의	자치행정+위임행정	한국, 프랑스, 독일, 이탈리아
광 의	자치행정+위임행정+관리행정	아프리카, 중남이, 중동 일부 국가

2. 다음 중 지방행정의 개념에 관한 설명이 잘못된 것은?

① 지방행정은 각국의 역사적 배경과 특수성에 따라 획일적으로 나타나는 일의적 개념이다.
② 지방정부가 지역사회의 복지증진을 위하여 행하는 일체의 정치적·행정적 작용을 의미한다.
③ 민주주의의 발달 정도와도 밀접한 관련을 갖는다.
④ 일정한 지역에 한하여 그 권능이 인정되는 지방행정주체가 공공목적의 실현을 위해 행하는 행정작용이라고 할 수 있다.
⑤ 지방행정은 그 수행방식에 따라 관치행정·위임행정·자치행정으로 구분될 수 있다.

해설

① 지방행정이란 각 국가의 역사적 배경과 특수성 및 제반 행정환경여건에 따라 그 의미가 각각 다양하게 나타나는 다의적인 개념이다. <답 ①>

3. 다음 중 미국의 규범적 관료제모형 가운데 지방분권에 의한 민주적인 행정이 최선임을 강조하는 모형은? <2005 경기 9급>

① 메디슨주의 ② 제퍼슨주의

③ 해밀턴주의 ④ 잭슨주의

✍ **해설**

구 분	강조이념	내 용
제 퍼 슨 (미국 제3대 대통령)	자유주의	연방주의에 반대, 지방분권화 통해 민주적 행정 중시
메 디 슨 (미국 제4대 대통령)	다원주의	다양한 이익집단의 요구에 대한 조정을 위해 견제와 균형 중시
해 밀 턴 (미국 초대 재무장관)	연방주의	능률행정 강조, 입법부에 대한 행정부 우위를 주장, 대외적 안전 · 국내평화 · 개인적 자유 위해 강력한 연방정부 주장
잭 슨 (미국 제7대 대통령)	민주주의	엽관주의를 통한 민주주의 실현을 강조

<답 ②>

4. 지방행정에 대한 광의의 개념으로 합당하지 않은 것은?

① 자치행정, 위임행정은 물론 관치행정을 포괄하는 개념이다.

② 행정의 주체를 불문하고 일정한 지역 내에서 수행하는 일체의 행정을 의미한다.

③ 특정한 지역에서 처리되는 모든 직접행정과 간접행정을 의미한다.

④ 지방자치단체가 처리하는 행정만을 의미한다.

⑤ 일정한 공권이 부여된 공공단체가 행하는 사무도 포함된다.

✍ **해설**

광의의 지방행정이란 자치적 · 행정적 분권에 의하여 일정한 지역 내에서 통치권력 또는 행정권능을 부여받은 지방자치단체 또는 그 기관 및 국가의 지방행정기관이 그 권한의 범위 내에서 공공목적을 구체적으로 실현하기 위해 집행하는 일체의 정치적 · 행정적 작용을 의미한다. 광의의 개념에 포함되는 대표적인 국가로는 아프리카, 중남미대륙, 중동의 일부 국가를 들 수 있다. ③ 직접행정이란 중앙행정기관이 전국적으로 하부행정기관인 지방행정기관을 지방에 설치하여 직접 행정을 수행하는 관치행정을 말하며, 간접행정은 지방자치단체를 통해 행정을 수행하는 것으로서 위임행정과 자치행정을 의미한다. <답 ④>

5. 우리나라 지방행정의 개념에 가장 합당한 것은?

① 자치행정만을 의미한다. ② 자치행정과 관치행정을 의미한다.

③ 자치행정과 위임행정을 의미한다. ④ 위임행정과 관치행정을 의미한다.
⑤ 자치행정과 위임행정 및 관치행정을 의미한다.

해설

지방이 자치적으로 운영되고 관치행정이나 위임행정이 거의 없는 영미계에서는 지방행정이 곧 자치행정을 의미하지만, 우리나라를 위시한 대륙계 국가의 지방행정이란 지방자치단체가 처리하는 행정, 즉 자치행정과 위임행정을 포함하는 협의의 지방행정개념으로 사용된다. <답 ③>

6. 다음 중 지방행정의 특성에 해당하지 않는 것은?

① 생활행정 ② 급부행정 ③ 일선행정
④ 종합행정 ⑤ 위임행정

해설

지방자치단체는 국가와는 별개의 독립된 법인격을 부여받아 독자적으로 고유의 지방적 사무를 수행함은 물론 그 외에도 국가로부터 일정한 권한을 위임받은 사무를 처리하게 되는데, 일단 위임받은 사무(특히 단체위임사무)에 대해서는 자주적인 의사와 책임 하에 처리하기 때문에 지방행정은 자치행정의 특성을 지닌다. <답 ⑤>

7. 지방행정의 특질로 보기 어려운 것은?

① 고도의 전문성을 요하는 기능별 · 분야별 행정
② 주민의 일상생활과 직결되는 행정
③ 주민과의 접촉, 대화를 통한 행정
④ 개별적 · 다원적으로 수행되는 행정
⑤ 지역 내 행정수요를 종합적으로 추진하는 행정

해설

국가행정은 기능별 · 분야별로 분리되어 전문적으로 수행되는 부문행정이다. 따라서 중앙정부의 특별지방행정기관도 특정적이고 부분적인 사무를 처리한다. 반면 지방행정은 지역 내의 행정수요 전반에 대응하여 종합적으로 수행된다. 아울러 지방자치단체는 주민의 복지증진을 위하여 각 중앙부처의 행정을 포괄적으로 수용하고, 이를 지역실정에 맞게 종합적으로 조정 · 추진한다. <답 ①>

8. 지방행정의 특수성에 대한 설명이다. 타당하지 않은 것은?

① 사무의 특수성 — 주민의 일상생활과 관련된 사무
② 권능의 특수성 — 일정한 독자적 통치성
③ 주체의 특수성 — 공법인으로서 지방자치단체
④ 관할구역의 특수성 — 행정상 편의에 의한 구역
⑤ 재원의 특수성 — 지방세에 의한 자주재원

✍ **해설** ....

지방행정은 소규모의 일정한 지역적 범위를 토대로 하여 지방의 개별성·특수성의 견지에서 수행된다. 국가(중앙)행정도 특별지방행정기관을 통하여 소규모의 지역별 행정을 수행하지만 그 행정구역은 국가의 행정상 편의를 기준으로 설정되는 것임에 비하여, 지방행정의 수행을 위한 자치구역은 지역공동체를 기준으로 설정된다. <답 ④>

9. 지방행정의 특징이 아닌 것은?

① 자치행정 ② 문서행정 ③ 종합행정
④ 생활행정 ⑤ 지역행정

✍ **해설** ....

지방행정은 지역주민들과의 직접적인 접촉·대화를 통하여 주민들의 의견을 수렴하고 이를 바탕으로 정책을 결정·집행해 나가는 일선행정이다. 따라서 문서행정이 아니라 주민들의 서비스요구에 대한 결과를 현장에서 직접 구현해 나가는 급부행정의 특성을 갖는다.
<답 ②>

10. 다음은 자치행정과 관치행정의 특징을 비교한 것이다. 타당하지 않은 것은?

구 분	자치행정	관치행정
①	공 개	비공개
②	비권력적 통제	권력적 통제
③	혁신적 변동	점증적 변동
④	질적 개선	양적 성장
⑤	민주성	능률성

✍ **해설** ....

≪관치행정과 자치행정의 비교≫

구 분	관치행정	자치행정
주 체	국가(지방행정기관)	주민(지방자치단체)
평가기준	능률성	민주성
발전목표	양적 성장	질적 개선
공 개 성	비공개	공 개
변 동	혁신적	점증적
중점기능	통제·규제(권력적)	권고·유인(비권력적)

<답 ③>

11. 지방행정이 중앙행정에 비하여 상대적으로 갖는 특수성에 대한 설명으로 옳지 않은 것은?

① 지방행정의 주체는 원칙적으로 국가로부터 일정한 독립성을 갖는 법인격을 가진 지방자치단체이다.

② 지방행정은 일정한 지역적 범위를 기초로 하여 지방의 개별성·특수성의 견지에서 수행된다.

③ 지방자치단체의 권능은 국가로부터 유래되므로 국가와 지방자치단체간의 기능배분은 행정적 차원에서 이루어진다.

④ 지방행정은 주민의 일상생활과 관련되는 사무를 수행한다.

⑤ 지방행정은 자주재원을 가지고 지방공무원이 수행하는 것을 원칙으로 한다.

해설

③ 지방자치단체의 권능은 국가로부터 전래된 것이지만 일정한 독자적 통치성을 헌법상 보장받고 있는 것이다. 따라서 국가와 지방자치단체간의 기능배분은 행정적 차원이 아니라 국가의 정치철학 내지 통치구조차원에서 이루어진다. <답 ③>

12. 완전자치형 지방행정의 특징으로 적합하지 않은 것은?

① 자치권의 범위가 광범위하다.

② 일부 주요직에 대한 국가공무원의 배치를 허용하고 있다.

③ 지방행정에 대한 주민의 참여를 폭넓게 인정하고 있다.

④ 지방행정은 다양성·개별성·탄력성을 지닌다.

⑤ 지방자치단체는 독립된 지위에서 모든 지방사무를 처리한다.

해설

지방자치단체에 국가공무원이 배치되어 있는 경우는 관치형 지방행정 또는 자치·관치 이원형 지방행정이 갖는 특징이다. 완전자치형 지방행정에서는 지방자치단체가 모두 지방공무원으로 구성되어 있으며, 일정한 지역 내의 모든 행정사무를 자주적으로 처리하기 때문에 자치단체의 사무종류에 대한 개념이 없다. <답 ②>

13. 관치형 지방행정에 대한 설명 중 올바른 것은?

① 국가와 주민 양자에게 행정에 대한 책임을 진다.

② 자치권의 범위가 협소하다.

③ 법적인 지방자치단체가 존재한다.

④ 고유한 지방적 사무가 존재한다.

⑤ 주민의 행정참여가 허용되지 않는다.

해설

관치형 지방행정이란 중앙행정기관이 지방에 하부행정기관으로서 지방행정기관을 설치하여 지방사무를 직접 수행하는 방식이다. 이러한 관치형 지방행정은 중앙집권체제 하에서 나타나는 비민주적 지방행정이다. 따라서 ⅰ) 지방행정의 주체는 중앙정부(국가)이며 행정에 대한 책임은 오직 국가에 대해서만 진다. ⅱ) 지방자치를 법적·제도적으로 보장하지 않으므로 지방자치단체 및 고유한 지방적 사무는 존재하지 않으며, 자치권도 없다. ⅲ) 지방주민의 참여 및 통제가 인정되지 않는다. ⅳ) 일선기관에 자문기관을 두는 경우도 있으나 주요한 사항에 대해서는 의결권이 없다. 아프리카, 중남미, 중동지역의 대다수 신생 후진국이 여기에 속한다. <답 ⑤>

14. 지방행정과 지방정부에 대한 설명으로 적절하지 못한 것은?

① 지방자치는 내용적으로 지방정치와 지방행정을 포함한다.
② 중앙정부의 일선기관인 특별행정기관도 지방행정에 포함된다.
③ 지방정부는 지방의 정치, 정책, 사법 기능까지 포함하는 개념이다.
④ 지방정부와 시민사회 간 파트너십을 강조할 때 지방 거버넌스 개념을 사용한다.
⑤ 지방행정은 지방자치와 관계없이 성립할 수 없다.

해설

⑤ 중앙정부에 의해 지방공무원이 임명되면 지방자치 없는 지방행정이 된다. <답 ⑤>

15. 자치형 지방행정에 대한 설명으로 볼 수 없는 것은?

① 자치적 분권의 형태를 취하고 있는 민주적 지방행정이다.
② 다양한 방식의 지방자치제도가 존재한다.
③ 위임사무의 경우 단체위임사무이며 기관위임사무는 존재하지 않는다.
④ 모든 지방행정사무는 지방의회가 관여하여 처리한다.
⑤ 지역적 특성이 충분히 반영되어 다양한 공공정책을 추진할 수 있다.

해설

자치형 지방행정은 독립된 공법인인 지방자치단체가 모든 지방행정사무를 주민의 의사와 책임 하에 자주적으로 처리하는 방식이다. 즉 자치적 분권의 형태를 취하는 민주적 지방행정이다. ③ 위임행정은 행정적 분권에 따른 방식으로서 여기에는 지방자치단체 자체에 위임하는 단체위임방식과 지방자치단체의 집행기관에 위임하는 기관위임방식이 있다. 자치형 지방행정에서는 지방자치단체가 그 권한에 속하는 당해 지역의 모든 사무를 자주적으로 처리하며, 국가의 사무를 지방자치단체에 위임하는 것은 원칙적으로 이루어지지 않는다. 따라서 단체위임사무도, 기관위임사무도 존재하지 않는다. 자치형 지방행정은 영국, 미국을 비롯한 스위스, 캐나다 등에서 채택하고 있다. <답 ③>

16. 다음은 지방행정의 수행방식에 관한 설명이다. 옳지 않은 것은?

① 관치형의 경우 법적인 지방자치단체가 존재하지 않는다.
② 자치·관치 이원형의 경우 대부분의 사무가 국가위임사무로 되어 있다.
③ 완전자치형의 경우 지방정부에 국가공무원이 존재하지 않는다.

④ 자치 · 관치 이원형의 경우 지방행정조직체계는 일원화되어 있다.
⑤ 관치형은 모든 지방행정사무를 국가의 일선하급행정기관이 처리한다.

해설

자치 · 관치 이원형 지방행정이란 주민의 복리와 직결된 기본적 사무는 자치사무로서 지방자치단체가 직접 처리하고, 지방적 처리를 요하는 국가사무는 지방자치단체와 또는 그 기관에 위임하여 처리하는 방식이다. 자치적 · 행정적 분권에 따른 지방행정으로서 국가의 일선기관 및 지방자치단체로서의 지위와 역할을 수행하는 것을 말한다. 따라서 지방행정 조직체계는 이원화되어 있으며, 피라미드형의 획일적 · 정형적 계층구조로 되어 있다.
<답 ④>

17. 자치 · 관치 이원형 지방행정의 특성으로 보기 어려운 것은?

① 국가위임사무와 자치사무를 엄격히 구분하고 있다.
② 지방자치단체에 대한 국가의 통제 · 감독이 엄격하다.
③ 기관위임사무에 대해서는 지방의회의 관여를 원칙적으로 배제한다.
④ 자치권은 광범위하지만 행정통제는 미약하다.
⑤ 지방자치단체에 국가공무원이 다수 보임되어 있다.

해설

자치 · 관치 이원형에서는 지방자치단체에서 처리하는 대부분의 사무가 국가위임사무, 특히 기관위임사무로 되어 있어서 자치권의 범위가 협소하다. 이탈리아, 네덜란드, 벨기에, 스페인, 그리스 등 단체자치의 영향을 받은 대륙계 국가와 우리나라에서 채택하고 있는 방식이다. <답 ④>

18. 지방행정의 수행방식에 대한 설명 중 타당성이 없는 것은?

① 완전자치형 지방행정에는 특별지방행정기관이 존재하지 않는다.
② 우리나라는 자치 · 관치 이원형의 지방행정방식으로 수행되고 있다.
③ 최근 프랑스는 자치형 지방행정의 방식을 채택하고 있다.
④ 관치형에서는 지방자치가 보장되지 않으므로 자치권이 존재할 수 없다.
⑤ 완전자치형의 경우도 위법한 경우에 한하여 교정적으로 국가의 감독이 행해진다.

해설

① 완전자치형 지방행정에서는 국가행정과 자치행정이 엄격히 구분되어 있으므로 지방자치단체가 국가위임사무를 처리하는 하급지방행정기관이 되지는 않는다. 다만 여기서도 중앙정부가 지방의 소관사무를 처리하기 위해서 별도로 특별지방행정기관을 설치하고 있다. 영국의 경우 새로운 행정수요에 대응하고 특정분야의 원활한 행정집행을 위해 비교적 소수의 인원으로 구성된 이사회 · 위원회 형식의 특별지방행정기관이 설치되어 있다. ③ 프랑스에서는 1982년 '시 · 읍 · 면 · 도, 레종의 권리와 자유에 관한 법률' 및 그 후속 법률이 제정된 이후로 신지방분권화 운동을 전개하여 자치형의 방식하에서 지방행정을 수행하고 있다. <답 ①>

19. 지방자치에 대한 설명으로 틀린 것은?

① 지방자치를 통해 규모의 경제 실현이 가능하다.
② 조례제정권은 지방자치단체의 대표적인 자치권이다.
③ 권력을 분산시켜 중앙집권의 횡포를 방지할 수 있다.
④ 지방교부세 제도는 지방정부 간 수평적 재정불균형 해소를 위해 운영된다.

해설

① 규모의 경제는 중앙집권화 때 효과적으로 실현된다. 지방자치와는 거리가 있다. <답 ①>

20. 지방행정이 지향하는 이념으로 다음 중 가장 옳지 않은 것은? <2002 입법>

① 참여성의 강조
② 신뢰성의 강화
③ 다원성과 자율성의 강조
④ 책임성과 공개성의 확대
⑤ 중앙통제의 전면 배제

해설

⑤ 지방행정은 지역 · 계층을 불문하고 공평하게 적용되어야 하며, 나아가 국가발전의 목표에 합치되어야 한다. <답 ⑤>

21. 지방행정의 이념에 관한 설명 중 잘못 기술된 것은?

① 지방행정이 지향해야 할 지도철학으로서 지방행정의 발전정도를 측정하는 평가기준이 된다.
② 지방행정이념은 지방행정개혁을 위한 구체적인 기준 내지 지침으로서 작동한다.
③ 수익사업의 확대에 중점을 둔 기업적 지방경영은 민주성과 형평성을 저해할 우려가 있다.
④ 지방행정이념은 동시에 동일한 비중으로 추구되기 어렵기 때문에 대안적 관계에 놓여 있다.
⑤ 최근 각국에서는 효율적인 서비스공급이라는 측면에서 생산성 향상을 위한 노력이 강조되고 있다.

해설

③ 경영수익사업에 대한 지나친 강조는 지방행정의 민주성과 형평성을 저해할 우려가 있다. 이윤극대화를 추구하는 사기업과는 달리 지방행정은 주민의 복리증진을 추구하기 때문에 행정의 능률성을 제고하면서도 동시에 주민의 요구에 대한 적절한 대응성 및 서비스 혜택의 공정한 배분을 확보해야 한다. 따라서 기업적 지방경영도 지방행정이 보다 효율적으로 수행되도록 추진하되, 고객봉사정신, 기업가적 창의력, 기업적 경영요소의 도입을 통한 품질관리 등에 중점을 두어야 한다. ④ 지방행정의 이념은 동시에 동일한 비중으로 추구되기도 어렵지만 서로 분리되어서도 존재할 수 없는 상호보완적인 관계에 있다. 따라서 이들은 어느 하나의 이념 대신에 다른 이념을 선택하는 대안적인 관계에 놓일 수 없으며,

보다 높은 종합적 차원에서 조화되어져야 하는 것이다. <답 ④>

22. 최근 세계 각국에서는 지방행정개혁을 추진하고 있다. 지방행정개혁이 준거할 지방행정이념으로서 합당하지 않은 것은?

① 형평성 ② 민주성 ③ 합목적성
④ 생산성 ⑤ 규제성

해설

지방행정은 지역주민의 복리증진과 편의제공에 목적을 두고 있는바, 그 이념도 이러한 목적달성에 기여하기 위한 방향에서 정립되어져야 한다. 지방행정의 이념으로는 일반적으로 (i) 민주성, (ii) 능률성, (iii) 형평성, (iv) 합법성·합목적성, (v) 종합성·다원성 등이 제시되고 있다. ⑤ 최근 세계 각국에서는 작은 정부, 규제완화와 자율적 경영, 기업식 행정 등 효율적이고 생산적인 행정을 지향하고 있다. 따라서 우리나라도 통제 및 규제 위주의 행정에서 탈피하여 비민주적·비효율적인 지방행정을 과감히 혁신함으로써 지방자치의 지속적 발전은 물론 국가발전을 위한 초석이 되도록 하여야 할 것이다. <답 ⑤>

23. 최저한의 생활보장, 분배의 정의실현, 공공서비스의 평등성 확보 등을 의미하는 지방행정의 이념은?

① 종합성 ② 책임성 ③ 형평성
④ 합법성 ⑤ 합목적성

해설

형평성은 각자의 재능과 수행업적에 따라 대우하는 것으로서, 기계적 평등을 부정하고 정당한 불평등을 인정하는 사회적 형평성의 의미를 내포하고 있다. 이러한 형평성은 (i) 삶의 질 향상, (ii) 공정한 정책집행 및 서비스제공, (iii) 참여의 제도화, (iv) 주민선택기회의 확충, (v) 서비스수혜와 비용부담의 적정성 확보, (vi) 시민운동의 활성화 등을 추구함으로써 실현될 수 있다. <답 ③>

24. 지방행정의 이념 중 주민자치제 국가에서 가장 중요시되는 이념은?

① 합목적성과 효과성 ② 공정성과 신뢰성 ③ 종합성과 다원성
④ 민주성과 합법성 ⑤ 능률성과 책임성

해설

지방행정의 이념간 우선순위는 시대와 장소, 지방행정의 여건, 특성, 환경 등에 따라 다르지만, 주민자치제 국가는 민주성과 합법성을, 단체자치제 국가에서는 능률성을, 개발도상국에서는 효과성과 능률성을 상대적으로 중시하고 있다. 그러나 오늘날 거의 모든 국가에서는 민주성과 능률성을 상호보완적인 관계에서 동시에 추구하려는 신중앙집권화·신지방분권화의 경향을 보이고 있다. <답 ④>

25. 지방행정의 이념으로 볼 수 없는 것은?

① 통일성 ② 민주성 ③ 다원성

④ 형평성 ⑤ 능률성

해설

지방행정은 각기 다른 지역적 특색을 갖는 개개의 지방자치단체에 의해 수행되어지므로 각 지역 · 기관 · 자치단체의 특수한 여건에 따라 각각의 개별성을 도모하는 다원성을 중시한다. 이에 반하여 국가행정은 전체적인 관점에서 지역간의 균형적인 발전을 도모하므로 획일성 · 통일성을 중시한다. <답 ①>

26. 지방행정의 이념에 관한 설명 중 옳지 않은 것은?

① 이념간의 우선순위는 국가의 정치적 이념과 생활수준에 따라 다르다.
② 분권화의 신장은 이념간의 조화를 추구하기 위한 선결요건이다.
③ 이념간의 우선순위는 국민들의 정치적 의식수준, 사회의 가치관, 문화에 따라 다르게 나타난다.
④ 이념간의 우선순위는 시대와 장소를 초월하여 보편타당성을 가져야 한다.
⑤ 민주성과 능률성은 상호보완적인 관계로 조화될 수 있다.

해설

② 지방자치단체가 지역실정에 맞는 지방행정을 수행하기 위해서는 자율권에 입각하여야 한다. 그러므로 분권화를 통한 자율권의 신장이 먼저 전제된 후에야 비로소 지방자치단체는 지방자치의 궁극적 목적인 주민복지의 증진을 위해 창의적으로 생산적 · 민주적인 행정을 수행할 수 있다. ④ 지방행정의 이념 중 구체적으로 어떤 이념을 우선시할 것인지는 시대와 장소를 초월하여 보편타당한 것이 아니라, 지방행정의 여건 · 특성 · 환경 등에 따라 다르게 나타난다. 다만 지방행정의 건전한 발전을 위해서는 종합적인 차원에서 이념들간의 조화가 이루어져야 할 것이다. <답 ④>

27. 지방행정의 민주성을 실현시키기 위한 방안으로 보기 어려운 것은?

① 행정구제제도의 확립 ② 행정윤리의 확립 ③ 감축관리
④ 주민참여의 보장 ⑤ 정보의 공개

해설

지방행정의 민주성이란 주민참여를 통하여 책임 있는 자율행정을 확보하고, 주민의 행정수요에 적절한 대응성을 가지는 것을 의미한다. 따라서 민주성을 실현하기 위해서는 i) 행정의 분권화, ii) 주민참여의 보장, iii) 책임행정, iv) 공개행정, v) 행정윤리의 확립, vi) 지방행정기구의 민주적 편성, vii) 행정구제제도의 확립, viii) 대표성의 확립, ix) 주민통제의 강화 등이 요구된다. ③ 기구의 통 · 폐합, 인력의 감축, 예산절감 등 감축관리는 행정의 생산성 · 효율성을 증진하기 위한 것이다. <답 ③>

28. 지방행정의 지도이념 중에서 지방자치의 구현을 위하여 중점적으로 확보하여야 할 최고의 가치는? <2003 지시>

① 효과성 ② 가외성 ③ 민주성
④ 합법성 ⑤ 능률성

✍ 해설

현행지방자치법(제1조 및 제13조)에서 지방행정의 기본이념으로 민주성 · 능률성 · 형평성 등을 제시하고 있는데, 주민참여를 통해 책임 있는 자율행정을 확보하고 주민의 편의와 복리증진을 위한 투명행정을 수행하는 민주성이 지방자치 구현을 위해 보다 중점적으로 확보하여야 할 이념이라고 할 수 있다. <답 ③>

29. 지방행정의 생산성에 관한 설명 중 틀린 것은?

① 목표에 대한 진행상태를 파악할 수 있어 행정의 질을 높인다.
② 개선해야 할 영역과 그 우선순위를 명확히 할 수 있다.
③ 생산성의 측정은 많은 시간과 비용이 소요되므로 지방행정발전에 유용하지 못하다.
④ 행정서비스에는 무형적인 것이 많아서 생산성을 측정하기가 상당히 어렵다.
⑤ 능률성과 효과성은 생산성을 확보하는 전제가 된다.

✍ 해설

생산성은 능률성과 효과성을 결합한 개념으로서 결과와 과정을 동시에 중시하기 때문에 보다 많은 지방행정을 수행하게 하고 행정의 질을 높임으로써 지역사회의 발전, 주민의 복지증진에 크게 기여한다. <답 ③>

≪생산성 이념의 장단점≫

장점	(i) 행정의 단위비용절감	(ii) 재원배분의 개선
	(iii) 지방행정조직과 절차의 개선	(iv) 기술혁신
	(v) 인력수급계획과 고용예측의 합리화	(vi) 조정 · 통제매커니즘의 개선
단점	(i) 민간부문과 달리 명확한 생산함수가 없다.	
	(ii) 생산성 측정을 위한 적절한 자료 등이 결핍되는 경우가 많다.	
	(iii) 행정서비스에는 무형적 성질의 것이 많다.	
	(iv) 서비스활동의 다기능적 성향이 상대적으로 강하여 측정상 어려움을 겪는다.	

30. 지방행정의 이념에 대한 설명이다. 타당하지 않은 것은?

① 능률성은 조직 및 운영의 합리화, 규모의 적정화, 감축관리, 서비스공급의 생산성 및 경쟁성의 제고 등을 통하여 달성될 수 있다.
② 종합성은 상이한 지역 · 자치단체간의 유형을 융합하는 데 비하여, 다원성은 동일한 지역 또는 자치단체 내의 제요소를 분화하는 것이다.
③ 생산성이념의 추구는 한정된 예산을 가지고 엄청난 서비스요구에 대처하려는 데 있다.
④ 합법성에는 행정집행의 합법성은 물론 정책결정과정의 합법성도 요망된다.
⑤ 생산성은 정책의 효과성보다 집행과정의 효과성에 특히 유용한 이념이다.

해설

② 종합성이란 일정한 지역 내의 모든 부문들을 지역실정에 맞도록 유기적인 조정과 협조하에 종합적으로 처리하는 것을 말하며, 다원성이란 당해 지방자치단체의 지역적 특색에 따라 각각의 개별성을 도모하는 것을 의미한다. 따라서 종합성은 동일한 지역 또는 자치단체 내의 제요소를 융합하는 문제이고, 다원성은 상이한 지역 · 자치단체간의 유형을 분화하는 문제이다. ⑤ 집행과정의 효과성은 '설정된 산출목표의 달성도'를 의미하는 데 반해 정책의 효과성은 '바람직한 사회적 결과의 달성도'를 의미하므로 생산성은 정책의 효과성을 해결하기보다는 집행과정의 효과성을 개선하는 데 더욱 밀접한 관련을 갖는다.

<답 ②>

31. 지방행정의 신뢰성 제고방안으로 보기 어려운 것은?

① 정책의 일관성 유지 ② 행정 PR강화 ③ 분권화
④ 지역정보체계의 구축 ⑤ Redundancy의 도입 · 설치

해설

지방행정의 신뢰성 제고방안으로는 ①②④⑤ 외에도 고객중심의 행정강화, 국민 대기비용의 내면화 등을 들 수 있다. ③ 분권화는 지방행정의 민주성과 관련된 내용으로서 가장 거리가 멀다고 하겠다.

<답 ③>

32. 지방행정에 대한 설명 중 타당성이 없는 것은?

① 일반적으로 지방행정의 개념과 지방자치의 개념은 동일하다.
② 자치형 지방행정에 있어서 지방제도는 다양하고 개별적이다.
③ 지방행정이념은 국가행정이념과 밀접하게 관계되어 있다.
④ 직접행정은 지방에 국가의 특별지방행정기관을 설치하여 수행하는 행정을 말한다.
⑤ 지방행정의 의미와 내용은 각국의 역사적 배경에 따라 다르다.

해설

지방행정과 지방자치 양자는 일반적으로 동일시될 수 없는 개념이다. 다만 국가위임사무와 지방사무의 구분 없이 모든 지방적 사무는 지방정부가 자치적으로 처리하는 영국이나 자치헌장에 의하여 지방자치단체가 독자적 자치권을 보유하고 있는 미국 등에 있어서는 지방행정이 곧 지방자치를 의미하는 것으로 이해되고 있다.

<답 ①>

33. 다음 보기 중 지방행정의 형평성을 실현하기 위한 방안으로 타당한 사항을 모두 지적한다면?

(가) 도 · 농통합체제의 모색	(나) 광역행정방식의 활용
(다) 소외계층의 참여의무화	(라) 공공서비스의 민영화
(마) 전원도시의 개발	

① (가), (나), (다), (라) ② (가), (나), (다), (마) ③ (가), (나), (라), (마)

④ (가), (다), (라), (마) ⑤ (나), (다), (라), (마)

해설

지방행정의 형평성은 공공서비스의 제공이 지역간 · 계층간에 공평하게 배분되고 정책결정과 집행이 공정하게 수행되어 주민 전체의 복지증진이 이루어질 때 확보될 수 있다. 따라서 ⅰ) 노 · 농동합체세의 모색, 광역행정방식의 활용, 전원도시의 개발을 통해 지역간 균형적 발전을 도모하는 것, ⅱ) 현실적으로 참여에 필요한 시간, 재원, 능력 등이 결핍되어 있는 소외계층 및 빈곤층에게 참여를 의무화하는 것, ⅲ) 정부가 시설, 장비, 자금, 정보 등을 적극 지원하여 시민단체를 활성화하는 것 등은 지방행정의 형평성을 보장하기 위한 노력의 일환이라고 할 수 있다. (라) 공공서비스의 민영화는 공공부문이 담당하던 자원배분을 시장원리에 맡겨 경쟁을 촉진함으로써 경제적 효율성을 증진하려는 데 그 본질적인 목적이 있는바, 행정능률의 제고를 위한 방안이라 할 수 있다. <답 ②>

34. 최근 생산성 이념에 대한 관심이 고조되고 있다. 지방공공서비스의 생산성과 관련하여 잘못 기술된 것은?

① 지역특성 및 환경변화를 고려한 기능의 직징화 노력과 함께 공공서비스의 민간위탁이 추진되고 있다.

② 영국의 시민헌장제도(Citizen's Charter)는 공공서비스에 대한 품질기준을 설정한 대표적인 예이다.

③ 성과지향적 생산성 관념에 입각한 행정은 지방정부는 물론 국가전체 차원의 비용절감을 가져온다.

④ 공공서비스의 생산성은 지역사회 및 고객의 수요 · 욕구 · 자원에 대한 대응성의 정도를 의미한다.

⑤ 적시성, 빈도, 서비스의 품질기준, 고객만족도 등 산출의 질도 생산성의 요소로서 중요하게 고려되고 있다.

해설

③ 성과는 산출의 또 다른 표현으로서 생산성 개념을 구성하는 한 요소일 뿐이다. 성과지향적 생산성 관념에 지나치게 몰두할 경우, 생산성 향상은 투입의 감축이 아니라 주로 산출의 증대를 의미하는 것으로만 인식되어 투입 중 비용의 절감에 대한 노력을 결여하게 된다. 즉 정부와 민간부문간, 중앙 · 지방정부간 각 부처간에 경쟁적으로 공공재나 공공서비스의 생산과 제공을 위해 조직 및 업무영역의 확대를 시도하게 된다. 이에 따라 공공재와 공공서비스의 산출은 늘어나지만 비용의 증가와 산출의 중복성으로 인한 국가 차원의 낭비가 심각해진다. ② 1991년에 도입된 영국의 시민헌장제도(Citizen's Charter)는 공공서비스에 대한 품질기준을 설정한 것으로서 이전의 능률성진단이나 Next Steps프로그램이 지향하는 정부 내적인 관리개선, 양 위주의 생산성에서 더 나아가 고객지향적이고 질을 중시하는 행정을 추구하고 있다. ⑤ 생산성 이념에 대한 전통적 관점은 투입량에 대한 산출량의 비율, 즉 능률성과 동일시하는 것이었으나 최근에는 양적인 측면뿐만 아니라 질적인 측면을 포괄하는 개념으로 파악하고 있다. 즉 능률성(efficiency) · 효과성(effectiveness)과 산출의 질을 모두 포함하는 넓은 의미로 이해하고 있다. <답 ③>

제 2 장

지방자치의 기초

제 2 장 지방자치의 기초

1. 지방자치의 이론적 기초 중에서 적극적 보충성의 원리를 옳게 설명한 것은? <2009 지방수탁 7급>

① 개인 및 지역 간의 과도한 격차를 줄이기 위해 상급공동체는 필요한 최소수준을 정하고 이에 미달하는 개인 및 지역의 삶을 보장하여야 한다.
② 주민들의 자발적 참여가 전제된 상태에서 상향적 의사결정을 통해 공동이익을 실현하는 방식이다.
③ 개인이나 하급공동체가 할 수 있는 일을 상급 공동체가 과도하게 개입하여 처리하는 것은 옳지 않다.
④ 강력한 통치권을 가진 국가(중앙정부)로부터 일정한 자치권을 부여받아 지방자치를 실시하는 전통을 말한다.

해설

① 적극적 보충성원칙은 상급정부는 기초정부가 일차적으로 활동할 수 있는 조건을 갖추도록 재정적 여건 등을 지원해주어야 한다는 원칙이다. ③은 소극적 보충성원칙에 해당된다.
<답 ①>

≪보충성의 원칙≫

보충성의 원칙은 기능배분의 원칙으로, 주민의 생활과 가까운 정부에 사무 및 기능의 우선적인 관할권을 인정하는 것을 말하며, 지방자치단체가 담당하기 어려운 것은 중앙에서 보충하는 원칙이다. 보충성의 원칙에 따르면, 국가는 지역주민 생활과 밀접한 관련이 있는 사무는 원칙적으로 시·군 및 자치구의 사무로, 시·군·자치구가 처리하기 어려운 사무는 특별시·광역시·도 및 특별자치도의 사무로, 시·도가 처리하기 어려운 사무는 국가의 사무로 각각 배분하여야 한다.
보충성의 원칙은 소극적 보충성의 원리와 적극적 보충성의 원리로 나누어진다.
(1) 소극적 보충성의 원리 : 기초자치단체가 할 수 있는 기능(사무)은 상급정부가 관여해서는 안 된다는 것을 의미한다.
(2) 적극적 보충성의 원리 : 상급정부는 기초자치단체가 활동할 수 있는 조건을 갖출 수 있도록 지원해 주어야 한다는 것을 의미한다. 즉 지문 ①에서 설명하는 것처럼 개인 및 지역 간의 과도한 격차를 줄이기 위해 상급정부는 필요한 최소수준을 정하고 이에 미달하는 개인 및 지역의 삶을 보장하여야 한다는 것이다.

2. 다음 중 지방화의 동력을 설명하는 내용과 거리가 먼 것은? <2008 서울 7급>

① 중앙정부의 과부하
② 참여욕구의 증대
③ 지방 시민사회의 활성화
④ 정부실패
⑤ 지방경쟁력의 강조

해설 ....

최근의 지방화 · 분권화는 행정국가화가 초래한 중앙정부의 업무 과부하를 해소하고, 시민들의 참여욕구가 증대하면서 이를 해소하기 위한 차원에서 나타나게 되었다. ④ 정부실패는 중앙정부나 지방정부에 공통적으로 적용되기 때문에, 정부실패가 지방화의 동력이라고 볼 수 없다. <답 ④>

3. 주민과 직접 접촉하는 자치단체의 기능을 먼저 규정하고 자치단체에서 처리하기 어려운 기능을 중앙정부의 기능으로 설정해야 한다는 지방이양 원칙은?

① 포괄적 예시형 원칙 ② 한정적 분담 원칙 ③ 보충성의 원칙
④ 포괄성의 원칙 ⑤ 보완성의 원칙

해설 ....

③ 보충성의 원칙은 지방자치의 기본 원칙으로 지방분권론의 기본 전제이다. 중앙정부의 권한을 예시하고 이에 해당하지 않는 기능에 대해 지방정부의 기능으로 규정하는 원칙으로 분권화를 저해하는 주요 원인으로 비관되기도 했다. <답 ③>

4. 다음 중 지방분권 효용과 거리가 먼 것은? <2008 서울 7급>

① 혁신적 정책의 채택 빈도를 높인다.
② 행정의 반응성을 증대시킨다.
③ 생산적 능률의 증대에 기여한다.
④ 시민참여를 확대시킨다.
⑤ 주민선호의 충족도를 높인다.

해설 ....

③은 중앙집권의 장점으로 전국적 통일성과 능률성 · 전문성을 증대시킬 수 있다. <답 ③>

5. 지방분권에 대한 다음 설명 중 틀린 것은?

① 지방분권이란 통치상 · 행정상의 권한이 지방정부에 분산되어 있어 지방정부의 자주성 · 독립성이 높은 경우를 말한다.
② 오늘날 대부분의 국가에서는 통치권이나 행정권을 중앙정부와 지방정부가 분담하여 처리하고 있다.
③ 우리가 통상 말하는 지방분권이란 본질적으로 행정적 분권을 의미한다.
④ 지방분권의 정도나 수준을 파악하는 일은 측정상의 문제, 지표상의 문제 등으로 인하여 상당히 어렵다.
⑤ 지방분권의 근본적인 목적은 행정을 보다 주민의 가까운 곳에서 수행함으로써 행정이 더욱 민주적 · 효율적이 되도록 하는 데 있다.

해설

지방분권을 넓은 의미로 이해하면 자치적 분권만이 아니라 행정적 분권도 포함되지만, 우리가 보통 중앙집권에 대하여 지방분권 또는 지방자치라는 말을 언급하는 경우, 본래 자치적 분권을 의미한다. 이러한 자치적 분권은 중앙정부와 지방자치단체간의 정치권력의 배분에 관한 것으로, 행정적인 것뿐만 아니라 조직 · 재정 · 입법까지도 포함하는 통치상의 분권이다. <답 ③>

6. 지방자치를 뒷받침하고 있는 주된 사상은?

① 민주주의와 중앙집권
② 지방분권과 관료주의
③ 민주주의와 지방분권
④ 중앙집권과 관료주의
⑤ 민주주의와 관료주의

해설

③ 지방자치는 민주주의와 지방분권이라는 두 가지 본질적 사상을 토대로 하고 있다. 즉 지방자치는 주민참여를 바탕으로 하는 민주주의 이상의 표현이며 분권화의 정신이라고 할 수 있다. <답 ③>

7. 전통적인 관점에서의 지방분권 추진과 상대적으로 관련성이 적은 것은?

① 제주특별자치도 설치
② 지방분권 촉진에 관한 특별법
③ 선분권 후보완 원칙, 보충성 원칙, 포괄성 원칙
④ 지방이양추진위원회
⑤ 지방주의(localism)

해설

전통적 관점의 지방분권은 기초자치단체 중심의 지방주의를 실천하는 것이다. 제주특별자치도는 기초자치단체를 통합하여 하나의 광역자치단체를 만든 것으로 광역화 접근이다. <답 ①>

8. 다음은 중앙집권과 지방분권에 대한 설명이다. 틀린 것은?

① 지방자치단체가 중앙정부의 통제 하에서 완전히 벗어날 수는 없다.
② 중앙집권은 행정운영의 원심화인 것에 반하여, 지방분권은 행정운영의 구심화라 할 수 있다.
③ 중앙집권은 전국적인 통일성과 능률성을 도모하는 데 비하여, 지방분권은 지역성과 민주성을 중시한다.
④ 중앙집권과 지방분권은 상호 상대적 · 보완적 관계에 있다.
⑤ 최근 중앙집권화와 지방분권화의 요청이 동시에 증대함으로써 이들 양자간의 균형화가 모색되고 있다.

해설

중앙집권은 지방행정에 대한 통제권과 의사결정권이 중앙정부에 집중되어 지방자치단체의 자주성 · 독립성이 미약한 것을 뜻하며, 지방분권은 이들 권한이 지방자치단체에 분산되어 지방자치단체의 자주성 · 독립성이 상대적으로 강한 것을 말한다. 따라서 중앙집권은 행정운영의 구심화인 데 반해, 지방분권은 행정운영의 원심화라고 할 수 있다. <답 ②>

9. A. F. Leemans가 제시한 지방분권화의 목표로서 적당하지 않은 것은?

① 국민형성 ② 민주주의 ③ 경제적 · 사회적 개발
④ 정치적 형평성 ⑤ 행정능률

해설

A. F. Leemans는 지방분권화를 위한 목표로서 (i) 국민형성, (ii) 민주주의, (iii) 정치철학으로서의 자유의 보장, (iv) 행정능률, (v) 경제적 · 사회적 개발 등을 제시하면서, 이러한 목표간의 우선순위와 비중은 국가와 시대적 상황에 따라 각각 달라진다고 말하였다. <답 ④>

10. 중앙집권과 지방분권의 관계에 관하여 잘 설명하고 있는 것은?

① 절대적 관계 ② 상대적 · 보완적 관계 ③ 종속적 관계
④ 상호배타적 관계 ⑤ 자율적 · 독립적 관계

해설

현대국가에 있어서 모든 통치권이나 행정권을 중앙정부가 독점하여 처리할 수 없을 뿐만 아니라 지방자치단체에 완전히 분산하여 수행하는 것도 불가능하기 때문에 절대적 중앙집권체제나 완전한 지방분권체제를 채택하는 국가는 없으며 또한 존재할 수도 없다. <답 ②>

11. 중앙집권과 지방분권의 수준을 측정하는 지표로서 적당하지 않은 것은?

① 국세와 지방세의 대비 ② 중앙정부의 지방예산통제의 정도
③ 지방자치단체의 사무구성 비율 ④ 민원사무의 배분비율
⑤ 특별지방자치단체의 종류와 수

해설

⑤ 특별지방자치단체는 자치행정상의 정책적 견지에서 별도의 관할구역과 조직 및 특수한 권능을 부여하여 예외적으로 설치하는 지방자치단체이다. 따라서 그 종류나 수의 다소에 의하여 중앙집권과 지방분권의 정도를 측정할 수는 없다. 이외에도 양자의 측정지표로서 (i) 국가공무원과 지방공무원 수의 대비, (ii) 지방자치단체 중요 직위의 선임방식, (iii) 국가재정과 지방재정규모의 대비, (iv) 감사 및 보고의 횟수, (v) 특별지방행정기관의 종류와 수 등을 들 수 있다. <답 ⑤>

12. 집권화와 분권화의 결정요인에 관한 적절한 설명이 아닌 것은?

① 외부효과의 발생은 지역 간 조정의 필요에 따라 분권화를 촉진시킨다.

② 국민적 최저수준을 확보하기 위해서는 집권화가 요구된다.
③ 인적 · 물적 자원이 구비되어 있지 않으면 집권화를, 잘 구비되어 있으면 분권화를 촉진시킨다.
④ 행정의 특정부문에 집중적인 예산지출이 행하여지는 경우 집권화가 촉진된다.

해설

① 외부효과는 대가 없이 손해를 주거나 이익을 주는 것으로서 이를 해소하기 요하며 광역행정은 의사결정권한을 상부로 이전시킨다. 따라서 외부효과의 발생은 집권화를 촉진시키는 요인이 된다. <답 ①>

13. 지방분권의 장점으로 적합하지 않은 것은?

① 지방재정자립도의 제고
② 신속한 행정처리
③ 정치적 형평성의 도모
④ 지방문화의 육성
⑤ 지방공무원의 능력발전

해설

① 지방의 재정자립이 이루어질 때 비로소 실질적인 지방분권이 행해질 수 있는 것이다. 특히 우리의 경우 일부 자치단체장에 국한된 현상이긴 하지만 지역주민에 의해 직접 선출된 민선 자치단체장들이 지역주민의 눈치와 지방선거에서의 재선을 지나치게 의식한 나머지 전시적인 성과를 남기는 데 집착하여 무리한 사업을 추진하거나 선심행정을 폄으로써 지방재정을 더욱 악화시키고 있다. 따라서 지방분권이 지방재정자립도를 제고시키는 것은 아니며 오히려 열악한 지방재정자립도는 중앙집권을 통하여 지방자치단체간 재정력의 격차를 조정하고 균형적인 지역발전을 도모할 때 향상될 수 있는 것이다. <답 ①>

≪지방분권의 장점≫

(i) 지역실정과 특수성에 적합한 행정 수행	(ii) 다양한 정책경험
(iii) 행정에 대한 주민통제의 강화	(iv) 행정의 책임성 제고
(v) 지역경제 및 문화의 활성화	(vi) 신속한 행정처리
(vii) 주민참여의 확대와 행정의 민주화 구현	(viii) 사회적 능률의 제고
(ix) 지방공무원의 능력배양 및 사기진작	

14. Colin Mellors & Nigel Copperthwalte가 지빙분권의 유형으로서 제시하고 있는 이원적 분권방식은?

① 지방자치단체에 대한 분권과 기관별 분권
② 자치적 분권과 행정적 분권
③ 지역적 분권화와 기능적 분권화
④ 통치상의 분권과 행정상의 분권
⑤ 정부간 분권화와 정부내 분권화

해설

①은 통치권과 행정기능을 누구에게 배분하느냐에 따른 분류이며, ②와 ④는 분산되는 권한의 성격 여하에 따른 분류이다. <답 ③>

≪지방분권의 유형≫

Colin Mellors & Nigel Copperthwaite	지역적 분권화	지역을 중심으로 일반지방자치단체에게 포괄적 기능과 권한을 이양하는 방식
	기능적 분권화	기능을 중심으로 특별지방자치단체 또는 특별지방행정기관에게 제한된 권한과 기능을 위임하는 방식
James W. Fesler	정부간 분권화	독립된 법인격을 바탕으로 권한 및 기능의 분권화를 담보하는 중앙정부와 지방자치단체간의 관계
	정부 내 분권화	동일 조직 내에서의 권한위임에 해당하는 중앙정부와 특별지방행정기관간의 관계

15. 다음 중 분권화의 촉진요인으로서 적합한 것은?

① 책임감의 강화 ② 행정업무의 통일성 ③ 재정자원의 팽창
④ 창설기의 조직 ⑤ 지도계층의 강한 권력욕

해설

분권화의 촉진요인으로는 (i) 지방공무원의 관리자로의 양성, (ii) 신속한 업무처리, (iii) 책임감의 강화, (iv) 민주적 통제의 강화, (v) 최고관리층의 업무부담 경감, (vi) 사기앙양의 필요성 등을 들 수 있다. ③ 조직이 동원·배분하는 재정자원의 팽창은 집권화를 유리하게 한다. 왜냐하면 일반적으로 집권적 관리가 분권적 관리에 비하여 경비가 적게 들기 때문이다. <답 ①>

16. 다음 중 지방분권의 장점이라고 볼 수 없는 것은?

① 지방공무원의 창의력 발휘 ② 지역주민의 사기앙양
③ 광역적·거시적 사업계획의 추진 ④ 지역특성의 존중
⑤ 민주적 정치의식수준의 제고

해설

지방분권은 주민의 참여를 가능케 함으로써 주민들의 정치적 욕구를 충족시키고 사기를 앙양시킬 수 있을 뿐 아니라, 주민과 가까운 곳에서 행정을 수행함으로써 행정에 대한 주민통제를 강화하고 행정의 책임성을 확보할 수 있다. 또한 분권화를 통한 권한의 위임은 업무수행에 있어서 지방공무원의 창의력을 발휘하게 한다. ③ 광역적·거시적 대규모 사업계획은 강력한 중앙집권체제 하에서 효율적으로 추진될 수 있는 것이다. <답 ③>

17. 다음 중 중앙집권의 장점인 것은?

① 행정의 책임성 보장 ② 획일성의 폐해 극복 ③ 사회적 능률의 제고
④ 광역권 개발의 촉진 ⑤ 자의적인 권력행사의 방지

해설

중앙집권은 광역적 행정수요에 대응하여 규모의 경제를 살리고, 재정투자의 공간적 확산 효과를 내부화시킬 수 있는 광역권개발을 촉진함으로써 행정능률의 제고는 물론 지역간 불균형을 시정할 수 있다. ② 획일성에 따른 폐해는 지방분권에 의하여 각 지방자치단체들이 지역실정에 적합한 다양한 공공정책을 추진함으로써 극복될 수 있다. <답 ④>

18. 중앙집권과 지방분권을 비교해 볼 때 지방분권의 장점으로 옳지 않은 것은? <2002 지시>

① 지방의 특수성과 실정에 맞는 행정을 할 수 있다.
② 행정의 통일성과 전문성을 확보할 수 있다.
③ 행정의 사회적 능률을 증진할 수 있다.
④ 지방공무원을 유능한 관리자로 양성할 수 있다.
⑤ 지역사무를 신속히 처리할 수 있다.

해설

② 행정의 통일성과 전문성을 확보는 중앙집권의 장점이다. <답 ②>

≪중앙집권의 장점≫

(i) 행정의 통일성 · 일관성 · 안정성 확보
(ii) 행정관리의 전문화
(iii) 비상사태나 위기발생시 신속한 대처
(iv) 경제적 능률성 제고
(v) 전국적 · 광역적인 대규모 사업의 추진
(vi) 지역간 행 · 재정력의 격차 조정 및 균형적인 지역발전 도모
(vii) 인적 · 물적 자원의 최적 활용과 예산의 절약
(viii) 공공서비스공급의 형평성과 균질성 확보

19. 집권화를 촉진시키는 요인으로서 가장 합당하지 않은 것은?

① 교통 · 통신수단의 발달
② 민주주의 이념의 정착
③ 획일성 · 통일성의 요구
④ computer 등 과학 · 기술의 진보
⑤ 긴급한 사태의 발생

해설

중앙집권화의 촉진요인에는 (i) 획일성 · 일관성의 요구, (ii) 소규모 조직, (iii) 재정지출의 팽창, (iv) 교통 · 통신수단의 발달, (v) 특정업무분야에 대한 관심의 증대, (vi) 신설조직, (vii) 관리기능의 전문화, (viii) 비상사태나 위기의 존재 등이 있다. ② 민주주의적 정치이념의 정착은 중앙정부로부터 지방자치단체로의 권한위임이 이루어질 때 실현될 수 있으므로 분권화의 촉진요인이라고 할 수 있다. <답 ②>

20. B. C. Smith가 중앙집권과 지방분권의 측정지표로서 제시한 것과 관련 없는 것은?

① 조세권 ② 지방정부의 규모 ③ 재정의존도
④ 정책의 집행능력 ⑤ 지방정부의 구조

해설

B. C. Smith는 중앙집권과 지방분권의 측정지표로서 (i) 기능, (ii) 위임, (iii) 조세권, (iv) 지방정부의 창설방식, (v) 지방정부의 규모, (vi) 재정의존도, (vii) 정당정치, (viii) 지방정부의 구조 등을 제시하고 있다. <답 ④>

21. 중앙집권과 지방분권의 측정지표로 활용할 수 없는 것은?

<2008 선관위 9급>

① 지방에 설치되어 있는 국가 소속 특별지방행정 관서의 종류와 수
② 지방자치단체의 단체위임사무와 기관위임사무의 비율
③ 지방자치단체 중요 직위의 선임방식
④ 국가와 지방자치단체의 민원사무 처리의 비율

해설

② 일차적으로는 고유사무와 위임사무의 비율이 중요하고, 그 다음으로는 위임사무 중에서도 단체위임사무 및 기관위임사무의 구성비율이 중요하다. 단체위임사무와 기관위임사무 중 국가의 간섭과 통제가 많은 것은 기관위임사무이므로 양 사무의 비율로도 지방분권 정도를 측정할 수 있지만, 일반적으로 고유사무와 위임사무의 비율로도 지방분권을 측정하는 자료로 삼는 경향이 있고 단체위임사무와 기관위임사무는 국가가 위임한 것도 있지만, 상급 자치단체가 하급자치단체에게 위임한 사무도 있으므로 더욱 정확한 답은 ②지만, 보편적으로 볼 때 이의가 제기될 여지 있음. <답 ②>

22. 다음 중 지방분권의 장점에 해당하는 것은?

① 계층간·지역간 갈등을 해소하고 사회적 능률을 제고할 수 있다.
② 부분적 이익을 초월하여 전체적 이익을 도모할 수 있다.
③ 지역적 격차의 시정 및 통합적 조정을 효과적으로 수행할 수 있다.
④ 국민적 최저수준을 확보하기가 용이하다.
⑤ 행정관리의 전문화로 기능적 행정능률을 확보할 수 있다.

해설

지방분권에서는 정치적 의사형성 및 결정과정에의 주민참여로 인하여 계층간·지역간 갈등을 해소하고 사회적 능률을 제고할 수 있는 데 비하여, 중앙집권에서는 강력한 행정집행과 행정관리의 전문화로 경제적·기계적 능률을 증진시킬 수 있다. <답 ①>

23. 다음 중 지방분권의 효용을 설명하는 것과 거리가 먼 것은?

① 혁신적 정책의 채택빈도를 높임 <2008 서울 7급>
② 행정의 반응성을 증대시킴
③ 생산적 능률(productive efficiency)의 증대에 기여함
④ 시민참여를 확대시킴
⑤ 주민선호의 충족도를 높임

해설

③ 생산적 능률성(기계적 능률성: 산출의 가치를 고려하지 않음)을 증대시키는 것은 중앙집권의 장점이며, 지방분권은 사회적 능률성을 증대시킨다. 일반적으로 능률성이라 하면 기계적 능률성을 의미한다. ① 지방분권은 정책의 지역적 실험을 통하여 검증된 정책을 다른 자치단체나 중앙정부로 확산시키는 효과가 있음. <답 ③>

24. 다음 중 중앙집권을 제약하는 요인으로 볼 수 없는 것은?

① 국가안보의 확보 ② 높은 지방재정자립도 ③ 민주주의의 발전
④ 자치의식의 고양 ⑤ 행정절차의 복잡성과 사무처리의 지연

해설

전쟁의 위협이나 국가적 위기상황이 존재할 경우 통일적이고 강력한 행정을 추진하여 이를 극복할 필요가 있으므로 국가안보의 확보는 중앙집권화를 촉진하는 요인이 된다. 지방재정자립도는 지방정부의 전체 예산 중 자주재원이 차지하는 비율을 뜻하는 것으로서 재정자립도가 높을수록 분권화 또는 자치화의 촉진요인이 될 수 있다. <답 ①>

25. 지방자치의 관점에서 본 분권에 대한 설명으로 가장 타당한 것은?

① 중앙정부가 국가의 지방행정사무를 처리하기 위하여 지방행정관서를 설치하고 그 권한과 사무를 수행하는 것이다.
② 행정능률의 향상에 중점을 둔 편의상의 제도이다.
③ 중앙정부가 지방자치단체의 집행기관에 그 권한과 사무를 위임하여 수행하는 것도 포함된다.
④ 일정한 정부 내의 상 · 하행정기관간 또는 동일기관 내의 상 · 하행정계층간의 권한배분관계이다.
⑤ 중앙정부와 지방자치단체간의 행정권 또는 통치권의 배분에 관한 지역적 분권이다.

해설

지방자치의 관점에서 본 분권이란 중앙정부와 지방자치단체간의 통치권력의 배분에 관한 정치적 분권으로서, 지방적인 행정사무와 기능에 대해서는 지방자치단체가 자기사무로서 독자적인 입장에서 자주적으로 처리할 수 있는 의사결정권까지 장악하고 있는 것을 말한다. 따라서 행정능률의 향상을 위한 편의상의 제도인 행정적 분권과는 다르다. <답 ⑤>

26. 지방자치단체에 대한 분권 또는 지역적 분권의 유형과 거리가 먼 것은?

① 포괄적 수권주의 ② 계약주의 ③ 절충주의
④ 기관별(특수적) 분권 ⑤ 개별적 수권주의

✍ **해설**

지방자치단체에 대한 분권 또는 지역적 분권이라 함은 법인격을 부여받은 지방자치단체가 일정한 구역 내에서 분권화된 단체자치를 실시하거나 일정한 범위 내에서 주민들이 자신들의 의사와 책임 하에 주민자치를 실시하는 것을 말한다. 이러한 지역적 자치분권방식은 수권형식에 따라 (i) 포괄적 수권주의, (ii) 개별적 수권주의, (iii) 절충주의, (iv) 계약주의로 나누어진다. <답 ④>

27. 다음 중 지방분권의 단점과 가장 거리가 먼 것은?

① 정치적 통일성의 저해 ② 행정업무의 중복 ③ 재정지출의 증가
④ 위기대응능력의 부족 ⑤ 최고관리층의 업무량 가중

✍ **해설**

⑤ 현대조직의 규모확대에 따른 최고관리층의 업무량 가중은 분권화의 필연적인 요인이다. 오늘날 지방자치단체의 대폭적인 재정지출의 증가와 행정업무의 중복에 따른 인적 · 물적 자원의 낭비는 집권화를 유발하는 원인이 되고 있다. <답 ⑤>

28. 중앙집권의 단점으로서 적절하지 않은 것은?

① 주민통제의 약화로 관료주의화 · 전체주의화 경향을 초래할 수 있다.
② 중앙정부의 다원적 감독으로 지방행정의 종합적 처리가 저해된다.
③ 주민참여기회의 박탈로 민주주의 발전에 장애가 된다.
④ 지방행정구역의 인위적 · 기능적 획정 및 확대로 인해 공동체의식과 애향심을 희박하게 한다.
⑤ 전국적인 행정수준을 유지하기 위하여 부분적 이익을 전체이익에 종속시킨다.

✍ **해설**

⑤ 지방분권에 따른 행정의 수행은 자칫 지엽적 · 국지적 이익만을 지나치게 추구하여 사회적 불안과 갈등을 조장할 수 있으므로 일관성 있는 행정추진과 전국적인 행정수준을 유지하기 위하여 국가사회의 전체적인 입장에서 통합 · 조정할 필요가 있다. 이외에 중앙집권의 단점으로는 (i) 행정의 형식주의화에 따른 지방의 창의성 저해, (ii) 획일적 업무처리로 인한 행정수요의 지역적 특수성 무시, (iii) 행정의 사회적 능률저하, (iv) 지역주민의 자조적인 지역개발의욕저하, (v) 중앙정부의 지휘 · 통제권의 강화로 인한 행정절차의 복잡성 등이 있다. <답 ⑤>

29. 자치적 분권 중 포괄적 수권주의에 대한 설명으로 타당한 것은?

① 중앙정부와 지방자치단체간의 사무구분이 명확하다.

② 개별적 수권주의에 비하여 자치권의 범위가 넓다.
③ 권한부여의 절차가 복잡하다.
④ 각 지방자치단체에 신축성 및 탄력성을 부여한다.
⑤ 중앙통제는 주로 입법적 · 사법적 통제를 행한다.

✍ 해설

포괄적 수권주의란 법률이 특히 금지한 사항, 국가가 처리해야 할 사항을 제외하고는 지방자치단체가 주민의 일반적 권익보호를 위해 어떠한 사무라도 처리할 수 있도록 헌법이나 법률에 의해 일괄적으로 권한을 배분하는 방식이다. 따라서 각 지방자치단체의 행 · 재정능력에 적합한 행정이 가능하도록 신축성을 부여하고, 특수한 행정수요에 대하여 적시에 탄력적으로 대처할 수 있게 한다. 이러한 포괄적 수권주의에서의 중앙통제방식은 입법적 · 사법적 통제가 아닌 행정적 통제가 주로 행해진다. <답 ④>

30. 개별적 수권주의에 따른 지방분권의 특징으로 적합하지 않은 것은?

① 중앙과 지방자치단체간 또는 광역자치단체와 기초자치단체간의 사무배분과 그 한계가 명확하다.
② 지방자치단체의 사무범위가 명확하기 때문에 행정수요에 대하여 탄력적으로 대처할 수 있다.
③ 운영의 묘를 살릴 경우 각 지방자치단체의 개별적 특성에 적합한 자치행정이 가능하다.
④ 주로 주민자치제도를 채택하고 있는 국가에서 활용하고 있는 방식이다.
⑤ 명확한 책임한계로 인하여 각 지방자치단체의 자치행정기능이 광범위하다.

✍ 해설

개별적 수권주의는 주로 주민자치제 국가에서 채택하고 있는 것으로서, 지방자치단체가 처리할 수 있는 권한사항을 사무분야별 · 지방자치단체별로 필요할 때마다 특별법에 의하여 개별적 · 구체적으로 부여하는 방식이다. 이러한 유형은 각급 정부단위간 사무배분과 책임한계가 명확하여 자치권이 광범위하고, 지역특성에 적합한 자치행정을 수행할 수 있다는 장점을 갖지만, 반면에 (i) 지방자치단체의 사무범위에 대한 신축성의 결여로 법제정이 장시일을 요하는 경우 행정수요에 대하여 적시에 탄력적으로 대처할 수 없으며, (ii) 개별적인 특별법의 제정에 많은 시간과 노력을 낭비하며, (iii) 수많은 개별법의 제정은 각급 정부단위간의 관계를 끊임없이 변동시키고 업무량의 폭주와 행정상의 혼란을 야기시킬 가능성이 크다는 한계를 지닌다. <답 ②>

31. 지방자치단체에 대한 분권 중 계약주의의 설명으로 가장 합당하지 않은 것은?

① 국가적 필요에 의하여 계약이 이루어지므로 지방자치단체의 자주성이나 개별적 특수성을 존중하지 않는다.
② 포괄적 수권주의에 비하여 권한부여의 절차가 복잡하다.

③ 정부간 서비스계약, 공동서비스협정, 정부간 서비스이양 등의 방식이 활용되고 있다.
④ 계약의 내용에는 반드시 위탁사무의 종류 · 기준 · 감독방식 · 경비부담관계 등의 사항이 규정되어야 한다.
⑤ 계약상 내용과 형식에 제약이 따르기 때문에 제한된 형태로 수행된다는 한계를 지닌다.

해설

계약주의란 각급 정부단위간의 서비스계약 또는 서비스협정에 의하여 일정한 사무의 처리를 위탁하고 재정적 원조를 제공하는 방식으로서, 각급 정부단위간의 관계를 수평적 · 대등적 관계로 보기 때문에 지방자치단체의 자주성이나 개별적 특수성을 존중한다. <답 ①>

32. 법률로 특별히 금지한 사항이나 중앙정부의 전속적 관할에 속하는 사항을 제외하고는 지방자치단체가 지역주민의 일반적 이익을 위하여 필요한 사무는 무엇이든지 처리할 수 있도록 헌법 또는 법률에 권한을 부여하는 방식은?

① 계약주의 ② 절충주의 ③ 포괄적 수권주의
④ 기관별 분권주의 ⑤ 개별적 분권주의

해설

포괄적 수권주의는 대체로 단체자치에 중점을 두고 있는 대륙계 국가들이 채택하고 있는 방식으로서, (i) 권한부여방식이 간편하고, (ii) 사무처리에 있어서 상당한 자유재량이 주어지며, (iii) 행정의 신축성 · 탄력성을 확보할 수 있다는 장점을 지니는 데 반해, (i) 각급 정부단위간의 사무구분이 불명확하고, (ii) 지방자치단체의 권한을 법률에 의해 국가사무로 규정함으로써 자치권이 유명무실해질 우려가 있다. <답 ③>

33. 지방자치에 있어서 절충주의의 내용을 설명한 것이 아닌 것은?

① 각 지방자치단체의 행 · 재정능력의 차이에 따라 그에 상응하는 권한을 부여할 수 있으므로 융통성을 발휘할 수 있다.
② 지방자치단체의 권한과 처리해야 할 사무의 종류 및 그 내용을 명확하게 할 수 있다.
③ 지방자치단체의 권한이 매우 강력하여 사무처리에 있어서 상당한 자유재량이 주어진다.
④ 나이지리아를 비롯한 아프리카제국 등에서 주로 채택하고 있다.
⑤ 지방자치제도가 초보적인 발전단계에 있는 개도국에서 채택할 경우 자치행정이 허구에 그칠 위험이 있다.

해설

절충주의는 지방자치단체가 처리할 수 있는 행정기능의 종류와 권한부여의 기준을 미리 법률에 포괄적으로 열거해 놓고, 그 권한과 기능을 수행할 수 있는 수준에 도달한 지방자치단체에 대해서 법규명령에 의하여 개별적으로 권한을 부여하는 방식이다. 따라서 사무처리에 있어서 자유재량의 폭은 매우 협소하며, 중앙정부가 그의 권한을 법률로 강화하는 등 정치적으로 남용할 경우 지방자치단체의 권한은 약화될 우려가 있다. <답 ③>

34. 자치적 분권에 대한 설명 중 가장 적절하지 않은 것은?

① 자치적 분권의 유형에는 포괄적 수권주의, 개별적 수권주의, 절충주의, 계약주의 등의 방식이 있다.

② 자치적 분권하의 행정수행방식에는 기관위임사무는 물론 단체위임사무에 의한 수행방식도 포함된다.

③ 중앙집권에 대하여 지방분권 또는 지방자치라는 말을 언급하는 경우 보통 자치적 분권을 의미한다.

④ 예외적으로 인정하고 있는 기관별 분권도 넓은 의미로 이해할 때는 자치적 분권에 포함된다.

⑤ 자치적 분권이란 법인격을 지닌 지방자치단체가 단체자치를 실시하거나 주민들이 자신의 의사와 책임 하에 주민자치를 실시하는 것을 말한다.

해설

② 지방분권의 방법은 통치상의 권한배분관계인 자치적·지역적 분권과 행정상의 편의를 위한 행정적 분권으로 대별될 수 있다. 행정적 분권이란 중앙정부가 그의 권한과 사무 가운데 지방적으로 처리해야 할 국가사무에 대하여 지방행정기관에 위임하고, 그로 하여금 중앙정부의 감독 하에 수행하도록 하는 분권방법이다. 여기에는 별도의 하급행정기관을 설치하여 수행하는 방식과 지방자치단체 또는 그 집행기관에 위임하여 수행하는 방식이 있다. 다만 단체위임사무의 경우는 일단 권한과 사무를 위임받으면 지방자치단체가 자치사무로서 자주적인 의사와 책임 하에 처리하기 때문에 넓은 의미에서 볼 때 그 성질상 지방분권에 속한다고 할 수 있다. 그러나 지방자치단체의 사무종류에 대한 개념이 없는 영국, 미국 등에서와 같이 자치적 분권을 좁은 의미로 이해할 때는 위임사무에 의한 수행방식은 원칙적으로 포함되지 않는다. <답 ②>

35. 다음 중 기관별 특수적·기능적 분권에 대한 설명으로 타당한 것은?

① 중앙정부가 지방자치단체와의 계약을 통하여 사무처리를 위탁하는 방식이다.

② 지방자치단체가 처리할 수 있는 권한과 행정사항을 특별법에 의해 개별적으로 부여하는 방식이다.

③ 지방자치단체는 중앙정부의 일선기관으로서 지위를 가지며 업무집행시 중앙의 인가와 허가를 필요로 하는 방식이다.

④ 행정사무의 공동처리를 위하여 특별지방자치단체를 설치하고 자치권을 행사하도록 하는 방식이다.

⑤ 행정기능간의 종합·조정을 용이하게 하며, 행정의 책임성을 확보할 수 있다.

해설

기관별 특수적 · 기능적 분권은 특수한 행정사무를 처리하거나 행정사무의 공동처리를 위하여 법인격을 가진 특별지방자치단체를 설치하고, 그로 하여금 일정한 권한의 범위 내에서 자치권을 행사하도록 하는 방식이다. 우리나라의 지방자치법도 제159조~제164조에서 특별지방자치단체로서 지방자치단체조합에 대한 명문규정을 두고 있다. 그러나 이러한 분권방식은 (i) 지방자치단체의 난립을 가져와 행정기능간의 종합 · 조정을 곤란하게 하고, (ii) 지방행정에 대한 주민의 관심 및 통제력을 약화시키며, (iii) 책임소재를 불명확하게 할 우려가 있다. <답 ④>

36. 지방자치단체의 자치권이 가장 잘 보장받을 수 있는 권한부여방식은?

① 제한적 열거주의 ② 예시주의 ③ 포괄적 수권주의
④ 절충주의 ⑤ 개별적 수권주의

해설

개별적 수권주의는 지방자치단체가 처리할 수 있는 권한사항을 사무분야별 · 지방자치단체별로 특별법에 의하여 개별적 · 구체적으로 부여하는 방식이기 때문에 각급 정부단위간 사무배분과 책임한계가 명확하여 지방자치단체는 일정한 범위 내에서 광범위한 자치권을 행사할 수 있다. <답 ⑤>

37. 지방자치제도의 특성에 대한 설명으로 합당하지 않은 것은?

① 지방자치는 근대적 민족통일국가의 산물로서 중세의 봉건적 지방제도와는 그 의미나 성질에 있어서 근본적으로 다르다.
② 지방자치는 중앙정부가 지방적 국가사무의 처리를 중앙부처의 하급기관이나 지역일선기관에 위임하는 행정적 분권과 구별된다.
③ 지방자치권은 연방국가를 형성하고 있는 지방국가, 즉 주(州)의 권력과도 구별된다.
④ 봉건적 지방제도는 중앙정부의 일정한 감독 하에 수행되는 것을 의미하는데 비하여, 근대적 지방자치는 중앙정부로부터 완전히 해방된 것이었다.
⑤ 연방국가에 있어서의 지방자치란 각 지방국가와 당해 지방자치단체간의 문제라고 할 수 있다.

해설

지방자치제도는 정치적 통일성의 기반 하에서 국가로부터 승인된 일정한 범위 내의 자치권을 중앙정부의 관여 아래 행사하는 것을 그 특질로 하지만, 중세의 봉건적 지방행정은 국가적 통일성을 부정하고 중앙정부로부터 완전히 해방된 것으로서, 지방단체 및 자치도시는 소국가적 또는 주권적 · 절대적 지위를 향유하였다. 한편 연방국가에 있어서도 각 지방(州)은 당해 관할구역 내에서 입법 · 사법 · 행정에 관하여 준주권적 지위를 가지며 연방과 수평적 · 대등적 관계를 유지한다. <답 ④>

38. 다음 중 지방자치의 구성요소로 보기 어려운 것은?

① 자치구역 ② 자주재원 ③ 일선기관
④ 고유사무 ⑤ 대표기관

해설

일선기관이란 국가 또는 지방자치단체의 특정한 행정부서에 소속하여 특수한 전문분야의 행정사무를 처리하는 지방행정기관으로서, 이들 기관이 난립되어 있는 경우 지방행정의 종합성과 민주성의 상실을 초래할 가능성이 크다. <답 ③>

39. 지방자치의 필요성에 관한 내용으로 합당하지 않은 것은?

① 민주주의의 일상화 ② 규모의 경제실현 ③ 정책의 지역적 실험
④ 민주적 행정통제 ⑤ 주민의 자치의식 제고

해설

② 지방자치는 외부효과로 인한 비용과 편익의 불일치, 재정의 중복투자 등 규모의 경제를 상실하는 폐해를 낳는다. <답 ②>

≪지방자치의 필요성≫

구분	내용
정치적 가치	(i) 민주주의의 실천원리 (ii) 민주주의의 훈련장 (iii) 쿠데타나 혁명의 방지 (iv) 평화적 사회개혁 (v) 독재 및 전제정치에 대한 방어기능 (vi) 정국혼란의 방지
행정적 가치	(i) 지역특성에 적합한 행정의 실현 (ii) 지역적인 종합행정의 구현 (iii) 행정의 기능적 분화를 통한 효율행정의 촉진 (iv) 주민참여를 통한 행정통제와 민주화 구현 (v) 지역적 실험을 통한 다양한 정책경험 (vi) 지방공무원의 사기진작과 능력발전
사회·경제적 가치	(i) 지역주민의 주체의식 함양 (ii) 사회계층간의 갈등해소 (iii) 실질적인 사회·경제개발의 촉진 (iv) 지역문화의 육성 (v) 인적·물적 자원의 집중화 방지

40. 지방자치와 관련하여 틀린 것은? <2005 경기 7급>

① 지방자치는 권력의 분산을 실현시킴으로써 중앙의 전제적 횡포를 방지할 수 있다.
② 지방자치단체의 자치권의 대표적인 예로서 조례제정권을 들 수 있다.
③ 규모의 경제를 실현시킬 수 있다.
④ 지방재정조정제도로서 지방교부세 제도는 중앙정부와 지방정부간의 수직적 재정불균형을 해소하기 위해 운용되고 있다.

해설

지방자치는 규모의 경제를 실현하기는 어렵다. 지방교부세는 중앙정부와 지방정부간의 '수

직적' 재정불균형을 해소하기 위해 운용되는 제도인 동시에 지방정부간의 '수평적' 재정불균형을 해소하기 위해 운용되는 제도이다. <답 ③>

41. 우리나라 지방자치의 구성요소로 보기에 적당하지 않은 것은?

① 지방자치단체의 구역
② 지방자치단체의 지역공동문제
③ 지방자치단체의 자치권
④ 지방자치단체의 사법권
⑤ 지방자치단체의 지방세

해설

집행기관인 지방자치단체장과 의결기관인 지방의회로 구성되는 지방자치단체는 그 자치권으로서 자치입법권, 자치행정권, 자치조직권, 자치재정권을 행사한다. 다만, 자치사법권을 행사하는 자치법원을 공식적으로 가지고 있는 곳도 있으나, 오늘날 영미를 제외한 대부분의 나라에서는 사법자치를 인정하지 않고 있다. <답 ④>

42. 지방자치의 필요성에 관한 설명 중 적합하지 않은 것은?

① 독재 및 전제정치에 대한 방파제로서 기능한다.
② 행정의 전국적인 통일성 · 획일성을 도모할 수 있다.
③ 국가정책의 전국적 실시에서 발생할 수 있는 시행착오를 최소화할 수 있다.
④ 중앙정국의 변동에 따른 격변을 완화시킬 수 있다.
⑤ 중앙정부의 과중한 업무부담을 완화하여 행정능률을 향상시킬 수 있다.

해설

지방자치는 수많은 지역의 다양한 지방적 특성에 부합하고 주민들의 개별적 · 집단적 요구에 부응하는 공공정책을 수행할 수 있다. 즉 지방자치는 지역의 생태적 · 규모적 차이에 따라 발생하는 지방행정수요상의 개별적 특수문제를 가장 적절하고 효율적으로 대처할 수 있는 제도이다. 전국적인 통일성과 획일성은 중앙집권을 통하여 달성될 수 있는 것이다.
<답 ②>

43. 지방자치를 채택하는 정치적 가치로서 보기가 어려운 것은?

① 급진적 · 혁신적 사회개혁
② 쿠데타나 혁명의 방지
③ 민주주의의 이념실현
④ 주민의 정치적 욕구불만의 해소
⑤ 주민의 정치적 훈련

해설

지방자치는 (i) 민주주의의 기본원리인 자기책임성을 주민들이 일상생활에서부터 실천하는 것이며, (ii) 지역주민의 정치적 훈련과 자치역량의 배양 및 지도자 양성의 수단이 되는 민주주의의 훈련장이며, (iii) 정권교체나 정치변혁에 따른 일시적인 정치 · 사회의 혼란과 마비를 극복하는 데 이바지하며, (iv) 독재 및 전제정치에 대한 방파제의 역할을 담당하면서 주권재민의 이념을 구현하며, (v) 지방에 권력이 분산되어 있으므로 쿠데타나 혁명을 미연에 방지할 수 있는 역할을 수행한다. ① 지방자치는 각 지역의 여러 가지 개혁들이 모여 전국적인 개혁으로 확산되기 때문에 평화적 · 점진적인 사회개혁을 도모한다. <답 ①>

44. 지방자치는 행정적 측면에서도 그 필요성이 인정되고 있다. 적합하지 않은 것은?

① 다양한 공공정책의 수행 ② 종합행정의 구현
③ 주민통제의 강화 ④ 지방공무원이 창이성 개발
⑤ 전문성의 제고

해설

⑤ 지방자치는 일정한 지역 내에서 수행되는 여러 분야의 기능별·목적별 행정을 주민대표기관의 책임아래 종합적으로 처리하기 때문에 행정의 전문성을 제고하기가 어렵다. 지방자치의 행정적 가치로서 (i) 주민참여를 통한 행정통제와 민주화, (ii) 지역적 실험을 통한 다양한 정책경험, (iii) 행정업무의 기능적 분화를 통한 효율행정의 촉진, (iv) 지역적인 종합행정의 구현, (v) 지역실정에 적합한 행정의 실현, (vi) 지방공무원의 사기진작과 능력발전 등을 들 수 있다. <답 ⑤>

45. 우리나라 특유의 지방자치 저해요인이라고 볼 수 없는 것은?

① 지방재정의 궁핍 ② 자치의식의 결여 ③ 신중앙집권화
④ 권위주의적 행정문화 ⑤ 불건전한 도시화

해설

③ 오늘날 현대국가에서는 행정기능의 확대·강화와 복지사회국가에로의 이념변화에 따라 중앙정부의 권한이 현저하게 강화되는 새로운 신중앙집권화 경향을 보이고 있다. 그러나 신중앙집권화는 본질적으로 지방자치의 가치를 존중하고 있기 때문에 전통적인 중앙집권과는 그 의미가 다르다. 지방자치의 저해요인으로는 이외에도 (i) 국토분단에 따른 국가안보의 강조, (ii) 만성적인 지역감정, (iii) 교통·통신의 발달에 따른 전국의 1일생활권화, (iv) 공무원의 관료주의적 행태, (v) 강력한 중앙집권체제의 전통 등이 지적되고 있다.
<답 ③>

46. 다음 중 지방자치의 폐해에 대한 설명으로 틀린 것은?

① 지역이기주의가 팽배하고 지방자치단체간의 대립과 갈등을 심화시킬 수 있다.
② 지역이기주의에 편승한 자치단체장의 NIMTOO식 자치행정은 무리한 지역개발을 초래하여 지방재정을 악화시킬 우려가 있다.
③ 지방선거에의 정당참여 등으로 인하여 지방행정이 중앙정치의 하수인으로 전락할 우려가 크다.
④ 토론·협상·타협의 과정이나 불필요한 경쟁 및 극단적인 대립은 낭비와 비능률을 초래하기 쉽다.
⑤ 지방행정의 과학성이나 전문성이 약화되거나 무시됨으로써 지방행정의 발전을 저해할 가능성이 높다.

✍ 해설

지방자치의 폐해로는 (i) 부분이익에의 집착과 전체이익의 간과, (ii) 위기대응능력의 저하, (iii) 낭비와 행정능률의 저하, (iv) 외부효과에 따른 사업기피현상, (v) 규모의 경제상실, (vi) 분배 · 경제시책의 실패, (vii) 지역이기주의로 인한 행정마비, (viii) 행정의 정치화 등을 들 수 있다. ② 자치단체장의 단기적 성과에 집착한 전시위주의 'PIMTOO'식 자치행정은 무리한 지역개발을 초래하고 가뜩이나 지방재정이 빈약한 자치단체를 파산으로 몰고 갈 가능성이 농후하다. <답 ②>

47. 지방자치의 필요성을 판단하는 기준으로서 가장 타당성이 없는 것은?

① 인구의 행정적 통제 ② 지방사무의 복잡성 ③ 주민참여 및 통제
④ 교통 · 통신의 발달 ⑤ 지방정부의 재정자립도

✍ 해설

④ 교통 · 통신의 발달은 신중앙집권화를 촉진하는 요인이다. ① 지방자치를 실시하여 지역개발사업을 추진하고 지역경제를 활성화시킨다면, 대도시의 인구집중을 억제하고 인구를 지역으로 분산시킴으로써 인구의 행정적 통제효과를 거둘 수 있다. <답 ④>

48. 다음 중 지방자치의 장점이라고 보기 어려운 것은?

① 민주정치의 이념을 실현하는 데 불가결한 수단이다.
② 민주주의의 학교로서 주민의 정치교육에 기여한다.
③ 중앙정부의 시책에 대한 지역적 실험이 가능하다.
④ 지방자치권을 신장함으로써 지역여건에 적합한 행정체제를 확립할 수 있다.
⑤ 이해당사자들간의 대화와 타협을 통해 국론을 통합할 수 있다.

✍ 해설

⑤ 지방자치는 지역적 대응을 그 본질로 하는바, 자칫 국가 전체적인 이익이나 다수의 공동이익보다는 자기지역의 권한과 이익에 집착하는 지역이기주의를 심화시킴으로써 국론의 분열을 가져올 수 있다. <답 ⑤>

49. '지방자치는 민주주의의 원천일 뿐만 아니라 민주주의를 위한 최량의 학교이다'라고 말한 사람은?

① J. Bryce ② H. J. Laski ③ Tocqueville
④ J. J. Smith ⑤ Leo Moulin

✍ 해설

① James Bryce: '근대민주주의론'에서 '지방자치의 실시는 민주주의를 위한 최량의 학교이며, 민주주의의 성공을 보장받을 수 있는 가장 확실한 보증인'이라고 강조하였다. ② H. J. Laski: '민주적 지방정부는 민주적 중앙정부의 필요한 동반자이다.' ③ Tocqueville: '지방자치의 자유에 대한 관계는 초등학교의 학문에 대한 관계와 같다. 지방자치 없이도 국가는 자유로운 정부를 가질 수 있을지 모르지만 자유의 정신은 가질 수 없다.' ④ J. J.

Smith: '지방자치정부는 민주주의의 고향이다.' <답 ①>

50. 지방자치와 민주주의는 긴밀한 관계에 있다고 보는 관계긍정설의 내용으로 부적합한 것은?

① 지방자치를 독재적인 중앙권력을 견제할 수 있는 방어장치로서 이해한다.
② 국권설에 입각한 대륙계의 단체자치에 근거하고 있다.
③ 지방자치를 민주시민의 양성소 내지는 민주주의교육의 장이라고 한다.
④ K. Panter-Brick은 이 견해의 대표적인 주장자이다.
⑤ 민주주의란 지방자치의 본질적인 요소라고 한다.

✍ **해설**

지방자치와 민주주의간 관계긍정설은 민주주의를 지방자치의 본질적 요소로 간주하면서 양자간의 상호보완성을 주장하는 입장이다. 이 견해는 고유권설에 입각한 영미계의 주민자치에 근거를 두고 있으며, 민주주의의 실천원리, 민주주의의 훈련장, 주민참정기회의 제공 등 지방자치의 정치적 가치를 주장의 논거로서 제시한다. 대표적인 학자로는 K. Panter-Brick, J. S. Mill, J. Bryce, Tocqueville, H. J. Laski 등이 있다. <답 ②>

51. '지방자치정부는 작은 지엽적·개인적 이익을 방어하는 훈련장에 불과할 뿐이다'라고 주장한 학자는?

① J. Bryce ② K. Kelsen ③ Leo Moulin
④ G. C. S. Benson ⑤ G. Langrod

✍ **해설**

③ Leo Moulin은 지방자치정부가 국가의 더 큰 전체이익을 간과한다고 한다. ② K. Kelsen: '중앙정부의 전체의사와 지방정부의 부분의사는 상반될 수 있다.' <답 ③>

52. 민주주의와 지방자치에 관한 논쟁 중 관계부정설의 논거로 틀린 것은?

① 분권화된 참여체제에 있어서 주민통제와 참여는 사실상 허구에 불과하다.
② 지방과두제에 대한 봉사는 인간세계의 불완전의 소산이다.
③ 참여기회의 확대가 실질적 의미의 민주주의를 보장하지는 않는다.
④ 다수집단은 소수의 기본권을 무시하고 자신들의 이익만을 추구한다.
⑤ 지방자치는 전체적 이익보다는 지역적 이익을 지나치게 중시한다.

✍ **해설**

지방자치와 민주주의간 관계부정설은 지역사회의 정치적 모순을 인지하고, 이의 타파를 위하여 민주적 중앙정부의 적극적 역할을 강조하는 입장이다. 주로 국권설에 입각한 대륙계의 단체자치에 근거를 두고 있는 이 견해에서는 민주화된 정치체제에 있어서 지방자치란 무가치하며 오히려 능률을 저해한다고 주장한다. 이러한 주장의 논거로는 (i) 낮은 참여수준, (ii) 소수전제의 가능성, (iii) 다수횡포에 따른 불평등, (iv) 지역이기주의 및 배타주의의 학습 등을 들고 있다. G. Langrod, Leo Moulin, G. C. S. Benson, K. Kelsen

등이 여기에 속하는 대표적인 학자들이다. <답 ②>

53. **민주주의와 지방자치의 관계에 관한 논쟁에서 관계긍정설의 입장에 있는 학자는?**

① G. Langrod ② K. Kelsen ③ Leo Moulin
④ H. J. Laski ⑤ G. C. S. Benson

해설

고유권설에 입각한 영미계의 주민자치에 근거를 두고 있는 관계긍정설의 대표적인 학자로는 K. Panter-Brick, J. S. Mill, J. Bryce, Tocqueville, H. J. Laski 등이 있다. 이들은 관계긍정설의 논거로서 (i) 국가권력의 제한원리, (ii) 민주주의의 학교 및 훈련장, (iii) 민주주의이념의 실천원리, (iv) 참여기회의 제공 등을 들고 있다. <답 ④>

54. **민주주의와 지방자치단체간의 관계를 부정적으로 본 학자는?**

① A. de Tocqueville ② K. Panter-Brick <2001 지시>
③ J. Bryce ④ J. S. Mill ⑤ G. Langrod

해설

관계부정설의 대표적인 학자는 G. Langrod, Leo Moulin, G. C. S. Benson, K. Kelsen 등이다. <답 ⑤>

55. **다음 보기 중 지방자치와 민주주의의 관계긍정설의 입장을 취하는 학자들을 모두 고른다면?**

㈎ K. Panter-Brick	㈏ J. S. Mill	㈐ J. Bryce
㈑ K. Kelsen	㈒ Tocqueville	

① ㈎, ㈏, ㈐, ㈑ ② ㈎, ㈐, ㈑, ㈒ ③ ㈏, ㈐, ㈑, ㈒
④ ㈎, ㈏, ㈐, ㈒ ⑤ ㈎, ㈏, ㈐, ㈑, ㈒

해설

관계긍정설의 대표적인 학자는 K. Panter-Brick, J. S. Mill, J. Bryce, Tocqueville, H. J. Laski 등이며, 관계부정설의 대표적인 학자는 G. Langrod, Leo Moulin, G. C. S. Benson, K. Kelsen 등이다. <답 ④>

56. **지방자치와 민주주의의 관계에 대한 설명 중 잘못된 것은?**

① 지방자치는 민주주의 학습 과정이다. <2004 대구 9급>
② 지방자치는 중앙정부의 집권화를 억제할 수 있다.
③ 지방자치는 주민의 복지와 이익을 증진시킨다.
④ 지방자치는 주민의 직접 참여와 통제를 강화시킨다.

✍ 해설

지방자치에서 의미하는 민주성은 의사결정과정에 대한 주민참여와 중앙정부에 대응하는 지방의 분권체제 강화이다. 주민복지와 이익 증진은 민주주의와 직접적 관련성은 상대적으로 적다. <답 ③>

57. 다음 중 단체자치의 개념과 관련이 없는 것은?

① 주로 행정적 통제에 의한다.
② 프랑스, 독일을 중심으로 대륙에서 발전되었다.
③ 법률적 의미의 자치행정이다.
④ 자연발생적 · 전통적인 것이다.
⑤ 우리나라에서 채택하고 있다.

✍ 해설

단체자치는 국가와 지방자치단체간의 관계에서 지방자치를 허용하는 측면이 강조된 것을 말한다. 이러한 단체자치는 독일, 프랑스 등 유럽 제국에서 발전되었으며, 그 형성과정상 인위적 · 제도적 · 통제적인 성격을 갖는다. 즉 절대군주의 전제적 전통이 강한 프랑스, 독일에서는 정치적 개혁을 통하여 계획적 · 조직적인 지방자치제도를 확립하고, 중앙정부의 권력에 대항하는 법률적 의미의 지방자치를 발전시켰다. 우리나라와 일본에서도 채택하고 있다. <답 ④>

58. 지방자치의 계보 중 단체자치에 관한 설명과 관계가 먼 것은?

① 자치를 위해서는 별도의 법인격이 존재하여야 한다.
② 국가사무와 지방사무의 구분이 엄격하다.
③ 전래설의 원리에 의해 자치권이 부여된다.
④ 중앙과 지방간의 관계는 권력적 감독관계이다.
⑤ 국가목적의 달성을 위한 수단적 성격이 내포되어 있다.

✍ 해설

단체자치는 국가로부터 독립된 법인격을 가진 지방자치단체가 주체가 되어 행정을 처리하는 법률적 의미의 자치로서, 국가로부터 부여받은 권한의 범위 내에서 자치적으로 행정을 수행하는 지방분권사상에 기초를 둔다. 이에 반하여 주민자치는 지방의 모든 행정사무를 주민 자신이 자주적으로 처리하는 정치적 의미의 자치로서, 자기결정성 · 자기처리성 · 자기책임성에 입각하여 민주주의 이념을 실현하려는 것이다. 따라서 주민자치에서는 자치권을 주민 고유의 천부적인 권리로, 단체자치에서는 국가로부터 주어진 것으로 인식한다. ② 단체자치에서는 국가가 포괄적으로 권한을 부여하기 때문에 국가사무와 지방사무의 구분이 명확하지 않다. 즉 지방자치단체의 사무를 자치사무와 위임사무로 구분하고 있다.
<답 ②>

59. 주민자치제도의 특징으로 적절하지 않은 것은?

① 주민의 정치참여가 특히 강조되는 정치적 의미의 자치이다.

② 지방에 대한 주된 국가관여방식은 입법적 · 사법적 통제이다.
③ 전문적인 직업관료에 의하여 행정이 수행된다.
④ 권한부여방식은 개별적 지정주의이다.
⑤ 자연발생적 · 자율적 · 전통적으로 형성된 제도이다.

해설

주민자치는 근대적 통일국가의 성립 이전부터 주민총회를 널리 실시하여 온 영국에서 발달된 제도이다. 이것은 주민의 일상생활과 관련된 행정사무를 지역주민이 자신들의 의사와 책임 하에 처리하는 것으로서, 정치적 의미의 자치라고 말한다. 여기서는 직업관료에 의하지 않고 지방주민으로 구성된 명예직 공무원이 공공업무를 수행하는데, 이들은 원칙적으로 선거가 아닌 임명에 의하여 공무에 가담하였다. <답 ③>

60. 대륙형 지방자치의 특징으로 타당성이 없는 것은?

① 지방자치를 통치수단의 하나로 간주한다.
② 지방정부는 자치단체인 동시에 국가하급기관으로서의 이중적 지위를 갖는다.
③ Thouret의 지방권사상에서 비롯된 철저한 지방분권체제이다.
④ 광범위한 행정적 통제가 가해진다.
⑤ 집행기관 우월주의의 기관대립형 정부형태를 채택한다.

해설

대륙형 지방자치에서는 지방자치를 하나의 통치수단으로 간주하고, 단체자치의 개념에 기초하여 지방자치란 국가로부터 독립된 법인격 있는 지방자치단체가 수행하는 행정이라고 본다. 이러한 지방자치개념은 지방분권사상에 기초하고 있지만 자치권을 국가로부터 주어진 것, 즉 국가가 지방자치단체의 자치권의 범위와 정도를 결정하는 것으로 파악한다. ③ 따라서 지방자치단체의 자치권을 개인의 천부적 기본권과 같이 자치단체가 본래 향유하는 전국가적인 자연권으로 인식한 Thouret의 지방권설과는 무관하다. <답 ③>

61. 주민자치와 단체자치에 관한 설명이다. 타당하지 않은 것은?

① 역사적인 형성과정이나 발전지역 및 자치의 이념이 상이하여 오늘날 그 구별이 뚜렷해지고 있다.
② 주민자치는 지방자치와 민주주의의 상관관계를 강조한다.
③ 역사적인 형성과정에서 볼 때, 주민자치는 자연발생적 · 전통적임에 반하여 단체자치는 인위적 · 제도적이다.
④ 주민자치와 단체자치는 이상적인 지방자치의 실현을 위하여 불가분의 관계에 있다.
⑤ 주민자치가 지방자치의 본질적 요소라고 한다면, 단체자치는 주민자치를 실현하기 위한 형식적 · 법제적 요소라고 할 수 있다.

✍ 해설

지방자치에는 국가와 지방자치단체간 관계에서의 단체자치, 지방자치단체와 주민간 관계에서의 주민자치라는 두 가지 국면이 있게 되는데, 이들 양자는 모두 지방자치의 실현을 위하여 없어서는 안 될 필수불가결한 요소이다. 그것은 주민자치를 아무리 잘 하여도 국가로부터 독립된 법인격을 갖는 지방자치단체가 인정되지 않는다면 자치를 실현할 수 있는 주체가 없게 되며, 지방자치단체에 상당한 자치권이 인정된다고 할지라도 그 자치권의 행사에 주민참여가 보장되지 않는다면 참된 의미의 지방자치가 실현될 수 없기 때문이다. 따라서 오늘날 현대국가에서는 단체자치적 요소와 주민자치적 요소가 상호접근하여 조화있게 포괄되어 있다. <답 ①>

62. 단체자치와 관계가 없는 것은?

① 포괄적 위임주의 ② 중앙집권적 정치체제 ③ 사법적 감독
④ 대륙형 지방자치제도 ⑤ 지방분권사상

✍ 해설

주민자치는 (i) 개별적 지정주의, (ii) 입법적 · 사법적 통제, (iii) 기관통합형(의결기관 우월주의), (iv) 지방자치단체의 사무구분 없음, (v) 독립세주의, (vi) 기능적 협력관계, (vii) 광범위한 자치권 등의 특징을 갖는 데 반해, 단체자치는 (i) 포괄적 위임주의, (ii) 행정적 통제, (iii) 기관대립형(집행기관 우월주의), (iv) 자치사무와 위임사무의 명확한 구분, (v) 부가세주의, (vi) 권력적 감독관계, (vii) 협소한 자치권 등의 특징을 지닌다. <답 ③>

63. 주민자치와 단체자치의 차이에 대한 설명으로 잘못된 것은?

<2005 경북 9급>

① 자치권 인식-주민자치는 전래권, 단체자치는 고유권으로 간주
② 자치의 중점-주민자치는 주민 참여, 단체자치는 중앙정부로부터 독립 강조
③ 권한 부여-주민자치는 개별적 지정주의, 단체자치는 포괄적 위임주의
④ 사무 구분-주민자치는 자치사무와 위임사무, 단체자치는 엄격한 구분 없음

✍ 해설

주민자치는 지역 주민들이 원래 자치권을 보유하고 있다는 고유자치권에 기반하는 반면 단체자치는 지방의 자치권은 중앙정부로부터 권한을 부여받았다는 전래권 전제 하에서 출발한다. <답 ①>

64. 주민자치와 단체자치의 차이점에 관한 설명 중 틀린 것은?

① 자치의 중점에서 주민자치는 지방단체의 국가로부터의 독립에, 단체자치는 자치정부에의 주민참여에 중점을 둔다.
② 사무구분에서 주민자치에서는 자치사무와 위임사무를 구별하지 않으나, 단체자치에서는 이를 엄격히 구별한다.
③ 중앙과 지방간 관계에서 주민자치는 기능적 협력관계이지만, 단체자치에서는 권력적 감독관계이다.

④ 자치권의 인식에서 주민자치는 고유권으로, 단체자치는 전래권으로 본다.
⑤ 조세제도에서 주민자치는 독립세주의이나, 단체자치에서는 부가세주의이다.

해설

주민자치는 지방정부와 주민간의 관계에 중점을 두고 주민의 정치참여를 확대하려 하지만, 단체자치에서는 지방자치단체의 국가로부터 독립성, 즉 국가와 지방자치단체간의 관계에 중점을 두고 지방자치단체의 자치권을 신장하려고 한다. <답 ①>

65. 오늘날 주민자치와 단체자치는 상호 접근해가고 있다고 한다. 그 이유로서 맞지 않는 것은?

① 양자의 구별은 발전과정상 · 연혁상의 차이에 불과하다.
② 이론상으로도 양 계보가 조화됨으로써 완전한 지방자치를 실현할 수 있다.
③ 제2차 대전 이후 신생국이 단체자치적 요소를 도입하고 있다.
④ 영국과 미국에서 신중앙집권화의 경향으로 나아가고 있다.
⑤ 대륙계 국가에서 주민자치적 요소를 도입하고 있다.

해설

본래 주민자치와 단체자치의 구별은 근대적 지방자치의 발전과정상에 나타나는 연혁적인 차이에 근거하고 있을 뿐이며, 오늘날에 와서는 (i) 이론상의 이유, (ii) 통치구조의 변질, (iii) 신중앙집권화 경향, (iv) 신생독립국의 양 요소의 혼합적 도입, (v) 제2차 대전의 승패의 결과 등의 이유로 두 가지 유형이 상호 접근해가고 있다. <답 ③>

66. 다음 중 주민자치에 관한 설명으로 부적절한 것은?

① 지방정부는 국가의 지방행정조직으로서의 지방단체를 의미한다.
② 지방정부의 기관은 의결기관인 동시에 집행기관의 성격을 갖는다.
③ 소규모 지방단체의 역할이 중요시되었다.
④ 고전적 의미의 지방자치제도로서 오늘날 그 의미가 퇴색하고 있다.
⑤ 주민이 자기가 선출한 대표를 통하여 참정권을 행사한다.

해설

제2차 대전 이후 주민자치와 단체자치는 상호접근해가면서 혼합되고 있다. 즉 패전국인 독일, 이탈리아, 일본 등은 관료주의적 중앙집권체제를 청산하고 영미계의 주민자치적 요소를 대거 도입 · 가미하고 있으며, 이와 반대로 승전국인 영국, 미국은 전쟁수행과정 중에 신중앙집권화 경향으로 나아가면서 단체자치적 요소를 채택하고 있다. 뿐만 아니라 제2차 대전 이후 독립한 대부분의 신생국들도 양 제도를 동시에 혼합적으로 도입하고 있다.
<답 ④>

67. 주민자치에 대한 적절한 설명은? <2004 경기 9급>

① 고유사무와 위임사무의 구체적인 구분이 가능하다.

② 자치단체는 독립된 법인격을 가진다.
③ 풀뿌리 민주주의에 유리하다.
④ 자치단체 권한은 국가로부터 전래된 것이다.

해설

지방자치를 주민자치와 단체자치로 구분할 때 ①, ②, ④는 단체자치와 관련됨. <답 ③>

68. 지방자치의 발생론적 구분으로 주민자치와 단체자치에 대한 설명으로 틀린 것은? <2005 경기 9급>

① 주민자치란 지방주민의 의사와 책임 하에 스스로 주민이 선출한 대표자를 통해 지역의 공공사무를 처리하는 것을 뜻한다.
② 단체자치는 독일과 프랑스 등 유럽대륙을 중심으로 발달하였다.
③ 주민자치는 주민참여에 중점을 두는 제도이다.
④ 단체자치에서는 중앙정부의 특별행정기관과 지방자치단체의 행정기관이 지방에 공존하는 일은 없다.

해설

단체자치는 지방자치권이 중앙정부로부터 위임된 것으로 인정하기 때문에 지방 단위 행정에서 중앙정부의 개입이 상대적으로 크다. 따라서 중앙정부에서 설치한 특별지방행정기관이 지방 단위에 별도로 운영되어도 논리적인 모순은 발생하지 않는다. 유럽대륙, 일본, 우리나라 등 단체자치 전통하의 국가에서도 특별지방행정기관을 설치하여 관치행정을 실시하고 있다. <답 ④>

69. 영국형 지방자치제도의 내용으로 옳은 것은?

① 자치조직권을 부여하고 있어 각 자치단체마다 다양한 기관구성형태를 보이고 있다.
② 지방의회가 정책결정기능과 집행기능을 동시에 수행한다.
③ 자치단체의 장은 집행기관과 하급행정기관으로서의 이중적 지위를 갖는다.
④ 집행기관 우월주의의 정부형태를 취하고 있다.
⑤ 지방의회가 선출한 집행위원회가 행정을 수행한다.

해설

영국형의 주요 특징을 보면, (i) 의회우위주의 기관통합형 정부형태를 취한다. (ii) 지방의회가 의결기관인 동시에 집행기관이다. (iii) 의회에서 임명된 수석행정관이 행정을 총괄적으로 집행한다. (iv) 국가위임사무와 지방사무의 구별이 없다. (v) 중앙정부의 감독은 입법적·협력적 통제에 의하고 있다. 이 유형에는 영국을 위시하여 캐나다, 오스트레일리아, 뉴질랜드, 남아연방 및 파키스탄, 인도, 스리랑카, 말레이시아 등이 속한다. ① 다만 영국의 경우 2000년부터 시장을 주민이 직선으로 선출하도록 하는 등 기관구성형태에 대한 선택권을 주민에게 주어 기관대립형과 기관통합형이 공존하고 있다. <답 ②>

70. 지방자치제도의 유형에 관한 설명으로 타당성이 없는 것은?

① 지방자치제도는 영미형과 대륙형의 범주 안에서 일률적인 형태로 존재하고 발전하여 왔다.

② 지방자치제도의 현 위치와 문제점을 명확하게 파악하기 위하여 유형을 분류할 필요가 있다.

③ S. Humes와 E. M. Martin은 영국군, 북구군, 중·서구군, 동구군, 남구군, 서아·북아군, 중남아·동아군, 남미군, 극동군의 9개 유형으로 분류한다.

④ H. F. Alderfer는 지방자치제도를 영국군, 프랑스군, 소련군, 전통군 등의 4개 유형으로 분류하고 있다.

⑤ H. F. Alderfer의 분류 중 전통군은 다양한 원시적 자치제도를 총칭하는 것이다.

해설

각국의 지방자치제도는 그 나라의 역사적 전통과 정치적·경제적·사회적·문화적 환경 속에서 발전되고 국가 또는 지역간 교류와 접촉을 통하여 형성되므로 다양한 형태의 지방자치제도가 존재하게 된다. 지방자치제도의 유형을 분류함에 있어서 고려해야 할 요인으로는 대체로 (i) 지리적 접근성 또는 지정학적 위치, (ii) 문화적 동질성, (iii) 식민·점령에 의한 강제적 이식, (iv) 자발적 모방 등을 들 수 있다. <답 ①>

71. 지방자치의 유형 중 스칸디나비아형에 대한 설명과 관련이 없는 것은?

① 자치의 범위가 유럽 어느 나라보다 광범위하며, 특히 기초자치단체의 자치권능은 대단히 광범위하다.

② 도 단위에서는 자치단체로서의 도 이외에 동일한 구역을 관할하는 국가행정기관으로서의 도청이 별도로 존재하고 있다.

③ 스웨덴, 노르웨이, 덴마크, 핀란드, 아이슬란드 등이 이 유형에 속한다.

④ 의결기관인 지방의회와 집행기관으로서의 지방자치단체장이 존재하고 있다.

⑤ 지방의회의 구성에 있어서 우리나라의 광역의원선거처럼 비례대표제가 가미되어 있는 것이 특징이다.

해설

스칸디나비아형에서는 의결기관인 지방의회와 집행기관으로서 의회에 의하여 선출되는 집행위원회 및 부문별 행정위원회가 있다. 자치단체의 장은 별도로 존재하지 않으며, 의회의 장이 의결기관을, 집행위원회 위원장이 집행기관을 각각 대표한다. <답 ④>

72. 지방자치의 현대적 유형 중 프랑스형의 특색과 관련이 없는 것은?

① 지방자치단체는 피라미드 계층구조 하의 하부구조를 이루고 있다.

② 매우 높은 자치권을 부여받아 광범위하고 실질적인 자치가 이루어지고

있다.

③ 지방자치단체와 국가의 지방행정구역이 중첩화되어 있다.

④ 중앙정부의 지방자치단체에 대한 행정적 · 권력적 통제가 매우 강하다.

⑤ 1982년 이전의 프랑스, 이탈리아, 벨기에, 레바논, 이란 등이 이 유형에 속한다.

해설

프랑스형의 지방자치에 있어서 지방자치단체의 기관구성형태는 집행기관 우위주의에 입각한 기관대립형을 채택하고 있다. 또한 중앙정부의 행정적 · 권력적 통제가 매우 강하여 중앙정부는 지방자치단체의 주요 간부의 임명, 지방의회의 해산 및 기능정지, 지방의회의원의 면직, 의회결정사항의 취소 · 정지 등의 권한을 행사하고 있다. 이 유형에서 지방자치단체장은 지방자치단체의 집행기관과 중앙정부의 하급행정기관으로서의 이중적 지위를 갖는다. <답 ②>

73. 오늘날은 고도의 중앙집권화 경향을 보이고 있는데, 그 요인으로 맞지 않는 것은?

① 과학기술과 교통 · 통신의 발달

② 주민최저수준의 확보

③ 행정역할의 변화

④ 민주주의국가로의 이념변화

⑤ 광역적 처리에 의한 규모의 경제실현

해설

오늘날 현대국가의 고도의 중앙집권화경향을 신중앙집권화라고 하는데, 이는 복지사회국가의 실현을 위해 행정의 민주적 통제와 능률화를 조화시키려는 것이다. 이러한 신중앙집권화의 요인으로는 (i) 주민생활권의 확대, (ii) 지방재정에 대한 경제적인 규제의 필요성, (iii) 주민과 자치단체간의 분쟁해결을 위한 제도적 장치의 필요성, (iv) 자치단체간 행 · 재정 능력격차의 심화, (v) 행정기능의 확대, (vi) 행정의 광역적 조정의 필요성 등을 들 수 있다. <답 ④>

74. 최근 지방자치행정의 위기론이 제기되고 있다. 그 원인으로 보기 어려운 것은?

① 국고보조금의 증가

② 지역공동체의식의 퇴색

③ 국가와 사회의 동실성 확보

④ 자치단체간 협력구조의 증대

⑤ 사회적 · 경제적 기반의 변화

해설

지방자치의 위기론은 과거 강력한 중앙집권체제의 전통을 가지고 있었던 프랑스, 독일 등에서 대두된 것으로서, 중앙집권화 경향과 지방정부에 대한 중앙정부의 통제력의 강화로 인하여 지방자치단체의 자치권의 범위가 축소되는 등 지방자치제도가 심각한 도전을 받게 되자 이에 대한 우려에서 나온 것이라고 할 수 있다. 이러한 지방자치위기의 원인으로는 (i) 지방자치이론의 역사적 기반의 상실, (ii) 지방자치의 정신적 기초인 자치의식의 쇠퇴, (iii) 지방재정의 취약성, (iv) 정당의 무분별한 지방정치개입 등이 지적되고 있다. ④ 지방자치단체간 자주적인 협력구조나 연합체 결성의 증가는 지방자치단체로 하여금 국정에 대한 발언권을 강화하고 자치능력을 보강할 수 있도록 함으로써 건전한 지방자치의 정착에 기여한다. <답 ④>

75. 신중앙집권화에 대한 설명과 거리가 먼 것은?

① 현대국가의 행정조직의 원리로서 일반적 · 보편적인 것이라 할 수 있다.
② 중앙정부가 지방자치단체에 대하여 기술적 · 재정적 지원을 증가시키는 협력적 통제를 의미한다.
③ 행정국가화 현상으로 종래의 소극적 국가기능이 적극화됨에 따라 이에 대응하려는 것이다.
④ 현대국가의 사회적 요청에 부응하기 위해 행정능률을 향상시키려는 비권력적 집권이다.
⑤ 시대적으로 차이는 있으나 고전적 중앙집권화와 같은 성질을 갖는 지방분권에 대립적인 정치원리이다.

해설

신중앙집권화는 일단 지방자치가 확고한 뿌리를 내리고 있는 국가에서 복지국가의 건설, 행정의 능률성 확보는 물론 지방분권에 의한 지방자치의 단점을 보완하기 위하여 중앙정부나 중간자치단체의 역할이 증가되어 가는 현상을 말한다. 이러한 신중앙집권화는 중앙정부와 지방정부의 정치적 민주화가 사회적 · 제도적으로 실현되고 있음을 전제로 한 새로운 정치원리로서, 지방분권과 대립되는 개념이 아니라 상호보완적 협조관계를 가진다.
<답 ⑤>

76. 다음 중 신중앙집권화의 촉진요인이 아닌 것은? <2006 서울 7급>

① 교통 · 통신의 발달 ② 행정기능의 확대
③ 지방 재정의 부족 ④ 지역 이기주의의 팽배
⑤ 생활권 확대에 따른 국가의 경제적 규제 필요성

해설

신중앙집권은 20C 행정국가 현상이 나타남에 따라 오랫동안 지방자치가 발달되어 온 영 · 미에서 새롭게 대두된 중앙집권 형태로서, 중앙집권의 능률성과 지방분권의 민주성을 조화시키며 지방자치의 민주적 통제를 부인하지 않는다는 점에서 지방분권을 무시한 절대군주국가 시대의 중앙집권과는 다르다. ④ 지역이기주의의 팽배는 지역간 분쟁을 해결해야 한다는 당위적 측면에서 광역행정 을 촉진하는 요인이 되지만, 신중앙집권화 현상과는 직접적인 관련이 없다. <답 ④>

≪신중앙집권화의 촉진요인≫

(i) 주민최저수준의 확보, (ii) 주민생활권의 확대, (iii) 개발행정 · 계획행정의 필요, (iv) 지방자치단체의 재정력부족, (v) 사회 · 경제의 비약적 발전, (vi) 지방사무의 국가사무화, (vii) 행정국가화 현상(행정사무의 양적 증대와 질적 변화), (viii) 교통 · 통신의 발달, (ix) 국제적 긴장고조

77. 신중앙집권화에 대한 설명 중 옳지 않은 것은? <2004 국가 9급>

① 국가 · 지방의 공동사무의 증대, 중앙의 정책계획의 증대 등이 신중앙집권화 현상의 요인이다.

② 신중앙집권화는 수평적 · 협동적 집권이 아니라 수직적 · 관료적 집권을 의미한다.

③ 신중앙집권화는 국민생활권의 확대와 행정서비스의 국민적 최저수준 유지의 필요성에 의해 촉진되었다.

④ 권력은 분산하나 지식과 기술은 집중함으로써 지방자치의 민주화와 능률화의 조화를 추구한다.

해설

절대군주국가의 중앙집권에서는 중앙과 지방이 권력적 · 관료적 · 지배적(억압적) · 수직적 · 후견적 관계인 반면, 신중앙집권에서는 비권력적 · 협력적(수평적) · 기술적 · 지도적 · 수평적 · 형제적 병렬관계이다. <납 ②>

78. 신중앙집권화 경향에 대한 설명으로 옳지 않은 것은? <2001 국가 7급>

① 지방재정의 만성적 위기를 해결하는 대안으로 추진되기도 한다.

② 과학 · 기술 및 교통 · 통신의 발달로 지방분권화의 필요성이 상대적으로 감소되었다.

③ 행정의 광역화와 파급효과 등이 이를 촉진시키는 요인이다.

④ 세계화의 추세에 따라 지방자치의 필요성이 점차 소멸해 가는 경향을 반영한다.

해설

1990년대 신자유주의를 이념적 배경으로 세계화와 지방화가 동시에 강조되는 신지방분권이 대두되었다. ① 지역 고유의 경제가 쇠퇴함에 따라 지방재원이 위축되고 지역세원의 불균형이 초래됨에 따라 지방재정의 만성적 위기가 발생하였다. 이에 신중앙집권화가 해결 대안으로 대두하게 되었다. 신중앙집권화는 효율적 행정을 도모하되, 중앙정부와 지방정부의 정치적 민주화(지방분권화)를 전제로 한다. <답 ④>

79. 지방자치의 현대적 경향에 관한 내용으로 틀린 것은?

① 영국과 미국에서 지방자치의 개편론이, 독일과 프랑스에서 지방자치의 위기론이 제기되었다.

② 민주성과 능률성을 균형 있게 달성할 수 있는 중앙집권과 지방분권의 조화를 향해 나아가고 있다.

③ 신중앙집권화와 신지방분권화는 각 나라의 역사적 전통과 처해 있는 환경 등 입장의 차이 때문에 그 실질이 전혀 다르다고 할 수 있다.

④ 영국에서는 신중앙집권화 경향을, 프랑스 · 독일에서는 신지방분권화 경향을 띠고 있다.

⑤ 중앙정부와 지방정부가 자동성을 전제로 하여 함께 주민복지와 국가발전에 이바지하는 협조적 의미의 참여적 지방자치이다.

해설

③ 신중앙집권화와 신지방분권화는 각 나라의 역사적 전통과 그 나라가 입각하고 있는 입장의 차이를 전제로 하면서 시대적으로 요청되고 있는 어떤 일정한 일치점을 향하여 상호접근하고 있는 교호적 지향의 현상일 뿐이지, 결코 그 실질이 다른 것은 아니라고 할 수 있다. 최근의 현대국가에 있어서는 중앙집권과 지방분권의 균형화를 모색하려는 노력의 일환으로서, 중앙정부는 지도와 협조를 통한 참여적 집권을 지향하고, 지방정부는 협력적 분권을 지향하는 기능적 협력관계로 체제전환이 이루어지고 있다. <답 ③>

80. 신중앙집권화에 있어서 중앙과 지방간의 관계는?

① 기능적 협력관계 ② 관료적 감독관계 ③ 자주적 독립관계
④ 배타적 권력관계 ⑤ 권력적 후견관계

해설

신중앙집권화란 과거의 중앙집권화와는 달리 민주정치의 발전을 위한 원리로서 일단 지방분권화를 실현한 뒤에 사회적 요청에 따른 능률화를 조화시키려는 경향이다. 즉 신중앙집권화는 지방자치를 전적으로 부인하는 절대적인 중앙집권이 아니라 지방분권 내지는 지방자치의 가치와 역사적 공헌을 인정·보존하면서 그것과 조화되는 범위 내에서 새로운 시대적 요청에 부응하여 중앙집권을 도모하는 상대적 중앙집권인 것이다. <답 ①>

81. 신중앙집권화의 경향을 가져오게 한 원인으로 틀린 것은?

① 과학적 지식의 발달
② 지방업무와 국가정책의 관련성
③ 미국의 '홈룰'(Home Rule)운동의 영향
④ 교통·통신수단의 발달
⑤ 국제정세의 불안정과 긴장고조

해설

신중앙집권화의 요인은 ①, ②, ④, ⑤ 외에 (i) 사회복지국가에로의 이념변화, (ii) 행정역할의 변화, (iii) 광역행정수요의 증가, (iv) 사회 및 경제의 비약적인 발전, (v) 행정업무의 양적 증가와 질적 변화, (vi) 국민생활권의 확대, (vii) 지방자치단체의 행·재정능력의 부족 등을 들 수 있다. ③ 미국의 '홈룰'운동은 주의회의 도시정부에 대한 권력남용으로부터 도시정부가 자신의 자치권을 획득하려고 한 신지방분권화운동이다. <답 ③>

82. 다음 중 신중앙집권화의 특징으로서 잘못 설명된 것은?

① 중앙정부가 지방자치단체에 대하여 위임하거나 의무적으로 부과하는 사업이 증대하고 있다.
② 지방자치단체에 대한 중앙정부의 행정적 관여가 강화되어 후견적·권력적 통제가 이루어지고 있다.

③ 지방자치단체에 사무를 위임하는 경우 기관위임의 형태를 취하여 지방의회의 관여를 배제시키고 있다.
④ 중앙재정에의 의존현상이 커져 중앙정부의 재정적 지원과 계획기능이 강화되고 있다.
⑤ 지방에서 처리해야 할 필요가 있는 행정사무를 특별지방행정기관을 설치하여 수행하고 있다.

해설

신중앙집권화란 지방자치제도를 발전시켜 온 근대민주주의국가에 있어서 행정기능의 확대 · 강화에 따라 중앙정부의 권한이 현저하게 강화된 새로운 경향을 말한다. 이러한 신중앙집권화에서의 통제의 목적은 지방자치단체에 대한 국가의 일방적 지배나 억압에 있는 것이 아니고 지방자치단체가 주민을 위하여 모든 행정을 효율적으로 수행할 수 있도록 보장하고 협력하는 데 있다. 따라서 통제방식도 중앙의 우월성을 토대로 한 권력적 · 후견적 통제가 아니라 권고와 정보제공, 기술적 · 재정적 지원, 기준설정, 정기적인 보고 등의 형태를 취하는 비권력적 · 협동적 통제인 것이다. <답 ②>

83. 오늘날 고전적 지방자치제도가 심각한 도전을 받아 위기에 직면해 있다고 한다. 그 이유로서 타당하지 않은 것은?

① 국가권력의 질적 분산 ② 지방재정의 빈약 ③ 향토애의 약화
④ 정당의 개입 ⑤ 자치이론의 역사적 기반의 상실

해설

행정기능의 확대 · 강화에 따라 지방정부에 대한 중앙정부의 통제력이 강화됨으로써 고전적 지방자치제도가 심각한 도전을 받고 있는데, 그 이유로 (i) 지방자치이론의 역사적 기반의 상실, (ii) 자치의식의 쇠퇴, (iii) 지방재정의 빈약, (iv) 정당의 지방정치개입 등을 들 수 있다. ① 국가권력의 질적 분산은 지방분권을 촉진시킴으로써 건전한 지방자치의 정착에 기여한다. <답 ①>

84. 신중앙집권화에 관한 설명 중 가장 적절한 것은?

① 신중앙집권화로 인하여 민주성이 무시되고 있다.
② 지방자치단체의 고유사무가 급증하였기 때문에 나타난 현상이다.
③ 행정의 민주화를 재상조할 필요성에 의하여 대두된 것이다.
④ 단체자치가 발달한 프랑스, 독일에서 나타난 경향이다.
⑤ 지역주민의 이익을 제대로 반영하기 위한 것이다.

해설

신중앙집권화는 주민자치가 발달해 온 영미에서 지방분권의 단점을 보완하기 위하여 나타난 경향이다. 즉 지방행정의 민주화에 근거를 두고 능률성을 추구하려는 것으로서, 지방자치단체가 주민을 위하여 모든 행정을 효율적으로 수행할 수 있도록 보장하고 협력하는 데 그 의의가 있다. <답 ⑤>

85. 신중앙집권의 내용으로 보기 어려운 것은?

① 자본주의가 고도로 발달함에 따라 빈곤, 실업 등 사회문제가 속출함으로써 지방적 관심사였던 행정 사무가 범국가적 관심사로 전환하게 되었다.
② 영미계 국가에서도 유럽대륙의 단체자치적 요소가 도입되었다.
③ 집권화를 강조하지만 민주주의와의 조화도 중시된다.
④ 세계화와 도시화의 진전으로 나타난 현상으로서 국가정책에 대한 자치단체의 참여와 자치단체 상호간 협력의 증대를 특징으로 한다.
⑤ 중앙정부는 행정계획의 수립 및 사후통제기능을, 지방정부는 구체적 실행기능을 담당하는 등 기능적 협력관계가 강조된다.

해설

④는 신지방분권에 대한 내용이다. 1980년대 세계화에 따라 지방화가 이루어지고 신지방분권화 현상이 전개되었다. <답 ④>

86. 신중앙집권화와 관련이 없는 것은? <2002 경찰간부>

① 재정상 의존도 강화 ② 위임사무의 축소
③ 광역행정의 확대 ④ 능률과 민주의 조화

해설

② 위임사무가 고유사무보다 증대하는 것은 신중앙집권화의 현상이다. <답 ②>

87. 다음 중 신중앙집권화의 성격으로 타당치 않은 것은?

① 사회적 집권 ② 지도적 집권 ③ 기술적 집권
④ 협동적 집권 ⑤ 윤리적 집권

해설

신중앙집권화는 일단 지방분권이 이루어진 후에 중앙과 지방간의 상호기능적 협조관계에서 성립되는 지도적·협동적·사회적·기술적 의미의 집권이다. <답 ⑤>

≪중앙집권과 신중앙집권의 비교≫

중 앙 집 권	신 중 앙 집 권
지배적 집권	지도적 집권
강압적 집권	협동적 집권
관료적 집권	사회적 집권
윤리적 집권	지식적 집권
후견적 집권	기술적 집권
권력적 집권	비권력적 집권

88. 신중앙집권현상의 속성과 가장 유사한 것은? <2001 경찰간부>

① 권력적 집권 ② 관료적 집권

③ 기술적 집권 ④ 윤리적 접근

✍ 해설

③ 기술적 집권은 중앙집권의 속성이다. <답 ③>

89. 신중앙집권의 특징이 아닌 것은?

① 권력의 분산과 지식의 집중
② 중앙과 지방의 수직적 · 후견적 관계
③ 기능적 협력관계의 유지
④ 사무의 상향적 흡수와 위임사무의 증대

✍ 해설

신중앙집권은 비권력적 · 협력적(수평적) · 기술적 · 지도적 · 수평적 · 형제적 병렬관계이다. <답 ②>

90. 다음 중 신중앙집권화의 원인으로 볼 수 없는 것은?

① 중앙정부가 지방의 재정적 지출을 국가 전체적 경제계획에 합치하도록 지도할 필요성이 있게 되었다.
② 자치단체의 수입 중 국고보조금의 비중이 높아짐에 따라 그 사용에 대한 감독강화의 필요성이 있게 되었다.
③ 복지국가이념의 발달로 주민최저수준을 확보할 필요성이 나타났다.
④ 고전적 지방자치이론의 역사적 기반이 상실됨에 따라 지방자치의 필요성이 소멸되었다.
⑤ 경제위기에 대처하기 위해서 중앙정부의 역할을 증대시킬 필요가 있었다.

✍ 해설

④ 신중앙집권화 경향은 1930년대에서 1970년대 후반에 이르기까지 고도의 지방분권체제를 갖춘 대부분의 선진국에서 시대적 여건의 변화에 따라 나타난 일반적인 현상이다. 따라서 고전적 지방자치이론의 역사적 기반의 상실로 지방자치가 위기에 직면하였지만, 그 필요성이 소멸된 것은 아니다. 신중앙집권화는 효율적 행정을 도모하되, 중앙정부와 지방정부의 정치적 민주화(지방분권화)를 전제로 하기 때문이다. <답 ④>

≪신중앙집권화의 원인≫

(i) 과학 · 기술의 발달	(ii) 행정기능의 양적 증대와 질적 변화
(iii) 교통 · 통신의 발달	(iv) 지방사무의 국가사무화
(v) 복지국가의 실현	(vi) 국가에 의한 통합 · 조정역할의 증대
(vii) 보존경제로의 전환	(viii) 국민경제 · 국제경제로의 발전
(ix) 국민생활권의 확대	(x) 사회 · 경제의 비약적 발전
(xi) 지방재정의 취약성	(xii) 국제환경의 복잡다기성

91. 다음 중 현대적 중앙집권화의 발현형태로서 부적당한 것은?

① 특별지방행정기관의 증설 ② 지방의회 기능의 정지
③ 국가적 차원의 사업증대 ④ 국가위임사무의 증대
⑤ 상급자치단체로의 사무이관

해설

오늘날 지방분권화의 단점을 보완하기 위하여 신중앙집권화의 경향으로 나아가고 있지만, 고유한 지방적 사무에 대해서는 상당부분 지방자치단체의 독자적이고 자율적인 의사결정권을 인정하고 있다. 신중앙집권화는 대체로 다음과 같은 여러 가지 형태가 동시에 복합적으로 발현되고 있다. (i) 사무의 상향적 이관, (ii) 특별행정기관의 설치, (iii) 중앙통제의 강화, (iv) 중앙재정에의 의존, (v) 통·폐합, (vi) 국가위임사무비율의 증대, (vii) 공관적 사무의 증대. <답 ②>

92. 다음 중 신중앙집권화의 한계로 보기에 적절하지 않은 것은?

① 중앙정부의 지나친 통제는 자칫 지방공무원의 질적 저하를 초래하고 창의성을 무시할 우려가 있다.
② 국가공무원이 우대되고 지방공무원은 차별을 받을 가능성이 크다.
③ 자치구역의 광역화를 초래하여 지역주민의 자치의식을 희박하게 하고 주민참여를 저해할 위험이 있다.
④ 지방적 특수성을 무시하고 지방행정을 중앙정부 위주로 획일화시킬 위험이 내포되어 있다.
⑤ 지역이기주의 경향으로 인하여 지방자치단체간의 갈등을 심화시킴으로써 행정의 안정성을 저해할 우려가 있다.

해설

신중앙집권화는 핵폐기물매립지, 쓰레기처리장 등 혐오시설이나 상하수도, 도로 등 광역적 도시시설의 입지에 따른 지역간 갈등을 해소하고 규모의 경제를 실현함은 물론 지역간 균형발전을 도모하고, 주민 최저수준을 유지함으로써 행정의 균등성, 안정성을 확보하려는 것이다. <답 ⑤>

93. 다음은 지방자치의 개편론에 대한 설명이다. 잘못된 것은?

① 주민자치가 발달한 영국과 미국에서 대두되었다.
② 지방자치단체의 행정기능이 중앙정부의 일선기관인 특별지방행정기관으로 이양되고 있다.
③ 주민의 최저수준을 확보하고 사회복지정책의 효율적 실시를 위하여 중앙정부로부터 지방자치단체로 사무이관이 이루어지고 있다.
④ 정책적인 고려에서 중앙정부나 상급자치단체로의 권한이양이 이루어지고 있다.
⑤ 중앙정부의 보조금·교부금 지급으로 인하여 지방자치단체의 중앙정부에

의 의존화가 심화되고 있다.

✍ 해설

영미제국에서 대두된 지방자치 개편론의 특징을 보면, (i) 정치권력이 소규모 자치단체 단위로부터 대규모 상급자치단체나 중앙정부로 이행하는 경향, (ii) 새성연방주의에 따라 주 및 지방자치단체가 재정적으로 현저하게 연방정부에 의존하는 경향, (iii) 복지국가의 이념을 실현하기 위한 사회복지기능이 기초자치단체로부터 상급자치단체나 중앙정부로 이관되는 경향을 나타내고 있다. <답 ③>

94. 신지방분권화의 특성에 관한 설명 중 틀린 것은?

① 지방자치단체에 대한 중앙정부의 통제에 있어서 가능한 한 권력적 통제를 줄이고 이를 비권력적 통제로 대치하려는 것이다.
② 주민생활과 직접 관련이 있는 행정기능에 대해서는 기초자치단체에 배분하여 주민의 요구에 직접 대응하게 한다.
③ 지방자치단체의 이해와 직접 관계가 있는 국가정책에 대해서는 지방자치단체의 참가, 의견진술 및 공동결정을 보장한다.
④ 지방자치단체가 자치권을 확대함은 물론 새로운 시대적 요청에 부응할 수 있도록 체질개선을 도모한다.
⑤ 신중앙집권화의 부정적인 측면을 타파하기 위하여 국가와 사회를 이분적으로 구분하고 중앙정부를 불신하는 저항적 의미의 지방자치개념이다.

✍ 해설

종래의 지방분권이 시민의 자유를 억압하던 중앙집권의 권력을 극복하는 데 그 존재의의를 두는 것과 달리, 신지방분권화는 중앙정부와 지방자치단체가 모두 국가통치기구의 일환으로서 국민복지의 증진이라는 공동목표를 위해 기능을 분담하고 상호협력하여 행정을 처리하는 데 그 의의가 있다. 따라서 신지방분권화는 종래의 절대적·항거적·배타적·소극적인 지방분권이 아니라 상대적·참여적·협력적·적극적인 지방분권의 특징을 갖는다. 이러한 신지방분권화에서는 권력적인 관여가 지양되고 기준결정·조언·정보제공·재정지원 등 협력적인 통제방법이 사용되며, 지방자치단체가 국정에 대한 발언권을 강화하고 자치능력을 보강할 수 있도록 지방자치단체간의 자주적인 연합체나 협력구조의 결성을 보장해준다. <답 ⑤>

95. 최근 새로운 시대적 요구에 부응하기 위하여 상대적 의미의 지방분권화를 실현하려는 노력이 세계도처에서 꾸준히 경주되고 있는바, 다음 중 신지방분권화의 촉진요인과 거리가 먼 것은? <2007 서울 9급>

① 중앙집권에 따른 과밀, 과소의 폐해
② 탈냉전체제로의 국제정세 변화
③ 대량문화에 따른 개성상실의 회복 지향
④ 정보화의 진전에 따른 재택근무의 보편화
⑤ 국민적 최저수준 유지의 필요성

해설

지역간 경제적 · 사회적 불균형을 해소하기 위해서는 중앙정부의 관여가 확대되어야 하므로 국민적 최저수준(national minimum)을 유지하는 것을 신중앙집권의 내용이다. 나머지는 신지방분권의 내용이다. ②의 경우 탈냉전체제로 국제적 긴장이 감소하므로 중앙정부의 권한이 축소된다. <답 ⑤>

96. 신지방분권화의 대두 배경이 아닌 것은 ?

① 중앙정부의 계획행정에 의거한 획일적 운영으로 국가 행정이 관료화되면서 자유민주주의가 훼손되었다.

② 중앙정부의 재정적자가 심화되면서, 지방정부의 권한과 책임이 강조되었다.

③ 교통 · 통신의 발달, 정보 · 통신기술(컴퓨터)의 발달, 과학기술의 발달이 이루어졌다.

④ 국제화 · 세계화의 심화에 따라 경쟁 환경이 변화하면서, 국가가 국민과 기업 및 지역사회를 보호하는 것이 어렵기 때문에 개별 주체가 스스로 경쟁력을 갖추어야 한다.

해설

≪신중앙집권화의 촉진요인≫

- 행정권의 강화에 기인한 행정사무의 양적인 증대와 질적 심화
- 행정사무의 전국화 · 복잡화 경향과 지방능력의 한계
- 국민생활권의 확대와 경제적 규제의 필요성
- 국민적 최저수준의 유지와 같은 사회복지행정 수요의 증대
- 개발경제로부터 보존경제로의 전환
- 지방재정의 중앙에의 의존성 증대
- 국제정세의 불안정과 국제적 긴장의 고조

<답 ③>

97. 다음 중 신지방분권화의 촉진요인과 거리가 먼 것은?

① 행정의 현지적합성

② 문호의 개방과 세계시장에의 참여와 경쟁

③ 대량문화에 따른 개성상실의 회복 지향

④ 정보화의 진전에 따른 재택근무의 보편화

⑤ 사회적 형평의 요청

해설

지역간 경제적 · 사회적 불균형을 해소하기 위해서는 중앙정부의 관여가 확대되어야 하므로 신중앙집권의 내용이다. 나머지는 신지방분권의 내용이다. <답 ⑤>

98. 신지방분권의 내용이 아닌 것은?

① 중앙과 지방간의 병립적 대등관계
② 복지서비스의 최저수준의 균등화
③ 자치단체 상호간 협력의 증대
④ 국가정책에 대한 자치단체의 참여
⑤ 신연방주의와 홈룰(Home Rule)운동

해설

②는 신중앙집권의 내용이다. <답 ②>

99. 프랑스 신지방분권화 개혁의 특징과 거리가 먼 것은?

① 도지사제(Département Préfet)의 폐지
② 사법적 감독의 폐지
③ 지방자치단체의 재정적 부담의 경감
④ 행정기능의 명확한 배분
⑤ 행정적 감독의 폐지

해설

프랑스 지방분권개혁의 특징을 보면 (i) 예비검토, 사전승인 또는 허가, 집행의 정지, 취소, 무효화 등의 모든 사전적 통제를 폐지하고, 지방자치단체에 대한 합법성의 통제만을 인정하되, 그것도 행정부가 아닌 행정재판소와 독립기관인 Région회계검사원에 의해서만 가능하게 하였다. (ii) 중앙집권제의 특징이며 지방행정의 요체였던 국가임명의 도지사(Département Préfet)가 폐지되었다. (iii) 재정적 감독이 폐지되고, 지방자치단체의 재정적 부담이 크게 경감되었다. (iv) 지방공무원의 신분규정에 관한 정비가 이루어졌다. (v) 사무권한의 배분은 가능한 한 명확히 구분하여 그에 대응하는 재원과 더불어 일괄해서 배분한다는 것이었다. <답 ②>

100. 신연방주의의 내용이 아닌 것은?

① 보조금에 따르는 규제를 완화하려고 한다.
② 연방정부의 경제·사회활동에 대한 규제 및 개입을 억제한 것이다.
③ 연방정부와 주정부 및 지방자치단체간의 책임분담을 확립한다.
④ 연방소관의 교육, 지역개발, 교통, 사회복지 등의 사무를 주에 반환한다.
⑤ 지방자치단체에 대한 주정부의 권한을 재강조하는 집권화운동이다.

해설

신연방주의(new federalism)는 Nixon 대통령이 제창한 이래 Reagan, Bush 대통령으로 이어져 온 분권화 정책으로서, 주정부 및 지방정부에게 보다 많은 권력과 프로그램의 권한을 되돌려주고 공공서비스제공을 위한 정부간 관계를 개선하려는 데 목적이 있다. 그 주된 내용을 보면 (i) 연방정부의 지출수준 인하, (ii) 연방정부의 규제의 단순화와 능률화, (iii) 연방정부와 주·자치단체간의 책임분담의 확립 및 정부간 재정적 책임성의 재정립 등

이다. 특히 Nixon은 국가프로그램의 집행을 조정하기 위한 지역위원회를 설립하고 교부금 제도를 통해 프로그램의 지출 및 의사결정에 대한 자유재량권을 주 및 지방자치단체에 상당히 부여하였으며, Reagan은 총괄보조금(block grants)의 설치와 개별보조금 및 교부금의 폐지를 통해 연방정부의 규모를 줄이고 주 및 지방자치단체에 더 많은 권한을 갖게 하였다. <답 ⑤>

101. 지방자치 동향에 대한 설명으로 옳은 것은? <2002 지시 변형>

① 영국은 2000년 4월부터 런던광역시를 부활시켰지만 시장은 여전히 런던시 의회에서 선출하고 있다.

② 일본은 '지방분권 추진을 위한 관련법률의 정비 등에 관한 법률'에 의하여 기관위임사무를 폐지하고, 지방자치단체의 사무를 자치사무와 법정수탁사무로 이원화하였다.

③ 미국은 1980년대 이후 신연방주의가 팽배하여 연방의 권한이 강화됨과 동시에 지방정부에 대한 연방의 재정적 지원도 확대되고 있다.

④ 프랑스의 자치계층은 1982년 신지방분권법 제정 이후 종래의 3계층에서 2계층으로 축소 조정되었다.

⑤ 우리나라는 1999년 '중앙행정권한의 지방이양 등에 관한 법률', 2004년 '지방분권특별법'을 거쳐서 2008년 '지방분권촉진에 관한 특별법'을 통해 지방분권촉진위원회가 국무총리 산하에 설치되어 지방분권을 지속적으로 추진하고 있다.

해설

① 영국은 런던광역시를 부활시키면서 시장을 주민이 직접 선출하게 하였다. ② 지방분권추진법의 제정(1995.5)으로 구성된 지방분권추진위원회는 4차에 걸친 '권고안'을 제출하였고, 그후 2000년 4월 '지방분권일괄법'을 시행하여 국가사무의 일부를 완전히 지방정부 관할로 이양하였으며, 기관위임사무를 폐지하고 자치사무 또는 법정수탁사무로 전환하여 포괄적인 지휘 · 감독권을 배제했다. 이로 인해 지방의회의 권한과 자치입법권이 확대되었으며, 상급기관에 의한 감사도 폐지되어 자치단체가 상호 대등한 지위를 갖게 되었다. 또한 국가나 상급자치단체의 관여는 법령 또는 이에 따르는 정령에 규정된 사항에 한정하고, 국가의 관여 등에 대하여 지방자치단체가 불복이 있는 경우 국가 · 지방분쟁처리위원회가 이를 심사하고, 위법인 경우 국가에 대해서 필요한 조치를 강구하도록 권고할 수 있게 하였다. ③ 전(前) 문제 해설 참조. ④ 프랑스는 1982년 시 · 읍 · 면, 도 및 레종의 권리와 자유에 관한 법률, 1983년 시 · 읍 · 면, 도 및 레종과 국가간의 권한배분에 관한 법률 등을 제정하여 3계층의 철저한 지방분권체제로 전환하였다. ⑤ 지방분권촉진위원회는 대통령소속으로 설치되어 있다. <답 ②>

102. 세계 각국의 분권화에 관한 설명으로 옳지 않은 것은?

① 영국에서는 블레어 수상의 노동당 집권 이후 <2001 지시 기술>
지방자치법 개정으로 스코틀랜드와 웨일즈에 대폭적인 자치권을 허용하였다.

② 일본에서는 지방분권추진법에 의해 설치된 지방분권추진위원회의 권고를 반영하여 소위 지방분권일괄법을 제정, 시행하고 있다.
③ 미국에서는 1980년대부터 주로 복지업무의 지방이양과 연방지원의 축소, 주 권한의 강화 등 소위 신연방주의 흐름이 대체로 이어지고 있다.
④ 프랑스에서는 1982년 국가행정기관인 레종이 지방자치단체로 바뀌었다.
⑤ 이탈리아에서는 북부동맹의 정치적 약진의 결과로 1999년부터 북부지방에 광범위한 자치권을 허용하였다.

해설

① 1999년 의회와 집행부로 구성되는 지역정부로 창설되었다. ⑤ 이탈리아는 1990년에 새로운 지방자치법이 제정되고 1993년에 자치단체장의 직접선거제도 등이 도입되었다.
<답 ⑤>

103. 일본의 최근 분권화 동향에 대한 설명으로 옳지 않은 것은?
① 법정수탁사무의 폐지 <2002 지시 기술>
② 지방자치단체에 대한 포괄적 지휘감독 폐지
③ 지방자치단체의 자치입법권 확대
④ 국가와 지방간의 갈등관계를 처리할 새로운 기관의 설치
⑤ 법정외 보통세의 허가제도 폐지

해설

⑤ 지방분권일괄법의 시행과 더불어 '법정의 보통세'의 도입이 허가에서 신고로 용이해지고 '법정의 목적세' 설립도 가능해졌다. <답 ①>

104. 미국의 '홈룰운동'(Home Rule movement)에 관한 설명으로 다음에서 부적절한 것은?
① 주의회의 도시에 대한 권리남용으로부터 도시 자신의 자치권을 획득하려 한 분권화운동이다.
② 이 운동은 1875년 미조리주(州)에서 최초로 채택하였으며, 헌법적 자치헌장제도라고도 한다.
③ '홈룰'은 주정부의 법석 승인 없이도 자치권이 지방자치단체의 실질적인 고유권한에 속한다는 것을 의미한다.
④ 권력을 분산시킴으로써 연방정부와 주정부 및 도시정부와의 관계에서 균형을 회복하려는 것이다.
⑤ 이 운동은 지방자치단체의 완전자치에 중점을 두고 입법적 통제에 대하여 항거하였다는 점에서 그 의의를 찾을 수 있다.

해설

홈룰(Home Rule)운동이란 지방자치단체가 주의회의 입법적 통제에서 벗어나 그 스스로

자신의 헌장을 제정할 수 있는 완전한 자치권을 획득하는 분권화 운동을 말한다. 1875년 Missouri주에서 헌법에 Home Rule규정을 둔 이래 1936년까지 18개 주에서 이를 채택하였는데, 그 후 제2차 대전을 전후하여 한동안 주춤했다가, 1950년대 이후에 재개되어 1983년 현재 41개 주에서 채택하고 있다. ④는 신연방주의에 대한 설명이다. <답 ④>

105. 고려시대의 지방행정제도와 관련이 없는 것은?

① 사심관제도 ② 향직단체 ③ 기인제도
④ 향청제도 ⑤ 5도 양계(兩界) 4도호부

해설

④ 향청은 조선 초기의 유향소를 일시 폐지하였다가 이를 향청으로 개칭·공인한 것으로서 수령의 역할을 뒷받침하기 위하여 각 군·현에 두었던 자문기구이다. 향청은 수령에 대한 자문, 아전규찰(衙前糾察), 이속천거(吏屬薦擧), 풍속교정(風俗矯正), 정령전달(政令傳達), 민의대변(民意代辯) 등의 역할을 담당하였다. 향청에는 坐首를 장으로 하여 그를 보좌하는 3~5인의 별감(또는 향임)을 두고 있는데, 이들은 명예직으로서 임기는 보통 2년이었으며 좌수는 향 내에서 가장 덕망이 있고 연장인 자로서 민선에 의하여 선출되었다. 향청이 비록 지방민을 대표하는 기관이었다고는 하지만, 그 설치목적이 지방문벌 및 세력가들의 지위와 권위를 외관의 전횡으로부터 보호하자는 데 있었으므로 오늘날의 지방자치개념과는 거리가 먼 것이었다. <답 ④>

106. 고려시대의 지방제도와 관련되는 것은?

① 향 청 ② 향 약 ③ 향 회
④ 관찰사 ⑤ 사심관

해설

향청, 향회, 향약 및 관찰사는 조선시대의 지방제도 내용이다. <답 ⑤>

107. 조선시대의 지방자치제도에 관한 설명 중 적절하지 않은 것은?

① 향회에서는 주민의 선거권·피선거권에 신분상의 제한을 두지 않았다.
② 향약은 향청을 중심으로 전개되었던 주민자치규약이다.
③ 향청의 조직은 민선제이고 명예직제였다.
④ 면과 동·리의 장을 선임할 때 주민의 의사가 상당히 반영되었다.
⑤ 면과 동·리의 공공사무처리의 비용은 상급기관인 군·현에서 부담하였다.

해설

조선시대의 면과 동·리는 주민자치적으로 운영된 지방행정단위이다. 면과 동·리의 장의 선임에 있어서는 지역주민의 의사가 상당히 반영되었으며, 면과 동·리의 공공사무처리에 소요되는 경비도 원칙적으로 주민이 갹출하여 충당하였다. 특히 동·리마다 자체적으로 경지·산야·제언 등의 공동재산을 소유하여 이를 동·리장이 맡아 관리하였다. 공동재산으로부터 생기는 이익은 동·리의 주민이 모두 향유할 권리를 가진 반면에, 사무처리의 결과에 대해서는 공동으로 책임을 지는 연대책임제가 실시되었다. <답 ⑤>

108. **일제시대의 지방행정제도에 대한 설명으로 적절하지 않은 것은?**

① 1913년에 부(府)제 · 학교조합제, 1917년에 면(面)제가 공포되었다.
② 1930년에 와서 전면적인 지방제도의 개정이 단행되어 도(道)와 읍(邑)을 공법인으로 하였다.
③ 도회 · 부회 · 읍회를 구성하고 광범위한 권한을 부여함으로써 실질적인 지방자치의 골격을 갖추었다.
④ 도 · 부 · 읍의 조직을 의결기관과 집행기관으로 구분하고 있다.
⑤ 1943년에는 지방선거에서의 의원후보자추천제를 시행하였다.

해설

일제시대의 지방제도는 (i) 도 · 부 · 읍을 법인으로 하여 독자적인 사무와 독자적인 재정권 및 조례 · 규칙제정권을 인정하고, (ii) 도 · 부 · 읍의 조직을 의결기관과 집행기관으로 구분하여 의결기관인 도회, 부회, 읍회를 임기 4년의 공선된 명예직의원으로 구성하게 함으로써 형식상으로는 지방자치의 골격을 갖춘 것같이 보였으나 실제로는 관치를 위한 수단에 불과하였다. 즉 (i) 의회의 의결사항이 법령에 의해 극히 제한되었고, (ii) 도지사에게 예산증감명령권이, 총독에게 의회해산권이 부여되었으며, (iii) 도 · 부 · 읍회의 의장을 도지사 · 부윤 · 읍장이 겸하였고, (iv) 의원선거권을 납세액 5원 이상의 남자로 한정하였으며, (v) 1943년에 이르러서는 지방선거에서의 후보자추천제를 실시하였던 것이다. <답 ③>

109. **해방 이후 약 3년간에 걸친 미군정시대의 지방행정제도에 관한 설명으로 합당한 것은?**

① 교육구와 교육위원회를 설치하였다.
② 도회, 부회, 읍회를 그대로 계승하였다.
③ 일제시대의 지방제도를 대폭 개정하였다.
④ 서울특별시헌장이 제정 · 공포되었다.
⑤ 도제, 부제 및 읍 · 면제를 폐지하였다.

해설

미군정시대의 지방정책은 자주적인 독립정부를 구성할 때까지 잠정적인 조치라는 명분하에 일제시대의 지방제도를 전폭적으로 수용하였다. 이 시기의 지방제도상의 개편내용을 보면 (i) 경기도의 관할로부터 경성부를 분리하여 도와 동등한 지위를 누리는 서울특별시로 승격시켰다. (ii) 도 · 부 · 읍회 및 면협의회를 해산하고 도 · 부 · 군에 수장의 자문기관으로서 고문회를 설치하였다. (iii) 제주도를 전라남도로부터 분리하여 제주도를 신설하였다. (iv) 서울특별시의 자치제실시를 규정한 헌장이 제정 · 공포되었다(1946년). ① 교육자치제는 1949년 12월 31일에 제정된 교육법에 따라 교육의 전문성과 지방교육의 특수성을 살리기 위하여 군을 단위로 하는 특별지방자치단체로서의 교육구를 설치하고 서울특별시와 시에 교육행정기관으로서의 교육위원회를 설치하였다. 교육구는 법인체로서 독자적으로 교육사무를 처리하며, 교육위원회는 보통지방자치단체 안의 특별지방행정기관으로서 지방의회의 관여 아래 교육사무를 처리하게 하였다. <답 ④>

110. 우리나라에서 지방의회를 구성하여 최초로 근대적 의미의 지방자치가 실시된 시기는?

① 1949년 ② 1950년 ③ 1951년
④ 1952년 ⑤ 1953년

해설

1949년 7월 4일 공포된 지방자치법에 따라 1950년 12월에 지방의회 구성을 위한 지방선거가 실시될 예정이었으나 6 · 25동란으로 지방의회의 구성을 못하다가, 1952년 4월(시 · 읍 · 면)과 5월(도)에 부산임시정부에서 서울특별시, 경기도, 강원도를 제외한 최초의 지방의회선거를 실시하고 지방의회를 구성하였다. <답 ④>

111. 서울시의회가 최초로 구성된 시기는 언제인가?

① 1949년 ② 1952년 ③ 1956년
④ 1958년 ⑤ 1960년

해설

1956년 8월에 제2차 지방선거를 통하여 (i) 시 · 읍 · 면장에 대한 최초의 직접 선거를 실시하고, (ii) 전국의 지방의회를 구성하였다(최초의 서울시의회 구성). <답 ③>

112. 지방행정조직에 대한 설명으로 옳은 것은? <2001 지시>

① 서울특별시의 지위 · 조직 및 운영에 있어서는 수도로서의 특수성을 고려하여 법률이 정하는 바에 의하여 특례를 둘 수 있다.
② 광역자치단체의 부단체장은 정무직으로 보하며, 대통령의 승인을 얻어 광역자치단체장이 임명한다.
③ 지방자치단체는 하부행정기관으로 자치구가 아닌 구와 읍 · 면 · 동 · 리를 둘 수 있다.
④ 원격지 주민의 편의를 위해 소관사무를 분장수행할 필요가 있을 때 사업소를 설치 · 운영할 수 있다.
⑤ 합의제 행정기관을 설치할 경우에는 행정안전부장관의 승인을 받아야 한다.

해설

① 이에 근거하여 1991년 5월 31일 '서울특별시행정특례에관한법률'이 제정됨. ② 광역자치단체의 부단체장 중 1인은 정무직 또는 별정직 지방공무원으로 보하며 시 · 도지사가 임명하고, 나머지 정무직 또는 일반직 국가공무원으로 보하는 부단체장은 시 · 도지사의 제청으로 행정안전부장관을 거쳐 대통령이 임명함. ③ '리'는 하부행정기관이 아님. ④ 출장소에 대한 설명임. ⑤ 따로 법령으로 정한 경우를 제외하고 당해 자치단체의 조례가 정하는 바에 의해 설치할 때 행정안전부장관의 승인을 얻음. <답 ①>

113. 다음 중 향회제도에 관한 설명으로 틀린 것은?

① 대회(군회) · 중회(면회) · 소회(리회)로 구성되었다.

② 자기선임의 원칙, 임기제, 명예직제 등을 내용으로 하는 획기적인 것이었다.
③ 주민의 선거권 · 피선거권에 신분상의 제한을 두지 않았다.
④ 지방의 공공사무에 주민의 참여가 보장된 근대적 의미의 지방자치제도였다.
⑤ 군 · 면 · 리의 집행기관인 군수 · 집강 · 존위는 모두 주민이 선출하였다.

해설

1895년 '향회조규 및 향약변무규정'에 의하여 지방정부기관으로 법제화된 향회제도의 주요 특징으로는 (i) 자기선임의 원칙, 명예직제, 임기제 등의 원칙을 채택하고 있다. (ii) 주민의 선거권 · 피선거권에 신분상의 제한을 두지 않는다. (iii) 군회 · 면회 · 리회를 두고 교육 · 호적 · 지적 · 도로 · 교량 · 산림 · 조세 등의 지방공공사무에 대한 의결기능을 부여하고 있다. (iv) 군의 집행기관인 군수의 경우에는 중앙정부가 임명하였으나, 면 · 리의 집행기관인 집강과 존위는 임기 1년의 명예직으로서 주민이 선출하는 동시에 그 해면도 주민의 의사에 의해 결정하였다. (v) 군수 · 집강 · 존위는 군회 · 면회 · 리회의 주재자로서 표결에는 참가하지 않지만 가부동수일 경우에 결정권을 가졌으며, 각 향회에서 결정된 사항을 번복할 수 있었다. 군회는 군수와 각 면의 집강 및 각 면에서 공선된 2명으로 구성되고, 면회는 집강과 각 里의 존위 및 각 리에서 공선한 2명으로 구성되며, 리회는 존위와 리 안의 각 호 1명으로 구성되었다. <답 ⑤>

114. 조선시대의 향회제도를 설명한 것으로 거리가 먼 것은?

<2001 지시 기술직>

① 좌수를 장으로 하고 보좌관으로 별감을 둔 수령의 자문기관이다.
② 지방자치의 기본원칙인 기관의 자기선임원칙이 보장된 제도이다.
③ 교육 · 호적 · 위생 등에 관한 심의기능을 수행하였다.
④ 근대적 지방자치제도의 효시라고 볼 수 있다.
⑤ 집행기관으로 임기 1년의 집강과 존위가 선출되었다.

해설

① 향청에 대한 설명임. <답 ①>

115. 조선시대의 지방자치제도와 관련이 있는 것은?

① 사심관제 ② 상피제 ③ 향약제도
④ 향직단체 ⑤ 부제 · 도제 및 읍 · 면제

해설

향약제도는 조선중기 이후 지방의 양반, 토후, 유림 등의 상류계급을 중심으로 전개된 주민자치규약으로서, 민간인이 자발적으로 수행한 교화운동이었다. 처음에는 향교와 관련하여 전개되었으나 점차로 향청을 중심으로 활동하였다. 향약의 4대강목은 덕업상권, 과실상규, 예속상교, 환난상휼이었다. ① 사심관제, ② 상피제, ④ 향직단체는 고려시대의 지방자치제도이며, ⑤ 부제 · 도제 및 읍 · 면제는 일제시대의 지방행정제도이다. <답 ③>

116. **읍면자치제를 폐지하고 군을 기초자치단체로 규정한 것은?**

① 제2차 개정(1956.2) ② 제3차 개정(1956.7) ③ 제4차 개정(1958.12)
④ 제5차 개정(1960.11) ⑤ 지방자치에 관한 임시조치법(1961.9)

해설

1961년의 5 · 16 이후 국가경제발전이라는 지상과제 아래 지방행정에 대한 새로운 방향의 정립이 모색되었으며, 그것은 곧 지방행정의 능률화를 추구하려는 것으로 나타났다. 이에 따라 온갖 정부시책들이 지방자치의 구현보다는 지역개발의 추진에 중점을 두게 되었는바, 1961년 9월에 공포된 '지방자치에관한임시조치법'도 이러한 방향을 반영하는 것으로서, (i) 읍 · 면자치제의 폐지와 군자치제로의 전환, (ii) 특별지방행정기관의 통합, (iii) 지방공무원제도의 개혁, (iv) 지방재정조정제도의 개선, (v) 행정구역의 조정, (vi) 지방자치단체 내부기구의 개편 등을 주요 골자로 하였다. <답 ⑤>

117. **경성부가 경기도의 관할로부터 분리되어 서울특별시로 승격한 시기는?**

① 일제시대 ② 미군정시대 ③ 정부수립 이후
④ 4 · 19의거 이후 ⑤ 5 · 16혁명 이후

해설

서울시는 미군정시대 기간중 경기도 관할로부터 분리되어 도와 동등한 지위를 갖는 서울특별시로 승격되었다. <답 ②>

118. **다음 중 부재자투표제를 처음 채택한 지방자치법 개정은?**

① 제1차 개정 ② 제2차 개정 ③ 제3차 개정
④ 제4차 개정 ⑤ 제5차 개정

해설

1960년 11월의 제5차 지방자치법 개정은 부재자선거제를 채택하고, 서울특별시장 · 도지사, 시 · 읍 · 면장을 주민의 직접선거제로 하며 그 임기를 4년으로 하는 등 지방자치의 구현에 노력한 개정이었다. <답 ⑤>

119. **헌법의 부칙조항을 통해 지방의회의 구성을 조국통일 때까지로 연기함으로써 사실상 지방자치의 포기를 명분화한 헌법은?**

① 제1공화국의 헌법 ② 제2공화국의 헌법 ③ 제3공화국의 헌법
④ 제4공화국의 헌법 ⑤ 제5공화국의 헌법

해설

유신헌법(1972.12.27)과 더불어 출범한 제4공화국은 헌법에 지방자치제를 규정하고 있으면서도 부칙 제10조에서 '이 헌법에 의한 지방의회는 조국통일이 이루어질 때까지 구성하지 아니한다'고 규정함으로써 사실상 지방자치의 포기를 명분화하였다. ③ 제3공화국헌법: '이 헌법에 의한 최초의 지방의회의 구성시기는 법률로 정한다.' ⑤ 제5공화국헌법: '지방

의회는 지방자치단체의 재정자립도를 감안하여 순차적으로 구성하되, 그 구성시기는 법률로 정한다.' <답 ④>

120. 다음 중 지방자치법 전면개정(1988년 4월 6일)의 내용으로 옳지 않은 것은?

① 지방자치단체장에 대한 불신임제를 채택하였다.
② 지방선거법을 지방자치법과 분리하여 별도로 제정하였다.
③ 대도시행정에 대한 특례규정을 두었다.
④ 지방자치단체의 사무범위를 포괄적으로 예시하였다.
⑤ 내무부장관 또는 시 · 도지사에게 재의요구권을 부여하였다.

해설

제7차 지방자치법 개정(1988.4.6 전면개정)의 내용을 보면 다음과 같다. (i) 서울특별시 · 직할시 · 도와 시 · 군 · 자치구(자치계층의 전국적 2층제), (ii) 지방자치단체의 사무범위의 포괄적 예시 및 자치단체 계층별 사무배분기준의 규정, (iii) 자치단체장의 선결처분권과 내무부장관 또는 시 · 도지사의 재의요구권 부여, (iv) 지방선거법의 별도 제정, (v) 지방선거의 선거권은 19세 이상, 피선거권의 경우는 의회의원 25세, 기초자치단체장 30세, 광역자치단체장 35세 이상으로 세분, (vi) 지방의회의 구성시기를 지방의회의 종류별로 달리 정함, (vii) 지방의회의 회의일수 조정(시 · 도는 70일 이내, 시 · 군 · 자치구는 60일 이내), (viii) 자치단체장은 주민직선에 의하되, 선거시까지 대통령이 임명, (ix) 주민소청제도의 폐지 및 지방공기업과 지방공사의 설립 · 운영에 관한 근거규정, (x) 서울특별시 등 대도시에 대한 특례 인정, (xi) 지방자치에 관한 임시조치법의 폐지 및 서울특별시 행정에 관한 특별조치법도 서울특별시 의회의 구성과 동시에 폐지하도록 하였다. <답 ①>

121. 특별시 · 광역시 · 도 및 시 · 군 · 자치구의 장의 선출과 함께 지방의회가 구성된 연도는?

① 1991년 ② 1992년 ③ 1993년
④ 1994년 ⑤ 1995년

해설

1995년 6월 27일에 4대 동시 지방선거를 통하여 광역자치단체장 · 광역의회의원 · 기초자치단체장 · 기초의회의원이 선출되고 실질적인 지방자치가 실현되었다. ① 1991년에는 3월 26일에 기초의회 의원선거가, 6월 20일에 광역의회 의원선거가 실시되어 특별시 · 직할시 · 도의회와 시 · 군 · 자치구의회만 구성되었을 뿐이며, 자치단체장 선거는 이루어지지 않았다. <답 ⑤>

122. 우리나라에서 자치구가 설치된 시기는 언제인가?

① 1988년 ② 1989년 ③ 1990년
④ 1991년 ⑤ 1994년

✍ 해설

우리나라는 1988년의 지방자치법 전면개정시에 특별시와 직할시의 區를 기초자치단체로 설치함으로써 자치계층을 전국에 걸쳐 2계층(서울특별시 · 직할시와 자치구, 도와 시 · 군)으로 통일하였다. <답 ①>

123. 현행지방자치법의 내용으로 잘못된 것은?

① 특별시의 부시장은 3인까지 대통령이 정하는 범위 내에서 둘 수 있다.
② 도 · 농복합형태의 시에 읍 · 면 · 동을 둘 수 있다.
③ 광역시에도 자치구 외에 군을 둘 수 있다.
④ 군사무소 소재지인 면은 인구가 2만 미만이라도 읍으로 할 수 있다.
⑤ 시 · 군과 자치구는 기초자치단체로서 자치권의 범위가 동일하다.

✍ 해설

현행지방자치법 제2조 2~3항은 '특별시, 광역시, 특별자치시, 도, 특별자치도는 정부의 직할(直轄)로 두고, 시는 도의 관할 구역 안에, 군은 광역시, 특별자치시나 도의 관할 구역 안에 두며, 자치구는 특별시와 광역시, 특별자치시의 관할 구역 안에 둔다. 특별시 · 광역시 및 특별자치시가 아닌 인구 50만 이상의 시에는 자치구가 아닌 구를 둘 수 있고, 군에는 읍 · 면을 두며, 시와 구(자치구를 포함한다)에는 동을, 읍 · 면에는 리를 둔다(개정 2011.5.30)'고 규정하고 있다. 그 성질상 대도시 전체로서 처리해야 할 행정기능은 시 · 군과 다르게 자치구에서 처리하지 아니하고 특별시 · 광역시에서 처리하도록 하고 있다. 이러한 특례를 인정하고 있는 이유는 자치구가 시 · 군과는 달리 생활권을 중심으로 성립된 것이 아니라 행정적 편의를 위해 인위적으로 구분해 놓은 행정구역을 바탕으로 하고 있기 때문이다. <답 ⑤>

124. 현행지방자치법의 내용으로 타당하지 않은 것은?

① 자치구가 아닌 구에 읍 · 면 · 동을 둘 수 있다.
② 지방자치단체 소속 국가공무원은 소속장관이 자치단체장의 의견을 들어 임명하도록 하였다.
③ 지방자치단체가 그 직속기관을 대통령령에 따라 조례로 설치할 수 있도록 하고, 특별시 · 광역시의 자치구 상호간에 재원조정을 자율화하였다.
④ 읍이 없는 도 · 농복합형태의 시에 있어서는 인구 2만 미만인 경우에도 1개 면을 읍으로 할 수 있도록 하였다.
⑤ 지방의회의 재의결사항이 법령에 위반된 때에는 자치단체장이 대법원에 소를 제기할 수 있도록 하였다.

✍ 해설

현행지방자치법은 지방자치단체 소속 국가공무원에 대한 임용제청권을 자치단체장이 갖도록 하고 있다. 즉 지방자치단체 소속 국가공무원의 임명에 있어서 5급 이상의 국가공무원이나 고위공무원단에 속하는 공무원은 해당 지방자치단체의 장의 제청으로 소속 장관을 거쳐 대통령이 임명하고, 6급 이하의 국가공무원은 그 지방자치단체의 장의 제청으로 소

속 장관이 임명한다(지방자치법 제112조 제6항). <답 ②>

125. 우리나라의 현행지방자치법상 채택하고 있지 않는 것은?

① 전국 시 · 도지사 협의체 ② 주민감사청구제도
③ 지방자치단체장 불신임제도 ④ 직무이행명령제도
⑤ 주민의 조례제정 · 개폐청구제도

해설

①②⑤ 1999년 8월 31일 공포된 개정 지방자치법에서는 각급 지방자치단체의 장 또는 지방의회의 의장이 상호간의 교류와 협력을 증진하고 공동의 문제를 협의하기 위하여 전국적 협의체를 설립할 수 있도록 하는 한편, 주민소환제와 같은 직접참여제도에 비해서 지방행정이나 대의제도의 운영에 미치는 부작용이 상대적으로 적다는 점을 고려하여 주민의 조례제정 · 개폐청구제도와 주민감사청구제도를 도입하고 지방자치에 대한 주민의 직접참여를 확대하고 있다. ③ 우리나라는 현재 자치단체장의 의회해산권과 지방의회의 자치단체장 불신임의결권을 인정하지 않고 있다. <답 ③>

126. 우리나라 지방자치법의 내용과 일치하는 것은? <2001 지시 변형>

① 500만 이상의 시 · 도에는 부단체장을 3인까지 둘 수 있다.
② 지방자치단체간의 분쟁을 직권으로 조정할 경우에는 당사자의 신청이 있어야 조정할 수 있다.
③ 지방의회는 연 2회의 정례회를 개최한다.
④ 주민은 직접 조례의 개폐를 청구하거나 감사를 실시할 수 있다.
⑤ 단체장이 구금되어 있는 경우 부단체장은 지방의회의 동의를 얻어 단체장의 직무를 대행할 수 있다.

해설

① 특별시의 부시장은 3인, 특별자치시의 부시장 및 도와 특별자치도의 부지사는 2인으로 하되, 인구 800만 이상의 광역시 및 도는 3인으로 한다(지방자치법 110조 개정 2011.5.30). ② 다른 법률에 특별한 규정이 없으면 행정안전부장관이나 시 · 도지사가 당사자의 신청에 따라 조정(調整)할 수 있다. 다만, 그 분쟁이 공익을 현저히 저해하여 조속한 조정이 필요하다고 인정되면 당사자의 신청이 없어도 직권으로 조정할 수 있다(제148조 제1항 개정 2008.2.29). ③ 제1차 정례회는 매년 6월 · 7월(총선거가 실시되는 연도의 경우 9월 · 10월 중에 집회 가능) 중에, 제2차 정례회는 11월 · 12월 중에 집회하여야 한다. ④ 주민은 감사를 청구할 수 있다. 19세 이상의 주민은 시 · 도와 인구 50만 이상 대도시에서는 19세 이상 주민 총수의 100분의 1 이상 70분의 1 이하, 시 · 군 및 자치구에서는 19세 이상 주민 총수의 50분의 1 이상 20분의 1 이하의 범위에서 지방자치단체의 조례로 정하는 19세 이상의 주민 수 이상의 연서(連署)로 해당 지방자치단체의 장에게 조례를 제정하거나 개정하거나 폐지할 것을 청구할 수 있다(개정 2009.4.1). 또한 시 · 도는 500명, 제175조에 따른 인구 50만 이상 대도시는 300명, 그 밖의 시 · 군 및 자치구는 200명을 넘지 아니하는 범위에서 그 지방자치단체의 조례로 정하는 19세 이상의 주민 수 이상의 연서(連署)로, 시 · 도에서는 주무부장관에게, 시 · 군 및 자치구에서는 시 · 도지사에게 그 지방자치단체와 그 장

의 권한에 속하는 사무의 처리가 법령에 위반되거나 공익을 현저히 해친다고 인정되면 감사를 청구할 수 있다. ⑤ 궐위된 경우, 공소 제기된 후 구금상태에 있는 경우, 의료기관에 60일 이상 계속하여 입원한 경우 등 권한대행사유 발생시 부단체장은 의회의 동의 없이 단체장의 권한을 대행하지만 권한대행을 하게 되거나 하지 아니하게 된 때에는 즉시 이를 지방의회에 통보하고, 감독기관에 즉시 보고하여야 한다(개정 2011.5.30). <답 ③, ④>

127. 우리나라 지방자치제도에 대한 설명으로 옳은 것은?

<2001 지시 기술직>

① 우리나라의 지방자치단체 기관구성은 제2공화국 시대를 제외하고는 기관대립형을 채택하고 있다.
② 우리나라에서 최초로 지방의회가 구성된 것은 1991년이다.
③ 광역시와 도에는 2인의 부단체장을 둘 수 있으나 인구 800만 이상일 때에는 3인까지 둘 수 있다.
④ 지방자치단체장의 권력남용 방지를 위하여 주민발의제 및 주민소환제가 도입되었다.
⑤ 모든 지방자치단체장과 지방의회의원 선거에 정당의 공천이 허용되고 있다.

해설

① 제2공화국까지 기관대립형을 채택하다가 1961년 5월 지방의회 해산과 함께 제3공화국 시대부터 지방자치를 중단하고 강력한 중앙집권체제로 회귀하였으나 제6공화국시대인 1991년부터 다시 지방의회를 구성하고 기관대립형을 채택하여 현재에 이르고 있다. ② 1952년임. ④ 주민이 직접 조례의 제정 및 개폐를 청구할 수 있는 주민발의제는 1998년 8월 지방자치법 개정으로 도입되었고, 주민소환제는 2006년 5월「주민소환에 관한 법률」이 제정되면서 도입되었다. ⑤ 현재는 지방자치단체장과 지방의회의원선거 모두 정당 공천이 허용되고 있다. <답 ③, ④, ⑤>

128. 다음에 기술한 행위 중 현행법상 실현가능성이 있는 것은?

<2002 지시>

① A시와 B시의 시장은 양 자치단체의 통합을 결정하기 위한 주민투표를 각각 실시하기로 하였다.
② C군의 주민들은 군 공무원이 건설공사과정에서 뇌물을 수수하였음을 인지하고, 그에 대한 감사를 국토해양부장관에게 청구하기로 하였다.
③ D시의 주민들은 저소득층 주민에게 시가 운영하는 문화예술회관과 체육관의 입장료를 면제해주는 조례의 제정을 시장에게 청구하기로 하였다.
④ E시의 시의회는 행정사무감사시 필요한 증언을 듣고자 관계공무원을 증인으로 출석하도록 요구하였으나 해당 공무원이 불출석함에 따라 그에 대해 300만원의 과태료를 부과하기로 하였다.
⑤ 인구가 700만인 F광역시장은 조직과 정보를 통합관리하기 위하여 현재 2명인 부시장을 1명 추가 임명하기로 하였다.

✍ 해설

① 지방자치단체의 통합에 대한 주민투표의 실시는 단지 주민의사를 묻기 위한 자치단체장의 자유재량적 절차에 불과할 뿐이지 자치단체의 통합을 결정하기 위한 것은 아니며, 자치단체의 폐치·분합은 법률로써 정한다. ② 시·군 및 자치구의 경우 주민감사청구는 시·도지사에게 한다. ③ 입장료 등 사용료의 면제에 대한 조례제정청구는 현행법상 청구대상이 아니다. ⑤ 광역시와 도에는 인구 800만 이상일 때 부단체장을 3인까지 둘 수 있다. 감사 또는 조사를 위하여 필요하면 현지 확인을 하거나 서류제출을 요구할 수 있으며, 지방자치단체의 장 또는 관계 공무원이나 그 사무에 관계되는 자를 출석하게 하여 증인으로서 선서한 후 증언하게 하거나 참고인으로서 의견을 진술하도록 요구할 수 있다. 증언에서 거짓증언을 한 자는 고발할 수 있으며, 서류제출을 요구받은 자가 정당한 사유 없이 서류를 정하여진 기한까지 제출하지 아니한 경우, 같은 항에 따라 출석요구를 받은 증인이 정당한 사유 없이 출석하지 아니하거나 선서 또는 증언을 거부한 경우에는 500만원 이하의 과태료를 부과할 수 있다(지방자치법 제41조 개정 2011.7.14). <답 ④>

129. 지방자치권을 입법·사법·행정권과 더불어 국가의 제4의 권력으로 헌법에 명기하고 있는 국가는?

① 벨기에 ② 우리나라 ③ 일 본
④ 영 국 ⑤ 미 국

✍ 해설

지방자치권을 보장하고 있는 유형을 보면 (i) 입법·사법·행정의 3권과 더불어 국가의 제4의 권력으로서 헌법에 명기하고 있는 경우로서 벨기에헌법, 이탈리아공화국헌법 등이 있다. (ii) 헌법에 주민의 기본적 인권으로 명시한 경우로서 독일제국의 프랑크푸르트헌법이나 바이마르헌법 등이 속한다. (iii) 지방자치권을 헌법에 의해 제도적으로 보장하고 그 구체적인 내용에 대해서는 모두 개별법에 위임하고 있는 경우로서 독일연방공화국헌법, 프랑스의 제5공화국헌법, 덴마크왕국헌법, 우리나라의 헌법 등이 포함된다. (iv) 헌법상 지방자치에 관한 규정을 전혀 두고 있지 않으나 다른 별도의 법에 의해 완전한 의미의 지방자치를 보장하고 있는 경우로서 영국, 미국, 스위스 등이 속한다. <답 ①>

130. 우리나라 헌법상 지방자치규정에 관한 설명과 관계가 먼 것은?

① 자치입법권과 자치재정권을 보장하고 있다.
② 정부형태는 기관대립형을 취하고 있다.
③ 지방자치단체장의 선임방법을 규정하고 있다.
④ 자치사무와 위임사무의 구별을 인정하지 않고 있다.
⑤ 지방자치단체에 의회를 두도록 하고 있다.

✍ 해설

우리나라 헌법은 지방자치에 관하여 제117조에서 '지방자치단체는 주민의 복리에 관한 사무를 처리하고 재산을 관리하며, 법령의 범위 안에서 자치에 관한 규정을 제정할 수 있다'(제1항), '지방자치단체의 종류는 법률로 정한다'(제2항)고 하여 자치행정권·자치재정권·자치입법권을 보장하고, 또한 제118조 제1항에서 '지방자치단체에 의회를 둔다' 제2항에서 '지방의회의 조직·권한·의원선거와 지방자치단체장의 선임방법 기타 지방자치단체의 조직과 운영에 관한 사항은 법률로 정한다'고 함으로써 지방의회와 지방자치단체장을 규정하여 기관대립형 정부형태와 자치조직권을 보장하고 있다. <답 ③>

131. 지방자치에 대한 헌법상 보장의 의미와 거리가 먼 것은?

① 헌법상 보장된 내용과는 전혀 다른 형태의 지방행정제도는 실시할 수 없다.
② 개개 지방자치단체의 존립을 보장하는 것이다.
③ 주민복리에 관한 사무는 법률에 별도의 규정이 없는 한 포괄적으로 지방자치단체의 사무가 된다.
④ 지방자치단체는 주관적인 법적 지위를 보장받는다.
⑤ 지방자치단체는 그 지역의 사무를 자기의 책임하에 처리할 수 있는 권능을 보장받는다.

해설

헌법상 보장된 지방자치라 함은 지방자치단체 존립의 보장, 자치사무의 전권능성, 자기책임성, 주관적인 법적 지위의 보장 등을 받는 것이다. ② 지방자치단체 존립의 보장이란 헌법상 보장된 내용과는 전혀 다른 형태의 지방행정제도를 실시할 수 없다는 것이지, 개개 지방자치단체의 존립을 보장하는 것은 아니다. 따라서 지방자치단체의 통·폐합, 분할, 구역변경 등은 헌법에 위반되지 않는다. 다만 지방자치단체에 대한 중대한 침해라는 점에서 비례의 원칙에 어긋나지 않아야 한다. <답 ②>

132. 다음 중 지방자치권의 제한과 관련하여 잘못 설명된 것은?

① 구체적인 내용이 법률로 유보되어 있으므로 입법자는 자치제도를 구체화할 수 있고 그 범위 내에서 자치권을 제한할 수 있다.
② 법률에 의한 자치권의 제한은 전체 국민의 일반적인 이익을 보장하기 위한 것이다.
③ 헌법 제117조와 제118조의 법률유보는 오직 지방자치법만을 의미한다.
④ 자치권의 제한형식은 법률로써 하여야 한다.
⑤ 법률에 근거한 행정입법, 행정행위 기타 사실행위도 자치권을 제한한다.

해설

헌법 제117조와 제118조의 법률유보는 오직 지방자치법만을 의미하는 것은 아니다. 지방자치제도의 법체계에는 지방자치법을 중심으로 하되, 그 외에 공직선거법·지방공무원법·지방재정법·지방공기업법·지방교육자치에 관한 법률·지방세법 등 지방자치단체에 관한 기본적·일반적 사항을 규율하는 법률과 경찰법·소방법·보건소법·주민등록법·지적법·어업법·근로조합법·지방교부세법 등이 있다. <답 ③>

133. 지방자치단체의 자치권제한에는 일정한 한계가 있다고 한다. 타당하지 않은 것은?

① 지방자치제도는 헌법상 보장을 받기 때문에 그 본질적인 내용을 침해하거나 왜곡할 수 없다.

② 자치권의 제한은 국민 전체의 공익을 보장하기 위하여 필요한 경우에 한하여 정당화될 수 있다.
③ 자치권의 제한은 달성하려고 하는 공익의 실현에 적합한 수단이어야 한다.
④ 자치권의 제한은 비례의 원칙에 합치되어야 한다.
⑤ 적합하고 최소의 침해를 가져오는 수단이라면 공익과 법익에 불균형관계가 있더라도 무방하다.

해설 ··

지방자치권의 제한은 법치국가의 이념인 정의의 개념으로부터 유래한 비례의 원칙에 합치되어야 한다. 비례의 원칙은 (i) 수단의 목적적합성의 원칙, (ii) 최소침해의 원칙, (iii) 적정비례의 원칙을 구성요소로 한다. 따라서 적합하고 최소의 침해를 가져오는 수단일지라도 그로 인하여 달성되는 공익과 희생되는 법익에 현저한 불균형관계가 있어서는 안 된다.

<답 ④>

134. 지방자치 또는 지방재정과 관련하여 옳지 못한 것은? <2007 국회 8급>

① 지방교부세 제도는 중앙정부와 지방정부 사이의 수직적 재정불균형과 지방자치단체간 수평적 재정불균형을 해소하기 위해 운영된다.
② 지방분권의 추진원칙으로서 포괄성 원칙은 단위사무의 이양과 관련하여 단편적인 지방이양 및 중앙·지방간 연계성 부족 등의 문제점을 보완하기 위한 것이다.
③ 지방분권이 되더라도 반드시 주민의 참여와 통제가 증가하는 것은 아니다.
④ 보충성의 원칙은 시민사회와 자치단체가 분권의 부작용을 스스로 치유해 나갈 수 있는 자정능력을 갖도록 보완해 나가는 것이다.
⑤ 법령을 위반하거나 직무를 적절히 수행하지 못하는 지방자치단체 공직자를 임기 종료 전에 해직시킬 수 있는 주민소환(recall)제도는 주민소환투표에 의해 가부가 결정된다는 면에서 주민투표와 유사하다.

해설 ··

보충성의 원칙(Principle of Subsidiarity): 하위정부에서 할 수 있는 사무는 상위정부가 관여하지 않는 것이 바람직하다는 원칙이다. 분권의 부작용을 스스로 치유해나갈 수 있는 자정능력을 갖도록 보완해 나가는 것은 보충성의 원칙이 아니라 선분권 후보완 원칙이다.

<답 ④>

135. 다음 중 집권화와 분권화의 형성요인에 관한 비교 설명으로 옳지 않은 것은? <2007 국회 8급>

① 조직의 규모가 커질수록 조직의 문제가 복잡해져 분권화의 필요성이 높아지지만, 규모가 작으면 최고관리자가 모든 문제를 소상하게 알고 부하를 적절히 관리할 수 있어 집권화가 더욱 능률적이다.
② 교통 통신의 발달로 상호 유기적인 연계가 강화되면서 분권화가 이루어

진다.

③ 급변하는 환경에 적절하게 대응하기 위해서는 분권화가 필요하다.

④ 조직이 성장함에 따라 문제들이 많아지고 업무수행 장소도 넓어져 조정하기가 어려워짐에 따라 분권화가 강화된다.

⑤ 역사가 짧은 신설 조직은 선례가 없기 때문에 설립자의 지시에 의존하게 되어 집권화의 경향을 가진다.

해설

집권화의 요인	분권화의 요인
① 소규모 신설조직 ② 위기상황(전시나 비상사태) ③ 교통통신 및 정보통신기술의 발달(정보화)로 의사결정에 필요한 정보가 집중될 때 ④ 조직예산의 규모가 커질 때 (결정사항의 중요성이 높을 때) ⑤ 특정 기능에 대한 조직 내외의 관심이 증대할 때 ⑥ 지나친 분업으로 인해 행정조정이 곤란할 때 ⑦ 특정 활동의 전문화가 필요할 때 ⑧ 경쟁의 격화 ⑨ 통일성, 일관성, 합리성, 효과성 강조	① 대규모 오래된 조직 ② 환경이 불확실(복잡 · 동태)하여 신속한 업무수행이 필요할 때 ③ 기술수준의 고도화와 인적 전문화 및 능력 향상 ④ 최고관리자가 세부적이고 일상적인 업무에서 벗어나 장기계획이나 정책문제에 관심을 둘 때 ⑤ 조직이 급격한 기술 발전을 수용하고 대량생산체제를 갖추기 위해 ⑥ 조직 내 관리자를 육성 및 동기부여 (내재적 동기유발 및 힘 실어주기) ⑦ 민주성, 평등성, 자율규제, 창의성, 고객지향성

<답 ②>

136. 다음에서 집권화와 분권화의 요인 중 집권화의 요인이 아닌 것은 ?

① 급격한 기술발전의 수용 및 대량생산체제의 구축

② 결정사항의 중요성 및 특정 기능에 대한 관심 집중

③ 강력한 지도력 및 하급자의 능력 부족

④ 자원의 증대 및 예산지출의 증가

해설

① 조직이 급격한 기술발전을 수용하고 대량생산체제를 갖추려면 조직의 분화가 필요하고 이에 따른 분권화가 필요하다. <답 ①>

137. 다음 중 우리나라 공무원의 행동규범과 징계에 관한 내용으로 가장 적절한 것은? <2011 서울 9급>

① 공무원법은 충성이라는 용어를 사용하여 규정하는 바는 없지만 충성을 강력히 요구하고 있으며, 충성조사는 안보와 관계 깊은 직위만을 대상으로

한다.

② 제헌헌법 제18조는 공무원과 민간 노동자의 구분 없이 노동자의 단결, 단체교섭과 단체행동의 자유를 법률의 범위 내에서 보장하도록 규정했다.

③ 공무원의 정년은 2007년 단체협약에 따라 다른 법률에 특별한 규정이 있는 경우를 포함시켜 60세로 통일되었다.

④ 소청은 그의 의사에 반해 불리한 처분을 받은 공무원이 부당한 사항에 대해 제기할 수 있으며, 소청심사 기간 동안에는 후임자를 결정하지 못한다.

⑤ 정직과 감봉은 1개월 이상 3개월 이하의 기간으로 정하고 보수의 3분의 1을 감한다.

해설

② 제헌헌법 제18조는 '근로자의 단결, 단체교섭과 단체행동의 자유는 법률의 범위 내에서 보장된다'고 규정하여 공무원과 민간 노동자의 구분 없이 노동자의 단결, 단체교섭과 단체행동의 자유를 법률의 범위 내에서 보장하도록 규정한 반면, 현행헌법(제33조 제2항)은 '공무원'인 근로자는 법률이 정하는 자에 한하여 단결권·단체교섭권 및 단체행동권을 가진다고 규정하고 있다. ① 공무원 충성조사는 안보와 관계 깊은 직위뿐만 아니라 모든 공무원들을 대상으로 한다. ③ 공무원의 정년은 다른 법률에 특별한 규정이 있는 경우를 제외하고는 60세로 한다(국가공무원법 제74조 개정 2008.6.13). 기존 5급 이상은 60세, 6급 이하는 57세로 불평등하게 규정되어 있던 국가공무원의 정년 규정을 2007년 12월 14일 체결된 정부와 공무원노조의 단체협약으로 연차적으로 60세로 단일화해 헌법상 평등권을 보장하면서, 사회의 고령화 시대를 대비하고 공공인력의 효율적 관리를 도모하게 되었다. 즉 6급 이하 일반직 공무원, 연구사, 지도사 및 기능직 공무원의 정년을 2009년부터 2010년까지는 58세로, 2011년부터 2012년까지는 59세로, 다른 법률에 특별한 규정이 없는 한 2013년부터 60세로 하였다. ④ 본인의 의사에 반한 불리한 처분을 받았을 때에는 그 처분이 있은 것을 안 날부터 각각 30일 이내에 소청심사위원회에 이에 대한 심사를 청구할 수 있다. 본인의 의사에 반하여 파면 또는 해임이나 면직처분을 하면 그 처분을 한 날부터 40일 이내에는 후임자의 보충발령을 하지 못한다. 다만, 인력 관리상 후임자를 보충하여야 할 불가피한 사유가 있고, 소청심사위원회의 임시결정이 없는 경우에는 국회사무총장, 법원행정처장, 헌법재판소사무처장, 중앙선거관리위원회사무총장 또는 행정안전부장관과 협의를 거쳐 후임자의 보충발령을 할 수 있다. ⑤ 정직은 1개월 이상 3개월 이하의 기간으로 하고, 정직 처분을 받은 자는 그 기간 중 공무원의 신분은 보유하나 직무에 종사하지 못하며 보수의 3분의 2를 감한다. 감봉은 1개월 이상 3개월 이하의 기간 동안 보수의 3분의 1을 감한다(국가공무원법 제80조 ③, ④항 개정 2008.3.28, 2008.12.31). <답 ②>

138. 1991년 이후 한국은 지방자치제를 부활시켜 도입하고 있다. 한국의 지방자치제도에 관한 설명 중 가장 옳지 않은 것은?

<2004 입법고시>

① 자치단체에 대한 감독은 주로 행정적 통제방법에 의존한다.

② 특별시 또는 광역시가 아니더라도 인구 50만 이상의 시는 자치구를 둘 수 있다.

③ 도시와 농촌이 통합된 복합시 안에는 읍·면·동을 둘 수 있다.

④ 자치단체에 대한 권한위임은 포괄적 위임주의에 가깝다.
⑤ 광역시 경계 안에 군을 둘 수 있다.

✍ 해설 ………………………………………

특별시 · 광역시 및 특별자치시가 아닌 인구 50만 이상의 시에는 자치구가 아닌 일반구를 둘 수 있고, 군에는 읍 · 면을 두며, 시와 구(자치구를 포함)에는 동을, 읍 · 면에는 리를 둔다(지방자치법 제3조 3항 개정 2011.5.30). <답 ②>

139. 다음 중 지방자치에 대한 설명으로 틀린 것은? <2007 전남 9급>

① 주민소송은 반드시 주민감사청구를 먼저 거쳐야 한다.
② 주민감사청구 사항이 주민소송 사항보다 그 범위가 넓다.
③ 지방자치 구성요소는 구역, 자치권, 주민, 사무, 자치기구이다.
④ 지방자치단체장과 모든 지방의회의원을 소환할 수 있다.

✍ 해설 ………………………………………

④ 주민소환의 경우 비례대표는 제외하므로 모든 지방의회의원을 소환할 수 있는 것은 아니다. ② 주민감사청구를 거쳐야만 주민소송을 재기할 수 있지만 모든 사항에 대해서 주민소송을 제기할 수 있는 것은 아니고 공금지출, 재산취득 · 관리 · 처분, 계약체결, 지방세 · 사용료 등 공금부과 징수의 해태에 관한 사항 등 재무행정 분야에 대해서만 가능하다. 따라서 주민감사청구 사항이 범위에 있어서 넓다(수사 또는 재판에 관여하는 사항, 개인사생활 침해, 다른 기관에서 감사하였거나 감사 중인 사항, 동일한 사항에 대하여 주민소송이 계속 중이거나 판결이 확정된 사항을 제외하고는 모두 가능함). <답 ④>

제 3 장

지방행정의 구조와 구역

제 3 장 지방행정의 구조와 구역

1. 다음 중 지방자치단체에 관한 설명으로 잘못된 것은?

① 우리나라에서 통용되는 지방자치단체는 실정법상의 법률용어이다.
② 지방자치단체란 그 목적을 달성하기 위하여 국가로부터 독자적인 권능을 부여받은 법인이다.
③ 오늘날에는 지방자치단체가 그 존립목적을 달성하기 위해 자치사법권까지 행사할 수 있도록 하고 있다.
④ 지방자치단체의 조직과 운영에 관한 사항은 지방자치 본래의 취지에 따라 지방의회에 의해 조례로 정할 수 없다.
⑤ 국가사무의 지방자치단체에의 위임은 헌법에 명문규정이 없더라도 법률에 근거만 있으면 가능하다.

해설

지방자치단체란 '일정한 지역적 범위를 자신의 구역으로 결정하고 그 지역주민들에 의해 선출된 기관이 국가로부터 상대적으로 독립된 지위에서 당해구역 내의 지역사무를 자주적으로 처리할 권한을 가지는 법인격을 소유하고 있는 공공단체'를 말한다. 통상적으로 자치단체, 지방공공단체, 지방단체 또는 지방정부라고도 부른다. 오늘날 대부분의 국가에서는 지방자치단체에게 자치입법권 · 자치행정권 · 자치재정권 · 자치조직권 등의 자치권을 제도적으로 보장하고 있지만 자치사법권에 대해서는 일반적으로 인정하지 않는 방향으로 나아가고 있다. <답 ③>

2. 지방자치단체에 관한 설명 중 옳지 않은 것은?

① 지방자치단체는 그 성립요건으로서 반드시 구역, 주민, 자치권이라는 기본 3요소를 구비하여야 한다.
② 지방자치단체의 형태는 국가마다 다소 상이하지만 일반지방자치단체와 특별지방자치단체로 대별될 수 있다.
③ 우리가 통상 지방자치단체라고 하는 경우, 일반지방자치단체를 지칭하는 것으로 이해한다.
④ 지방자치단체는 국가로부터 당해지역 내의 통치권을 부여받기 때문에 그 목적과 기능을 조례로 변경할 수 있다.
⑤ 지방자치단체는 자체적으로 재산을 취득 · 관리하고 소송당사자능력, 계약체결능력, 의사결정능력 등을 소유한다.

해설

지방자치단체는 그 존립의의를 공공목적의 실현에 두고 지방의 공공사무를 처리하기 위하여 설립된 공공단체로서, 사법인인 사단법인이나 재단법인과는 달리 (i) 그 목적과 기능이 법률에 의하여 규정되고, (ii) 단체의 설립과 해산, 구역변경, 사무소 이전 등도 모두 법령으로 규정되어 있다. 따라서 그의 목적을 스스로 변경하거나 임의해산할 자유가 인정되지 않는다. <답 ④>

3. 다음 중 지방자치단체의 특질과 관계가 먼 것은?

① 국가와는 별개의 법인격을 가지고 있는 독자적인 권리 · 의무의 주체이다.
② 일정한 지역 내의 모든 사람과 사물에 대하여 통치권 내지 지배권을 행사한다.
③ 지방자치단체는 그 존립의의를 공공목적의 실현에 두기 때문에 국가감독의 대상이 된다.
④ 지방자치단체는 법인으로서 행정집행의 편의를 위해 설치한 각종 하급지방행정기관이나 일선기관과 구별된다.
⑤ 지방자치단체는 지역단체라는 점에서 공공조합과 그 성격이 비슷하다.

해설

지방자치단체는 일정한 지역 안의 공공문제를 그 지역주민들이 자치적으로 처리하기 위하여 설립된 지역단체라는 점에서 일정한 구성원의 결합을 기초로 하는 공공조합(농업협동조합, 축협, 수협 등) 및 공공목적에 제공된 인적 · 물적 종합시설인 영조물법인(석탄공사, 주택공사, 도로공사 등)과 구별된다. 물론 공공조합도 일정한 지역을 단위로 설립되지만 그 지역이 공공조합의 구성요소가 아니라 조합원의 자격을 정하는 기준에 불과하기 때문에 일정한 지역을 단체구성의 필수적 기초로 하고 있는 지방자치단체와는 본질적으로 다르다고 하겠다. <답 ⑤>

4. 일반지방자치단체에 대한 설명으로 적절하지 않은 것은?

① 정책상의 견지에서 설치된 것으로서 그 조직과 권능이 특수한 자치단체이다.
② 우리나라의 지방자치법은 일반지방자치단체를 주된 규율대상으로 하고 있다.
③ 권한이나 수행기능은 법규에 의하지 않고는 제한을 받지 않는다.
④ 법인, 공법인, 지역단체 및 통치단체로서의 특징을 갖는다.
⑤ 그 설치목적이나 조직 등이 대체적으로 정형화되어 있다.

해설

일반지방자치단체라 함은 그 존립목적, 조직, 권능 등에 있어서 일반적 · 종합적 성격을 가지는 자치단체로서 전국적 · 보편적으로 존재하고 있다. 이에 반해 특별지방자치단체는 정책상의 견지에서 특정한 목적을 달성하기 위해 설치된 것이며, 그 조직과 권능이 특수한 자치단체를 말한다. (i) 우리나라의 특별시 · 광역시 · 도와 시 · 군 및 자치구, (ii) 프랑스의 레종, Département(도), Commune, (iii) 영국의 런던광역시(Greater London Authority), 런던자치구(London borough), 런던시와 일반시(Metropolitan district) 및 군(Non-metropolitan district), unitary, (iv) 미국의 Municipality(City, Town, Village 또는 Borough), (v) 독일의 군(Kreis)과 시 · 읍 · 면(Gemeinde), (vi) 일본의 도(都) · 도(道) · 부 · 현과 시 · 정 · 촌 등은 모두 이러한 일반지방자치단체에 해당된다. <답 ①>

5. 우리나라의 특별시에 대한 설명이다. 옳지 않은 것은?

① 광역시 · 도와 동등한 자치권을 향유하는 광역자치단체의 하나이다.
② 1946년에 경성부가 서울특별시로 승격된 것이다.
③ 현행법상 서울특별시의 상급기관은 행정안전부이다.
④ 특별시의 관할구역 안에 자치구를 둔다.
⑤ 현재 중앙정부 부처의 감독권을 광범위하게 제한하는 특례를 인정받고 있다.

해설

특별시제는 미군정시대인 1946년에 경기도 관할하의 경성부가 정부직할의 서울특별시로 승격되면서 도(道)와 동등한 권한을 부여받은 것이 그 시초이다. 그러나 이 기간에는 지방자치적 기능을 수행하지 못하였으며, 1949년의 지방자치법 실시에 의해 법인격을 가진 광역자치단체로서의 지위를 가지게 되었다. ⑤ 1962년 '서울특별시행정에관한특별조치법'에 의하여 다른 광역자치단체와는 달리 국무총리 직속으로 되어 특수한 법적 지위를 갖게 되었으며, 서울특별시에 대한 중앙정부 부처의 감독권을 제한하는 광범위한 특례를 인정받았다. 그러나 서울시는 1991년 서울시의회의 구성과 함께 다른 광역시 · 도와 동등한 자치권을 누리는 광역자치단체의 하나가 됨으로써 다시 정부직할하에 놓이게 되었다. 다만 지방자치법(제174조)은 수도행정의 특수성을 고려하여 그 지위 · 조직 및 운영상의 특례를 둘 수 있도록 규정하고 있으며, 이에 의하여 '서울특별시행정특례에관한법률'이 공포 · 시행되고 있다. <답 ⑤>

6. 도농복합형태의 시(市)를 올바르게 기술하고 있는 것은?

① 대부분이 도시의 형태를 갖추고 인구 10만 이상인 시를 말한다.
② 종래의 시와 읍을 통합한 지역을 말한다.
③ 인구 5만 이상의 도시형태를 갖춘 지역이 있는 군을 시로 한 것이다.
④ 인구 10만 이상으로서 군 내의 2개 이상의 읍의 인구가 5만 이상인 군을 시로 한 것이다.
⑤ 관할구역 내에 구를 두고 도와 동등한 지위를 부여받은 인구 50만 이상의 대도시를 지칭한다.

해설

도 · 농복합형태의 시란 (i) 종래의 시와 군을 통합한 지역, (ii) 인구 5만 이상의 도시형태를 갖춘 지역이 있는 군, (iii) 인구 15만 이상의 군으로서 당해 군 내에 인구 2만 이상의 도시형태를 갖춘 2개 이상의 지역의 인구가 5만 이상인 군, (iv) 국가의 정책으로 인하여 도시가 형성되고, 도의 출장소가 설치된 지역으로서 그 지역의 인구가 3만 이상이고, 인구

15만 이상의 도 · 농복합형태의 시의 일부인 지역 등을 시로 한 것을 말한다. 이러한 시제는 도 · 농통합적 구역개편의 일환으로 1995년부터 시행된 제도로서 이를 권장하기 위해서 '도농복합형태의시설치에따른행정특례등에관한법률'에 의하여 행정상 각종 특례를 인정해 주고 있다. <답 ③>

7. 지방자치단체에 대한 내용과 관련이 없는 것은?

① 지방자치단체는 지방의회의 의결을 통해 그의 목적을 변경하거나 임의해산할 수 없다.
② 지방자치단체는 법인으로서 자기 독자적인 의사와 목적을 가지고 있다.
③ 지방자치단체는 그 자치권을 헌법상 보장받기 때문에 원칙적으로 국가의 통제를 받지 않는다.
④ 지방자치단체는 자치입법 · 행정 · 재정을 기초로 하는 통치단체이다.
⑤ 지방자치단체의 종류는 법률로 정한다.

해설

지방자치단체는 통치단체로서 가급적 국가나 기타 어떤 외부단체의 간섭이나 통제를 받지 않고 자주적으로 입법권, 조직권, 행정권 및 재정권을 행사할 수 있는 자치권을 헌법에 의해 보장받고 있지만 주민편의와 복리증진을 목적으로 하기 때문에 국가는 물론 주민, 지방의회, 정당, 이익단체 등의 통제 · 감독 및 비판을 받으며 행정수행에 있어서 정치적 책임을 지게 된다. <답 ③>

8. 광역시에 대한 설명과 거리가 먼 것은?

① 대도시행정의 능률적 운영을 위해 도입되었다.
② 1963년에 직할시제로 도입되었다가 1995년에 광역시로 개칭되었다.
③ 대도시 가운데 인구 100만 이상의 시를 도로부터 분리한 것이다.
④ 광역시는 상대적으로 도세의 약화를 초래하여 도 · 농간의 격차를 심화시켰다.
⑤ 광역시는 정부직할의 도와는 다른 특별한 지위를 인정받고 있다.

해설

광역시란 인구 100만을 초과하는 대도시를 농촌문제중심의 자치단체인 도의 관할로부터 분리하고, 도와 동등한 지위를 부여한 지방자치단체를 말한다. 이러한 광역시제는 1963년에 대도시행정의 능률적 운영을 위해 직할시제로 처음 도입되었다. 즉 1963년 부산직할시 승격을 필두로 대구 · 인천(1981년), 광주(1986년), 대전(1989년) 등이 직할시로 승격되었으며, 1994년 12월 개정 지방자치법을 통하여 1995년 1월부터 그 명칭을 광역시로 개칭하였고, 울산시를 광역시로 승격(1997년 7월)하였다. 광역시는 특별시 · 도와 함께 정부직할하에 두어지며, 그 관할구역 안에 기초자치단체인 자치구와 군을 둘 수 있다. <답 ⑤>

9. 군(郡)자치제와 관련이 없는 사항은?

① 읍 · 면의 의원 및 장선거에 나타난 혈연과 지연에 따른 대립과 갈등의 첨

예화는 군자치제 채택의 동기가 되었다.
② 읍 · 면의 행 · 재정력의 결여를 극복하기 위하여 실시되었다.
③ 일제시대에도 읍 · 면과는 달리 자치기능이 인정되지 않았다.
④ 1949년 지방자치법 제정으로 법인격을 취득하였다.
⑤ 관할구역이 넓어짐에 따라 풀뿌리 민주주의의 정착을 저해해 온 것도 사실이다.

✍ 해설

군은 주로 도 관할구역 내의 농촌지역에 설치된 기초자치단체이다. 군은 1949년 지방자치법 제정시에는 도의 관할하에 있는 단순한 지방행정구역으로만 인정되었다가 1961년 '지방자치에관한임시조치법'에 의하여 읍 · 면자치제가 폐지되고 최초로 법인격을 부여받음으로써 기초자치단체로서의 지위를 가지게 되었다. <답 ④>

10. 구(區)자치제에 대한 내용으로 틀린 것은?
① 자치구는 특별시와 광역시의 관할구역 안에 두는 기초자치단체이다.
② 자치구 상호간의 재원조정을 인정하지 않고 있다.
③ 시 · 군과 달리 일정한 범위의 자치권을 제한하여 인정하고 있다.
④ 토지등급의 설정, 도시계획수립, 분뇨처리시설의 설치 · 운영 등의 사무는 처리할 수 없다.
⑤ 1988년 제7차 개정 지방자치법에 의해 법인격을 부여받았다.

✍ 해설

자치구는 대도시행정의 편의를 위해 인위적으로 획정해 놓은 지역으로서 1988년 제7차 개정 지방자치법에 의하여 법인격을 부여받아 기초자치단체가 되었다. 이러한 자치구제에서는 (i) 그 자치권의 범위를 법령이 정하는 바에 의하여 시 · 군과 다르게 할 수 있으며, (ii) 특별시장 및 광역시장은 시세수입 중의 일정액을 확보하여 조례에 따라 당해 지방자치단체의 관할구역 안에 있는 자치구 상호간의 재원을 조정할 수 있다. 자치구의 구세로는 재산세, 면허세, 사업소세, 종합토지세 등 4개가 있으며, 사용료 · 수수료 및 분담금을 부과징수할 수 있다. <답 ②>

11. 우리나라에서 구(區)자치제의 채택을 가져오게 한 요인이 아닌 것은?
① 구간 재정력의 격차 ② 예산의 낭비와 비능률
③ 정책집행의 획일성 ④ 사업편중에 따른 소외지역 문제
⑤ 행정접근성의 결여

✍ 해설

구자치제의 실시는 (i) 비효율적인 사업운영으로 인한 예산의 낭비, (ii) 공무원의 낮은 생산성, (iii) 주민협력의 결핍, (iv) 정책결정자에의 접근성의 결여, (v) 다양한 지역주민수요의 행정반영에의 어려움, (vi) 지방사업의 편중에 따른 소외지역의 형평성 문제 등 집권화된 대도시행정의 폐단을 해결하고 능률적 · 민주적인 행정을 구현하려는 데 그 의의가

있다. ① 구간 재정력의 격차는 자치구제 실시에 따른 폐해이다. <답 ①>

12. 서울특별시를 국무총리 직속에서 정부직할 하에 두도록 한 시기는?

① 1946년 ② 1962년 ③ 1989년
④ 1991년 ⑤ 1994년

해설

≪서울특별시의 위상변천과정≫

(i) 1946년: 경기도 관할 → 정부직할(특별시 승격)
(ii) 1949년: 정부직할(제정 지방자치법)
(iii) 1962년: 정부직할 → 국무총리 직속(서울특별시행정에관한특별조치법)
(iv) 1991년: 국무총리 직속 → 정부직할(서울특별시행정특례에관한법률)

<답 ④>

13. 우리나라 지방자치단체에 관한 설명이다. 틀린 것은?

① 자치구는 시·군보다 자치권의 범위가 제한되어 있다.
② 시(市)제는 1914년의 부(府)제에서 그 연원을 찾을 수 있다.
③ 도는 지방자치법 제정시에는 국가의 단순한 행정구역이었다.
④ 인구 50만 이상의 시에도 구를 설치할 수 있다.
⑤ 구제는 1943년 경성부에 중구·종로구 등이 설치된 데서 비롯되었다.

해설

③ 도는 우리나라 지방자치단체들 가운데 최광역의 지방자치단체로서 1933년 도제의 실시로 공법인의 지위를 인정받았으며, 정부수립 후 1949년 지방자치법의 제정에 의하여 실질적인 지방자치단체가 되었다. ④ 인구 50만 이상의 시에도 구를 둘 수 있으나 이는 행정적 편의를 위한 단순한 행정구에 불과할 뿐이며 자치권을 행사할 수 없다. 현재 행정구가 설치되어 있는 일반시로는 성남, 부천, 안양, 청주, 전주, 수원, 고양, 포항시 등을 들 수 있다. <답 ③>

14. 군자치제를 채택하게 된 동기로 보기 어려운 것은?

① 행·재정능력의 결여 극복 ② 지역개발의 활성화
③ 선거비용의 절감 ④ 혈연적·지연적 대립의 완화
⑤ 행정의 접근성 제고

해설

1952년에 우리나라에서 최초로 읍·면의원선거가 실시된 이후 읍·면자치제는 근본적인 결함이 있다는 비판론이 제기되어 왔다. 이에 따라 1961년 9월 '지방자치에관한임시조치법'을 통해 읍·면자치제를 폐지하고, 상위지방행정기관인 군을 기초자치단체로 하는 군자치제를 채택하게 되었다. 즉 군자치제를 채택함으로써 (i) 읍·면의 행·재정력의 결핍을 극복하고, (ii) 읍·면선거에서 빚어지는 혈연과 지연중심의 파벌과 민심의 분열을 극복하고, (iii) 선거비용의 절감을 기하며, (iv) 종래의 군단위의 많은 특별행정기관의 통합을 통해 지방행정의 종합화와 간소화를 도모하며, (v) 소구역인 읍 · 면으로써는 불가능한 지역개발과 주민복지증진을 활성화할 수 있다는 것이다. <답 ⑤>

15. 우리나라의 지방자치단체에 대한 설명과 거리가 먼 것은?

① 시 · 군을 도의 관할구역 안에 둔다는 것은 도가 시 · 군을 통할한다는 의미이다.
② 시의 관할구역 안에 읍 · 면을 둘 수 있다.
③ 특별시 · 광역시 · 도 · 특별자치도와 시 · 군 및 자치구는 원칙적으로 대등한 관계에 있다.
④ 현행법상 지방자치단체조합은 강제로 설립할 수 있다.
⑤ 현행 지방행정계층구조는 자치 2계층을 기본으로 하고 있다.

해설

① 특별시 · 광역시 · 도 · 특별자치도는 정부직할하에, 시는 도의 관할구역 안에, 군은 광역시 또는 도의 관할구역 안에, 자치구는 특별시와 광역시의 관할구역 안에 둔다. 이때 '직할 하에' 또는 '관할구역 안에' 둔다는 것은 종전과 같이 관치행정하의 지배 · 감독 · 지휘 등을 의미하는 통치적인 것이 아니라 법령의 범위 안에서 국가 또는 각급 지방자치단체가 수행해야 할 사무의 한계를 명확하게 구분하기 위한 것이다. 따라서 각급 지방자치단체는 자기의 관할사무를 관계법령에 위배되지 않는 한 자치법규에 따라 자주적으로 처리해 나갈 수 있다. 다만 국가적 통일성을 유지하기 위하여 일정한 범위 안에서 국가 또는 상급 지방자치단체의 지도 · 원조 · 연락 · 조정 등의 기능은 인정되고 있다. ② 지방자치법(제3조 제4항)은 도 · 농복합형태의 시에서 도시의 형태를 갖춘 지역에는 동을, 그 밖의 지역에는 읍 · 면을 두되, 자치구가 아닌 구를 둘 경우에는 당해 구에 읍 · 면 · 동을 둘 수 있다고 규정함으로써 시의 관할구역 안에도 읍 · 면을 둘 수 있도록 하고 있다. <답 ①>

16. 우리나라 지방자치법은 자치구의 자치권의 범위를 시·군과 다르게 할 수 있다고 규정함으로써 자치구사무의 특례를 인정하고 있다. 그 주된 이유에 해당하는 것은?

① 대도시 전체의 유기적 일체성을 확보하기 위해서이다.
② 자치구에 대한 행정적 통제를 강화하기 위해서이다.
③ 광역행정의 원활한 수행을 도모하기 위해서이다.
④ ①과 ③이 해당된다.
⑤ ①, ②, ③ 모두 해당된다.

해설

우리나라는 현재 시 · 군 · 자치구가 처리하도록 되어 있는 사무 중 일부(14분야 44단위사무)는 자치구가 처리하지 않고 특별시 · 광역시에서 처리하도록 하고 있다. 이처럼 자치구사무의 특례를 인정하는 것은 특별시 · 광역시 전체의 유기적 일체성을 확보함은 물론 자치구간 균형된 발전을 고려하여 광역행정의 원활한 수행을 도모해야 한다는 취지에서 비롯된다. <답 ④>

17. 우리나라의 현행 지방자치제도에 관한 설명으로 적당하지 않은 것은?

① 지방자치단체의 장과 지방의회의원은 주민이 직접 선거한다.
② 지방자치단체의 종류는 대통령령으로 정한다.
③ 교육위원회는 교육자치기구로서 심의 · 의결기관이다.
④ 기관대립형의 정부형태를 채택하고 있다.
⑤ 사무배분방식은 예시적 포괄주의를 채택하고 있다.

해설

우리나라 헌법 제117조 제2항에 따르면 '지방자치단체의 종류는 법률로 정한다'고 규정되어 있으며, 이에 의거하여 지방자치법 제2조 제1항에서는 지방자치단체를 (i) 특별시 · 광역시 · 도 · 특별자치도와, (ii) 시 · 군 및 자치구의 2종으로 대별하고 있다(2011.5.30 개정). <답 ②>

18. 우리나라 지방자치단체에 대한 설명 중 연결이 잘못된 것은?

① 1946년 —— 서울특별시로의 승격 ② 1989년 —— 대전직할시로의 승격
③ 1991년 —— 자치구제 채택 ④ 1995년 —— 직할시의 광역시 개칭
⑤ 1995년 —— 도 · 농복합형태의 시 설치

해설

자치구는 특별시와 광역시 관할구역 안에 두는 기초자치단체로서 1988년 제7차 개정 지방자치법에 의하여 법인격을 부여받았다. <답 ③>

19. 우리나라의 특별지방자치단체에 관한 설명 중 잘못된 것은?

① 특별지방자치단체의 설치 · 운영에 관한 사항은 대통령령으로 정하도록 하고 있다.
② 현재 지방자치단체조합이 특별지방자치단체로서 인정되고 있다.
③ 지방자치법은 지방자치단체조합을 특별지방자치단체로 명시하지 않고 있다.
④ 특별지방자치단체에 대해서는 법률에 규정한 특수한 사항을 제외하고는 일반지방자치단체에 적용되는 규정을 준용한다.
⑤ 공공서비스의 공급을 목적으로 하는 기업경영적인 특별지방자치단체의 설립은 허용되지 않고 있다.

해설

특별지방자치단체란 자치행정상의 정책적 견지에서 특정한 목적을 수행하거나 특정한 행정사무를 처리하기 위하여 또는 행정사무의 공동처리를 위하여 설치되는 지방자치단체를 말한다. 따라서 그 구역이나 권능 및 조직 등이 특수하고, 그 존재도 예외적 · 이차적이다. ③ 종래의 지방자치법에서는 기초자치단체(읍, 면)조합을 특별지방자치단체로 규정하였으나 현행법은 지방자치단체조합을 특별지방자치단체로서 명시하지 않고 있다. 일본 · 독일 · 프랑스의 경우 특별지방자치단체의 종류에 지방자치단체조합을 명시함으로써 지방자치단체조합의 특별지방자치단체로서의 법적 지위를 명확히 규정하고 있다. ⑤ 현재 우리

나라에는 광역사무단체인 지방자치단체조합을 설치할 수 있으며, 이 외에도 지방공기업법에 의하여 기업경영적인 특별지방자치단체의 설립을 허용하고 있으나 아직까지 설치된 예는 없다. <답 ⑤>

20. **우리나라 지방자치법이 규정하고 있는 특별지방자치단체는?**

<2002 행정고시>

① 구청 ② 조례개정범위의 확대
③ 국세청의 지방국세청 ④ 자치경찰제 ⑤ 지방자치단체의 출장소

✍ **해설**

지방자치법에서는 보통지방자치단체로 서울특별시 · 광역시 · 도 · 특별자치도와 시 · 군 · 자치구의 두 종류로 나누고, 특별지방자치단체로는 지방자치단체조합이 있다(2011.5.30 개정). <답 ④>

21. **다음은 지방자치단체조합에 관한 내용이다. 가장 타당성이 없는 것은?**

① 조합의 권능은 지방자치단체사무의 공동처리를 위한 사무에 한정된다.
② 지방자치단체 상호간의 협력방식인 행정협의회와 그 성격이 동일하다.
③ 조합의 구성원은 참여하고 있는 지방자치단체이다.
④ 현행법상 일부사무조합과 복합사무조합으로 구분하고 있다.
⑤ 해산의 임의성이 인정되고 있다.

✍ **해설**

지방자치단체조합이라 함은 지방자치단체의 권한에 속하는 하나 또는 둘 이상의 사무를 공동처리하기 위하여 지방자치단체간 합의로써 설립된 법인을 의미하는바, 법인체를 통한 공법상의 협력방식이라 할 수 있다. 따라서 특정사무의 공동처리를 위한 지방자치단체 상호간의 협력방식이라는 점에서 행정협의회와 비슷하지만 독자적인 법인격을 부여받은 특별지방자치단체라는 점에서 그 성격을 달리하고 있다. <답 ②>

22. **현재 우리나라의 지방자치제에 관한 설명으로 옳지 않은 것은?**

① 기관대립형의 자치제도를 채택하고 있다. <2002 지시 기술>
② 기초의회의원선거에서는 정당공천제를 배제하고 있다.
③ 총 248개의 지방자치단체가 있다.
④ 총 232개의 기초자치단체가 있다.
⑤ 광역시제도는 1991년 지방자치제가 부활되면서 도입된 제도이다.

✍ **해설**

⑤ 제13차 개정 1994. 12. 20 직할시를 광역시로 개칭했다. 당시에는 총 248개의 지방자치단체, 총 232개의 기초자치단체가 있었다.

* 2010. 1. 1 기준 행정안전부 자료에 의하면 지방자치단체 246개: 광역시도 16개(특별시 1, 광역시 6, 도 9), 시 · 군 · 구 230개(시 75, 군 86, 구 69),
* 2010. 7. 1 창원 · 마산 · 진해시가 창원시로 통합되어 기존 75개 시가 73개 시로 변경됨, 행정시: 2개(제주시, 서귀포시) - 읍면동: 3,474개(읍 214, 면 1,202, 동 2,058) <답 ⑤>

23. 우리나라 지방자치단체에 관한 설명으로 옳지 않은 것은?

① 지방자치단체는 공법상의 법인이다. <2002 지시>
② 군은 광역시 또는 도의 관할구역 안에 둔다.
③ 자치구는 특별시와 광역시의 관할구역 안에 둔다.
④ 특별시 또는 광역시가 아닌 인구 50만 이상의 시에는 자치구가 아닌 구를 둘 수 있다.
⑤ 특별지방자치단체로 행정협의회를 두고 있다.

해설

우리나라 현행법은 특별지방자치단체로서 지방자치단체조합을 두고 있다. <답 ⑤>

24. A지역에 대규모의 댐이 건설되었다. 주변지역의 지방자치단체들은 수자원공사(광역권상수도사업소)로부터 원수를 공급받아 공동으로 상수도사업을 시행하여 보다 저렴하게 서비스를 제공하기로 합의하였다. 지방자치단체들이 독립된 법인체를 설립하여 상수도서비스를 공동으로 제공하려고 할 때 우리나라의 지방자치법상 가능한 광역행정의 형태는? <2002 지시 기술>

① A지역 상수도공동위원회
② A지역 상수도조합
③ A지역 상수도연합
④ A지역 상수도협의회
⑤ A지역 상수도 특별구

해설

지방자치법 159조에 "2개 이상의 지방자치단체가 하나 또는 둘 이상의 사무를 공동으로 처리할 필요가 있을 때에는 규약을 정하여 당해 지방의회의 의결을 거쳐 시·도는 행정안전부장관의, 시·군 및 자치구는 시·도지사의 승인을 얻어 지방자치단체조합을 설립할 수 있다. 다만, 지방자치단체조합의 구성원인 시·군 및 자치구가 2개 이상의 시·도에 걸치는 지방자치단체조합은 행정안전부장관의 승인을 받아야 한다"(개정 2008.2.29)고 규정하고 있다. 지방자치단체조합은 특별지방자치단체로서 일부 혹은 특수목적을 달성하기 위한 사무를 공동으로 처리하기 위해 상호규약에 따라 법인형태로 설립된다. 그리고 이 조합은 자치단체와는 독립적으로 자기책임하에 처리하는 권리와 의무를 가진 법적 기구이다. 자치단체조합은 자치단체 상호간의 합의가 법적 구속력을 가지고 있기 때문에 실질적인 이행력을 담보할 수 있으며, 특히 핵심사업의 공동추진을 위한 재원을 수익자부담과 재정적 형평성에 입각하여 배분·조달할 수 있는 이점을 가지고 있다. <답 ②>

25. 밑줄 친 부분에 들어가야 할 내용을 순서대로 나열한 것은? <2002 지시 기술>

> 2개 이상의 ________가 하나 또는 둘 이상의 사무를 공동으로 처리할 필요가 있을 때에는 ________(을,를) 정하여 지방자치단체의 ________(을,를) 설립할 수 있다.

① 지방의회, 조례, 행정협의회
② 지방의회, 규칙, 행정협의회

③ 지방자치단체, 규약, 조합 ④ 지방자치단체, 조례, 행정협의회
⑤ 지방자치단체, 규칙, 도시권행정협의회

해설

현행 지방자치법 제152조에서는 "지방자치단체는 2개 이상의 자치단체에 관련된 사무의 일부를 공동으로 처리하기 위하여 관계지방자치단체간의 행정협의회를 구성할 수 있다"고 명시하고 있다. 행정협의회를 통한 지방자치단체간 협력제도는 1973년에 법적 근거가 마련되어 1988년에 상세한 내용이 규정된 후 2008년 다시 부분적인 개정이 있었다. 현행 지방자치법 제152에서 158조까지 행정협의회의 구성, 조직, 규약 등을 비교적 자세하게 규정하고 있으며 지방자치법 시행령을 통해 이의 시행에 관련된 보다 자세한 규정들이 명시되어 있다. <답 ③>

26. 다음 중 설립목적상 성격이 다른 특별지방자치단체는?

① 상수도구(미국) ② 묘지구(미국) ③ 공원구(미국)
④ 재산구(일본) ⑤ 지방자치단체조합(한국)

해설

특별지방자치단체는 그 설립목적에 따라 일반행정사무의 처리를 위한 행정사무단체와 공기업적 사무처리를 위한 기업경영단체로 분류될 수 있다. 최근에 급부행정의 역할이 강조되면서 공공서비스의 공급을 목적으로 하는 기업경영적인 특별지방자치단체의 설립이 증가하고 있는데, 미국의 상수도구, 병원구, 공원 및 레크레이션구, 묘지구 등 대부분의 특별구와 일본의 재산구가 여기에 해당된다. 우리나라도 기업경영적인 특별지방자치단체의 설립을 허용하고 있다. <답 ⑤>

27. 특별지방자치단체의 필요성이 아닌 것은?

① 규모의 경제실현 ② 주민편의의 도모
③ 정치적 중립성의 보장 ④ 종합행정의 구현
⑤ 행정의 전문화 · 기술화

해설

특별지방자치단체를 설립하는 가장 일반적인 이유는 특정한 공공사무를 지역주민에게 보다 편리하게 제공하면서 가장 효율적으로 수행하기 위해서이다. 특별지방자치단체가 필요한 이유로는 (i) 주민의 편의도모, (ii) 효율적인 행정수행, (iii) 규모의 경제실현, (iv) 재정적 · 법적 제약 및 채무한계로부터의 해방, (v) 정치적 중립성의 유지, (vi) 행정의 기술화 · 전문화 등을 들 수 있다. ④ 지방자치단체의 종합행정은 지방행정사무에 대한 처리권한이 중앙정부로부터 자치단체로 완전히 이양될 때 구현될 수 있는 것이며, 특정한 공공사무를 처리하기 위한 특별지방행정기관이나 특별지방자치단체의 설립은 오히려 종합행정의 구현을 제약한다고 볼 수 있다. <답 ④>

28. 우리나라 지방자치단체조합의 변천에 관한 내용이다. 틀린 것은?

① 1949년 7월 제정 지방자치법에 의하여 설치된 제도이다.
② 1961년 지방자치에 관한 임시조치법의 제정에 의하여 시 · 읍 · 면조합이

시 · 군조합으로 개편되었다.
③ 처음에는 시 · 읍 · 면조합으로 시작되었으나 1988년 제7차 개정 지방자치법 때 지방자치단체조합으로 확대되었다.
④ 1959년 5월에 읍 · 면통신조합이 최초로 설치되었다.
⑤ 현재 우리나라에서 설립 · 운영되고 있는 지방자치단체조합은 하나도 없다.

해설

지방자치단체조합은 1949년 7월 4일 지방자치법 제정 때 설치된 제도로서 처음에는 시 · 읍 · 면조합으로 시작하였는바, 실제로 1959년 5월에 읍 · 면통신조합이 설치되었다. 그러다가 1961년 지방자치에관한임시조치법의 제정으로 시 · 읍 · 면조합이 시 · 군조합으로 개편되고, 1970년 경기도 내 시 · 군간에 전용행정통신망조합이 설립되기도 하였다. 그 후 1973년 3월 제4차 지방자치에관한임시조치법 개정을 통해 지방자치단체조합에 관한 규정이 신설되고 일부사무조합과 전부사무조합을 둘 수 있게 하였으나, 1981년 4월 동법 개정에 의해 일부사무조합만 설치할 수 있게 되었다. 1991년 11월에 설립 · 운영되어 오던 수도권매립지운영관리조합도 2000년 7월에 폐지되어 현재는 지방자치단체조합이 전무하다.

<답 ③>

29. 특별지방자치단체에 관한 설명으로 적절하지 않은 것은?

① 우리나라의 특별지방자치단체로서 현재 지방자치단체조합과 공기업조합이 인정되고 있다.
② 지방자치단체의 난립을 가져와 지방제도의 복잡과 혼란을 초래할 수 있다.
③ 책임소재가 명확하고 지방행정에 대한 주민의 관심과 통제를 강화한다.
④ 교육, 경찰 등 특수한 기능을 지방정치의 장으로부터 분리하여 정치적 중립성을 유지하려는 것이다.
⑤ 사회 · 경제의 급격한 변화에 따른 새로운 광역적 행정수요에 대응하기 위해서 요청되었다.

해설

특별지방자치단체는 광역행정수요에의 대응, 정치적 중립성 보장, 주민편의의 도모, 행정의 전문성 · 기술성 제고 등의 필요에 의해 설립되었지만 다음과 같은 문제점을 야기시키고 있다. (i) 지방자치단체의 난립을 가져와 지방제도의 복잡성과 혼란을 초래한다. (ii) 행정기능간의 종합 · 조정을 곤란하게 하고 할거주의를 조장한다. (iii) 책임소재가 불명확하고 지방행정에 대한 주민의 관심 및 통제력을 약화시킨다. (iv) 특수기능중심의 정책으로 지방행정이 특수전문가나 이해당사자의 이해관계에 따라 좌우될 우려가 있다는 것이다.

<답 ③>

30. 특별지방자치단체에 관한 설명 중 옳지 않은 것은? <2002 지시>

① 법인격을 지니되, 일반 사법인과 달리 정부기관으로서의 성격을 갖는다.
② 독자적인 조직권을 가지며, 예산을 결정하고 요금을 부과할 수 있다.
③ 무임승차 등 외부효과가 발생하는 광역사무를 합리적으로 해결할 수 있다.

④ 주민이나 지방의회의 직접적인 통제로 책임성을 확보할 수 있다.
⑤ 사무처리에 규모의 경제를 확보하여 능률을 제고할 수 있다.

해설

④ 특별지방자치단체는 책임소재가 불명확하다. <답 ④>

31. 지방자치단체조합이 공동처리 할 수 있는 사무의 범위는?

① 고유사무
② 고유사무, 단체위임사무
③ 기관위임사무
④ 단체위임사무, 기관위임사무
⑤ 고유사무, 단체위임사무, 기관위임사무

해설

조합은 2개 이상의 지방자치단체가 하나 또는 둘 이상의 사무를 공동으로 처리할 필요가 있을 때 설립되는 것으로서, 공동처리대상이 되는 사무의 범위에는 아무런 제한이 없으며 고유사무, 단체위임사무, 기관위임사무의 구별을 묻지 않는다. <답 ⑤>

32. 외국의 특별지방자치단체에 대한 설명이다. 잘못된 것은?

① 영국의 공동위원회(Joint Board)는 광역행정을 수행하기 위하여 설립된 특별지방자치단체로서 관계지방정부를 구성요소로 하고 있다.
② 미국의 특별구는 교육, 대기오염방지, 수해방지, 소방, 공익사업, 가로등과 같은 특수기능을 수행하도록 설치된 지방행정단위이다.
③ 프랑스의 꼼뮨공동체 및 광역도시공동체는 지역경제개발 및 공간의 균형개발을 목적으로 하여 설립되었다.
④ 독일의 광역연합(Landschaftsverband)은 시 · 읍 · 면(Gemeinde)과 군(Kreis)을 구성요소로 하는 특별지방자치단체로서 광역적 수요에 대응하기 위한 것이다.
⑤ 미국의 대표적인 특별지방자치단체는 특별구로서 그 수와 종류가 매우 많으며 대부분 주민투표와 청원을 통해 설립되었다.

해설

④ 독일의 Gemeinde(시, 읍, 면), Kreis(군), Kreisfreie Stadt(자치시) 등은 대체로 소규모이므로 광역적 수요에 효과적으로 대응하기 위하여 복수의 Gemeinde로 구성되는 Gemeinde연합과 2개 이상의 군 및 자치시로 구성되는 광역연합 등이 많이 설치되어 있다. <답 ④>

33. 다음 중 특수사무단체와 광역사무단체에 대한 설명으로 잘못된 것은?

① 특수사무단체가 기존의 일반자치단체를 구성원으로 하는 데 반하여, 광역사무단체는 지역주민을 구성원으로 한다.
② 특수사무단체가 특수전문분야의 사무를 처리하고자 설립된 것임에 비하

여, 광역사무단체는 광역적 협력사무를 수행하기 위하여 설립된 것이다.
③ 특수사무단체가 독자적인 행정주체로서 설립된 것임에 반하여, 광역사무단체는 기존 일반자치단체의 본래기능의 일부 또는 전부를 승계하여 설립된 것이다.
④ 우리나라의 지방자치단체조합, 일본의 지방개발사업단, 프랑스의 꼼뮨조합 등은 광역사무단체에 포함된다.
⑤ 특수사무단체로는 미국의 학교구, 상수도구 등 특별구와 일본의 재산구, 스위스의 각종 특별자치단체 등이 있다.

해설

① 특수사무단체는 지역주민을 대상으로 하지만 광역사무단체는 기존의 일반지방자치단체를 구성원으로 한다. <답 ①>

≪특수사무단체와 광역사무단체≫

구 분	특 수 사 무 단 체	광 역 사 무 단 체
기 능	특수전문분야의 사무	광역적 협력에 관한 사무
구성원	지역주민	기존 일반자치단체
설 립 근 거	특수전문행정의 독자적인 행정주체	기존 일반자치단체의 본래기능의 일부 또는 전부 승계
예	· 미국(학교구 등 특별구) · 일본(특별구, 재산구) · 스위스(각종 특별자치단체)	· 프랑스(꼼뮨조합, 특별구, 도시공동체, 꼼뮨공동체, 광역도시공동체) · 영국(공동위원회) · 독일(목적조합, 게마인데연합, 광역연합) · 한국(지방자치단체조합) · 일본(지방공공단체조합, 지방개발사업단)

34. 지방자치단체조합의 설립에 관한 설명으로 타당성이 없는 것은?

① 조합의 설립은 관계지방자치단체가 규약을 정하여 당해 지방의회의 의결을 거쳐 감독기관의 승인을 얻어 이루어진다.
② 규약은 모든 관계지방자치단체의 지방의회의 의결을 거쳐야 하며 의안의 제안권은 장에게 전속한다.
③ 규약에 의한 조합의 설립도 모든 관계지방자치단체의 지방의회의 의결을 거쳐야 한다.
④ 조합의 설립행위는 지방의회의 의결에 의해 완성되며 감독기관의 승인은 요식행위에 불과하다.
⑤ 규약이란 관계지방자치단체의 협의와 당해 지방의회의 의결을 거쳐 정립되는 자주법으로서 구성원인 지방자치단체를 구속한다.

✍ 해설

지방자치단체조합의 설립행위는 감독기관의 승인을 받아야 완성된다. 즉시 · 도는 행정안전부장관의, 시 · 군 및 자치구는 시 · 도지사의 승인을 얻어야 한다. 다만 조합원의 구성원인 시 · 군 및 자치구가 2개 이상의 시 · 도에 걸치는 조합은 행정안전부장관의 승인을 얻어야 한다(지방자치법 제159조 제1항). <답 ④>

35. 조합의 규약에 반드시 포함되어야 할 사항이 아닌 것은?

① 조합의 명칭 ② 조합의 해산사유 ③ 조합의 사무
④ 사무소의 위치 ⑤ 조합을 구성하는 지방자치단체

✍ 해설

지방자치단체조합의 규약에는 (i) 조합의 명칭, (ii) 조합을 구성하는 지방자치단체, (iii) 사무소의 위치, (iv) 조합의 사무, (v) 조합회의의 조직 및 위원의 선임방법, (vi) 집행기관의 조직 및 선임방법, (vii) 조합의 운영과 사무처리에 필요한 경비의 부담 및 지출방법, (viii) 기타 조합의 구성 및 운영에 관한 사항이 반드시 포함되어야 한다. ② 조합의 해산은 관계지방자치단체의 합의에 의해 임의로 해산할 수 있는바, 조합의 해산사유는 규약의 필수적인 규정사항이 아니라고 할 수 있다. <답 ②>

36. 지방자치단체조합의 조직에 관한 사항 중 맞지 않는 것은?

① 조합에는 조합회의와 조합장 및 사무직원을 둔다.
② 관계지방자치단체의 장과 의회의원은 조합회의의 위원 또는 조합장을 겸할 수 있다.
③ 조합회의는 규약이 정하는 바에 따라 조합의 중요사무를 심의 · 의결하고 조합장은 조합을 대표하며 조합의 사무를 통할한다.
④ 지방자치단체조합의 장과 조합회의의 위원은 반드시 주민이 직접 선출하여야 한다.
⑤ 조합회의는 조합이 제공하는 역무 등에 대한 사용료 · 수수료 또는 분담금을 조례의 범위 안에서 정할 수 있다.

✍ 해설

특별지방자치단체는 지방자치법에 의해 설치되는 지방자치단체이며, 엄격히 말해서 헌법 제117조에서 말하는 지방자치단체는 아니다. 따라서 조합의 장이나 조합회의의 위원의 선임방법은 규약사항이며, 원칙적으로 주민에 의한 직접선거가 요청되지 않는다. <답 ④>

37. 다음 중 지방자치단체조합에 관한 설명이 잘못된 것은?

① 조합을 해산한 경우 그 재산의 처분은 관계지방자치단체의 협의에 의한다.
② 조합은 관계지방자치단체의 합의에 의해 임의로 해산할 수가 있다.
③ 조합의 규약변경이나 해산도 당해 지방의회의 의결을 거쳐 감독기관의 승인을 받아야 한다.

④ 조합의 법인격은 해산에 의하여 소멸되지 않으며 청산절차를 필요로 한다.
⑤ 행정안전부장관은 공익상 필요한 경우 강제로 조합의 해산 또는 규약의 변경을 명할 수 있다.

해설

④ 민법상의 공익법인, 상법상의 주식회사 등에 있어서는 그 법인격이 해산에 의해서 즉시 소멸되지 않고 청산절차의 종료를 요한다. 그러나 지방자치단체조합의 경우에는 해산으로 법인격을 잃으며, 조합회의 및 집행기관은 소멸하고, 규약도 실효한다. <답 ④>

38. 우리나라 지방자치단체조합에 관한 내용과 거리가 먼 것은?

① 행정안전부장관에 의한 조합의 강제설립이 인정되고 있다.
② 지방자치단체조합 자신도 조합의 해산을 결정할 수 있다.
③ 조합이 설립되면 규약으로 정한 공동처리사무의 권능은 관계지방자치단체로부터 조합으로 이관된다.
④ 조합에 이관된 사무에 관한 관계지방자치단체의 조례 또는 규칙은 당연히 소멸되는 것이 아니라 효력의 정지상태에 있게 된다.
⑤ 시 · 도조합은 행정안전부장관의, 시 · 군 및 자치구조합은 1차로 시 · 도지사, 2차로 행정안전부장관의 지도 · 감독을 받는다.

해설

지방자치단체조합의 해산에는 임의해산과 해산명령에 의한 강제해산의 경우가 있다. 임의해산이란 해산이유에 대하여 법령에 하등의 규정이 없으므로 관계지방자치단체의 합의에 의해 임의로 할 수 있는 해산이며, 강제해산은 행정안전부장관이 공익상 필요한 경우에 한하여 명할 수 있는 해산이다. 따라서 해산을 결정하는 주체는 조합 자신이 아니라 조합을 구성하는 관계지방자치단체나 행정안전부장관임을 유의하여야 한다. ⑤ 조합의 구성원인 시 · 군 및 자치구가 2개 이상의 시 · 도에 걸치는 조합은 행정안전부장관의 지도 · 감독을 받는다. <답 ②>

39. 우리나라 계층구조의 변천과정에 대한 내용이다. 틀린 것은?

① 1949년 지방자치법 제정 당시에는 특별시 · 도와 시 · 읍 · 면의 2층제를 채택하였다.
② 1961년 지방자치에 관한 임시조치법에 의해 군자치제가 실시되어 특별시 · 도와 시 · 군의 2층제로 전환하였다.
③ 1963년에는 직할시제가 도입되어 특별시 · 직할시 · 도와 시 · 군의 2층제가 되었다.
④ 1988년에 지방자치법이 개정되기 전까지 서울특별시의 자치계층구조는 단층제였다.
⑤ 1995년에 들어와서야 비로소 전국적으로 지방자치계층구조가 2층제로 되었다.

해설

1988년 제7차 개정 지방자치법에서 특별시와 직할시에 자치구를 설치할 수 있도록 함으로써 자치계층이 전국적으로 2층제의 계층구조로 전환되었으며, 1994년 12월 20일 제13차 개정 지방자치법에 의하여 1995년부터 직할시가 광역시로 개칭됨에 따라 특별시·광역시·도의 광역자치단체와 시·군·자치구의 기초자치단체로, 2011년 5월 30일부터 특별시·광역시·도·특별자치도와 시·군·자치구의 기초자치단체로 2층제되어 현재에 이르고 있다. <답 ⑤>

≪지방자치단체의 변천과정≫

구 분	광역자치단체	기초자치단체
1949. 7~1960. 8	특별시·도	시·읍·면
1961. 9~1962. 12	특별시·도	시·군
1963. 1~1988. 4	특별시·직할시·도	시·군
1988. 5~1994. 12	특별시·직할시·도	시·군·자치구
1995. 1~2011. 5. 29	특별시·광역시·도	시·군·자치구
2011. 5. 30~현재	특별시·광역시·도·특별자치도	시·군·자치구

40. 각국의 현행 지방자치 계층구조를 올바르게 나타낸 것은?

① 일본: 도(都)·도(道)·부·현 — 시·군 — 정·촌 <2001 지시 기술직>
② 한국: 시·도 — 시·군·구 — 읍·면·동
③ 프랑스: Région — Départment — Commun
④ 영국: County — District — City
⑤ 독일: Land — Kreis — Parish

해설

① 일본: 도(都)·도(道)·부·현 — 시·정·촌, ② 한국: 1) 자치계층은 광역자치단체(특별시·광역시·도)-기초자치단체(시·군·자치구)로 2계층제이며, 2) 행정계층은 ⅰ) 특별시의 경우 특별시-자치구-동으로 3계층제이고, ⅱ) 광역시와 도의 경우 광역시·도-군-읍·면-리로 3~4계층제이다. ⅲ) 단 제주특별자치도의 경우 자치계층은 1단계이고, 행정계층은 3~4계층제이다. ④ 영국: 지방마다 상이한 지방제도를 갖고 있어서 일률적으로 말할 수 없다. 잉글랜드 지역은 단층제와 2층제, 그리고 단층제와 2층제를 혼합 채택하는 다원화되어 있고, 웨일즈와 스코틀랜드 지역의 경우 광역자치단체인 County와 기초자치단체인 District가 폐지되고 단층의 자치정부로 개편되었다. ⑤ 독일: Land — Kreis — Gemeinde <답 ③>

41. 우리나라 지방자치단체조합에 대한 기술 중 옳지 않은 것은?

① 강제설립의 경우 행정안전부장관이 조합을 구성할 자치단체의 지방의회에 자문을 구하여 규약을 정한다.
② 지방자치단체조합은 광역행정처리수단의 하나로서 이원적 유형에 속한다

고 할 수 있다.
③ 우리나라의 지방자치단체조합은 조례와 규칙제정권을 부여받고 있다.
④ 조합이 경영하는 지방직영기업에 대해서는 관계지방자치단체의 장이 공동으로 임명하는 관리자를 두어 조합의 사무를 통할하고 있다.
⑤ 강제설립된 조합이 규약을 변경하거나 해산하려고 할 경우에는 조합회의의 의결을 거쳐 행정안전부장관의 승인을 얻어야 한다.

해설

② 이원적 유형의 핵심은 기존 자치단체의 관할권을 그대로 인정하는 데 있다. 즉 기존 자치단체의 정치 · 행정체제가 변형 없이 유지되면서 광역행정을 담당할 새로운 자치단체가 설립되는 유형을 말한다. ④ 지방공기업법은 지방자치단체의 조합에 관한 특례조항(제44조, 제45조)을 두고 있다. 즉 지방직영기업의 경영에 관한 사무를 광역적으로 처리하기 위하여 지방자치단체조합을 설립할 수 있도록 하면서 조합이 경영하는 지방직영기업에 대하여는 관리자를 두지 않고 관계지방자치단체의 장이 공동으로 임명하는 조합장이 관리자의 권한을 행사하도록 하고 있다. <답 ④>

42. 지방자치단체조합에 대한 설명으로 옳은 것은?

① 지방자치법에서 규정하는 특별지방행정기관이다.
② 자치단체에 비하여 한정적, 개별적 기능을 수행한다.
③ 설립 및 해산은 법률에 의한다.
④ 주민을 구성원으로 하는 법인이다.
⑤ 시 · 도의 광역적 조합만 인정된다.

해설

① 은 특별지방자치단체임. ② 자치단체는 일반적 · 종합적 · 포괄적 기능을 수행하는 반면, 자치단체조합은 특정업무를 수행하기 위해 자치단체로 구성된 법인이므로 특정적 · 한정적 · 개별적 기능을 수행한다. ③ 법률이 아니라, 지방의회의 의결과 감독기관(행안부장관과 시 · 도지사)의 승인에 의한다. ④ 주민이 아니라 자치단체를 구성원으로 한다. ⑤ 시 · 도 조합뿐만 아니라 시 · 군 · 구 조합도 인정된다. <답 ②>

43. 지방자치단체조합에 대한 설명으로 타당하지 않은 것은?

① 자치단체 합의로 설치되며 설치된 후에는 지방정부들과는 별개의 독립적 법인격을 지닌다.
② 지방의회의 의결을 거쳐 상급기관의 승인을 얻어야 하며 상급기관의 감독을 받는다.
③ 책임소재를 불분명하게 하고 지방행정에 대한 주민의 관심과 통제력을 약화시키는 문제가 있다.
④ 규모의 경제를 실현하거나 헌법이나 법령에 의하여 가해진 법적 · 재정적 제약이나 채무한계로부터 벗어나기 위하여 필요하다.

⑤ 지방자치법에서 규정하는 특별지방자치단체로서 현행법상 전부사무조합도 인정된다.

해설

⑤ 현행법상 전부사무조합은 인정되고 있지 않다. <답 ⑤>

44. 우리나라의 특별지방자치단체인 지방자치단체조합에 대한 설명으로 틀리는 것은 ?

① 지방자치단체조합의 구성원은 관련지방자치단체의 주민이다.
② 임의설립 및 임의해산이 원칙이다.
③ 기능 내지 목적이 일반적 · 종합적이 아닌 특정적 · 한정적이다.
④ 지방자치단체의 권한에 속하는 하나 또는 둘 이상의 사무를 공동처리하기 위하여 지방자치단체 간의 합의로써 설립된 법인을 말한다.

해설

지방자치단체조합의 구성원은 주민이 아니라 지방자치단체이다. <답 ①>

≪특별지방자치단체(지방자치단체조합)와 일반지방자치단체의 차이≫

1) 기능 내지 목적이 일반적 · 종합적이 아닌 특정적 · 한정적이다.
2) 존재는 보편적이 아니라 이차적 · 예외적이다.
3) 구성원은 주민이 아니라 지방자치단체이다.
4) 권능은 포괄적이 아니라 개별적이다.
5) 임의설립 및 임의해산이 원칙이다.

45. 우리나라 지방자치단체의 계층구조에 대한 설명이다. 적합하지 않은 것은?

① 교통 · 통신의 발달로 읍 · 면 · 동은 지역중심지로서의 역할을 상실하고 있다.
② 실제업무량과는 상관 없이 불필요한 업무량이 파생되어 인력과 재정의 낭비는 물론 행정능률의 저하를 초래하고 있다.
③ 과다한 계층구조로 인하여 의사전달의 왜곡과 행정지연을 초래할 수 있다.
④ 다단계의 행정계층구조로 인해 주민과 기초자치단체와의 관계는 밀접하지만 계층간의 권한과 책임은 불명확하다.
⑤ 현재 우리나라의 자치계층은 2층제이지만 행정계층은 다층제로 되어 있다.

해설

우리나라의 지방행정계층은 다층구조로 되어 있기 때문에 (i) 경유기관이 많아 행정계층을 통한 중앙정부와 주민간의 의사소통이 신속하지 못하고 그 내용이 왜곡되는 경우도 적지 않으며, (ii) 기초자치단체의 하부행정기관으로서 행정구나 읍 · 면 · 동이 설치되어 있어 자치단체와 주민간에 심리적인 거리감 · 이질감을 형성시켰을 뿐만 아니라 주민참여의 기회를 한정하는 결과를 초래하였으며, (iii) 행정계층간의 권한과 책임이 불명확하여 기능중복이 발생하고, (iv) 하급기관에 대한 지시와 감독이 중첩되는 현상을 나타내고 있다. <답 ④>

46. 우리나라 지방자치단체 계층구조에 대한 설명으로 잘못된 것은?

① 중층제로 된 계층구조 <2007 충남 9급>
② 광역자치단체-특별시, 광역시, 도, 특별자치도
③ 기초자치단체-시, 군, 자치구, 행정구
④ 행정계층 포함하면 모두 3-4계층

해설

③ 행정구는 지방자치단체가 아니다. <답 ③>

47. 다음 중 구제도에 대한 설명 중 잘못된 것은?

① 우리나라의 특별시 · 광역시는 자치구를 두고 있다.
② 프랑스의 Paris시는 구의회를 구성하고 있다.
③ 일본 동경도의 구는 일반지방자치단체이다.
④ 우리나라의 자치구도 일반지방자치단체이다.
⑤ 영국의 런던지역도 자치구제를 채택하였다.

해설

③ 일본의 동경도에서는 특별지방자치단체로서 23개의 특별구를 설치하고 있다. <답 ③>

(i) 우리나라: 서울특별시와 광역시의 관할구역 안에 자치구를 두고 일본 동경도의 특별구와는 달리 일반지방자치단체로서 인정하고 있다.
(ii) 프랑스: 1980년대에 지방제도를 대폭적으로 개혁하면서 특별법에 의거 파리(Paris)시, 리용시, 마르세이유시에 구(arrondissement)를 설치하였다. 다만 구는 자치구가 아닌 단순한 행정보조기관으로 존재하고 있다.
(iii) 영 국: 1970년대에 지방제도를 개편하면서 광역런던(Greater London Council)을 설치하고, 그 관할구역 내에 기초자치단체로서 런던시(City of London)와 32개의 런던자치구(London borough)를 두었다. 그후 1986년 3월 광역런던을 폐지하고 기초자치단체만의 단층제가 되었으나 2000년 7월에 런던광역시(Greater London Authority)가 부활함에 따라 2층제로 환원하였다.

48. 지방자치단체의 계층구조와 관련하여 그 내용이 맞는 것은?

① 인구 50만 이상의 일반시에 읍 · 면 · 동을 둘 수 있다.
② 인구 50만 이상의 통합시에 읍 · 면 · 동을 둘 수 없다.
③ 인구 50만 미만의 일반시에 읍 · 면 · 동을 둘 수 있다.
④ 인구 50만 미만의 통합시에 읍 · 면 · 동을 둘 수 있다.
⑤ 광역시의 관할구역 안에도 읍 · 면 · 동을 둘 수 없다.

해설

도 · 농복합형태의 시에 있어서 도시의 형태를 갖춘 지역에는 동을, 그 밖의 지역에는 읍 · 면을 두되, 자치구가 아닌 구를 둘 경우에는 당해 구에 읍 · 면 · 동을 둘 수 있다. 따라서 인구 50만 이상이든 미만이든 상관없이 도 · 농통합시인 경우 읍 · 면 · 동을 둘 수 있다. 일반시는 인구 50만 이상일 때 행정구와 동을, 인구 50만 미만인 경우 동만을 둘 수 있다. <답 ④>

49. 지방자치단체의 계층구조에 대한 설명으로 옳지 않은 것은?

<2011 국가 9급>

① 계층구조는 각 국가의 정치형태, 면적, 인구 등에 따라 다양한 형태를 갖는다.

② 중층제에서는 단층제에서보다 기초자치단체와 중앙정부의 의사소통이 원활하지 못할 수 있다.

③ 단층제는 중층제보다 중복행정으로 인한 행정지연의 낭비를 줄일 수 있다.

④ 중층제는 단층제보다 행정책임을 보다 명확하게 할 수 있다.

해설

④ 중층제는 단층제보다 계층이 많아서 행정책임이 불명확할 수 있다. 제주특별자치도를 단일의 지방자치단체로 변경한 노무현 참여정부 이후, 창원 · 마산 · 진해를 통합 창원시로 변경한 이명박 정부까지 지방자치단체의 경쟁력 강화를 위해 계층구조의 변경이 자주 논의되면서 지속적으로 출제되는 시사적 문제다. <답 ④>

≪중층제와 단층제≫

구 분	단층제	중층제
업무 수행의 신속성	신속	지연
행정책임의 명확성	명확	모호(이중행정 및 이중감독)
지역의 특수성(개별성) 고려	존중(고려)	광역자치단체의 획일적 처리
국가의 통제	중앙집권화 우려	광역자치단체를 통한 국가의 감독 기능 유지
행정서비스에 대한 주민의 접근성	곤란	기초자치단체의 규모가 작기 때문에 용이

50. 지방자치의 구조와 기능에 대한 설명 중 틀리는 것은 ?

① 지방자치법은 특별시를 지정하는 데 개별 법률에 의해 특정지역을 특별시로 지정할 수 있다.

② 지방자치법은 광역시를 지정하는 데 특별한 요건을 정하고 있지 않으며 인구규모도 법정화되어 있지 않다.

③ 기초자치단체의 시는 그 대부분이 도시의 형태를 갖추고 인구 5만 이상이 되어야 한다.

④ 특별자치도가 제주특별자치도로 한정되어 있으며 개별 법률에 의해 지정할 수 없다.

해설

지방자치법은 특별시를 지정하는 데 지방자치법에서 특별한 요건을 정하고 있는 것은 없다. 따라서 개별 법률에 의해 특정지역을 특별시로 지정할 수 있다. 다만 서울특별시의 지위·조직 및 운영에 대하여는 수도로서의 특수성을 고려하여 법률로 정하는 바에 따라 특례를 둘 수 있다. 행정자치부장관이 서울특별시의 지방채 발행의 승인 여부를 결정하고자 할 때에는 국무총리에게 보고하여야 한다. 현재 우리나라는 6개의 광역시(부산, 대구, 인천, 광주, 대전, 울산)가 있으며, 도는 일반적인 광역자치단체이다. 현재 8개의 도가 있다. 특별자치도가 제주특별자치도로 한정되어 있지는 않다. 개별 법률에 의해 지정할 수 있다는 것이다. 다만, 제주특별자치도의 지위·조직 및 행정·재정 등의 운영에 대하여는 행정체제의 특수성을 고려하여 법률로 정하는 바에 따라 특례를 둘 수 있다. 기초자치단체의 시와 군을 통합한 지역이나, 인구 5만 이상의 도시 형태를 갖춘 지역이 있는 군 등은 도농복합형태의 시로 할 수 있다. <답 ④>

51. 우리나라 지방자치제도의 계층구조의 문제점이 아닌 것은?

<2008 서울 9급>

① 시-도, 시-군간 협력 행정이 미흡하여 갈등을 증대시킨다.
② 도와 시-군간 엄격한 기능분리로 인해 행정의 비효율성이 발생한다.
③ 시-군-구에 대한 시-도의 통제기능으로 인해 갈등이 발생한다.
④ 동일 지역 내 행정기관의 난립으로 인해 책임성의 확보가 어렵다.
⑤ 다층구조로 인해 행정비용이 증대되고 의사전달 왜곡이 발생한다.

해설

② 우리나라는 예시적 포괄주의 방식을 취하고 있어 국가와 지방자치단체간, 광역과 기초간, 단체위임사무와 고유사무간 기능배분이 모호하다. 특히 광역과 기초간의 사무배분기준이 대통령령으로 위임되어 있어 법정구분이 안 되어 있다는 점도 문제이다. 따라서 도와 시·군간 기능배분이 모호하기 때문에 비효율성이 발생하는 것이다. <답 ②>

52. 다음 중 지방자치단체의 계층구조로서 단층제의 장점은?

① 자치단체간에 행정기능을 분담하여 수행할 수 있다.
② 대규모의 개발사업을 수행할 수 있다.
③ 민주주의의 원리를 확산시킬 수 있다.
④ 중앙정부의 정책이나 계획을 주민에게 정확히 주지시킬 수 있다.
⑤ 각급 자치단체간에 기능수행상 상호보완관계를 유지할 수 있다.

해설

단층제라 함은 한 관할구역 안에 하나의 지방자치단체만 설치되어 있는 경우를 말한다. ④ 단층제에 있어서는 중앙정부와 주민간의 의사소통이 원활하여 지방자치단체가 국가위임사무를 처리하는 경우 그 사무에 관한 주민의 의사와 여론을 중앙정부에 신속히 전달하

고, 중앙정부의 정책이나 계획을 주민에게 정확히 주지시킬 수 있다. <답 ④>

≪지방자치단체의 계층구조별 장·단점 비교≫

구분	단 층 제	중 층 제
장점	· 계층 수가 적어서 신속한 행정 · 행정책임 명확 · 낭비제거 및 능률 증진 · 자치권 및 지역적 특수성 존중	· 기초와 중간자치단체간 적정 업무 분업 · 중간자치단체가 기초단체 기능 보완 가능 · 중간단체에 감독기능을 부여해 국가의 감독기능 유지 가능 · 국가의 직접적 개입을 차단해 민주주의 원리 확산
단점	· 국가의 직접적 개입으로 중앙집권화 우려 · 광역사무 처리에는 부적합 · 국토가 넓거나 인구가 많은 국가에서는 채택 곤란	· 기능배분 불명확 · 상 · 하 자치단체간 책임 모호 · 행정기능의 중첩 · 이중행정 우려[번문욕례(繁文縟禮) red tape] · 행정의 지체와 낭비 · 광역자치단체가 주도할 경우 지역적 특성 무시 우려

≪단층제의 장점≫

(i) 이중행정과 이중감독의 폐단을 방지하고 신속한 행정을 도모할 수 있다.
(ii) 행정수행상의 낭비를 제거하고 능률을 증진시킨다.
(iii) 행정책임을 명확하게 한다.
(iv) 각 기초자치단체의 자치권이나 지역의 특수성 · 개별성을 존중할 수 있다.
(v) 중앙정부와 주민간의 의사소통이 원활하며 주민의사와 여론의 누수현상을 방지할 수 있다.

53. 지방자치단체의 계층구조 중 단층제의 장점이 아닌 것은?

<2006 대구 9급, 2005 경북 9급 변형>

① 행정의 신속성
② 낭비제거 및 능률 증진 ③ 지역의 특수성과 개별성 존중
④ 국가의 감독기능 유지 ⑤ 기능의 수직적 분업체계 곤란

해설

단층제는 ① 행정의 지연을 방지하므로 신속한 행정이 가능하다. ② 이중행정과 이중감독의 폐단이 방지되므로 행정의 낭비를 재거하고 능률을 증진시킨다 ③ 지역별 특수성과 개별성이 존중된다. ④ 국가가 모든 자치단체를 일일이 감독하게 되므로 국가의 감독기능이 유지되기 곤란하다. ⑤ 중층제에서 수직적 분업체계가 가능하다(광역은 전략적 기능, 기초는 전술적 기능). <답 ④>

54. 지방자치단체의 2층제의 장점이 아닌 것은?

① 중앙정부가 전국을 직접 통치할 수 없어서 중간적 자치단체를 두게 된다.
② 행정의 전문화와 효율성을 제고할 수 있다.
③ 대규모사업이나 광역행정을 처리할 수 있다.
④ 행정서비스질의 향상과 비용의 삭감을 유도한다.

⑤ 행정서비스에 대한 주민들의 접근성을 높일 수 있다.

해설

2층제란 어떤 하나의 지방자치단체가 다른 지방자치단체를 그 관할구역 안에 포괄하고 있어서 지방자치단체가 2계층으로 중첩되어 있는 경우를 의미한다. ② 2층제는 지방자치단체간 수직적 분업체계를 통해 행정기능을 적정관리규모에 맞도록 분담함으로써 전문화와 효율성을 제고할 수 있다. ④ 단층제는 행정의 경유기관, 즉 관료적 절차를 축소시킴으로써 행정서비스의 질적 수준을 제고할 뿐만 아니라 거래비용 및 의사결정비용의 삭감을 유도할 수 있다. <답 ④>

≪2층제의 장점≫

(i) 기초자치단체와 광역자치단체간에 행정기능을 분담하여 수행할 수 있다.
(ii) 광역자치단체가 기초자치단체에 대한 보완 · 조정 · 지원기능을 할 수 있다.
(iii) 광역자치단체를 통하여 기초자치단체에 대한 국가의 감독기능을 유지할 수 있다.
(iv) 중앙정부의 강력한 직접적 통제로부터 기초자치단체를 보호할 수 있게 한다.
(v) 기초자치단체간 분쟁 · 갈등시, 이를 조정 · 해소할 수 있다.
(vi) 행정서비스에 대한 주민의 접근성을 높일 수 있고 행정수요에 민감하게 대응할 수 있다.

55. 우리나라의 자치계층과 행정계층이 옳게 연결된 것은?

① 단층제 — 2층제 ② 단층제 — 3층제 ③ 3층제 — 4층제
④ 2층제 — 2층제 ⑤ 2층제 — 3층 또는 4층제

해설

우리나라 지방자치단체의 계층구조를 보면 자치계층은 특별시 · 광역시 · 도 · 특별자치도—시 · 군 및 자치구의 2층제로 되어 있으며, 행정계층의 경우에는 특별시 · 광역시 · 도 · 특별자치도—시 · 군 및 자치구—(인구 50만 이상의 시인 경우의 자치구가 아닌 구)—읍 · 면 · 동의 3층~4층제로 되어 있다. <답 ⑤>

56. 다음 중 지방자치단체에 있어서 중층제 계층구조의 단점으로 볼 수 없는 것은?

① 중앙집권화의 우려 ② 지역적 특성의 경시 · 무시
③ 행정기능의 중첩현상 ④ 국가시책구현의 어려움
⑤ 행정책임의 모호성

해설

① 단층제에서는 기초자치단체가 중앙정부와 직접 연결되어 있어서 기초자치단체의 능력으로 처리할 수 없는 광역행정수요나 대규모 지역개발사업의 경우는 중앙정부가 직접 처리할 수밖에 없으므로 중앙집권화의 가능성은 중층제에 비하여 상대적으로 크다고 할 수 있다. 영국에서 2층제 계층구조를 단층제로 전환하려는 시도도 강력한 중앙정부를 구현하고 지방자치단체에 대한 통제를 강화하려는 노력의 일환이라 할 수 있다. <답 ①>

≪중층제의 단점≫

(i) 행정기능의 중복현상 내지 이중행정의 폐단이 노정된다. (ii) 기초자치단체는 이중감독을 받게 되어 구체적인 지시 · 감독의 내용이 서로 다를 때에는 혼란을 초래할 우려가 있다. (iii) 행정책임이 불명확하고 행정의 지체와 낭비를 낳는다. (iv) 중간자치단체는 모든 행정기능을 획일적으로 처리하기 쉽기 때문에 관할구역 내 각 지역의 특수성 · 개별성이 도외시되거나 경시되기 쉽다. (v) 중앙정부에 대한 주민의사의 전달이나 주민에 대한 중앙행정의 침투가 느리고 왜곡되기 쉽다.

57. 다음 중 성격이 다른 대도시의 구(區)는?

① 비엔나시의 구(오스트리아)
② 수원시의 구(한국)
③ 파리시의 구(프랑스)
④ 로마시의 구(이탈리아)
⑤ 부산광역시의 구(한국)

해설

프랑스의 파리시, 오스트리아의 비엔나시, 이탈리아의 로마시 등은 각각 구제를 채택하여 구의회를 구성하고 있으나 구를 자치단체로 인정하지 않고 있다. 즉 파리시 자체가 도의 지위와 함께 기초자치단체인 꼼뮨의 지위를, 비엔나시도 주인 동시에 시 · 읍 · 면의 지위를, 로마시의 경우도 도의 지위와 시 · 읍 · 면의 지위를 함께 가지므로 구는 자치단체가 아니라 단순한 행정보조기관에 지나지 않는다. 우리나라의 인구 50만 이상의 대도시의 구도 단순한 행정구에 지나지 않을 뿐이며 자치단체로 인정되지 않고 있다. <답 ⑤>

58. 대도시의 구제에 관한 설명이다. 타당성이 없는 것은?

① 구자치제는 구민의 행정참여의 저변을 확대할 수 있다.
② 대도시의 구제는 특별구제, 자치구제, 준자치구제, 행정구제로 구분된다.
③ 우리나라의 자치구는 제한자치제를 취하고 있다.
④ 자치구를 증설하게 되면 자치권을 부여할 필요성은 줄어든다.
⑤ 우리나라는 행정구제도 인정하고 있다.

해설

우리나라의 자치구는 일반지방자치단체이기는 하지만 그 자치권의 범위가 법령에 의하여 시 · 군과 다르게 정해질 수 있으므로 제한자치제를 채택한다고 볼 수 있다. 또한 인구 50만 이상의 대도시에 대해서도 행정구를 설치할 수 있도록 하고 있다. ④ 자치구가 증설된다고 하여 자치권을 인정할 필요성이 감소된다고 보아야 할 하등의 이유는 없다. <답 ④>

59. 다음 중 단층제의 단점은?

① 이중행정의 폐단
② 의사결정비용의 증대
③ 의사전달의 왜곡
④ 행정의 지체와 낭비

⑤ 서비스공급의 비효율성

✍ **해설**

≪단층제의 단점≫

(ⅰ) 국토가 광할하고 인구가 많은 나라에서는 채택하기가 곤란하다.
(ⅱ) 중앙정부의 직접적인 지시와 감독 등으로 인해 중앙집권화의 우려가 있다.
(ⅲ) 행정기능의 전문화와 서비스공급의 효율성을 제고하기 어렵다.
(ⅳ) 중앙정부가 모든 지방자치단체를 직접 관할하기에는 통솔범위가 너무 많다.
(ⅴ) 광역행정이나 대규모 개발사업의 수행에 부적합하다

<답 ⑤>

60. 다음 중 지방자치단체의 계층구조상 그 성격이 다른 국가는?

① 한 국 ② 노르웨이 ③ 프랑스
④ 일 본 ⑤ 스웨덴

✍ **해설**

우리나라, 일본, 스웨덴 등은 2층제를 채택하고 있는 데 반해 프랑스는 3층제이다. <답 ③>

≪주요국가의 계층구조≫

구 분	주 요 국 가
단층제	미국, 영국의 대부분 지역, 스위스 · 독일의 일부 주
2층제	스웨덴, 오스트리아, 한국, 노르웨이, 브라질, 일본, 네덜란드, 룩셈부르크, 남아연방, 캐나다 · 호주의 일부 주
3층제	프랑스, 그리스, 이탈리아, 벨기에, 이란, 태국, 수단, 튀니지
4층제	포르투갈, 인도, 페루, 터키, 미얀마
5층제	파키스탄, 이디오피아, 콜롬비아

61. 우리나라 지방행정 계층구조상 그 특성이 다른 광역시는?

① 부산광역시 ② 광주광역시 ③ 인천광역시
④ 울산광역시 ⑤ 대구광역시

✍ **해설**

우리나라의 부산(기장군), 대구(달성군), 인천(강화군 · 옹진군), 울산(울주군) 광역시 등은 대전 · 광주광역시와는 달리 자치구와 함께 군을 기초자치단체로 보유하고 있는 광역시이며 그 관할구역 안에 하부행정기관으로서 동 이외에 읍 · 면을 두고 있다. <답 ②>

62. 대도시 자치구제도의 효용성에 대한 설명으로 잘못 기술된 것은?

① 행정서비스의 질적 향상과 서비스선택의 범위를 확대해 준다.
② 주민이 실제로 행정을 체감할 수 있다.
③ 주민의 행정참여기회를 확실히 보장할 수 있다.

④ 대도시행정의 특수성에 입각한 발전을 도모할 수 있다.
⑤ 혁신적인 행정서비스공급기법의 적용을 가능하게 한다.

해설

④ 지리적으로 인접하고 동일생활권을 갖는 대도시를 2층제로 하는 것은 자칫 자치구간 이기주의를 팽배시켜 광역행정의 수행을 어렵게 할 뿐 아니라 특별시 · 광역시와 자치구간 대립과 갈등의 심화를 초래하여 도시 전체의 유기적 일체성을 저해하고 대도시행정의 특수성에 입각한 발전을 도모하기 어렵게 할 우려가 있다. <답 ④>

≪자치구제도의 효용성과 한계≫

효용성	(i) 비대하고 과중한 대도시 행정기능의 분담 및 서비스의 질적 향상 (ii) 주민참여기회의 증대 및 다양한 행정수요나 주민의 요구 충족 (iii) 지방자치단체에 대한 주민의 접근성과 통제의 용이 (iv) 혁신적인 행정서비스공급기법의 적용 (v) 도시구조의 다핵화 촉진을 통한 도시혼잡의 극소화와 균형적인 지역발전
한 계	(i) 도시 전체의 유기적 일체성 저해 (ii) 광역행정의 조정문제 (iii) 자치구간 행 · 재정적 격차 및 행정서비스의 형평성 문제 (iv) 대도시행정의 특수성에 입각한 발전 저해

63. 지방자치단체의 계층제에 대한 설명으로 옳지 않은 것은?
<2001 지시 기술직>

① 중층제는 지방자치단체간 행정기능의 분업적 수행이 가능하다.
② 중층제는 중간자치단체가 기초자치단체의 기능을 보완할 수 있다.
③ 중층제는 이중행정 또는 이중감독의 폐단을 초래할 수 있다.
④ 단층제는 국토가 광활하고 인구가 많은 나라에서는 채택하기 곤란하다.
⑤ 계층수가 많아지면 기초자치단체의 관할구역이 커진다.

해설

⑤ 기초자치단체의 관할구역이 작아져 민주성을 확보하기 용이하다. <답 ⑤>

64. 다음은 지방자치단체의 구역에 관한 설명이나. 타당하지 않은 것은?

① 지방자치단체의 구역이란 자치단체의 통치권 또는 자치권이 미치는 지역적 범위를 말한다.
② 구역에는 육지뿐만 아니라 하천 · 호수 등의 수면과 그 지역에 접속하는 해역도 포함된다.
③ 지방자치단체의 구역은 대체로 자연부락이나 촌락과 같은 공동사회를 토대로 설정된다.
④ 지방자치단체의 구역은 일반적으로 행정구역과 동일시되고 있다.

⑤ 구역경계의 범위 내에서 다른 자치단체의 통치를 인정하지 않는 배타적 통치권을 행사하는 것을 의미한다.

해설

시 · 도와 시 · 군 및 자치구는 지방자치단체인 동시에 국가의 지방행정기관으로서의 지위를 겸하고 있으므로 그 관할구역은 자치구역인 동시에 행정구역으로서의 의미를 갖는다. 다만, 자치구역은 단체구성의 기초가 되는 것으로 자치단체의 자치권이 미치는 지역적 범위를 뜻하는 데 비하여, 행정구역은 행정상의 편의나 특정한 행정기능을 관리하기 위하여 설정된 인위적인 지역공간을 의미하므로 이 두 개념은 본질적으로 다르다고 할 수 있다.

<답 ④>

65. 다음 중 자치구역의 성격과 거리가 먼 것은?

① 구역과 계층구조는 밀접하게 관련되어 있다.
② 구역은 항상 일정불변하여야 한다.
③ 구역은 단체구성의 기초가 되는 일차적 요소이다.
④ 구역과 기능배분은 분리하여 논할 수 없다.
⑤ 구역은 집권 · 분권체제와도 깊은 관련을 갖는다.

해설

구역의 문제는 기능의 재배분과 밀접하게 관련되어 있으며 양자를 분리하여 논할 수 없다. 따라서 구역은 항상 일정불변한 것이 아니라 지방자치단체가 수행하는 공공서비스의 성격과 내용이 달라짐에 따라 그 지역적 범위도 가변적이어야 하며, 기능의 변화에 신속히 적응해 나가야 하는 것이다.

<답 ②>

66. 다음 중 특별목적 행정구역에 해당하는 것은?

① 읍 · 면 · 동의 관할구역
② 지방자치단체조합의 구역
③ 세무관서의 관할구역
④ 국가의 지방행정기관으로서 시 · 도의 구역
⑤ 시 · 군 및 자치구 등 기초자치단체의 관할구역

해설

구역은 법적 성격에 따라 자치구역과 행정구역, 기능의 복합성 여부에 따라 일반목적구역과 특별목적구역으로 나눌 수 있으며, 이를 조합하면 현실적으로 다음과 같은 네 가지 형태의 구역이 존재하게 된다.

<답 ③>

(i) 일반목적 자치구역: 시 · 도, 시 · 군 및 자치구 등 일반지방자치단체의 관할구역
(ii) 일반목적 행정구역: 국가의 지방행정기관으로서의 시 · 도, 시 · 군 및 자치구와 행정구 · 읍 · 면 · 동 · 리의 구역
(iii) 특별목적 자치구역: 지방자치단체조합 등 특별지방자치단체의 관할구역
(iv) 특별목적 행정구역: 특별지방행정기관의 관할구역

㉠ 중앙정부 소속 — 세무 · 영림 · 노동 · 검찰 · 경찰 · 환경 · 조달(지)청 등
㉡ 자치단체 소속 — 소방본부, 소방서, 농촌진흥원, 농촌지도소, 보건소 등

67. 우리나라 구역개편에 관하여 올바르게 설명하고 있는 것은?

① 주변 군지역을 합병할 경우에 군 이하의 행정구역체계를 그대로 유지할 수 없다.
② 구역개편의 방식으로서 폐치 · 분합만을 인정하고 있다.
③ 지방자치단체를 폐치 · 분합할 때에는 자치단체장이 반드시 주민투표에 붙여야 한다.
④ 지방자치단체의 폐치 · 분합은 필히 관계 지방자치단체의 의회의 의견을 들어야 한다.
⑤ 지방자치단체의 폐치 · 분합은 법률로 정한다.

해설

① 주변 군지역을 합병할 경우 군 이하의 행정구역체계를 그대로 유지할 수 있도록 하여 광역시의 하위행정구역으로 군-읍 · 면-리를 둘 수 있게 하였다. ② 구역개편의 방식으로는 폐치 · 분합과 경계변경이 인정되고 있다. ③ 자치단체의 폐치 · 분합에 관한 주민투표의 실시 여부는 자치단체장의 재량에 맡기고 있다. ④ 1999년 8월 31일 공포된 개정 지방자치법은 '지방자치단체를 폐지 · 분합하거나 명칭 또는 구역을 변경할 때에는 관계 지방자치단체의 의회의 의견을 들어야 한다. 다만 제14조의 규정에 의하여 주민투표를 실시한 경우에는 그러하지 아니하다'(제4조 제2항)고 단서조항을 신설함으로써 주민투표를 실시한 경우에는 예외로 하고 있다. ⑤ 지방자치단체의 명칭과 구역은 종전과 같이 하고, 명칭과 구역을 바꾸거나 지방자치단체를 폐지하거나 설치하거나 나누거나 합칠 때에는 법률로 정한다. 다만, 지방자치단체의 관할 구역 경계변경과 한자 명칭의 변경은 대통령령으로 정한다(제4조 제1항 개정 2009.4.1). <답 ⑤>

68. 우리나라의 지방자치단체의 관할구역에 대한 설명 중 틀린 내용은 ?

① 지방자치단체를 폐지하거나 설치하거나 나누거나 합칠 때에는 법률과 지방의회의 의견을 들어야 한다.
② 지방자치단체의 관할구역 경계변경과 한자 명칭의 변경은 대통령령으로 정한다.
③ 자치구가 아닌 구와 읍 · 면 · 동을 폐지하거나 설치하거나 나누거나 합칠 때에는 행정안전부장관의 승인을 받아 그 지방자치단체의 조례로 정한다.
④ 리의 구역의 명칭과 구역을 변경하거나 리를 폐지하거나 설치하거나 합칠 때에는 그 지방자치단체의 규칙으로 정한다.

해설

④ 리의 구역은 자연촌락을 기준으로 하되, 리의 구역의 명칭과 구역을 변경하거나 리를

폐지하거나 설치하거나 합칠 때에는 그 지방자치단체의 조례로 정한다. <답 ④>

69. 지방자치단체의 계층구조와 구역에 대한 설명으로 옳은 것은?

① 북한은 일본 식민지 치하의 행정구역을 그대로 답습하고 있어 남한의 행정구역체계와 커다란 차이가 있다. <2001 지시>
② 우리나라의 광역시제도는 일본의 지정시제도와 같은 법적 지위를 갖는다.
③ 1949년 지방자치법 제정 당시에는 읍 · 면 · 동이 기초자치단체였으나 1961년 이후로는 시 · 군 · 자치구로 변경되었다.
④ 시 · 군을 통합하고자 할 때에는 당해 지방의회의 의견수렴을 거쳐 주민투표로 결정한다.
⑤ 지방자치단체를 폐치 · 분합하거나 그 명칭 또는 구역을 변경할 때에는 관계지방자치단체의 의회의 의견을 들어야 한다.

해설

② 정령지정도시(政令指定都市)는 인구 50만 이상으로 도시의 규모 및 행 · 재정능력이 큰 도시를 정령으로 지정해서 특별 취급하는 기초지방자치단체를 말한다. 즉 대도시의 특수성을 인정하여 광역지방자치단체인 도 · 부 · 현(道 · 府 · 縣)으로부터 많은 권한을 이양받아 자주적으로 업무를 처리하도록 하기 위한 제도이다. 일반시가 정령지정도시로 승격되면 광역자치단체에 준하는 기능을 할 수 있다. 사무에 따라서는 도 · 부 · 현의 감독이나 허가를 받을 필요가 없고, 행정구를 만들어 운영할 수도 있으며, 중앙으로부터 직접 재원을 지원받을 수 있다. 따라서 일본의 지정시는 우리나라의 인구 50만 이상의 시와 유사하다.
③ 1949년에는 시 · 읍 · 면이, 1961년에는 시 · 군이 기초자치단체였으며, 자치구는 1988년에 속하게 되었다. <답 ⑤>

70. 지방자치단체의 구역을 결정하기 위한 V. D. Lipman의 일반적 원칙과 거리가 먼 것은?

① 동일한 규모의 면적이나 인구 등 양적 척도를 활용할 것
② 지리적 · 전통적 요소와 결부시켜 구역을 정할 것
③ 지방자치단체의 재정적 자립성을 기초로 구역을 정할 것
④ 경제적 · 사회적 생활의 중심지를 거점으로 하여 구역을 평균화할 것
⑤ 산업분포 · 경제권역 등 경제적 요소와 결부시킬 것

해설

V. D. Lipman은 지방자치단체의 구역을 결정하기 위한 일반적 원칙으로서 (i) 구역설정의 양적 척도를 활용하여 동일한 규모의 면적이나 인구의 구역을 확보할 것, (ii) 행정구역을 지리적 요소, 경제적 요소(산업분포, 경제권역 등), 전통적 요소(전통, 인구분포, 역사 등)와 결부시켜 정할 것, (iii) 행정구역을 그 나라의 주요도시의 영향을 받을 수 있는 지대로 평균화할 것, 즉 경제적 · 사회적 생활의 중심지를 거점으로 하여 구역을 평균화할 것 등을 제시하고 있다. ③ 재정적 자립성은 A. C. Millspaugh가 제시한 것 중의 하나이다. <답 ③>

71. 다음 중 광역자치단체의 구역개편시 고려해야 할 기준이 아닌 것은?

① 개발권 ② 공동체의식의 존재 ③ 행정의 효율성
④ 광역행정기능의 수행 ⑤ 균형적 지역발전

해설

유엔보고서는 지방자치단체의 종류별로 각각의 구역설정기준을 제시하여 기초자치단체에 있어서는 공동체의식이 존재하고 주민의 직접적 행정참여가 가능한 한도 내에서 가장 넓은 구역으로 정하며, 광역자치단체의 구역은 자체의 행정사무를 가장 효율적으로 처리할 수 있는 최대의 구역으로 하되, 지방의회의원들이 자주 회합할 수 있는 정도의 규모로 획정하도록 하였다. <답 ②>

≪광역자치단체의 구역설정기준≫

(i) 기초자치단체의 행정기능을 가장 효과적으로 조정할 수 있는 지역범위일 것
(ii) 가장 효율적으로 지역 및 경제개발을 추진할 수 있는 지역적 범위일 것
(iii) 도시행정기능과 농촌행정기능을 동시에 가장 효율적으로 수행할 수 있는 범위
(iv) 기초자치단체의 행정기능을 지원 · 보완하는 데 가장 적절한 규모일 것

72. 우리나라의 읍 · 면 · 동에 대한 설명으로 옳은 것은? <2001 지시 기술직>

① 행정계층이 과다하다고 하여 김영삼정부 말기부터 읍 · 면 · 동의 기능이 전환되어 주민자치센터가 설치되었다.
② 우리나라 읍 · 면 · 동은 현재 동일한 기능을 수행하고 있다.
③ 현재 모든 읍 · 면 · 동에 주민자치센터가 설치되어 주민의 행정참여가 활발하게 이루어지고 있다.
④ 현재 동에 설치되어 있는 주민자치위원회의 위원은 구청장이 당해 지역출신의 지방의회의원과 상의하여 위촉하고 있다.
⑤ 현재 읍 · 면 · 동장은 당해 지방자치단체장이 임명하고 있다.

해설

① 읍 · 면 · 동 기능전환은 김대중정부의 100대 개혁과제 중의 하나로서 1999년에 동을 대상으로 전국 동 가운데 278개 동을 선정하여 시범적으로 실시한 데 이어 2000년에는 시범 동사업의 문제점을 보완하여 전국 동에 확대 실시하고 다시 읍 · 면을 대상으로 시범지구를 선정하여 실시하였다. ③ (i) 급격히 변화하는 사회경제적 환경에 능동적으로 대처할 수 있는 능률적이고 효율적인 지방행정체계의 구축, (ii) 문화 · 복지서비스의 강화, (iii) 주민자치를 실현시킬 수 있는 주민자치육성의 장 마련 등 본래의 취지와는 달리 기왕에도 많이 설치되어 있던 문화센터나 복지센터로 변질되고 있어 주민참여가 매우 저조하고 예산낭비도 심한 실정이다. ④ 주민자치센터는 2000년 1월 11일 제정된 행정안전부의 '주민자치센터설치및운영조례준칙'에 따라 지방자치단체에서 제정하는 조례에 근거하여 설치 · 운영되고 있는데, 운영주체는 동장이고 주민자치위원회는 심의기구에 불과할 뿐이다. 한편 동에 설치되어 있는 주민자치위원회는 동장이 위촉하는 위원으로 구성되고 있어 자율성 · 대표성 · 중립성 · 책임성의 문제가 대두되고 있다. <답 ⑤>

73. 지방자치단체의 구역개편시 고려해야 할 요인으로서 올바르지 않은 것은?

① 주민의 소망 ② 공무원의 행태 ③ 공동사회
④ 장래발전성 ⑤ 교통 · 통신수단

해설

1958년 영국의 지방자치위원회(Local Government Commission)는 지방행정구역의 설정 기준으로서 효과성과 편의성을 들고, 구역개편을 검토하는 데 있어서 고려해야 할 요소로 (i) 공동사회, (ii) 장래발전성, (iii) 산업 · 경제적 특성, (iv) 재정수요적 측면의 재원, (v) 물리적 특성(특히 교통 · 통신수단, 행정관청 · 직장 · 중심지구에 대한 접근성), (vi) 인구의 규모 · 분포 및 특성, (vii) 지방관청의 행정실적, (viii) 구역의 규모와 형태, (ix) 주민의 소망 등 아홉 가지를 제시하였다. <답 ②>

74. 지방자치구역의 적정화를 위한 개편기준으로 타당성이 없는 것은?

① 행정량과 행정의 효율성 ② 자치지역으로서의 자생능력
③ 공동사회와 행정의 편의성 ④ 지역주민의 참여와 통제
⑤ 지역주민의 자주적 결정

해설

구역개편은 한편으로는 지방자치단체의 존립의 기초와 직결되는 것이므로 구역개편의 결정에 지역주민의 참여가 가능한 한 폭넓게 인정되어야 하지만, 다른 한편으로는 국가적 이해관계에 연관되는 것이기도 하므로 지역주민의 자주적 의사에 의해서 결정될 수 있는 것은 아니며 국가차원에서 종합적으로 고려되어야 한다. 즉 제한적 · 지엽적 이익의 추구보다는 공익을 중시함으로써 자치행정의 합리적 · 종합적 추진과 효율성의 제고를 기하여야 한다. 우리나라도 이러한 취지에서 지방자치단체의 폐치 · 분합이나 그 구역의 변경시 법률로써 정하도록 하였다. <답 ⑤>

75. 자치구가 아닌 구와 읍 · 면 · 동의 명칭 및 구역의 변경은?

① 법률로 정한다. ② 조례로 제정 후 시 · 도지사에게 보고
③ 규칙으로 정한다. ④ 대통령령으로 정한다.
⑤ 행정안전부장관의 부령에 의한다.

해설

지방자치법(제4조의2 제1항)에 따르면 자치구가 아닌 구와 읍 · 면 · 동의 명칭과 구역은 종전과 같이 하고, 이를 폐지하거나 설치하거나 나누거나 합칠 때에는 행정안전부장관의 승인을 받아 그 지방자치단체의 조례로 정한다. 다만, 명칭과 구역의 변경은 그 지방자치단체의 조례로 정하고, 그 결과를 특별시장 · 광역시장 · 도지사에게 보고하여야 한다. 지방자치단체의 명칭과 구역은 종전과 같이 하고, 명칭과 구역을 바꾸거나 지방자치단체를 폐지하거나 설치하거나 나누거나 합칠 때에는 법률로 정한다. 다만, 지방자치단체의 관할구역 경계변경과 한자 명칭의 변경은 대통령령으로 정한다(제4조 제1항 개정 2009.4.1). 지방자치단체를 폐지하거나 설치하거나 나누거나 합칠 때 또는 그 명칭이나 구역을 변경할 때에는 관계 지방자치단체의 의회의 의견을 들어야 한다. 다만, 주민투표를 한 경우에는 그러

하지 아니하다(제4조 제1항). <답 ②>

76. **지방자치단체의 관할구역의 경계변경을 하기 위해서는 어떤 조치가 필요 한가 ?**

① 법률 개정 ② 조례 개정
③ 행정안전부장관의 승인 ④ 대통령령 개정

해설

지방자치단체의 명칭과 구역 변경, 폐치 · 분합	법률+지방의회 의견 (주민투표를 한 경우 생략 가능)
지방자치단체의 관할구역 경계 변경, 한자 명칭 변경	대통령령
자치구가 아닌 구 · 읍 · 면 · 동의 폐치 · 분합	행정안전부장관 승인 후 조례
자치구가 아닌 구 · 읍 · 면 · 동의 명칭과 구역 변경	조례 제정 후 시 · 도지사에게 보고
리의 명칭과 구역 변경, 폐치 · 분합	조례

<답 ④>

77. **'---- 광역시'의 명칭을 '---- 광역시'로 바꾸려고 한다. 이를 위한 현행법령의 절차로서 옳은 것은?** <2009 국회 8급>

① ㅇㅇ광역시 의회의 의결을 거쳐 조례로 정한다.
② ㅇㅇ광역시 의회의 의견을 들어 법률로 정한다.
③ ㅇㅇ광역시장의 신청에 의해 행정법원에서 재결한다.
④ ㅇㅇ광역시 주민투표로 확정하여 대통령령으로 정한다.
⑤ 국무회의의 심의를 거쳐 대통령령으로 정한다.

해설

광역자치단체의 명칭변경은 해당 지방의회의 의견을 들어 법률로 정한다. 다만, 주민투표법 제8조에 따라 주민투표를 한 경우에는 지방의회의 의견을 듣지 않아도 된다. <답 ②>

78. **J. W. Fesler가 제시한 지방자치단체의 구역획정기준으로 볼 수 없는 것은?**

① 자연지리적 조건 ② 능률적 행정수행
③ 사회 · 경제생활의 중심지거점 ④ 자체재원의 조달가능성
⑤ 행정에 대한 주민통제

해설

J. W. Fesler는 구역획정의 기준으로 자연 · 지리적 조건, 행정능률적 조건, 경제적 조건

및 주민통제적 조건을 제시하고 있다. 즉 (i) 자연적 지세와 같은 지리적 조건을 특히, 교통 · 통신의 발달정도와 비교 · 고려할 것, (ii) 행정기능을 가장 능률적으로 수행할 수 있는 적정규모로 제한할 것, (iii) 자체재원의 조달가능성을 고려하여 설정할 것, (iv) 자치행정에 대한 주민통제가 효과적으로 행사될 수 있는 정도의 구역으로 할 것을 주장하였다. ③ 사회적 · 경제적 생활의 중심지를 거점으로 하는 것은 V. D. Lipman이 제시한 견해이다.

≪지방자치단체의 구역설정기준≫

A. C. Millspaugh	(ⅰ) 공동사회적 요소 (ⅱ) 적정서비스단위 (ⅲ) 재정적 자립성 (ⅳ) 행정적 편의성
J. W. Fesler	(ⅰ) 자연지리적 조건 (ⅱ) 행정능률적 조건 (ⅲ) 민중통제적 조건 (ⅳ) 경제적 조건
V. D. Lipman	(ⅰ) 동일규모의 면적 · 인구 (ⅱ) 지리적 · 경제적 · 전통적 요소 (ⅲ) 경제적 · 사회적 생활의 중심지거점

<답 ③>

79. 광주광역시의 명칭을 광주특별시로 바꿀 때 필요한 절차는?

① 지방자치법 개정 <2007 광주 7급>
② 광주광역시의회 의결 이후 법률 제정
③ 주민투표 이후 대통령령 개정
④ 광주광역시장 신청이후 행정법원 결정

해설

지방자치법에는 자치단체의 종류만 규정되어 있다. 광역시를 특별시로 변경하는 것은 자치단체명칭 변경에 해당하며 지방의회에서 의결하거나 새로 법령을 제정하면 된다. <답 ②>

80. 지방자치법상 지방자치단체의 조례규정사항으로 옳지 않은 것은?

① 자치구의 관할구역 경계변경 <2001 행시>
② 지방자치단체의 사무소 소재지의 변경
③ 지방의회 위원회에 관한 사항
④ 사용료 · 수수료 또는 분담금의 징수에 관한 사항
⑤ 지방자치단체 재산의 관리 및 처분

해설

지방자치법 제4조 제1항에 '지방자치단체의 명칭과 구역을 변경하거나 지방자치단체를 폐치 · 분합할 때에는 법률로써 정하되, 시 · 군 및 자치구의 관할구역 경계변경은 대통령령으로 정한다'고 규정하고 있다. <답 ①>

81. 최근 지방행정 계층구조의 개편과 관련하여 읍·면·동의 폐지 및 기능전환방안이 대두되고 있다. 등장배경으로 보기 어려운 것은?

① 전자주민카드 등에 의한 주민관리업무의 감소
② 생활권과 행정구역의 불일치
③ 행정계층의 다단계로 인한 비능률
④ 생활권·경제권의 확대에 따른 행정권 확대의 필요성
⑤ 행정종합정보화를 통한 민원서비스 온라인망의 구축

✍ 해설

② 생활권과 행정구역의 불일치로 인한 문제점을 해소하고 주민의 편의증진, 농촌지역의 행·재정력 향상, 행정의 효율성 증진, 도·농 균형발전 및 광역행정문제의 해결 등의 효과를 기대한 것은 도·농통합식 행정구역개편이었다. ①, ③, ④, ⑤ 외에도 읍·면·동은 단순보조적인 역할수행과 상급기관과의 업무중첩으로 인해 그 존재의의를 상실하고 있다. 게다가 저비용·고효율의 작은 정부의 구현과 관련하여 읍·면·동의 폐지는 행정계층과 자치계층을 일원화함으로써 행정력의 낭비를 예방하고 행정의 자율성을 확보할 수 있다.
<답 ②>

82. 최근 마산, 창원, 진해를 통합한 창원시가 출범하는 등 행정계층 구조에 대한 많은 논의가 진행되고 있다. 우리나라의 행정계층 구조에 대한 설명 중 가장 옳지 않은 것은? <2011 경정승진>

① 다층구조로 인해 행정비용이 증대되고 의사전달 왜곡이 발생한다.
② 동일 지역 내 행정기관의 난립으로 인해 책임성의 확보가 어렵다.
③ 도와 시(또는 군)간 엄격한 기능분리로 인해 행정의 비효율성이 발생한다.
④ 행정계층은 행정적 효율성을 중심으로 하는 개념이며, 자치계층은 정치적 민주성을 중심으로 하는 개념이다.

✍ 해설

우리나라는 예시적 포괄주의 방식을 취하고 있어 국가와 지방자치단체간, 광역과 기초간, 단체위임사무와 고유사무간 기능배분이 모호하다. 특히 광역과 기초간의 사무배분기준이 대통령령으로 위임되어 있어 법정구분이 안 되어 있다는 점도 문제이다. 따라서 도와 시(또는 군)간 기능배분이 모호하기 때문에 비효율성이 발생하는 것이다. <답 ③>

83. 우리나라 구역개편의 방식으로서 지방자치단체의 폐지를 수반하는 것은?

① 규모재편 ② 경계변경 ③ 권한의 흡수
④ 특별구역의 설치 ⑤ 편 입

✍ 해설

우리나라는 구역개편방식으로 경계변경, 폐치·분합만 인정하고 있다. <답 ⑤>

≪지방자치단체의 구역개편방식≫

경계변경	(i) 법인격의 변동 없이 구역의 경계만을 조정하는 방식 (ii) 기존의 지방자치단체는 그대로 존속
폐치 · 분합	(i) 지방자치단체의 신설 또는 폐지를 수반하는 구역의 재편 (ii) 새로운 인격의 발생 또는 소멸을 가져오는 인격변동의 방식 (iii) 유형: ㉠ 합체, ㉡ 편입, ㉢ 분립, ㉣ 분할
규모재편	(i) 기존 지방자치구역의 문제점을 해결하기 위한 방식 (ii) 전반적으로 구역을 재설정하는 방식 (iii) 완전히 새로운 지방자치단체 설치

84. 다음의 연결이 잘못된 것은 ?

① 지방자치단체의 관할구역 경계 변경, 한자명칭 변경 — 대통령령
② 자치구가 아닌 구 · 읍 · 면 · 동의 폐치 분합 — 행정안전부장관 승인 후 조례
③ 리의 명칭과 구역변경, 폐치 · 분합 — 규칙 제정 후 행정안전부장관에게 보고
④ 자치구가 아닌 구 · 읍 · 면 · 동의 명칭과 구역변경 — 조례 제정 후 시 · 도지사에게 보고

✍ 해설 ……………………………………

③ 리의 명칭과 구역변경, 폐치 · 분합은 그 지방자치단체의 조례로 정한다. 또한 사무소의 소재지 변경 및 새로운 설정도 조례로 정한다. <답 ③>

85. A시의 B자치구와 C도의 D시는 B자치구에 인접한 일부 D시 지역주민들의 무임승차 문제로 지역주민간 갈등의 골이 깊어지자 관계 지방의회의 의결을 거쳐 관할구역의 경계를 조정하였다. 이러한 구역변경의 근거가 되는 것은?

① 헌 법 ② 조 례 ③ 대통령령
④ 법 률 ⑤ 행정안전부령

✍ 해설 ……………………………………

지방자치단체의 명칭과 구역은 종전과 같이 하고, 명칭과 구역을 바꾸거나 지방자치단체를 폐지하거나 설치하거나 나누거나 합칠 때에는 법률로 정한다. 다만, 지방자치단체의 관할구역 경계변경과 한자 명칭의 변경은 대통령령으로 정한다(제4조 제1항 개정 2009.4.1). <답 ③>

86. 읍 · 면 · 동 계층구조의 폐지시 수반되는 부작용을 최소화하기 위해 반드시 선행해야 할 필요조치로서 바람직하지 않은 것은?

① 행정절차의 간소화를 지속적으로 추진하여 각종 민원사무를 폐지 또는 대

폭 감축하거나 해당 기관에 이양하여야 한다.

② 지속적인 사무자동화를 추진하고 행정사무의 민간위탁을 확대하여야 한다.

③ 민간주도의 자율적인 주민조직을 활성화시키기 위해 행·재정적 지원을 강화하여야 한다.

④ 행정구역과 생활권의 일치를 위해 구역경계의 재조정이 이루어져야 한다.

⑤ 주민통합차원에서 정치적 이해와 혈연·지연에 따른 갈등을 해소하기 위해 읍·면·동의 구역을 폐지하여야 한다.

해설

⑤ 작은 정부의 구현과 관련하여 읍·면·동의 행정계층은 폐지하더라도 구역은 정치적·행정적 편의를 위해 합리적인 경계조정 후 존치시키는 것이 바람직하다. <답 ⑤>

87. 우리나라의 행정구역을 개편해야 할 필요성과 거리가 먼 것은?

① 현재의 도 및 군구역은 과거의 행정구역을 그대로 답습한 것이어서 산업화·도시화에 따른 변동을 반영하지 못하고 있다.

② 도의 구역이 지나치게 협소하거나 또는 지나치게 넓으며, 생활권·개발권과 행정구역이 일치되지 않고 있다.

③ 기초자치단체인 군의 자치구역이 공동사회적 성격에서 볼 때 그 규모가 너무 크다는 점이다.

④ 세분화·분권화된 지방행정 계층구조로 인해 소규모 행정단위간 협력체제가 증가함으로써 지방자치의 발전을 저해하고 있다.

⑤ 생활권의 확대와 행정전산화의 진행으로 도시권의 정비가 요청되고 있다.

해설

우리나라 구역개편의 필요성으로는 (i) 산업화·도시화에 따른 사회·경제적 여건의 변화에 대한 적응, (ii) 공동생활권 및 도시권의 확대에 따른 자치단체의 적정구역설정, (iii) 고속도로, 댐건설 등 국토개발에 따른 자연적 조건의 변화와 교통·통신의 발달로 인한 과거의 구역설정기준의 의의 상실, (iv) 지방자치단체간 격차의 완화, (v) 다층제 계층구조의 비능률성 극복, (vi) 행정전산화의 추진, (vii) 남북통일에의 대비 등을 들 수 있다. ④ 분권화·세분화된 지방정부체제는 주민의 행정수요에 대한 자치단체의 대응성을 제고하고 행정에 대한 주민의 접근성을 용이하게 할 뿐만 아니라 정부간 계약, 공동투자 등과 같은 수평적 협력관계의 구축을 통해서 실질적인 통합의 효과를 누릴 수도 있다. 우리나라는 자치단체간 수평적 협력체제가 활성화되어 있지 않다. <답 ④>

88. 지방자치법에서 규정하고 있는 지방자치단체간의 수평적 협력방식으로만 구성된 것은? <2008 지방수탁 9급>

ㄱ. 사무위탁	ㄴ. 지방자치단체조합
ㄷ. 분쟁조정위원회	ㄹ. 지방자치단체연합

① ㄱ, ㄴ　② ㄱ, ㄹ　③ ㄴ, ㄷ　④ ㄷ, ㄹ

✍ 해설

지방자치법에는 자치단체간 수평적 협력방식으로 사무위탁, 자치단체조합, 행정협의회 방식 등이 규정되어 있다. <답 ①>

> * 지방자치법 관련규정
> · 제151조 (사무의 위탁) ① 지방자치단체나 그 장은 소관 사무의 일부를 다른 지방자치단체나 그 장에게 위탁하여 처리하게 할 수 있다.
> · 제152조 (행정협의회의 구성) ① 지방자치단체는 2개 이상의 지방자치단체에 관련된 사무의 일부를 공동으로 처리하기 위하여 관계 지방자치단체 간의 행정협의회(이하 "협의회"라 한다)를 구성할 수 있다.
> · 제159조 (지방자치단체조합의 설립) ① 2개 이상의 지방자치단체가 하나 또는 둘 이상의 사무를 공동으로 처리할 필요가 있을 때에는 규약을 정하여 그 지방의회의 의결을 거쳐 시 · 도는 행정안 전부장관의, 시 · 군 및 자치구는 시 · 도지사의 승인을 받아 지방자치단체조합을 설립할 수 있다.

89. 도 · 농통합식 구역개편의 장점으로 볼 수 없는 것은?

① 지방자치단체의 행정수행능력을 제고시킨다.
② 지역개발에의 집중투자를 가능하게 한다.
③ 행정에 대한 주민의 참여와 통제가 용이하다.
④ 일관된 지역정책을 수립함으로써 행정능률을 추구할 수 있다.
⑤ 행정의 광역화는 지방자치단체간의 갈등을 해소한다.

✍ 해설

도 · 농통합식 구역개편은 (i) 지방자치단체의 행정수행능력의 제고, (ii) 행정적 편익성의 증대, (iii) 지역의 역사적 · 문화적 동질성과 일체성 제고, (iv) 재정운영의 효율성 제고, (v) 지방자치단체간의 갈등해소, (vi) 행정능률의 추구, (vii) 시 · 군간 개발격차 완화 등의 이점을 지닌다. 그러나 지역의 독자성 · 특수성을 반영하지 못하고 주민의 행정접근성과 행정의 주민대응성을 저하시켜 행정의 민주화를 제고하기가 쉽지 않다. <답 ③>

90. 도 · 농분리식 구역개편의 장점은?

① 재정운영의 효율성 제고 ② 지역특성의 반영
③ 지역이기주의의 극복 ④ 균형적인 지역발전
⑤ 지방자치단체간 갈등해소

✍ 해설

도 · 농분리식 구역개편이 갖는 이점은 다음과 같다. (i) 지방자치단체의 규모의 적정화를 도모할 수 있다. (ii) 각각의 특성에 맞는 서비스를 제공함으로써 행정서비스공급의 효율성을 제고하고, 주민에 대한 서비스의 질을 확대 · 개선할 수 있다. (iii) 주민참여 및 통제가 용이하다. <답 ②>

91. 하나의 지방자치단체를 폐지하고 여러 개의 지방자치단체를 설립하는 구역개편방식은?

① 분 할 ② 합 체 ③ 분 립
④ 편 입 ⑤ 경계변경

해설

단순히 관할구역의 변경에 그치지 않고 새로운 인격의 발생 또는 소멸을 수반하는 폐치·분합에는 다음과 같은 것이 있다. <답 ①>

합 체 (신설합병)	둘 이상의 지방자치단체가 합하여 새로운 하나의 자치단체를 설립하는 방식
편 입 (흡수병합)	하나의 지방자치단체가 다른 지방자치단체를 흡수하는 방식
분 립	하나의 지방자치단체의 일부를 분리·독립시켜 새로운 자치단체를 설립하는 방식
분 할	하나의 지방자치단체를 폐지하고 수 개의 지방자치단체를 설립하는 방식

92. 지방자치단체의 구역개편에 관한 내용이다. 타당하지 않은 것은?

① 조례 또는 규칙은 당해 지방자치단체의 존폐 또는 통치권과 운명을 같이하는 것이 보통이다.
② 지방자치단체의 신설 또는 격의 변경시 종래 그 구역에서 시행되던 조례 또는 규칙은 그때부터 당연히 소멸된다.
③ 시·군 및 자치구의 관할구역 경계변경은 대통령령으로 정할 수 있다.
④ 소멸된 지방자치단체의 기관은 당연히 그 지위를 상실하며, 신설된 지방자치단체의 기관을 선임·보충하여야 한다.
⑤ 구역개편에 의하여 시를 설치하는 경우, 주민투표를 실시한다면 그 지역을 관할하는 도의회의 의견을 듣지 않아도 된다.

해설

조례 또는 규칙은 당해 지방자치단체의 존폐 또는 통치권과 운명을 같이하는 것이 보통이다. 다만 조례와 규칙이 당연히 소멸되는 경우에 새로운 지방자치단체는 당장 준거할 조례와 규칙이 없어 사무처리에 지장을 초래하게 되므로, 당해 지방자치단체의 장은 필요한 사항에 관하여 새로운 조례 또는 규칙이 제정·실시될 때까지 종래 그 지역에서 시행되던 조례 또는 규칙을 계속 시행할 수 있게 하였다(지방자치법 제25조). ② 따라서 지방자치단체의 신설 또는 격의 변경이 있는 경우 종래 그 구역에서 시행되던 조례 또는 규칙은 그 때부터 당연히 소멸되는 것이 아니라 새로운 조례 또는 규칙이 제정될 때까지 계속 효력을 발휘한다. ⑤ 종전에는 구역개편에 의하여 시를 설치하고자 할 때에는 그 지역을 관할하는 주민의 대표기관인 당해 의회와 상급자치단체인 도의회의 의견을 듣도록 하였으나 개정 지방자치법(1999. 8. 31)에서는 제4조 제2항의 단서규정에서 주민투표의 실시를 전제로 하는 경우에는 관계지방자치단체의 의회의 의견을 듣지 않아도 된다고 하고 있기 때

문이다. <답 ②>

93. 도·농통합에 관한 설명으로 옳은 것은? <2001 지시>

① 도·농통합은 주민참여를 활성화시키기 위하여 추진되는 구역조정방식이다.
② 도·농통합은 도시화율을 감소시킨다.
③ 우리나라의 시·군통합에서는 2개의 정주생활권을 포함할 수 있다.
④ 광역행정이 활발한 국가에서는 도·농통합이 빈번히 일어난다.
⑤ 우리나라의 시·군 통합은 도·농통합의 이론과 전형적으로 일치한다.

해설

① 행정의 효율성, 서비스수혜의 형평성 등을 제고하기 위한 것으로 주민의 접근성 및 행정의 대응성은 오히려 저하시킨다. ② 도시가 주변 농촌지역을 편입하므로 전체 도시인구가 증가하여 도시화율은 증가한다. ③ 그 대부분이 도시의 형태를 갖추고 있는 인구 5만 이상의 시와 군을 통합한 지역은 도·농 복합형태의 시로 할 수 있다. ④ 광역행정이 활발하지 않은 곳에서 인접 자치단체간 갈등 및 지역이기주의 해소, 규모의 경제 등을 위해 중앙집권적인 도·농 통합이 행해진다. ⑤ 도·농 통합은 도시와 배후지 농촌을 상호유기적으로 통합하여 그 통합된 생활권 자체를 행정구역으로 획정하는 것이다. 도·농통합에 관한 이론적 배경은 프리드만(John Friedmann)과 더글라스(Mike Douglas)가 주창한 기초수요이론의 도농접근법에서 연원한다. 즉 지역간 균형발전을 위해서는 성장거점개발보다 모든 사람에게 적절한 수준의 삶을 유지하는 데 필요한 최소한의 재화와 용역을 제공해 주는 기초수요접근법이 유용하며, 이러한 기초수요를 충족시키기 위해서는 최소한의 인구규모가 필요하기 때문에 도농지역단위의 개발전략을 사용하는 도농접근법이 효과적이라는 것이다. <답 ③>

94. 지방행정구역의 적정한 설정기준과 가장 관계가 먼 것은?

① 인구와 면적 ② 행정량 ③ 능률적 행정단위
④ 공간적 거리 ⑤ 지리적·경제적 조건

해설

적정구역의 설정기준으로서 J. W. Fesler는 (i) 자연·지리적 조건, (ii) 행정능률적 조건, (iii) 자주재원의 조달능력, (iv) 효과적 주민통제를, A. C. Millspaugh는 (i) 공동사회적 요소, (ii) 적정서비스단위 또는 능률적 행정단위, (iii) 재정적 자립성, (iv) 행정적 편의성을, V. D. Lipman은 (i) 면적·인구 등 양적 척도, (ii) 지리적·경제적·전통적 요소, (iii) 경제적·사회적 생활의 중심지거점 등을 들고 있다. ③ 능률적 행정단위란 구역의 크기는 행정량과 일치하여야 한다는 것, 즉 최소의 경비로써 최대의 효과를 낼 수 있는 규모의 행정구역을 설정해야 한다는 의미이다. ④ 오늘날 교통·통신 및 과학의 발달로 인하여 공간적 거리는 적정구역 설정기준으로 별 의미가 없다. <답 ④>

95. 우리나라의 도·농분리식 구역개편이 가져온 문제점이 아닌 것은?

① 지역공동체의 해체 ② 지역이기주의 ③ 행정능률의 저하

④ 획일성의 폐해 ⑤ 지역간 발전격차의 심화

✍ **해설**

우리나라의 도·농분리식 구역개편은 (i) 동일생활권이 불합리하게 분리됨에 따라 지역간의 발전격차의 심화를 가져왔다. (ii) 지방자치단체간 인구규모 및 재정력의 심대한 불균형을 초래하였다. (iii) 도·농분리에 따라 잔여지구의 행·재정력이 현저하게 약화되어 자생력을 상실하고, 나아가 지역공동체가 해체되는 경향마저 보이고 있다. (iv) 동일생활권 내에 두 개의 행정관청이 존재하게 되어 행정기관의 증설, 공무원의 증가 등 행정낭비의 요인이 산재함으로써 행정능률의 저하를 가져왔다. (v) 쓰레기처리, 하수종말처리장 등 혐오시설의 설치나 광역행정수요를 놓고 인접 자치단체간에 심각한 갈등을 초래함은 물론 지역의 종합적 개발을 어렵게 하였다. ④ 획일성에 따른 폐해는 도·농통합적 구역개편으로 나타나게 되는바, 지역특성의 무시, 주민참여 및 통제의 약화 등의 문제를 들 수 있다.

<답 ④>

96. **도·농통합식 구역개편으로 인하여 파생될 문제점이 아닌 것은?**

① 관계공무원들의 신분문제 ② 지역이기주의의 심화
③ 정치적 이해관계 ④ 주민의 행정접근성 저하
⑤ 세금증대

✍ **해설**

도·농통합식 구역개편에는 상당히 어려운 문제점이 내포되어 있는바, (i) 관계공무원들의 신분문제, 정치인의 선거구문제, 행정관청의 지리적 위치설정 등에 따른 주민의 이해관계가 중첩되어 있다는 점이다. (ii) 대규모 관료조직의 형식성·경직성에 따른 비효율을 초래한다는 점이다. (iii) 도·농통합식 구역개편은 분권화에 역행하면서 주민의 행정접근성과 행정의 주민대응성을 저하시켜 지방자치의 근본정신과 상치한다는 점이다. (iv) 우량농지의 보존문제, 환경파괴문제, 계층간 갈등문제 등을 해결하고 도시민의 상대적인 재정부담의 증가 및 개발투자비의 감소를 해소하기 위해서는 막대한 비용과 행정력이 소요된다는 점이다. ② 도·농통합식 구역개편은 생활권 중심의 광역행정을 통하여 시·군간의 지역이기주의를 극복하고 균등한 서비스를 공급할 수 있다. <답 ②>

97. **우리나라 지방행정구역의 문제점이 아닌 것은?**

① 지방자치단체 규모의 불균형 ② 잔여지구(rump county)의 약화
③ 지방자치구역의 협소성 ④ 행정구역획정의 불합리성
⑤ 개발권 및 생활권과 행정구역의 불일치

✍ **해설**

③ 우리나라의 지방자치단체의 관할구역은 지나치게 광범하여 주민에 밀접한 정부로서의 기능을 수행하지 못하고 있다. <답 ③>

≪우리나라 지방행정구역의 문제점≫

(i) 행정구역 규모의 불균형: 동일계층의 자치단체간에 면적 및 인구규모의 심한 불균형으로 말미암아 행·재정능력상의 격차가 초래되고 불균형적인 지역발전이 심

화되고 있다.
(ii) 개발권 · 생활권과 행정구역의 불일치 및 구역획정의 불합리: ㉠ 광역자치단체의 구역은 오래 전에 주로 자연조건을 토대로 획정된 것이어서 오늘날의 산업 · 경제 및 교통 · 통신의 발달로 인한 지역개발권역의 변화를 제대로 반영하지 못하고 있으며, 도구역간에 인구, 면적, 통솔범위, 재정자립도 등에서 불균형이 심하여 행정능률이 저해되고 있다. ㉡ 기초자치단체의 구역도 규모가 지나치게 방대하여 가까운 정부로서의 역할을 제대로 수행하기 어려울 뿐만 아니라 주민의 일상생활과 유리되어 주민의 행정에의 접근가능성과 행정의 대주민대응성이 저하되고 있다.
(iii) 잔여지구의 약화: 도시화의 진전에 따라 읍이 시로, 대도시는 광역시로 승격되어 군이나 도로부터 분리 · 독립됨으로써 잔여지구의 약화문제를 야기시켰을 뿐만 아니라 광역적 종합기능의 수행을 어렵게 하고 있다.

98. 다음은 자치구역과 서비스구역을 비교한 것이다. 부적절한 것은?

① 자치구역은 자치단체간 이해관계의 조정이 어려운 반면, 서비스구역은 자치단체간 갈등의 조정이 쉽다.
② 자치구역은 보수적인 데 비하여, 서비스구역은 혁신적이다.
③ 자치구역은 공동체의식의 함양에 적절한 반면에 서비스구역은 효율성의 제고에 용이하다.
④ 자치구역은 구역개편시 비용이 적게 들지만 서비스구역은 비용이 많이 소요된다.
⑤ 자치구역은 변화저항적이지만 서비스구역은 변화지향적이다.

해설

④ 자치구역은 구역개편시 주민저항, 자치단체간 이해관계 등으로 비용이 많이 소요되는 반면에 서비스구역은 물리적 구역개편 없이도 개편의 효과를 가질 수 있으므로 비용이 적게 든다. <답 ④>

99. 읍의 시(市)승격과 관련 있는 구역개편방식은?

① 분 할 ② 합 체 ③ 분 립
④ 편 입 ⑤ 경계변경

해설

읍이 성장하여 인구 5만명 이상이 되면 그 지역을 군으로부터 분리하여 시로 승격시키는 종래의 도 · 농분리식 구역개편방식은 분립에 해당한다. <답 ③>

100. 구역개편의 현대적 동향은 구역의 광역화 요청이라 할 수 있다. 그 정당성의 논거로서 볼 수 없는 것은?

① 서비스수혜의 형평성 제고 ② 외부효과의 내부화

③ 행정의 접근성 및 대응성 제고 ④ 대외경쟁력의 제고
⑤ 자치역량 강화 및 주민통합

✍ 해설

구역의 광역화에 대한 정당성의 논거는 (i) 규모의 경제, (ii) 주민통합, (iii) 대외경쟁력 제고, (iv) 서비스수혜의 형평성 제고, (v) 생활권 또는 경제권 · 개발권과 행정구역의 일치에 있는바, 행정수행능력의 제고 및 자치역량강화, 행 · 재정운영의 효율성 제고, 외부효과의 내부화, 도 · 농간 재정불균형 해소, 주민생활의 편익증진, 자치단체간 갈등해소, 지역이기주의 극복 등의 효과를 갖는다. ③ 구역의 광역화를 통해 지방자치단체의 문제해결능력과 서비스의 효율성은 증대되지만 사회 · 경제적 엘리트의 영향력이 보다 커지고 전문관리주의의 경향이 강화되어 오히려 민주성과 대응성은 약화될 우려가 있다. <답 ③>

101. 지방행정기관 관할구역 설정시 고려요인으로 보기 어려운 것은?

① 주민의 참여 ② 교통 · 통신의 발달수준
③ 역사적 전통 ④ 타기관과의 협조 등 행정편의
⑤ 적정한 인구규모

✍ 해설

④ 지방행정구역 설정시 고려요인으로서 행정의 편의성이란 주민이 행정기관에 접근하기가 용이하고 행정기관이 주민에게 서비스를 제공하기도 편리한 구역이어야 한다는 주민의 행정적 편의를 의미하지 행정기관의 편의를 의미하는 것은 아니다. <답 ④>

102. 다음 중 공동사회의 성립요건으로 부적절한 것은?

① 지역적 한계 ② 공통적 정치제도 ③ 경제적 자족성
④ 경제적 배타성 ⑤ 서비스의 상호교환

✍ 해설

A. C. Millspaugh는 공동사회가 성립될 수 있는 조건으로서 (i) 지역적 한계, (ii) 인간적 친밀성, (iii) 심리적 동질성, (iv) 공통적 이념, (v) 지적 · 정서적 중심성, (vi) 경제적 연대성, (vii) 경제적 자족성, (viii) 경제적 상호의존성, (ix) 서비스의 상호교환, (x) 공통적 정치제도 등을 열거하고, 이 가운데서 최소한 하나 이상의 요소를 충족해야만 공동사회로 볼 수 있다고 하였다. <답 ④>

103. 서울시 자치구의 경계변경은? <2003 서울 9급>

① 법률 ② 대통령령 ③ 조례
④ 규칙 ⑤ 도시기본계획

✍ 해설

지방자치단체의 명칭과 구역은 종전과 같이 하고, 명칭과 구역을 바꾸거나 지방자치단체를 폐지하거나 설치하거나 나누기나 합칠 때에는 법률로 정한다. 다만 지자체의 관할구역 경계변경과 한자명칭의 변경은 대통령령으로 한다.(지방자치법 4조 1항 개정 2009.4.1)
<답 ②>

104. 지방자치단체 외에 특별지방행정기관을 설치하여 국가사무를 수행하도록 하는 가장 큰 이유는?

① 중앙집권체제를 강화시켜야 할 필요가 있기 때문이다.
② 지방에 대한 중앙통제를 완화할 필요가 있기 때문이다.
③ 행정사무의 전문성이나 관할구역의 특수성 때문이다.
④ 전국적으로 획일적인 행정을 수행할 필요가 있기 때문이다.
⑤ 각 중앙부처는 자체의 하급기관을 설치하여 사무를 처리하려는 경향이 강하기 때문이다.

해설

특별지방행정기관이란 국가 또는 지방자치단체의 특정한 행정부서에 소속하여 당해 관할구역 내의 전문분야의 행정사무를 관장하고, 해당 부서의 전문적인 지휘·감독을 받는 행정기관으로서 일선기관이라고도 한다. 이러한 특별지방행정기관을 설치하는 이유는 행정기능의 양적 증대와 전문화·기술화 등 질적 변화에 대응하여 지방행정의 광역성, 행정업무의 전문성을 보다 효율적으로 수행해 나가기 위해서이다. <답 ③>

105. 특별지방행정기관에 대한 설명으로 옳지 않은 것은?

<2009 지방수탁 7급>

① 국가업무의 효율적이고 광역적인 추진이라는 긍정적인 목적과 부처 이기주의적 목적이 결합되어 설치되었다.
② 지방자치단체와의 관계에서 이중행정, 이중감독의 문제는 보조금의 교부, 자금의 대부 등에서 현저하게 나타난다.
③ 특별지방행정기관의 수는 IMF 경제위기를 극복하기 위해 1990년대 후반에 급증했다.
④ 지역주민의 의사를 반영시키는 제도적 연결장치가 결여되어 있다.

해설

특별지방행정기관은 '국가의 특정한 중앙행정기관에 소속되어 해당 관할구역 내에서 시행되는 소속 중앙행정기관의 권한에 속하는 행정사무를 관장하는 국가의 지방행정기관'을 말한다. 특별지방행정기관은 중앙행정기관의 업무를 지역적으로 분담하여 수행할 필요가 있고, 해당 업무의 전문성과 특수성으로 인하여 지방자치단체 또는 그 기관에 위임하여 처리하는 것이 적합하지 아니한 경우에 이를 둘 수 있다. 즉, 특별행정기관은 국가업무의 효율적이고 광역적인 추진을 위해 설치된다. 그러나 실질적으로는 관리와 감독의 용이성이라는 부처 이기주의 차원에서 설치되는 경우가 많았으며, 특히 지방자치제 실시에 대한 논의가 이루어지던 1980년대 말부터 국가의 감독이나 통제 약화를 우려해서 많은 특별지방행정기관이 설치되었다. 우리나라 특별지방행정기관은 1985년 3,000여 개에서 증가되기 시작하여 1993년에 7,783개로 최고 수준을 기록한 이후, 2003년 6,577개, 2011년 7월 말 기준 21개 부처에서 5,114개 기관으로 감소 추세에 있다. <답 ③>

106. 특별지방행정기관에 관한 설명으로 옳지 않은 것은?

<2008 서울 9급>

① 특별지방행정기관은 소속기관의 관할 내에서 지방

자치단체의 행정사무를 관장하는 기관이다.
② 특별지방행정기관 중 일부는 지방자치단체의 소관사무를 처리함과 동시에 중앙정부의 소관사무도 처리한다.
③ 지방자치단체의 하급행정기관은 특별지방행정기관이 아니다.
④ 특별지방행정기관은 지방행정의 종합성을 저해할 우려가 있다.
⑤ 전국적 통일성을 요구하는 기능은 특별지방행정기관이 맡는 것이 바람직하다.

해설

특별지방행정기관은 국가의 특정한 행정부처에 소속되어 특수한 전문분야의 행정사무를 처리하는 지방행정기관이므로 일반적으로 자치단체의 행정사무를 관장하는 기관이라고 볼 수 없다. ② 국가가 설치한 특별지방행정기관의 경우 자치사무와 국가사무의 명확한 구분이 곤란하므로 자치단체와 유사중복기능을 수행하기도 하며 시 · 도가 설치한 특별지방행정기관인 보건소의 경우 지역건강 프로그램과 같은 자치단체의 소관사무를 처리하는 경우도 있지만, 전염병 통제와 같은 중앙정부의 소관사무도 처리하므로 맞는 지문이다. ③은 일반구, 읍 · 면 · 동을 의미하며 일반지방행정기관이다. ④, ⑤ 자치단체는 종합적 기능을 수행하는 반면, 특별지방행정기관은 특수한 전문분야의 기능을 수행하므로 통일적 처리가 필요한 것은 특별지방행정기관이 수행하는 것이 바람직하다. <답 ①>

107. 다음 중 특별지방행정기관에 관한 설명 중 옳지 않은 것은? <2007 서울 7급>

① 국가업무의 효율적 · 광역적 추진이라는 긍정적 목표를 가진다.
② 관리와 감독이 매우 어렵다는 부정적 측면을 가진다.
③ 책임행정의 결여라는 비판이 있다.
④ 고객의 혼란과 불편의 문제가 제기된다.
⑤ 지방자치단체의 권한과 책임성을 저해하는 제도이다.

해설

특별지방행정기관은 국가의 특정한 행정부서에 소속되어 특수한 전문분야의 행정사무를 처리하는 지방행정기관으로서 ① 통일적 기술 · 절차 · 장비 등을 활용할 수 있어(규모의 경제) 국가업무를 효율적 · 광역적 처리할 수 있고, ②, ③ 국가직속기관으로서 국가에 의한 관리와 감독이 용이한 반면 해당 지역주민이 통제할 수 없으므로 책임행정이 결여되며, ④, ⑤ 지방행정의 이분화로 고객의 혼란과 불편이 제기되며 종합적 기능을 수행하는 자치단체의 권한과 책임성이 저해된다. <답 ②>

108. 특별지방행정기관에 대한 설명으로 틀린 것은? <2005 서울 9급>

① 지방자치제 이후 중앙정부의 통제 약화를 우려하여 많이 설치되었다.
② 현장사무에 대한 관리와 감독 용이성이라는 부처이기주의 문제가 있다.
③ 참여정부에서는 특별지방행정기관 중심의 혁신정책 수행이 많았다.
④ 국가 기능 중복에 따른 행정 낭비 문제가 발생한다.

⑤ 국가 업무의 효율성 제고와 광역적 추진을 위한 것이다.

해설

참여정부에서는 지방분권화를 위해 특별지방행정기관의 폐지를 추진했다. <답 ③>

109. 특별지방행정기관의 남설에 따른 폐단이라고 할 수 없는 것은?

① 공무원 수의 팽창 <2007 중앙인사위 9급, 2005 부산 9급>
② 업무의 중복 추진
③ 지역종합행정 수행의 장애
④ 국가 업무의 통일적 수행 저해

해설

④ 특별지방행정기관은 국가가 국가의 특수한 업무를 전문적 · 통일적 · 효율적으로 수행하기 위해 설치한 행정기관이다(규모의 경제 확보). <답 ④>

110. 특별지방행정기관의 문제점으로 옳지 않은 것은? <2005 대전 9급>

① 종합적인 행정을 저해한다. ② 시민참여기회를 제한한다.
③ 정부규모의 확대를 조장한다. ④ 행정의 중앙통제기능을 저하시킨다.

해설

특별지방행정기관을 많이 설치할수록 행정의 중앙통제기능이 강화되는 반면, 종합적 기능을 수행하는 자치단체와 마찰을 빚게 되고 자치단체의 자치기능은 약화된다. 따라서 지방분권특별법에서도 특별행정기관의 정비를 규정하고 있다. <답 ④>

111. 국가의 사무를 집행하기 위해 중앙부처에서 설치한 일선 집행기관은?

① 특별지방행정기관 ② 지방출장소 ③ 지방자치단체조합
④ 광역자치단체 ⑤ 광역행정기관

해설

국가 업무의 효율적이고 광역적 추진을 위해 중앙정부의 직할 기구로 지역별로 설치되어 있다. <답 ①>

112. 다음 중 지방자치단체인 것은? <2009 울산 7급>

① 울산광역시청 ② 울산시 시의회 ③ 울산시 교육청
④ 울산시 교육위원회 ⑤ 울산시 울주군

해설

⑤ 울주군은 울산광역시 안에 있는 유일한 '군' 형태의 기초자치단체에 해당한다. ①은 자치단체 집행기관, ②는 자치단체 의결기관, ③은 교육자치 집행기관, ④는 교육자치 의결기관이다. <답 ⑤>

113. 지방행정기관 가운데 성격이 다른 것은? <2007 부산 7급>

① 제주도 서귀포시 ② 경상남도 창원시
③ 부산광역시 기장군 ④ 경기도 과천시

해설

① 제주도 서귀포시는 자치시가 아니라 행정시로서 시장은 도지사가 임명한다. <답 ①>

114. 지방자치가 적용되는 자치구역이 아닌 것은?

① 경기도 고양시 ② 대구시 수성구 ③ 수원시 장안구
④ 제주특별자치도 ⑤ 울산시 울주군

해설

서울특별시 및 광역시 관할구역 내 자치구는 기초자치단체로서 주민투표를 통해 단체장과 의회를 구성한다. 하지만 인구 50만이 넘는 대도시는 행정업무 수행을 위해 지방행정조직으로서 '행정구'를 설치할 수 있다. 문제에서 수원시는 광역시가 아니기 때문에 수원시 수정구는 자치구가 아닌 행정구이며, 나머지는 기초자치단체이다. <답 ③>

제 4 장

지방자치단체의 주민

제 4 장 지방자치단체의 주민

1. 주민에 관한 설명 중 타당성이 없는 것은?

① 주민의 주소는 1인 1개소가 원칙이다.
② 주소는 주민의 권리 · 의무의 성립 요건이라 할 수 있다.
③ 내 · 외국인을 불문한다.
④ 자연인은 생활의 근거가 되는 곳을 주소로 본다.
⑤ 주민이 되기 위해서는 일정한 연령 · 거주기간 등의 제한이 있다.

✍ 해설

주민의 권리 · 의무의 성립 요건인 주소는 1인당 1개소임을 원칙으로 하되, 자연인은 생활의 근거가 되는 곳 또는 주민등록지를 의미하며, 법인에 있어서는 그 주된 사무소의 소재지 또는 본점의 소재지로 하고 있다. ⑤ 지방자치단체의 구역 안에 주소를 가진 자이면 국적 · 연령 · 거주기간 · 행위능력의 유무를 불문하고 모두 당해 지방자치단체의 주민이 되지만 선거권 또는 피선거권 등을 행사할 수 있는 공민이 되기 위해서는 국적은 물론 일정한 연령 · 거주기간 등의 제약을 받는다. <답 ⑤>

≪주민과 공민의 구분≫

(i) 외국인은 주민이 될 수 있지만 공민은 될 수 없다. (ii) 공민은 일정한 연령 · 거주기간 등의 제한을 받는다. (iii) 공민은 자연인에게만 인정되며 법인은 포함되지 않는다. (iv) 자연인 가운데서 금치산자 등 공민권이 박탈된 자도 공민에 포함되지 않는다.

2. 다음 중 주민에 대한 설명으로 부적절한 것은?

① 행위능력이 없는 자는 주민이 될 수 없다.
② 주민은 자치권의 주체로서의 지위를 갖는다.
③ 지방자치단체의 구역 안에 주소를 가진 자이다.
④ 주민에는 자연인 · 법인 여부를 가리지 않는다.
⑤ 시 · 군 및 자치구의 주민은 동시에 특별시 · 광역시 · 도 · 특별자치도의 주민이 된다.

✍ 해설

주민은 지방자치단체의 인적 구성요소로서 피치자인 동시에 지방자치단체의 주권자로서 지방자치단체의 조직 · 운영에 참가하는 자를 말한다. 지방자치법은 '지방자치단체의 구역 안에 주소를 가진 자'는 그 지방자치단체의 주민이 된다고 규정하고 있다(제12조). 여기에는 국적이나 성, 연령, 행위능력은 물론 자연인 · 법인 여부를 가리지 않고 당해 지방자치단체에 주소를 가지고 있는 모든 사람이 포함된다. <답 ①>

3. 현행법상 주민의 권리에 관한 설명이다. 틀린 것은?

① 주민이 선거권 · 피선거권을 행사하기 위해서는 주민등록이 되어 있어야 한다.
② 주민은 지방자치단체의 모든 자치사무에 관하여 지방의회에 청원할 수 있다.
③ 주민은 균등하게 행정의 혜택을 받을 권리를 갖는다.
④ 주민은 자치입법의 범위 내에서 소속 지방자치단체의 재산과 공공시설을 이용할 권리를 가진다.
⑤ 지방행정주체에 대한 공법상의 권리로서 반사적 이익 또는 사실상의 이익과 구별된다.

해설

지방자치단체의 주민은 법령이 정하는 바에 따라 선거권 · 피선거권, 주민투표권, 청원권, 공무담임권, 재산 및 공공시설이용권, 행정서비스향수권, 선거소청권 등의 공법상의 권리를 행사한다. ④ 자치입법인 조례 · 규칙의 범위 내에서가 아니라 법령의 범위 내에서 주민은 재산 및 공공시설을 이용할 권리를 갖는다. <답 ④>

4. 주민의 재산 및 공공시설이용권에 대한 설명으로 적절하지 않은 것은?

① 주민은 법령의 범위 내에서 재산 및 공공시설을 이용할 권리를 갖는다.
② 공공시설이란 주민의 복리증진을 위하여 지방자치단체가 설치 · 관리하는 일체의 공공용시설을 말한다.
③ 공공시설에는 공물 · 영조물 · 공기업 등 모두가 포함된다.
④ 공공시설이용권은 공공시설의 목적에 의해 제한받는다.
⑤ 주민 이외의 자에 대해서는 공공시설이용에 어떠한 차별도 둘 수 있다.

해설

지방자치법은 '주민은 법령의 정하는 바에 의하여 소속 지방자치단체의 재산과 공공시설을 이용할 권리를 가진다'(제13조 제1항 전단)고 규정하고 있다. 여기서의 공공시설이란 주민의 복리증진을 위하여 지방자치단체가 설치 · 관리하는 일체의 공공용시설로서 주민의 이용에 제공되는 한 공물 · 영조물 · 공기업 등이 모두 포함된다. 주민은 공공시설을 동등하게 이용할 수 있지만 그 이용권은 공공시설의 목적이나 위험 및 파손방지 또는 수용능력과 같은 자연적 한계에 의해 제한을 받으며, 주민 이외의 자에 대해서는 공공시설의 이용에 차등을 둘 수 있되, 최소한 불합리한 차등대우를 할 수는 없다. <답 ⑤>

5. 주민에 관련된 설명 중 올바른 것은?

① 한정치산자 · 금치산자는 주민이 될 수 없다.
② 주민은 오직 한 지방자치단체의 주민이 될 뿐이다.
③ 현행법상 주민의 요건은 거소이다.

④ 법인도 주민으로서의 권리와 의무를 갖는다.
⑤ 최고기관으로서의 지위는 인정되지 않는다.

해설

① 행위능력의 유무를 불문하므로 한정치산자 · 금치산자도 주민이 될 수 있다. ② 주민은 기초자치단체인 시 · 군 · 자치구의 주민인 동시에 광역자치단체인 시 · 도의 주민이 된다. ③ 지방자치법상 주민의 요건은 '지방자치단체의 구역 안에 주소를 가진 자'이다(제12조). ⑤ 자치권의 주체로서의 주민의 지위는 지방자치단체의 기관으로서의 지위이며, 이는 곧 최고기관으로서의 지위를 의미한다. <답 ④>

6. 다음 중 주민통제의 확립요건으로 볼 수 없는 것은?

① 엘리트의 장기적인 지위유지
② 보편적인 사회규범 · 가치관의 습득
③ 사회의 다양한 계층을 반영하는 폭넓은 주민참여
④ 다양한 자율적 사회집단 및 주민조직의 병존
⑤ 민주체제의 이념에 대한 기본적인 합의

해설

자치행정에 대한 주민통제수단이 제도적으로 완비되어 있더라도 사회적 기본요건이 확립되어 있지 않으면 주민통제는 그 실효성을 거둘 수 없다. 사회적 기본요건으로는 (i) 사회적 다원성, (ii) 민주체제의 이념에 대한 기본적 합의, (iii) 사회적 교화, (iv) 주민참여의 활성화, (v) 엘리트의 순환 등을 들 수 있다. ① 엘리트의 장기적인 지위유지는 관료체제의 강화를 가져와 주민통제를 약화시킬 우려가 있다. 따라서 유능한 인물이 등용될 수 있도록 신축성 있는 정치 · 행정엘리트의 충원이 이루어져야 하고, 권력체제의 순환이 적절하게 진행되어야 한다. <답 ①>

7. 효과적인 주민통제를 위한 전제조건에 해당하지 않는 것은?

① 정치적 사회화의 추진 ② 가치의 획일성 ③ 민주정치교육의 강화
④ 참여의식의 함양 ⑤ 개방형 인사체제의 운용

해설

효과적인 주민통제의 전제조건으로는 ①③④⑤ 이외에 (i) 지방공무원의 건전한 사고방식과 가치관, (ii) 주민들의 심리적 안정, (iii) 주민간 소득격차의 완화, (iv) 교육의 보편화 등이 있다. ② 가치의 획일화로 사회적 다원성이 존재하지 않는다면 주민의 여론이나 비판을 여러 관점에서 수렴할 수 없을 뿐 아니라 대립적인 이해관계를 조화시키거나 사회구조의 다원화 · 이질화를 정책에 반영할 수 없다. <답 ②>

8. 다음 중 주민의 권리와 의무에 대한 설명과 거리가 먼 것은?

① 지방자치단체의 비용은 주민 이외의 자에게 이를 부과할 수 없다.
② 주민은 지방자치단체가 설치 · 경영하는 공공시설의 이용을 강제 받는다.
③ 주민 이외의 자도 제한된 범위 안에서 서비스향수권을 갖는다.

④ 주민은 사용료 · 수수료 또는 분담금의 부과나 징수에 대하여 제소할 수 있다.

⑤ 주민은 각종 서비스의 제공을 성별 · 신앙 · 사회적 신분여하를 불문하고 누구나 균등하게 향수할 권리를 갖는다.

해설

주민은 '법령이 정하는 바에 의하여 그 소속 지방자치단체의 비용을 분담하는 의무를 진다'(지방자치법 제21조). 주민은 당해 지방자치단체의 존립과 자치행정에 필요한 경비를 수익 또는 능력에 따라 응분의 부담을 지는바, 여기에는 지방세, 사용료, 수수료, 수익자부담금 등이 있으며, 법령의 범위 안에서 주민 이외의 자에게 이를 부과하는 것도 무방하다. 비용분담의무를 불이행할 때에는 질서위반행위규제법에 따라 행해지며(동법 제139조 제3항), 사용료 · 수수료 또는 분담금의 부과나 징수에 대하여 이의가 있는 경우에는 그 처분의 통지를 받은 날로부터 60일 이내에 그 지방자치단체의 장에게 이의신청을 할 수 있고, 자치단체장은 이의신청을 받은 날로부터 60일 이내에 이를 결정 · 통지하여야 한다. 행정소송을 제기하고자 하는 때에는 이의신청에 대한 결정의 통지를 받은 날부터 90일 이내에 처분청을 당사자로 하여 소를 제기하여야 하며, 결정기간 내에 결정의 통지를 받지 못한 경우에는 그 결정기간이 경과한 날부터 90일 이내에 소를 제기할 수 있다(동법 제140조). <답 ①>

9. 주민의 권리 중 수익권에 해당하는 것은?

① 선거권 · 피선거권 ② 청원권 · 소청권 ③ 배상 · 보상청구권
④ 납세자불복권 ⑤ 재산 및 공공시설이용권

해설

주민이 지방자치단체의 주체 또는 구성원으로서 법령이 정하는 바에 따라 가지는 권리에는 (i) 참정권: 선거권, 피선거권, 주민투표권, 청원권, 공무담임권, 소청권, 조례제정 · 개폐청구권, 주민감사청구권, (ii) 수익권: 재산 및 공공시설이용권, 행정서비스향수권, (iii) 쟁송권: 납세자불복권, 배상 · 보상청구권 등이 있다. <답 ⑤>

10. 지방자치단체의 자치권의 주체로서 주민이 갖는 지위와 관련이 없는 것은?

① 주민감사청구권 ② 청원권 ③ 선거소청권
④ 공공시설이용권 ⑤ 공무담임권

해설

주민은 전체로서 지방자치단체의 통치권의 주체가 되어 정치적 통일체의 형태와 내용을 최종적으로 결정하는 주체적 지위를 갖는다. 이러한 주체적 지위는 선거권, 피선거권, 청원권, 소청권, 공무담임권, 조례제정 · 개폐청구권, 주민감사청구권, 주민투표권 등 참정권을 행사하는 지방자치단체의 기관으로서의 주민의 지위를 의미한다. ④ 공공시설이용권은 주민 개개인이 자치권의 객체로서 가지는 구성원적 지위에 관련된다. <답 ④>

11. 청원권과 소청권에 관한 내용으로 가장 합당한 것은?

① 지방의회의원의 소개 없이도 주민 스스로 지방의회에 청원할 수 있다.
② 현행법상 조례 · 규칙의 개폐에 관해서만 청원할 수 있다.
③ 청원사항은 아무런 제한없이 모두 가능하다.
④ 주민은 선거 또는 당선의 효력에 관하여 이의가 있을 때 지방의원선거의 경우 중앙선거관리위원회에 소청을 제기할 수 있다.
⑤ 선거의 효력에 관하여는 선거일로부터, 당선의 효력에 있어서는 당선인결정의 공고일로부터 14일 이내에 소청을 제기할 수 있다.

해설

① 주민이 지방자치단체의 지방행정에 대한 요구나 희망 또는 정치적 의사를 표시하고자 할 때에는 당해 지방의회의원의 소개를 받아 지방의회에 청원서를 제출하여야 한다. ② 주민은 조례 · 규칙의 개폐나 공공시책의 개선 등 지방자치단체의 모든 자치사무에 관하여 지방의회에 청원할 수 있다. ③ 자치행정에 관한 사항이면 모두 가능하되, 다만 재판에 간섭하거나 법규에 위배되는 내용에 대해서는 청원이 허용되지 아니한다. ④ 지방선거 또는 당선의 효력에 이의가 있는 경우, 선거에 관하여는 선거일로부터, 당선에 관하여는 당선인 결정의 공고일로부터 14일 이내에 비례대표시 · 도의원선거는 중앙선거관리위원회에, 지역구시 · 도의원선거 및 자치구 · 시 · 군의원선거에 있어서는 시 · 도선거관리위원회에 소청을 제기할 수 있다. <답 ⑤>

12. 다음 중 지방자치단체의 주민 개개인이 자치권의 객체로서 가지는 지위가 아닌 것은?

① 자치단체의 기관으로서의 지위　② 수익자로서의 지위
③ 의무부담자로서의 지위　④ 피치자로서의 지위
⑤ 구성원적 지위

해설

개개인의 주민은 지방자치단체의 자치권의 객체로서의 주민의 지위를 갖게 되는데, 이를 구성원적 지위라고 한다. 이러한 구성원적 지위에는 (i) 수익자로서의 지위(재산 및 공공시설이용권, 행정서비스향수권 등), (ii) 의무부담자로서의 지위(비용부담권 등), (iii) 피치자로서의 지위 등이 포함되어 있다. ① 자치단체의 기관으로서의 주민의 지위는 주체적 지위이다. <답 ①>

13. 주민이 지방자치단체의 구성원으로서 가지는 권리에 대해 잘못 설명한 것은? <2001 지시>

① 주민은 법령이 정하는 바에 따라 공무를 담당할 수 있다.
② 지방자치단체장은 주민에게 과도한 부담을 주거나 중대한 영향을 미치는 지방자치단체의 주요 결정사항 등에 대하여 주민투표에 붙일 수 있다.
③ 19세 이상의 국민으로서 선거인명부작성기준일 현재 당해 지방자치단체의 관할구역 안에 주민등록이 되어 있는 자는 그 구역에서 선거하는 지

방의회의원의 선거권이 있다.
④ 25세 이상의 국민으로서 당해 지방자치단체의 관할구역 안에 선거일 현재 계속하여 60일 이상 주민등록이 되어 있는 주민은 지방자치단체장의 피선거권이 있다.
⑤ 지방선거에서 선거인인 주민이 선거 또는 당선의 효력에 관하여 이의가 있는 경우에 일정 기간 내에 상급 선거관리위원회에 소청을 제기할 수 있다.

해설

지방자치단체장은 주민투표 발의권을 가지며 주민은 주민투표를 할 수 있는 권리, 즉 주민투표 참여권을 행사한다. ⑤ 지방의회의원선거의 경우 비례대표시 · 도의원선거는 중앙선거관리위원회, 지역구시 · 도의원선거 및 자치구 · 시 · 군의원선거는 시 · 도선거관리위원회에, 자치단체장의 경우 기초자치단체장선거는 시 · 도선거관리위원회, 광역자치단체장선거는 중앙선거관리위원회에 소청을 제기할 수 있다. <답 ⑤>

14. 행정책임을 확보하기 위한 일반적 기준으로 할 수 없는 것은?

① 근무윤리 ② 조직목표 ③ 정치이념
④ 수혜자집단의 요구 ⑤ 관계법령

해설

행정책임의 일반적 기준으로는 (i) 공익, (ii) 근무윤리와 기술성, (iii) 수혜자집단의 요구, (iv) 관계법령, (v) 조직목표 · 정책과 사업계획, (vi) 행정이념 등을 들 수 있다. ③ 정치이념은 일반적인 기준이 될 수 없다. 정치적 논리에 따른 행정의 수행은 자칫 행정의 민주성 · 형평성 · 능률성 등을 저해할 수 있다. <답 ③>

15. 지방행정책임에 관한 다음 설명 중 적절하지 못한 것은?

① 지방행정책임은 주민통제를 통하여 보장된다.
② 직업적 책임은 공무원의 전문적 · 기술적 능력과 밀접한 관련이 있다.
③ 현대행정에서는 외재적 · 정치적 책임성의 중요성이 강조되고 있다.
④ 공무원의 행위는 법적 책임은 없으나 도의적인 책임을 져야 하는 경우가 종종 있다.
⑤ 재량적 책임은 주민의 의사에 얼마나 충실히 대응하였는가와 관련이 있는 고도의 가치적 책임이다.

해설

③ 오늘날에는 행정의 전문화와 재량권의 증대에 따라 종래의 외재적 · 정치적 · 법적 책임으로부터 내재적 · 직업적 · 재량적 책임으로 그 중점이 전환되고 있다. <답 ③>

≪행정책임의 유형≫

유 형	특 징	시 대	대표적 학자
외재적 책임	법적 · 정치적 책임	19세기 입법국가	H. Finer
내재적 책임	재량적 · 직업적 책임	20세기 행정국가	Friedrich

16. 현대행정에서 행정책임이 강조되는 이유와 관련이 없는 것은?

① 행정의 전문화와 재량권의 증대 ② 입법 및 사법통제의 약화
③ 정부주도형의 경제정책 ④ 자원배분권의 독점
⑤ 압력단체의 활동증대

해설

오늘날 행정권의 강화 및 확대 · 전문화는 행정관료의 권한확산을 초래하여 권력남용의 가능성과 권위주의적 형태의 심화, 부정부패, 성실 · 공평성의 결여 등이 우려되고, 이에 따르는 행정의 책임성 문제가 제기되고 있다. ⑤ 압력단체의 활동이 증대된다는 것은 그만큼 주민의 정치의식수준이 강화되어 활발한 주민참여 및 통제가 행해지고 있다는 것을 의미한다. <답 ⑤>

17. 행정책임에 관한 설명으로서 타당성이 없는 것은?

① 행정책임은 행동의 원인에 근거를 둔다.
② 행정책임에는 법적 책임과 재량적 책임이 있다.
③ 행정책임은 개인적 요구보다 공익적 요구에 충실하는 것이다.
④ 행정책임은 재량의 여지가 있는 경우에 제기된다.
⑤ 행정책임은 일정한 행위기준에 따라 행동하여야 할 의무를 말한다.

해설

지방행정은 주민의사에 반해서는 안 되며, 일정한 행위기준에 따라 행동 내지 활동할 의무를 지어야 하는바, 이를 지방행정책임이라고 한다. 이러한 지방행정책임은 행정상의 일정한 의무를 전제로 하여 재량의 여지가 있는 경우에만 발생한다. ① 행정책임은 주로 행동의 결과에 대해서 이루어지는 것이며, 원인만 있고 결과가 없는 경우에는 책임문제가 제기되지 않는다. <답 ①>

18. 세무비리·착복비리·백화점붕괴·대교붕괴 등 대형사고가 터질 때마다 지방자치단체장과 관련 공무원 등이 일련의 책임을 져야 한다는 주장이 제기된다. 자치단체장과 감독공무원 또는 비리공무원 및 관계인 등이 지는 행정책임에 대하여 기술하였다. 틀린 것은?

① 자치단체장은 정치적 책임을 지고 물러나야 한다.
② 비리공무원은 합법적 · 정치적 책임을 진다.
③ 사고관련 관계인은 법적인 책임을 진다.
④ 자치단체장은 도의적 책임을 지고 사퇴해야 한다.

⑤ 감독공무원은 직업적 · 기능적 책임을 진다.

해설

자치단체장은 대외적으로 지방자치단체를 대표하기 때문에 관계행정기관 또는 부하 공무원이 국민의 요구에 충실하게 부응하지 못한 점에 대해서 책임을 인식해야 하는바, 이를 정치적 · 도의적 책임이라고 한다. 반면에 비리공무원 또는 관계인과 이를 감독하였던 공무원은 법적 · 직업적 · 기술적 책임을 진다. <답 ②>

19. 명문의 규정이 없는 경우 행정책임의 기준으로 부적절한 것은?

① 주민의 여망과 기대 ② 행정이념 ③ 공무원의 직업윤리
④ 상급자의 가치관 ⑤ 정책과 사업계획

해설

행정행위의 기준이 법령에 명백하게 규정되어 있을 때에는 그 규정을 행위의 기준으로 삼아야 한다. 다만 법령의 구체적인 절차규정을 준수하는 것만으로는 안 되고 그 절차규정을 두게 된 법령의 목적에 적합하도록 법령의 규정들을 해석 · 적용하여야 할 것이다. 행정기준이 법령에 규정되어 있지 않을 때에는 지방행정인의 재량에 의하여 행동할 수밖에 없는데, 이 경우 재량의 기준으로는 일반적으로 아래와 같은 것들이 적용될 것이다. <답 ④>

≪행정책임의 기준≫

기준이 법령에 규정되어 있을 때	기준이 법령에 규정되어 있지 않을 때
합 법 성 (관계법령)	(ⅰ) 공 익 (ⅱ) 근무윤리 (ⅲ) 수혜자집단의 요구 (ⅳ) 행정이념 (ⅴ) 정책과 사업계획 (ⅵ) 조직목표 (ⅶ) 주민의 여망과 기대 등

20. 다음 중 우리나라의 지방정부에 대한 중앙통제로 옳지 않은 것은?

<2009 서울 7급>

① 감사원은 지방공무원에 대해 직무감찰을 실시할 수 있다.
② 중앙정부는 위법 · 부당한 명령 · 처분의 시정명령 및 취소 · 정지를 할 수 있고, 지방자치단체의 장이 이에 이의가 있을 때에는 행정법원에 소를 제기할 수 있다.
③ 지방자치단체에는 법률이 정하는 바에 의하여 국가공무원을 둘 수 있다.
④ 중앙정부는 지방자치단체가 보조금을 다른 용도로 사용한 경우, 보조금을 반환하게 할 수 있다.
⑤ 지방자치단체 또는 그 장이 위임받아 처리하는 국가사무에 관하여는 주무부장관의 지도 · 감독을 받는다.

해설

위법 · 부당한 명령 · 처분의 시정명령권 및 취소 · 정지권은 1)지방자치단체의 사무에 관한

그 장의 명령이나 처분이 법령에 위반되거나 현저히 부당하여 공익을 해친다고 인정될 때에는 주무부장관이 기간을 정하여 시정을 명하고, 그 기간 내에 이행하지 아니할 때에는 이를 취소하거나 정지할 수 있다. 2) 이 경우 자치사무에 관한 명령이나 처분에서는 법령에 위반하는 것에 한한다. 3) 지방자치단체의 장은 이에 대하여 이의가 있는 때에는 행정법원이 아닌 대법원에 소를 제기할 수 있다. <답 ②>

21. 주민통제와 중앙통제에 대한 설명 중 타당성이 없는 것은?

① 주민통제는 정치적 · 외재적 통제이다.
② 중앙통제는 공식적 · 하향적 통제이다.
③ 주민통제는 수평적 · 상향적 통제이다.
④ 중앙통제는 기능적 · 전문적 통제이다.
⑤ 주민통제는 비공식적 민주통제이다.

해설

주민통제는 (i) 기관위임사무에 대한 중앙부처의 통제나 자체감사 및 지방의회의 통제 등과 같은 내재적 민주통제가 아니라 자치행정조직의 외부에서 행하는 외재적 민주통제이며, (ii) 전문적 · 기능적 통제인 중앙통제와 구별되는 정치적 통제이며, (iii) 중앙정부 및 상급자치단체가 행하는 하향적 · 계층적 통제나 지방의회에 의한 수평적 통제와는 달리 지방자치단체의 구성원인 주민이 행하는 상향적 통제이고, (iv) 공식적인 입법 · 사법통제와는 다른 비공식적 통제의 성격을 갖는다. <답 ③>

≪주민통제와 중앙통제의 비교≫

구 분	주 민 통 제	중 앙 통 제
의 의	지역주민이 지방자치단체의 정책결정과정 및 행정수행과정에 참여하여 행하는 일체의 통제활동	중앙정부가 지방자치단체의 정책결정 및 지방행정수행에 대하여 행하는 일체의 통제활동
특 징	(i) 외재적 민주통제 (ii) 비전문적 · 정치적 통제 (iii) 상향적 통제 (iv) 비공식적 통제	(i) 외재적 · 내재적 민주통제 (ii) 전문적 · 기능적 통제 (iii) 하향적 · 계층적 통제 (iv) 공식적 통제

22. 주민통제를 약화시키는 요인과 가장 관계가 없는 것은?

① 통제권행사의 다원화
② 관료체제의 강화
③ 주민의식의 결여
④ 정치적 무관심
⑤ 행정기능의 전문화 · 복잡화

해설

통제권행사의 다원화란 분권을 의미하는바, 권력집중을 방지하고 실질적인 주민통제를 확립시키는 방안이라 할 수 있다. <답 ①>

23. 주민참여에 관한 설명으로서 적절하지 않은 것은?

① 주민이 정책결정과 제안의 작성에 참여하는 것이다.
② 주민참여의 성격에 비추어 행정통제수단이 되기는 어렵다.
③ 1960년대의 정치적 행동주의를 배경으로 발전하였다.
④ 반상회나 시정간담회에 참석하는 것도 주민참여라 할 수 있다.
⑤ 주민참여의 역점은 시대에 따라 변화하고 있다.

해설 ……………………………………

주민참여란 지방자치단체 또는 그 기관의 정책결정 및 집행과정에 직접·간접적으로 관여하거나 영향을 미치려는 주민들의 일체의 목적적 행동을 의미하는 것으로서 행정통제수단이 될 수 있다. 이러한 주민참여는 현실의 요청에 따라 경험적으로 발전하여 온 것이므로 주민참여의 역점은 시대에 따라 변화하고 있다고 할 수 있다. <답 ②>

24. 주민의 행정참여에 관한 다음 설명 중 타당한 것은?

① 행정참여와 행정통제는 그 본질이 다르다.
② 주민참여는 주민과 공무원 및 정책계획가간의 일시적·일방적 대화과정이다.
③ 직접 행정직을 담당하는 것도 행정참여의 한 방법이다.
④ 실질적인 행정참여를 뒷받침하기 위해서는 공보기능이 더욱 활성화되어야 한다.
⑤ 주민참여의 주체는 지역사회의 엘리트주민이다.

해설 ……………………………………

① 행정참여는 의사결정과정에 관여하거나 영향을 미치는 것으로서 가장 주요한 행정통제수단이다. ② 주민참여는 주민과 공무원 및 정책계획가간의 계속적이고 쌍방적인 대화과정이다. ④ 주민의 행정참여를 촉진하기 위해서는 정부가 국민에게 널리 알려주는 공보·광보기능도 중요하지만 훨씬 더 중요한 것은 정부가 국민의 의견·요망을 성실하게 듣는 공청·광청기능이다. ⑤ 주민참여는 지방자치단체의 정책결정 등에 영향을 미칠 의도로 행하는 주민의 행위로서 그 주체는 지역사회의 비엘리트주민이다. <답 ③>

25. 주민참여에 관한 설명 중 틀린 것은?

① 주민참여는 본래 가치문제에 관계되는 것이다.
② 주민들이 정치적인 투표권을 행사하는 것이다.
③ 주민참여는 현대행정에서 더욱 중요시되고 있다.
④ 주민참여는 지방의회의 기능을 대체한다.
⑤ 빈곤자와 소수집단을 정치·행정과정에 참여시키려는 것이다.

해설 ……………………………………

주민참여는 본질적으로 가치문제에 관련된 것으로서 반드시 정치과정과 정책형성에 한정되어 있지는 않다. 주민은 다양한 참여형태를 통하여 지역사회의 정책이나 계획의 결정 및 집행과정에 영향력을 미치지만, 주민참여가 지방의회의 기능을 대체하는 것은 아니며 단지 그 기능을 보완하는 역할을 담당한다고 할 수 있다. <답 ④>

26. 주민참여와 관련이 없는 것은?

① 정책결정에 있어서 정보의 공개를 요구한다.
② 정책결정의 주체에 대한 재인식에서 비롯되었다.
③ 소비자보호단체의 활동도 일종의 주민참여라 할 수 있다.
④ 대의정치의 구조와 기능상의 모순의 결과로 나타났다.
⑤ 기술가정치(technocracy)를 지향한다.

해설

주민참여는 궁극적으로 행정이 주민의 요망에 잘 부응하고 자의적으로 행해지지 않도록 하면서 주민의 참여능력을 배양하여 주민을 주체적인 자치담당자로서 육성시키려는 데 그 의의가 있다. W. L. Morrow에 따르면 주민참여가 주민의 성숙정도를 발전시키고, 정책의 질을 향상시키며, 개인의 특성을 회복시키는 기능을 한다고 주장한다. 따라서 주민참여는 기술가정치를 지향하기보다는 풀뿌리 민주정치를 지향하는 것으로 볼 수 있다. <답 ⑤>

27. 다음 중 주민참여의 중요성이 강조되는 이유는?

① 광역행정의 필요성 때문이다.
② 주민의 의식수준이 높아졌기 때문이다.
③ 행정급부가 구체적으로 개별화되었기 때문이다.
④ 행정에 대한 주민의 협조를 구하기 위해서이다.
⑤ 행정권한이 분산되었기 때문이다.

해설

지방자치단체나 행정기관은 지역현안에 대한 정책결정과 집행과정에 주민들을 참여시킴으로써 주민으로부터 행정에 대한 이해와 협조를 구할 수 있으며, 행정기관과 대립·마찰시에는 조정·설득을 기대할 수 있는 것이다. <답 ④>

28. 현행 우리나라의 지방자치 하의 주민참여제도에 대한 설명으로 옳지 않은 것은? <2010 지방수탁 7급>

① 일정 요건을 갖춘 주민들에게도 조례 제정·개정·폐지 청구 권한을 인정하고 있다.
② 광역지방의회의 비례대표 의원은 주민소환투표의 대상에서 제외된다.
③ 재외국민은 모두 주민투표권을 갖지만 국내 거주 외국인은 주민투표권이 없다.
④ 수사 또는 재판에 관여하게 되는 사항은 주민감사청구대상이 아니다.

해설

③ 주민투표법에 의해 국내거소 신고가 되어 있는 재외국민뿐만 아니라 대한민국에 계속

거주할 자격을 갖춘 외국인으로서 조례로 정한 사람은 주민투표권이 있다. <답 ③>

29. 우리나라 주민참여제도에 대한 설명으로 옳은 것은?

① 주민투표에 부쳐진 사항은 주민투표권자 총수의 2분의 1 이상의 투표와 유효투표수 과반수의 득표로 확정된다.

② 조례의 제정 및 개폐 청구에 필요한 연서 주민 수는 19세 이상의 주민 중 시 · 도는 500명, 50만 이상의 대도시는 300명, 그 밖의 시 · 군 및 자치구는 200명을 넘지 아니하는 범위에서 해당 지방자치단체의 조례로 정한다.

③ 주민감사청구대상에서 법령에 위반되거나 수사 또는 재판에 관여하게 되는 사항, 개인의 사생활을 침해할 우려가 있는 사항, 다른 기관에서 감사하였거나 감사 중인 사항, 동일한 사항에 대하여 주민소송이 진행 중이거나 그 판결이 확정된 사항은 감사청구대상이 되지 못한다.

④ 주민소환투표대상자는 관할선거관리위원회가 주민소환투표안을 공고한 때부터 주민소환투표 결과를 공표할 때까지 그 권한 행사가 정지된다.

해설

① 주민투표에 부쳐진 사항은 주민투표권자 총수의 3분의 1 이상의 투표와 유효투표수 과반수의 득표로 확정된다. ② 조례의 제정 및 개폐를 청구하기 위하여 필요한 연서 주민 수는 시 · 도와 50만 이상의 대도시에서는 19세 이상의 주민 총수의 100분의 1 이상 70분의 1 이하, 시 · 군 및 자치구에서는 50분의 1 이상 20분의 1 이하의 범위에서 해당 지방자치단체의 조례로 정한다. ③ 지방자치단체의 19세 이상의 주민은 시 · 도는 500명, 50만 이상 대도시는 300명, 그 밖의 시 · 군 및 자치구는 200명을 넘지 아니하는 범위에서 그 지방자치단체의 조례로 정하는 19세 이상의 주민 수 이상의 연서로 시 · 도에서는 주무부장관에게, 시 · 군 및 자치구에서는 시 · 도지사에게 그 지방자치단체와 그 장의 권한에 속하는 사무의 처리가 법령에 위반되거나 공익을 현저히 해한다고 인정되면 감사를 청구할 수 있다. <답 ④>

30. 행정에 대한 주민참여의 필요성에 해당하지 않는 것은?

① 공평성 ② 안정성 ③ 책임성
④ 민주성 ⑤ 대응성

해설

② 주민참여와 안정성은 양면성을 지니고 있다. 건전하고 생산적인 참여는 주민 또는 지역, 나아가 정부 사이의 이해관계와 갈등을 조정 · 해결하여 정치 · 사회적 안정을 추구하지만 한편으로 지나친 고도의 주민참여는 종종 불안정과 불만을 고조시킴으로써 사회 · 정치체제의 안정과 효율 및 권위에 대한 위협이 될 수 있다. <답 ②>

31. 주민참여와 주민관여의 구별기준에 해당하는 것은?

① 참여주민의 범위 ② 참여의 주도역할 ③ 참여과정의 단계

④ 참여분야의 성격 ⑤ 참여주민의 수

✍ 해설

주민참여에 있어서는 주민이 지방자치단체 또는 그 집행기관의 정치 · 행정과정에 자발적 · 적극적으로 참여하여 영향력을 행사하지만, 이와 달리 주민관여에서는 통제된 상태에 있으며, 지방자치단체 또는 그 기관의 일방적인 필요와 요구에 따라 단지 수동적 · 소극적 역할을 담당할 뿐이다. <답 ②>

32. 우리나라의 주민투표제도에 대한 설명으로 거리가 먼 것은 ?

① 지방자치단체의 장은 주민 또는 지방의회의 청구에 의하거나 직권에 의하여 주민투표를 실시할 수 있다.

② 주민투표청구권자는 시 · 도와 인구 50만 이상 대도시에서는 주민투표청구권자 총수의 100분의 1 이상 70분의 1 이하, 시 · 군 및 자치구에서는 주민 총수의 50분의 1 이상 20분의 1 이하의 범위에서 조례로 정하는 수 이상의 서명으로 주민투표의 실시를 청구할 수 있다.

③ 지방의회는 재적의원 과반수 출석과 출석의원 3분의 2 이상의 찬성으로 주민투표의 실시를 청구할 수 있다.

④ 지방자치단체의 장은 직권에 의하여 주민투표를 실시하고자 하는 때에는 그 지방의회 재적의원 과반수의 출석과 출석의원 과반수의 동의를 얻어야 한다.

✍ 해설

시 · 도와 인구 50만 이상 대도시에서는 19세 이상 주민 총수의 100분의 1 이상 70분의 1 이하, 시 · 군 및 자치구에서는 19세 이상 주민 총수의 50분의 1 이상 20분의 1 이하의 범위에서 지방자치단체의 조례로 정하는 19세 이상의 주민 수 이상의 연서로 해당 지방자치단체의 장에게 조례를 제정하거나 폐지할 것을 청구할 수 있다. 주민투표청구권자는 주민투표청구권자 총수의 20분의 1 이상 5분의 1 이하의 범위에서 조례로 정하는 수 이상의 서명으로 주민투표의 실시를 청구할 수 있다. <답 ②>

33. 우리나라 주민참여제도의 법제화 순서로 옳은 것은? <2011 국가 9급>

① 조례제정 · 개폐청구제도 → 주민투표제도 → 주민소송제도 → 주민소환제도

② 주민투표제도 → 주민감사청구제도 → 주민소송제도 → 주민소환제도

③ 주민소송제도 → 주민투표제도 → 주민감사청구제도 → 주민소환제도

④ 주민감사청구제도 → 주민소송제도 → 주민투표제도 → 조례제정 · 개폐청구제도

✍ 해설

① 우리나라의 직접민주주의적 주민참여제도는 주민조례 제정 · 개폐청구제도(1999.7), 주민감사청구제도(1999.7), 주민투표제도(2004.1), 주민소송제도(2006.1), 주민소환제도(2007.5) 순으로 입법화되었다. <답 ①>

≪주민참여제도≫

<table>
<tr><th>구 분</th><th colspan="3">청구권자</th><th colspan="2">대상(실시권자)</th><th>확정 및 기타</th></tr>
<tr><td>국민감사청구</td><td colspan="3">국민 300명 이상</td><td colspan="2">감사원, 일부 감사원장</td><td></td></tr>
<tr><td>국민투표</td><td colspan="6">외교 · 국방 · 통일, 기타 국가안위에 관한 중요정책과 헌법개정안에 대한 국민투표</td></tr>
<tr><td rowspan="4">주민투표
(2004.7 시행)</td><td colspan="3">중앙행정기관의 장 요청</td><td colspan="2" rowspan="4">지방자치단체장</td><td rowspan="4">· 확정: 1/3 이상 투표, 과반수 득표
· 무효투표구 재투표: 20일 이내</td></tr>
<tr><td colspan="3">주민 1/20~1/5 범위 내에서 조례</td></tr>
<tr><td colspan="3">지방의회(과반수, 2/3 이상)</td></tr>
<tr><td colspan="3">자치단체장의 직권
(의회 동의 필요)</td></tr>
<tr><td rowspan="2">주민 조례 제정 · 개폐청구
(1999.8 시행)</td><td>광역, 50만 이상</td><td>1/100~1/70</td><td rowspan="2">조례</td><td colspan="2" rowspan="2">지방자치단체장</td><td rowspan="2"></td></tr>
<tr><td>기 초</td><td>1/50~1/20</td></tr>
<tr><td rowspan="3">주민감사청구
(1999.8 시행)</td><td>광 역</td><td>500명 범위 내</td><td rowspan="3">조례</td><td rowspan="2">광역</td><td rowspan="2">주무부 장관</td><td rowspan="3"></td></tr>
<tr><td>50만 이상</td><td>300명 범위 내</td></tr>
<tr><td>기 초</td><td>200명 범위 내</td><td>기초</td><td>시 · 도지사</td></tr>
<tr><td>주민소송
(2006.1 시행)</td><td colspan="3">주민감사청구 결과에 불복이 있는 자</td><td colspan="2">지방자치단체장</td><td></td></tr>
<tr><td rowspan="3">주민소환
(2007. 5 시행)</td><td>광역 단체장</td><td colspan="2">10/100 이상</td><td colspan="2" rowspan="3">관할 선거관리위원회</td><td rowspan="3">· 공고한 시점에 권한행사 정지
· 확정: 1/3 이상 투표, 과반수 득표
· 공표한 시점에 직상실</td></tr>
<tr><td>기초 단체장</td><td colspan="2">15/100 이상</td></tr>
<tr><td>지방 의원 (비례 대표 제외)</td><td colspan="2">20/100 이상</td></tr>
</table>

34. 우리나라 주민투표제도에 대한 설명 중 틀리는 것은 ?

① '국가정책에 관한 주민투표'에 부쳐진 사항은 주민투표권자 총수의 3분의 1 이상의 투표와 유효투표수 과반수의 득표가 되어야만 확정된다.
② 동일한 사항에 대하여 주민투표가 실시된 후 2년이 경과되지 않은 사항은 주민투표에 부칠 수 없다.
③ 주민은 주민투표청구권자 총수의 20분의 1 이상 5분의 1 이하의 범위 안에서 조례로 정하는 수 이상의 서명으로 주민투표의 실시를 청구할 수 있다.
④ 지방자치단체의 장은 직권에 의하여 주민투표를 실시하고자 하는 때에는 그 지방의회 재적의원 과반수의 출석과 출석의원 과반수의 동의를 얻어야 한다.

해설

일반적으로 주민투표에 부쳐진 사항은 주민투표권자 총수의 3분의 1 이상의 투표와 유효투표수 과반수의 득표로 확정된다. 그러나 국가정책에 관한 주민투표에 대해서는 이 규정이 적용되지 않는다. 이는 국가가 주민투표의 결과에 구속되지 않는다는 것을 의미한다. 또한 국가정책에 관한 주민투표에 대해서는 주민투표소송과 관련된 규정이나 재투표 및 투표 연기에 관한 규정은 적용되지 않는다. <답 ①>

35. 우리나라의 주민투표제도에 대한 설명으로 타당하지 않은 것은 ?

① 행정기구의 설치 · 변경에 관한 사항과 공무원의 인사 · 정원 등 신분과 보수에 관한 사항은 지방자치단체의 조례로 정하는 사항으로서, 주민투표에 부칠 수 있다.
② 지방자치단체의 장은 중앙행정기관의 장으로부터 주민투표의 실시를 요구받은 때에는 지체없이 이를 공표하여야 하며, 공표일 부터 30일 이내에 그 지방의회의 의견을 들어야 한다.
③ 주민투표청구권자는 주민투표청구권자 총수의 20분의 1 이상 5분의 1 이하의 범위에서 조례로 정하는 수 이상의 서명으로 주민투표의 실시를 청구할 수 있다.
④ 지방자치단체의 장 및 지방의회는 주민투표 결과 확정된 사항에 대하여 2년 이내에는 이를 변경하거나 새로운 결정을 할 수 없다.

해설

주민에게 과도한 부담을 주거나 중대한 영향을 미치는 지방자치단체의 주요 결정사항으로서 그 지방자치단체의 조례로 정하는 사항은 주민투표에 부칠 수 있다. 그러나 행정기구의 설치 · 변경에 관한 사항과 공무원의 인사 · 정원 등 신분과 보수에 관한 사항, 법령에 위반되거나 재판 중인 사항, 국가 또는 다른 지방자치단체의 권한 또는 사무에 속하는 사항 등은 제외한다. <답 ①>

36. 우리나라 주민소송제도에 대한 설명으로 올바르지 못한 것은 ?

① 주민소송을 지방자치단체의 재무회계 행위에 한정하여 특별히 인정하는 이유는 지방자치단체의 재산은 원래 주민의 세금에 의해 형성된 것이고, 주민으로부터 신탁을 받은 재산이라는 이념에서 비롯된 것이라고 볼 수 있다.

② 지방자치단체의 장은 손해배상 청구나 부당이득 반환청구를 명하는 판결이 확정되면 그 판결이 확정된 날부터 60일 이내를 기한으로 하여 당사자에게 그 판결에 따라 결정된 손해배상금이나 부당이득 반환금의 지불을 청구하여야 한다.

③ 소송을 제기한 주민은 승소한 경우 그 지방자치단체에 대하여 변호사 보수 등의 소송비용, 감사청구 절차의 진행 등을 위하여 사용된 여비, 그 밖에 실제로 든 비용을 보상할 것을 청구할 수 있다.

④ 주민감사청구는 지역주민이라면 누구나 소송을 제기할 수 있으며, 주민감사 청구의 의무적 전치주의는 적용되지 않는다.

해설

주민소송이란 주민이 지방자치단체의 재무회계 행위가 적정하게 운영되도록 하기 위해서 해당 지방자치단체에 의한 위법한 재무회계 행위 또는 게을리한 행위에 대해 이를 방지 또는 시정하거나 그 손해의 회복을 위하여 제기하는 소송을 말한다. 주민소송의 절차로는 주민감사 청구를 한 주민에 한하여 주민소송을 제기할 수 있도록 하였다(주민감사청구 전치주의). <답 ④>

37. 주민참여의 순기능으로 볼 수 없는 것은?

① 소수인의 이익과 권리를 다수의 지배로부터 옹호하는 기능을 한다.

② 주민의식의 성숙과 사회적 · 정치적 능력의 향상을 가져온다.

③ 지역적 특성을 정책결정에 반영하게 한다.

④ 대의민주제의 기능적 결함을 보완한다.

⑤ 정책결정 · 집행에 있어서 시간 · 비용을 절감할 수 있다.

해설

⑤ 주민참여는 행정결정에 대하여 주민의 다양한 의견을 듣기 때문에 당연히 결정이 신속히 이루어지지 않고 장기화될 뿐 아니라 효율적인 주민참여를 위해서도 시간 · 예산 · 인력 등을 많이 소요하게 된다. 즉 상당한 양의 행정정보를 주민에게 제공하고, 복잡한 행정문제를 주민이 쉽게 이해하도록 설명하며, 주민의견을 객관적으로 집약하여 정책에 반영시키기 위해서는 막대한 양의 노력과 시간 · 비용이 들게 된다. <답 ⑤>

38. 주민참여가 필요하게 된 근거로서 타당하지 않은 것은?

① 대의민주제의 한계 극복　② 주민상호간의 이해 · 이견 조정

③ 행정권력의 집중화 방지　④ 정책의 전문적 · 종합적 대치

⑤ 사법통제의 불완전성 보완

해설

현대행정의 전문화·복잡화로 인하여 입법·사법통제가 약화된 반면, 상대적으로 위임입법의 증가 등 행정권이 강화됨에 따라 행정의 민주적 통제가 곤란하게 되어 지방행정에 대한 주민의 직접적인 참여의 필요성이 증가하게 되었다. ①②③⑤ 외에도 (i) 인간의 소외감극복 및 주체성회복, (ii) 법치행정의 실현, (iii) 직업관료제도의 폐단시정, (iv) 주민의식·가치체계의 변화 및 공동체정신의 함양 등을 들 수 있다. ④ 주민참여의 주체인 일반시민은 행정에 대한 전문적인 지식과 경험을 지니고 있지 않을 뿐만 아니라 눈앞의 이익에만 얽매이는 경향을 보여 복잡하고 전문적인 정책문제나 전체적·종합적·장래적인 문제에 대처하는 능력이 부족하다. <답 ④>

39. 다음 중 주민의 행정참여가 대두된 배경으로 보기 어려운 것은?

① 행정의 전문화·기술화의 필요성 증대
② 인간소외에 대한 강한 반발
③ 행정재량권의 증대에 따른 민주적 통제의 필요성
④ 지역생활환경의 파괴에 대한 반대운동
⑤ 관료사회의 무사안일주의·비밀주의 등에 대한 저항

해설

주민의 행정참여는 행정이 전문화·복잡화됨으로써 행정의 자유재량권이 증대하자 이에 대한 민주적 통제를 강화하기 위해 그 중요성이 부각된 것이기 때문에 행정의 전문화·기술화의 필요성이 증대되면 주민의 행정통제와 주민참여는 어려워진다. <답 ①>

40. 주민참여의 필요성을 강조하는 입장으로 옳지 않은 것은? <2002 지시>

① 행정국가화 현상에 따라 관료에 대한 통제가 필요하다.
② 현대 직접민주주의의 한계에서 비롯된다.
③ 주민들 개개인의 공동체적 소속감을 강화시킬 수 있다.
④ 정책결정의 민주성을 제고시킬 수 있다.
⑤ 정책집행의 순응을 확보할 수 있다.

해설

지방자치단체의 기관구성과 의사결정과정에 민주적인 정당성을 부여함은 물론 대의민주주의의 형식적인 정당성에 내재하는 실질적인 적합성의 결함을 보완하기 위하여 주민참여는 필요하다. <답 ②>

41. 주민의 행정참여가 안고 있는 한계로 보기 어려운 것은?

① 부정적 입장만을 취한다. ② 전문성이 저하된다.
③ 이해관계의 조정이 어렵다. ④ 구속력이 약하다.
⑤ 행정에 영향력을 미친다는 보장이 없다.

✍ 해설 ……………………………………

주민의 행정참여가 지방자치단체나 그 집행기관의 정책 및 사업계획에 항상 부정적 입장만을 취하는 것은 아니다. 오히려 지역발전을 위해서 공공시설의 입지 및 기업의 유치에 적극적으로 참여하고 행정기관의 정책과 사업에 지지를 보냄은 물론 행정기관과의 대화를 통하여 그들의 고충과 어려움을 이해함으로써 정책집행의 순응성을 제고한다. <답 ①>

42. 시민참여가 주장되는 근거로 보기 어려운 것은? <2004 국가 7급>

① 정치에 대한 불신 증대
② 소외계층의 정치행정과정에의 참여 요구 증대
③ 정책의 복잡성 · 전문성 증대
④ 정책결정과 민의의 불일치

✍ 해설 ……………………………………

시민참여는 1960년대 대의민주제의 기능 저하를 시정하고 이를 보완하기 위해 강조된 것이다. 시민참여는 정치에 대한 불신이 증대하고 대의민주제하에서 정치(정책)와 민의의 불일치 문제가 부각되면서 이를 해소하기 위해 제기된 것이다. 이외에 시민참여는 정치권력 균등화를 원하는 소외계층의 요구에서 나온 것이라고 할 수 있다. 그리고 시민참여는 정책결정과정에의 참여뿐만 아니라 집행과정에의 참여도 포함된다(유훈, 행정학원론, 964). 정책의 복잡성과 전문성의 증대는 상대적으로 전문성이 부족한 시민들의 정책과정에의 참여를 저해하는 요인이 된다. 그리고 시민참여는 행정의 전문성을 저해한다는 비판을 받는다. <답 ③>

43. 주민참여의 필요성에 관한 설명이 잘못된 것은?

① 공익실현을 위하여 관료에 의한 정책수립과 집행에 동조할 필요가 있다.
② 주민지향적인 정부의 사업계획을 수립 · 추진하기 위해서이다.
③ 행정기능의 질적 변화는 입법부와 사법부에 의한 행정통제를 약화시켰다.
④ 전통적인 선거방식으로는 주민이 정책변동을 유도하기가 어렵게 되었다.
⑤ 행정의 민주성과 책임성을 확보하기 위해서이다.

✍ 해설 ……………………………………

중앙집권적 관료체제하에서 행정기관이 일방적으로 정책을 결정하고 주민으로 하여금 그 집행에 협력하도록 강요하는 수동적 의미의 주민참여와는 달리 민주행정에 있어서의 주민참여는 맹종이나 추종 · 포섭이 아닌 자율적 · 적극적 참여를 의미한다. <답 ①>

44. 주민이 지방자치단체에 의해 통제되고 정치 · 행정과정에 수동적 · 소극적으로 참여하여 일명 '주민흡수'라고 명명되는 방식은?

① 행정참여 ② 주민관여 ③ 주민운동
④ 주민참여 ⑤ 주민행동

✍ 해설 ……………………………………

①③⑤는 주민참여(citizen participation)의 방식으로서 주민이 지방자치단체의 정책결정 ·

집행과정에 직접 · 간접으로 영향력을 행사하는 것이다. ② 주민관여(citizen involvement)는 주민참여와 달리 지방자치단체의 일방적인 요구와 필요에 따라 주민이 정치 · 행정과정에 수동적 · 소극적으로 협력하는 것이다. 이러한 주민관여를 '주민포섭' 또는 '주민흡수'라고도 한다. <답 ②>

45. J. Bellush와 M. Haushnecht가 제시한 주민참여의 변수가 아닌 것은?

① 참여태도 ② 리더십 ③ 경험과 교육정도
④ 기관구성형태 ⑤ 쟁점과 해결방안에 대한 인식

해설

L. J. Carey는 주민측의 변수에 착안하여 (i) 기초지식과 배경, (ii) 결정능력, (iii) 행동력 등 세 가지 변수를, J. Bellush와 M. Haushnecht는 (i) 조직응집력, (ii) 참여태도, (iii) 리더십, (iv) 쟁점과 해결방안에 대한 인식, (v) 경험과 교육정도 등 다섯 가지 변수를 제시하고 있다. ④ 기관구성형태란 민주성(대응성)과 능률성(효과성)의 적절한 결합을 찾기 위한 집행기관과 의결기관의 조직양태로서 그 나라의 정치적 전통과 행정여건에 따라 다양하게 발전하고 있다. 따라서 단순히 기관구성형태가 주민참여수준을 결정하는 데 영향을 미치는 변수라고 말하기는 어렵다. <답 ④>

46. 다음 중 주민참여의 행정적 기능으로 적당한 것은?

① 민주주의의 유지 · 발전 ② 주민교육기능 ③ 행정개혁의 추진
④ 일반대중의 참여 ⑤ 주민 상호간의 이해조정 및 분쟁해결

해설

①②③④는 주민참여의 기능 중 정치적 기능에 해당한다. <답 ⑤>

≪주민참여의 행정적 기능≫

(i) 행정서비스의 개선	(ii) 행정에 대한 이해와 협력의 확보
(iii) 정책집행의 순응성 제고	(iv) 정보의 전달 및 수집기능
(v) 정책결정에의 관여기능	(vi) 주민 상호간의 이해조정 및 분쟁해결

47. 주민참여의 유형 중 제도화된 참여방법끼리 연결된 것은?

① 운동 — 교섭 ② 운동 — 자주관리 ③ 교섭 — 자주관리
④ 교섭 — 기관참여 ⑤ 기관참여 — 자주관리

해설

주민참여는 제도화 여부를 기준으로 하여 비제도적 방법인 (i) 운동, (ii) 교섭과 제도적 방법인, (iii) 기관참여, (iv) 자주관리 등의 네 가지 기본형으로 나눌 수 있다. 비제도적 방법인 운동과 교섭의 차이는 당사자간의 이원적인 대립관계의 성립 유무와 교섭권의 제도적 보장유무에 의하여 구별될 수 있는바, 교섭은 제도화의 계기를 가지고 있다. 제도적 방법으로서 기관참여는 기관의사의 형성에 주민대표가 직접 참여하고 그 책임을 공동으로 분담하는 것이지만, 자주관리는 일정한 범위의 권한과 책임을 완전히 주민의 대표기관이 맡아서 자주적으로 운영하는 것이다. <답 ⑤>

48. 다음 중 주민참여의 변수로 보기 어려운 것은?

① 공무원의 가치관 ② 지역주민 ③ 지방행정의 환경
④ 지방행정구조와 기능 ⑤ 지방의회

해설

주민의 참여수준을 결정하는 데 영향을 미치는 변수로는 대체로 공무원, 지방행정구조와 기능, 주민, 환경 등의 네 가지를 들 수 있다. <답 ⑤>

≪주민참여의 변수≫

공 무 원	(i) 공무원의 주민참여에 대한 인지와 필요성의 인식정도, (ii) 성취지향도, (iii) 가치관 및 성격, (iv) 사기, (v) 교육수준, (vi) 리더십 및 조직화능력 등
지방행정구조와 기 능	(i) 지방행정의 공개정도, (ii) 참여자의 범위, (iii) 참여경로, (iv) 참여가능한 행정과정과 분야, (v) 계획과 정책의 난이도, (vi) 조직 내의 행정풍토 등
주 민	(i) 지식수준 · 이해력 · 능력, 의식수준 · 자치의식 · 가치관, (ii) 관심과 태도, (iii) 주민의 조직력, (iv) 리더십 · 영향력, (v) 상황인지의 정도, (vi) 주민조직의 특성 등
지방행정의 환경	(i) 중앙정부로부터의 자주성, (ii) 지역개발의 정도, (iii) 행정분화, (iv) 민주주의의 이념, (v) 매스컴의 발달정도 등

49. 다음 중 비제도적 참여형태에 해당하는 것은?

① 합법적인 집회 ② 주민청원 ③ 민 원
④ 주민운동 ⑤ 반상회

해설

주민참여는 그것이 체계화되고 정형화되었는가에 따라 제도적 참여와 비제도적 참여로 나눌 수 있다. <답 ④>

제도적 참여	의 의	국가 또는 지방자치단체의 명문화된 법규에 의해 참여가 공식적으로 보장되어 있는 것
	형 태	각종의 자문위원회, 공청회, 심의회, 주민청원, 민원, 합법적인 시위 및 집회, 주민투표, 주민소환, 주민발의 등
비제도적 참여	의 의	주민이 비공식적으로 행정기관과의 직 · 간접적 접촉을 통하여 참여의 실질적인 효과를 달성해 가는 방법
	형 태	법으로 금지하고 있는 비폭력 집단시위나 주민운동, 주민불복종, 교섭 등

50. 직접적 주민참여와 간접적 주민참여에 관한 설명으로서 잘못된 것은?

① 간접참여는 각종 위원회나 대의기구 등을 활용한다.
② 직접참여는 소규모의 자치단체에서 효과적이다.
③ 간접참여는 사안이 전문성을 요하는 경우에 이루어진다.
④ 간접참여는 이해관계가 첨예하게 대립되는 경우에 잘 이루어진다.
⑤ 직접참여는 개인적 또는 집단적으로 이루어질 수 있다.

해설

직접참여는 주민이 직접 정치·행정에 참여하여 의사를 개진하는 것이다. 지역의 공간적 범위가 협소하고 주민의 수가 제한되어 있는 소규모의 마을에 효과적이다. 반면에 간접참여는 지역의 단위가 크고 주민의 수가 많아서 직접참여가 불가능할 경우에 주민이 각종 위원회나 대의기구 등을 활용하여 의사를 반영하는 방법이다. ④ 이해관계가 첨예하게 대립하는 경우에는 이해관계 당사자들이 직접 협상을 통해 해결하는 직접참여가 효과적이다.
<답 ④>

51. 참여주도성을 기준으로 분류한 Stuart Langton의 참여유형에 속하지 않는 것은?

① 주민행동 ② 정치적 참여 ③ 선거참여
④ 의무적 참여 ⑤ 주민관여

해설

랭튼(Stuart Langton)은 주민참여가 주민과 지방자치단체 중 어느 쪽에 의해 주도되고 통제되는가에 따라 주민주도형과 행정주도형의 주민참여로 대별하고 이를 다시 네 가지로 유형화하였다. <답 ②>

≪Stuart Langton의 참여유형≫

<table>
<tr><td rowspan="2">주민주도형</td><td>주민행동
(citizen action)</td><td>(i) 지방정부결정과 유권자의 결정에 영향을 미치고자 주민에 의해 주도되고 통제되는 방식
(ii) 여러 형태의 주민운동</td></tr>
<tr><td>주민관여
(citizen involvement)</td><td>(i) 일정한 행정목적을 달성하기 위하여 지방자치단체에 의해 주도되고 통제되는 방식
(ii) 공청회, 자문위원회, 여론조사 등의 주민참여</td></tr>
<tr><td rowspan="2">행정주도형</td><td>선거참여
(electoral participation)</td><td>(i) 지방자치단체에 의해 주민참여행동이 주도되지만 주민이 선거를 통하여 자치행정을 통제하는 방식
(ii) 대표의 선거와 주민투표</td></tr>
<tr><td>의무적 참여
(obligatory participation)</td><td>(i) 법률에 의해 참여가 강제되고 있는 방식
(ii) 납세, 배심, 종군의 의무 등</td></tr>
</table>

52. 주민참여에 관한 설명으로 적절하지 않은 것은?

① 주민운동이 활발해지고 이해관계 당사자의 참여가 확대되고 있다.
② 현실적으로 주민참여와 주민관여는 엄격하게 구별하기가 어렵다.
③ 고객참여 및 지역민주주의와 관련이 있다.
④ 참여자의 실질적인 권리가 확대되고 있다.
⑤ 현대행정에서는 행정적 참여보다 정치적 참여에 중점이 두어지고 있다.

해설

오늘날 여러 나라에서 분출되고 있는 주민참여는 간접적인 대의정치 내지 정당정치에 대한 불신을 바탕으로 하여 주민생활에 직결되는 문제해결에 직접 영향을 미치려는 경향이 강하다. <답 ⑤>

53. 주민의 합의와 참여를 근거로 예산을 수립하는 '주민참여예산제도'에 대한 설명으로 옳지 않은 것은? <2010 국가직 7급>

① 공공부문에서 예산운영의 효율성과 지출가치의 극대화보다는 예산주권의 극대화나 시민욕구의 반영을 중요시하는 제도이다.
② 보수주의적 예산을 탈피하기 위하여 경직성경비를 삭감하고 최고관리층의 중앙집권적 통제에 의해 성과주의 예산과 목표기준예산을 활용한다.
③ 주민참여예산제도는 실질적 참여가 이루어지는 것을 전제로 하기 때문에 Arnstein의 주민권력단계에 속한다고 할 수 있다.
④ 관료중심의 예산운영으로 인한 전통적 비효율성과 지방자치 단체장의 인기성, 선심성 예산운영으로 인한 비효율성을 극복하려는 사전적 주민통제방안이라고 할 수 있다.

해설

②는 주민참여예산제도가 아니라 최근 강조되고 있는 신성과주의예산과 연관되며, 엄밀하게는 1980년대 레이건 정부에서 도입했던 정치관리형예산(BPM)을 의미하는 것이다. 하향적 예산제도인 정치관리형 예산제도는 예산 삭감을 강조하며, 성과주의 예산과 목표기준 예산을 활용한다. <답 ②>

≪재정운용의 국민 참여와 통제장치≫

	소극적	적극적
사전적	재정정보공개제도(예산편성안, 예산 공개)	주민참여예산제도
사후적	재정정보공개제도(결산정보 공개), 예산감시운동	주민(납세자)소송제도, 주민감사청구제도

54. S. R. Arnstein의 이른바 주민참여의 8단계 중 주민권력의 단계에 포함되는 것은?

① 유화(placation) ② 상담(consultation) ③ 조작(manipulation)

④ 치료(therapy) ⑤ 권한위임(delegated power)

✍ 해설

주민권력의 단계에는 협력관계, 권한위임, 주민통제가 포함된다. (i) 비참여의 단계(nonparticipation): 1단계의 조작과 2단계의 치료는 그 본래의 목적이 주민을 참여시키는데 그 본래의 목적이 있는 것이 아니라 단지 지방자치단체가 참여자를 교육시키거나 치료하는 데 있다. (ii) 명목적 참여의 단계(tokenism): 3단계의 정보제공과 4단계의 상담 및 5단계의 유화에서 주민은 정보를 제공받아 권고·조언하고 공청회·심의회나 각종 위원회에 참여하여 정책과 관련한 의견을 제시할 수 있지만 지방자치단체가 이에 대한 판단결정권을 유보하고 있기 때문에 명목적 참여의 범주에 있게 된다. (iii) 주민권력의 단계(citizen power): 마지막 3개 단계인 협력관계, 권한위임, 주민통제에 이르면 기존의 권력체계는 주민과 지방자치단체간에 재분배되며, 일정한 권한과 책임이 주민에게 맡겨져 주민이 정책결정에 있어서 주도권을 획득하는 주민권력의 상태에 있게 된다. <답 ⑤>

55. 주민참여를 주민권력, 형식적 참여, 비참여 등 3단계로 나누는 경우 비참여의 단계에 해당하는 것은?

① 회 유 ② 치 료 ③ 협력관계
④ 권한위임 ⑤ 상 담

✍ 해설

비참여단계에는 조작과 치료가 속한다. (i) 조작(manipulation): 행정과 주민이 상호관계를 갖는다는 사실 자체에 대해서만 의의를 두고 참여의 형식을 흉내내는 데 그치는 단계로서 관리들이 일방적으로 주민을 교육·설득·계도하거나 지시·전달을 할 뿐이고 주민은 단지 수동적으로 응하는 것에 만족하는 수준이다. (ii) 치료(therapy): 행정당국이 주민의 무력감을 치료하거나 책임회피를 위하여 행하는 조치로서 청소운동의 전개 등과 같이 행정의 일반적 지도에 끝나는 단계이다. <답 ②>

56. 아른슈타인(S. R. Arnstein)이 분류한 주민참여수준에 대한 설명으로 옳지 않은 것은? <2011 국가 7급>

① 회유(placation)는 주민이 정보를 제공받고, 각종 위원회 등에서 의견을 제시, 권고하는 등의 역할은 하지만, 주민이 정책결정에 영향력을 행사하는 능력은 갖지 못하는 수준이다.
② 정보제공(informing)은 행정기관과 주민간의 정보회로가 쌍방향적이어서 환류를 통한 협상과 타협에 연결되는 수준이다.
③ 대등협력(partnership)은 행정기관이 최종결정권을 가지고 있지만 주민이 필요하다고 판단될 경우 행정기관에 맞서서 자신의 주장을 내세울 만큼의 영향력을 갖고 있는 수준이다.
④ 권한위임(delegated power)은 주민이 정책의 결정·실시에 우월한 권력을 가지고 참여하는 경우로 주민의 영향력이 강하여 행정기관은 문제해결을 위하여 주민을 협상으로 유도 하는 수준이다.

✍ **해설**

S. R. Arnstein(1969)이 분류한 행정참여 발달 8단계 조작, 치료, 정보제공, 상담, 회유, 협력관계, 권한위임, 주민통제 중에서 '정보제공단계'에서는 매스컴, 포스터, 문의, 소책자 발간 등의 수단을 통해 행정이 주민에게 일방적으로 정보를 제공해주는 정도의 단계일 뿐 환류는 잘 일어나지 않는다. <답 ②>

≪아른슈타인(Arnstein)의 시민(주민)참여 발달단계≫

1단계 (하위단계)	① 조작(manipulation)	주민에 대한 일방적 설득이나 지시	실질적 비참여
	② 치유(theraphy)	주민요구 분출(치료) 수단	
2단계 (중간단계)	③ 정보제공(informing)	일방적 홍보(매스컴 등이 수단)	상징적 참여
	④ 상담(consultation)	공청회 등으로 정보제공 및 참여 유도	
	⑤ 회유(유화: placation)	주민의 영향력 약간, 채택 여부는 행정청이 결정	
3단계 (상위단계)	⑥ 동업자관계 (partnership)	주민이 지방의회에 맞서 협상 유도, 최종결정은 지방정부가 함	실질적 참여
	⑦ 주민권력위임 (delegated power)	주민이 우월한 입장, 행정청이 협상 유도	
	⑧ 시민통제 (citizen control)	시민이 위원회 지배, 주민에 의한 완전자치	

57. 주민참여의 대상으로서 가장 부적절한 것은?

① 도시재개발사업 ② 지역사회개발 ③ 도시계획사업
④ 행정기관의 조직관리 ⑤ 자치단체의 기본구상 및 장기계획

✍ **해설**

주민참여의 대상이 되는 것은 주민이익과 직결되는 사업 등이며 행정 전반을 그 대상으로 하는 것은 아니다. 현행 지방자치법도 주민의 조례제정 · 개폐청구의 대상에서 행정기구의 설치 · 변경에 관한 사항은 제외시키고 있다(지방자치법 제15조의2). ①②③⑤ 외에 특수한 프로젝트, 주민복지사업 등이 있다. <답 ④>

58. 다음 중 의도적 참여의 내용과 거리가 먼 것은?

① 참여자들은 인간으로 인식된다.
② 참여활동은 목적을 달성하기 위한 수단이다.
③ 자유에 대한 일정한 제약이 있다.
④ 관습과 의식은 규칙 또는 법령에 공식화되어 있다.
⑤ 의식적이고 전문화된 참여이다.

✍ **해설**

A. Meister는 주민참여를 의도성 여부에 따라 자생적 참여와 의도적 참여로 구분하고 있

다. ① 참여자를 인간으로 인식하는 것은 자생적 참여에서이며, 의도적 참여에서는 직위에 부여된 역할에 따라 참여자를 인식한다. 자생적 참여의 예로는 혈연집단, 학연집단, 자연집단, 교우집단 등이 있으며 의도적 참여의 예로는 위원회, 공청회, 반상회 등을 들 수 있다. <답 ①>

≪자생적 참여와 의도적 참여≫

자생적 참여	의도적 참여
구조화 · 조직화되지 않은 소규모 집단	다소 구조화 · 조직화된 더 중요한 규모의 집단
은연중의 참여	의식적인 참여
비전문화된 참여	전문화된 참여
참여활동 그 자체가 목적	참여는 목적실현을 위한 수단
참여자를 인간으로 인식	직위에 부여된 역할에 따라 참여자 인식
자기통제의 미약	참여자의 자기통제
제약없는 자유	자유에 대한 일정한 제약
공식화되지 않은 관습 · 의식이 참여자의 행동을 지배	관습과 의식은 규칙 또는 법령에 공식화
일정한 지도자가 없음	권한위임에 의한 지도자 존재

59. 다음 중 공식적 참여로 볼 수 없는 것은?

① 주민의 의견제시
② 지방선거에의 참여
③ 법령규정에 의한 참여
④ 공직의 담당
⑤ 각종 위원회의 위원직수행

해설

주민참여는 참여주체를 기준으로 개별적 참여와 집단적 참여로, 공식성 여부에 따라 공식적 참여와 비공식적 참여로 나누어진다. <답 ①>

구 분	공식적 참여	비공식적 참여
개별적 참여	법령규정에 의한 참여, 공직의 담당, 각종 위원회의 위원	주민의 의견제시
집단적 참여	지방선거, 주민투표, 주민발안, 주민소환, 주민소청	집단시위

60. 현행 우리나라의 주민소환제도에 대한 설명으로 옳지 않은 것은?

<2010 지방수탁 7급>

① 선출직 지방공직자의 임기개시일부터 1년이 경과하지 아니한 때 그를 대상으로 한 주민소환투표 실시를 청구할 수 없다.

② 주민소환은 주민소환투표권자 총수의 과반수 투표와 유효투표 총수의 과반수 찬성으로 확정된다.
③ 전체 주민소환투표자의 수가 주민소환투표권자 총수의 3분의 1에 미달하는 때에는 개표하지 아니한다.
④ 주민소환이 확정되어 그 결과가 공표된 시점부터 주민소환투표 대상자는 그 직을 상실한다.

해설

② 주민소환투표권자 총수의 3분의 1 이상의 투표가 이루어져야 한다. 미달될 경우 주민투표의 경우와 마찬가지로 개표를 하지 아니한다. <답 ②>

61. 지방자치단체장 · 지방의원의 직권남용 · 직무유기 등 위법 · 부당행위뿐만 아니라 정책적 실수나 다른 정치적 이유로도 주민이 소환투표를 청구할 수 있는 지방자치에서의 주민참여 방식은? <2009 서울 9급>

① 주민청원 ② 주민총회 ③ 주민발의
④ 주민투표 ⑤ 주민소환

해설

⑤ 문제의 설문은 주민소환에 대한 설명이다. <답 ⑤>

62. 우리나라의 주민소환제도에 관한 설명으로 옳지 않은 것은?

① 주민소환의 방식은 해당 관할구역의 주민들이 자율적으로 정한다. <2008 국가 7급>
② 지방자치에 관한 주민의 직접참여를 확대하고 지방행정의 민주성과 책임성을 제고함을 목적으로 한다.
③ 2007년에 경기도 하남시에서 주민소환투표가 최초로 실시되었다.
④ 주민소환의 대상자는 지방자치단체의 장 및 지방의회의원이지만 비례대표 지방의회의원은 제외된다.

해설

① 주민소환투표는 찬성 또는 반대를 선택하는 형식으로 실시한다. <답 ①>

63. 주민참여제도 중 주민소환에 관한 설명으로 틀리는 것은 ?

① 지방자치단체의 장에 대한 주민소환 투표는 당해 지방자치단체 관할구역 전체를 대상으로 한다.
② 주민소환투표 대상자는 관할선거관리위원회가 주민소환투표안을 공고한 때부터 주민소환투표 결과를 공표할 때까지 그 권한 행사가 정지된다.
③ 전체 주민소환투표자의 수가 주민소환투표권자 총수의 3분의 1에 미달하는 때에는 개표를 하지 아니한다.

④ 선출직 지방공직자의 임기 개시일부터 1년이 경과하지 않더라도 주민소환투표의 실시를 청구할 수 있다.

해설

주민소환투표 사무는 해당 지방자치단체의 장 선거 및 지방의회의원 선거의 선거구 선거사무를 행하는 선거관리위원회가 관리한다. <답 ④>

> 다음에 해당하는 때에는 주민소환투표의 실시를 청구할 수 없다.
> - 선출직 지방공직자의 임기 개시일부터 1년이 경과하지 아니한 때
> - 선출직 지방공직자의 임기 만료일부터 1년 미만일 때
> - 해당 선출직 지방공직자에 대한 주민소환투표를 실시한 날부터 1년 이내인 때

64. 다음의 보기는 주민소환에 대한 설명이다. 틀린 것은 모두 몇 개인가?

> ㉠ 선출직 지방공직자의 임기 개시일부터 1년이 경과하지 아니한 때는 주민소환투표의 실시를 청구할 수 없다.
> ㉡ 19세 이상의 외국인으로서 영주의 체류자격 취득일 후 1년이 경과한 자 중 해당 지방자치단체 관할구역의 외국인등록대장에 등재된 자는 주민소환투표권을 행사할 수 있다.
> ㉢ 주민소환투표의 효력에 관하여 이의가 있는 해당 주민소환투표대상자 또는 주민소환 투표권자는 주민소환투표결과가 공표된 날부터 30일 이내에 관할선거관리위원회 위원장을 피소청인으로 하여 소청할 수 있다.
> ㉣ 소청에 대한 결정에 관하여 불복이 있는 소청인은 관할선거관리위원회 위원장을 피고로 하여 그 결정서를 받은 날부터 10일 이내에 법원에 소를 제기할 수 있다.
> ㉤ 전체 주민소환투표자의 수가 주민소환투표권자 총수의 2분의 1에 미달하는 때에는 개표를 하지 아니한다.
> ㉥ 지역구 시·도의원과 지역구 자치구 시·군 의원, 비례대표의원은 해당 지방의회 의원의 선거구 안의 주민소환투표청구권자 총수의 100분의 20 이상 서명으로 주민소환투표의 실시를 관할선거관리위원회에 청구할 수 있다.

① 2개 ② 3개 ③ 4개 ④ 5개

해설

㉡ 19세 이상의 외국인으로서 영주의 체류자격 취득일 후 3년이 경과한 자 중 해당 지방자치단체 관할구역의 외국인등록대장에 등재된 자는 주민소환투표권을 행사할 수 있다.
㉢ 주민소환투표의 효력에 관하여 이의가 있는 해당 주민소환투표대상자 또는 주민소환투표권자는 주민소환투표결과가 공표된 날부터 14일 이내에 관할선거관리위원회 위원장을

피소청인으로 하여 소청할 수 있다. ⓜ 전체 주민소환투표자의 수가 주민소환투표권자 총수의 3분의 1에 미달하는 때에는 개표를 하지 아니한다. ⓗ 비례대표의원은 제외된다.
<답 ③>

65. 참여자의 자발성을 기준으로 주민참여를 수동적 참여(passive form)와 능동적 참여(active form)로 분류한 학자는?

① Edgar S. Cahn ② E. N. Muller ③ J. F. Zimmerman
④ Sidney Verba ⑤ Stuart Langton

해설

② E. N. Muller는 합법성을 기준으로 주민참여를 합법적 참여와 비합법적 참여로 구분한 후, 합법적 참여를 다시 관습적 참여와 비관습적 참여, 비합법적 참여를 불복종과 폭력으로 나누어 설명한다. ③ 짐머멘(J. F. Zimmerman)은 참여자의 자발성을 기준으로 주민참여를 수동적 참여(passsive form)와 능동적 참여(active form)로 분류하고 있다. <답 ③>

≪J. F. Zimmerman의 주민참여유형≫

수동적 참여	(i) 행정기관으로부터 정보를 제공받아 공직자 또는 정책에 대해 지적인 입장을 갖는 등 소극적 행위 또는 태도를 취하는 것 (ii) 정책홍보를 위한 모임에의 참가, 방송의 청취 등
능동적 참여	(i) 주민 스스로 능동적으로 행정 · 정치과정에 참여하는 것 (ii) 공청회, 각종 위원회, 주민발의, 주민투표, 주민소환, 자원봉사 등

66. 다원주의적 민주국가의 정책과정에 대한 설명으로 옳은 것은?

① 정책의제설정은 대부분 동원모형에 따라 이루어진다. <2011 국가 9급>
② 사법부가 정책결정과정에서 담당하는 역할이 미미하다.
③ 엘리트가 모든 정책영역에서 지배적인 권력을 행사한다.
④ 각종 이익집단은 정책과정에 동등한 정도의 접근기회를 갖는다.

해설

④ 다원주의적 민주국가에서의 정책의제설정은 대부분 외부주도모형에 따라 이루어지며, 사법부가 정책결정과정에서 담당하는 역할이 강하다. ③은 엘리트이론에 대한 설명이므로 다원주의적 민주국가의 정책과정과는 거리가 있다. <답 ④>

≪다원주의적 민주국가의 특징≫

(1) 권력 분산: 서구 민주정치체제에서는 권력이 다양한 세력에 분산되어 있으며, 엘리트집단 전체가 대중의 요구에 민감하게 움직인다. (2) 동등한 접근 기회: 사회의 각종 이익집단은 정부의 정책 과정에 동등한 접근 기회를 가지고 있다. 이익집단의 영향력은 성원의 수, 재정력, 리더십, 응집성 등에 따라 달라지는 것이지, 정부가 차별적으로 접근을 허용하는 데 기인하는 것은 아니다. (3) 균형: 이익집단들간에 상호 경쟁적이지만 게임의 규칙을 준수해야 한다는 데 합의하고 있고, 영향력의 차이는 있지만 전체적으로 균형을 유지한다.

(4) 정부의 역할: 정부는 중립적인 입장에서 이익을 조정하고 중재하는 역할을 수행하고, 게임규칙의 준수를 독려하는 심판자로서의 역할을 수행한다.
(5) 고전학파 경제학과 유사: 정치를 이익집단간의 경쟁의 장으로 보고, 정부는 중립적 입장에서 게임의 규칙을 설정하고 이를 준수하도록 독려하는 역할을 수행한다고 보는 관점은 경쟁시장에서 개인의 합리적 선택이 사회 전체의 합리성을 보장한다고 보는 고전학파 경제학의 입장과 유사하다.

67. 다음 설명 중 중앙정부와 지방정부간의 기능배분을 다원주의적 관점에서 설명한 것은? <2009 대구 9급 / 2009 부산 9급>

① 중앙정부와 지방정부간의 기능배분은 역사적으로 오랜 진화과정을 거치면서 점진적으로 제도화되어 온 것으로서 행정적 합리성이 중요시되고 있다.
② 합리적 인간관과 엄격한 방법론적 개체주의 입장을 취하면서 중앙정부와 지방정부간의 기능배분 문제로 개인의 후생을 극대화하고자 하는 시민과 공직자 개개인들의 합리적 선택행동에서 비롯되는 것으로 본다.
③ 자본주의 국가 내부의 정부수준간 기능 배분에 관한 구체적인 기준에는 바로 관심을 기울이지 않는다.
④ 정부수준간 기능배분에 관한 이원국가론(dual state thesis)을 주장하고 있다.

✍ **해설** ……………………………………………

②는 신우파론, ③은 계급정치론, ④는 엘리트론의 입장이다. <답 ①>

68. 다음 설명 중 중앙정부와 지방정부간의 기능배분을 엘리트론적 입장에서 설명한 것은 ?

① 정부수준간 기능배분에 관한 이원국가론(dual state thesis)을 주장하고 있다.
② 자본주의 국가 내부의 정부수준간 기능배분에 관한 구체적인 기준에는 별로 관심을 기울이지 않는다.
③ 중앙정부와 지방정부간의 기능배분은 역사적으로 오랜 진화과정을 거치면서 점진적으로 제도화되어 온 것으로서 행정적 합리성이 중요시되고 있다.
④ 합리적 인간관과 엄격한 방법론적 개체주의 입장을 취하면서 중앙정부와 지방정부간의 기능배분 문제로 개인의 후생을 극대화 하고자 하는 시민과 공직자 개개인들의 합리적 선택 행동에서 비롯되는 것으로 본다.

✍ **해설** ……………………………………………

②는 계급정치론, ③은 다원주의론 ④는 신우파론의 입장이다. 엘리트론은 정부수준간 기능배분에 관한 대표적 엘리트모형은 이원국가론(dual state thesis)이다. 이 이론체계는 국가기능에 관한 신맑스주의의 관점을 일부 수용하면서, 정부수준간의 상이한 의사결정방식에 관한 신베버주의의 입장을 근간으로 하고 있다. 이원국가론은 ① 국가재정지출의 유형화, ② 국가개입 및 의사결정의 양식, ③ 정부수준간 기능배분 등 세 단계로 구성된다.
<답 ①>

69. 다음 중 시민이 바라는 정책은 직선에 의한 시장선출이나 지방의회 구성에서 출발된다는 주장을 뒷받침 할 수 있는 이론은?

① 다원주의 ② 엘리트론 <2010 서울 9급>
③ 제한된 엘리트론 ④ 계급주의 ⑤ 조합주의

해설

≪중앙과 지방간 기능배분이론(P. Dunleavy)≫

관 점	특 징
다원주의	① 중앙과 지방간 기능배분은 역사적으로 오랜 시일 진화과정을 거치면서 점진적으로 제도화되어 온 것이라고 보는 관점이다. ② 전통적인 행정학 관점으로 기능배분의 바탕에는 행정적 합리성의 증진이라는 원리가 작용해 왔다고 본다. 예: 기능의 중복배제, 책임성의 증진, 규모의 경제, 시민참여의 촉진 및 분권화, 중앙정부의 과부하 방지, 중앙정부에 의한 통제가능성 고려 등 ③ 우리나라도 이러한 관점에 입각하여 중앙정부와 지방정부간의 기능분담을 논의해 왔다.
신우파론 (공공선택론)	① 합리적 인간관과 방법론적 개체주의 입장을 취하고 있는 공공선택론적 입장이다. ② 중앙과 지방정부간의 기능배분문제도 개인후생을 극대화 하고자 하는 시민과 공직자 개인들의 합리적 선택행동에서 비롯되는 것으로 본다. ③ 비용은 극소화, 효용은 극대화하기 위한 연역적 추론이 동원되고 이 기준에 의하면 지방정부의 활동을 재배분정책, 배당정책, 개발정책의 세 가지 유형으로 구분한다. ④ 재분배정책(사회보장정책)은 중앙정부가, 개발정책(교통, 통신, 관광)은 지방 혹은 중앙정부가, 배당정책(치안, 소방, 쓰레기 수거, 공공매립지 제공)은 지방정부가 각각 관장하게 된다.
계급정치론	① 정부간 기능배분 문제는 지배계급들이 자신들의 이익을 추구하기 위한 계급간 갈등에 지나지 않는다. ② 따라서 자본주의 국가 내부의 정부수준간 기능배분에 관한 구체적 기준에 별로 관심을 가지지 않는다.
엘리트론	① 이원국가론(dual state thesis)의 입장에서 국가기능에 관한 신맑스주의의 관점을 일부 수용하면서도 정부수준간의 상이한 의사결정방식에 관한 신베버주의의 입장을 근간으로 구성된다. ② 이원국가론은 1) 국가재정지출의 유형화 2) 국가개입 및 의사결정의 양식 3) 정부수준간 기능배분의 순으로 중앙과 지방간의 기능배분이 이루어진다고 본다. ③ 중앙정부는 사회적 투자기능을 수행하고, 지방정부는 사회적 소비기능을 민주적이고 경쟁적인 다원주의적 과정을 통해 수행하는 것으로 중앙과 지방간의 기능배분을 파악한다.

<답 ①>

70. 정책참여자들간의 권력모형에 대한 설명으로 옳은 것은 모두 몇 개인가? <2011 지방 7급>

가. 신엘리트론자인 바흐라흐(Bachrach)와 바라츠(Baratz)는 정책문제 정의와 의제설정과정에 관한 엘리트론의 관점을 무의사결정론으로 설명하고자 하였다.
나. 다원주의와 신다원주의는 집단간 경쟁의 중요성을 인정하는 점에서 같은 입장을 취하고 있다.
다. 다원주의는 정책결정에 있어서 정부의 이해관계와 영향력을 간과하고 있다고 비판을 받는다.
라. 하위정부모형은 공식적 · 비공식적 참여자들간의 상호작용과 영향력 관계를 동태적으로 묘사하고 있다.

① 1개 ② 2개 ③ 3개 ④ 4개

해설

모두 올바르게 서술된 내용들이다. 라. 하위정부모형을 포함한 정책네트워크 모형은 모두 다양한 참여자들간의 공식적 · 비공식적 상호작용을 설명하는 정책과정의 동태성을 설명하는 이론모형이다. <답 ④>

71. 공공선택론의 관점에서 본 중앙 · 지방정부간 기능배분에 관한 설명으로 옳지 않은 것은? <2008 국가 9급>

① 재분배정책을 통하여 주민들에게 제공되는 편익은 그들의 조세부담과는 역으로 결정되며, 주로 지방정부에서 담당해야 한다.
② 개발정책은 지역경제성장을 촉진시키기 위한 정책으로, 원칙적으로 정책의 수혜자가 그 비용을 부담해야 한다.
③ 중앙 · 지방정부간의 기능배분문제는 개인후생을 극대화하고자 하는 시민과 공직자 개개인들의 합리적인 선택행동에서 비롯되는 것이다.
④ 배당정책(allocational policy)은 치안, 소방, 쓰레기 수거, 공공매립지 제공 등이며, 주로 지방정부에서 담당해야 한다.

해설

① 공공선택론의 관점에서 본 중앙과 지방정부가 기능배분은 P. Dunleavy가 주장한 신우파적 관점의 기능배분이론에 해당한다. 신우파적 관점의 기능 배분모형에 따르면 재분배정책은 가진 자의 부를 거두어 가지지 못한 자에게 이전해주는 복지정책으로서 주민들에게 제공되는 편익은 그들의 조세 부담과는 역으로 결정되며, 그 성격상 주로 지방 정부보다는 중앙정부가 담당하는 것이 합리적이며 치안, 소방 등 배당정책은 주로 지방정부에서 담당하는 것이 바람직하다는 관점이다. <답 ①>

≪신우파론(공공선택론)의 중앙·지방간 기능배분≫ (Peterson, 정용덕)

정책유형	정부수준	특성	예
재분배정책	중앙정부	한 집단에서 다른 집단에게 편익 이전(조세부담과는 역으로 편익이 분배)	복지, 사회보장, 공공의료혜택, 공공주택
개발정책	지방 혹은 중앙정부	지역 경제성장 촉진 (수혜자가 비용 부담)	관광개발, 교통·통신개발, 경제 하부구조 개발
배당정책	지방정부	모든 주민에게 편익 제공, 일반재정에서 비용 충당	집사활동, 치안, 소방, 쓰레기수거공공매립지 제공

출처: 김중규, 선행정학개론, p.129.

72. 중앙정부와 지방정부간의 기능 배분을 신우파론적 관점에서 설명한 것은? <2004 전북 9급>

① 역사적으로 오랜 시일 진화과정을 거치면서 점진적으로 제도화되어 왔다.
② 합리적 인간관과 엄격한 방법론적 개체주의 입장을 취하면서 기능배분문제도 개인후생을 극대화하고자 하는 시민과 공직자 개개인들의 합리적 선택행동에서 비롯된다.
③ 정부의 기능배분에 관해 구체적인 기준에는 별로 관심을 가지지 않는다.
④ 정부수준간 기능배분에 관한 '이원국가론'을 주장하고 있다.
⑤ 정부수준간의 상이한 의사결정방식에 관한 신베버주의의 입장을 근간으로 하고 있다.

해설

특수이익을 대변하는 소수참여자 또는 특정계층의 두드러진 역할에 따른 참여자의 편중문제로 대표성·공정성의 확보가 심각하다. <답 ②>

73. 정책과정에 대한 설명으로 옳지 않은 것은? <2012 국가 9급>

① 콥(R.W. Cobb)은 주도집단에 따라 정책의제설정 유형을 외부주도형, 동원형, 내부접근형으로 분류하였다.
② 바흐라흐(P. Bachrach)와 바라츠(M. Baratz)는 신다원론(neo-pluralism) 관점에서 정치권력의 두 개의 얼굴 중 하나인 무의사결정을 주장하였다.
③ 킹던(J. Kingdon)은 어떤 중요한 시점에서 문제, 정책, 정치 등 세 가지 흐름(streams)의 결합에 의하여 정책의제가 설정된다고 주장하였다.
④ 달(R. Dahl)은 다원론(pluralism) 관점에서 미국은 민주주의 국가이기 때문에 특정한 어느 개인이나 집단도 주도권을 행사하기 어렵다고 주장하였다.

✍ 해설 ……………………………………

② 바흐라흐(P. Bachrach)와 바라츠(M. Baratz)는 신다원론(neo-pluralism)의 관점이 아니라 신엘리트이론(neo elitism)의 관점에서 정치권력의 두 개의 얼굴 중 하나인 어두운 얼굴이 무의사결정(non-decision making)을 초래한다고 주장하였다. <답 ②>

74. Bachrach와 Baratz의 무의사결정이론(non-decision making theory)에 대한 설명으로 옳지 않은 것은? <2011 국회사무처 9급>

① Dahl의 다원론을 비판하면서 제시한 이론이다.
② 무의사결정이론은 신엘리트론에 해당한다.
③ 넓은 의미의 무의사결정은 정책의제설정 과정뿐만 아니라 정책결정 과정, 그리고 정책집행 과정에서도 발생한다.
④ 무의사결정의 수단으로 폭력, 권력, 편견의 동원과 정치체제의 규범·규칙·절차의 조작 등을 들 수 있다.
⑤ 무의사결정이론은 엘리트들의 무관심이나 무능력으로 인해 일반 대중이나 사회적 약자의 이익과 의견이 무시되는 것을 밝혀 낸 이론이다.

✍ 해설 ……………………………………

P. Bachrach & Baratz(1962)의 무의사결정이론(non-decision making theory)은 엘리트 집단에 유리한 이슈만을 논의하도록 의제설정을 주도하고 자신들에게 불리한 문제는 거론조차 못하게 봉쇄함으로써 기존 엘리트세력의 이익을 옹호하거나 보호하는데 목적이 있다. 어떤 결정을 하지 않는 것이 아니라 결정의 전제가 되는 특정문제를 정책의제로서 다루지 않기로 하는 결정이다. 따라서 무관심이나 무능력으로 인해 발생하는 현상은 아니다.
<답 ⑤>

75. 바흐라흐와 바라츠가 설명한 바 있는 무의사결정(Non-Decision Making)의 발생원인에 속하지 않는 것은? <2011 군무원 9급>

① 정책의 모호성
② 편견의 동원
③ 상급자들에 대한 하급자들의 반발
④ 엘리트의 자기이익 보호

✍ 해설 ……………………………………

③ 상급자들에 대한 하급자들의 지나친 충성심(과잉충성)이 무의사결정을 유발한다. 무의사결정은 엘리트들의 이익에 반하는 주장을 의도적으로 방치·기각하는 의도적 무결정으로서 정책에 대한 무관심, 무능력, 비인지 등과는 상관이 없다. <답 ③>

76. Bachrach & Baratz가 주장한 무의사결정의 유형에 해당하지 않는 것은? <2009 국가 9급>

① 공익 및 엘리트의 가치나 이익에 대한 잠재적·현재적인 도전을 억제한다.
② 정치과정에 진입하려는 요구를 제한하여 정책문제화되는 것을 억제한다.
③ 기존의 규칙이나 제도적 과정을 이용한다.
④ 넓은 의미의 무의사결정은 정책의 전 과정에서 일어난다.

해설

Bachrach & Baratz는 "의사결정자(엘리트)의 가치와 이익에 대한 잠재적이거나 현재적인 도전을 억압하거나 방해하는 결정"이라고 정의하였다. 따라서 '공익'을 포함되지 않는다.
<답 ①>

77. 무의사결정론(non-decision making theory)에 대한 설명으로 옳지 않은 것은? <2010 지방수탁 9급>

① 무의사결정은 특정 사회적 쟁점이 공식적 정책과정에 진입하지 못하도록 막는 엘리트 집단의 행동이다.
② 무의사결정은 정책의사설정단계뿐만 아니라 정책결정이나 집행단계에서도 나타날 수 있다.
③ 무의사결정론은 고전적 다원주의를 비판하며 등장한 이론으로 신다원주의론이라 불린다.
④ 무의사결정론은 정치권력이 두 얼굴을 가지고 있다고 주장한다.

해설

③ 바흐라흐와 바라츠의 무의사결정론은 기본적으로 지역사회와 지방정부는 엘리트 집단에 의해 주도되며(엘리트론), 이들 엘리트집단은 의제를 설정하고 이에 대한 결정을 내리는데 있어 주도적인 역할을 하는 의사결정(Decision-making)을 할 뿐만 아니라, '편견의 동원(Mobilization of bias)'을 통해 특정 문제가 지역사회의 현안이나 정책의제가 되지 못하도록 하는 무의사결정(Non decision-making)을 하기도 한다. 무의사결정은 고전적 다원주의를 비판하며 등장한 이론으로 '신엘리트론'이라 불린다. 신다원주의론은 린드블롬과 피터슨 등 일부 다원론자들이 엘리트론을 수렴하면서 나왔다. <답 ③>

78. 지역사회 및 지방자치단체의 권력구조에 대한 이론과 이에 대한 설명으로 옳은 것은? <2012 국가 9급>

① 신다원론(neo-pluralism) — 기업이나 개발관계자들의 우월적 지위를 주민이나 지방정부가 용인하지 않는다.
② 엘리트론(elite theory) — 엘리트 계층 내의 분열과 다툼이 최소화되기 때문에 내부 조정과 사회화의 과정은 의미를 지니기 어렵다.
③ 성장기구론(Growth Machine) — 성장연합과 반성장연합의 대결구도에서 대체로 반성장연합이 승리하여 권력을 쟁취한다.
④ 레짐이론(regime theory) — 지방정부와 지방의 민간부문 주요 주체가 연합하여 권력기반을 형성한다.

해설

① 신다원론 (neo-pluralism)은 전통적인 다원주의를 수정하여 정부가 좀더 능동적으로 기능한다고 보기 때문에 특혜 등에 의하여 기업이나 개발관계자들의 우월적 지위가 발생할 수 있다고 전제한다. 따라서 전통적인 다원주의가 강조하는 선거보다는 내부기구 분할을 통한 민주화가 해결책이 될 수 있다고 주장한다.

③ 성장기구론(Growth Machine)은 몰로치와 로건이 주장한 이론으로서 "누가 통치하느냐?"보다 "누가 도시의 물리적 구조 개편에 최고의 영향력을 행사하며, 왜, 그리고 어떤 효과를 갖는가?"라는 질문에서 시작한다. 아울러 미국 도시의 성장과정을 분석하여, 부동산의 교환가치에 많은 관심을 가진 지주를 중심으로 형성된 성장연합이 도시의 공간 구조 개편을 주도한다고 말하고 있다. 지주들은 기업가, 금융업자, 개발전문가들을 참여시켜 성장연합을 구성하며, 이들은 정부를 움직여 도시 성장에 기여하게 만든다는 것이다. 성장기구론은 레짐이론(도시거버넌스)의 기반이 되었다. <답 ④>

79. 레짐이론(regime theory)에 대한 설명으로 옳지 않은 것은?
<2008 지방수탁 7급>

① 도시권력구조에 대한 이해를 통해 정부 및 비정부 부분의 다양한 세력간 상호의존성을 강조한다.
② 도시정치경제이론에서 강조하는 정부기구활동의 경제적 종속성을 수용하면서 동시에 정치의 독자성을 강조한다.
③ 도시권력구조에 대한 인식을 제고시키고 도시정치에서 인과관계와 행태적 측면의 연구에 이론성을 강화해준다.
④ 도시정치이론에 이론적 뿌리를 두고 있는 도시레짐이론에서 말하는 레짐은 정권적 차원의 레짐을 의미한다.

해설

④ 도시레짐이론(urban regime theory)이란 도시의 발전과정에 전개되는 국가와 시장간의 관계를 파악하는 이론으로서 도시레짐이론에서의 레짐(regime)은 도시정부라는 제도적 기제를 매개체로 하여 비공식적이지만 안정된 일정한 세력집단으로써 정부와 기업, 국가와 시장, 정치와 경제 등의 다양한 참여세력들이 어떻게 집단적 정책결정을 이끌어 내는가에 관한 일종의 지방거버넌스(local governance)의 일종이다. 즉, 정권적 차원의 레짐이 아니라, 도시의 경제발전에 관여하는 집단이나 집단들의 구조, 그들이 동원하는 수단들을 통틀어서 레짐이라 규정한다. ②의 경우 도시레짐에서 민간경제주체들은 시장에서 경제를 활성화시키고 조세의 기반을 강화하는 역할을 하고 도시정부는 유권자들에게 책임을 지면서 정치적 결단을 내리는 실체적 주체로서 서로 역할분담을 한다고 보므로 정부기구 활동의 경제적 종속성을 수용하면서도 동시에 정치의 독자성을 강조한다고 볼 수 있다. <답 ④>

80. 다음 중 무의사결정(non-decision marking)의 설명으로 적절하지 않은 것은?
<2007 전북 9급>

① 정책결정자가 가지고 있는 핵심적인 가치에 대한 도전을 억압하려 할 때 발생한다.
② 정책대안의 범위 · 내용을 제한하여 집행의 의미가 없는 상징적 대안만 선택할 수 있도록 한다.
③ 정책문제를 기각 · 방치하여 결과적으로 정책대안이 만들어지지 못하도록 한다.
④ Peter Bachrach와 Morton Baratz가 제안한 잠재집단의 개념으로 설명한 이론이다.

⑤ 정책대안이 마련되었다 하더라도 정책집행의 과정에서 정책대안이 집행되지 못하도록 한다.

해설

바흐라흐(Bachrach)와 바라츠(Baratz)는 '권력의 두 얼굴(Two Faces of Powers, 1962)'에서 무의사결정을 근거로 다원론을 비판하였다. 잠재집단은 고전적 다원주의에서 강조하는 개념이다. <답 ④>

81. 다음 중 무의사결정과 가장 관계가 깊은 것은? <2007 국회 8급>

① 국민의 의사와 반대되는 결정
② 정책결정의 법률적 하자
③ 국민의 과잉참여
④ 정책의제로의 채택 지연
⑤ 행정행위의 정치적 중립성

해설

무의사결정(non decision making)은 의사결정자(지배 엘리트)의 가치나 이익에 대한 잠재적이거나 현재적인 도전을 억압하거나 방해하는 결과를 초래하는 행위를 말한다. 바흐라흐와 바라츠는 무의사결정을 "기존 사회의 이익이나 권력의 할당을 변화시킬 것에 대한 요구가 표현되기도 전에 질식시키거나 잠잠하게 만들고, 관련 의사결정의 영역에 접근하기도 전에 제거시키거나, 만약 이들 모두가 실패하는 경우 정책과정의 집행단계에서 불구화시켜버리는 수단"으로 정의한다. <답 ④>

82. 다음 중 행정감찰관제도(Ombudsman제도)에 대한 설명이 잘못된 것은?

① 입법부의 통제하에 있다.
② 외부통제의 무력화를 보완하기 위한 제도이다.
③ 스웨덴 등 스칸디나비아제국에서 발전되었다.
④ 공무원의 직권남용에 대한 방벽으로 기능한다.
⑤ 정치적 문제에 대하여 입장을 취할 수 없다.

해설

스웨덴에서 1809년 헌법에 의하여 국회소속기관으로 설치·발전되기 시작한 행정감찰관제도(Ombudsman제도)는 그 후 핀란드·노르웨이·덴마크·뉴질랜드 등에 보급되었고, 제2차대전 후에는 영국·캐나다·독일·일본·미국 등에 채택되어 오늘날 효과적인 행정통제방법으로서 관심을 집중시키고 있다. ① 옴부즈만은 입법부소속의 공무원이지만 의회의 직접통제하에 있지 않으며 기능수행상 독립성을 갖는다. <답 ①>

83. 옴부즈만(Ombudsman)제도에 대한 설명으로 옳지 않은 것은? <2011 국가 7급>

① 옴부즈만의 개인적 신망과 영향력에 의존하는 바가 크다.
② 비용이 적게 들고, 간편하게 문제해결이 가능하다.
③ 다른 통제기관들이 간과한 통제의 사각지대를 감시하는 데 유용하다.
④ 옴부즈만은 직권으로 조사활동을 개시하는 것이 일반적이지만, 예외적으

로 국민의 요구나 신청에 의해 활동을 개시하기도 한다.

해설

옴부즈만은 주로 국민의 요구나 신청에 의해 활동을 개시하지만, 능동적으로(직권으로) 조사활동을 개시하는 경우도 있다. 옴부즈만의 관할은 행정체제뿐만 아니라 법원이나 군대에까지 미치는 경우가 많다. <답 ④>

84. 옴부즈만 제도에 대한 설명으로 옳지 않은 것은? <2010 지방 9급>

① 옴부즈만은 입법부 및 행정부로부터 정치적으로 독립되어 있다.
② 옴부즈만은 행정행위의 합법성뿐만 아니라 합목적성 여부도 다룰 수 있다.
③ 옴부즈만은 보통 국민의 불평 제기에 의해 활동을 개시하지만 직권으로 조사를 할 수도 있다.
④ 옴부즈만은 법원이나 행정기관의 결정이나 행위를 무효로 할 수는 없지만, 취소 또는 변경할 수는 있다.

해설

옴부즈만은 신청에 의하여 조사를 개시하는 것이 일반적이지만 직권으로 조사를 개시하는 경우도 있다. ①은 옳은 지문으로 옴부즈만은 융통성은 높지만 법적이라기보다는 사회적·정치적 성격이 강한 제도로서 옴부즈만의 개인적인 신망과 영향력에 의존하는 바가 커서 옴부즈만은 엄격한 통제자라기보다는 조정자·중재자에 가깝다. 옴부즈만은 행정기관의 결정을 무효로 하거나 직접 취소·변경할 권한이 없으며 법원·행정기관에 대한 직접적인 감독권도 없다. <답 ④>

85. 옴부즈만제도에 관한 설명 중 옳지 않은 것은?

① 고발의 대상이 되는 행위는 불법행위뿐만 아니라 공무원의 요구에서 일탈된 모든 행위를 포함한다.
② 불평의 처리과정은 직접적이고 신속하다.
③ 옴부즈만은 정치적으로 독립된 기관이며 동시에 불편부당의 기관이다.
④ 옴부즈만은 기존의 행정결정이나 행정행위를 무효로 하거나 취소시킬 수 있다.
⑤ 시민의 고발에 의해서 활동을 개시하는 것이 일반적이나 때로는 여론을 토대로 해서 자기 직권으로 조사활동을 할 수도 있다.

해설

④ 옴부즈만은 행정기관의 결정을 무효로 하거나 직접 취소 또는 변경할 권한이 없으며, 법원·행정기관에 대한 직접적인 감독권도 가지지 않는다. 따라서 옴부즈만은 하자 있는 행정작용에 대한 취소 및 변경을 관계기관에 요청 또는 권고할 수 있을 뿐이다. <답 ④>

86. 행정통제를 향상시키기 위한 방안에 대한 설명으로 옳지 않은 것은? <2010 국가 7급>

① 행정정보공개제도는 행정책임의 확보와 통제비용 절감에 기여할 수 있다.

② 행정절차의 명확화는 열린 행정과 투명행정을 통해 행정기관과 시민간의 분쟁을 방지할 수 있다.

③ 정책과정에서 시민참여 확대 및 자체감사 기능의 활성화는 투명하고 열린 행정을 가능하게 할 수 있다.

④ 옴부즈만제도의 권한으로서 독립적 조사권, 시찰권, 소추권 등은 대부분의 나라에서 인정하고 있다.

해설

행정통제 향상방안은 대리인이론과 관련이 있다. 주인(국민)과 대리인(정치인, 관료) 사이의 정보의 비대칭성을 극복하면 행정통제가 강화될 수 있다. 옴부즈만이란 호민관 또는 행정감찰관을 말하며 행정이 합법적·합목적적으로 수행되고 있는가를 시민들의 권리구제 신청에 의하여 또는 직권에 의하여 조사·감찰하는 기관이다. 따라서 옴부즈만의 권한으로 조사권, 시찰권은 대부분의 나라에서 인정하나, 소추권은 인정하지 않는 것이 일반적이다. 소추(訴追)란 형사사건에 대하여 법원 등 사법부에 심판을 신청하고 이를 수행하는 것을 말한다. 현재 대통령 등 특정한 공무원에 대한 탄핵소추는 국회의 권리이고, 일반형사소추는 검사가 행한다. <답 ④>

87. 대리인이론에 대한 설명으로 옳지 않은 것은? <2010 국회 8급>

① 당사자들의 이기적인 결정이 위임자의 효율성 제고에 지향되도록 유인을 제공하는 방안을 연구한다.

② 정보의 비대칭성을 완화하는 방법으로는 주민참여, 정보공개제도, 공청회, 내부고발자 보호 등이 있다.

③ 대리손실은 주인에 대한 정보부족으로 발생하며, 이에는 '도덕적 해이'와 '역선택 현상'이 있다.

④ 대리비용을 절감할 수 있는 유인기제, 관료적 통제, 시장적 통제, 규범과 신념의 내재화 등의 방법에 관해 처방한다.

⑤ 비경제적 요인에 대한 고려를 소홀히 한다는 비판을 받고 있다.

해설

③ 대리손실은 대리인에 대한 정보부족으로 발생하며, 이에는 '도덕적 해이'와 '역선택 현상'이 있다. 역선택은 사전손실로서 대리인에 대한 정보부족으로 주인이 대리인을 잘못 선임하는 현상이고, 도덕적 해이는 사후손실로서 대리인이 주인의 감시와 통제를 피해 게으름을 피우거나 자신의 이익을 추구하는 현상이다. <답 ③>

88. 우리나라에서 고충민원을 담당하는 옴부즈만적 성격을 갖는 기구로 보기 어려운 것은?

① 감사원 ② 청와대 민정비서실 ③ 국무총리 국무조정실
④ 국민권익위원회 ⑤ 국무총리 비서실

✍ **해설**

우리나라에서 고충민원을 담당하는 기구로는 국민권익위원회, 국무총리비서실(민원비서관), 청와대 민정비서실, 감사원 등이 있다. ③ 국무총리 국무조정실은 국무총리에 대한 보좌기관이다. <답 ③>

89. 옴부즈만(Ombudsman)제도에 관한 설명으로 옳은 것은? <2009 국회 8급>

① 1809년 덴마크에서 처음으로 채택되어 실시된 제도로 입법부의 행정부 통제 수단으로 활용된다.
② 전형적인 내부 행정통제의 하나로 행정권의 남용이나 부당행위로 인한 국민의 권익침해를 구제한다.
③ 부당한 행정행위에 대해 시정조치를 법적으로 강제하고 취소하는 권한을 갖는 것이 원칙이다.
④ 융통성과 신속성이 높은 제도로 기존의 경직된 관료제 구조를 보완하기 위해 활용되며 국가마다 동일한 형태를 지닌다.
⑤ 국민의 고발에 의해 임무수행이 수동적으로 시작되는 것이 일반적이나 직권에 의해 조사를 하는 경우도 있다

✍ **해설**

① 1809년 '스웨덴'에서 처음으로 채택되어 실시된 제도로 입법부의 행정부 통제 수단으로, ② 전형적인 '외부' 행정통제의 하나로 행정권의 남용이나 부당행위로 인한 국민의 권익침해를 구제하나, ③ 부당한 행정행위에 대해 시정조치를 법적으로 강제하고 취소하는 권한을 갖지는 못하며, ④ 융통성과 신속성이 높은 제도로 기존의 경직된 관료제 구조를 보완하기 위해 활용되며 국가마다 '다양한' 형태를 지닌다. <답 ⑤>

90. 우리나라의 옴부즈만제도인 국민권익위원회의 법적 근거는?

① 헌 법 ② 행정절차법
③ 지방자치법 ④ 행정규제기본법
⑤ 부패방지 및 국민권익위원회의 설치와 운영에 관한 법률

✍ **해설**

우리나라에 있어서 고충민원을 처리·담당하는 옴부즈만제도에 해당하는 국민고충처리위원회(현 국민권익위원회)는 1994년의 '행정규제및민원사무기본법'에 의하여 설치되었다. 그러나 1997년 7월에 동법이 '행정규제법'과 '민원사무처리에관한법률'로 분리·제정됨에 따라 국민권익위원회에 관한 사항은 민원사무처리에관한법률에서 규정하게 되었고, 2008년 이후에는 「부패방지 및 국민권익위원회의 설치와 운영에 관한 법률」의 제2장에 구체적으로 규정되어 있다. <답 ⑤>

91. 스웨덴의 옴부즈만제도와 비교하여 국민권익위원회(구 국민고충처리 위원회)의 특성을 기술하였다. 적절하지 않은 것은?

① 헌법에 근거를 두지 않고 법률에 근거를 두고 있다.
② 입법부 소속이 아니라 국무총리 소속하에 있다.
③ 관계기관의 장에게 적절한 시정조치를 권고할 수 있으나 소추권은 행사할 수 없다.
④ 위법 · 부당한 행정행위를 한 관련공무원에 대하여 징계를 요구할 수 있다.
⑤ 신청에 의한 조사만 가능하며, 사전심사나 직권에 의한 조사는 할 수 없다.

해설

스웨덴, 덴마크, 핀란드 등은 옴부즈만 설치근거를 헌법에 규정하고 있는 데 반하여, 우리나라의 국민권익위원회(구 국민고충처리위원회)는 법률(「부패방지 및 국민권익위원회의 설치와 운영에 관한 법률」)에 근거를 두고 있다. 한편 뉴질랜드와 프랑스 등과 같이 별도의 옴부즈만법을 제정하고 있는 경우도 있다. ④ 민원신청사항은 광범위하지만 신청에 의한 조사만 가능하고, 직권조사 · 사전심사는 물론 징계요구권 · 소추권도 행사할 수 없다.

<답 ④>

≪우리나라와 스웨덴의 옴부즈만제도 비교≫

구 분	스 웨 덴	우리나라(현, 국민권익위원회)
관할대상	국가기관, 지방자치단체, 법원, 군대	국가기관, 지방자치단체, 공법인, 행정권한을 위임 · 위탁받은 기관
제도유형	의회형	행정부형(국무총리 소속)
법적 근거	헌 법	법 률
신청주의	○	○
직권처리권	○	×
소 추 권	○	×
징계요구권	○	×
행정처분시정 조치요구권	○	○
제도개선제안	○	○
조치결과의 보고요구권	○	○
비고	· 정기적 감사권한 · 직무위반사건에 대한 특별 검사 지위보유	합의제 위원회형태로 운영

92. **「부패방지 및 국민권익위원회의 설치와 운영에 관한 법률」에 대한 설명 중 가장 옳지 않은 것은?** <2011 경정승진>

① 누구든지 부패행위를 알게 된 때에 신고가 가능하며 비위로 면직된 공직자의 취업을 제한하는 제도를 규정하고 있다.

② 19세 이상 국민은 공공기관의 사무처리가 법령위반 또는 부패행위로 인하여 공익을 현저히 해하는 경우 대통령령으로 정하는 일정한 수 이상의 국민의 연서로 감사원에 감사를 청구할 수 있다.

③ 국민권익위원회는 국무총리 소속기관으로 직권조사권, 사전심사권, 시정조치 권고권을 갖는다.

④ 부패신고자가 이 법에 의하여 신고한 뒤 관련 조항에 따라 국민권익위원회에 원상회복 등을 요구하거나 법원에 원상회복 등에 관한 소를 제기하는 경우 해당 신고와 관련하여 불이익을 당한 것으로 추정한다.

해설

국민권익위원회는 직권조사권, 사전심사권은 가지지 않는다. 다수인이 관련되거나 사회적 파급효과가 크다고 인정되는 고충민원의 신속하고 공정한 해결을 위하여 필요하다고 인정하는 경우에는 당사자의 신청 또는 직권에 의하여 조정을 할 수 있다. 그리고 고충민원에 대한 조사결과 처분 등이 위법·부당하다고 인정할 만한 상당한 이유가 있는 경우에는 관계 행정기관 등의 장에게 적절한 시정을 권고할 수 있다. <답 ③>

93. **국민권익위원회에 대한 설명으로 옳지 않은 것은?** <2010 국회 8급>

① 국민권익위원회는 행정체제 내의 독립통제기관으로 옴부즈만의 일종이라고 할 수 있다.

② 국민권익위원회는 국무총리 소속이며, 상임위원은 국무총리가 제청하고 대통령이 임명한다.

③ 국민권익위원회에 중앙행정심판위원회를 두도록 하고, 국민권익위원회의 부위원장 중 1명이 중앙행정심판위원회의 위원장이 된다.

④ 국민권익위원회는 부패행위에 대해 검찰에 고발할 수 있고, 이에 검찰이 공소제기를 하지 않을 경우 고등법원에 재정신청을 할 수 있다.

⑤ 국민권익위원회는 고충민원을 처리하고 그에 관련된 불합리한 행정제도 개선을 권고할 수 있다.

해설

② 국민권익위원회는 국무총리 소속이며(대통령 소속으로 전환하는 내용의 입법예고가 있었으나 아직 법률개정이 이루어지지는 않고 있다), 상임위원은 국무총리가 아닌 국민권익위원회 위원장의 제청으로 대통령이 임명한다. <답 ②>

≪국민권익위원회의 구성과 운영≫

① 위원회는 위원장 1명을 포함한 15명의 위원(부위원장 3명, 상임위원 3명 포함)으로 구성하고, 부위원장은 각각 고충민원, 부패방지 업무 및 중앙행정심판위원회(기존 국무총리행정심판위원회가 2010.7.26 시행됨)의 운영업무로 분장하여 위원장을 보좌한다. 다만, 중앙행정심판위원회의 구성에 관한 사항은 행정심판법에서 정하는 바에 따른다(개정 2010.1.25).
② 위원장 및 부위원장은 국무총리의 제청으로 대통령이 임명하고, 상임위원은 위원장의 제청으로 대통령이 임명하며, 상임이 아닌 위원은 대통령이 임명 또는 위촉한다. 이 경우 상임이 아닌 위원 중 3명은 국회가, 3명은 대법원장이 각각 추천하는 자를 임명 또는 위촉한다(개정 2012.2.17).
③ 위원장과 부위원장은 정무직으로 보하고, 상임위원은 고위공무원단에 속하는 별정직 국가공무원으로 보한다.
④ 위원장과 위원의 임기는 각각 3년으로 하되 1차에 한하여 연임할 수 있다.

94. 다음에서 우리나라 국민권익위원회의 주요 기능이 아닌 것은 ?

① 행정기관 소속 공무원의 징계처분, 그 밖에 그 의사에 반하는 불리한 처분에 대한 소청의 심사·결정 및 그 재심청구 사건의 심사결정에 관한 사무를 관장

② 시민고충처리위원회의 활동과 관련한 협력·지원 및 교육

③ 다수인 관련 갈등 사항에 대한 중재·조정 및 기업애로 해소를 위한 기업고충민원의 조사·처리

④ 행정심판법에 따른 중앙행정심판위원회의 운영에 관한 사항

해설

행정안전부 소속의 소청심사위원회가 행정가관 소속 공무원의 징계처분, 그 밖에 그 의사에 반하는 불리한 처분에 대한 소청의 심사·결정 및 그 재심청구 사건의 심사결정에 관한 사무를 관장한다.

<답 ①>

95. 보다 내실 있는 주민참여를 위한 참여의 결정요인으로 적절하지 않은 것은?

① 행정의 전문화 ② 정보의 공개 ③ 주민의 능동성
④ 행정의 분권화 ⑤ 공무원의 사고의 전환

해설

주민참여의 한계점을 지양하고 보다 내실 있는 주민참여로 활성화시키기 위해서는 (i) 행정정보의 공개와 분권화, (ii) 주민의 행태와 능동성의 정도, (iii) 관료의 행태나 사고 및 체질의 전환 등과 같은 참여의 결정 요인을 고려하여야 한다. ① 행정의 전문화는 주민참여를 위축시킨다.

<답 ①>

96. 우리나라의 국민권익위원회에 대한 설명이다. 틀린 것은?

① 한국형 옴부즈만제도로서 입법부형이 아니라 행정부형이다.
② 국민은 누구든지 직접 고충민원을 신청할 수 있다.
③ 고충민원의 조사는 신청 또는 직권에 의하여 진행된다.
④ 관계기관의 장에게 적절한 시정조치를 권고할 수 있다.
⑤ 정부로부터의 독립성이 미흡하다.

해설

우리나라의 국민권익위원회는 헌법상의 기관이 아닌 법률상의 기관으로서 정부내(국무총리실)에 설치되어 있으며, 국민의 입장에서 고충을 해결하여 국민의 권익을 보호하려는 데 그 목적이 있다. ③ 국민권익위원회는 본인 또는 대리인이 고충민원을 신청하였을 경우에만 조사가 가능하며 직권적 판단에 의한 조사는 행해지지 않는다. <답 ③>

97. 주민참여가 갖고 있는 문제점을 지적하였다. 틀린 것은?

① 주민참여는 행정의 전문화를 저해하는 경우가 많다.
② 문제해결을 지연시키고 시간과 자원의 낭비를 증가시킨다.
③ 다수의 조용한 이익집단보다는 활동적인 소수의 이익만이 개입되어 대표성이 없다.
④ 창의적이고 쇄신적인 아이디어의 창출을 제약하는 경우가 많았다.
⑤ 책임의 전가나 시민들을 무마하는 데 역이용될 가능성이 높다.

해설

참여가 갖는 가장 중요한 핵심적 가치는 대응성 · 민주성 · 책임성 · 창의성 등이다. 반면에 참여가 갖는 문제점은 (i) 신속한 해결의 곤란, (ii) 행정기관의 명령체계의 혼란, (iii) 비전문성, (iv) 능률성과 경제성의 저해, (v) 관료들의 심리적 불안감과 행정의 안정성 침해, (vi) 행정편의주의 등이다. <답 ④>

98. 행정(주민)참여의 순기능과 거리가 먼 것은? <2001 입법>

① 대의제의 결함보완
② 행정에 참여하는 시민의 대표성, 공정성 확보
③ 소외된 시민을 정책결정에 참여시켜 진정한 주민자치 실현
④ 주민간의 이해관계 조정 · 완화
⑤ 시민의 정책순응 확보

해설

특수이익을 대변하는 소수참여자 또는 특정계층의 두드러진 역할에 따른 참여자의 편중문제로 대표성 · 공정성의 확보가 심각하다. <답 ②>

99. 주민의 행정참여를 가치가 아닌 수단으로서 취급하면서 여섯 가지 주민참여전략을 제시한 학자는?

① S. R. Arnstein ② Edmund Burke ③ J. H. Nagel
④ Stuart Langton ⑤ J. F. Zimmerman

해설

Edmund Burke는 행정목적을 달성하기 위하여 주민참여를 어떻게 관리할 것인가에 관심을 두고 주민의 행정참여를 가치가 아닌 수단으로서 취급하면서 (i) 교육치료전략, (ii) 주민의 행태변화전략, (iii) 행정보완전략, (iv) 흡수전략, (v) 지역사회권력전략, (vi) 주도전략 등 여섯 가지 전략으로 분류하고 있다. <답 ②>

≪Edmund Burke의 주민참여전략≫

교육치료전략	개인 참여자의 개선에 초점을 두고 주민훈련을 위한 참여프로그램을 고안해내는 주민참여전략이다.
주민행태변화전략	집단의 일원으로서 주민 개개인의 행태를 변화시키는 주민참여전략이다.
행정보완전략	주민의 지식을 행정에 활용하는 한편 주민의 지혜 · 능력 · 전문지식 등을 개발하고 자발적 참여를 촉진시키려는 전략이다.
흡수전략	행정기관의 안정과 존속에 대한 위험을 예방하기 위하여 반대자나 지역감정에 영향을 미치는 집단을 참여자로 끌어들임으로써 주민으로부터의 동의와 정당성을 획득하는 전략이다.
지역사회권력전략	새로운 지역사회센터를 설치하여 행정에 대해 권력과 영향력을 가진 사람들을 충원하거나 유인을 제공함으로써 지역사회의 변화를 도모하는 전략이다.
주도전략	주민참여과정을 수행하는 데 있어서 법적 · 통제적 절차를 사용하는 전략이다.

100. 우리나라 행정참여의 실태와 문제점에 관한 설명 중 옳지 못한 것은?

① 시민의 행정참여가 소수의 사회유지에 의하여 주도됨으로써 시민은 추종자의 역할을 면할 수 없었다.
② 자율적인 주민운동이 아니라 주민이 행정주체에 의하여 일방적으로 포섭되어 왔다.
③ 주민운동이 능동적 · 긍정적이라기보다는 저항적 · 부정적 성격이 강하였다.
④ 행정과정별로 볼 때 입안 · 결정과정에서 보다는 운영 · 집행과정에서 협조를 하는 참여가 고작이었다.
⑤ 저항적 운동은 대부분 대중요법적 저항운동이라기보다는 예방투쟁적 저항운동의 성격을 띠었다.

✍ 해설

⑤ 우리나라의 주민운동은 참여적 운동이라기보다는 저항적 운동이 대부분이었으며, 이 경우도 예방투쟁적 저항운동이 아니라 대중요법적 저항운동인 경우가 많았다. <답 ⑤>

≪우리나라 주민참여의 실제와 그 제약요인≫

구 분	내 용	
참여실제	(i) 저항적 · 부정적 주민운동	(ii) 대중요법적 저항운동
	(iii) 명목적 · 형식적 참여수준	(iv) 운영과정상의 협조수준
	(v) 행정과 주민간 수직적 관계	(vi) 공청 · 광청기능의 상대적 미약
	(vii) 소수 지방유지 또는 관주도적 행정참여	
제약요인	(i) 지방행정의 자주성 결여	(ii) 주민의식수준의 박약
	(iii) 공무원행태의 전통성	(iv) 제도적 확립의 미흡
	(v) 지방행정에 있어서 정보공개 미흡	

101. 국민의 알권리를 보장하고 국민의 국정참여와 국정운영의 투명성을 확보하기 위한 정보공개제도에 대한 설명으로 옳지 않은 것은?

① 공공기관이 직무상 작성 또는 취득하여 관리하고 있는 정보를 청구에 의하여 공개하거나 공공기관이 자발적 또는 의무적으로 제공하는 제도이다.

② 공공기관은 정보공개의 청구가 있는 때에는 청구를 받은 날부터 10일 이내에 공개 여부를 결정하여야 하며, 부득이한 경우 10일의 범위 내에서 연장할 수 있다.

③ 모든 국민은 정보의 공개를 청구할 권리를 가지며, 외국인도 일정한 경우 정보공개를 청구할 수 있다.

④ 정보공개와 관련하여 공공기관의 처분 또는 부작위로 인하여 법률상 이익의 침해를 받은 청구인은 이의신청과 행정심판절차를 거치지 않고는 행정소송을 제기할 수 없다.

⑤ 정보공개청구서는 공공기관에 직접 출석하여 제출하거나 우편 · 모사전송 또는 컴퓨터통신에 의하여 제출할 수 있다.

✍ 해설

① 정보공개제도란 공공기관이 직무상 작성 또는 취득하여 관리하고 있는 정보(문서 · 도면 · 사진 · 필름 · 테이프 · 슬라이드 및 컴퓨터에 의하여 처리되는 매체 등에 기록된 사항)를 국민의 청구에 의하여 열람 · 사본 · 복제 등의 형태로 청구인에게 공개하거나(청구공개) 공공기관이 자발적으로 또는 법령 등의 규정에 의하여 의무적으로 배포 또는 공표 등의 형태로 제공하는(정보제공) 제도를 말한다. ② 공공기관은 청구를 받은 날부터 "10일" 이내에 공개 여부를 결정해야 하며, 부득이한 경우 10일의 범위 내에서 연장할 수 있다. 정보공개를 청구한 날부터 20일 이내에 공공기관이 공개 여부를 결정하지 아니한 때에는 비공개의 결정이 있는 것으로 본다. ③ 모든 국민(청구인 본인 또는 그 대리인)과 법인 · 단체(대표자의 명의)는 정보공개를 청구할 권리를 가지며, 외국인도 국내에 일정한 주소를 두고 거주하는 자나 학술 · 연구를 위하여 일시적으로 체류하는 자, 국내에 사무소를 두고

있는 법인 또는 단체는 정보공개를 청구할 수 있다. ④ 청구인이 정보공개와 관련하여 공공기관의 처분 또는 부작위로 인하여 법률상 이익의 침해를 받은 때에는 (i) 당해 공공기관에 서면으로 이의신청을 하거나, (ii) 이의신청절차를 거치지 않고 직근상급기관에 행정심판을 청구할 수 있으며, (iii) 법원에 행정소송을 제기할 수 있다. 행정소송 중 취소소송은 법령의 규정에 의하여 당해 처분에 대한 행정심판을 제기할 수 있는 경우에도 이를 거치지 아니하고 제기할 수 있다. 다만, 다른 법률에 당해 처분에 대한 행정심판의 재결을 거치지 아니하면 취소소송을 제기할 수 없다는 규정이 있는 때에는 그러하지 아니하다.
<답 ④>

102. 지방자치단체의 정보공개에 관한 설명으로 옳지 않은 것은?

① 법인, 단체 또는 개인의 영업상 비밀에 관한 사항 <2001 지시 기술직> 으로서 공개될 경우 법인 등의 정당한 이익을 현저히 해할 우려가 있다고 인정되는 정보는 특별한 경우를 제외하고는 공개하지 아니할 수 있다.
② 청구인이 정보공개와 관련하여 지방자치단체의 처분 또는 부작위로 인하여 법률상 이익의 침해를 받은 때에는 이의 구제를 위하여 먼저 상급기관에 행정심판을 청구하고, 청구가 기각 또는 각하될 경우에 행정소송을 제기할 수 있다.
③ 지방자치단체는 부득이한 사유가 없는 한 정보공개청구를 받은 날부터 15일 이내에 공개 여부를 결정하여야 한다.
④ 비영리의 학술·공익단체가 학술이나 연구목적을 위하여 필요한 정보를 청구하였을 때 지방자치단체장은 그 수수료를 감면할 수 있다.
⑤ 지방자치단체는 각 부서별 세부기능 및 주요 문서제목이 포함된 주요 문서목록과 정보공개편람을 작성·비치하여 주민들의 열람에 제공하여야 한다.

✍ 해설

② 청구인이 정보공개와 관련하여 공공기관의 처분 또는 부작위로 인하여 법률상 이익의 침해를 받은 때에는 당해 공공기관에 이의신청을 할 수 있다. 비공개 요청을 받은 공공기관이 당해 제3자의 의사에 반하여 공개하고자 하는 경우에 공개통지를 받은 당해 제3자는 당해 공공기관에 이의신청을 할 수 있다. <답 ②>

103. 행정정보공개제도에 대한 설명으로 옳지 않은 것은? <2008 국가 9급>

① 행정정보공개는 행정비용과 업무량의 증가를 초래할 수 있다.
② 행정정보공개는 국민의 알권리를 보장하여 국정운영의 투명성을 확보함을 목적으로 한다.
③ 「공공기관의 정보공개에 관한 법률」에 따르면 직무를 수행한 공무원의 성명·직위는 비공개대상 정보이다.
④ 행정정보공개는 행정책임과 관련하여 정보의 조작 또는 왜곡을 초래할 수 있다.

✍ **해설** ……………………………………

정보공개제한사항으로는 특정인의 신상, 부동산 투기, 국방이나 외교, 통일 등 국가의 불이익을 줄 사항 재판상 공정성을 저해할 수 있는 사항, 공공의 안전과 이익을 현저히 해할 우려가 있는 사항, 업무의 공정한 수행이나 연구나 개발에 현저한 지장을 초래할 수 있는 사항 등이다. 공공기관의 정보공개에 관한 법률에 따르면 이름 및 주민번호 등 개인의 사생활을 침해할 우려가 있다고 인정되는 정보는 공개대상정보에서 제외되지만, 직무를 수행한 공무원의 성명·직위는 공개대상으로 하고 있다. 정책실명제 차원에서 직무를 수행한 공무원의 신상정보는 공개되어야 한다는 입장이다. <답 ③>

104. 다음은 우리나라의 「공공기관의 정보공개에 관한 법률」에 대한 설명이다. 옳은 것으로 짝지어진 것은? <2010 지방수탁 9급>

ㄱ. 헌법상의 '알 권리'를 구체화하기 위하여 1996년에 제정되었다.
ㄴ. 공공기관에 의한 자발적, 능동적인 정보제공을 주된 내용으로 하고 있다.
ㄷ. 외국인은 행정정보의 공개를 청구할 수 없다.
ㄹ. 직무를 수행한 공무원의 성명·직위는 공개할 수 있다.
ㅁ. 공공기관은 부득이한 사유가 없는 한 정보공개 청구를 받은 날부터 10일 이내에 공개 여부를 결정해야 한다.

① ㄱ, ㄴ, ㅁ ② ㄱ, ㄹ, ㅁ ③ ㄴ, ㄷ, ㄹ ④ ㄷ, ㄹ, ㅁ

✍ **해설** ……………………………………

우리나라의 정보공개제도는 청구에 의한 공개를 원칙으로 함으로써 공공기관에 의한 자발적, 능동적인 정보제공과 거리가 있으며, 국내에 일정한 주소를 두고 거주하거나 학술·연구를 위하여 일시적으로 체류하는 자나, 국내에 사무소를 두고 있는 법인 또는 단체는 외국인도 정보공개를 청구할 수 있다. <답 ②>

105. 우리나라에서 1998년부터 시행되고 있는 '공공기관의 정보공개에 관한 법률'에 관한 설명 중 옳지 않은 것은? <2002 행시>

① 헌법상의 '알 권리'를 구체화하는 법률이다.
② 공공기관이 직무상 작성 또는 취득하여 관리하고 있는 정보를 대상으로 한다.
③ 공공기관에 의한 자발적·능동적 정보제공을 핵심적 내용으로 한다.
④ 이해관계자만이 아니라 모든 국민이 행정정보의 공개를 청구할 권리를 가진다.
⑤ 정보공개청구는 직접 출석, 우편, 모사전송, 또는 컴퓨터통신에 의해서 할 수 있다.

✍ **해설** ……………………………………

정보공개란 국가·지방자치단체·정부투자기관 등 공공기관이 보유하고 있는 정보를 국민이나 주민의 청구에 의하여 공개하는 것이며 정보공개제도에 의하여 국민의 정보공개청구권이 인정되고 공공기관의 정보공개가 의무화된다. 정보공개는 정보제공과 구별되어야 한다. 정보공개는 법령에 근거를 둔 정보공개청구권의 행사자에게 가공되지 않은 정보를 의무적으로 제공하는 것이며, 이에 반하여 정보제공은 홍보 등의 목적으로 가공된 정보를 자발적으로 제공하는 것을 말한다. <답 ③>

106. 공공기관의 정보공개제도에 관한 설명으로 옳지 않은 것은?

<2003 행시·외시·지시>

① 지방자치단체는 그 소관사무에 관하여 법령의 범위 안에서 정보공개에 관한 조례를 정할 수 있다.
② 외국인은 정보공개 청구권자에서 제외된다.
③ 공공기관의 정보공개에 관한 법령상의 공공기관에는 사립학교가 포함된다.
④ 정보공개제도는 국민의 알 권리에 기초한 것이다.
⑤ 보안업무를 관장하는 기관에서 국가안전보장과 관련된 정보분석을 목적으로 수집되거나 작성된 정보에 대하여는 공공기관의정보공개에관한법률이 적용되지 아니한다.

해설

② 모든 국민과 법인 · 단체외에 국내에 일정한 주소를 두고 거주하거나, 학술 · 연구를 위하여 일시적으로 체류하는 외국인도 정보공개를 청구할 수 있다. <답 ②>

107. 지방행정에서 활용되는 주민투표제, 주민소환제, 주민발안제 등의 주된 목적은?

<2003 지시>

① 주민통제와 주민참여
② 지방정부의 자주성과 자치성
③ 지방행정의 능률성과 효과성
④ 지방행정의 책임성과 윤리성
⑤ 의결기관과 집행기관 상호간의 견제와 균형

해설

주민투표제, 주민소환제, 주민발안제 등은 행정에 주민이 직접 참여하고 통제하는 것이 주된 목적이다. <답 ①>

108. 다음 중 직접참정제에 대한 설명으로 잘못된 것은?

① 대의민주주의가 전체적인 관점에서 주민의 대표성을 보장해 주지 못함에 따라 그 필요성이 요청되었다.
② 자치단체의 장과 지방의회의 대립이 있을 경우 주민이 중립적인 입장에서 이를 조정할 수 있다.
③ 당리당략이나 이해관계인 등의 부당한 압력수단으로 악용될 소지가 있다.
④ 최근에는 직접참정제를 원칙으로 하여 간접참정제를 가미하는 경향으로 나아가고 있다.
⑤ 주민참정기회의 확대로 주민자치수준을 향상시킬 수 있으나 지역간 파벌과 분열을 조장할 우려가 있다.

✍ 해설

직접참정제란 주민 자신이 직접 정치·행정과정에 참여하여 의사를 표명하고 그 의사에 따라 자치업무를 수행하는 방식이다. 이러한 직접참정제는 간접참정제의 결함을 보완하고 주민자치의 이상을 실현하기 위하여 그 필요성이 요청되고 있다. ④ 주민의 의사와 책임에 따라 지방행정을 수행하는 것이 이상적이지만 오늘날과 같이 다원화·전문화된 산업사회에서 주민이 직접참정에 의해 복잡·다양해진 지방행정업무를 처리한다는 것은 사실상 불가능하므로 간접참정제를 원칙적인 참정방식으로 채택하고 보완적으로 직접참정제를 가미하는 것이 일반적인 경향이다. <답 ④>

≪직접참정제의 장·단점≫

장 점	단 점
(ⅰ) 주민자치수준의 향상 (ⅱ) 대의기관의 정책이나 행정집행의 견제 (ⅲ) 성숙한 주민사회의 발전에 기여 (ⅳ) 자치단체장과 지방의회간 대립의 조정	(ⅰ) 당리당략이나 부당한 압력수단으로의 악용 (ⅱ) 지역간 파벌과 분열의 조장 (ⅲ) 입법절차의 번잡 우려

109. 다음 보기 중 현행 지방자치법상 우리나라에서 인정되고 있는 직접참정의 방법을 모두 고른다면 적절한 것은?

㈎ 주민투표	㈏ 조례제정·개폐청구	㈐ 사무감사청구
㈑ 의회해산청구	㈒ 명령·처분 등에 대한 주민소송	

① ㈎, ㈏ ② ㈎, ㈏, ㈐ ③ ㈎, ㈏, ㈐, ㈑
④ ㈎, ㈏, ㈑, ㈒ ⑤ ㈎, ㈏, ㈐, ㈒

✍ 해설

우리나라는 1994년 지방자치법 개정을 통해 주민투표제를 도입하였다. 즉 지방자치법 제14조에 의하면 지방자치단체의 장은 주민에게 과도한 부담을 주거나 중대한 영향을 미치는 지방자치단체의 주요 결정사항 등에 대하여 주민투표에 부칠 수 있고(제1항), 주민투표의 대상·발의자·발의요건, 그 밖에 투표절차 등에 관한 사항은 따로 법률로 정한다(제2항). 1999년 지방자치법 개정으로 조례제정·개폐청구제도(제15조)와 주민감사청구제도(제16조)가 도입되었는바, 특히 주민감사청구제도는 일본의 사무감사청구제도(감사의 직접청구)와 주민감사청구제도를 절충·혼합하고 있다. 즉 주민 일정 수 이상의 연서를 요건으로 하면서 사무처리의 직징 여부가 아닌 위법·부당한 행정운영 전반에 대하여 청구할 수 있도록 하고 있다. 따라서 주민감사청구제도는 일본의 사무감사청구제도와는 그 본질이 다르다 하겠다. 주민소송제도(제17조)는 1949년 지방자치법을 제정하면서 규정하였으나, 1962년 이후 폐지되었다가 2005년 지방자치법을 개정하면서 다시 도입하여, 2006년부터 시행되었다. 주민소송의 대상은 공금의 지출에 관한 사항, 재산의 취득·관리·처분에 관한 사항, 당해 지방자치단체를 당사자로 하는 매매·임차·도급 그 밖의 계약의 체결·이행에 관한 사항, 지방세·사용료·수수료·과태료 등 공금의 부과·징수의 해태에 관한 사항이다. <답 ①>

110. 주민투표에 관한 설명으로 옳지 않은 것은? <2008 7급 채용>

① 주민투표는 궁극적으로 대의제를 대체하려는 것이다.
② 우리나라에서 행정기구의 설치 · 변경에 관한 사항은 주민투표에 부칠 수 없다.
③ 주민투표제가 성공적으로 정착되기 위해서는 주민 자치의식이 확립되어야 한다.
④ 우리나라에서 주민투표는 주민 또는 지방의회의 청구에 의하거나 지방자치단체의 장의 직권에 의하여 실시할 수 있다.

해설

① 주민투표는 대의제를 보완하는 조치이며 대체를 위한 것은 아니다. <답 ①>

111. 주민투표제도에 관한 설명으로 옳지 않은 것은? <2002 지시>

① 우리나라는 1994년 3월 지방자치법 개정을 통하여 주민투표제도를 채택하였다.
② 지방자치법은 지방자치단체의 폐치 · 분합에 대하여 지방자치단체장이 주민투표를 실시할 수 있도록 규정하고 있다.
③ 지방자치법은 주민에게 과도한 부담을 주는 지방자치단체의 중요한 결정에 대하여도 주민투표를 실시할 수 있도록 규정하고 있다.
④ 주민투표의 대상, 발의자, 발의요건, 기타 투표절차에 대하여는 대통령령인 지방자치법시행령으로 정하도록 하고 있다.
⑤ 주민투표는 지방의회와 자치단체장의 대립관계를 중립적 위치에서 해결해 주는 제도적 장치가 될 수 있다.

해설

④ 주민투표의 대상 · 발의자 · 발의요건 · 기타 투표절차 등에 관하여는 따로 법률로 정하도록 규정하고 있다. <답 ④>

112. 우리나라 '주민투표'제도에 관한 내용으로 가장 타당한 것은? <2005 서울 7급>

① 법령에 위반되는 사항이나 다른 지방자치단체의 사무에 속하는 사항은 주민투표에 부칠 수 없다.
② 지방자치단체의 장은 주민 또는 지방의회의 청구가 있을 때에만 주민투표를 실시할 수 있다.
③ 주민투표에 부쳐진 사항은 주민투표권자 총수의 2분의 1 이상의 투표와 유효투표수 과반수의 득표로 확정된다.
④ 지방자치단체의 장은 주민투표의 전부 또는 일부무효의 판결이 확정된 때에는 그 날부터 60일 이내에 무효로 된 투표구의 재투표를 실시하여야 한다.

⑤ 주민에게 과도한 부담을 주거나 중대한 영향을 미치는 지방자치단체의 주요결정사항으로서 그 지방자치단체의 규칙으로 정하는 사항은 주민투표에 부칠 수 있다.

✍ 해설

① 법령에 위반되는 사항이나 다른 지방자치단체의 사무에 속하는 사항은 주민투표에 부칠 수 있다. ②의 경우 주민 또는 지방의회의 청구가 있을 때는 물론 자치단체장이 직권 또는 중앙행정기관의 요구에 의하여 주민투표를 실시할 수 있다. ③의 경우 주민투표권자 총수의 3분의 1 이상의 투표와 유효투표수 과반수의 득표로 확정된다. ④의 경우 주민투표의 전부 또는 일부무효의 판결이 확정된 때에는 그 날부터 20일 이내에 무효로 된 투표구의 재투표를 실시하여야 한다. ⑤의 경우 주민에게 과도한 부담을 주거나 중대한 영향을 미치는 지방자치단체의 주요결정사항으로서 그 지방자치단체의 '조례'로 정하는 사항은 주민투표에 부칠 수 있다. <답 ①>

113. 우리나라의 '주민투표'제도에 대한 올바른 설명은? <2005 서울 9급>

① 법령 위반 사항과 다른 지방자치단체의 사무는 주민투표의 대상이 아니다.
② 주민 또는 지방의회의 청구가 있을 때에만 주민투표가 가능하다.
③ 투표권자 전체의 2분의 1 이상 투표와 과반수의 득표로 확정된다.
④ 지방자치단체의 규칙으로 정하는 사항은 주민투표에 부칠 수 있다.
⑤ 주민투표의 무효 판결이 확정되면 60일 이내에 재투표를 실시해야 한다.

✍ 해설

② 지방자치단체 장이 필요한 경우에도 직권에 의한 주민투표가 가능하다. ③ 3분의 1 이상의 투표와 과반수 득표로 투표 결과가 확정된다. ④ 규칙이 아닌 조례에 정한 사항이 주민투표 대상이 된다. ⑤ 20일 내에 재투표를 실시해야 한다. <답 ①>

114. 주민투표의 대상 · 발의자 · 발의요건, 기타 투표절차는 어느 것으로? <2003 지시>

① 법 률 ② 대통령령
③ 행정안전부령 ④ 조 례 ⑤ 규 칙

✍ 해설

주민투표의 대상 · 발의자 · 발의요건 · 기타 투표절차 등에 관하여는 따로 법률로 정하도록 규정하고 있다. <답 ①>

115. 지방의회 또는 지방의원들의 부작위에 대하여 간접적으로 책임을 추궁하는 직접참여방식은?

① 주민소환 ② 주민투표 ③ 주민감사청구
④ 사무감사청구 ⑤ 주민발안

✍ 해설

주민발안(initiative)이란 일정수 이상의 유권자가 연서에 의해 자치단체의 헌장이나 조례의 제정 및 개폐 등에 관한 의안을 직접 발의하는 제도로서 지방의회 또는 의원의 부작위에 대하여 간접적으로 책임을 추궁하는 성격을 갖는다. 주민발안에는 직접적 주민발안과 간접적 주민발안이 있다. <답 ⑤>

≪주민발안제도의 유형≫

직접적 주민발안	(i) 헌장이나 조례의 제정 및 개폐 등에 관한 주민의 발안이 있으면 이를 반드시 주민투표에 회부하는 제도 (ii) 미국(Washington, D.C.), 대만 등
간접적 주민발안	(i) 주민발안을 일단 지방의회에 회부하여 승인할 때는 바로 성립하며, 승인하지 않을 때에 이를 주민투표에 부치는 제도 (ii) 일본, 캐나다, 스위스, 독일 등

116. 다음은 직접참정의 방법에 대한 설명이다. 잘못된 것은?

① 주민총회는 직접참정의 전형으로서 지방자치단체의 유권자 전원으로 구성되는 합의제기관을 말한다.

② 스위스에서는 대부분의 기초자치단체가 주민총회를 가지고 있으며, 미국 일부 주의 town meeting, 영국의 parish meeting도 주민총회의 일종이다.

③ 주민소환에 있어서 해직이 청구된 의회의원과 자치단체장은 주민투표에 의하여 동의를 얻은 때에 그 직에서 해직된다.

④ 주민소송은 주민이 자신의 법률상의 이익침해에 대해서만 법원에 제소할 수 있는 제도이다.

⑤ 사무감사청구의 경우 청구대상에는 고유사무, 단체위임사무뿐만 아니라 기관위임사무도 포함된다.

해설

③ 주민이 공선하는 의회의원과 단체장은 주민투표에 의하여 그 동의를 얻은 때, 기타 주요 공무원은 지방의회에 부의하여 그 의결을 얻은 때에 그 직에서 해직된다. ④ 주민소송이란 주민이 자신의 법률상 이익에 관련이 없더라도 자치행정의 비위사실을 법원에 제소할 수 있는 일종의 민중쟁송제도이다. 특히 일본에서는 주민감사청구에 의해 목적을 달성할 수 없을 때에 법원에 소송을 제기할 수 있도록 주민소송을 인정하고 있다. ⑤ 감사청구는 주민이 지방자치단체의 운영에 관하여 이상이 있다고 판단하는 경우 감사를 청구하는 제도이다. 이는 일본에서 발달하였으며, 사무감사청구제와 주민감사청구제가 있다. <답 ④>

117. 제도상으로는 가장 강력한 사후적 책임추궁장치이면서 효과면에서는 사전의 심리적 예방장치로서 기능하는 직접참정방법은?

① 주민소환 ② 주민소송 ③ 주민투표
④ 감사청구 ⑤ 주민발안

해설

주민소환은 일정수 이상의 유권자가 연서에 의하여 지방자치단체의 장, 의회의원 기타 주요 공무원의 해직이나 의회의 해산 등을 임기만료 전에 청구하면 이에 대하여 주민투표 또는 의회의 동의로써 결정하는 제도로서 해직청구라고도 한다. 이 제도는 미국의 대다수 도시, 일본, 대만, 스위스, 필리핀 등에서 채택하고 있는데, 실제로 행사되는 경우는 드물고 오히려 책임행정을 확보하기 위한 수단으로서 심리적인 효과가 큰 제도라 할 수 있다.

<답 ①>

≪주민소환의 장 · 단점≫

장 점	단 점
(i) 공직자윤리의 확보 (ii) 평상시의 민의 반영 (iii) 공공문제에 대한 주민의 관심 촉진	(i) 공직자의 위축 (ii) 감정적인 소환운동 (iii) 남용으로 인한 지방자치의 파행화

118. 주민투표에 대한 설명 중 틀린 것은?

① 주민투표란 특정사안에 대해 주민이 직접 정치적 의사결정을 행하는 것으로서 자치단체의 기관구성을 위한 선거와는 그 성격이 다르다.

② 강제적 · 의무적 주민투표, 선택적 · 임의적 주민투표, 항의적 · 청원적 주민투표로 나눌 수 있다.

③ 우리나라의 주민투표는 강제적 · 의무적 주민투표의 한 유형이다.

④ 강제적 · 의무적 주민투표는 중요한 특정사안에 대하여 반드시 주민투표에 부치도록 의무화한 것이다.

⑤ 선택적 주민투표는 주민투표의 실시 여부를 지방의회에 일임하는 제도로서 의회가 주로 주민의사를 파악하는 수단으로서 활용한다.

해설

지방자치법에 따르면 '지방자치단체의 장은 지방자치단체의 폐치 · 분합 또는 주민에게 과도한 부담을 주거나 중대한 영향을 미치는 지방자치단체의 주요 결정사항 등에 대하여 주민투표에 부칠 수 있다'고 규정되어 있다. 따라서 우리나라의 주민투표제는 자치단체장이 재량에 의하여 행한다는 점에서 강제적 주민투표라고 할 수 없다. 미국의 대부분의 시에서는 행정구역개편, 자치단체헌장의 제정 등 중요사항에 대해서 필수적으로 주민투표제를 실시하고 있으며 일본의 경우도 자치단체에 관련된 특별법의 제정, 주민청구에 의한 의회해산, 의원 및 단체장의 해직 등에 대하여 필수적으로 주민투표제를 채택하고 있다.

<답 ③>

119. 지방자치에서의 주민참여의 유형 중 주민투표에 대한 설명으로 틀리는 것은 ?

① 지방자치단체의 장은 주민투표의 실시를 요구받은 때에는 지체없이 이를 공표하여야 하며, 공표일 부터 30일 이내에 그 지방의회의 의견을 들어야 한다.

② 주민은 주민투표청구권자 총수의 20분의 1 이상 5분의 1 이하의 범위 안에서 조례로 정하는 수 이상의 서명으로 주민투표의 실시를 청구할 수

있다.

③ 주민투표에 부쳐진 사항은 주민투표권자 총수의 과반수 투표와 유효투표수 3분의 1 이상의 득표로 확정된다.

④ 전체 투표수가 주민투표권자 총수의 3분의 1에 미달하는 때에는 개표를 하지 아니한다.

해설

주민투표는 대표를 선거하는 것만으로는 지방자치에 주민의 의견을 구체적으로 표현할 수 없기 때문에 특정한 사안에 관한 의사결정과정에 일반 주민이 직접 참여하는 것이다. 주민투표권자는 20세 이상의 주민으로 하고, 외국인도 일정한 자격을 갖춘 때에는 지방자치단체의 조례가 정하는 바에 따라 주민투표권을 부여할 수 있도록 한다. 지방자치단체의 장은 주민 또는 지방의회의 청구에 의하거나 직권에 의하여 주민투표를 실시할 수 있다. 지방의회는 재적의원 과반수 출석과 출석의원 3분의 2 이상의 찬성으로 주민투표의 실시를 청구할 수 있다. 지방자치단체의 장은 직권에 의하여 주민투표를 실시하고자 하는 때에는 그 지방의회 재적의원 과반수의 출석과 출석의원 과반수의 동의를 얻어야 한다. 확정 및 조치 : 주민투표에 부쳐진 사항은 주민투표권자 총수의 3분의 1 이상의 투표와 유효투표수 과반수의 득표로 확정된다. 지방자치단체의 장 및 지방의회는 주민투표 결과 확정된 사항에 대하여 2년 이내에는 이를 변경하거나 새로운 결정을 할 수 없다. <답 ③>

120. 다음의 보기는 주민참여의 유형에 대한 설명이다. 옳은 것은 모두 몇 개인가 ?

㉠ 주민투표청구권자는 주민투표청구권자 총수의 50분의 1 이상 20분의 1 이하의 범위에서 조례로 정하는 수 이상의 서명으로 주민투표의 실시를 청구할 수 있다.

㉡ 주민감사청구는 사무처리가 있었던 날이나 끝난 날부터 3년이 지나면 제기할 수 없다.

㉢ 주민소송을 제기한 주민은 승소한 경우 그 지방자치단체에 대하여 변호사 보수 등의 소송비용, 감사청구절차의 진행 등을 위하여 사용된 여비, 그 밖에 실제로 든 비용을 보상할 것을 청구할 수 없다.

㉣ 주민소환투표 대상자는 관할선거관리위원회가 주민소환투표 결과를 공표한 시점부터 그 권한행사가 정지된다.

㉤ 주민이 조례 및 규칙의 개폐나 공공시책의 개선 등 자치단체의 지방행정에 대한 요구나 희망 또는 정치적 의사를 표시하고자 할 때에는 지방의회 의원의 소개를 받아 지방의회에 청원할 수 있도록 하고 있다.

① 1개 ② 2개 ③ 3개 ④ 4개

해설

㉠ 주민투표청구권자는 주민투표청구권자 총수의 20분의 1 이상 5분의 1 이하의 범위에서 조례로 정하는 수 이상의 서명으로 주민투표의 실시를 청구할 수 있다. ㉡ 주민감사청구

는 사무처리가 있었던 날이나 끝난 날부터 2년이 지나면 제기할 수 없다. ㉢ 주민소송을 제기한 주민은 승소한 경우 그 지방자치단체에 대하여 변호사 보수 등의 소송비용, 감사청구절차의 진행 등을 위하여 사용된 여비, 그 밖에 실제로 든 비용을 보상할 것을 청구할 수 있다. ㉣ 주민소환투표 대상자는 관할선거관리위원회가 주민소환 투표안을 공고한 때부터 주민소환투표 결과를 공표할 때까지 그 권한행사가 정지된다. 옳은 것은 ㉤ 1개이다. <답 ①>

121. 우리나라의 주민청원에 관한 사항을 기술한 것이다. 틀린 것은?

① 모든 국민이 국가 각 기관에 대하여 문서로 청원할 권리가 있음을 헌법으로 보장하고 있다.
② 청원권자에 대해서는 연령의 제한이 없으며, 개인이든 법인이든 무방하지만 외국인은 청원할 수 없다.
③ 재판에 간섭하거나 법규에 위배되는 내용의 청원은 허용되지 아니한다.
④ 청원은 사법적 소송수단이 아니라 정치적 통제수단의 하나라고 할 수 있다.
⑤ 청원서에는 청원자의 성명 및 주소나 법인인 경우 그 명칭과 대표자의 성명 및 주소를 기재하고 서명 · 날인하여야 한다.

해설

② 청원권자에 대해서는 어떠한 자격제한도 없다. 따라서 (i) 내 · 외국인을 불문하며, (ii) 연령의 제한이 없고, (iii) 개인이든 법인이든 무방하며, (iv) 권리능력이 없는 사단도 청원할 수 있다. <답 ②>

122. 우리나라의 주민소청과 청원에 관한 사항이다. 올바른 것은?

① 선거 또는 당선의 효력에 관하여 이의가 있을 때 시 · 군 · 자치구에 있어서는 시 · 도선거관리위원회에, 시 · 도에 있어서는 중앙선거관리위원회에 소청할 수 있다.
② 우리나라는 현재 선거쟁송뿐만 아니라 주민쟁송도 인정하고 있다.
③ 주민은 조례 및 규칙의 개폐뿐만 아니라 공공시책의 개선 등 지방자치단체의 지방행정에 대한 요구나 희망 또는 정치적 의사를 청원할 수 있다.
④ 선거 또는 당선의 효력에 관한 소청의 결정에 불복이 있는 소청인은 그 결정서를 받은 날부터 10일 이내에 대법원에 제소할 수 있다.
⑤ 주민은 어떤 사항도 지방의회에 청원할 수 있으나 반드시 의원의 소개로 청원서를 제출할 필요는 없다.

해설

① 선거 또는 당선의 효력에 관하여 이의가 있을 때에는 선거일 또는 당선인 결정일부터 14일 이내에 지역구시 · 도의원선거와 자치구 · 시 · 군의원선거 및 자치구 · 시 · 군의 장선거는 시 · 도선거관리위원회에, 비례대표시 · 도의원선거 및 시 · 도지사선거는 중앙선거관리위원회에 소청을 제기할 수 있다. 중앙선거관리위원회 또는 시 · 도선거관리위원회는 소청을 접수한 날부터 60일 이내에 그 소청에 대한 결정을 하여야 한다. ② 종래의 구 지방

자치법은 '지방자치단체의 조례 또는 자치단체장의 명령 · 처분이 헌법이나 법률에 위반된다고 인정되는 때에는 주민 100인 이상의 연서로 해당 자치단체의 감독관청에 소청을 제기할 수 있게 하고, 그 결정에 대하여 이의가 있을 때에는 대법원에 제소할 수 있도록' 규정하여 주민쟁송을 채택하였으나, 1988년의 지방자치법 개정에서 삭제되어 현재 우리나라에서는 선거쟁송만을 인정하고 있다. ④ 선거의 효력이나 당선의 효력에 관한 소청의 결정에 불복이 있는 소청인(당선인 포함)은 그 결정서를 받은 날부터 10일 이내에, 소청을 접수한 날부터 60일 내에 결정하지 않은 때에는 그 기간이 종료된 날부터 10일 이내에 비례대표시 · 도의원선거 및 시 · 도지사선거는 대법원에, 지역구시 · 도의원선거와 자치구 · 시 · 군의원선거 및 자치구 · 시 · 군의 장선거는 당해 선거구를 관할하는 고등법원에 제소할 수 있다. ⑤ 법령에 위배되거나 재판에 간섭하는 내용은 청원을 할 수 없으며, 지방의회에 청원을 하기 위해서는 지방의회의원의 소개를 얻어 청원서를 제출하여야 한다. 청원이 접수되면 지방의회는 위원회 또는 본회의에 회부하여 심사한다. 다만 자치단체의 장이 처리함이 타당하다고 인정되는 청원은 그 의견서를 첨부하여 장에게 이송하며 장은 그 처리결과를 지체없이 지방의회에 보고하게 되어 있다. <답 ③>

123. 현행 지방자치법상의 청원에 대한 설명으로 옳지 않은 것은?

<2001 지시>

① 지방의회에 청원을 하고자 하는 자는 지방의회사무국에 직접 청원서를 제출하여야 한다.
② 청원서에는 청원자의 성명 및 주소를 기재하고 서명 · 날인하여야 한다.
③ 재판에 간섭하거나 법령에 위배되는 내용의 청원은 이를 수리하지 아니한다.
④ 지방의회의 의장은 청원서를 접수한 때에는 이를 소관 위원회 또는 본회의에 회부하여 심사를 하게 한다.
⑤ 위원회가 청원을 심사하여 본회의에 부의할 필요가 없다고 결정한 때에는 그 처리결과를 의장에게 보고하고, 의장은 청원인에게 이를 통지하여야 한다.

해설

지방의회에 청원하고자 하는 자는 지방의회의원의 소개를 얻어 청원서를 제출하여야 한다. <답 ①>

124. 현행법상의 주민투표제에 관한 설명이다. 틀린 것은?

① 주민투표의 발안자를 지방자치단체의 장에 한하고 있다.
② 지방자치단체의 폐치 · 분합에 관한 사항을 투표에 부칠 수 있다.
③ 사용료 · 수수료 · 분담금의 조정에 대해서도 투표에 부칠 수 있다.
④ 임의규정이므로 주민투표에의 상정은 자치단체장의 재량에 속한다.
⑤ 지방의회의 기능을 무력화시킬 가능성이 있다.

해설

지방자치단체의 폐치 · 분합 또는 주민에게 과도한 부담을 주거나 중대한 영향을 미치는 지방자치단체의 주요 결정사항 등에 대하여 주민투표에 부칠 수 있는바, (i) 자치단체의 관할구역변경, (ii) 자치단체의 명칭변경, (iii) 일정한도 이상의 지방채발행, (iv) 관할소재지의 변경, (v) 조례의 제정 및 개폐의 청구, (vi) 초과과세, (vii) 주민의 이해와 직결된 시설 또는 사업의 결정, (viii) 장과 의회의 대립시 해결책 등이 주민투표에 상정될 수 있을 것이다. ③ 다만 법률에 위반되는 사항, 자치단체의 권한을 초월하는 사항, 사용료·수수료·분담금의 조정과 같이 빈번한 변경이 요구되는 사항은 주민투표의 발안대상에서 제외된다. <답 ③>

≪우리나라 주민투표의 문제점과 성공적 수행조건≫

구분	내용
문 제 점	(i) 지방의회기능의 무력화 가능성 (ii) 자치단체장의 정치적 악용 (iii) 책임의 분담 또는 전가의 수단화 (iv) 지역이기주의에 대한 정치적 정당성의 부여 우려 (v) 지역 내 갈등관계의 조장과 형평성 침해의 우려
성공적 수행조건	(i) 행정 및 정책정보의 공개 (ii) 지방의회기능의 활성화 (iii) 지방정당조직의 민주화 (iv) 지역사회의 민주화

125. 권력작용에 대한 시민통제의 가장 중요한 수단은 투표지만, 투표를 통한 정책통제는 느슨하다. 그 이유와 가장 관련이 없는 것은?

<2004 국가 7급>

① 민주체제하에서도 언제나 투표가 평등하게 행사되는 것은 아님
② 이익집단간의 불균등한 정치적 영향력
③ 정책결정자의 선출을 통한 간접적 영향
④ 유권자의 정책인식의 한계

해설

시민통제의 방법에는 선거, 이익단체(이익집단), 정당, 여론·매스컴, 지식인(전문가), 시민참여(주민참여) 등으로 나누어진다. 이익집단간의 불균등한 정치적 영향력은 이익집단에 의한 통제에서 나타나는 문제이다. <답 ②>

126. 최근 들어 대의민주제를 보호하는 안전밸브장치로서 주민직접참여제도를 도입·확대해야 한다는 목소리가 커지고 있다. 현재 우리나라 지방자치단체에서 제도적으로나 실제적으로 도입하고 있지 않은 제도는?

① 조례제정·개폐청구제도
② 주민감사청구제도
③ 시민옴부즈만제도
④ 주민투표제도
⑤ 자치단체장 소환제도

✍ **해설**

①② 1999년 8월 31일 공포된 개정 지방자치법에서는 주민의 직접참여를 활성화하면서 행정의 투명성을 높이기 위해 조례제정 · 개폐청구제도(지방자치법 제15조)와 함께 주민감사청구제도(지방자치법 제16조)를 도입하고 공포 후 6월이 경과한 날부터 시행하도록 하고 있다. ③ 경기도의 안양시 · 부천시, 서울시의 강동구 · 양천구, 충청북도, 경상남도, 청주시 등의 자치단체에서는 시민옴부즈만을 내부적으로 설치 · 운영하고 있다. 특히 부천시의 경우 1996년 관련 조례와 시행규칙을 제정하여 1997년 3월 옴부즈만을 선정하고 현재 실시중에 있다. 대법원도 충청북도 '청소리옴부즈만조례안'과 관련하여 합의제행정기관인 옴부즈만을 집행기관의 장인 도지사소속으로 설치하는 데 있어서는 지방자치법 제107조 제1항의 규정에 따라 당해 지방자치단체의 조례로 정하면 되는 것이지 헌법이나 다른 법령상으로 별도의 설치근거가 있어야 되는 것은 아니라고 하고 있다(대법원 1997.4.11, 96추138 결정). ④ 지방자치법 제14조(주민투표)에 규정되어 있다. ⑤ 2007년부터 지방자치법 제20조에 주민소환제도도 두고, 자치단체의 선출직 공직자가 처리한 행정처분 및 결정에 심각한 문제가 있거나 현저하게 주민피해나 지방발전에 크게 저해되는 행위를 했을 때는 그 지방주민은 법이 정한대로 일정 인원의 투표권자서명을 받아 해당 선거관리위원회에 주민투표를 청구하게 되고 유권자의 3분의 1 이상 투표 찬성과반수 이상으로 가결되면 해당 공직자는 그 직에서 물러나게 된다. <답 없음>

127. 우리나라의 조례제정 · 개폐청구제도에 대한 설명으로 옳지 않은 것은?

① 조례의 제정 및 개폐청구는 당해 지방자치단체의 장에게 하게 되어 있다.
② 조례의 제정 및 개폐청구를 위해서는 청구인명부에 청구인의 대표자가 기재되어야 한다.
③ 조례의 제정 및 개폐청구가 있는 때에는 청구를 접수한 날부터 7일간 청구인명부 또는 그 사본을 공개된 장소에 비치 · 열람할 수 있도록 하여야 한다.
④ 청구인명부의 서명에 관하여 이의신청이 있는 때에는 이의신청이 있는 날부터 14일 이내에 이를 심사 · 결정하여야 한다.
⑤ 조례의 제정 및 개폐청구를 수리한 경우, 수리한 날부터 60일 이내에 조례안을 작성하여 지방의회에 부의하여야 한다.

✍ **해설**

조례제정 · 개폐청구제도는 자치입법에 대한 발안권을 주민에게도 제도적으로 보장함으로써 주민자치의 이념에 충실한 지방행정을 도모할 수 있도록 하고 있다. ① 19세 이상의 유권자인 주민총수의 20분의 1의 범위 안에서 일정 주민수 이상의 연서로 당해 자치단체장에게 조례의 제정 · 개폐를 청구할 수 있다. ④ 청구인명부의 서명에 관하여 이의신청이 있는 때에는 지방자치단체의 장으로 하여금 청구인명부 또는 그 사본의 열람기간(청구를 접수한 날부터 7일간)이 종료된 날부터 14일 이내에 이를 심사 · 결정하도록 하고 있다.
<답 ④>

128. 주민의 조례제정 및 개폐청구권에 대한 설명으로 옳지 않은 것은? <2001 지시>

① 지방자치단체의 19세 이상의 주민 총수의 20분의 1의 범위 안에서 19세 이상의 일정주민 수 이상의 연서로 당해 지방자치단체장에게 조례의 제정이나 개폐를 청구할 수 있다.

② 조례의 제정이나 개폐를 청구하는 때에는 청구인의 대표자를 선정하여 이를 청구인 명부에 기재해야 한다.

③ 청구가 있는 때에는 지방자치단체장은 즉시 그 내용을 공표하여야 하며, 청구를 접수한 날부터 7일간 청구인 명부 또는 그 사본을 공개된 장소에 비치하여 열람할 수 있도록 하여야 한다.

④ 주민총수는 주민등록표에 의하여 조사한 당해 연도의 인구통계에 의한다.

⑤ 지방자치단체장은 청구를 수리한 날부터 60일 이내에 조례의 제정 또는 개폐안을 작성하여 지방의회에 부의하여야 하며, 그 결과를 청구인의 대표자에게 통지하여야 한다.

해설

④ 주민총수는 연도별로 산정하되, 주민등록표에 의하여 조사한 전년도 12월 31일 현재 인구통계에 의한다. <답 ④>

129. 현행법상 주민감사청구권에 대한 내용으로 옳은 것은?

① 주민감사청구의 처리결과에 불복이 있는 경우 위법행위의 취소·무효 등을 청구하는 소송을 제기할 수 있다.

② 주민감사청구의 대상을 지방자치단체의 재산의 취득·처분이나 재무회계의 처리 등 재무행정에 국한시키고 있다.

③ 주민감사청구는 지방자치단체의 사무, 즉 자치사무와 단체위임사무에 대해서만 할 수 있다.

④ 주민감사청구가 있는 때에는 즉시 그 내용을 공표하고 청구를 수리하여야 한다.

⑤ 주민감사청구는 원칙적으로 주무부장관이나 시·도지사는 감사청구를 수리한 날부터 60일 이내에 감사청구된 사항에 대하여 감사를 끝내야 한다.

해설

1999년 8월 31일 개정 지방자치법을 통해 도입된 주민감사청구제도는 위법·부당한 행정집행에 대한 외부통제제도로서 주민이 행정을 구석구석 감시·통제하고 주민들의 불편·불만사항을 제도적으로 수렴·처리할 수 절차를 마련하고 있다는 데 그 의의가 있다. ① 당해 자치단체장에게 주무부장관 또는 시·도지사가 감사결과에 따라 요구한 조치를 성실히 이행하고 그 조치결과를 지방의회와 감독기관에 보고할 의무만 부과하고 있을 뿐이며, 이를 관철시킬 소송상의 수단은 고려하지 않고 있다. ②③ 당해 지방자치단체와 그 장의 권한에 속하는 사무의 처리가 법령에 위반되거나 공익을 현저히 해한다고 인정되는 경우에 감사를 청구할 수 있다고 함으로써 주민감사청구의 대상을 재무행정에 국한시키지 않고 행정사무 일반으로 확대하고 있으며, 지방자치단체의 사무뿐만 아니라 기관위임사무까지도 가능하게 하였다. ④ 주민감사청구(제16조)도 조례의 제정 및 개폐청구에 관한 제15조 규정을 준용하도록 되어 있는바, 청구인명부 또는 그 사본의 비치 · 열람 등의 절차를 거쳐 청구요건을 갖추면 청구를 수리하고, 그러하지 아니하면 청구를 각하하도록 하고 있다.

<답 ⑤>

130. 다음 보기 중 현행법상 조례제정 · 개폐청구의 청구대상에서 제외되는 사항을 모두 고른다면 적절한 것은?

(가) 금전적 급부를 요구하는 사항 (나) 행정기구의 설치 · 변경에 관한 사항 (다) 개인의 사생활을 침해할 우려가 있는 사항 (라) 공공시설의 설치를 반대하는 사항 (마) 지방세 · 사용료 · 수수료 · 부담금의 부과 · 징수 또는 감면에 관한 사항

① (가), (나), (다) ② (가), (나), (라) ③ (나), (라), (마)
④ (나), (다), (라), (마) ⑤ (가), (나), (라), (마)

해설

≪조례제정 · 개폐청구 및 주민감사청구의 청구제외대상≫

조례제정 · 개폐청구	(i) 법령을 위반하는 사항 (ii) 지방세 · 사용료 · 수수료 · 부담금의 부과 · 징수 또는 감면에 관한 사항 (iii) 행정기구의 설치 · 변경에 관한 사항이나 공공시설의 설치를 반대하는 사항
주민감사청구	(i) 수사 또는 재판에 관여하게 되는 사항 (ii) 개인의 사생활을 침해할 우려가 있는 사항 (iii) 다른 기관에서 감사하였거나 감사중인 사항(단, 다른 기관에서 감사한 사항이라도 새로운 사항이 발견되거나 중요 사항이 감사에서 누락된 경우와 주민소송의 대상이 되는 경우에는 제외) (Ⅳ) 동일한 사항에 대하여 제17조의 주민 소송이 진행 중이거나 그 판결이 확정된 사항

<답 ③>

131. 중앙정부의 승인 없이 조례를 통해 행사 가능한 지방자치권은?

<2007 경북 9급>

① 인접 시 · 군의 경계 조정
② 주민감사청구가 가능한 주민 수 조정
③ 지방소득세 개편
④ 법정 외 세목 신설

해설

지방자치법 제16조에 지방자치단체의 19세 이상의 주민은 시 · 도는 500명, 제175조에 인구 50만 이상 대도시는 300명, 그 밖의 시 · 군 및 자치구는 200명을 넘지 아니하는 범위에서 그 지방자치단체의 조례로 정하는 19세 이상의 주민 수 이상의 연서로 감사를 청구할 수 있다. <답 ②>

132. **다음의 서술에서 ( )에 알맞은 항목을 올바르게 제시한 것은?**

> 주민의 조례제정 · 개폐청구는 인구 50만 이상 대도시에서는 19세 이상 주민 총수의 100분의 1 이상 70분의 1 이하, 시 · 군 및 자치구에서는 19세 이상 주민 총수의 50분의 1 이상 ( ) 이하의 범위에서 ( )로 정하는 19세 이상의 주민 수 이상의 연서(連署)로 해당 지방자치단체의 장에게 조례를 제정하거나 개정하거나 폐지할 것을 청구할 수 있고,
> 주민의 감사청구는 지방자치단체의 19세 이상의 주민이 시 · 도는 500명, 인구 50만 이상 대도시는 300명, 그 밖의 시 · 군 및 자치구는 ( )명을 넘지 아니하는 범위에서 그 ( )로 정하는 19세 이상의 주민 수 이상의 연서(連署)로, 시 · 도에서는 주무부장관에게, 시 · 군 및 자치구에서는 시 · 도지사에게 그 지방자치단체와 그 장의 권한에 속하는 사무의 처리가 법령에 위반되거나 공익을 현저히 해친다고 인정되면 감사를 청구할 수 있다.

① 50분의 1 — 당해 지방자치단체의 조례 — 500 — 대통령령
② 20분의 1 — 당해 지방자치단체의 조례 — 200 — 대통령령
③ 50분의 1 — 대통령령 — 400 — 당해 지방자치단체의 조례
④ 20분의 1 — 대통령령 — 300 — 당해 지방자치단체의 조례
⑤ 20분의 1 — 당해 지방자치단체의 조례 — 200 — 당해 지방자치단체의 조례

해설

주민의 조례제정 · 개폐청구는 인구 50만 이상 대도시에서는 19세 이상 주민 총수의 100분의 1 이상 70분의 1 이하, 시 · 군 및 자치구에서는 19세 이상 주민 총수의 50분의 1 이상 20분의 1 이하의 범위에서 지방자치단체의 조례로 정하는 19세 이상의 주민 수 이상의 연서(連署)로 해당 지방자치단체의 장에게 조례를 제정하거나 개정하거나 폐지할 것을 청구할 수 있다(지방자치법 제15조). 주민감사청구는 지방자치단체의 19세 이상의 주민이 시 · 도는 500명, 인구 50만 이상 대도시는 300명, 그 밖의 시 · 군 및 자치구는 200명을 넘지 아니하는 범위에서 그 지방자치단체의 조례로 정하는 19세 이상의 주민 수 이상의 연서(連署)로, 시 · 도에서는 주무부장관에게, 시 · 군 및 자치구에서는 시 · 도지사에게 그 지방자치단체와 그 장의 권한에 속하는 사무의 처리가 법령에 위반되거나 공익을 현저히 해친다고 인정되면 감사를 청구할 수 있다. <답 ⑤>

≪조례제정 · 개폐청구권과 주민감사청구권의 비교≫

구분	조례제정 · 개폐청구권 (지방자치법 제15조)	주민감사청구권 (지방자치법 제16조)
청구주체	19세 이상의 주민으로서 ① 해당 자치단체의 관할구역에 주민등록 되어 있는 사람, ② 해당 자치단체의 국내거소신고인명부에 올라 있는 재외국민, ③ 영주의 체류자격 취득일 후 3년이 경과한 외국인으로서 해당 자치단체의 외국인등록대장에 올라 있는 사람	
정족수	① 시 · 도 및 50만 이상의 대도시는 19세 이상의 주민 총수의 100분의 1 이상 70분의 1 이하, ② 시 · 군 및 자치구는 50분의 1 이상 20분의 1 이하의 범위 안에서 조례로 정하는 주민 수 이상의 연서로	① 시 · 도는 500명, 50만 이상 대도시는 300명, ② 시 · 군 및 자치구는 200명을 초과하지 아니하는 범위 안에서 조례로 정하는 주민 수 이상의 연서로
청구대상	자치단체장에게 청구 (종전에 주민은 청구할 수 있을 뿐 조례안의 작성은 단체장이 하였으나, 현행법은 청구시 청구인의 대표자가 조례의 제정 · 개폐안-주민청구조례안-을 작성하여 제출토록 함)	당해 지방자치단체와 그 장의 권한에 속하는 사무의 처리가 법령에 위반 · 공익을 현저히 해한다고 인정되는 경우, 감독기관(주무부장관, 시 · 도지사)에게 청구
청구제외대상	① 법령에 위반하는 사항 ② 지방세 · 사용료 · 수수료 · 부담금의 부과 · 징수 · 감면에 관한 사항 ③ 행정기구의 설치 · 변경에 관한 사항 또는 공공시설의 설치를 반대하는 사항	① 수사 또는 재판에 관여하게 되는 사항 ② 개인의 사생활 침해 우려가 있는 사항 ③ 다른 기관에서 감사하였거나 감사중인 사항(새로운 사항이 발견된 경우는 가능) ④ 동일사항에 대하여 소송이 계속중이거나 판결이 확정된 사항
처리	① 단체장은 청구를 접수한 날로부터 5일 이내에 그 내용을 공표하고 10일간 청구인명부를 공개장소에 비치하여 열람할 수 있게 하며, ② 열람기간 안에 청구인명부에 대한 이의신청이 없거나 이의신청에 대한 결정이 완료된 때에 유효서명 총수가 청구가 요건을 갖춘 때에는 청구를 수리하고, 청구를 수리한 날부터 60일 이내에 조례의 제정 또는 개폐안을 지방의회에 부의하여야 하며, 그 결과를 청구인의 대표자에게 알려야 한다. ③ 단체장은 주민청구조례안에 대하여 의견이 있으면 주민청구조례안을 지방의회에 부의할 때 그 의견을 첨부할 수 있다.	① 주무부장관 또는 시 · 도지사는 감사청구를 수리한 날부터 60일 이내에 감사청구된 사항에 대하여 감사를 종료하여야 하며, 그 감사결과를 청구인의 대표자와 당해 지방자치단체의 장에게 서면으로 통지하고 이를 공표하여야 한다. ② 주무부장관 또는 시 · 도지사는 주민감사청구를 처리(각하를 포함)할 때, 청구인의 대표자에게 반드시 증거제출 및 의견진술의 기회를 주어야 한다. ③ 주무부장관 또는 시 · 도지사는 감사결과에 따라 기간을 정하여 단체장에게 필요한 조치를 요구할 수 있고, 단체장은 이를 성실히 이행하여야 하고 그 결과를 지방의회와 감독기관에 보고하여야 한다.

133. 주민감사청구제도에 대한 설명 중 적절하지 않은 것은?

① 감사청구가 수리된 날로부터 60일 이내에 감사를 종료하여야 한다. <2006 국가 9급>

② 19세 이상 주민들의 200명 이상이 연서로 감사를 청구할 수 있다.

③ 시 · 도는 주무부장관에게, 시 · 군 · 구는 시 · 도지사에게 감사를 청구한다.

④ 수사 또는 재판에 관여하는 사항은 감사청구 대상에 포함되지 않는다.

해설

② 감사청구를 할 수 있는 주민 수는 지자체별로 차이가 있다. <답 ②>

134. K도 A시의 시민단체 대표 甲(당 70세)은 A시 공무원 을이 뇌물을 수수하여 법정절차를 무시한 공사발주로 시 재정에 손실을 끼친 사실을 인지하였다. 이에 대한 감사가 이루어지도록 하기 위하여 갑이 취하여야 할 행위를 모두 고른 것은? <2001 지시>

(가) 19세 이상의 시민 중 조례가 정하는 19세 이상의 시민수 이상의 서명을 받는다.
(나) 19세 이상의 시민 중 대통령령이 정하는 19세 이상의 시민 수 이상의 서명을 받는다.
(다) A시 시장의 서명을 받는다.
(라) K도 도지사에게 감사청구를 한다.
(마) 아무 것도 할 수 없다.

① (가), (다) ② (가), (라) ③ (나), (다)
④ (나), (라) ⑤ (마)

해설

주민감사청구제도는 자치단체와 그 장의 권한에 속하는 사무처리가 법령에 위반되거나 공익을 현저히 해한다고 판단될 때 19세 이상 주민 일정 수 이상의 서명을 받아 상급정부에 감사를 청구할 수 있는 제도이다. <답 ②>

135. 주민감사청구제도에 대한 설명으로 옳지 않은 것은?

① 지방자치단체와 그 장의 권한에 속하는 사무의 처리가 법령에 위반되거나 공익을 현저히 해한다고 인정되는 경우 당해 지방자치단체의 주민은 감사를 청구할 수 있다. <2001 지시 기술직>

② 정치적으로 중립적 지위에 있는 감사위원회가 주민의 감사청구사항을 직권에 의해 조사하고 관계기관에 시정을 권고하는 제도이다.

③ 감사는 당해 지방자치단체의 조례가 정하는 19세 이상 주민의 일정 수 이상의 연서로 시 · 도는 주무부장관에게, 시 · 군 및 자치구는 시 · 도지사에게 청구할 수 있다.

④ 주무부장관과 시 · 도지사는 특별한 사유가 없는 한 감사청구를 수리한 날로부터 60일 이내에 감사청구된 사항에 대해 감사를 종료해야 한다.
⑤ 감사결과는 관보, 지방자치단체의 공보, 게시판 · 전산망 또는 일간신문 등에 게시 또는 게재한다.

해설 ··

주민감사청구제도는 자치단체와 그 장의 권한에 속하는 사무처리가 법령에 위반되거나 공익을 현저히 해한다고 판단될 때 19세 이상 주민 일정 수 이상의 서명을 받아 상급정부에 감사를 청구할 수 있다. <답 ②>

136. 지방자치단체주민의 조례의 제정, 개폐청구권에 대한 내용으로 가장 옳지 않은 것은? <2002 입법>

① 19세 이상의 주민이 청구할 수 있다.
② 19세 이상의 주민 총수의 50분의 1의 범위 안에서 대통령령이 정하는 19세 이상의 주민수 이상의 연서로 청구할 수 있다.
③ 행정기관의 설치에 관한 사항은 청구대상에서 제외된다.
④ 지방자치단체의 장은 즉시 청구의 내용을 공표하여야 한다.
⑤ 지방자치단체의 장은 청구수리일로부터 60일 이내에 조례의 제정 또는 개폐안을 작성하여 지방의회에 부의해야 한다.

해설 ··

19세(법개정) 이상의 주민은 광역은 19세 이상 주민총수 1/100~1/70 이하, 기초는 1/50~1/20 이하 범위 내 조례로 정하는 주민수 이상의 연서로 청구할 수 있다. <답 ②>

137. 지방자치단체 또는 그 장의 정책적 과오나 행정비리에 대한 주민감사청구를 담당하는 기관은?

① 지방의회 ② 지방자치단체장 ③ 감사원
④ 감독기관 ⑤ 행정안전부장관

해설 ··

지방자치법은 제16조에서 주민은 일정 수 이상의 연서로 시 · 도에 있어서는 주무부장관에게, 시 · 군 및 자치구에 있어서는 시 · 도지사에게 당해 지방자치단체와 그 장의 권한에 속하는 사무의 처리가 법령에 위반되거나 공익을 현저히 해한다고 인정되는 경우에 감사를 청구할 수 있다고 규정함으로써 감독권을 가진 상급기관에게 감사청구를 하도록 하고 있다. <답 ④>

138. 주민운동에 관한 적절한 설명이 아닌 것은?

① 주민운동은 비제도적 · 비공식적 참여형태에 속한다.
② 주민운동은 지역이기주의적 요소를 다분히 지니고 있다.
③ 주민운동은 대체로 자연발생적으로 일어난다.

④ 거부적 · 기피적 주민운동은 PIMFY라고 한다.
⑤ 주민운동은 일반적으로 저항적 운동에서 참여적 운동으로 발전한다.

해설

주민운동의 목표는 계획의 취소, 정책의 백지화 등 소극적인 거부와 정책의 시행, 예산의 배정 등 적극적인 요구로 나눌 수 있다. 거부적 · 기피적 주민운동은 NIMBY(Not In My Back Yard)라 하며 혐오시설, 공해유발 · 환경오염시설 및 위험시설 등 비선호시설에 대하여 당해 지역주민이나 자치단체가 자기지역 내 설치를 반대하면서 전개하는 지역이기주의이다. 이러한 기피적 주민운동과 함께 지역주민에 동조하여 '자신의 임기중에는 비선호시설의 입지 및 설치는 안 된다'고 하는 NIMTOO(Not In My Term Of Office)현상도 종종 발생하고 있다. 한편 요구적 · 유치적 주민운동은 PIMFY (Please In My Front Yard)라고 하며 지역발전을 위한 선호시설의 자기지역 내 설치를 요구하면서 전개하는 지역이기주의이다. <답 ④>

139. 지방자치의 활성화에 따라 지역간 갈등양상이 심화되고 있다. 갈등해소의 합리적 기준(또는 시각)으로 적합한 것끼리 묶어 놓은 것은? <2001 지시 기술>

(가) 사회자본(social capital)의 축적 차원에서 지역간 신뢰확보 및 협동방안 모색
(나) 전문가의 합리적이고 과학적인 처방과 권고안 중시 및 수용
(다) 피해지역에 대한 충분한 보상과 혜택우선제공 원칙 준수
(라) 양측 지방의회의장과 지방자치단체장간의 4자회담에 의한 행정적 담판 유도
(마) 시장원리와 정치역학 구도에 따른 단기적 해소책 유도
(바) 정부관계자, 전문가, 지역시민단체 등이 참여하는 조정 · 중재협의회의 권능 확대

① (가), (나), (다), (바) ② (가), (나), (라), (마) ③ (가), (다), (라), (마)
④ (나), (다), (마), (바) ⑤ (다), (라), (마), (바)

해설

지역간 갈등해소의 효율적 방안으로 합리적 보상체계의 확립, 참여와 협상문화의 정착, 정부관계자 · 전문가 · 지역민 등의 공동 조정 · 중재협의회의 권능 확대 및 수용의 문화 등이 필요하다. 정치역학적 단기해소책은 지양해야 한다. <답 ①>

140. 지방자치단체의 환경기초시설(쓰레기매립장, 소각장, 하수처리장 등)의 설치와 관련된 갈등의 해결방법으로 바람직하지 않은 것은?

① 절차적 합리성을 확보하는 것이 필요하다. <2002 지시 기술>
② 합리적인 보상체계를 마련한다.
③ 입지선정에 있어 주민참여를 보장한다.

④ 결정-공표-방어(DAD: Decide-Announce-Defend)모형을 활용한다.
⑤ 사법적 분쟁해결보다 대체적 분쟁해결(ADR: Alternative Dispute Resolution)을 지향한다.

✍ 해설 ……………………………………

④ 비민주적 · 하향적 정책결정방식으로 갈등유발의 원인임. <답 ④>

141. 입지갈등에 있어 주민들의 반대를 극복하기 위한 방안 중 근본적으로 성격이 다른 하나는? <2002 국가 7급>

① 의사결정에의 권한보장 ② 재산권보장
③ 대체보상(awards) ④ 우발위험준비금(contingency fund)

✍ 해설 ……………………………………

① 의사결정에의 권한보장은 지역이기주의(NIMBY) 극복 방안이다. 문제해결에 대한 이해관계자간의 갈등과 저항을 극복하는 방법으로 사회규범적 방법, 공리기술적 방법, 강제적 방법이 있는데 참여를 통한 교육과 대화에 의한 완화· 신념과 위신의 제고 등은 사회규범적 방법이고, 시기 · 절차 · 방법 · 보상(경제적 보장, 다른 편리제공 등 대체보상, 준비금 등)은 공리기술적 전략이다. <답 ①>

142. 지방선거 중 선거목적을 기준으로 한 분류가 아닌 것은?

① 재선거 ② 총선거 ③ 동시선거
④ 보궐선거 ⑤ 증원선거

✍ 해설 ……………………………………

지방자치선거는 선거목적을 기준으로 하여 총선거와 부분선거, 본선거와 재선거, 보궐선거와 증원선거 등으로 분류할 수 있다. ③ 동시선거는 선거시기에 의한 분류이다. <답 ③>

≪지방자치선거의 종류≫

분류기준	분 류 유 형
선거대상	지방의회의원선거 · 지방자치단체의 장선거
선거절차	직접선거 · 간접선거
선거목적	총선거 · 부분선거, 본선거 · 재선거, 보궐선거 · 증원선거
선거시기	개별선거 · 동시선거

143. 지방선거에 있어서 전원개선제의 장점인 것은?

① 과열선거의 우려가 없다.
② 행정의 안정성을 확보할 수 있다.
③ 정책의 계속성을 유지할 수 있다.
④ 선거에의 정당참여가 수월하다.

⑤ 민의의 소재와 향배를 파악하기 용이하다.

해설

전원개선제라 함은 기관구성원 정수의 전원을 동시에 선출하는 선거로서 총선거라고도 하며, 기관구성원 정수를 일부씩 나누어 개선하는 선거를 부분선거 또는 일부개선제라고 한다. <답 ⑤>

≪전원개선제와 일부개선제의 장·단점≫

구 분	전원개선제	일부개선제
장 점	(i) 임기 동안의 업적에 대한 주민들의 명확한 심판 (ii) 민의의 소재에 대한 파악 용이 (iii) 선거비용의 절감 (iv) 주민의사에 따른 새로운 기관구성 가능	(i) 정책의 일관성 · 지속성 · 안정성 보장 (ii) 지방선거의 과열방지 (iii) 정당참여시 양당대표제의 정립 가능
단 점	(i) 정책의 지속성 · 일관성 유지곤란 (ii) 선거의 과열화	(i) 일정기간중 치적에 대한 주민심판 곤란 (ii) 선거비용의 증가

144. 지방선거와 관련된 다음 내용 중 올바르지 않은 것은?

① 우리나라는 전원개선제를 원칙으로 하고 있다.
② 영국, 미국, 프랑스는 부분개선제를 채택하고 있는 대표적인 국가이다.
③ 부분개선제는 정책의 지속성을 유지하기 곤란하다는 문제점을 지닌다.
④ 소선거구제에서는 선거경비가 절약되고 재선거의 실시가 용이하다.
⑤ 일부재선거 · 연기선거 · 재투표도 재선거의 개념에 포함된다.

해설

지방선거에서는 전원개선제가 일반적이며, 부분개선제는 영국, 미국, 프랑스 등 몇 나라에서 시행되고 있다. 영국의 경우 모든 대도시권의 District와 약 3분의 1의 지방 District에서 임기 4년의 지방의회의원을 3분의 1씩 4년 가운데 County의 선거가 있는 1년을 제외한 매년 개선하고 있으며, 프랑스의 데빠르트망(département)에서는 임기 6년의 지방의회의원의 2분의 1씩을 3년마다 개선하고 있다. ③ 부분개선제는 정책의 지속성 · 일관성과 안정성을 유지할 수 있는 장점을 지닌다. <답 ③>

145. 우리나라의 지방선거에 있어서 재선거의 사유가 아닌 것은?

① 당선인이 없거나 당해 선거구의 당선인 정수에 미달할 때
② 선거의 일부무효의 판결 또는 결정이 있는 때
③ 선거의 전부무효의 판결이 있는 때
④ 당선인이 그 임기개시 전에 사퇴 · 사망한 때
⑤ 선거비용의 초과지출 또는 선거범죄로 인하여 당선이 무효로 된 때

해설

재선거란 본선거에서 당선인을 내지 못하였거나 일정한 사유의 발생으로 인하여 기관구성원 정수에 미달한 때 또는 선거나 당선의 효력이 적법하게 발생하지 못한 때에 다시 실시되는 선거를 말한다. 우리나라는 공직선거법 제195조에 재선거의 사유를 법정화하고 있다.

재선거 사 유	(i) 당해 선거구의 후보자가 없는 때 (ii) 당선인이 없거나 당선인이 당해 선거구의 지방의원정수에 미달한 때 (iii) 선거의 전부무효의 판결 또는 결정이 있는 때 (iv) 당선인이 임기개시 전에 사퇴 또는 사망한 때 (v) 당선인이 임기개시 전에 당선의 효력이 상실되거나 당선이 무효로 된 때 (vi) 선거비용의 초과지출 내지 선거사무장 등의 선거범죄로 인해 당선이 무효로 된 때

<답 ②>

146. 우리나라 지방선거의 보궐선거와 증원선거에 관련된 내용 중 올바른 것은?

① 보궐선거와 증원선거에 의한 지방의회의원의 임기는 당선일부터 개시한다.
② 전임자의 잔여임기가 보궐선거의 실시사유가 확정된 날부터 1년 미만인 경우 보궐선거를 실시하지 않을 수 있다.
③ 비례대표시·도의원의 정수에 결원이 생겼을 때에도 보궐선거를 실시한다.
④ 증원선거는 그 미달의원 수가 새로 산정된 기관구성원 정수의 2분의 1을 초과할 때에만 실시한다.
⑤ 당해 선거구에서 기관구성원 정수의 3분의 1 이상이 궐원되지 않을 경우 보궐선거를 실시하지 않을 수 있다.

해설

보궐선거란 본선거에 의하여 적법하게 당선된 후에 결원이 생겼을 때에 이를 충원하기 위하여 실시되는 선거를 말하며, 증원선거는 지방자치단체의 구역변경에 따라 새로 산정된 기관구성원 정수에 종전의 구역에서 선출된 당선자가 미달하는 경우에 실시되는 선거를 말한다. ② 지방의회의원 및 지방자치단체의 장의 보궐선거·재선거, 지방의회의원의 증원선거의 경우 종전에는 보궐선거 등의 실시사유가 확정된 날부터 그 잔여임기가 1년 미만인 때에는 보궐선거 등을 실시하지 아니할 수 있었으나 현재는 그 선거일부터 잔여임기가 1년 미만인 때에 이를 실시하지 아니할 수 있다. ③ 비례대표시·도의원의 정수에 결원이 생긴 때에는 본선거에서 정당이 제시한 비례대표후보자명부의 등재순위에 따라 계승자를 결정하고 보궐선거는 따로 실시하지 아니한다. ④ 지방자치단체가 분할·증설된 경우에 있어서 증원선거는 그 재직의원수가 새로 산정된 의원정수의 3분의 2에 미달하는 때와 읍·면이 시로 된 때 및 행정구가 자치구가 된 때 실시한다. ⑤ 지방의회의원 정수의 4분의 1 이상이 궐원되지 아니한 경우 보궐선거를 실시하지 않을 수 있다. <답 ①>

147. 현행 '공직선거법'의 주요 내용과 관련이 없는 것은?

① 선거일의 공고주의를 취하고 있다.

② 선거운동원은 자원봉사자로 한다.
③ 기초자치단체의 의회의원에 대해서는 정당공천을 배제하고 있다.
④ 후보자 · 정당의 법원에의 재정신청제를 도입하였다.
⑤ 광역자치단체의 의회의원선거에 비례대표제를 도입하였다.

해설

종전의 각 개별선거법하에서는 선거일의 공고주의를 취하여 선거를 실시할 수 있는 기간만을 정하여 두고 구체적인 선거일은 선거실시기간 안에 선거일공고권자인 대통령이 공고하도록 하였으나 현행 공직선거법(일명 통합선거법)은 선거일의 법정주의를 취하여 임기만료일 전 30일 이후 첫번째 수요일로 하고 있다. 다만 선거일이 국민생활과 밀접한 관련이 있는 민속절 · 공휴일인 때와 선거일 전일이나 그 다음 날이 공휴일인 때에는 그 다음 주의 수요일로 하고 있다(개정 2004.3.12). <답 ①>

148. 우리나라는 선거일 법정주의를 취하고 있다. 다음 중 지방선거의 선거일은?

① 임기만료일 전 20일 이후 첫 번째 목요일
② 임기만료일 전 30일 이후 첫 번째 수요일
③ 임기만료일 전 30일 이후 첫 번째 목요일
④ 임기만료일 전 60일 이후 첫 번째 목요일
⑤ 임기만료일 전 90일 이후 첫 번째 목요일

해설

종래에는 지방자치단체의 장 및 지방의회의원 선거일이 임기만료일 전 60일 이후 첫 번째 목요일로 되어 있어서 선거 후 50여일이 지나야 지방자치단체의 장 및 지방의원의 임기가 개시되어 그 동안 행정공백이 생길 우려가 있었다. 공직선거법(제34조)은 임기만료에 의한 지방선거의 선거일을 누구나 알 수 있도록 지방의회의원 및 지방자치단체의 장의 선거는 임기만료일 전 30일 이후 첫 번째 수요일로, 재선거 · 보궐선거 · 증원선거일 땐 그 선거사유가 전년도 10월에서 3월 사이에 확정된 경우 4월의 마지막 수요일, 4월에서 9월에 확정된 경우 10월의 마지막 수요일로 법정선거일을 정했다. <답 ②>

149. 다음 중 우리나라에서 동시선거가 최초로 실시된 때는?

① 1952년 ② 1956년 ③ 1960년
④ 1991년 ⑤ 1995년

해설

동시선거란 선거구의 일부 또는 전부가 서로 겹치는 구역에서 2 이상의 다른 종류의 선거를 같은 선거일에 실시하는 것을 말한다. 우리나라는 공직선거 및 선거부정방지법에서 동시선거제를 도입하여 1995년의 지방선거에서부터 이를 실시하고 있다. 일본의 각 자치단체, 미국의 Washington, D.C.와 Philadelphia시, 스위스의 Zurich시 등도 지방선거에서 동시선거를 실시하고 있다. <답 ⑤>

150. 우리나라 지방의회의원의 선거제도에 대한 설명 중 틀린 것은?

① 기초의회의원 선거구는 읍 · 면 · 동의 행정구역을 단위로 획정한다.
② 기초의회의원 선거구는 인구 6천 미만의 동이 인접한 읍 · 면 · 동과 통합된 때에는 그 통합된 구역을 단위로 획정한다.
③ 지역구 시 · 도의원 선거구는 인구 · 행정구역 · 지세 · 교통 기타 조건을 고려하여 자치구 · 시 · 군을 분할하여 획정한다.
④ 기초의회의원 선거구는 인구 1천 미만의 도서지역인 면이 인접한 읍 · 면 · 동과 통합된 경우에도 그 통합된 구역을 단위로 획정한다.
⑤ 비례대표 시 · 도의원 선거구는 당해 시 · 도를 단위로 선거한다.

해설

≪선거종류별 선거구 및 선거구의 획정≫

자치구 · 시 · 군의회 의원 선거	(ⅰ) 당해 의원의 선거구를 단위로 하여 선거(개정 2000.2.16, 2005.8.4) (ⅱ) 자치구 · 시 · 군의원지역구는 인구 · 행정구역 · 지세 · 교통 등의 조건을 고려하여 획정하되, 하나의 자치구 · 시 · 군의원지역구에서 선출할 지역구자치구 · 시 · 군의원정수는 2인 이상 4인 이하로 하며, 그 자치구 · 시 · 군의원지역구의 명칭 · 구역 및 의원정수는 시 · 도 조례로 정함(개정 2005.8.4) (ⅲ) 의원지역구를 획정하는 경우 하나의 읍 · 면 · 동의 일부를 분할하여 다른 자치구 · 시 · 군의원지역구에 속하게 하지 못함(개정 1995.4.1, 2005.8.4, 2010.1.25) (ⅳ) 자치구 · 시 · 군의원지역구는 하나의 시 · 도의원지역구 내에서 획정하여야 하며, 하나의 시 · 도의원지역구에서 지역구자치구 · 시 · 군의원을 4인 이상 선출하는 때에는 2개 이상의 지역선거구로 분할할 수 있음(신설 2005.8.4) (ⅴ) 하나의 읍 · 면 · 동의 일부를 분할하여 다른 자치구 · 시 · 군의원지역구에 속하게 하지 못함(개정 1995.4.1, 2005.8.4, 2010.1.25) (ⅵ) 자치구 · 시 · 군의회의 최소 정수는 7인으로 함
시 · 도 의회의원 선거	(ⅰ) 당해 의원의 선거구를 단위로 하여 선거(개정 2000.2.16, 2005.8.4) (ⅱ) 시 · 도의회의원지역선거구는 인구 · 행정구역 · 지세 · 교통 등의 조건을 고려하여 자치구 · 시 · 군(하나의 자치구 · 시 · 군이 2 이상의 국회의원지역구로 된 경우에는 국회의원지역구를, 행정구역의 변경으로 국회의원지역구와 행정구역이 합치되지 아니하게 된 때에는 행정구역을 말함)을 구역으로 하거나 분할하여 획정하되, 하나의 시 · 도의원지역구에서 선출할 지역구시 · 도의원정수는 1명으로 함(개정 1995.4.1, 2010.1.25) (ⅲ) 의원지역구를 획정하는 경우 하나의 읍 · 면 · 동의 일부를 분할하여 다른 시 · 도의원지역구에 속하게 하지 못함(개정 1995.4.1, 2005.8.4, 2010.1.25)

	(iv) 하나의 읍 · 면 · 동의 일부를 분할하여 다른 시 · 도의원지역구에 속하게 하지 못함(개정 1995.4.1, 2005.8.4, 2010.1.25) (v) 시 · 도의원의 총 정수는 그 관할구역안의 자치구 · 시 · 군(하나의 자치구 · 시 · 군이 2 이상의 국회의원지역선거구로 된 경우에는 국회의원지역선거구를, 행정구역의 변경으로 국회의원지역선거구와 행정구역이 합치되지 아니하게 된 때에는 행정구역을 말함)수의 2배수로 하되, 인구 · 행정구역 · 지세 · 교통 등의 조건을 고려하여 100분의 11의 범위에서 조정할 수 있음. 다만, 자치구 · 시 · 군의 지역구시 · 도의원정수는 최소 1명으로 함(개정 1998.4.30, 2010.1.25, 2010.3.12) (vi) 시와 군을 통합하여 도 · 농복합형태의 시로 한 경우에는 시 · 군통합후 최초로 실시하는 임기만료에 의한 시 · 도의회의원선거에 한하여 해당 시를 관할하는 도의회의원의 정수 및 해당 시의 도의회의원의 정수는 통합 전의 수를 고려하여 이를 정함(개정 1998.4.30, 2005.8.4, 2010.1.25) (vii) 산정된 의원정수가 19명 미만이 되는 광역시 및 도는 그 정수를 19명으로 함(개정 1998.4.30, 2002.3.7, 2010.1.25)
자치 단체장 선거	당해 지방자치단체의 관할구역을 단위로 하여 선거
비례대표 시 · 도 의원 선거 비례대표 자치구 · 시 · 군 의원 선거	(i) 당해 시 · 도와 당해 자치구 · 시 · 군을 단위로 선거(신설 2005.8.4) (ii) 비례대표시 · 도의원정수는 규정에 의하여 산정된 지역구시 · 도의원정수의 100분의 10으로 함. 이 경우 단수는 1로 봄. 다만, 산정된 비례대표시 · 도의원정수가 3인 미만인 때에는 3인으로 함(신설 1995.4.1). *2010.1.25 법률 제9974호에 의하여 2007.3.29. 헌법재판소에서 헌법불합치 결정된 이 조를 개정함 (iii) 비례대표자치구 · 시 · 군의원정수는 자치구 · 시 · 군의원 정수의 100분의 10으로 한다. 이 경우 단수는 1로 봄(전문개정 2005.8.4)

<답 ④>

151. 다음 중 현행 우리나라 지방선거의 선거권자의 연령은?

① 18세　② 19세　③ 20세
④ 21세　⑤ 25세

해설

공직선거법 제15조에 따르면 선거권자는 '19세 이상으로 선거인명부작성기준일 현재 해당 지방자치단체의 관할구역에 주민등록이 되어 있는 사람, 해당 지방자치단체의 국내거소신고인명부에 3개월 이상 계속하여 올라 있는 국민, 영주의 체류자격 취득일 후 3년이 경과한 19세 이상의 외국인으로서 해당 지방자치단체의 외국인등록대장에 올라 있는 사람'으로 개정됨(2009.2.12 법률 제9466호에 의하여 2007.6.28 헌법재판소에서 헌법불합치결정된 이 조 제2항 제1호를 개정). <답 ②>

152. 우리나라 지방선거의 피선거권자의 거주기간 및 연령제한에 관한 설명이다. 잘못 기술된 것은?

① 지방자치단체장의 피선거권이 있기 위해서는 선거일 현재 계속해서 90일 이상 당해 지방자치단체의 관할구역 안에 거주해야 한다.
② 피선거권에 필요한 거주기간은 당해 지방자치단체의 폐치·분합 또는 구역변경에 의하여 중단되지 않는다.
③ 지방의회의원과 지방자치단체장의 피선거권에 요구되는 거주요건은 동일하다.
④ 지방자치단체장의 피선거권을 가지기 위해서는 선거일 현재 25세 이상의 국민이어야 한다.
⑤ 공무로 외국에 파견되었다가 귀국함으로써 거주요건을 채우지 못한 자의 경우 선거인명부작성기준일부터 계속하여 선거일까지 당해 지방자치단체의 관할구역 안에 주민등록이 되어 있는 것으로 족하다.

해설

공직선거법은 피선거권의 적극적 요건으로 선거일 현재 계속하여 60일 이상(단, 공무로 외국에 파견되어 선거일 전 60일 후에 귀국한 자는 선거인명부작성기준일부터 계속하여 선거일까지) 당해 지방자치단체의 관할구역 안에 주민등록이 되어 있는 주민으로서 25세 이상의 국민은 그 지방의회의원 및 지방자치단체의 장의 피선거권이 있다고 규정하고 있다. 이 경우 60일의 기간은 그 지방자치단체의 설치·폐지·분할·합병 또는 구역변경에 의하여 중단되지 아니한다(개정 2009.2.12). <답 ①>

153. 현재 우리나라의 지방자치선거에 대한 설명으로 옳지 않은 것은?

① 지방의회의원 및 지방자치단체의 장의 피선거권 <2010 지방수탁 7급> 연령요건은 선거일 현재 25세 이상이다.
② 지방자치간체의 장 선거에 정당의 후보자 추천이 가능하다.
③ 선거일 현재 19세 이상으로서 선거인명부작성기준일 현재 해당 지방자치단체의 관할 구역에 주민등록이 되어 있는 사람은 선거권이 있다.
④ 광역지방의회에서는 지역구 의원과 비례대표 의원이 있으나 기초지방의회에는 지역구 의원이 있다.

해설

지방선거에서도 광역과 기초 모두 10%의 비례대표 의원이 있다. <답 ④>

154. 다음 중 우리나라 지방의회의원의 선거구제는?

① 대선거구제를 택하고 있다.
② 소선거구제를 원칙으로 기초의원선거에 중선거구제를 가미하고 있다.
③ 기초의원선거는 소선거구제, 광역의원선거는 대선거구제를 택하고 있다.
④ 소선거구제를 택하고 있다.
⑤ 중선거구제를 원칙으로 광역의원선거에 대선거구제를 가미하고 있다.

해설

광역의회의원의 경우 하나의 선거구에서 선출하는 의원정수는 1인으로 한다고 하여 소선거구제를 채택하고 있다. 기초의회의원의 경우도 기초의회의 의원정수는 그 관할구역 안의 읍·면·동마다 1인으로 하되, 인구 1천 미만의 면과 6천 미만의 동은 인접한 읍·면·동과 통합하여 1인으로 하고, 3만 이상의 읍과 5만 이상의 동은 1인을 증원하되, 증원되는 읍·동에서 선출하는 의원수는 선거구별 1인으로 한다고 하여 소선거구제를 채택하고 있다. <답 ④>

≪선거구제의 유형≫

소선거구제	의미	하나의 선거구에서 한 명의 의원을 선출하는 것
	장점	(i) 소수집단의 대표성 증진 (ii) 투표참여의 동기제고 (iii) 선거구 주민의 의사와 이해반영 (iv) 선거관리의 용이 (v) 후보자의 인물과 식견에 대한 파악 용이
	단점	(i) 소지역이기주의 유발 (ii) 자치단체 공동의 이익 희생 (iii) 의원의 자질 저하문제
중선거구제	의미	하나의 선거구에서 2명 이상의 의원을 선출하는 것
	장점	(i) 후보간 과열 경쟁 완화 (ii) 지역의 대표성
	단점	(i) 지역구관리 등 역할분담의 혼란 (ii) 책임소재의 불분명
대선거구제	의미	자치단체를 하나의 선거구로 삼아 의원을 선출하는 것
	장점	(i) 지역발전 도모 (ii) 지방의원의 지역주의 완화 (iii) 지역의 분파성 방지 (iv) 우수한 후보 선출가능 (v) 선거운동과열방지 (vi) 사표방지
	단점	(i) 소수집단의 대표성 감소 (ii) 유권자의 후보인지의 어려움

155. 우리나라 지방선거에서 현재 시행하고 있는 원칙적인 투표방식은?

① 무기명식 · 연기식 · 자서식　② 기명식 · 연기식 · 기표식
③ 무기명식 · 단기식 · 기표식　④ 기명식 · 연기식 · 자서식
⑤ 무기명식 · 연기식 · 기표식

해설

투표방식은 (i) 투표자의 이름을 밝히느냐의 여부에 따라 기명식과 무기명식으로, (ii) 선

거인 1명이 후보자 1인에게 하느냐 또는 후보자 2인 이상에 하느냐를 기준으로 단기식과 연기식으로, (iii) 후보자의 성명을 자필로 하느냐 아니면 후보자의 성명에 일정한 기호를 기록하느냐에 따라 자서식과 기표식으로 구분된다. 우리나라는 현재 무기명식·단기식·기표식 투표제를 채용하되, 시·도의원선거에서 지역구후보자와 비례대표후보자에게 각각 1표씩을 투표하는 1인 2표제를 도입하고 있으며, 부재자투표로서 본인 직접의 우편투표제를 시행하고 있다. <답 ③>

156. 현행 지방선거인명부제도에 관한 내용으로 올바른 것은?

① 선거인명부는 선거관리위원회가 작성하고 있다.
② 명부는 6개월 이내 동종선거에 계속 사용한다.
③ 작성기간은 지방선거의 경우 선거일 전 19일부터 5일 이내이다.
④ 선거인명부에 등재되어 있지 않더라도 선거권자는 투표가 가능하다.
⑤ 선거인명부작성기준일 현재 구역 안에 주민등록이 된 선거권자를 조사대상으로 한다.

해설

선거인명부는 선거인의 범위를 확정하기 위한 공부로서 투표인이 정당한 유권자임을 미리 결정하고 상이한 투표소에 이중으로 투표함을 방지한다. ① 선거인명부는 일반행정기관이 작성하는 경우와 선거관리위원회 등 특별히 설치된 합의제기관이 작성하는 경우가 있는데, 우리나라는 영국·독일·이탈리아 등과 같이 일반행정기관이 작성하고 있다. 즉 구청장·시장·읍·면장이 선거인명부 작성기준일 현재 그 관할구역 안에 주민등록이 되어 있는 선거권자를 투표구별로 조사하여 작성하고 있다. ② 일정 시일에 작성하여 일정기간 효력을 유지하는 계속명부제와는 달리 우리나라의 선거인명부는 선거 때마다 작성함으로 해당 선거에 한하여 효력을 갖는 수시명부제를 채택하고 있다. ③ 선거인명부 작성기간은 선거일 전 22일부터 5일 이내에 작성한다. 선거를 실시하는 때마다 구·시·군의 장은 대통령선거에서는 선거일 전 28일, 국회의원선거와 지방자치단체의 의회의원 및 장의 선거에서는 선거일 전 19일 현재 그 관할구역에 주민등록 또는 국내거소신고가 되어 있는 선거권자(지방자치단체의 의회의원 및 장의 선거의 경우 외국인을 포함하고, 재외선거인명부 또는 다른 구·시·군의 국외부재자신고인명부에 올라 있는 사람은 제외)를 투표구별로 조사하여 선거인명부작성기준일부터 5일 이내에 선거인명부를 작성하여야 한다. 이 경우 국외부재자신고인명부에 올라 있는 사람은 선거인명부의 비고란에 그 사실을 표시하여야 함(개정 2009.2.12, 2011.7.28, 2012.2.29). ④ 선거인명부에 올라 있는 자를 선거인이라고 하는바, 선거권자라 하더라도 선거인명부에 등재되어 있지 않으면 선거일에 투표를 할 수 없다. <답 ⑤>

157. 다음은 우리나라 지방자치선거에 대한 기술이다. 틀린 것은?

① 후보자가 되려는 공무원은 선거일 전 60일까지 그 직을 물러나야 하되, 비례대표 시·도의원선거 및 보궐선거 등의 경우에는 후보자등록신청 전까지 물러나면 된다.
② 선거운동기간이라 함은 후보자등록이 끝난 때부터 선거일 전일까지의 기간을 말하는바, 선거기간과는 다른 개념이다.

③ 사전선거운동을 하였더라도 당해 선거에 입후보하지 않으면 사전선거운동죄가 성립하지 않는다.
④ 후보자의 등록은 선거일 전 16일부터 2일간 관할선거구 선거관리위원회에 서면으로 신청하여야 한다.
⑤ 기부행위제한기간은 임기만료에 의한 선거에 있어서는 선거일 전 180일부터 선거일까지이며, 보궐선거 등에 있어서는 그 선거실시사유가 확정된 때부터 선거일까지이다.

✍ **해설**

선거운동은 후보자등록이 끝난 때부터 선거일 전까지에 한하여 이를 할 수 있다. 선거운동기간이 아닌 시기, 즉 후보자등록 전에 하는 선거운동은 그 행위시에 이미 사전선거운동죄가 성립되므로 당해 선거에 입후보하지 않았다 하더라도 사전선거운동죄가 성립하는 것이다. <답 ③>

158. 우리나라의 현행 지방자치선거에 관한 설명 중 맞는 것은?

① 통상적인 정당활동이나 입후보 및 선거운동준비행위도 선거운동이다.
② 임기만료에 의한 지방선거에 있어서 지방의회의원의 선거기간은 14일이다.
③ 선거범죄로 인하여 징역형 또는 형의 집행유예선고를 받은 자는 그 형이 확정된 날로부터 5년간 공직에 취임하지 못한다.
④ 지방의회의원이 다른 자치단체의 의회의원이나 장의 선거에 입후보하는 경우에는 후보자등록신청 전까지 그 직을 물러나야 한다.
⑤ 선거구 안에 있는 자이더라도 당해 선거구 안에 주민등록이 되어 있지 않은 자나 미성년자는 기부행위죄가 성립하지 않는다.

✍ **해설**

① 선거운동이란 특정인이 당선되거나, 특정인을 당선되게 하거나 되지 못하게 하기 위한 행위를 말한다. 다만, (i) 통상적인 정당활동, (ii) 선거에 관한 단순한 의견의 개진 및 의사표시행위, (iii) 입후보준비행위, (iv) 선거운동준비행위, (v) 직무 또는 업무상의 행위, (vi) 의례적 또는 사교적인 행위, (vii) 정당의 후보자추천에 관한 단순한 지지·반대의 의견개진 및 의사표시 등은 선거운동이 아니다(공직선거법 제58조). ② 선거기간이란 후보자등록신청 개시일부터 선거일까지의 기간으로서 지방의회의원 및 자치단체장의 선거기간은 17일이다. ③ 선거에 있어서 매수·이해유도죄 등 선거범죄로 인하여 징역형을 선고받은 자는 형을 집행하지 않기로 확정된 후 또는 형집행의 종료나 면제된 후 10년간, 형의 집행유예선고를 받은 자는 그 형이 확정된 후 10년간, 100만원 이상의 벌금형을 선고받은 자는 5년간 일정한 공직에 취임하거나 임용될 수 없으며, 이미 취임 또는 임용된 자의 경우에는 그 직에서 퇴직한다(개정 2009.2.3, 2010.1.25). ⑤ 기부행위라 함은 당해 선거구 안에 있는 자나 기관·단체·시설 및 선거구민의 모임이나 행사 또는 당해 선거구의 밖에 있더라도 그 선거구민과 연고가 있는 자에 대하여 이익을 제공하거나 의사표시를 하거나 그 제공을 약속하는 행위를 말한다. 선거구 안에 있는 자이면 성년자이든 미성년자이든 또는 선거권이 있든 없든지를 불문하며, 당해 선거구 안에 주민등록이 되어 있든 없든 상

관이 없다. 또한 선거구 밖에 있더라도 그 선거구민과 연고가 있는 혈연·지연·학연 등을 막론하고 선거에 관하여 서로의 의사를 교환할 수 있는 정도의 관계가 있는 경우라면 족하다. <답 ④>

159. 공영제 선거운동방식의 장점이 아닌 것은?

① 활발한 선거운동 ② 선거과열의 방지 ③ 기회균등의 보장
④ 선거운동비용의 절감 ⑤ 타락선거의 억제

해설

사영제방식의 장점은 자유스러운 선거분위기 속에서 활발한 선거운동을 할 수 있다는 점이다. <답 ①>

160. 시·군·자치구의 장 선거에 있어서 후보자추천선거권자의 수는?

① 300인 이상 500인 이하 ② 50인 이상 100인 이하
③ 100인 이상 200인 이하 ④ 500인 이상 1,000인 이하
⑤ 1,000인 이상 2,000인 이하

해설

피선거권이 있는 자가 후보자로 등록하기 위해서는 먼저 정당 또는 일정 수 이상의 선거권자의 추천을 받아야 한다. <답 ①>

≪선거권자의 후보자추천≫

선 거 별	추천선거권자의 수
기초의원선거	50인 이상 100인 이하(단 인구 1천인 미만의 선거구는 30인 이상 50인 이하)
기초단체장선거	300인 이상 500인 이하
광역의원선거	100인 이상 200인 이하
광역단체장선거	당해 시·도 안의 3분의 1 이상의 시·군·자치구에 나누어 하나의 시·군·자치구에 주민등록이 되어 있는 선거권자의 수를 50인 이상으로 한 1,000인 이상 2,000인 이하

161. 지방의회의원선거에 있어서 공직자의 입후보제한이다. 틀린 것은?

① 정부투자기관의 직원 ② 농협의 임원 ③ 선거관리위원회 위원
④ 국가 또는 지방공무원 ⑤ 방송국에 고용된 언론인

해설

헌법재판소 재판부는 '정부투자기관 직원이 지방의회의원선거에 입후보할 경우 일정기간 이전(선거일 전 60일까지)에 사직해야 한다'고 한 공직선거법 제53조 제1항 제4호에 대하여 위헌결정을 내렸다(1995년 6월 12일). 재판부는 결정문에서 '정부투자기관의 간부가 아닌 직원들은 업무성격상 사기업체 근로자와 다를바 없다며 이들을 준공무원으로 간주해

일정기간 이전(공직선거일 60일 이전)에 현직을 그만두도록 한 것은 공무담임권을 지나치게 제한한 것'이라고 밝혔다. 지방자치단체의 장도 선거구역이 당해 지방자치단체의 관할구역과 같거나 겹치는 지역구국회의원선거에 입후보하고자 하는 때에는 당해 선거의 선거일 전 120일까지 그 직을 그만두어야 한다. 다만, 그 지방자치단체의 장이 임기가 만료된 후에 그 임기만료일부터 90일 후에 실시되는 지역구국회의원선거에 입후보하려는 경우에는 그러하지 아니하다(개정 2000.2.16, 2003.10.30, 2010.1.25) *2003.10.30 법률에 의하여 2003.9.25 헌법재판소에서 위헌결정된 공직선거법 제53조 제5항을 개정함. <답 ①>

≪입후보제한을 받는 공직자≫ (개정 2010.1.25)

(i) 국가공무원과 지방공무원(정무직 공무원을 제외한 정당의 당원이 될 수 있는 공무원은 그러하지 아니함)
(ii) 각급 선거관리위원회위원과 교육위원회위원
(iii) 다른 법령의 규정에 의하여 공무원의 신분을 가진 자
(iv) 정부투자기관(한국은행 포함)의 상근임원
(v) 농업협동조합 · 수산업협동조합 · 산림조합 · 엽연초생산협동조합의 상근임원과 이들 조합의 중앙회장
(vi) 지방공사 · 지방공단의 상근임원
(vii) 정당의 당원이 될 수 없는 사립학교교원
(viii) 대통령령으로 정하는 언론인
(ix) 특별법에 의하여 설립된 국민운동단체로서 국가 또는 지방자치단체의 출연 또는 보조를 받는 단체(바르게살기운동협의회 · 새마을운동협의회 · 한국자유총연맹을 말하며, 시 · 도조직 및 구 · 시 · 군조직을 포함)의 대표자

162. 기초자치단체의 장선거에서 후보자등록신청시 납부하는 기탁금은?

① 200만원 ② 400만원 ③ 1,000만원
④ 1,500만원 ⑤ 2,000만원

해설

선거별 기탁금은 다음과 같다. <답 ③>

대통령 선거	국회의원 선거	시 · 도지사 선거	시 · 도의회 의원선거	자치구 · 시 · 군의 장 선거	자치구 · 시 · 군 의원 선거
3억원	1천 5백만원	5천만원	3백만원	1천만원	2백만원

163. 다음 중 지방자치단체의 장선거의 기탁금 반환요건을 올바르게 지적한 것은?

① 후보자가 유효투표총수의 5% 이상 득표한 때
② 후보자가 유효투표총수의 10% 이상 득표한 때
③ 후보자가 유효투표총수의 15% 이상 득표한 때
④ 후보자가 유효투표총수를 후보자수로 나눈 수의 1/2 이상 득표한 때
⑤ 후보자가 유효투표총수의 20% 이상 득표한 때

해설

관할선거구선거관리위원회는 선거일 후 30일 이내에 기탁자에게 반환한다. 이 경우 반환하지 아니하는 기탁금은 국가 또는 지방자치단체에 귀속한다(개정 2005.8.4, 2010.1.25). 대통령선거, 지역구국회의원선거, 지역구지방의회의원선거 및 지방자치단체의 장 선거에는 후보자가 당선되거나 사망한 경우와 유효투표총수의 100분의 15 이상을 득표한 경우에는 기탁금 전액, 후보자가 유효투표총수의 100분의 10 이상 100분의 15 미만을 득표한 경우에는 기탁금의 100분의 50에 해당하는 금액, 예비후보자가 사망하거나 후보자로 등록될 수 없는 경우에는 납부한 기탁금 전액, 비례대표국회의원선거 및 비례대표지방의회의원선거에는 당해 후보자명부에 올라 있는 후보자중 당선인이 있는 때에는 기탁금 전액을 반환한다. 다만, 당선인의 결정 전에 사퇴하거나 등록이 무효로 된 후보자의 기탁금은 제외한다. <답 ③>

164. 현행법상 지방자치단체의 장 선거에서 자치단체장 후보자가 1인일 경우 당선인으로 결정되기 위하여 필요한 득표수는?

① 무투표 당선됨
② 유효투표총수의 1/2 이상
③ 투표자총수의 1/3 이상
④ 유효투표총수의 1/3 이상
⑤ 선거권자총수의 1/3 이상

해설

대통령선거에 있어서 후보자가 1인인 때에는 그 득표수가 '선거권자총수의 3분의 1 이상'에 달하여야 당선인으로 결정하지만, 지방자치단체의 장 선거에서 후보자가 1인일 경우는 투표를 실시하지 아니하고, 선거일에 그 후보자를 당선인으로 결정한다(개정 2010.1.25). 지역구국회의원후보자나 지역구지방의회의원후보자도 동일함. <답 ①>

165. 우리나라 지방선거에 있어서 선거범죄의 공소시효는?

① 선거일 후 1개월
② 선거일 후 3개월
③ 선거일 후 6개월
④ 선거일 후 1년
⑤ 선거일 후 2년

해설

선거범죄의 공소시효는 당해 선거일 후 6개월(선거일 후에 행하여진 범죄는 그 행위가 있는 날부터 6개월)을 경과함으로써 완성된다. 다만, 범인이 도피한 때나 범인이 공범 또는 범죄의 증명에 필요한 참고인을 도피시킨 때에는 그 기간은 3년으로 한다(개정 2004.3.12, 2012.2.29). 아울러 선상투표와 관련하여 선박에서 범한 이 법에 규정된 죄의 공소시효는 범인이 국내에 들어온 날부터 6개월을 경과함으로써 완성된다(신설 2012.2.29). <답 ③>

166. 현행 공직선거법의 고비용정치구조개혁 내용으로 맞는 것은?

① 모든 지방선거에 있어서 어깨띠 외에는 선거운동용 소품의 사용을 금지하고 시·도지사선거의 방송광고를 폐지하였다.
② 유급선거사무원의 수를 기초자치단체장선거인 경우 읍·면·동 수의 6배수 이내에서 4배수 이내로 축소하였다.

③ 광역자치단체장선거인 경우 유급선거사무원의 수를 당해 시 · 군 · 구 수의 4배수 이내에서 시 · 군 · 구 수 이내로 축소하였다.
④ 친목회 · 향우회 · 종친회 · 동창회 등 각종 사교 · 친목단체 및 사회단체의 구성원으로서 당해 단체의 정관 · 규약 또는 운영관례상의 의무에 기하여 종전의 범위 안에서 회비를 납부한다.
⑤ 지방자치단체의 장 · 후보자와 그 배우자는 당해 선거구의 밖의 선거구민과 연고가 있는 자나 기관 · 단체 · 시설에 결혼식에서의 주례행위를 할 수 있다.

해설

① 어깨띠 외에 중앙선관위규칙으로 정하는 규격 또는 금액 범위의 윗옷(上衣) · 표찰(標札) · 수기(手旗) · 마스코트, 그 외 소품을 붙이거나 입거나 지니고 선거운동을 할 수 있다(개정 2010.1.25). 선거운동기간중 텔레비전 및 라디오 방송시설을 이용한 연설을 할 수 있다(개정 2004.3.12). 지역구국회의원선거 및 자치구 · 시 · 군의 장 선거에서는 후보자가 1회 10분 이내에서 방송별 각 2회 이내, 비례대표시 · 도의원선거에서는 정당별로 비례대표시 · 도의원선거구마다 당해 선거의 후보자 중에서 선임된 대표 1인이 1회 10분 이내에서 방송별 각 1회, 시 · 도지사선거에선 후보자가 1회 10분 이내에서 방송별 각 5회 이내 연설할 수 있다. ②,③ 유급선거사무원을 둘 수 있다(개정 2005.8.4, 2010.1.25). 지역구국회의원선거 및 자치구 · 시 · 군의 장선거에서는 선거사무소와 선거연락소를 두는 구 · 시 · 군 안의 읍 · 면 · 동수의 3배수에 5를 더한 수 이내, 지역구시 · 도의원선거에선 선거사무소에 10인 이내, 비례대표시 · 도의원선거에선 선거사무소에 당해 시 · 도 안의 구 · 시 · 군의 수(산정한 수가 20 미만인 때에는 20인) 이내, 시 · 도지사선거에선 선거사무소에 당해 시 · 도 안의 구 · 시 · 군의 수(그 구 · 시 · 군수가 10 미만인 때에는 10인) 이내와 선거연락소에 당해 구 · 시 · 군 안의 읍 · 면 · 동수 이내, 지역구자치구 · 시 · 군의원선거에선 선거사무소에 8명 이내, 비례대표자치구 · 시 · 군의원선거에선 선거사무소에 당해 자치구 · 시 · 군 안의 읍 · 면 · 동수 이내로 둘 수 있다(개정 2005.8.4, 2010.1.25). ④ 기부행위금지규정에도 불구하고 통상적인 정당활동과 관련한 행위, 의례적 행위, 구호적 · 자선적 행위, 직무상의 행위, 법령의 규정에 근거하여 금품 등을 찬조 · 출연 또는 제공하는 행위, 그 밖에 중앙선거관리위원회규칙으로 정하는 행위 등은 기부행위로 보지 아니한다(개정 2008. 2.29, 2010.1.25). ⑤ 국회의원 · 지방의회의원 · 지방자치단체의 장 · 정당의 대표자 · 후보자와 그 배우자는 당해 선거구 안에 있는 자나 기관 · 단체 · 시설 또는 당해 선거구의 밖에 있더라도 그 선거구민과 연고가 있는 자나 기관 · 단체 · 시설에 기부행위(결혼식에서의 주례행위 포함)를 할 수 없다(개정 2004.3.12). <답 ④>

167. 지방선거에의 정당참여를 옹호하는 근거로 볼 수 없는 것은?

① 후보자 난립을 완화할 수 있다.
② 지방의회의 전문화 · 기능화를 기할 수 있다.
③ 주민의 개별적 의사는 지역정책에 반영되기 힘들다.
④ 지방행정의 대응성과 책임성이 확보된다.
⑤ 주민의 자치단체운영에 대한 평가가 용이하다.

✍ **해설**

정당참여에 따른 지방의회기능의 강화로 효과적인 집행기관 견제를 이룰 수 있으며, 상호 견제와 균형으로서 지방행정의 대응성과 책임성이 확보된다. ② 현대의 지방자치는 경영화와 생활의 질 추구에 그 역점이 두어져 있으며, 지방의회의 전문화 · 기능화 요구와 함께 정치적 욕구충족에서 실질적 생활수요충족을 강조하는 추세에 있어 정당참여 근거가 약화되고 있다. <답 ②>

168. 지방선거에 정당참여의 순기능으로 볼 수 없는 것은?

① 정당의 선거참여는 주민의 의사를 수렴하여 조직화한다.
② 지방선거를 통하여 드러난 민의를 수용함으로써 책임정치를 실현할 수 있다.
③ 정당의 선거참여는 정당인의 훈련과 지방정치의 활성화에 기여한다.
④ 선거운동감독 · 투표관리 · 개표관리 등 선거관리기관의 선거관리가 편리하다.
⑤ 과열선거를 예방하고 지방행정의 안정성을 기할 수 있다.

✍ **해설**

지방선거에 정당이 개입함으로써 선거가 과열될 뿐만 아니라 자치의 운영과정에 있어서 지방의회 내 정당간의 대립으로 의회의 기능이 마비되고, 의회와 장 사이의 대립과 마찰로 자치행정의 전반이 도탄에 빠질 우려가 있다. 아울러 정당참여의 허용은 무소속의원 배제 등 의회구성의 왜곡과 주민의견 배제 등 공천절차상의 문제점을 내포하고 있다.

<답 ⑤>

169. 지방선거에 후보자의 정당참여를 허용하는 국가가 아닌 것은?

① 영국, 독일 ② 프랑스, 스위스 ③ 이탈리아, 일본
④ 스웨덴, 대만 ⑤ 태국, 말레이시아

✍ **해설**

지방선거에 정당의 참여를 보장 내지 허용하는 유형에는 후보자의 정당공천 및 정당표방을 허용(무소속 후보자도 허용)하는 유형과 더 나아가 그것을 필수요건으로 하는 유형이 있다. 후자는 그 예가 거의 없으나 전자는 영국, 독일, 프랑스, 스위스, 스웨덴, 벨기에, 이탈리아, 일본, 대만 등 그 예를 많이 찾아볼 수 있다. ⑤ 한편 지방선거 내지 자치운영에 정당의 참여를 허용하지 않는 유형으로는 지방선거에 정당공천 및 정당표방을 금지하는 유형과 거기에 그치지 않고 의회의원의 당적보유까지도 금지하는 유형이 있다. 전자는 미국의 약 3분의 2의 시정부에서 그 예를 찾을 수 있고, 후자는 태국, 말레이시아 등 몇몇 나라에서만 그 예를 볼 수 있다. <답 ⑤>

170. 다음 중 공직선거법의 내용으로 올바르지 않은 것은?

① 지방자치단체의 장은 임기중에 그 직을 사퇴하고 지방의회의원선거, 다른 자치단체장선거 등 다른 공직선거에 입후보할 수 없다.
② 시 · 도지사선거의 경우 선거기간개시일부터 선거일 전 2일까지 소속정당의 정강 · 정책이나 후보자의 정견 기타 홍보에 필요한 사항을 총 5회 이

내 일간신문에 게재할 수 있다.

③ 시 · 도지사선거는 부재자투표의 개표를 일반투표함의 투표지와 혼합하여 개표하던 것을 분리하여 별도로 먼저 개표할 수 있도록 하고 있다.

④ 예비후보자 · 후보자의 배우자이거나 후보자의 직계존비속인 경우에는 선거운동을 할 수 있다.

⑤ 통 · 리 · 반의 장이 투표참관인이나 부재자투표참관인이 되고자 하는 때에는 선거일 전 90일까지 그 직을 그만두어야 한다.

해설

① 지방자치단체의 장도 선거구역이 당해 지방자치단체의 관할구역과 같거나 겹치는 지역구국회의원선거에 입후보하고자 하는 때에는 당해 선거의 선거일 전 120일까지 그 직을 그만두어야 한다. 다만, 그 지방자치단체의 장이 임기가 만료된 후에 그 임기만료일부터 90일 후에 실시되는 지역구국회의원선거에 입후보하려는 경우에는 그러하지 아니하다(개정 2003.10.30, 2010.1.25) *2003.10.30 법률에 의하여 2003.9.25 헌법재판소에서 위헌 결정된 공직선거법 제53조 제5항을 개정함. ② 선거기간개시일부터 선거일 전 2일까지 소속정당의 정강 · 정책이나 후보자의 정견, 정치자금모금(대통령선거에 한함) 기타 홍보에 필요한 사항을 대통령선거 총 70회 이내, 비례대표국회의원선거 총 20회 이내, 시 · 도지사선거 총 5회 이내 일간신문에 게재할 수 있다(개정 2005.8.4, 2009.7.31). 다만, 인구 300만을 넘는 시 · 도에 있어서는 300만을 넘는 매 100만까지마다 1회를 더한다. ③ 부재자투표의 우편투표함은 개표참관인의 참관하에 선거일 오후 6시(보궐선거 등에 있어서는 오후 8시) 후에 개표소로 옮겨서 일반투표함의 투표지와 별도로 먼저 개표할 수 있다(개정 2004.3.12). ④ 예비후보자 · 후보자의 배우자이거나 후보자의 직계존비속인 경우에는 선거운동을 할 수 있다(개정 2012.2.29). ⑤ 각급선거관리위원회위원 · 향토예비군 중대장급 이상의 간부 · 주민자치위원회위원 또는 통 · 리 · 반의 장이 선거사무장, 선거연락소장, 선거사무원, 제62조 제4항에 따른 활동보조인, 회계책임자, 연설원, 대담 · 토론자 또는 투표참관인이나 부재자투표참관인이 되고자 하는 때에는 선거일 전 90일(선거일 전 90일 후에 실시사유가 확정된 보궐선거 등에서는 그 선거의 실시사유가 확정된 때부터 5일 이내)까지 그 직을 그만두어야 하며, 선거일 후 6월 이내(주민자치위원회위원은 선거일까지)에는 종전의 직에 복직될 수 없다(개정 2011.7.28, 2012.1.17). <답 ①>

171. 우리나라는 언론매체를 이용한 선거운동의 활성화를 위하여 지방선거에 후보자 등의 방송연설을 허용하고 있다. 다음 보기 중 방송연설을 할 수 있는 선거는?

㈎ 시 · 도지사선거	㈏ 자치구 · 시 · 군의 장선거
㈐ 지역구 시 · 도의원선거	㈑ 비례대표 시 · 도의원선거
㈒ 자치구 · 시 · 군의원선거	

① ㈎, ㈏, ㈐ ② ㈎, ㈏, ㈑ ③ ㈎, ㈐, ㈑
④ ㈎, ㈏, ㈐, ㈑ ⑤ ㈎, ㈏, ㈐, ㈑, ㈒

해설

공직선거법은 방송연설을 시 · 도지사선거, 자치구 · 시 · 군의 장선거 및 비례대표시 · 도의원선거에 허용하고 있으며, 경력방송의 경우 한국방송공사가 후보자마다 매회 2분 이내의 범위 안에서 시·도지사선거는 TV 및 라디오 방송별 각 3회 이상, 자치구·시·군의 장선거는 각 2회 이상 하도록 하고 있다. <답 ②>

≪후보자 방송연설횟수≫

시·도지사선거	후보자가 지역방송시설을 이용하여 TV 및 라디오 방송별 각 5회 이내 (1회 10분 이내)
자치구·시·군 장선거	후보자가 지역방송시설을 이용하여 TV 및 라디오 방송별 각 2회 이내 (1회 10분 이내)
비례대표 시·도의원선거	정당별로 후보자 중 선임된 대표 1인이 TV 및 라디오 방송별 각 1회 (1회 10분 이내)

172. 지방선거에 정당참여를 찬성하는 근거로 볼 수 없는 것은?

① 아래로부터의 민주주의구현에 기여하게 된다.
② 선거시 투표권자들이 입후보자를 선택하기가 쉬워진다.
③ 정당인의 훈련·교육을 위해서도 필요하다.
④ 자치행정의 부패와 비효율성을 극소화하거나 방지하기 위해서이다.
⑤ 오늘날 국가사무와 지방사무의 구분은 불명확하기 때문이다.

해설

지방선거에 정당참여의 배제론의 근거로는 (i) 지방자치에 정당이 참여함으로써 지방민주주의가 불안한 상태에 놓이게 된다. (ii) 지방자치의 이념에 위배되어 지방분권성은 강력한 중앙(정당)집권적 경향으로 된다. (iii) 선거과열과 정당간의 대립이 격화될 우려가 있다. (iv) 지방의 문제가 그 지역주민들의 의사보다는 중앙정당의 지시에 따라 처리된다. (v) 자치행정의 부패와 비효율성을 극소화하거나 방지를 위해서도 배제해야 한다. (vi) 정권교체에 따른 정당간의 혼란이 지방에까지 파급되는 것을 최소화하기 위해서도 배제해야 한다. <답 ④>

173. 지방자치단체장. 지방의원의 직권남용, 직무유기 등 위법·부당행위 뿐만 아리나 정책적 실수나 다른 정치적 이유로도 주민이 소환투표를 청구할 수 있는 지방자치 하에서의 주민참여방식은? <2009 서울 9급>

① 주민청원 ② 주민총회 ③ 주민발의
④ 주민투표 ⑤ 주민소환

해설

지방자치에 관한 주민의 직접참여를 확대하고 지방행정의 민주성과 책임성을 제고하기 위해 2007년 5월 11일 주민소환제가 도입되었다. 주민소환은 주민소환투표권자 총수의 3분의 1 이상의 투표와 유효투표총수의 과반수의 찬성으로 확정된다. <답 ⑤>

174. **지방자치단체의 예산이 불법 · 부당하게 지출된 경우 공무원의 책임을 확보하는 데 가장 효과적인 주민통제제도는?** <2011 서울 9급>

① 주민감사청구 ② 납세자소송 ③주민소환
④ 주민참여예산 ⑤ 예산감시운동

해설

② 지방자치단체의 재정지출이 법령에 위반하거나 공익을 현저히 해친다고 인정되는 경우 주민이 감사청구를 제기할 수 있으며 위법한 재무행위에 대해 감사청구한 주민은 주민소송(납세자소송)을 제기(지방자치법 제16조, 제17조)할 수 있지만, 중앙정부의 경우 재정지출과 관련된 문제점이 발견된 경우 이의 시정을 위한 국민소송제도가 도입되지 않았다.

<답 ②>

175. **행정기관이 보유하고 있는 정보를 외부인에게 제공하는 행위인 공공기관의 정보공개에 대한 설명으로 가장 옳지 않은 것은?** <2011 경찰간부후보생>

① 「공공기관의 정보공개에 관한 법률」에는 정보공개를 활성화하기 위하여 이 법 또는 다른 법률의 규정에 의해서만 비공개대상정보를 정하도록 되어 있다.
② 정보공개의 목적은 투명한 정부를 구현하고, 국민의 알 권리를 보장하며, 행정에 대한 국민과 고객의 참여를 확대하는 데 있다.
③ 정보공개에는 국민 개개인의 청구에 의한 의무적인 정보공개는 물론, 행정기관 스스로의 결정에 의한 자발적 공개도 포함한다.
④ 국민청구에 의한 공개는 청구를 받은 날로부터 10일 이내에 공개 여부를 결정하고, 그렇지 못하면 10일을 더 연장하여 결정할 수 있다.

해설

공공기관이 보유 · 관리하는 정보는 공개대상이 된다. 다만, 다른 법률 또는 법률이 위임한 명령(국회규칙, 대법원규칙, 헌법재판소규칙, 중앙선거관리위원회규칙, 대통령령 및 조례)에 의하여 비밀 또는 비공개 사항으로 규정된 정보 등에 대하여는 이를 공개하지 아니할 수 있다.

<답 ①>

제 5 장

지방자치단체의 권능과 사무

제 5 장 지방자치단체의 권능과 사무

1. 우리나라 지방자치단체 자치권의 행사에 관한 예시로 옳지 않은 것은?

<2010 지방수탁 9급>

① A광역시 의회는 유류가격인상에 대응하여 주행세 세율의 20%를 감하기로 의결하였다.

② B시 의회는 예산운영의 투명성을 제고하기 위하여 주민참여 예산제도 운영에 관한 조례를 제정하였다.

③ C자치구는 도시미관을 개선할 목적으로 총액인건비 범위 내에서 부서정원을 조정하여 도시디자인과를 신설하였다.

④ D도 도지사는 국제물류센터 건립을 위하여 행정안전부 장관이 승인한 외채 발행을 시의회에 의결 요청하였다.

해설

① 탄력세율제도는 세법상 정해진 세율(표준세율 또는 기본세율)을 법률의 위임에 의하여 대통령령 등의 명령이나 지방정부의 조례에 의하여 가감(즉, 다르게 정할 수 있도록)하는 제도로서 1991년 지방세법 개정 시 처음 도입되었다. 주행세는 지방세(특별시 · 광역시세, 시 · 군세)로서 탄력세율 대상이지만, 조례가 아닌 대통령령으로 탄력세율을 적용하므로 잘못된 지문임. 주행세의 세율은 과세물품에 대한 교통 · 에너지 · 환경세액의 1천분의 360으로 하며, 조정이 필요한 경우에는 그 세율의 100분의 30의 범위 안에서 대통령령으로 이를 가감하여 조정할 수 있다. ② 주민참여예산제는 예산편성 과정에 주민이 참여하는 제도로서 우리나라는 2006년부터 전 자치단체에 도입하였다. ③ 총액인건비제도는 총액인건비 범위 내에서 기구, 정원, 보수, 예산상 자율성을 부여해주는 제도로서 2007년부터 자치단체에도 도입하였다. ④ 외채발행은 지방채발행 한도 내라도 행정안전부장관의 사전승인을 얻어 지방의회의 의결을 얻어야 가능하다. 따라서 도의회에 제출해야하는데 시의회에 제출한다고 오기되었다. <답 ①, ④>

2. 자치권은 국가로부터 주어진 것이 아니라 천부적으로 지방자치단체에 주어진 국가 이전의 권리라고 보는 학설은?

① 고유권설 ② 전래권설 ③ 수탁설
④ 국권설 ⑤ 제도적 보장설

해설

① 고유권설은 중세유럽제국의 도시제도의 영향과 프랑스의 지방권사상을 기초로 하고 있다. 지방권사상은 1789년 프랑스의 뚜레(Thouret)가 제창한 이래 확립된 이론으로서 자연법적 '인간과 시민의 권리선언'의 영향을 받아 시 · 읍 · 면과 같은 자치단체의 자치권을 기본권으로 이해하고, 이러한 자연법적 지방권을 입법 · 사법 · 행정의 3권에 대하여 지방자치단체가 본래 향유하는 제4권으로 인식하였다. 그러나 대의제민주정치의 발달과 함께 퇴조

하였다. <답 ①>

≪전래권설과 제도적 보장설≫

전래권설 · 국권설	(i) 국법에 근거를 두고 있다. (ii) 국가로부터 수여된 권력으로 인식 (iii) 독일의 공법학자들에 의해 주장 (iv) 종래의 통설
제도적 보장설	(i) C. Schmitt에 의해 확립 (ii) 헌법상의 규정에 의해 보장되는 것으로 이해 (iii) 최근의 통설 내지 다수설

3. 자치권에 대한 지방권설의 학자가 아닌 것은?

① G. Jellinek ② Turgot ③ William Blackstone
④ Thouret ⑤ Tocqueville

✍ **해설**

지방권설의 주장자로는 ②, ③, ④, ⑤의 학자 이외에도 A. Rotteck, O. Gierke 등이 있다. 특히 Tocqueville은 역사적 연유관에서 지방자치단체가 그 권리를 국가로부터 부여받은 것이 아니라 오히려 국가가 그 권리를 지방자치단체로부터 인수한 것이라 하였다. ① G. Jellinek는 독일의 공법학자로서 전래권설(국권설)의 주장자 이다. <답 ①>

4. 다음 자치권의 학설 중 헌법에 의해 보장된 권리는?

① 국권설 ② 고유권설 ③ 지방권설
④ 전래설 ⑤ 제도적 보장설

✍ **해설**

C. Schmitt는 지방자치제도를 헌법상의 규정에 의해 보장받는 것으로 이해하고 지방자치제도의 일정한 핵심 내지 본질적 내용은 이를 법률에 의해서도 침범할 수 없다고 하면서 제도적 보장설을 주장하였다. <답 ⑤>

5. 자치권의 학설에 관한 내용 중 잘못된 것은?

① 고유권설은 프랑스의 Thouret가 제창한 지방권사상에 그 기초를 두고 있다.
② 국권설에 의하면 자치권은 국가통치권의 일부가 법률에 의하여 수탁된 것이다.
③ 제도적 보장설은 자치권을 자치단체의 고유한 권리로 보면서 헌법에 의하여 특별한 보장을 받는 것이라고 이해한다.
④ 고유권설은 자치권을 입법 · 사법 · 행정의 3권에 대해 지방자치단체가 본래 향유하는 제4권으로 이해한다.
⑤ 국권설은 법실증주의의 영향아래 독일의 공법학자들이 주장하였다.

해설

제도적 보장설은 자치권을 국가의 통치권에 의하여 위임된 권력이라고 보지만 헌법에 의하여 특별한 제도적 보장을 받는 권력이라고 주장한다. 즉 지방자치제도를 헌법에 객관적인 제도로 보장함으로써 입법자가 일반법률에 의하여 지방자치의 구체적인 내용을 형성할 수는 있으나, 제도 자체를 폐지하거나 그 핵심적 본질을 침해할 수는 없다고 한다. 우리나라도 헌법 제117조, 제118조의 규정을 통해 지방자치제도를 제도적으로 보장하고 있다.

<답 ③>

6. 다음 중 쿨리의 원칙(Cooley's Rule)과 직접적인 관련이 있는 사항은?

① 지방자치단체는 중앙정부의 법적 산물이다.
② 지방자치단체의 자치권은 본래 부여된 것이다.
③ 지방자치단체의 자치권은 헌법에 의해 제도적인 보장을 받는다.
④ 지방자치단체의 자치권은 국가로부터 전래된 것이다.
⑤ 지방자치단체는 중앙정부에 의해 명백히 부여된 권한만을 행사한다.

해설

1871년 미시간주 Thomas Cooley판사는 지방자치단체의 권리란 본래 부여된 고유한 것이라고 판결하였다. <답 ②>

7. 다음의 항목은 집권과 자치 양자에 대한 우선순위를 대변하는 역사적 개념이나 이론이다. 집권-분권에 대한 상대적 우선순위 부여에 있어 나머지와 상이한 입장을 내포하는 항목은? <2004 입법>

① 보충성의 원칙(principle of subsidiarity)
② 딜런의 규칙(Dillon's rule)
③ 홈룰(home rule)제도
④ 다원주의(pluralism)
⑤ 티부(Tiebout)의 이론

해설

② 딜런의 원칙은 미국의 주정부와 지방정부와의 권력관계를 규정한 것으로서, 지방정부는 주정부의 창조물이며 그 창설과 폐지는 주정부의 재량에 속한다고 본 입장이다. 즉, 연방정부와 주정부간 권력상의 분리를 주장하여 주정부의 독립성을 강조하는 한편 지방정부에 대한 주정부의 법적인 우위를 규정한 원칙이다. ① 반면 보충성의 원칙은 기초정부가 할 수 있는 일을 상급정부가 관여해서는 안 되며 기초정부가 할 수 없는 기능만 상급정부가 보충/보완적으로 수행해야 한다는 원칙이다. ③ 홈룰제도는 주정부의 특별한 법적 승인 없이 지방정부에 실질적 권한, 즉 자치권이 부여되는 것을 말한다. ④ 다원주의는 전통적으로 분권화 사상이다. ⑤ 티부의 이론은 주민들이 발로 하는 투표를 통해 지방정부를 자유롭게 선택할 수 있다는 공공선택이론 모형으로 이를 위해 지방정부에 권한을 보다 많이 부여해야 한다는 점을 강조했다. 따라서 ② 딜런의 규칙만 중앙정부를 중시하는 반면 나머지 이론과 제도들은 지방정부를 중시한다. <답 ②>

8. 주민들이 지역 간에 자유롭게 이동할 수 있기 때문에 지방공공재에 대한 주민들의 선호가 나타나며 지방공공재 공급의 적정규모가 결정된다고 주장한 것과 거리가 먼 것은?

① 발에 의한 투표(voting with the feet)
② 새뮤엘슨(Samuelson)의 적정 공공재의 공급이론
③ 티부(Tiebout) 가설
④ 유사한 선호를 가진 사람들의 공간적인 집적현상

해설

본 문제는 티부 가설에 대한 내용이다. 티부가설은 자원배분기능에 있어서 중앙정부보다는 지방정부의 역할이 왜 강조되어야한 하는가에 대한 체계적 논의 중 하나로서 주민들은 지방간의 이동이 자유롭기 때문에 자신의 선호에 가장 부합되는 재정정책이 실시되는 지역으로 이동함으로써 자신의 후생수준을 극대화하려고 한다는 것이다. 즉, 주민들은 기존 지역의 행정서비스에 대하여 불만을 느낄 경우 다른 지역으로 이주하는 '발에 의한 투표'(voting with feet)를 하므로 공공재에 대한 주민 선호를 만족시키기 위해서 지방정부들이 서로 경쟁하고 이 과정을 통하여 지방공공재의 적정한 공급이 가능하다는 이론이다(방성은, 2008 비타민행정학, p.260).

새뮤엘슨(Samuelson)은 중앙정부 차원의 공공재이론(적정 공공재의 공급이론, 1954)을 제창하였는데 그 내용은 사람들은 공공재에 대하여 자신의 선호를 밝히지 않기 때문에 적정 공공재의 공급은 국민의 선호와 관계없이 결국 정치적 과정을 통하여 결정될 수밖에 없다는 이론으로서 티보가설과는 반대의 입장에 있는 이론이다. 티부(Tiebout)는 이에 대한 발론으로 티부 가설(1956)을 제기한 것이다. <답 ②>

9. 다음 중 딜런의 규칙(Dillion's Rule)과 가장 밀접한 관계가 있는 학설은?

① 국권설 ② 고유권설 ③ 지방권설
④ 기능적 분담설 ⑤ 제도적 보장설

해설

1868년 아이오와주 대법원판사인 John F. Dillion은 지방정부란 주정부의 창조물이며, 단지 주정부에 의해 명백히 부여된 권한만을 행사할 수 있다고 하였다. <답 ①>

10. 우리나라 지방자치제에 대한 설명으로 옳지 않은 것은?

① 지방자치단체와 지방의회는 기관 대립형이다. <2012 지방수탁 9급>
② 지방자치단체는 법인으로 한다.
③ 주민투표제, 주민감사청구제, 주민소환제를 실시하고 있다.
④ 자치입법권, 자치조직권, 자치재정권, 자치사법권을 인정하고 있다.

해설

우리나라는 국방, 사법, 외교분야는 국가의 권한으로 규정하고 있어 이 분야는 지방자치권으로 인정하지 않는다. 다만, 미국 같은 나라에서는 일정한 범위 내에서 자치사법권이 인정되기도 한다. <답 ④>

11. 우리나라의 지방자치제도에 관한 설명으로 옳은 것은?

<2011 국회사무처 8급>

① 지방의회는 행정사무감사권뿐만 아니라 조사권을 통해서도 지방자치단체를 감시하고 통제할 수 있다.

② 우리나라는 기관대립형을 채택하고 있기 때문에 의회의 지방자치단체장에 대한 불신임권이 인정되고 있다.

③ 지방의회의 모든 의사결정은 지방자치단체장이 공포해야 효력을 가질 수 있다.

④ 기관대립형의 자치 형태를 가지면서 의회의 지위가 강한 약시장형을 택하고 있다.

⑤ 주민투표는 안건이 발의된 지 20~30일 이내에 투표가 실시되며, 투표권자 1/5 이상의 투표와 유효투표수 과반수의 찬성으로 안건을 통과시키게 된다.

해설

② 우리나라의 지방정부형태는 중앙의 대통령중심제와 같이 의회와 단체장이 상호 견제와 균형을 유지하는 기관대립형이므로 의회의 단체장에 대한 불신임권이나 반대로 단체장의 의회해산권은 인정되지 않는다. ③ 지방의회의 모든 의사결정이 단체장이 공포해야 효력을 발하는 것은 아니며, 단체장이 공포해야 효력을 발하는 것은 조례만 해당된다. ④ 우리나라는 지방의회보다는 단체장의 권한이 강한 집행기관 중심의 기관대립형이므로 미국의 강시장형과 더 유사하다. ⑤ 주민투표일은 투표발의일부터 20일 이상 30일 이하의 범위 안에서 단체장이 관할선거관리위원회와 협의하여 정하되, 주민투표는 투표권자 1/3 이상의 투표와 유효투표수 과반수의 찬성으로 의결된다. 1/3 이상이 투표하지 아니하면 개표 자체를 하지 아니한다. <답 ①>

12. 우리나라 지방자치제도에 대한 설명으로 옳지 않은 것은?

<2010 서울 7급>

① 행정기구는 대통령령에 따라 조례로 설치할 수 있다.

② 단체장의 직속기관은 대통령령에 따라 조례로 설치할 수 있다.

③ 사업소는 대통령령에 따라 조례로 설치할 수 있다.

④ 출장소는 대통령령에 따라 조례로 설치할 수 있다.

⑤ 합의제 행정기관은 대통령령에 따라 조례로 설치할 수 있다.

해설

지방자치단체는 그 소관사무의 일부를 독립하여 수행할 필요가 있는 때에는 법령 또는 당해 지방자치단체의 조례가 정하는 바에 의하여 합의제행정기관을 설치할 수 있다. <답 ⑤>

≪행정기구의 설치(지방자치법)≫

(1) 행정기구와 공무원(제112조)

① 지방자치단체는 그 사무를 분장하기 위하여 필요한 행정기구와 지방공무원을 둔다.

② 제1항에 따른 행정기구의 설치와 지방공무원의 정원은 인건비 등 대통령령으로 정하는 기준에 따라 그 지방자치단체의 조례로 정한다.

(2) 직속기관(제113조) : 지방자치단체는 그 소관사무의 범위 안에서 필요하면 대통령령이나 대통령령으로 정하는 바에 따라 지방자치단체의 조례로 자치경찰기관(제주특별자치도에 한다), 소방기관, 교육훈련기관, 보건진료기관, 시험연구기관 및 중소기업지도기관 등을 직속기관으로 설치할 수 있다.
(3) 사업소(제114조) : 지방자치단체는 특정 업무를 효율적으로 수행하기 위하여 필요하면 대통령령으로 정하는 바에 따라 그 지방자치단체의 조례로 사업소를 설치할 수 있다.
(4) 출장소(제115조) : 지방자치단체는 원격지 주민의 편의와 특정 지역의 개발 촉진을 위하여 필요하면 대통령령으로 정하는 바에 따라 그 지방자치단체의 조례로 출장소를 설치할 수 있다.
(5) 합의제 행정기관(제116조)
① 지방자치단체는 그 소관사무의 일부를 독립하여 수행할 필요가 있으면 법령이나 그 지방자치단체의 조례로 정하는 바에 따라 합의제 행정기관을 설치할 수 있다.
② 제1항의 합의제 행정기관의 설치 · 운영에 관하여 필요한 사항은 대통령령이나 그 지방자치단체의 조례로 정한다.

13. 우리나라 지방자치제도에 대한 설명으로 옳은 것을 모두 고르면?

<2009 지방수탁 7급>

㉠ 조례의 제정과 개폐청구제, 주민투표제, 주민소송제, 주민소환제 등의 제도가 있다.
㉡ 제주특별자치도의 경우 자치계층과 행정계층이 일치하고 있다.
㉢ 중앙과 지방간 기능배분방식은 포괄적 예시원칙을 폐지하고 보충성의 원칙을 적용하고 있다.
㉣ 지방교부세는 보통교부세, 특별교부세, 분권교부세, 부동산교부세 등으로 구분되어 있다.
㉤ 지방자치권은 자치입법권, 자치재정권, 자치조직권, 자치사법권으로 구성되어 있다.

① ㉠, ㉡ ② ㉡, ㉢ ③ ㉠, ㉣ ④ ㉢, ㉤

해설

㉡ 제주특별자치도의 경우 특별자치도만 자치단체이며, 제주시, 서귀포시는 지방자치단체가 아닌 시(행정시)이므로 자치계층과 행정계층이 일치하지 않고 있다. ㉢ 중앙과 지방간 기능배분방식은 예시적 포괄주의 방식을 취하면서 보충성의 원칙을 적용하고 있다. ㉤ 지역사무를 자주적으로 처리하도록 자주입법권, 자주행정권, 자주조직권, 자주인사권, 자주재정권 등이 인정되고 있으나 자주사법권은 인정되지 않으며, 자주재정권은 조세법률주의로 인해 많은 제약을 받는다. <답 ③>

14. 지방자치단체의 자치법규에 대한 설명 중 틀린 것은?

① 규칙은 공공사무, 단체위임사무, 기관위임사무에 대하여 제정할 수 있다.
② 특별시 · 광역시 · 도 · 특별자치도의 조례로는 벌칙을 정할 수 있다.
③ 시 · 군의 조례로도 과태료를 과하는 벌칙을 정할 수 있다.
④ 규칙은 행정명령적인 것일 뿐 법규적인 성질을 가질 수 없다.
⑤ 규칙은 원칙적으로 법령 또는 조례의 개별적 · 구체적 위임이 있는 사항에 관해서만 규정할 수 있다.

해설

④ 규칙도 법규적 성질의 것과 행정명령적인 것이 있다. 그러나 조례와는 달리 벌칙을 정할 수 없다. 법규적 성질을 갖는 규칙으로는 도세부과징수규칙, 도세체납처분에 의한 압류재산처리규칙 등이 있다. <답 ④>

15. 지방자치단체의 자치법규에 대한 설명으로 옳지 않은 것은?

① 기관위임사무는 당해 지방자치단체의 사무가 아니므로 이를 대상으로 하는 조례는 그 효력을 인정할 수 없다.
② 조례에 대한 법률의 위임은 반드시 구체적으로 범위를 정하여 할 필요가 없으며 포괄적인 것으로 족하다.
③ 기본권제한을 내용으로 하는 조례에 대해서도 법률의 개별적 · 구체적인 위임없이 포괄적인 위임만으로 제정이 가능하다.
④ 규칙은 법령에 의하여 위임된 기관위임사무 처리에 관한 사항뿐만 아니라 조례의 시행을 위하여 필요한 사항도 규정할 수 있다.
⑤ 조례의 한계로서 법률유보원칙을 엄격하게 적용하고 있는바, 기존의 국가법이 있을 경우에는 지방적 특수성을 반영한 추가적 내지 초과적인 조례를 결코 제정할 수 없다.

해설

② 헌법재판소(1995.4.20, 92헌마264 · 279)는 '조례의 제정권자인 지방의회는 선거를 통해서 그 지역적인 민주적 정당성을 지니고 있는 주민의 대표기관이고 헌법이 지방자치단체에 포괄적인 자치권을 보장하고 있는 취지로 볼 때, 조례에 대한 법률의 위임은 법규명령에 대한 법률의 위임과 같이 반드시 구체적으로 범위를 정하여 할 필요가 없으며 포괄적인 것으로 족하다'고 결정하고 있다. ③ 대법원(대판 1991.8.27, 90누6613)에 따르면 '법률이 주민의 권리 · 의무에 관한 사항에 관하여 구체적으로 아무런 범위도 정하지 아니한 채 조례로 정하도록 포괄적으로 위임하였다고 하더라도 행정관청의 명령과는 달리 조례는 주민의 대표기관인 지방의회의 의결로 제정되는 지방자치단체의 자주법인 만큼 지방자치단체가 법령에 위반되지 않는 범위 내에서 주민의 권리와 의무에 관한 사항을 조례로 제정할 수 있다'고 판결하고 있다. ⑤ 대법원(대판 1997.4.25, 96추244)은 '지방자치단체는 법령에 위반되지 아니하는 범위 내에서 그 사무에 관하여 조례를 제정할 수 있는 것이고, 조례가 규율하는 특정사항에 관하여 그것을 규율하는 국가의 법령이 이미 존재하는 경우에도 (i) 조례가 법령과 별도의 목적에 기하여 규율함을 의도하는 것으로서, 그 적용에 의

하여 법령의 규정이 의도하는 목적과 효과를 전혀 저해하는 바가 없는 때 또는 (ii) 양자가 동일한 목적에서 출발한 것이라고 할지라도 국가의 법령이 반드시 그 규정에 의하여 전국에 걸쳐 일률적으로 동일한 내용을 규율하려는 취지가 아니고 각 지방자치단체가 그 지방의 실정에 맞게 규율하는 것을 용인하는 취지라고 해석되는 때에는 그 조례가 국가의 법령에 위반되는 것은 아니다'고 하여 소위 추가조례 내지 초과조례를 승인하고 있다. 따라서 기존의 국가법이 있다고 할지라도 지방적 특수성을 반영한 추가적 내지 초과적인 경제관련조례, 환경조례나 지방의회활동의 실효성을 확보할 수 있는 조례(증언·감정 등에 관한 조례) 등을 제정할 수 있다 할 것이다. <답 ⑤>

16. 조례제정권의 범위와 한계에 대한 설명으로 타당하지 아니한 것은?

① 지방자치법 제22조 단서에 의하면 지방자치단체가 <2001 입법>
주민의 권리제한 또는 의무부가에 관한 사항이나 벌칙을 정할 때에는 법률의 위임이 있어야 한다.

② 판례는 조례도 일종의 법규명령으로 보아, 조례로 주민의 권리의무에 관한 사항을 규율하려면, 법률에 구체적으로 범위를 정하여 위임하여야 하며, 포괄적 위임은 금지된다고 한다.

③ 지방자치법 제22조 단서는 헌법 제117조 제1항이 보장하는 지방자치단체의 조례제정권을 침해하여 위헌이라는 견해가 있다.

④ 조례가 규율하는 특정의 사안에 대하여 그것을 규율하는 국가의 법령이 이미 존재하는 경우에도, 조례가 법령과 별도의 목적에 기하여 규율하려는 경우로서 이로 인하여 법령의 목적을 저해하지 않는다면 법령과 다른 내용을 정할 수 있다는 것이 판례의 입장이다.

⑤ 조례가 규정하는 특정의 사안에 대하여 그것을 규율하는 국가의 법령이 이미 존재하는 경우에도, 국가의 법령이 반드시 그 규정에 의하여 전국에 걸쳐 일률적으로 동일한 내용을 규율하려는 취지가 아니라면, 지방자치단체가 그 지방의 실정에 맞게 별도로 규율하는 조례를 제정할 수 있다는 것이 판례의 입장이다.

해설

판례에서도 지방자치단체는 법령에 구체적인 위임근거가 없더라도 법령에 위반되지 아니하는 범위 안에서 그 사무에 관한 조례를 제정할 수 있고, 다만 주민의 권리제한 또는 의무부과에 관한 사항이나 벌칙을 정할 때에는 법령의 위임이 있어야 한다고 명시하고 있다(대법원 1997.9.26. 선고 97추43 판결; 대법원 1970.2.10. 선고 69다2121 판결; 대법원 1992.6.23. 선고 92추17 판결). <답 ②>

17. 지방자치단체의 자치권에 대한 설명으로 가장 옳은 것은?

① 우리나라의 지방자치단체는 자치사법권을 가지고 있다. <2010 국회 9급>

② 우리나라의 지방자치단체는 법률의 위임 없이도 조례로 형벌의 부과와 벌칙을 정할 수 있다.

③ 2007년에 도입된 총액인건비제는 자치조직의 권한을 축소하는 효과를 가지고 있다.
④ 조세법률주의에 따라 지방세의 세목과 세율에 대해 국회가 제정하는 법률로써 정해야 하며 조례에 의한 세목의 신설은 허용하지 않는다.
⑤ 중앙정부와 지방정부의 기능배분방식은 포괄적 예시형 기능배분방식을 적용하고 있어 중앙기능의 지방이양률이 매우 높은 편이다.

✍ 해설

① 우리나라의 지방자치단체는 자치사법권을 가지고 있지 못하고, ② 법률의 위임이 없는 한 조례로써 형벌의 부과와 벌칙을 규정할 수 없도록 하고 있으며, ③ 2007년에 도입된 총액인건비제는 자치조직의 권한을 확대하는 효과가 있으며, ⑤ 중앙정부와 지방정부의 기능배분방식은 포괄적 예시형 기능배분방식을 적용하고 있어 중앙기능의 지방이양률이 매우 낮은 편이다. <답 ④>

18. 우리나라 지방자치단체의 자치권에 대한 설명으로 옳지 않은 것은?

<2008 지방수탁 9급>

① 헌법과 지방자치법은 법령의 범위 안에서 자치에 관한 조례를 제정할 수 있다고 규정하고 있다.
② 지방자치단체는 행정기구의 설치에 대해 법령의 범위 안에서 당해 지방자치단체의 조례로써 정할 수 있다.
③ 조세법률주의에 따라 지방세의 세목과 세율에 대해서는 법률로써 정해야 하며, 조례에 의한 세목의 설치를 허용하지 않는다.
④ 자치권을 구성하는 핵심적인 사항은 자치입법권, 자치사법권, 자치행정권, 자치재정권이라 할 수 있다.

✍ 해설

④ 아무리 지방자치가 발달하여도 외교 · 사법권은 자치권에 포함되지 아니한다. 일반적으로 자치권이라 하면 자주입법권, 자주행정권, 자주재정권, 자주조직권이 포함된다. <답 ④>

19. 우리나라 지방자치단체의 자치권에 관한 설명으로 옳지 않은 것은?

<2003 지시>

① 조례제정권은 법률유보의 제한을 받지 않는다.
② 지방의회 의결에 대해 행정안전부장관이나 시 · 도지사는 재의요구권을 가지고 있다.
③ 지방자치단체장의 명령이나 처분을 주무부장관이나 시 · 도지사가 취소할 수 있다.
④ 시 · 군 및 자치구의 조례나 규칙은 시 · 도의 조례나 규칙에 위반하여서는 아니 된다.
⑤ 규칙을 제정 또는 개폐할 경우 공포예정 15일 전에 행정안전부장관이나 시 · 도지사에게 보고하여야 한다.

✍ 해설 ……………………………………

지방자치단체가 갖는 조례제정권은 주민의 자유와 권리를 제한하는 범위 내에서 헌법 제37조 2항의 기본권 제한에 관한 법률유보조항에 의하여 제한을 받는다. <답 ①>

20. 다음 중 자치입법에 관한 설명으로 타당한 것은?

① 의회의 권한에 속하는 사항도 법령 또는 조례의 명시적 위임이 있는 한 규칙으로 규정할 수 있다.
② 자치사무에 관한 규칙이 부당하다고 인정될 때에는 감독관청은 이를 취소하거나 정지할 수 없다.
③ 지방자치단체의 장의 전속적 권한에 속하는 사무도 조례로 정할 수 있다.
④ 조례제정권은 헌법에 의해 보장된 지방자치단체의 고유한 권리이다.
⑤ 지방자치단체는 개개의 법률규정이 없으면 헌법 제117조에 의하여 직접 조례를 제정할 수 없다.

✍ 해설 ……………………………………

조례는 지방자치단체가 법령의 범위 안에서 그 권한에 속하는 사무에 대하여 지방의회의 의결로써 제정하는 법규이다. ① 규칙은 자치단체장이 제정하는 자치법규로서 법령에 의하여 조례규정사항으로 지정된 것과 의회의 권한에 속하는 사항은 규정할 수 없다. ② 자치사무에 관한 규칙은 위법한 경우에 한하여 감독관청이 이를 취소하거나 정지할 수 있다. ③ 자치단체장의 전속적 권한에 속하는 사무는 조례로 정할 수 없으며 규칙으로 정한다. ④ 조례제정권은 헌법에 의하여 제도적으로 보장받은 권리이지만 국가로부터 부여된 권리이다. ⑤ 지방자치단체가 조례를 제정할 수 있는 것은 헌법이 이를 보장한 데에 근거를 두고 있는 것이므로 그것이 자치권의 범위에 속하는 한 조례에 의하여 주민의 권리 · 의무에 관한 법규를 제정하는 데 별도의 법률의 수권을 필요로 하지 않는다. <답 ②>

21. 우리나라의 지방자치단체가 법률이 허용하는 범위 내에서 조례로 정할 수 있는 것을 모두 열거한 것은? <2003 지시>

(가) 새로운 세목의 설치	(나) 기존 세목의 세율의 가감
(다) 기존 세목의 세율의 변경	(라) 기존 세목의 세금의 감면

① (가), (나) ② (나), (다) ③ (가), (다), (라)
④ (나), (다), (라) ⑤ (가), (나), (다), (라)

✍ 해설 ……………………………………

기존 세목의 세율의 가감 · 변경 · 감면, 지방세 탄력세율, 재산과세의 과표 및 수수료 탄력결정 등과 같은 자치재정권은 인정되는 반면 조례를 통한 독립적인 지방 세목은 설치할 수 없다. 우리나라는 지방세의 세목과 세율에 대해 국회가 제정하는 법률로 정한다. <답 ④>

22. 다음 사무 중 조례로써 규정할 수 없는 사항은?

① 도시계획 ② 도로의 건설 · 관리 ③ 상하수도사업

④ 병사사무 ⑤ 쓰레기 등 오물의 수거 및 처리

해설

조례규정사항의 범위는 그 자치단체의 고유사무와 단체위임사무에 한한다. 따라서 자치단체장의 전속적 권한에 속하는 사무나 지방의회의 의결사항이 아닌 기관위임사무에 대해서는 조례를 제정할 수 없다. ④ 병역법 제78조 제2항에 기하여 병역법시행령 제156조 제2항은 징병검사연기원의 처리, 병력동원훈련소집입영기일의 연기, 현역병 또는 공익근무요원의 입영기일연기 등 지방병무청장의 권한을 지방행정관서의 장에게 위임하고 있는바, 이 경우 지방행정관서의 장에 의해 행해지는 병무행정사무는 이른바 기관위임사무이다.

<답 ④>

조례의 규정사항	(i) 지방의 공공복지에 관한 사무: 학교·병원 및 도서관의 설치·관리, 도로의 건설·관리, 상하수도사업, 주택사업의 경영, 쓰레기 등 오물처리, 교통, 도시계획, 소방 등 (ii) 지방자치단체의 존립·유지에 관한 사무: 자치입법, 자치조직·인사, 자치행정, 자주재정에 관한 사무 (iii) 단체위임사무: 시·도의 국가하천의 점용료·사용료징수사무, 시·도의 국세징수사무, 시·군의 도세징수사무 등
조례로 규정할 수 없는 사항	(i) 자치단체장의 전속적 권한에 속하는 사무 (ii) 기관위임사무: 호적사무, 병사사무, 국세조사사무, 주민등록, 지적, 인구조사사무 등

23. **현행 지방자치법상 직무이행명령의 대상이 되는 지방자치단체의 사무범위는?**

① 자치사무에 한한다. ② 단체위임사무에 한한다.
③ 기관위임사무에 한한다. ④ ②와 ③이 해당된다.
⑤ ①, ②, ③ 모두 해당된다.

해설

③ 직무이행명령제도는 법령의 규정에 의하여 지방자치단체의 장에게 위임된 국가 또는 시·도의 기관위임사무에 관하여 지방자치단체의 장이 그 사무의 관리 및 집행을 명백히 해태하고 있다고 인정되는 때에 그 이행을 강제하여 지방행정의 적법·적정한 집행을 확보하기 위한 제도적 장치이다. <답 ③>

24. **지방자치에 관한 설명 중 옳지 않은 것은?** <2001 사시·군법무관>

① 지방교육자치에관한법률은 특별시·광역시·도·특별자치도의 교육·학예에 관한 사무의 집행기관으로 교육감을 두고 있다.

② 특별시장·광역시장·도지사가 법령의 규정에 의하여 그 의무에 속하는 국가위임사무의 관리 및 집행을 명백히 해태하고 있다고 인정되는 때에는 행정안전부장관이 기간을 정하여 서면으로 그 이행할 사항을 명령할 수 있다.

③ 지방의회의 조직 · 권한 · 의원선거와 지방자치단체의 장의 선임방법 기타 지방자치단체의 조직과 운영에 관한 사항은 법률로 정한다.
④ 지방자치단체의 폐치 · 분합은 지방자치단체의 자치권의 침해 문제와 더불어 그 주민의 헌법상 보장된 기본권의 침해문제도 발생할 수 있다는 것이 헌법재판소의 판례이다.
⑤ 대법원 판례에 의하면, 지방자치단체가 조례를 제정할 수 있는 사항은 지방자치단체의 고유사무인 자치사무와 개별법령에 의하여 자치단체에 위임된 단체위임사무에 한한다.

해설

② 행정안전부장관이 아니라 주무부장관임. ④ 지방자치단체의 폐치 · 분합에 관한 것은 지방자치단체의 자치행정권 중 지역고권의 보장문제이나 대상지역 주민들은 그로 인하여 인간다운 생활공간에서 살 권리, 평등권, 정당한 청문권, 거주이전의 자유, 선거권, 공무담임권, 인간다운 생활을 할 권리, 사회보장 · 사회복지수급권 및 환경권 등을 침해받게 될 수도 있다는 점에서 기본권과도 관련이 있어 헌법소원의 대상이 될 수 있다(헌결 1994. 12. 29, 94헌마201). <답 ②, ⑤>

25. 다음 중 조례제정권에 관한 설명으로 틀린 것은?

<2005 대구 9급, 2005 경북 9급 변형>

① 법령이나 상급자치단체의 법규를 위반하면 안 된다.
② 국민의 권리의무에 관계된 조례를 정할 시 법률의 위임이 있어야 한다.
③ 자치단체의 내부조직과 관리에 관한 사항도 규정할 수 있다.
④ 단체위임사무나 기관위임사무는 모두 조례로 정할 수 있다.
⑤ 벌칙 규정은 개별 법률의 위임이 있어야 가능하다.

해설

②는 법규적 조례이고, ③은 행정규칙적 조례이다. ④ 기관위임사무는 자치단체장에게 위임된 국가사무로서 국가가 경비를 전액 부담하므로 지방의회는 관여할 수 없다. 따라서 조례로 규정할 수 없으며 규칙으로만 규정이 가능하다. <답 ④>

26. 지방자치단체의 조례제정권에 관한 설명 중 옳지 않은 것은?

<2003 사시·군법무관>

① 지방자치단체는 헌법이나 법률이 국가나 그 밖의 공공단체의 사무로 유보하고 있는 것이 아니라면, 지방자치단체의 모든 사무를 자치적으로 처리하는 데 필요한 자치입법권을 갖는다.
② 개별 법령에서 기관위임사무에 관한 일정한 사항을 조례로 정하도록 위임하고 있는 경우에 지방자치단체의 자치조례제정권과 무관하게 위임조례를 정할 수 있고, 그 내용이 개별 법령에서 위임하고 있는 범위를 벗어난 경우에도 위임조례로서의 효력이 인정된다.
③ 조례의 제정권자인 지방의회는 선거를 통해서 그 지역적인 민주적 정당성

을 지니고 있는 주민의 대표기관이고, 헌법이 지방자치단체에 대해 포괄적인 자치권을 보장하고 있는 취지로 볼 때 조례제정권에 대한 지나친 제약은 바람직하지 않다.

④ 지방자치법에 의하면, 조례로 주민의 권리제한 또는 의무부과에 관한 사항이나 벌칙을 정할 때에는 법률의 위임이 있어야 한다.

⑤ 법률상 지방자치단체장에게 재량권이 부여되어 있음에도 조례를 통하여 그 재량권을 박탈하는 것이나, 법령에 의하여 지방자치단체장의 기속재량에 속하는 행위에 대하여 조례를 통하여 새로운 요건을 가중하는 것은 조례제정권의 범위를 벗어나는 것이다.

해설

② 자치사무와 단체위임사무에 한하여 지방자치단체가 조례를 제정할 수 있다. 기관위임사무는 원칙적으로 조례의 제정범위에 속하지 아니한다. 다만, 기관위임사무도 개별 법령에서 일정한 사항을 조례로 정하도록 위임하고 있는 경우에는 위임받은 사항에 관하여 개별 법령의 취지에 부합하는 범위 내에서 위임조례를 정할 수 있다는 것이 대법원 판례태도이다(대법원 2000.5.30. 선고 99추85 판결). <답 ②>

27. 조례에 관한 설명 중 적절하지 않은 것은? <2007 국가 7급>

① 지방의회는 조례를 통하여 조세의 종목과 세율을 자체적으로 결정할 수 있다.

② 지방의회는 자치단체의 내부구조, 운영, 사무처리 등을 규정하는 조례를 제정할 수 있다.

③ 조례는 상위 법령이나 상위 자치단체의 조례를 위반하여 제정될 수 없다.

④ 주민의 권리제한 또는 의무부과에 관한 사항이나 벌칙을 정할 태는 법률의 위임이 있어야 한다.

해설

① 우리나라는 조세법정주의로서 자주적 과세권을 인정하지 않는다. <답 ①>

28. 광역자치단체 조례와 관련된 설명에서 잘못된 것은? <2007 충남 9급>

① 지방세법에 정해진 재산세율에 가감하여 조례로 재산세율을 결정

② 환경 관련 법률에 규정한 환경기준을 조례로 강화 가능

③ 조례위반 행위에 대해 벌금을 부과하는 조례 제정 가능

④ 조례를 재정한 지방의회에서 이송된 날로부터 5일 이내 행정안전부에 보고

해설

① 재산세는 도세가 아닌 시 · 군세이기 때문에 기초의회 소관사항이다. <답 ①>

29. 조례에 관한 다음 기술 중에서 바르게 설명한 것은?

① 조례는 자치사무에 관하여 뿐만 아니라 단체위임사무에 관하여도 제정할 수가 있다.

② 조례는 그 실효성을 담보하기 위하여 조례위반행위에 대하여 벌금이나 과태료는 물론 징역이나 금고를 정할 수 있다.

③ 조례안의 제안권은 장에게만 부여되어 있으며 의원이나 주민은 조례안을 제출할 수 없다.

④ 조례는 법령에 위반되지 아니하는 한 제정할 수가 있으나 그 형식적 효력은 대통령령이나 부령과 같다.

⑤ 지방자치단체의 사무에 관하여는 반드시 조례로써만 규정하여야 한다.

해설

조례는 지방자치단체가 그 사무에 관하여 제정하는 것이다. 따라서 조례로 제정할 수 있는 대상사무에는 고유한 자치사무뿐만 아니라 법령에 의하여 자치단체에 속하는 사무, 즉 단체위임사무까지도 포함된다. ② 현행법상 지방자치단체가 조례의 실효성을 담보하기 위하여 조례로서 정할 수 있는 벌칙은 1,000만원 이하의 과태료에 한한다. ③ 조례는 의회에 의하여 의결·제정되지만 조례안의 제안권은 지방자치단체의 장과 지방의회의원(위원회, 재적의원 5분의 1 이상, 의원 10인 이상의 연서)에게 모두 인정되고 있다. ④ 조례는 법령의 범위 안에서 제정되는 것이므로 법령에 위반하지 않아야 하며, 만일 법령에 위반되는 경우에는 무효가 된다. 따라서 조례의 형식적 효력은 대통령령이나 부령보다 하위에 있다. ⑤ 지방자치단체의 자치법규로는 조례뿐만 아니라 규칙도 있다. 즉 지방자치단체의 장은 법령 또는 조례가 위임한 범위 안에서 그 권한에 속하는 사무에 관하여 규칙을 규정할 수 있다.

<답 ①>

30. 조례에 관한 설명 중 적절하지 않은 것은 ?

① 지방의회는 조례가 정하는 바에 의하여 위원회를 둘 수 있다.

② 기초자치단체(시·군 및 자치구) 관할구역 경계변경은 행정안전부장관 승인 후 조례로 정한다.

③ 자치구가 아닌 구·읍·면·동의 명칭과 구역변경은 조례 제정 후 시·도지사에게 보고한다.

④ 지방의회는 연간회의 총 일수와 정례회 및 임시회의 회기는 당해 지방자치단체의 조례로 정한다.

해설

지문 ②는 대통령령으로 정한다. 자치구가 아닌 구·읍·면·동의 폐치·분합은 행정안전부장관 승인 후 조례로 정한다.

<답 ②>

31. 조례에 대한 다음 설명 중 합당한 것은?

① 조례는 원칙적으로 당해 지방자치단체의 관할구역 내의 주민들을 포함한

모든 사람에 대하여 효력이 미친다.

② 조례의 제정개폐에 관한 주민의 직접청구는 모든 조례에 대하여 인정되므로 지방세의 부과 · 징수조례의 개폐도 청구할 수 있다.

③ 조례가 국가의 법령에 위반되는 경우에는 시 · 군 · 자치구조례는 시 · 도지사가, 시 · 도조례의 경우는 행정안전부장관이 그 효력을 정지시킬 수 있다.

④ 시 · 도조례와 시 · 군 · 자치구조례가 서로 저촉되는 경우에는 시 · 군 · 자치구조례가 우선하며 시 · 도조례는 무효가 된다.

⑤ 조례에 위반한 자에 대하여 과하는 과태료의 부과 · 징수는 관할지방법원의 처분에 따른다.

해설

② 우리나라 현행법상 조례의 제정 및 개폐에 대한 주민직접 청구가 인정되고 있으나 지방세 · 사용료 · 수수료 · 부담금의 부과 · 징수 또는 감면에 관한 사항은 청구할 수 없다. ③ 우리나라 지방자치법상 행정안전부장관이나 시 · 도지사에게 위법한 조례의 효력을 정지시킬 수 있는 권한이 인정되고 있지 않다. 다만 지방의회의 의결이 법령에 위반되거나, 공익을 현저히 해한다고 판단될 때에는 시 · 도에 대하여는 행정안전부장관이, 시 · 군 · 자치구에 대하여는 시 · 도지사가 재의를 요구하게 할 수 있고 그러한 재의의 요구를 받은 지방자치단체의 장은 지방의회에 재의를 요구하여야 한다(지방자치법 제172조 제1항). 재의결된 사항이 법령에 위반된다고 판단되는 때에는 자치단체장은 대법원에 소를 제기할 수 있다(동법 제172조 제3항). 또한 행정안전부장관 또는 시 · 도지사는 재의결된 사항이 법령에 위반된다고 판단됨에도 당해 지방자치단체의 장이 소를 제기하지 아니하는 때에는 당해 지방자치단체의 장에게 제소를 지시하거나 직접 제소할 수 있다(동법 제172조 제4항). ④ 시 · 군 및 자치구의 조례나 규칙은 시 · 도의 조례나 규칙에 위반하여서는 안 되며(동법 제24조), 만약 위반할 경우 시 · 군 및 자치구의 조례나 규칙은 당연히 무효가 된다. ⑤ 조례위반행위에 대한 과태료는 일차적으로 지방자치단체의 장이 부과 · 징수하며(동법 제27조 제2항), 그 부과처분에 대하여 불복이 있는 자는 당해 자치단체장에게 이의를 제기할 수 있다. 이때에 자치단체장은 지체없이 관할법원에 그 사실을 통보하여야 하며, 그 때 비로소 그 통보를 받은 법원이 비송사건절차법에 의한 과태료의 재판을 하게 된다.

<답 ①>

32. 지방자치단체(지방의회)의 조례제정권에 관한 설명으로서 옳지 않은 것은? <2003 입법>

① 지방자치단체의 고유사무에 관한 한 지방의회는 국가법령의 위임 없이도 조례를 제정할 수 있다.

② 조례제정권에 대한 법률의 위임은 법규명령에 대한 법률의 위임과 같이 반드시 구체적으로 범위를 정하여야 할 필요는 없다는 것이 판례이다.

③ 조례가 직접 주민의 기본권을 침해하는 경우 당해 주민은 동 조례규정에 대하여 헌법소원심판을 청구하여 구제받을 수 있다.

④ 조례로 인하여 자신의 권리를 침해받은 주민은 동 조례가 처분적 성격을 갖는 경우 법원에 행정소송을 제기하여 구제받을 수 있다.

⑤ 기초자치단체는 그 관할구역에 밀접한 관련을 가지는 사무에 관하여 광역자치단체에 우선하는 조례제정권을 가지며, 이 경우 그와 모순되는 광역자치단체의 조례는 효력을 잃는다.

해설

기초지방자치단체의 조례는 광역지방자치단체의 조례를 위배해서는 안 된다(지방자치법 제24조). <답 ⑤>

33. 조례에 관한 다음의 설명 중 가장 옳지 않은 것은? <2002 법원행시>

① 지방자치단체는 법령의 범위 안에서 그 사무에 관하여 조례를 제정할 수 있으나 벌칙을 정할 때에는 법률의 위임이 있어야 한다.
② 지방자치단체가 자치조례를 제정할 수 있는 것은 원칙적으로 자치사무와 단체위임사무에 한하므로, 기관위임사무는 원칙적으로 자치조례의 제정범위에 속하지 않는다는 것이 대법원판례이다.
③ 위법한 조례가 의결된 경우에는 지방자치단체의 장은 재의를 요구할 수 있고, 그것이 다시 의결된 경우에는 대법원에 소를 제기할 수 있다.
④ 조례 자체로 인하여 직접 그리고 현재 자기의 기본권을 침해받은 자는 그 권리구제의 수단으로서 조례에 대한 헌법소원을 제기할 수 있다는 것이 헌법재판소판례이다.
⑤ 조례가 일단 제정되어 시행되면 지방자치단체의 주민들은 그 조례의 개폐를 청구할 수 없다.

해설

⑤ 조례가 일단 제정되어 시행되어도 지방자치단체의 주민들은 그 조례의 개폐를 청구할 수 있다. <답 ⑤>

34. 지방자치단체의 조례로써 조례위반행위에 대하여 정할 수 있는 벌칙의 범위로 가장 정확한 것은?

① 500만원 이하의 과태료
② 1,000만원 이하의 과태료
③ 50만원 이하의 벌금 · 구류 · 과료 또는 500만원 이하의 과태료
④ 3년 이하의 징역 또는 금고, 10만원 이하의 벌금 · 구류 · 과료 또는 50만원 이하의 과태료
⑤ 5년 이하의 징역 또는 금고, 50만원 이하의 벌금 · 구류 · 과료

해설

지방자치법이 개정(1994년 3월 6일)되기 이전에는 벌칙으로 징역 3월 이하까지 정할 수 있도록 되어 있었으나 현행지방자치법에서는 조례로써 조례위반행위에 대하여 1천만원 이하의 과태료를 정할 수 있도록 하고 있다(제27조 제1항). <답 ②>

35. 우리나라의 지방자치단체의 장과 지방의회의 상호관계에 관한 설명으로 옳지 않은 것은? <2003 지시>

① 지방자치단체의 장의 선결처분은 지체없이 의회에 보고하여 승인을 얻어야 한다.

② 지방자치단체의 장은 의회의 의결이 예산상 집행할 수 없는 경비가 포함되어 있다고 인정되는 때에는 재의를 요구할 수 있다.

③ 지방자치단체의 장은 재의결된 사항이 법령에 위반된다고 인정되는 때에는 대법원에 소를 제기할 수 있다.

④ 의회가 제정한 조례의 위반행위에 대해서는 지방자치단체의 장이 제정하는 규칙이 정한 바에 따라 과태료를 부과할 수 있다.

⑤ 교육비특별회계를 제외한 지방자치단체의 모든 회계의 예산안은 지방자치단체의 장이 편성하여 의회에 제출한다.

해설

④ 지방자치단체는 조례를 위반한 행위에 대하여 조례로써 1천만원 이하의 과태료를 정할 수 있다. 과태료는 해당 지방자치단체의 장이나 그 관할 구역 안의 지방자치단체의 장이 부과·징수한다(개정 2009.4.1). <답 ④>

36. 정부의 직제 중 전문적 지식을 활용하여 정책의 기획이나 계획의 입안, 조사, 분석 및 평가와 행정개선 등에 관하여 기관장이나 보조기관을 보좌하기 위해 설치하는 직제는? <2005 서울 7급>

① 보좌관 ② 담당관 ③ 전문관
④ 전문위원 ⑤ 비서관

해설

② 담당관제도는 계선기관의 장을 보좌하기 위해 설치한 직제이다. <답 ②>

37. 자치조직권에 관련된 사항 중 규칙으로 규정할 사항은?

① 위원회의 설치 ② 하부행정기관의 설치
③ 지방의회의 사무직원 정수 ④ 출장소의 설치
⑤ 읍·면·동사무소의 소재지 변경

해설

규칙사항으로는 시·군·자치구의 하부행정기관의 설치, 공무원의 임면·교육훈련·복무·징계 등이 있으며, 조례로 규정할 사항으로는 (i) 읍·면·동사무소의 소재지의 변경 또는 설정, (ii) 지방의회의 위원회 및 사무기구의 설치, (iii) 지방의회의 사무직원 정수, (iv) 지방공무원의 정원, (v) 행정구와 읍·면·동의 명칭과 구역의 변경 및 폐치·분합, (vi) 공무원의 임면·교육훈련·복무·징계, (vii) 자치단체장 권한의 일부위임, (viii) 사업소·직속기관·출장소 및 합의제행정기관의 설치 등이 있다. <답 ②>

38. 조례의 제정절차와 관련된 다음 내용 중 틀린 것은?

① 지방자치단체의 장, 지방의회의 위원회, 재적의원 1/5 이상 또는 의원 10인 이상의 연서 등으로 발의한다.
② 재적의원 과반수 출석과 출석의원 과반수 이상의 의결로 통과된다.
③ 지방자치단체장은 지방의회로부터 이송받은 후 5일 이내에 상급기관에 보고하여야 한다.
④ 의회로부터 이송받은 조례안에 이의가 있을 때에는 20일 이내에 이유를 붙여 재의를 요구할 수 있으나 수정재의는 불가능하다.
⑤ 지방자치단체장은 조례안을 이송받은 때에는 15일 이내에 공포하여야 한다.

해설

③ 조례안은 지방의회에서 이송된 날로부터 5일 이내에, 규칙은 공포예정 15일 전에 시장·군수·자치구청장은 시·도지사에게, 시·도지사는 행정안전부장관에게 보고하여야 하며, 보고를 받은 행정안전부장관은 이를 관계중앙행정기관의 장에게 통보하여야 한다(지방자치법 제28조, 개정 2008.2.29). ⑤ 공포행위는 조례의 효력발생요건으로서 지방자치단체의 장은 조례안을 이송받은 때에는 20일 이내에 이를 공포하여야 한다. 다만 20일 이내에 공포나 재의요구를 하지 아니한 때에는 그 조례안은 확정된다. 조례가 확정된 후 또는 재의결에 의한 확정조례가 지방자치단체의 장에게 이송된 후 5일 이내에 지방자치단체의 장이 공포하지 않을 때에는 지방의회의장이 이를 공포한다. <답 ⑤>

39. 우리나라 지방의회에 조례안을 발의할 수 있는 요건을 바르게 설명한 것은? <2003 지시>

① 지방자치단체장, 재적의원 1/5 이상 또는 의원 10인 이상의 연서
② 광역지방자치단체장, 의원 5인 이상의 연서
③ 상급의회에서 회부된 권고안, 의원 7인 이상의 연서
④ 상주인구 5만 이하의 기초지방자치단체는 지방자치단체장, 재적의원 1/3 이상의 연서
⑤ 상주인구 10만 이하의 기초지방자치단체는 주민 500명(0.5%) 이상의 연명, 재적의원 1/3 이상의 연서

해설

조례안은 지방자치단체의 장이나 재적의원 5분의 1이상 또는 의원 10인 이상의 연서로 발의된다. <답 ①>

40. 지방자치단체는 자치입법권에 근거하여 조례를 제정할 수 있다. 다음 중 조례절차에 관한 설명으로 옳지 않은 것은?

① 지방의회의장이 조례를 공포하는 경우도 있다.
② 지방자치단체장의 조례안에 대한 일부 거부도 허용되는 것으로 보아야 한다.

③ 가부동수인 때에는 조례안은 부결된다.
④ 지방의회의장은 조례안이 의결된 날로부터 5일 이내에 지방자치단체의 장에게 이를 이송하여야 한다.
⑤ 재의요구된 조례안은 재적의원 과반수의 출석과 출석의원 3분의 2 이상의 찬성으로 확정된다.

해설

② 지방자치단체의 장은 이송받은 조례안에 대하여 이의가 있는 때에는 20일 이내에 이유를 붙여 지방의회로 환부하고 그 재의를 요구할 수 있지만 조례안의 일부에 대하여 또는 조례안을 수정하여 재의를 요구할 수는 없다(지방자치법 제26조 제3항). <답 ②>

41. 규칙에 관한 설명으로 틀린 것은?
① 규칙은 상위법령에 위배할 수 없다.
② 교육규칙은 교육장이 제정권을 갖는다.
③ 규칙은 지방자치단체의 장이 제정하는 법규범이다.
④ 규칙은 자치사무와 위임사무에 대하여 제정할 수 있다.
⑤ 규칙은 법령 또는 조례의 위임이 있는 사항에 관하여 규정할 수 있다.

해설

규칙은 자치사무, 단체위임사무, 기관위임사무를 불문하고 지방자치단체의 장의 권한에 속하는 모든 사항에 관하여 정할 수 있다. 다만 상위법령 또는 조례의 개별적 · 구체적 위임이 있는 사항에 관해서만 규정할 수 있으며, 개괄적 위임에 의할 수 없다. ② 교육감은 시 · 도의 교육 · 학예에 관한 집행기관으로서 법령 또는 조례범위 안에서 교육규칙을 제정할 수 있다. 교육장은 하급행정기관인 교육청의 장으로서 시 · 군에 설치하며, 시 · 도의 사무 중 위임받은 사항에 관하여 업무를 수행한다. 따라서 교육법시행시에 규칙제정권을 갖고 있던 교육장은 현재 시행되고 있는 지방교육자치에관한법률에서는 하급행정기관에 불과할 뿐 교육규칙제정권이 없다. <답 ②>

42. 국가가 광역지방자치단체에게 위임한 기관위임사무에 대한 설명으로 옳지 않은 것은? <2010 지방수탁 7급>
① 지방의회의 적극적 관여가 배제된다.
② 국가적 자원의 이해관계가 크다.
③ 중앙정부의 통제가 강하게 작용한다.
④ 원칙적으로 지방자치단체가 처리경비를 부담한다.

해설

기관위임사무는 국가의 사무이므로 국가가 처리경비를 부담한다. <답 ④>

43. 우리나라 지방자치단체의 사무에 관한 설명으로 올바르지 않은 것은?
① 실제 기관위임사무와 자치사무는 엄격히 구분되고 있다.

② 중앙정부는 자치사무에 대한 감사권을 가진다.
③ 단체위임사무는 법령상의 개별적인 근거가 있어야 한다.
④ 자치단체는 자치사무 · 단체위임사무와 기관위임사무를 수행한다.
⑤ 근로기준의 설정은 고유사무가 아니다.

해설

우리나라는 지방자치단체가 처리하는 사무를 자치사무(고유사무), 단체위임사무, 기관위임사무로 구분하고 있다. 위임사무는 대부분 기관위임사무이며 자치사무와의 구분이 명확하지 않다. (i) 단체위임사무: 법령에 의하여 지방자치단체에 속하는 사무로서 국가 또는 상급지방자치단체로부터 지방자치단체 자체에 위임된 사무이다(지방자치법 제9조). 단체위임사무는 일단 위임되고 나면 그 자치단체의 자치사무와 마찬가지로 지방의회와 집행기관의 상호협력을 통하여 처리되므로 자치사무와 유사하여 구별이 곤란하다. (ii) 기관위임사무: 지방자치단체의 장 기타 집행기관에 위임된 국가행정사무로서(동법 제93조) 자치단체장은 그 사무를 위임한 국가의 하급기관의 지위에서 엄격한 국가의 통제하에 처리하고 지방의회의 관여를 배제한다. <답 ①>

44. 우리나라의 지방자치단체사무에 관한 설명 중 적절하지 않은 것은?

① 기관위임사무는 소요경비를 국가가 전적으로 부담한다.
② 고유사무는 국가에 의한 소극적 감독만을 받는다.
③ 우리나라는 자치사무와 위임사무의 명확한 구분이 되고 있지 않다.
④ 우리나라는 개별적 지정주의에 의하여 지방자치단체에 권한이 부여되고 있다.
⑤ 기관위임사무는 국가 또는 상급지방자치단체의 사무로서 처리된다.

해설

③ 개별 법령에서 특정 사무를 시 · 도지사 또는 시장 · 군수 · 구청장의 권한사항으로 규정한 경우가 많은데 이것만 가지고 그 사무를 지방자치단체의 사무인지 기관위임사무인지 명확하게 단정할 수 없다. ④ 우리나라는 지방자치법 제9조 제2항에서 지방자치단체의 사무를 예시함으로써 지방자치단체에 대한 권한부여 방법이 포괄적 예시주의를 따르고 있다. <답 ④>

45. 현재 우리나라에서 법률에 다른 규정이 없는 한 지방자치단체에서 처리하여야 할 사무가 아닌 것은? <2010 지방수탁 7급>

① 재해대책의 수립 및 집행 ② 양곡의 수급 조절
③ 가축전염병의 예방 ④ 중소기업의 육성

해설

지방자치단체가 처리할 수 없는 국가사무에 양곡의 수급조절 등 전국적 규모의 사업이 규정되어 있다. <답 ②>

46. 지방자치단체의 사무에 관한 설명으로서 적절하지 않은 것은?

① 자치사무는 수의사무가 원칙이지만 법령에 의해 의무적으로 수행하는 필요사무도 있다.

② 기관위임사무는 지방자치단체의 장이 중앙정부의 일선행정기관으로서 처리한다.

③ 우리나라는 지방자치단체의 사무 중 단체위임사무가 더 많다.

④ 고유사무는 지방자치단체의 존립목적을 위한 본래적 사무를 의미한다.

⑤ 단체위임사무란 국가 또는 상급자치단체의 사무가 법령에 의하여 위임된 것이다.

해설

① 법령에 의해 그 처리가 의무로 되어 있는 필요사무로는 교육법에 의한 각종 학교의 설치·운영, 소방법에 의한 화재예방 및 소방사무, 전염병예방법에 의한 전염병 및 기타 질병의 예방과 방역사무 등이 있다. ③ 우리나라에 있어서는 지방자치단체의 사무 중 가장 많은 것이 기관위임사무이며 단체위임사무의 예는 극히 드물다. 기관위임사무는 직접적으로는 지방적 이해관계가 없는 국가나 상급자치단체의 사무를 편의상 지방자치단체의 공무원에게 특별한 개별적 법령근거 없이 위임하여 처리하는 것이다. 그러나 지방자치의 본격적인 실시에 따라 고유사무의 중요성이 높아지고 그 확대가 강조되고 있다. <답 ③>

47. 우리나라의 지방자치단체에서 수행하는 고유사무와 위임사무에 관한 다음 설명 중 가장 옳지 않은 것은? <2002 입법>

① 기관위임사무는 지방자치단체의 장이 중앙정부의 대리인 자격으로 처리한다.

② 지방자치단체에서 수행하는 사무 중에서 가장 비중이 큰 것은 기관위임사무이다.

③ 고유사무는 지방자치단체의 존립목적을 위한 본래적 사무를 의미한다.

④ 기관위임사무는 국가 또는 상급자치단체의 사무가 법령에 의해 자치단체 자체에 위임된 것이다.

⑤ 고유사무와 위임사무를 명확히 구분하기 힘든 경우가 많아 갈등의 소지가 많다.

해설

기관위임사무는 국가 또는 상급 자치단체인 시·도가 처리해야 할 사무를 지방자치단체의 장인 서울특별시장, 도지사, 시장, 군수, 구청장에게 처리하도록 위임한 것을 말한다. 이 경우 자치단체의 장이 위임받은 사무를 처리하는 것은 그 사무를 위임한 국가나 상급 자치단체의 하급기관의 위치에서 처리하게 된다. 따라서 기관위임 사무에 대해서는 위임한 기관의 지시와 명령에 따라 처리할 수밖에 없으며 그 경비도 사무를 위임한 국가나 상급자치단체가 부담하는 것이 원칙이다. <답 ④>

48. 다음에서 지방적 이해관계가 있는 사무를 지방자치단체에 부과하는 경우 이러한 사무를 무엇이라 하는가?

① 국가위임사무 ② 단체위임사무 ③ 고유사무
④ 기관위임사무 ⑤ 자치사무

✍ **해설**

단체위임사무는 당해 지방자치단체의 본래적 사무는 아니지만 국가나 다른 지방자치단체로부터 그 처리가 위임된 사무로서 당해 지방자치단체와의 이해관계가 내포되어 있는 사무이며, 기관위임사무는 당해 지방자치단체와의 사이에 아무런 이해관계가 없는 사무이다. 단체위임사무로는 시·도의 국가하천의 점용료·사용료징수사무(하천법 제33조 제2항), 시·도의 국세징수사무(국세징수법 제8조), 시·군의 도세징수사무(지방세법 제53조), 인접자치단체로부터 의무교육학령아동의 교육업무를 위탁받은 사무(초·중등교육법 제12조 제3항) 등이 있다. <답 ②>

49. 기관위임사무와 관련이 있다고 볼 수 없는 것은?

① 중앙정부의 지시 ② 국가적 이해관계 ③ 사전적·예방적 감독
④ 지방의회의 관여 배제 ⑤ 지방적 이해관계

✍ **해설**

기관위임사무는 지방적 이해관계가 없는 국가적 사무로서 사무처리를 국가의 지시에 전적으로 따르게 되며 국가사무로서의 법적 성질을 변치 않는다. 자치단체장은 국가 또는 상급자치단체장의 지위에서 위임사무를 처리하며, 적극적인 지도·감독(사전적·예방적 감독)을 받는 국가나 상급자치단체의 직속기관에 불과하다. <답 ⑤>

50. 지방자치단체의 단체위임사무에 대한 경비의 부담자는?

① 국 가 ② 주 민 ③ 감독관청
④ 지방자치단체 ⑤ 지방자치단체와 국가

✍ **해설**

단체위임사무는 국가와 지방자치단체가 공동으로 경비를 부담하지만 국가는 관여할 수 없으며 지방의회가 관여한다. 이 경우 국가로부터 교부받는 국고보조금은 부담금의 성격을 갖는다. <답 ⑤>

51. 중앙행정기관이 가장 강력한 감독을 할 수 있는 사무는?

① 행정사무 ② 단체위임사무 ③ 국가위임사무
④ 기관위임사무 ⑤ 지방고유사무

✍ **해설**

국가의 직접적인 사전감독을 받는 사무는 기관위임사무이다. 기관위임사무는 지방적 이해관계가 직접 없는 완전한 국가사무로서 중앙정부의 강력한 통제권이 수반된다. 경찰, 병사, 대통령 및 국회의원선거, 국민투표, 호적, 인구조사, 주민등록, 지적, 국세조사, 산업통계, 각종 인허가사무 등이 여기에 속한다. <답 ④>

52. 지방의회가 관여할 수 없는 사무는?

① 조례사무 ② 규칙에 관한 사무 ③ 기관위임사무
④ 고유사무 ⑤ 단체위임사무

해설

중앙정부에서 위임한 기관위임사무에 있어서 수임주체는 지방자치단체가 아닌 집행기관이므로 지방의회는 원칙적으로 의결, 동의, 사무 · 회계감사 등에 관여할 수 없다. ② 규칙은 법령의 범위 내에서 기관위임사무는 물론 자치사무와 단체위임사무도 규정할 수 있으므로 자치사무 · 단체위임사무에 관한 한 지방의회가 관여할 수 있다. <답 ③>

53. 지방자치단체의 고유사무에 해당하지 않는 것은?

① 학교나 병원의 설치 및 관리 ② 선 거
③ 조례의 제정 ④ 소독시행
⑤ 상하수도, 가스 등 공공복지사업

해설

② 선거는 기관위임사무이다. 지방자치단체의 자치사무(고유사무)에는 다음과 같은 것이 있다. (i) 지방자치단체의 존립 · 유지에 관한 것으로서는 지방자치단체의 조직 · 행정에 관한 사무, 자치입법에 관한 사무(조례 · 규칙의 제정 · 개폐 등), 자주재정에 관한 사무(지방세의 부과 · 징수, 회계감사 등)가 있다. (ii) 지역주민의 공공복지에 관한 사무로서는 상하수도사업, 시장 · 도축장의 설치 및 관리, 공원 · 도서관 · 운동장의 설치 및 관리, 병원 · 보건소의 설치 및 관리, 청소 · 위생 · 미화에 관한 사무, 도시계획, 도로의 건설 · 관리, 주택사업 · 운수사업의 경영, 소방 등에 관한 사무가 있다. <답 ②>

54. 지방자치단체의 사무에 해당하는 것은?

① 기상 · 관측사무 ② 도량형사무 ③ 우편 · 철도사업
④ 양곡의 수급조정 ⑤ 도서관 · 문화사업

해설

지역주민의 공공복지에 관한 사무는 지방자치단체의 고유사무에 해당된다. ①, ②, ③, ④는 국가사무이다. 지방자치단체가 처리할 수 없는 국가사무로는 (i) 외교 · 국방 · 사법 · 국세 등 국가의 존립에 필요한 사무, (ii) 물가정책 · 금융정책 · 수출입정책 등 전국적으로 통일적 처리를 요하는 사무, (iii) 농림 · 축산 · 수산물 및 양곡의 수급조정과 수출입 등 전국적 규모의 사무, (iv) 근로기준, 측량단위 등 전국적 기준의 통일 및 조정을 요하는 사무, (v) 국가종합경제개발계획, 국토종합개발계획, 국가하천, 국유림, 지정항만, 고속국도, 일반국도, 국립공원, 우편, 철도 등 전국적 규모 또는 이와 비슷한 규모의 사무, (vi) 고도의 기술을 요하는 검사 · 시험 · 연구, 항공관리, 기상행정, 원자력개발 등 지방자치단체의 기술 및 재정능력상 감당하기 어려운 사무가 있다. <답 ⑤>

55. 다음 중 사무배분방식에 관한 설명으로 타당성이 없는 것은?

① 포괄적 수권방식은 사무를 지방자치단체의 구별 없이 일괄적으로 배분한다.

② 개별적 수권방식은 캐나다, 호주, 스웨덴 등에서 채택하고 있다.
③ 포괄적 수권방식은 융통성과 탄력성이 있다.
④ 포괄적 수권방식은 개별적 수권방식에 비해 자치기능이 매우 광범하다.
⑤ 일본은 예시적 포괄주의를 따르고 있다.

해설

(i) 개별적 지정주의란 지방자치단체에 대한 권한부여와 사무배분에 관하여 개별법(특별법)에 의하여 그 내용과 한계를 분명히 지정해주는 방식으로서 지방행정의 자치성을 강조하고 지방의 고유사무의 한계를 분명히 한다. (ii) 포괄적 위임주의는 지방자치법과 같은 일반법에 포괄적으로 규정하며 사무배분에 관한 구체적·명시적 기준이 없을 뿐 아니라 중앙정부가 필요에 따라 행정통첩이나 훈령으로 지방적 사무도 국가사무로 하여 직접 처리 또는 위임처리함으로써 중앙의 관여도를 높인다. ④ 포괄적 수권방식이 광범위한 자치기능을 부여하는 것처럼 보이지만 실제로는 특별법에 의하여 국가사무에 귀속시키는 사항이 계속 늘어남에 따라 그 자치기능은 개별적 수권방식보다 제약되고 있는 실정이다. ⑤ 일본은 예시적 포괄주의를 채택하고 광역자치단체가 처리할 사무, 기초자치단체가 처리할 사무를 각 단위사무별로 일일이 예시적으로 열거하여 일괄배정하고 있다. <답 ④>

56. 개별적 지정주의에 의한 수권방식에 관한 설명으로서 적절하지 않은 것은?

① 사무를 지방자치단체별·사무종목별로 지정하여 배분한다.
② 구체적 개별성이 강한 자치행정에 비하여 획일성·통일성을 확보할 수 있다.
③ 각 단계의 정부단위 상호간에 사무배분이 명확하여 중복이 없다.
④ 영국, 캐나다, 덴마크 등에서 채택하고 있다.
⑤ 동일한 자치단체인 경우에도 그 규모와 행정수요, 행·재정능력에 따라 사무가 다르게 배분된다.

해설

획일성·통일성의 확보는 포괄적 수권방식의 특징이다. 개별적 수권방식은 기능배분이 명확하여 중복이 거의 없으며, 명확한 책임한계로 자치행정기능이 광범위하다는 장점을 갖는다. 그러나 지나친 개별성과 특수성으로 말미암아 통일성이 저해되고 개별법의 제정에 많은 시간과 노력을 낭비한다는 한계를 지닌다. <답 ②>

57. 지방자치단체의 기능배분의 방식으로 개별적 지정(수권)방식에 대한 설명인 것은?

① 자치단체의 사무범위에 대한 신축성의 결여로 행정수요에 대하여 적시에 탄력적으로 대처할 수 없다.
② 권한부여방식이 간편하다.
③ 사무처리 있어서 상당한 자유재량이 주어진다.
④ 각 지방자치단체의 특수한 행정적·재정적 수요 및 능력에 적합한 행정이

가능하도록 신축성을 부여한다.

✍ 해설

지방자치단체가 처리할 수 있는 권한 사항을 사무분야별 · 지방자치단체별로 필요할 때마다 개별적인 법률에 의하여 구체적으로 명시해주는 방식이다. 즉 영국과 같이 개개의 자치단체별로 사무종목을 일일이 법령으로 지정하여 배정하는 방식이다. ①의 지문은 개별적 수권방식의 단점이며 장점으로는 중앙정부와 자치단체간 또는 광역자치단체와 기초자치단체간의 사무배분과 그 한계가 명확하다. 나머지 지문은 포괄적 위탁(수권)방식의 장점에 해당된다. <답 ①>

58. 우리나라 지방자치법상의 기능배분방식에 관한 적절한 설명은?

① 광역자치단체와 기초자치단체가 모두 열거주의에 입각하고 있다.
② 광역자치단체는 제한적 열거주의이며, 기초자치단체는 예시주의이다.
③ 광역자치단체와 기초자치단체가 모두 예시주의에 입각하고 있다.
④ 광역자치단체는 예시주의이며, 기초자치단체는 제한적 열거주의이다.
⑤ 광역자치단체는 포괄주의이며 기초자치단체는 예시주의이다.

✍ 해설

지방자치법은 제9조 제2항에서 지방자치단체의 사무를 6개 분야 60개 항목에 걸쳐 예시하고 있으며(개정 2007.5.17, 2011.7.14), 제10조 제1항에서 광역자치단체인 특별시 · 광역시 · 도 · 특별자치도는 (i) 행정처리결과가 2개 이상의 시 · 군 및 자치구에 미치는 광역적 사무, (ii) 시 · 도단위로 동일한 기준에 따라 처리되어야 할 성질의 사무, (iii) 지역적 특성을 살리면서 시 · 도단위로 통일성을 유지할 필요가 있는 사무, (iv) 국가와 시 · 군 및 자치구간의 연락 · 조정사무, (v) 시 · 군 및 자치구가 독자적으로 처리하기에 부적당한 사무, (vi) 2개 이상의 시 · 군 및 자치구가 공동으로 설치하는 것이 적당하다고 인정되는 규모의 시설의 설치 및 관리에 관한 사무만을 담당하고, 그 외의 사무는 시 · 군 및 자치구에서 처리하도록 하였다. 따라서 특별시 · 광역시 · 도 · 특별자치도의 사무는 제한적 열거주의, 시 · 군 및 자치구의 사무는 예시주의에 의하여 처리하도록 지방자치단체의 계층별 기능분담이 명시되고 있다. <답 ②>

59. 지방자치단체의 사무 중 시 · 도의 공통된 사무의 규정과 일치하지 않는 것은? <2003 지시>

① 행정처리결과가 3개 이상의 시 · 군 및 자치구에 미치는 광역적 사무
② 시 · 도 단위로 동일한 기준에 따라 처리되어야 할 성질의 사무
③ 지역적 특성을 살리면서 시 · 도 단위로 통일성을 유지할 필요가 있는 사무
④ 국가와 시 · 군 및 자치구간의 연락 · 조정 등의 사무
⑤ 시 · 군 및 자치구가 독자적으로 처리하기에 부적당한 사무

✍ 해설

① 행정처리 결과가 2개 이상의 시 · 군 및 자치구에 미치는 광역적 사무임. <답 ①>

60. 우리나라 지방자치단체의 사무배분에 관한 설명으로 적절하지 않은 것은?

① 국가 및 지방자치단체의 사무배분시 원칙적인 획일주의방식을 지양하고 있다.
② 지방자치단체는 지방자치법 제11조에 규정된 국가사무를 원칙적으로 처리할 수 없다.
③ 시·도와 시·군 및 자치구는 사무처리에 있어서 서로 경합되지 않도록 하여야 한다.
④ 지방자치단체의 규모 등 여건에 따라 동종의 자치단체라 하더라도 지방자치단체간에 차등을 둘 수 있다.
⑤ 국가 및 지방자치단체의 사무배분에 있어서 상향적인 접근방식을 취하고 있다.

해설

①④ 1999년 1월 29일 제정되어 7월 30일부터 동법 시행령과 함께 효력을 발생한 '중앙행정권한의지방이양촉진등에관한법률'에 따르면 중앙행정권한의 지방이양 및 지방자치단체간의 사무배분에 있어서 지방자치단체의 여건 및 능력을 고려함과 아울러 지방자치단체의 의사를 존중하여야 한다(제3조 제1항 제2호). 지방이양추진위원회는 각 지방자치단체의 규모와 능력 또는 사무의 개별적인 특성을 고려하여 지방자치단체간의 차등을 둘 수 있으며, 특정한 지방자치단체의 여건상 중앙행정권한을 이양 받을 수 없다고 판단되는 경우에는 그 지방자치단체를 제외하고 이양하도록 결정할 수 있다(제18조)고 규정함으로써 자치단체의 의사존중의 원칙과 차등이양의 원칙을 천명하여 획일적인 지방이양 및 사무배분방식을 지양하고 있다. ③ 행정사무를 처리함에 있어서 권한과 책임을 명확히하여 서로 경합되지 않도록 기능을 배분해야 한다는 불경합의 원칙을 채택하고 있다. ⑤ 현행 지방자치법은 국가 및 지방자치단체의 기능배분에 있어서 하향적 접근방식을 취하고 있다. 즉 국가사무를 지방에 배분한 다음 배분된 사무를 광역자치단체와 기초자치단체간에 배분하는 방식을 취하고 있다. <답 ⑤>

61. 각급 지방자치단체가 행정사무를 처리함에 있어 그 권한과 책임을 명확히 할 수 있도록 기능을 배분해야 한다는 원칙은? <2002 지시 기술직>

① 합법성의 원칙 ② 현지성의 원칙 ③ 종합성의 원칙
④ 경제성의 원칙 ⑤ 불경합의 원칙

해설

불경합의 원칙은 행정책임 명확화의 원칙 또는 권한중복 금지의 원칙이라고도 하며, 중앙정부와 각 지방자치단체가 사무를 처리함에 있어 서로 중복되거나 경쟁적으로 이루어지지 않도록 사무의 소속과 처리에 대한 권한 및 책임을 명확히 하여야 한다는 원칙이다. <답 ⑤>

62. 우리나라 지방자치법은 동종의 지방자치단체에 대해서 기본적으로 같은 내용의 사무를 배분하고 있지만 예외적으로 그 특례를 인정하고 있다. 현재 이 사무배분의 특례가 적용되고 있는 경우를 바르게

나타낸 것은? <2003 지시>

① 자치구와 특별시 · 광역시 사이의 사무배분, 도청소재지의 시와 도 사이의 사무배분
② 자치구와 특별시 · 광역시 사이의 사무배분, 도청소재지의 시 및 인구 50만 이상의 시와 도 사이의 사무배분
③ 자치구와 특별시 사이의 사무배분, 군과 광역시 사이의 사무배분
④ 군과 광역시 사이의 사무배분, 도청소재지의 시 및 인구 50만 이상의 시와 도 사이의 사무배분
⑤ 자치구와 특별시 · 광역시 사이의 사무배분, 인구 50만 이상의 시와 도 사이의 사무배분

해설

사무배분 방식에 있어 광역/기초자치단체를 쪼개는데 있어 기초자치단체의 특수성을 감안해 특례주의를 시행하고 있다. 1) 자치구에 대한 특례, 2) 인구 50만 명 이상의 도시에 대한 특례. <답 ⑤>

63. 우리나라 인구 50만 이상의 시에 대한 특례에 대한 설명으로 거리가 먼 것은?

① 자치구가 아닌 구를 둘 수 있다.
② 일반적 시 · 군 · 자치구(50분의 1 이상 20분의 1 이하)와 달리 19세 이상 주민 총수의 70분의 1이상 50분의 1 이하의 범위에서 조례로 정하는 주민 수 이상의 연서로 조례 제정과 개폐청구가 가능하다.
③ 도가 처리하는 사무의 일부를 직접 처리하게 할 수 있다.
④ 일반적인 시 · 군 · 자치구(200명)와 달리 300명을 넘지 아니하는 범위에서 그 지방자치단체의 조례로 정하는 주민 수 이상의 연서로 주민감사청구가 가능하다.

해설

② 일반적 시 · 군 · 자치구(50분의 1 이상 20분의 1 이하)와 달리 19세 이상 주민 총수의 100분의 1 이상 70분의 1 이하의 범위에서 조례로 정하는 주민 수 이상의 연서로 조례 제정과 개폐 청구가 가능하다. <답 ②>

64. 지방분권화 추세에 따라 1999년에 제정 공포된 '중앙행정권한의지방이양촉진등에관한법률'에서 확립된 기능이양의 기본원칙이 아닌 것은? <2003 지시>

① 동종의 지방자치단체간의 합의 우선
② 지방자치단체의 여건과 능력의 고려
③ 지방자치단체 의사의 존중
④ 기능이양에 행정적 · 재정적 지원의 병행

⑤ 지방자치단체의 자주적 · 책임적 결정과 처리의 보장

해설

중앙행정권한의 지방이양 및 지방자치단체간의 사무배분에 있어서 다음의 기본원칙이 지켜져야 한다. 1. 지방자치법 제9조제2항 각호에 예시된 사무를 지방자치단체에서 가능한 한 독자적으로 처리하도록 할 것, 2. 지방자치단체의 여건 및 능력을 고려하고 지방자치단체의 의사를 존중할 것, 3. 지방자치단체가 이양받은 사무를 자주적인 결정과 책임아래 처리할 수 있도록 이양되는 사무와 관련되는 일체의 사무를 가능한 한 동시에 이양할 것, 4. 지방자치법 제10조에 규정된 지방자치단체간 사무배분의 기준을 준수할 것, 5. 주민의 복리 및 생활편의와 직접 관련된 권한 내지 사무는 시 · 군 · 자치구에 우선적으로 배분할 것, 6. 시 · 군 · 자치구가 처리하는 사무중 시 · 군 · 자치구의 전문적 · 기술적 능력을 초월하거나 지방자치법 제10조 제1항 제1호 각 목에 규정된 사무 등 그 업무의 성격상 시 · 도에서 처리함이 합리적인 사무는 시 · 도로 이양할 것 <답 ①>

65. 중앙정부와 지방정부간의 사무배분에 관한 기준으로 타당성이 있다고 할 수 없는 것은?

① 일선기관에 중점을 두어야 한다.
② 사무의 배분은 신중성의 원칙에 따라야 한다.
③ 각 정부단위간에 사무배분이 명확하게 이루어질 수 있어야 한다.
④ 보충성의 원리에 따라 사무가 배분되어야 한다.
⑤ 각종 사무는 지방자치단체의 규모 · 능력에 따라 능률적으로 처리할 수 있게 하여야 한다.

해설

① 지방정부와 중앙정부간 사무배분은 일선기관이 아닌 지방정부에 중점을 두고 이루어져야 한다. ④ 보충성의 원칙은 크게 두 가지 의미를 지닌다. 첫째는 소극적인 의미에서 기초자치단체 또는 기초정부가 할 수 있는 일을 상급자치단체 또는 상급정부가 관여해서는 안 된다는 것을 의미한다. 둘째는 적극적인 의미로서 상급정부 또는 상급자치단체는 기초정부 또는 기초자치단체가 일차적으로 활동할 수 있는 조건을 갖출 수 있도록 지원해 주어야 한다는 것을 의미한다. 따라서 보충성의 원칙에 의하면 모든 공공사무의 처리권한은 법률에 특별한 규정이 없는 한 원칙적으로 기초자치단체의 권한에 속하게 된다. <답 ①>

66. 보충성의 원리(Principle of Subsidiarity)에 따르면 우선적으로 사무가 배분되어야 할 곳은? <2002 지시 기술직>

① 국 가 ② 광역자치단체 ③ 기초자치단체
④ 특별지방행정기관 ⑤ 특별지방자치단체

해설

보충성의 원리는 기초자치단체가 할 수 있는 일을 상급 단체가 과도하게 개입하여 처리하는 것은 옳지 않다는 지방자치의 기본원리이다. <답 ③>

67. 주의회가 모든 지방자치단체에 일률적으로 적용되는 동일한 헌장을 제정하는 방식은?

① 자치헌장제도 ② 일반헌장제도 ③ 특별헌장제도
④ 분류헌장제도 ⑤ 선택헌장제도

해설

미국에 있어서 자치단체의 권한 및 사무는 연방헌법에 의하여 주정부의 관할사항에 속해 있으며, 그 권한은 헌장이라는 형식을 통하여 주정부의 법률로서 부여된다. <답 ②>

≪미국의 도시헌장제도≫

특별헌장제도 (Special Charter)	주의회가 개별적으로 각 지방자치단체의 특성에 맞는 헌장을 제정하여 도시정부의 형태를 부여하는 방식이다.
일반헌장제도 (General Charter)	주의회가 인구규모, 기능적 성격, 행정수요의 특성 등을 고려하지 않고 모든 지방자치단체에 일률적으로 적용되는 단일 형태의 헌장을 제정해주는 방식이다.
분류헌장제도 (Classified Charter)	지방자치단체를 공통적 특성, 특히 인구규모에 따라 여러 개의 유형으로 분류하고 주의회가 유형별로 헌장을 부여하는 방식이다.
선택헌장제도 (Optional Charter)	주의회가 미리 법률로 여러 개의 도시정부 형태를 설정하여 표준헌장을 마련해 놓고 각 지방자치단체로 하여금 주민투표에 의하여 그 중 한 가지를 선택하게 하는 방식이다.
자치헌장제도 (Home Rule Charter)	주헌법에 의하여 지방자치단체로 하여금 순수지방적 사항에 관해서는 자주적인 헌장을 제정할 수 있도록 하는 방식이다.

68. 미국의 도시들이 가지고 있는 헌장(charter)의 법적 성격은? <2003 지시>

① 대통령령 ② 주지사령 ③ 연방정부의 법률
④ 주정부의 법률 ⑤ 당해 지방자치단체의 조례

해설

미국 도시들의 헌장(charter)은 주정부의 법률과 같은 법적 성격을 지닌다. <답 ④>

69. 미국의 도시헌장에서 획일주의와 개별주의의 단점을 극복하려는 권한부여방식과 관련되는 것은?

① 일반헌장제도 ② 특별헌장제도 ③ 자치헌장제도
④ 선택헌장제도 ⑤ 분류헌장제도

해설

미국의 도시정부는 완전한 의미의 지방자치단체적 성격을 가지며 모든 시정부는 도시 자체의 헌법이라 할 수 있는 도시헌장을 가진다. 도시헌장은 자치도시가 주의회에 청원하여 얻게 된다. ④ 선택헌장제도: 주의회가 미리 제정해 둔 여러 개의 표준헌장 중에서 선택하게 하는 것이다. 이 제도는 극단적인 획일주의와 개별주의를 지양하고 중용을 취하려는 것으로 자치권의 범위에 관한 소송을 피하려는 데 근본취지가 있다. 그러나 양극론에 대한 타협의 산물이기 때문에 각 지방자치단체의 지방적 특수성을 충족시킬 수 없다는 단점을 지닌다. ① 일반헌장제도(General Charter): 특별헌장제도의 단점을 제거할 수 있으나 각 지방자치단체의 규모와 특수성, 행정수요의 차이, 행·재정능력 등을 전혀 고려하지 않는다는 단점이 있다. ② 특별헌장제도(Special Charter): 지방자치단체의 개별적 특성에 맞는 행정을 구현할 수 있다는 장점을 갖는 데 반하여, 자치단체의 수가 많을 경우 주의회가 각 자치단체에 대하여 일일이 특별법을 제정해주어야 하므로 주의회의 업무과중을 초래할 뿐만 아니라 주의 간섭이 과도해져 지방자치단체가 주의회에 예속화될 우려가 있다. ⑤ 분류헌장제도(Classified Charter): 특별헌장제도와 일반헌장제도의 단점을 배제할 수 있으나, 인구분류의 기준이 모호하고, 동일한 인구일지라도 행정수요의 차이, 산업적·지리적 특수성이 있는데, 이를 무시한다는 문제가 있다. <답 ④>

70. 지방자치단체의 사무에 관한 다음의 기술 중에서 올바른 것은?

① 자치사무는 지방자치단체의 존립 자체에 관련되는 사무를 말하는 것으로 조례의 제정이나 재무관리 등에 관한 사무 등이 포함되어 있다.
② 자치사무는 고유사무라고도 하며 지방자치단체의 본래적인 사무이므로 법률에 의한 제한은 받지 아니한다.
③ 단체위임사무는 법령 등에 의하여 지방자치단체에 위임된 사무이므로 그 처리에 있어서 의회가 관여할 수 없다.
④ 기관위임사무란 본래는 국가 또는 다른 지방자치단체의 사무인 것을 그 지방자치단체에 위임하여 처리하게 하는 사무이다.
⑤ 자치사무의 일종인 행정사무는 주민의 권리를 제한하는 등의 공권력 행사를 수반하는 사무이므로 법률 또는 법률에 의하여 위임된 조례에 그 근거가 있어야 한다.

해설

자치사무란 지방자치단체의 존립에 관련되는 사무를 말하며 조례제정이나 재무관리 등의 사무가 이에 포함된다. ② 자치사무는 고유사무라고도 하며 지방자치법 제9조 제2항에 예시되고 있으나 동항 단서 조항으로 '다만 법률에 이와 다른 규정이 있는 경우에는 그러하지 아니하다'라고 규정되어 있기 때문에 법률에 의한 제약을 받는다고 할 수 있다. ③ 단체위임사무는 법령 등에 의하여 지방자치단체에 속하게 된 사무로서 그 처리과정에서 자치사무와 같이 지방의회의 관여를 받게 된다. ④ 단체위임사무란 본래는 국가 또는 다른 자치단체의 사무인 것을 그 자치단체에 위임하여 처리하게 된 사무를 말하며, 기관위임사무란 그와는 달리 그 자치단체의 장에게 위임된 사무를 말한다. ⑤ 지방자치단체의 사무중에 특별히 '행정사무'를 포함시키고 있는 것은 일본 지방자치법의 내용으로서 이는 공권력에 의한 규제적 사무를 말하는 것인바, 우리나라 지방자치법에는 해당되지 않는다.
<답 ①>

71. 현행법상 지방자치단체의 사무범위 및 사무배분기준 등에 관한 다음의 기술 중에서 바른 것은?

① 지방자치법에 규정된 자치단체의 사무범위는 다른 법률규정의 영향을 받

지 않는다.

② 지방자치법 제9조에 규정된 예시된 자치단체의 사무범위는 자치단체의 종류에 관계 없이 모두 공통적으로 적용되는 것이다.

③ 시 · 도와 시 · 군 및 자치구의 사무가 서로 경합되는 경우에는 광역자치단체인 시 · 도가 우선적으로 처리한다.

④ 시 · 군 및 자치구 등 기초자치단체의 사무처리범위는 모두 동일하다.

⑤ 지방자치법 제10조 제1항의 사무배분기준에 따른 지방자치단체의 종류별 사무는 대통령령으로 정한다.

해설

지방자치법 제10조 제2항에 따르면 각급 지방자치단체가 처리할 수 있는 자치단체 종류별 사무는 대통령령으로 정하도록 규정하고 있다. ① 동법 제9조 제2항 단서 조항에 의하면 '법률에 이와 다른 규정이 있는 경우에는 그러하지 아니하다'고 규정되어 있다. ② 동법 제9조 제2항에 규정된 것은 총체적으로 지방자치단체가 처리하는 사무의 범위를 분야별로 예시한 것이다. 동법 제10조 제1항의 규정에 의하면 지방자치단체의 구역, 조직 및 행정관리 등에 관한 사무만 각 지방자치단체에 공통된 사무로 하고 있으며, 지방자치단체의 사무를 지방자치단체의 종류별로, 즉 광역자치단체인 시 · 도와 기초자치단체인 시 · 군 및 자치구가 각각 처리하는 사무의 배분기준을 규정하고, 동조 제2항에서 구체적인 사무내용은 대통령령으로 정하도록 하고 있다. ③ 시 · 도와 시 · 군 및 자치구간에 그 사무처리가 경합되는 경우에는 기초자치단체인 시 · 군 및 자치구가 우선적으로 처리하게 되어 있다(동법 제10조 제3항). ④ 동법 제10조 제1항 제2호의 규정에 의하면 기초자치단체인 시 중에서 인구 50만 이상의 시에 대하여는 광역자치단체인 도가 처리하는 사무의 일부를 직접 처리할 수 있게 되어 있다. <답 ⑤>

72. 지방자치단체간에 사무 배분 및 분쟁 조정에 대한 설명이다. 틀린 것은? <2005 전남 9급>

① 시 · 군 · 구간 분쟁조정은 시도지사가, 시 · 도간 분쟁조정은 행정안전부에서 각각 한다.

② 시 · 군 · 구와 시 · 도간 사무경합 시 기초자치단체에 업무를 최소한으로 분배한다.

③ 사무배분 시에는 지역적 특수성을 고려해야 한다.

④ 일선기관보다는 지방자치단체에 가급적 많이 배분해야 한다.

해설

사무경합 시 기초자치단체에 우선적으로 배분한다. <답 ②>

73. 지방자치단체의 사무범위에 대해 지방자치법과 다른 법률간에 규정이 상충되는 경우의 법적 효력은? <2003 지시>

① 지방자치법이 우선한다.

② 다른 법률이 우선한다.

③ 지방자치법과 다른 법률이 동등하다.
④ 주무부장관이 우선순위를 결정한다.
⑤ 모두 효력을 상실한다.

해설 ···

지방자치단체의 사무범위에 대해 지방자치법과 다른 법률간에 규정이 상충되는 경우 다른 법률이 우선한다. <답 ②>

74. 국가와 지방자치단체간 기능배분에 관한 설명으로 적절한 것은? <2001 지시 기술직>

① 포괄적 배분방식은 자치헌장제를 채택하고 있는 미국의 일부 주나 영국 등에서 채택하고 있다.
② 우리나라는 중앙의 권한을 지방에 완전히 이전시켜 주는 이양이 아니라 국가의 감독·통제를 유보하는 위임을 선호하는 경향이 있었다.
③ 우리나라 기능배분에서 광역자치단체와 기초자치단체간 경합이 있을 경우는 광역자치단체가 우선적으로 처리하고 있다.
④ 인구 30만 이상의 시는 도가 처리하는 사무의 일부를 직접 처리할 수 있다.
⑤ 현재 우리나라의 지방자치단체가 수행하는 기능 대부분은 기획 및 정책기능 위주로 배분되어 있다.

해설 ···

① 포괄적 배분방식은 대체로 대륙형 자치제도의 국가에서 채택함. ⑤ 집행기능 위주로 배분됨. <답 ②>

75. 중앙정부와 지방자치단체간 또는 광역자치단체와 기초자치단체간 기능배분을 설명하는 내용으로 옳지 않은 것은? <2009 지방수탁 9급>

① 책임명확화의 원칙 — 비경합의 원칙
② 현지성의 원칙 — 기초자치단체 우선의 원칙
③ 종합성의 원칙 — 특별지방행정기관 우선의 원칙
④ 경제성의 원칙 — 능률적 집행의 원칙

해설 ···

③ 종합성의 원칙이란 주민에 대한 서비스는 가급적 한 곳에서 one-stop으로 이루어져야 한다는 원칙으로 특별일선기관 대신 지방자치단체 중심의 서비스가 이루어져야 한다는 것을 말한다. 특별일선기관은 통일행정에는 기여하지만, 종합행정을 저해하기 때문이다. <답 ③>

76. 특별지방행정기관의 특징으로 볼 수 없는 것은? <2011 군무원 9급>

① 유사하거나 중복된 업무로 인한 비효율성

② 행정의 민주성 제고
③ 지방행정의 종합성 제약
④ 기관 상호간 수평적 조정의 곤란

해설

② 특별지방행정기관은 주민에 의한 민주통제 곤란으로 행정의 민주화를 저해할 우려가 있다. 즉 자치행정이나 책임행정을 저해한다. ④ 일선기관은 자치단체와 수평적 협조 및 조정이 곤란하므로 맞는 지문이다. <답 ②>

≪일선기관(특별지방행정기관)의 장 · 단점≫

필요성	· 국가의 업무부담 경감 · 지역별 특성을 확보하는 정책집행 · 신속한 업무처리 및 통일적 행정 수행 · 중앙과 지역간 협력 및 광역행정의 수단
폐 단	· 책임성의 결여와 자치행정 저해 → 주민에 의한 민주통제 곤란으로 행정의 민주화 저해 · 기능 중복으로 인한 비효율성 · 고객의 혼란과 불편 · 종합행정 저해 · 경비 증가 및 중앙통제의 강화 수단 · 자치단체와 수평적 협조 및 조정 곤란

77. 중앙정부와 지방정부간 사무배분원칙에 있어서 지방정부의 사정을 중시하는 것과 가장 거리가 먼 것은? <2009 지방수탁 9급>

① 현지성의 원칙 ② 보충성의 원칙 ③ 통일성의 원칙
④ 종합성의 원칙 ⑤ 행정책임 명확화의 원칙

해설

- 현지성의 원칙: 기초자치단체 우선의 원칙으로 기초자치단체에 가능한 많이 배분
- 보충성의 원칙: 지역 주민과 밀접한 관계에 있는 공공사무의 처리권한은 원칙적으로 기초자치단체에 속하며 기초자치단체가 처리하지 못할 경우에 상급자치단체 또는 국가에 배분함
- 종합성의 원칙: 특별지방행정기관보다는 종합적 행정을 수행하는 자치단체에 배분
- 행정책임 명확화의 원칙: 책임을 명확히 하여 배분하는 지방자치단체의 사정을 중시하는 원칙
- 통일성의 원칙: 전국적으로 기준의 통일 또는 통일적 처리를 요하는 사무는 국가에게 배분하여야 한다는 원칙이다.

<답 ③>

78. 지방자치단체의 기능배분의 원칙으로서 현지성의 원칙을 설명한 것은?

① 기초자치단체 우선의 원칙이다. 주민참여와 주민통제가 용이한 사무, 지역주민의 생활에 밀착된 사무는 기초자치단체에 우선 배분되어야 한다.
② 지역단위에서 종합적으로 처리될 수 있도록 사무가 배분되어야 한다.
③ 특정 지역의 이해관계에 국한되는 경우는 그 지역 지방자치단체의 책임으로 해결해야 한다.
④ 계획은 중앙정부, 집행은 지방정부에서 수행해야 한다는 원칙이다.

해설

② 종합성의 원칙, ③ 이해관계 귀속의 원칙, ④ 계획과 집행의 분리원칙 이외에 경비부담능력의 원칙, 경제성(능률성)의 원칙, 행정책임 명확화의 원칙이 있다. <답 ①>

79. 자치구가 처리할 수 있는 사무는? <2002 지시 기술직>

① 지방궤도사업운영계획 ② 공설납골당 설치 · 운영
③ 토지등급 설정 ④ 상수도의 유지 · 관리
⑤ 지방문화 · 예술의 진흥

해설

자치단체의 인사 및 교육 등, 지방재정, 대중교통행정, 청소 · 오물, 매장 및 묘지 등, 지방토목 · 주택건설 등, 교통신호기 · 안전표시등의 설치 · 관리 등, 도시계획, 도로의 개설과 유지 · 관리, 상수도사업, 공공하수도, 공원 등 관광 · 휴양시설의 설치 · 관리, 지방궤도사업, 지역경제육성에 관한 사무는 자치구가 처리하지 못한다. <답 ⑤>

80. 지방이양추진위원회가 소속되어 있는 곳은?

① 대통령 ② 국무총리 ③ 재정경제부
④ 법제처 ⑤ 행정안전부

해설

중앙행정권한의 지방이양 및 지방자치단체간의 사무배분 등을 효율적으로 추진하기 위한 지방이양추진위원회는 대통령소속 하에 설치하고 있다(중앙행정권한의지방이양촉진등에관한법률 제6조). <답 ①>

81. 지방분권촉진에 관한 특별법의 정책 지향과 관련성이 적은 것은? <2006 경기 7급>

① 자치입법권 강화 ② 자치경찰제도 도입
③ 교육자치제도 개선 ④ 지방교부세의 단계적 폐지

해설

2004년 '지방분권특별법' 제정 당시에는 지방교부세 법정률의 단계적 인상 추구 내용이 있었지만 2008년 전부 개정된 '지방분권 촉진에 관한 특별법'에서는 지방교부세에 대한 조항

이 없음. <답 ④>

82. 지방분권의 기본법인 '지방분권촉진에 관한 특별법'에 규정된 내용으로 옳지 않은 것은?

① 지방분권 추진실적의 연 2회 이상 공표
② 지방세 비율의 확대
③ 기관위임사무의 원칙적 폐지
④ 의장의 지방의회 소속 공무원에 대한 인사권 강화
⑤ 특별지방자치단체의 정비 및 축소

해설

'지방분권촉진에 관한 특별법'에는 특별지방행정기관의 정비를 규정하고 있으며 특별지방자치단체(지방자치단체조합)의 활성화가 '지방분권촉진에 관한 특별법'의 방향이다. <답 ⑤>

83. 지방분권을 활성화하기 위한 우리나라의 현행 법률과 그에 근거하여 설치된 위원회가 바르게 연결된 것은? <2010 지방수탁 7급>

㉠ 지방분권특별법 ㉡ 지방분권촉진에 관한 특별법 ㉢ 중앙행정권한의 지방이양촉진 등에 관한 법률 ㉣ 지방자치법	(A) 지방이양추진위원회 (B) 정부혁신지방분권위원회 (C) 지방분권촉진위원회 (D) 지방자치분권위원회

① ㉠-(D) ② ㉡-(C) ③ ㉢-(B) ④ ㉣-(A)

해설

「지방분권촉진에관한특별법」이란 현행 법률에 의해 지방분권촉진위원회가 설치되어 있음. 기존 법률에서 설치된 위원회는, 중앙행정권한의 지방이양촉진 등에 관한 법률-지방이양추진위원회, 지방분권특별법-지방분권추진을 위한 위원회(정부혁신지방분권위원회)가 있었음. 보기에서 현행 법률은 지방분권촉진에 관한 특별법과 지방자치법만이다. 종래 지방분권추진의 근거가 되었던 「중앙행정권한의지방이양촉진등에관한법률」은 폐지되었고, 「지방분권특별법」은 이명박 정부에서 「지방분권촉진에 관한 특별법」으로 전부 개정되었다(2008. 2.29). <답 ②>

84. 2008년 2월에 전부 개정된 「지방분권촉진에 관한 특별법」의 내용으로 보기 어려운 것은?

① 사무의 포괄적 배분
② 법정외세제도의 도입을 통한 지방재정력 확충
③ 기관위임사무의 원칙적 폐지
④ 조례제정범위의 확대 등 자치입법권의 강화

해설 ……………………………………

지방분권촉진에 관한 특별법에 따르면 국가는 지방재정의 확충과 재정건전화를 위하여 지방세 비율 확대, 국세의 지방세 전환, 낙후지역에 대한 재정조정 책임 강화 등을 규정하고 있지만, 법정외세제도를 도입하거나 강화하는 것은 아니다. <답 ②>

제 6 장

지방자치단체의 기관

제 6 장 지방자치단체의 기관

1. 기관통합형에 대한 설명으로 잘못된 것은?

① 권력통합주의에 입각하여 지방자치단체의 의결기능과 집행기능을 단일기관에 귀속시키는 형태를 의미한다.
② 지방의회와 집행기관의 관계는 상호 견제 또는 대립의 관계가 아니라 집행기관이 지방의회에 종속되는 관계이다.
③ 영국의 의회형에서는 지방정부의 장이 별도로 존재하지 않으며, 의회의장이 당해 지방자치단체를 대표한다.
④ 프랑스의 의회의장형에서는 지방의회의 의장이 자치사무를 비롯하여 국가의 대표기관 직무를 수행한다.
⑤ 미국의 위원회형은 인구 25,000명 미만의 소도시에서 많이 채택되고 있는 형태이다.

해설

기관통합형은 의원내각제를 지방자치에 적용한 형태로서 권력통합주의의 원리에 입각하고 있으며, 영국의 의회형, 미국의 위원회형, 프랑스의 의회의장형 등이 그 대표적인 예이다. 프랑스의 의회의장형은 1982년 '꼼뮨 · 데빠르뜨망 및 레종의 권리와 자유에 관한 법률'에 의하여 레종 및 데빠르뜨망에서 채택하고 있는 정부형태로서 지방의회의 의장이 집행기관의 장으로서의 지위를 겸하며, 그 밑에 행정집행의 사무조직을 두고 있다. 그러나 국가의 대표기관 직무는 중앙에서 파견한 지방장관이 처리한다. <답 ①>

2. 미국의 위원회형에 대한 설명 중 적합하지 않은 것은?

① 시장-의회형에 대한 대안차원에서 발전된 것이다.
② 영국의 의회일원주의와 미국의 능률주의를 조화시켜 간소화한 기관구성형태이다.
③ 위원들은 각각 행정부서의 장이 되어 행정을 지휘 · 감독하며, 관장부서의 집행결과에 대해서만 책임을 진다.
④ 시장은 주민직선에 의하거나 위원들 중 간선으로 선출되기도 하지만 어떤 경우든 시장의 권한은 매우 약하다.
⑤ 위원은 각자의 선거구를 대표하는 것이 아니라 시 전체를 대표한다.

해설

미국의 위원회형은 County에서 흔히 볼 수 있는 정부형태로서 1901년 텍사스주 갈베스톤(Galveston)에서 처음으로 채택되어 일명 갈베스톤형이라고도 한다. 제1차대전 이전까지 상당히 유행되었으나 최근에는 인구 25,000명 미만의 소도시에서만 찾아볼 수 있다. 이

유형의 특징은 (i) 보통 3인~7인으로 구성된 위원회가 자치단체의 모든 기능을 행사하고 통제하며, (ii) 1인의 위원이 시장으로 임명되고, 위원들은 각각 행정부서의 장이 되어 행정을 지휘·감독하지만 다른 행정부서의 사무까지 그 집행결과에 대하여 공동으로 연대책임을 지며, (iii) 위원은 정당에 가입하지 않은 선출된 공무원으로서 각자의 선거구를 대표하는 것이 아니라 시 전체를 대표한다. <답 ③>

3. 미국의 위원회(Commission)형 기관구성형태를 채택한 지방자치단체의 특징이 아닌 것은? <2001 지시 기술직>

① 보통 위원 중 1인이 의전상의 시장이 된다.
② 정책결정과 집행기능이 통합된다.
③ 위원이 주요 행정부서의 장을 겸한다.
④ 의회가 비대하여 낭비의 요소가 크다.
⑤ 위원간 권한이 분산되어 보스정치의 폐단이 적다.

해설

미국의 위원회형은 (i) 보통 3인~7인으로 구성된 위원회가 자치단체의 모든 기능을 행사하고 통제하며, (ii) 1인의 위원이 시장으로 임명되고, 위원들은 각각 행정부서의 장이 되어 행정을 지휘·감독하지만 다른 행정부서의 사무까지 그 집행결과에 대하여 공동으로 연대책임을 지며, (iii) 위원은 정당에 가입하지 않은 선출된 공무원으로서 각자의 선거구를 대표하는 것이 아니라 시 전체를 대표한다. <답 ④>

4. 지방자치단체의 기관구성에 관한 설명으로 가장 옳지 않은 것은?

① 기관통합형은 의원내각제와 비교적 유사하다. <2010 서울 9급>
② 기관대립형은 대통령중심제와 비교적 유사하다.
③ 기관통합형에서는 임기 동안 지방자치행정에 대한 효율성과 책임성을 확보할 수 있다.
④ 기관대립형에서는 집행부와 의회의 마찰로 인한 비효율성이 발생할 수도 있다.
⑤ 기관통합형에서는 의회와 집행기관 간 견제와 균형을 통하여 민주성을 확보할 수 있다.

해설

⑤ 견제와 균형을 통하여 민주성을 확보할 수 있는 것은 기관대립형이다. 기관통합형에서는 지방행정의 권한과 책임이 지방의회에 집중되어 있으므로 민주정치와 책임행정을 구현하기 용이하다. <답 ⑤>

5. 지방자치단체에서 기관통합형의 장점이 아닌 것은? <2011 군무원 9급>

① 권력남용의 방지 ② 책임행정의 구현
③ 소규모 자치단체에 적합 ④ 지방행정의 안정성 추구

✍ 해설

기관통합형은 의회와 단체장간 견제와 균형의 묘를 상실하고 의회로 권한이 집중되어 권력남용의 우려가 있다. <답 ①>

≪기관통합형의 장 · 단점≫

장 점	· 권한과 책임이 의회에 집중되어 민주정치와 책임행정 구현 용이 · 의회중심의 운영으로 갈등과 대립소지가 없어 지방행정의 안정성 · 신중하고 공정한 자치행정 가능 · 소규모의 기초자치단체에 적합 · 예산절감 및 탄력적인 행정집행 가능 · 집행기구 구성에까지 주민대표성 확보
단 점	· 견제와 균형의 상실로 의회의 권력남용 우려 · 전문적이고 체계적인 집행기구 없어 행정의 전문화 저해 · 의원간 업무분담으로 행정의 종합성과 통일성 저해 · 지방행정에 정치적 요인 개입 우려 · 집행기구의 주민대표성 부족 - 대도시의 다양한 이익집단과 계층의 이익대표에 부적합

6. 다음 각국의 지방자치단체의 기관구성형태 중 성격이 다른 하나는?

① 영국의 의회형 ② 우리나라
③ 미국의 시장-의회형 ④ 일본의 수장-의회형

✍ 해설

영국의 의회형과 미국의 위원회형은 기관통합형으로 지방의회가 의결 기능뿐만 아니라 집행기능까지 담당한다. 기관대립형은 미국의 시장-의회형, 일본의 수장-의회형, 우리나라가 속한다. 미국의 시장의회형은 집행기관인 수장과 의결기관인 의회를 분리시키고, 이들을 주민이 직접 선출하는 형태이다. 일본의 수장의회형은 집행기관의 장과 의결기관을 대립시키고 있으나, 집행기관장 이외에 위원회도 집행기관으로 설치함으로써 집행기관의 다원화(예 : 교육위원회, 인사위원회, 감사위원회 등)를 기한다. <답 ①>

7. 지방자치단체의 기관구성형태 중 기관통합형의 특징이 아닌 것은?

① 견제와 균형에 유리하다. <2008 국가 9급>
② 기관통합형 중 특히 위원회형은 소규모의 지방자치단체에 적합하다.
③ 지방행정의 권한과 책임이 의회에 집중된다.
④ 정책결정과 집행의 유기적 관련성을 제고시킨다.

✍ 해설

기관통합형은 지방의회를 중심으로 의결기능과 집행기능이 통합된 형태로 권력통합형 정치구조의 형태이다. 견제와 균형의 원리에 유리한 것은 기관대립형이다. 기관통합형의 장점과 단점은 다음과 같다. <답 ①>

≪기관통합형의 장 · 단점≫

1) 기관통합형의 장점
   ㉠ 기관통합형은 지방행정의 권한과 책임을 주민의 대의기관에 집중시킴으로써 민주정치와 책임행정에 적합하다.
   ㉡ 의결기관과 집행기관의 대립이 없어져 지방행정이 안정적으로 수행될 수 있어 능률성을 확보할 수 있다.
   ㉢ 다수의원의 의사에 따라 결정과 집행이 이루어지므로 신중하고 공정한 자치행정이 가능하다.
   ㉣ 의결 · 집행기관이 단일화 되어 있기 때문에 정책효과의 극대화를 도모할 수 있다.
   ㉤ 소규모조직인 자치단체에 유리하며, 예산절감 및 탄력적인 행정집행이 가능하다.
   ㉥ 미국의 위원회형은 소속의원의 분담집행제로 경제적인 점도 있다.

2) 기관통합형의 단점
   ㉠ 행정집행을 총괄할 단일의 지도자 · 책임자가 없어 종합성과 통일성에 문제가 있다.
   ㉡ 행정집행에 견제와 균형을 이룰 수 없어 권력남용의 우려가 있다.
   ㉢ 행정집행이 정치와 밀접히 연관됨으로써 독자성과 전문성을 상실(민선의원이 맡음으로 인해)할 우려가 있다.
   ㉣ 지방행정에 정치적 요인이 개입될 우려가 있다.
   ㉤ 소수로 구성된 위원회형(5인)의 경우 대도시의 다양한 이익집단과 각계각층의 이해를 대표하기에는 부적합하다.

8. 지방자치단체 기관구성에 대한 설명으로 잘못된 것은?

① 영국은 2000년 이후 집행기관이 다양해지고 있다. <2007 충남 9급>
② 프랑스에서는 지방의회 의장을 주민이 직접 선출한다.
③ 일본은 우리나라와 같은 단일모형 체제이다.
④ 미국의 지방자치단체는 매우 다양하다.

해설

프랑스는 지방의회 의장은 지방의회에서 선거로 결정하고 의장이 집행기관의 장을 겸한다.
<답 ②>

9. 지방자치단체의 기관구성형태 가운데 기관통합형의 장점으로 옳지 않은 것은? <2002 지시>

① 지방정치와 지방행정의 권한과 책임이 주민의 대표기관에 집중되어 있으므로 이론상 민주정치와 책임행정을 구현하는 데 적합하다.
② 의결기관과 집행기관간의 대립이나 반목의 여지가 줄어들어 지방행정의 안정성을 확보할 수 있다.
③ 집행기관이 다수의 의원 또는 위원으로 구성되므로 자치행정이 주민의 의사에 따라 공정하고 신중하게 수행될 수 있다.

④ 위원회형은 자치단체의 기관이 다수의 위원으로 구성되므로 대규모 자치단체에 적합하다.
⑤ 정책결정과 정책집행간의 관계가 긴밀하여 정책효과의 극대화를 기할 수 있다.

해설

기관통합형은 (i) 민주정치 · 책임행정의 구현, (ii) 행정의 안정성 · 능률성확보, (iii) 공정하고 신중한 자치행정의 실현, (iv) 소규모 자치단체에 적합, (v) 정책효과성의 극대화 등의 장점을 가지지만 단일기관에서 의결기능과 집행기능을 동시에 행사하여 견제와 균형을 기할 수 없으므로 권력남용의 우려가 있다. <답 ④>

10. 지방자치단체관구성형태의 하나인 기관분리형에 대한 설명으로 적절하지 않은 것은? <2008 지방수탁 7급>

① 기관통합형에 비해 집행기관구성에서 주민의 대표성을 확보할 수 있으나 행정의 전문성이 결여될 수 있다.
② 의결기관과 집행기관간의 경계와 균형의 원리에 의해 권력의 남용을 방지하고 비판 · 감시기능을 할 수 있다.
③ 지방의회와 지방자치단체의 장을 주민이 직선함으로써 지방행정에 대한 주민통제가 보다 용이하다.
④ 기관통합형에 비해 행정부서간 분파주의를 배제하는 데 유리하다.

해설

기관분리형은 집행부와 입법부가 분리되면 집행부에서 전문행정가의 역할과 비중이 높아질 수 있어 행정의 전문성을 확보하는 데는 분리형이 유리하다. ①은 기관통합형에 대한 설명이다. 기관통합형은 의결기관과 집행기관이 통합된 형태로서 대부분 주민이 직접 선출한 위원회나 의회가 집행기능을 담당하게 된다. 따라서 행정과정에 다양한 주민의사를 충분히 반영함으로써 주민의 대표성 확보에 기여하나 의결기능과 집행기능을 동시에 수행하게 되므로 전문성이 저하된다. ④ 기관분리형은 집행기관의 장에게 행정권이 통합적으로 주어짐으로써 부처할거주의를 막을 수 있다. <답 ①>

11. 지방자치단체의 기관구성에서 기관대립형에 대한 설명이 잘못된 것은?

① 내동령중심제와 유사한 제도로 권력분립주의 원칙에 입각하였다.
② 집행기관 직선형에는 미국의 시장-의회형, 독일 및 일본의 집행기관장-의회형 등이 있다.
③ 미국의 시장-의회형은 시장과 의회의 권한의 강약관계에 따라서 약시장-의회형과 강시장-의회형으로 대별할 수 있다.
④ 강시장-의회형에서는 시장이 행정집행 전반에 대하여 강력한 권한을 가지면서 당해 자치단체를 대표하는 의례적인 기능도 담당한다.
⑤ 일본의 집행기관장-의회형에서는 집행기관이 일원화되어 있어 집행기관

장은 강력한 지위와 권한을 갖는다.

해설

일본의 모든 자치단체에서는 기관대립형을 원칙으로 하여 집행기관의 장을 주민이 직선하고 있다. 다만 집행기관장 이외에 행정위원회(예: 교육위원회, 선거관리위원회, 인사위원회, 공안위원회, 수용위원회, 감사위원회 등)를 따로 두어 독립된 지위에서 소관사항을 관장하도록 함으로써 집행기관을 다원화하고 있는 점이 특색이다. <답 ⑤>

12. 기관대립형의 기관구성 중 집행기관 직선형의 장점이 아닌 것은?

① 지방행정에 대한 실질적인 주민통제를 실현할 수 있다.
② 자치행정에 민의를 반영하기가 용이하다.
③ 신분보장으로 강력한 행정시책을 추진할 수 있다.
④ 권력의 전횡이나 부패를 방지할 수 있다.
⑤ 지방의회와 자치단체장간에 긴밀한 협력체제를 유지할 수 있다.

해설

집행기관 직선형은 주민이 직접 집행기관의 장을 선출하는 형태로서 미국의 시장-의회형, 영국의 수장-의회형, 독일 및 일본의 집행기관장-의회형 등이 그 대표적인 예이다.

<답 ⑤>

≪집행기관 직선형의 장 · 단점≫

장 점	단 점
(i) 의결기관과 집행기관을 다같이 주민직선에 의하여 선출함으로써 실질적인 주민통제가 가능하다. (ii) 시장의 임기가 보장됨으로써 강력한 행정시책을 추진할 수 있다. (iii) 견제와 균형의 원리에 입각하여 운영되기 때문에 권력의 전횡이나 부패를 방지하고 비판과 감시의 충실을 기할 수 있다. (iv) 자치단체장은 주민의 신임에 기초하여 행정을 수행하기 때문에 민의를 자치행정에 반영하기가 용이하다.	(i) 자치단체장은 연임하기 위해서 인기에 영합하는 행정집행을 함으로써 행정의 능률성이나 공명성을 희생할 가능성이 높다. (ii) 반드시 행정능력을 갖춘 인사가 자치단체장으로 선출되는 것은 아니므로 효율적인 행정을 기대하기 어렵다. (iii) 의결기관과 집행기관 사이에 갈등이나 알력이 발생할 경우 자칫 지방행정의 혼란과 마비를 초래할 우려가 있다.

13. 미국의 시장-의회형에 관한 설명 중 틀린 것은?

① 시장은 의회에서 선출한다.
② 시장-의회형은 집행기관 직선형이다.
③ 견제 · 균형의 원리에 입각하여 시정을 운영한다.
④ 시장이 임기동안 안정된 정치를 할 수 있다.
⑤ 비판과 감시의 충실을 기할 수 있다.

해설

시장-의회형은 미국에서 가장 오래된 시정부형태로 미국 대부분의 시가 채택하고 있다. 집행기관인 시장과 의결기관인 지방의회를 분립시켜 이를 모두 주민이 직접 선출하는 유형으로서 양자를 대립관계에 두고 상호견제에 의해 행정을 수행한다. 이 정부형태는 시장과 의회의 상호관계 및 권한의 내용에 따라 약시장-의회형, 강시장-의회형, 그리고 시장-수석행정관형으로 나눌 수 있다. <답 ①>

14. 각국의 지방자치단체의 기관구성에 대한 설명으로 옳은 것은?

<2001 지시>

① 미국의 약시장-의회형에서의 시장은 행정적 권한이 거의 없으며, 시의회와의 관계에 있어서도 의결사항에 대한 제한적 거부권조차도 가지고 있지 못하다.
② 우리나라는 제2공화국 시대를 제외하고는 기관통합형을 유지하여 왔다.
③ 프랑스는 의회의장형으로서 지방의회의장이 대통령의 승인을 얻어 집행부의 장으로서의 지위를 겸한다.
④ 영국의 의회형은 의회가 입법기능과 집행기능을 모두 관장하고 있지만, 시 지배인을 별도로 의회의장이 임명하여 집행부 업무를 수행하도록 한다.
⑤ 일본은 기관대립형을 취하고 있지만, 지정시만은 예외적으로 영국식의 의회형을 채택하고 있다.

해설

② 우리나라는 1961년 5월 지방의회해산 이후부터 지방자치를 미실시한 시기를 제외하고는 계속 기관대립형을 유지하여 왔다. ④ 종래에는 의회에서 임명된 시지배인(Council Manager)이 행정업무를 총괄하였으나 2000년 지방자치법(Local Govertment Act 2000)이 7월 28일 성립됨에 따라 최근에 와서는 집행기관을 의회에서 선출되는 의장과 의회 또는 의장에 의해 의원 중에서 임명되는 내각제로 구성하여 집행부 업무를 수행하고 있다. 즉 영국의 의회형은 주민직선에 의해 선출된 지방의원을 집행기관으로서 책임을 지는 의원과 견제와 균형의 역할을 수행하는 의원으로 양분하는 내각견제체제의 형태로 전환하였다. <답 ①>

15. 한정된 권한을 갖는 시장 외에 공선된 의원으로 구성된 각종 위원회와 선거에 의한 행정관을 따로 두어 행정의 권한과 책임이 분산되어 있는 기관구성형태는?

① 약시장-의회형 ② 강시장-의회형 ③ 의회-참사회형
④ 의회-지배인형 ⑤ 시장-수석행정관형

해설

약시장-의회형에서는 공선에 의해 선출된 의원으로 구성되는 각종 위원회가 시행정을 감독하며, 시장의 지휘·감독을 받지 않는 검사, 수입역, 재무관, 감사역 등 선거에 의한 행정관이 따로 있어서 행정의 권한과 책임이 분산되어 있는 것이 특징이다. 남·북전쟁 이전까지 미국의 Town, Township에서 보편적으로 채택한 형태이다. <답 ①>

16. 시장-수석행정관형에 관한 설명으로 적당하지 않은 것은?

① 시장은 수석행정관을 지휘 · 감독하며, 대의회관계 등 대외업무를 관장한다.
② 수석행정관은 예산편성권, 행정에 대한 지휘 · 감독권, 시장에 대한 권고권, 공무원임면권 등을 가지고 행정 전반을 통할한다.
③ 시장은 일상적인 행정사무로부터 벗어나 고도의 정책사항에 전념할 수 있다.
④ 시장은 수석행정관의 임면권을 가지고 있기 때문에 언제라도 수석행정관을 파면할 수 있다.
⑤ 강시장-의회형과 의회-지배인형의 장점만을 결합시키려는 노력의 산물이다.

해설

시장-수석행정관형(Mayor-Chief Administration Officer type)은 시장이 시의 정치 · 행정의 장으로서의 지위에 있으면서 시행정을 지휘 · 감독하는 수석행정관 또는 총괄관리관의 임면권을 가지고 있는 지방정부형태이다. 이 제도하에서 시장은 수석행정관을 임명은 할 수 있으나 그를 파면하기 위해서는 주민의 소환투표나 의회의원 2/3 이상의 찬성이 있어야 한다. 뉴욕, 보스톤, 샌프란시스코, 로스엔젤레스, 필라델피아 등 미국의 대도시에서 채택하고 있다. <답 ④>

17. 의회-지배인에 대한 기술이다. 올바르지 않은 것은?

① 시지배인은 자치단체의 모든 행정에 대한 지시 · 감독권을 가지며, 의회에 대하여 책임을 진다.
② 시장은 일반적으로 의원 중에서 선출되며, 시를 대표하는 명목적 존재 내지 정치적 지도자에 불과하다.
③ 시의회는 조례제정권, 정책결정권, 재정권, 행정에 대한 조사 및 감사권 등을 장악함으로써 시정을 통제한다.
④ 시지배인은 지방의회의 신임을 바탕으로 강력한 행정을 추진할 수 있다.
⑤ 시지배인의 임기는 의회와의 계약에 의하여 정하여지나 시의회는 재량에 따라 언제든지 지배인을 해고할 수 있다.

해설

의회-지배인형은 (i) 행정에 관한 고도의 전문지식과 경험을 겸비한 자를 집행책임자로 선임하기 때문에 소인행정(素人行政)을 지양하고 행정능률의 향상은 물론 과학적 · 전문적 행정을 수행할 수 있으며, (ii) 직업윤리의식을 가진 전문가가 의회의 신임에 기초하여 행정을 수행하므로 부당한 정치적 압력을 배제하고 부정행위를 감소시킬 수 있으나, 반면에 (i) 지배인의 정치적 지도역량이 부족한 까닭에 강력한 행정을 추진하기 어려우며, (ii) 행정책임자인 지배인과 정치적 · 의례적인 시장간에 갈등과 알력이 발생할 가능성이 있으며, (iii) 행정책임이 지배인 1인에게 집중되어 있기 때문에 권력전횡의 우려가 있으며, (iv) 지배인의 선임을 주민의 직선에 의하지 않고 의회에서 임명하게 하는 것은 본질적으로 비민주적이라는 비난을 받고 있다. <답 ④>

18. 중앙정부에 의한 집행기관 임명형에 대한 설명으로 부적절한 것은?

① 지방행정의 민주성보다 능률성을 더 중시하는 지방정부형태이다.
② 1982년 지방자치제도 개혁 이전의 프랑스의 도, 1961년~1995년 6월 30일 이전까지의 우리나라 자치단체 등에서 채택되었다.
③ 중앙정부와의 긴밀한 협조관계로 행정의 통일성 · 일관성의 확보가 용이하다.
④ 장은 중앙정부의 눈치를 보지 않고 소신껏 임무수행을 한다.
⑤ 지방자치의 본질인 기관의 자기선임의 원칙에 배치된다.

해설

지방행정의 민주성보다 능률성을 더 중시하여 국가가 집행기관의 장을 임명하는 지방정부 형태이다. 이 유형에서는 (i) 국가와 자치단체간에 긴밀한 협조관계가 이루어지고 행정의 통일성 · 일관성을 확보하기가 용이하다. (ii) 강력한 행정을 추진할 수 있으며, 주민이나 정당의 환심을 살 필요가 없으므로 행정의 합리성 확보에 용이하다. (iii) 유능한 전문가를 자치단체장으로 임명할 수 있어 지방행정의 질과 행정능률을 제고할 수 있다. 반면에 (i) 자치단체장은 그 신분이 국가에 예속되어 있고, 국가의 지휘 · 통제를 받으므로 민의의 충실한 반영보다는 국가의 지시에 급급할 우려가 있으며, (ii) 지방행정이 관료주의화될 가능성이 높고, (iii) 지방자치의 본질인 기관의 자기선임의 원칙에 배치되며, (iv) 행정의 민주성을 확보하기가 어렵다. <답 ④>

19. 지방자치단체의 기관구성 중 절충형의 특징이 아닌 것은?

① 의결기관과 집행기관을 통합시키되, 집행기관을 합의제로 한다.
② 장은 의례적 존재인 경우도 있고 집행책임자인 경우도 있다.
③ 의결기관과 집행기관을 별도로 설치하고 있으나 상호대립시키지는 않는다.
④ 의회 · 장 이외에 실제로 집행을 담당하는 집행위원회나 참사회를 따로 두기도 한다.
⑤ 집행위원회 또는 참사회의 구성원도 지방의회의 구성원이 된다.

해설

절충형의 기관구성형태는 기관통합형과 기관대립형의 정부형태를 상호 절충한 형태로서 의결기관과 집행기관을 분립시키되, 상호대립시키는 것이 아니라 상호조화시키며, 집행기관을 독임제가 아닌 합의제로 하고 있다. 일반적으로 지방의회와 자치단체장 이외에 집행기능을 실제로 수행하는 집행위원회나 참사회를 별도로 설치하여 일명 3원형이라고도 한다. 이 제도하에서 집행위원회 또는 참사회는 지방의회를 모체로 하면서도 의회와는 별개의 독립된 집행기관의 지위를 갖는다. 네덜란드, 벨기에, 스웨덴, 오스트리아, 노르웨이, 캐나다, 이탈리아, 덴마크 등에서 채택하고 있다. <답 ①>

20. 의회-집행위원회형의 장점으로 볼 수 없는 것은?

① 의회와 집행위원회간에 원만한 협조체제가 이루어진다.
② 민의의 충실한 반영을 기할 수 있다.

③ 공정하고 신중한 집행을 도모할 수 있다.
④ 집행책임의 소재가 명확하고 행정의 효과성을 극대화할 수 있다.
⑤ 기관통합형과 기관대립형의 혼합형태로 양자의 장점을 발휘할 수 있다.

해설

절충형의 장점은 (i) 의회와 집행기관인 집행위원회 또는 참사회간에 대립과 마찰을 피하면서 긴밀한 상호협조체제를 구축할 수 있으며, (ii) 민의를 충실히 반영함은 물론 공정하고 신중한 집행을 가능하게 하고, (iii) 기관통합형과 기관대립형의 절충적 형태이므로 양자의 장점을 살릴 수 있다. 반면에 (i) 합의제이므로 행정책임의 소재가 불분명하고, (ii) 자치단체의 의사결정과 집행이 신속히 처리되지 못하고 지체되기 쉬우며, (iii) 비전문가에 의한 소인행정의 폐해를 초래할 우려가 있고, (iv) 기관의 3원제로 인하여 잘못 운영될 경우 행정의 혼란을 가져오고, 기관대립형과 기관통합형의 장점을 상실할 염려가 있다.

<답 ④>

21. 2000년 이후 영국 런던광역시에서 채택하고 있는 지방정부형태는?

<2002 지시 기술직>

① 직선시장의 기관대립형
② 기관통합의 위원회형
③ 시의회－지배인형
④ 리더－내각(Leader－Cabinet)형
⑤ 내각－견제(Cabinet－Scrutiny)형

해설

종전에는 지방의원들이 전체의회 · 위원회 · 소위원회 등을 통해 의결기능과 집행기능을 동시에 수행하는 기관통합형이었으나 지방행정의 책임성 · 투명성 및 자치단체의 역할 제고를 위한 개혁의 일환으로 지방자치단체의 기관구성형태를 변경하고 (i) 직선시장과 내각형, (ii) 내각지도자와 내각형, (iii) 직선시장과 관리자형 중에서 지방자치단체가 자율적으로 선택하도록 하였다. 현재 런던광역시, Lewisham바로우 등은 주민직선에 의해 시장과 의원을 선출하고 있다. <답 ①>

22. 집행기관 간선형에 대한 설명과 가장 관계가 먼 것은?

① 책임 있는 정치와 행정을 구현할 수 있다.
② 프랑스의 꼼뮨(Commune)에서 채택하고 있다.
③ 프랑스의 경우 시장뿐만 아니라 보좌기관까지도 지방의원 중에서 선출한다.
④ 견제와 균형의 원리를 구현하기가 용이하다.
⑤ 자치단체장에 대한 주민통제가 약화될 우려가 있다.

해설

집행기관 간선형은 수장 또는 집행기관의 책임자를 주민대표기관인 지방의회가 선출하는 유형으로서 프랑스의 꼼뮨(Commune)에서 채택하고 있다. <답 ④>

≪집행기관 간선형의 장 · 단점≫

장 점	단 점
(ⅰ) 책임 있는 정치 · 행정의 구현 (ⅱ) 집권여당이 과반수 이상일 경우 강력한 행정의 추진 (ⅲ) 지방의회와 자치단체장 상호간의 긴밀한 협력체제 유지에 따른 행정의 안정성과 효율성 제고	(ⅰ) 자치단체장의 의회 예속화로 인해 견제와 균형의 원리구현이 어렵다 (ⅱ) 자치단체장에 대한 주민통제의 약화와 민의반영의 소홀 (ⅲ) 자치단체장이 정당의 이해에 따라 선출되기 쉬운 까닭에 행정능력과 지도력을 갖춘 자가 반드시 장이 된다는 보장이 없다 (ⅳ) 지방의회 내의 여당세력이 과반수가 안 될 경우 행정을 추진함에 있어서 필요 없는 힘을 소모하게 되고 행정사무에 소홀할 우려가 있다

23. 주민의 대표기관인 지방의회가 집행기관의 장 또는 책임자를 선출하는 집행기관 간선형의 단점으로 볼 수 없는 것은? <2001 지시 기술직>

① 합리적이고 능률적이어야 할 지방행정이 지방의회의 정치세력에 지나치게 좌우될 우려가 있다.

② 의회 내의 정당세력이 불안정할 때에는 지방자치단체장이 의회대책에 부심하여 행정사무를 소홀히 할 우려가 있다.

③ 직선형에 비하여 집행기관에 대한 주민통제와 민의의 반영이 소홀해지며 약화되기 쉽다.

④ 정치적 또는 당파적으로 선출되기 쉬우므로 행정능력을 구비한 적임자가 꼭 지방자치단체장이 된다는 보장이 없다.

⑤ 지방자치단체장의 지위가 행정상의 업적에 따라 좌우될 것이므로 정치적 활동을 등한시하기 쉽다.

해설

집행기관 간선형의 단점 (ⅰ) 자치단체장의 의회 예속화로 인해 견제와 균형의 원리구현이 어렵다, (ⅱ) 자치단체장에 대한 주민통제의 약화와 민의반영의 소홀, (ⅲ) 자치단체장이 정당의 이해에 따라 선출되기 쉬운 까닭에 행정능력과 지도력을 갖춘 자가 반드시 장이 된다는 보장이 없다, (ⅳ) 지방의회 내의 여당세력이 과반수가 안 될 경우 행정을 추진함에 있어서 필요 없는 힘을 소모하게 되고 행정사무에 소홀할 우려가 있다. <답 ⑤>

24. 지방의회에 대한 설명으로 잘못된 것은?

① 주민의 공선에 의하여 선출된 의원을 그 구성원으로 하여 성립하는 합의제기관이다.

② 최근 행정기능의 양적 확대 · 강화와 질적 전문화 · 기술화로 권능저하가 두드러지게 나타나고 있다.

③ 집행기관에 대한 지방의회의 견제 및 감시기능은 현대에 있어서 그 중요

성이 더해가고 있다.

④ 우리나라에서 기초자치단체의 경우 지방의원의 선거에 정당이 개입할 수 없다.

⑤ 국회가 국가의 유일한 입법기관인 것과 마찬가지로 지방의회도 자치단체의 유일한 입법기관이다.

해설

우리나라의 헌법은 '입법권은 국회에 속한다'고 규정하고 있어 국회가 유일한 입법기관임을 분명히 하고 있으나, 지방의회는 자치단체의 유일한 입법기관이라고 할 수 없다. 그것은 지방의회도 입법기관인 것은 틀림없지만 자치단체의 자주입법권에는 지방의회의 조례제정권 이외에도 집행기관의 장에게 규칙제정권을 인정하고 있으며, 국가에 따라서는 각 행정위원회에 규칙 및 규정의 제정권을 인정하고 있기 때문이다. <답 ⑤>

25. 지방의회의 지위와 기능에 대한 설명으로 가장 부적절한 것은?

① 우리나라의 지방의회는 법률상의 기관으로서 자치단체의 의사를 심의 · 결정한다.

② 지방의회는 법령의 범위 안에서 당해사무에 관하여 조례를 제정할 수 있는 권능을 가진다.

③ 자치단체의 의사를 스스로 결정하는 의결기관이자 주요 정책기관으로서의 지위를 갖는다.

④ 우리나라의 지방의회는 의사결정기관으로서의 지위를 가질 뿐이며, 집행기관은 아니다.

⑤ 지방의회는 주민의 대표기관으로서 의결기능 외에 견제감시기능, 이해조정기능 등 다양한 기능을 수행한다.

해설

지방의회는 헌법상의 기관이다. 즉 헌법은 제118조에서 '자치단체에 의회를 두고, 지방의회의 조직 · 권한 · 의원의 선거에 관한 사항은 법률로 정한다'고 규정하고 있다. 지방의회는 주민의 대표기관으로서 의결권, 행정사무감사 및 조사권, 선거권, 청원수리권, 자율권 등의 권한을 갖는다. 이러한 권한을 근거로 지방의회는 (i) 의결기능, (ii) 정책기능, (iii) 입법기능, (iv) 견제감시기능, (v) 민의대변기능, (vi) 이해조정기능, (vii) 협력봉사기능, (viii) 자율운영 및 발전관리기능 등을 수행한다. <답 ①>

26. 우리나라 지방의회의 변천에 대한 설명으로 잘못된 것은?

① 1949년 지방자치법 제정 당시부터 지방의회제도가 법제화되었다.

② 6.25전쟁중인 1952년에 최초의 지방의회를 구성하였다.

③ 1961년 5.16 이후부터 1991년 지방선거 전까지 지방의회가 구성되지 못하였다.

④ 1991년의 지방선거에서는 기초의회만 구성되었다.

⑤ 현재 기초의회 및 광역의회 모두 구성되어 있다.

✍ 해설

우리나라는 1961년 5 · 16 이후 지방의회가 해산되고 상급기관에서 그 기능을 대행해 오다가 1988년 4월 전문개정된 지방자치법에 따라 지방의회를 구성토록 하였으나 경과조치로 인하여 1991년 지방선거를 통해서야 비로소 기초(시 · 군 및 자치구)의회와 광역(특별시 · 광역시 · 도 · 특별자치도)의회 모두를 구성하게 되었다. <답 ④>

27. 집행기관에 대한 의회의 위상이 확고하게 확립되어 있고, 주민의 정치의식과 의원의 전문성이 높은 곳에서 의원이 수행하는 중심역할로 가장 거리가 먼 것은?

① 정책의 입안 ② 행정의 감시 · 비판 ③ 주민편의의 제공
④ 행정정보의 제공 ⑤ 정책의 심의 · 의결

✍ 해설

지방의원의 역할은 근본적으로 지방의회의 위상과 의원의 자질 및 주민의 정치의식 내지는 주민참여의 정도와 직결되며, 집행기관의 태도와도 크게 관련된다. 일반적으로 의회의 위상이 상대적으로 낮거나 의원의 전문성이 결여되고 주민의 참여도마저 높지 못한 곳에서 지방의원은 주민편의의 제공과 같은 개별적 서비스에 매달리게 된다. <답 ③>

28. 우리나라 지방의회의원의 신분에 대한 설명으로 잘못된 것은 ?

① 지방의회의원에게는 의정활동비, 여비, 그리고 직무활동에 대하여 월정수당을 지급하며, 지급 기준은 대통령령에서 정하는 기준 내에서 조례로 정한다.
② 지방의회의원은 일반적으로 영리업무를 할 수 있으나, 다만 해당 지방자치단체 및 공공단체와 영리를 목적으로 하는 거래를 할 수 없고, 이와 관련된 시설 또는 재산의 양수인 또는 관리인이 될 수 없다.
③ 체포나 구금된 지방의회의원이 있으면 관계 수사기관의 장은 지체없이 해당 의장에게 영장의 사본을 첨부하여 그 사실을 알려야 한다.
④ 지방의회의원이 형사사건으로 공소가 제기되어 그 판결이 확정되면 각급 법원장은 자치단체나 해당 의장에게 이를 알릴 필요가 없다.

✍ 해설

지방의회의원이 형사사건으로 공소가 제기되어 그 판결이 확정되면 각급 법원장은 지체없이 해당 의장에게 이를 알려야 한다. <답 ④>

29. 지방의회의원의 신분과 지위에 관한 설명 중 틀린 것은?

① 지방의회의원은 주민의 공선에 의하여 직접 선출되는 정무직 지방공무원이다.
② 우리나라는 지방의회의원에 대하여 면책특권과 불체포특권을 인정하지 않

고 있다.

③ 체포 또는 구금된 지방의회의원이 있을 때에는 관계 수사기관의 장이 지체없이 의장에게 영장의 사본을 첨부하여 통지하여야 한다.

④ 지방의회의원이 직무로 인하여 신체에 상해를 입거나 사망한 때에는 보상금을 지급한다.

⑤ 보상금을 지급하는 경우 직무의 범위는 회기중 직무와 폐회중에 개회된 위원회의 직무에 한정된다.

해설

지방의회의원이 직무로 인하여 신체에 상해를 입거나 사망한 때와 그 상해 또는 직무로 인한 질병으로 사망한 때에는 보상금을 지급하며, 직무의 범위에는 회기중은 물론 폐회중에 개회된 위원회의 직무와 본회의 또는 위원회의 의결이나 의장의 명에 의한 폐회중의 공무여행을 포함한다. ③ 아울러 지방의회의원이 형사사건으로 공소가 제기되어 그 판결이 확정된 때에는 각급 법원장이 지체없이 당해 의장에게 이를 통지하도록 하고 있다(지방자치법 제34조의2 제2항). <답 ⑤>

30. 지방의회의 기능과 지방의회의원의 신분에 대한 설명으로 거리가 먼 것은 ?

① 지방의회는 지방자치단체의 최고 의사결정기관이며, 지방의회의 의장 또는 부의장이 법령을 위반하거나 정당한 이유 없이 직무를 수행하지 아니한 때라도 지방의회는 불신임을 의결할 수 없다.

② 지방의회는 매년 1회 해당 지방자치단체의 사무에 대하여 시 · 도에서는 10일, 시 · 군 및 자치구에서는 7일의 각 범위에서 감사를 실시한다.

③ 지방의회의원은 정부투자기관, 지방공단, 지방공사의 임직원, 농업협동조합 등의 상근 임직원과 수산업협동조합, 새마을금고 등의 임직원과 이들 조합의 중앙회장이나 연합회장, 정당의 당원이 될 수 없는 교원 등의 직을 겸할 수 없다.

④ 지방의회의원은 영리업무를 할 수 있으나, 다만 해당 지방자치단체 및 공공단체와 영리를 목적으로 하는 거래를 할 수 없고, 이와 관련된 시설 또는 재산의 양수인 또는 관리인이 될 수 없다.

해설

지방의회의 의장 또는 부의장이 법령을 위반하거나 정당한 이유 없이 직무를 수행하지 아니한 때라도 지방의회는 불신임을 의결할 수 있다. 의장 또는 부의장에 대한 불신임의결은 재적의원 4분의 1 이상의 발의와 재적의원 과반수의 찬성으로 행한다. <답 ①>

31. 지방의회의원의 신분 소멸사유에 해당하지 않는 것은?

① 겸직금지규정에 위반한 때 ② 자격상실의 심의가 있는 때

③ 사직의 허가가 된 때 ④ 징계에 의해 제명된 때

⑤ 피선거권이 없게 된 때

해설

지방의회의원은 (i) 겸할 수 없는 직에 취임한 때, (ii) 피선거권이 없게 된 때, (iii) 징계에 의해 제명된 때, (iv) 의회에서 자격상실의 의결이 된 때, (v) 사직의 허가가 된 때, (vi) 선거의 무효 또는 당선무효가 확정된 때, (vii) 임기가 만료된 때, (viii) 사망한 때, (ix) 당해 지방자치단체가 소멸한 때에 그 신분을 상실한다. <답 ②>

32. 지방의회의원의 권리가 아닌 것은?

① 조례공포권 ② 행정조사발의권 ③ 의장단의 불신임발의
④ 청원의 소개 ⑤ 위원회의 개회요구

해설

지방의회의원은 그 직무를 수행하기 위하여 (i) 행정조사의 발의, (ii) 임시회의 소집요구, (iii) 의장단의 불신임발의, (iv) 위원회의 개회요구, (v) 의사에의 참여, (vi) 의안의 발의, (vii) 위원회에서 폐기된 의안의 본회의에의 부의요구, (viii) 청원의 소개, (ix) 의원의 자격심사청구, (x) 모욕한 의원에 대한 징계요구 등의 권리를 행사한다. ① 조례공포권은 지방자치단체장의 권한이다. <답 ①>

33. 지방의회와 지방의회의원의 신분에 대한 설명 중 틀리는 것은 ?

① 지방의회는 매년 1회 해당 지방자치단체의 사무에 대하여 시 · 도에서는 10일, 시 · 군 및 자치구에서는 7일의 각 범위에서 감사를 실시한다.
② 선거일 현재 계속하여 30일 이상 해당 지방자치단체의 관학구역 안에 주민등록이 되어 있는 주민으로서 20세 이상의 국민은 지방선거의 피선거권이 주어진다.
③ 지방의회에서 의결할 의안은 지방자치단체의 장이나 재적의원 5분의 1 이상 또는 의원 10인 이상의 연서로 발의한다.
④ 지방의회의 회의는 공개하며, 다만, 의원 3인 이상이 발의하고 출석의원 3분의 2 이상이 찬성한 경우 또는 의장이 사회의 안녕질서 유지를 위하여 필요하다고 인정하는 경우에는 공개하지 아니할 수 있다.

해설

지방의회의원은 주민이 보통 · 평등 · 직접 · 비밀선거에 따라 선출한다. 임기는 4년이며, 연임 제한 규정은 없다. 선거에 의해 취임하기 때문에 정무직 공무원으로 볼 수 있다. 지방선거의 선거권 : 19세 이상의 대한민국 국민, 지방선거의 피선거권 : 선거일 현재 계속하여 60일 이상 해당 지방자치단체의 관할 구역 안에 주민등록이 되어 있는 주민으로서 25세 이상의 국민. <답 ②>

34. 지방의회의원의 임기에 대한 설명 중 틀린 것은?

① 의원의 임기는 총선거에 의한 전임의원의 임기가 만료된 다음 날로부터

개시된다.

② 천재 · 지변 등의 사유로 전임의원의 임기가 만료된 후에 총선거를 실시한 경우는 당선일로부터 개시된다.

③ 보궐선거 및 증원선거에 의한 의원의 임기도 당선일로부터 개시된다.

④ 의원의 임기가 장기이면 주민참정기회를 확대하고 주민통제를 강화할 수 있다.

⑤ 1949년 지방자치법 제정당시 의원의 임기는 4년이었다.

해설

지방의회의원의 임기가 장기이면 (i) 의회기능의 계속성, (ii) 행정적 · 정치적 안정성, (iii) 선거경비의 절감, (iv) 의원직무의 숙달 등의 장점을 가질 수 있는 데 반하여, 임기가 단기이면 (i) 주민참정기회의 확대, (ii) 주민통제의 강화, (iii) 의원의 나태방지, (iv) 민의의 충실한 반영 등의 이점을 가질 수 있다. 보궐선거에 의한 지방의회의원의 임기는 당선된 날로부터 개시되어 전임자의 잔임기간으로 한다. <답 ④>

≪지방의원의 임기 변천과정≫

1949년 (제정 지방자치법)	1956년 (제2차 개정)	1958년 (제4차 개정)	1958년 이후~현재
4년	3년	4년	4년

35. 다음 중 주요 국가의 지방의원의 임기가 잘못 연결된 것은?

① 스위스 — 1년 ② 우리나라 — 3년 ③ 영국 — 4년

④ 태국 — 5년 ⑤ 프랑스 — 6년

해설

우리나라 지방의회의원의 임기는 4년이다. <답 ②>

≪주요 국가의 지방의회의원 임기≫

6년	5년	4년	3년	1년
프랑스, 스페인	태국	일본, 영국, 이탈리아, 대만	말레이시아	스위스(시 · 읍 · 면)
[예외] · 미국 대부분 자치단체: 4년, 일부 1 · 2 · 3 · 5년 등 다양 · 독일 4 · 5 · 6년 등 주마다 다양				

36. 지방의회의원의 의무에 해당하지 않는 것은?

① 회의규율준수의무 ② 지역이익우선의무 ③ 발언방해금지의무

④ 성실수행의무 ⑤ 회의출석의무

해설

지방의회의원은 (i) 회의에 출석하고, (ii) 회의장에서의 질서유지, 타인을 모욕하는 발언금

지, 발언방해금지 등 회의규율을 준수하며, (iii) 겸직 및 영리목적 거래행위를 금지하고, (iv) 공공이익을 우선하여 양심에 따라 그 직무를 성실히 수행하며, 청렴하고, 의원으로서의 품위를 유지하며, 그 직위를 남용하여 이권에 개입하지 아니하는 의무를 진다. <답 ②>

37. 지방의회의원에 대한 명예직의 주장근거로 올바르지 않은 것은?

① 부정부패 및 이권개입의 예방에 기여한다.
② 지방의원의 직무가 고정급으로 해야 할 만큼 많거나 전문성을 요하지 않는다.
③ 지역발전과 공공복리증진을 위한 봉사는 주민으로서 도덕적인 책무이다.
④ 무보수의 봉사에 따른 주민의 존경 등 주민대표자로서의 입장을 고려할 가치가 있다.
⑤ 자치단체의 재정적 부담을 경감시킬 수 있다.

해설

①은 유급직의 주장근거로서 이외에 (i) 고정급을 지불함으로써 의원들이 직무에 전념할 수 있고, (ii) 유능한 인재의 지방진출이 유리하며, (iii) 지방의원으로의 품위를 유지할 수 있다는 것 등을 들 수 있다. <답 ①>

38. 지방의회의원의 보수에 대한 설명 중 잘못된 것은?

① 일반적으로 대의회제를 채택하는 국가에서는 명예직으로 하고 있다.
② 지방의회의장의 명에 의한 공무로 인한 여비도 지급된다.
③ 우리나라의 경우 의정활동에 필요한 비용을 지급하고 있다.
④ 의정자료의 수집·연구를 위한 보조활동비는 시·도의회의원에 한한다.
⑤ 월정수당은 직무활동에 지급한다.

해설

우리나라는 지방의회의원을 명예직으로 하도록 한 규정을 삭제하고 지방의회의원에게 의정활동에 필요한 비용, 즉 의정활동비, 여비, 월정수당을 대통령령이 정하는 범위에서 해당 지방자치단체의 의정비심의위원회에서 결정하는 금액 이내로 하여 지자체의 조례로 정한다(지방자치법 제33조, 개정 2009.4.1). ④ 종래에는 시·도의회의원에 한하여 보조활동비를 지급하였으나 개정지방자치법(2003.7.18) 이후 모든 지방의회의원에게 지급하고 있다.
<답 ④>

≪지방의회의원의 보수≫

구분	내용
의정활동비	의정자료의 수집·연구나 이를 위한 보조활동에 소요되는 비용을 보전하기 위하여 매월 지급하는 비용
여　　비	본회의 또는 위원회의 의결이나 의장의 명에 의하여 공무로 여행할 때 지급하는 경비
월정수당	직무활동에 지급하는 비용

39. 우리나라 지방의회 및 지방의회의원에 대한 설명으로 거리가 먼 것은?

① 지방의회의 의장 또는 부의장이 법령을 위반하거나 정당한 이유 없이 직무를 수행하지 아니한 때에는 지방의회는 불신임을 의결할 수 있다.

② 지방의회는 매년 1회 해당 지방자치단체의 사무에 대하여 시 · 도에서는 10일, 시 · 군 및 자치구에서는 7일의 각 범위에서 감사를 실시하고, 지방자치단체의 사무 중 특정 사안에 관하여 본회의 의결로 본회의 또는 위원회로 하여금 조사하게 할 수 있다.

③ 지방의회의원은 특정직 공무원으로 볼 수 있으며, 피선거권은 선거일 현재 계속하여 60일 이상 해당 지방자치단체의 관할구역 안에 주민등록이 되어 있는 주민으로서 19세 이상의 국민이다.

④ 지방의회의원은 일반적으로 영리업무를 할 수 있으나, 다만 해당 지방자치단체 및 공공단체와 영리를 목적으로 하는 거래를 할 수 없고, 이와 관련된 시설 또는 재산의 양수인 또는 관리인이 될 수 없다.

해설

우리나라 지방의회의원은 정무직 공무원으로 볼 수 있으며, 피선거권은 선거일 현재 계속하여 60일 이상 해당 지방자치단체의 관할구역 안에 주민등록이 되어 있는 주민으로서 25세 이상의 국민이다. 지방의회의원에게는 의정활동비, 여비, 그리고 직무활동에 대하여 월정수당을 지급하며, 지급 기준은 대통령령에서 정하는 기준 내에서 조례로 정한다. <답 ③>

40. 우리나라 지방의회의원의 신분 · 대우에 관한 설명으로 옳지 않은 것은?

① 지방자치법에서는 명예직으로 규정하고 있지 않다.

② 시 · 도의회 의원에게는 매월정액의 의정활동비를 지급하고 있다.

③ 위원회의 의결 등에 따라 공무로 여행할 때는 여비를 지급한다.

④ 회기중에는 회기수당을 지급한다.

⑤ 의정활동비 및 수당 등의 지급기준은 지방자치법에서 구체적으로 정하고 있다.

해설

지방자치법 제33조 제2항에 따라 지방의회 의원에게 지급하는 의정활동비 · 여비 및 월정수당의 지급기준은 의정비심의위원회가 해당 지방자치단체의 재정 능력 등을 고려하여 결정한 금액 이내에서 조례로 정한다(개정 2009.4.1). <답 ⑤>

41. A광역시의 제1차 정례회의 회기일수가 20일이고 당해 회기 중 10일 동안 회의를 개최하였으나 甲의원이 5일간 회의에 출석하지 않았을 경우 지급하는 회기수당금액은? (단, 원격지회의 출석비는 제외하며, 1일액은 8만원이다)

① 160만원 ② 40만원 ③ 120만원

④ 80만원 ⑤ 200만원

✍ **해설**

③ 회기수당은 회기일 수에 일액을 곱한 금액을 회기마다 지급하되, 회기중 지방의회 회의(위원회의 회의 포함)에 출석하지 않은 경우에는 출석하지 않은 매 1일에 대하여 일액을 감하여 지급한다. 따라서 회기수당은 (20일×8만원)−(5일×8만원)=120만원이다. <답 ③>

42. 우리나라 지방의회의원의 겸직금지사항에 해당하지 않는 것은?

① 각급 선거관리위원회 위원 ② 헌법재판소 재판관
③ 공공기관의 임직원 ④ 전임강사
⑤ 지방공사와 지방공단의 임직원

✍ **해설**

지방자치법은 제35조에 지방의회의원의 겸직금지규정을 두고 있으며, 의원이 이에 위반하여 겸직하였을 때에는 퇴직의 사유가 된다. 다만, 정당법 제22조의 규정에 의하여 정당의 당원이 될 수 있는 교원(즉 총장, 학장, 교수, 부교수, 조교수, 전임강사 등)은 지방의회의원으로 당선되면 임기 중 그 교원의 직은 휴직되고(신설 2009.4.1) 지방의회의원을 겸직할 수 있다. <답 ④>

≪지방의회의원의 겸직금지≫ (개정 2009.4.1)

(i) 국회의원, 다른 지방의회의원
(ii) 헌법재판소 재판관, 각급 선거관리위원회 위원
(iii) 국가공무원과 지방공무원(정당의 당원이 될 수 있는 공무원 제외)
(iv) 공공기관(한국방송공사, 한국교육방송공사 및 한국은행 포함)의 임직원
(v) 지방공사와 지방공단의 임직원
(vi) 농업협동조합, 수산업협동조합, 산림조합, 엽연초생산협동조합, 신용협동조합, 새마을금고(이들 조합·금고의 중앙회와 연합회 포함)의 임직원과 이들 조합·금고의 중앙회장이나 연합회장
(vii) 정당의 당원이 될 수 없는 교원
(viii) 다른 법령에 따라 공무원의 신분을 가지는 직
(ix) 그 밖에 다른 법률에서 겸임할 수 없도록 정하는 직

43. 겸직금지의 범위를 좁게 할 경우의 이점이 아닌 것은?

① 지방의원의 질이 향상된다.
② 주민의 참여기회를 확대시킬 수 있다.
③ 명예직제도의 취지에 부합한다.
④ 맡은 직무에 충실하게 전념할 수 있다.
⑤ 각계의 유능한 인사의 의회진출을 기할 수 있다.

✍ **해설**

대체로 대의회제를 채택하여 지방의회의원을 명예직으로 하는 국가에서는 겸직금지의 범위가 좁지만 의원을 유급직으로 하는 소의회제 하에서는 겸직금지의 범위가 넓다. ④는

겸직금지의 범위를 넓게 할 경우의 이점이다. <답 ④>

구 분	장 점	비 고
겸직금지 범위가 좁을 때	(i) 각계의 유능한 인사의 의회진출을 확보하여 지방의원의 질이 향상한다. (ii) 주민의 참여기회를 확대시킨다. (iii) 명예직제도의 취지에 부합한다.	대의회제 명예직
겸직금지 범위가 넓을 때	(i) 맡은 직무에 충실하게 전념한다. (ii) 권력분립의 원칙을 충실하게 시킬 수 있다. (iii) 직무집행의 공정성을 보장하여 공익증진에 주력할 수 있다. (iv) 의원의 정치적 중립과 청렴성을 확보할 수 있다.	소의회제 유급직

44. 지방의회의원의 겸직이 가능한 것은?

① 한국은행의 직원 ② 농업협동조합의 비상근 임원
③ 지방공단의 직원 ④ 한국방송공사의 임원

해설

②는 겸직금지규정(지방자치법 제35조)에 포함되어 있지 않다. 겸직금지는 농업협동조합의 상근 임직원만 해당되며 비상근 임직원은 포함되지 않는다. 문제 42의 해설 도표 참조.
<답 ②>

45. 다음 중 현행법상 지방의회의원이 겸직할 수 없는 것은?

① 축산협동조합의 조합장 ② 사립대학교 총장
③ 고등학교 교사 ④ 국립대학교 총장
⑤ 언론인

해설

정당의 당원이 될 수 있는 공무원이나 교원은 지방의회의원을 겸직할 수 있다. 총장, 학장, 교수, 부교수, 조교수를 제외한 사립학교의 교원은 정당의 당원이 될 수 없으므로(정당법 제22조, 개정 2011.7.21, 2012.2.29, 시행 2012.7.22) 초·중·고등학교의 교원은 지방의회의원을 겸직할 수 없다. 1991년 5월 지방자치법 개정에 의해 각종 조합의 조합장이 겸직금지대상에서 삭제되고, 1994년 3월 개정에 의해 '정당의 당원이 될 수 없는 언론인 및 교원' 중 언론인을 제외하였다. <답 ③>

46. 의원정수를 많게 하는 대의회제의 단점이 아닌 것은?

① 의회경비의 과다를 초래할 수 있다.
② 지역주민의 이익을 대변하기가 어렵다.
③ 의원상호간의 의견과 이해의 대립이 격화될 우려가 있다.
④ 의원운영의 능률을 저해한다.
⑤ 의원들의 책임의식이 저하될 수 있다.

✍ 해설 ··

의원정수의 다수주의 또는 대의회제는 다수주민의 참여를 통하여 자치행정의 민주화를 실현할 수 있지만 (i) 의회경비의 과다, (ii) 정당간 또는 의원상호간의 반목과 이해대립의 격화, (iii) 의원들의 책임의식저하, (iv) 의회운영의 능률성 저해 등의 폐단을 가져올 가능성이 크다. <답 ②>

47. 지방의회의원의 정수와 기준에 관한 설명 중 틀린 것은?

① 의원정수는 자치단체별로 주민이 선출하는 대표의 수를 의미한다.
② 일본과 대만은 인구비례에 의하여 의원정수를 정하고 있다.
③ 대의회제(다수주의)는 민주성을, 소의회제(소수주의)는 능률성과 전문성을 중시한다.
④ 프랑스, 독일에서는 자치단체별로 통일된 기준 없이 의원정수를 자율적으로 정하고 있다.
⑤ 우리나라는 행정구역을 원칙적인 기준으로 하되, 인구수를 고려하여 정하고 있다.

✍ 해설 ··

지방의회의 의원정수는 지방자치의 이념에 따라 국가별, 자치단체별로 상이한바, 대의회제(다수주의)는 지방의회의 주민대표성 또는 민주성을 중시하여 의원정수를 많게 하며, 소의회제(소수주의)는 능률성과 전문성을 중시하여 의원정수를 적게 둔다. 미국 · 캐나다 · 필리핀 등은 소의회제를, 영국, 프랑스, 독일 등에서는 대의회제를 채택하고 있다. 의원정수에 있어서 미국과 영국은 자치단체별로 통일된 기준이 없이 자치단체가 자율적으로 정할 수 있는 데 반하여, 프랑스 · 일본 · 대만 등은 인구비례에 따라 정하도록 되어 있다. <답 ④>

48. 지방의회의원의 정수에 관한 방식으로서 다수주의, 즉 대의회제에 대한 설명으로 적절하지 못한 것은?

① 지방정책의 심의 · 결정을 공정하고 신중하게 할 수 있다.
② 지역주민의 이익을 대표하는 데 유리하다.
③ 주민참여기회의 확대로 행정의 민주화를 실현할 수 있다.
④ 민의를 충실히 반영할 수 있다.
⑤ 능률적인 의회운영을 도모할 수 있다.

✍ 해설 ··

⑤는 소의회제 또는 소수주의의 장점이다. <답 ⑤>

≪대 · 소의회제의 장점≫

대의회제	소의회제
(i) 주민참여기회의 확대와 충실한 민의반영으로 자치행정의 민주화를 도모 할 수 있다. (ii) 지역주민의 이익을 대변하는 데 유리하다. (iii) 공정하고 신중한 정책결정을 할 수 있다.	(i) 유능한 의원을 선출할 수 있다. (ii) 의회경비의 절감을 기할 수 있다. (iii) 책임행정을 구현할 수 있다. (iv) 능률적인 의회운영을 도모할 수 있다.

49. 우리나라 지방의회의 의원정수에 관한 설명으로 잘못된 것은?

① 시 · 도의회의 의원정수와 자치구 · 시 · 군의회의 의원정수는 동일하다.
② 공직선거법에서 규정하고 있다.
③ 시 · 도의회 의원정수의 하한선은 19인이다.
④ 광역의회의 의원정수는 관할구역 안의 자치구 · 시 · 군수의 2배수로 한다.
⑤ 기초의회 의원정수의 하한선은 7인이다.

해설

우리나라는 의원정수 법정주의를 채택하고 있다. 공직선거법에 따르면 의원정수의 산정은 자치단체의 유형별로 나누어 각각 그 관할구역 안의 행정구역을 기준으로 하되, 인구 수를 고려하여 정하고 있다. 즉 시 · 도의회 의원정수와 자치구 · 시 · 군의회 의원정수를 달리하고 있다. <답 ①>

≪지방의회의 의원정수와 기준≫

구분	내용
광역의회	(i) 총 정수는 관할구역 안의 자치구 · 시 · 군수의 2배수로 함(개정 1998.4.30, 2010.1.25, 2010.3.12) (ii) 하나의 자치구 · 시 · 군이 2 이상의 국회의원지역선거구로 된 경우 국회의원지역선거구수의 2배수로 함(개정 1998.4.30, 2010.1.25, 2010.3.12) (iii) 행정구역의 변경으로 국회의원지역선거구와 행정구역이 합치되지 않는 경우 행정구역수의 2배수로 함(개정 1998.4.30, 2010.1.25, 2010.3.12) (iv) 인구 · 행정구역 · 지세 · 교통, 그 밖의 조건을 고려하여 100분의 11의 범위에서 조정할 수 있다. 다만, 자치구 · 시 · 군의 지역구시 · 도의원정수는 최소 1명으로 함(개정 1998.4.30, 2010.1.25, 2010.3.12) (v) 도농통합시의 경우 시 · 군통합 후 최초로 실시하는 임기만료에 의한 시 · 도의회의원선거에 한하여 해당 시의 도의회의원의 정수는 통합 전의 수를 고려하여 정함(개정 1998.4.30, 2005.8.4, 2010.1.25) (vi) 의원정수가 19명 미만이 되는 광역시 및 도는 정수를 19명으로 함(개정 1998.4.30, 2002.3.7, 2010.1.25) (vii) 비례대표시 · 도의원정수는 지역구시 · 도의원정수의 100분의 10으로 하고, 비례대표시 · 도의원정수가 3인 미만인 때에는 3인으로 함(신설 1995.4.1) * 2007.3.29. 헌법재판소에서 헌법불합치 결정되어 2010.1.25 법률에 의하여 개정
기초의회	(i) 시 · 도별 자치구 · 시 · 군의회 의원 총정수는 2,922명임(신설 2005.8.4) (ii) 자치구 · 시 · 군의회의 의원정수는 당해 시 · 도의 총정수 범위 내에서 당해 시 · 도의 자치구 · 시 · 군의원선거구획정위원회가 자치구 · 시 · 군의 인구와 지역대표성을 고려하여 중앙선거관리위원회 규칙이 정하는 기준에 따라 정함 (iii) 자치구 · 시 · 군의회의 최소정수는 7인으로 함 (iv) 비례대표자치구 · 시 · 군의원정수는 자치구 · 시 · 군의원 정수의 100분의 10으로 함(개정 2005.8.4)

50. 우리나라 지방의회의원의 정수 및 기준에 대한 설명 중 틀린 것은?

① 우리나라는 소의회제와 대의회제의 중간형이라 할 수 있다.
② 우리나라는 의원정수 법정주의를 채택하고 있다.

③ 의원정수는 정해진 이후라도 인구증감 또는 행정구역의 변경이 있으면 언제든지 증감할 수 있다.
④ 자치단체의 유형별로 나누어 각각 그 관할구역 안의 행정구역을 기준으로 하되, 인구수를 고려하여 정한다.
⑤ 시 · 도의회의원의 경우 정당별 득표비율에 의한 비례대표제를 가미하고 있다.

해설

③ 일단 정해진 의원정수는 그 후의 인구증감 또는 행정구역의 변경이 있다 하더라도 임기만료에 의한 총선거를 실시할 때까지는 이를 증감하지 못하도록 되어 있다. 다만 자치단체의 구역변경이나 폐치 · 분합이 있는 때에는 예외적으로 그 의원정수를 증감할 수 있다. <답 ③>

51. 지방의회의 의장단에 관한 설명 중 잘못된 것은?

① 의장과 부의장은 의원 가운데서 무기명투표로 선출한다.
② 시 · 도의회는 의장 1인과 부의장 2인을, 시 · 군 및 자치구의회는 각각 1인씩 둔다.
③ 의장 · 부의장이 궐위된 때에는 보궐선거를 실시한다.
④ 의장 · 부의장이 모두 사고가 있을 때에는 임시의장을 선출하여 의장의 직무를 대행하게 한다.
⑤ 총선거 후 최초로 집회되는 임시회에서 의장단을 선거할 경우 재적의원 중 연장자가 의장의 직무를 대행한다.

해설

(i) 총선거 후 최초로 집회되는 임시회에서 의장 · 부의장을 선거할 경우, (ii) 의장 · 부의장이 모두 사고가 있어 임시의장을 선출할 경우, (iii) 보궐선거를 실시할 때 의장의 직무를 수행할 자가 없는 경우에는 출석의원 중 연장자가 그 직무를 대행한다. <답 ⑤>

52. 현행 지방의회의원선거에 관한 설명으로 잘못된 것은?

① 지방의회의원은 보통 · 평등 · 비밀 · 직접선거에 의하여 선출한다.
② 지방의회의원의 선거기간은 17일이다.
③ 광역 및 기초의회의원선거에 정당의 참여를 인정하고 있다.
④ 지역대표제를 원칙으로 하고 있다.
⑤ 광역의회선거에는 비례대표제를 가미하고 있다.

해설

② 지방의회의원 및 장의 선거기간은 후보자등록마감일 후 6일부터 선거일까지 총 14일이다. 대통령선거기간은 23일이다(공직선거법 제33조, 개정 2011.7.28). ③ 공직선거법에 의하면 기초의회의원선거 및 기초자치단체장선거 등 모든 선거에 정당공천을 허용하고 있다.
<답 ②>

53. 우리나라 지방의회의 조직에 관한 내용으로 적절하지 않은 것은?

① 지방의회의원의 선거에 있어서 지역대표제를 원칙으로 하되, 시·도의회의 경우 비례대표제를 가미하고 있다.
② 의장·부의장이 궐위된 때라 함은 여행, 병중, 휴가 혹은 당일용무 등으로 결석하거나 직무를 수행할 수 없을 때를 말한다.
③ 의장·부의장이 모두 사고가 있을 때에는 임시의장을 선출하여 직무를 대행하게 한다.
④ 위원회제를 두는 것은 심의·의결의 전문성과 능률성을 제고하기 위해서이다.
⑤ 의회의 사무직원은 지방의회의장의 추천에 의하여 당해 자치단체장이 임명한다.

해설

의장·부의장이 궐위된 때라 함은 사망, 사직, 불신임의결, 사임 등에 의하여 결원되었을 때를 말하며, 의장·부의장이 사고가 있을 때라 함은 여행, 병중, 휴가 혹은 당일용무 등으로 결석하여 직무를 수행할 수 없을 때를 의미한다. <답 ②>

54. 현행법상 의장단의 임기는?

① 4년 ② 1년 6개월 ③ 3년 ④ 1년 ⑤ 2년

해설

지방의회의 의장단의 임기는 2년이다. 다만 보궐선거에 의하여 당선된 의장·부의장의 임기는 전임자의 잔임기간으로 한다. <답 ⑤>

55. 의장단의 지위와 권한에 대한 기술이다. 올바르지 않은 것은?

① 의장은 의회대표자이자 회의주재자로서의 지위를 갖는다.
② 의장이 사고가 있거나 궐위되었을 때에는 부의장이 그 직무를 대리한다.
③ 의장은 의결에 있어서 표결에 참가하며, 가부동수인 경우에 가부를 결정한다.
④ 의장은 필요에 따라 위원회에 출석하여 발언할 수 있지만 표결에는 참가할 수 없다.
⑤ 총선거 후 최초로 집회되는 임시회를 제외한 모든 회의는 의장이 소집한다.

해설

지방의회의장은 의결에 있어서 표결에는 참가할 수 있으나 가부동수인 경우에 가부를 결정하는 권한은 없으며, 부결된 것으로 본다. 의회의 대표자이자 회의주재자로서 의장이 갖는 권한으로는 (i) 의회대표권, (ii) 위원회에의 출석발언권, (iii) 폐회중의 의원사직권, (iv) 사무감독권, (v) 회의소집권, (vi) 의사정리권, (vii) 회의장 질서유지권, (viii) 표결권

등이 있다. <답 ③>

56. 의장 또는 부의장이 법령을 위반하거나 정당한 이유 없이 직무를 수행하지 않을 경우에 행하는 불신임의결의 의결정족수는?

① 재적의원 1/4 이상의 발의와 재적의원 과반수의 찬성
② 재적의원 1/3 이상의 발의와 재적의원 과반수의 찬성
③ 재적의원 과반수의 출석과 출석의원 2/3 이상의 찬성
④ 재적의원 1/3 이상의 발의와 재적의원 2/3 이상의 찬성
⑤ 재적의원 1/4 이상의 발의와 출석의원 2/3 이상의 찬성

해설

지방의회의 의장 또는 부의장이 법령을 위반하거나 정당한 이유 없이 직무를 수행하지 않을 경우에는 재적의원 1/4 이상의 발의와 재적의원 과반수의 찬성으로 불신임의결을 행할 수 있다. 불신임의결이 있는 때에는 의장 또는 부의장은 그 직에서 해임된다. <답 ①>

57. 지방의회에 관한 설명으로 옳지 않은 것은? <2002 지시 기술직>

① 지방의회의장은 지방자치단체의 장이나 재적의원 3분의 1 이상의 요구가 있는 때에는 15일 이내에 임시회를 소집하여야 한다.
② 지방의회에서 의결할 의안은 지방자치단체의 장이나 재적의원 5분의 1 이상 또는 의원 10인 이상의 연서로 발의한다.
③ 교육위원회의 교육위원은 지방의회의원을 겸직할 수 없다.
④ 지방의회는 지방의회의 의장에 대해 재적의원 3분의 1 이상의 발의와 재적의원 3분의 2 이상의 찬성으로 불신임을 의결할 수 있다.
⑤ 일반 시민이 지방의회 위원회에 방청객으로 참여하기 위해서는 위원장의 허가를 얻어야 한다.

해설

지방자치단체의 지방의회 경우 의장 · 부의장이 법령을 위반하거나 정당한 이유없이 직무를 수행하지 아니한 때에는 의회는 불신임을 결의할 수 있다. 이 불신임안은 재적 4분의 1 이상의 의원이 발의할 수 있으며 재적 과반수의원의 찬성이 있어야 가결된다. <답 ④>

58. 우리나라 지방의회의 위원회에 관한 설명 중 틀린 것은?

① 위원회의 의결은 본회의의 의결을 법률적으로 기속한다.
② 소관 의안과 청원 등을 심사하기 위하여 상임위원회를 둔다.
③ 시 · 군 및 자치구의 상임위원회 설치기준은 대통령령으로 정한다.
④ 당해 지방의회의원이 아닌 자는 위원장의 허가를 얻어 위원회를 방청할 수 있다.
⑤ 상임위원회를 설치할 수 있는 시 · 군 · 자치구의회는 그 의원정수가 13인 이상이어야 한다.

해설

지방의회의 위원회는 필수기관이 아니고 조례에 의하여 임의로 설치되는 예비적 심사기관으로서 그 의결은 본회의의 의결을 법률적으로 기속하지 않으며, 단지 판단자료를 제공하는 데 불과하다. <답 ①>

59. **의원정수가 31인 이상 40인 이하인 시 · 군 및 자치구의회에서 설치 가능한 상임위원회의 수는?**

① 5개 이내 ② 4개 이내 ③ 6개 이내
④ 2개 이내 ⑤ 3개 이내

해설

시 · 군 및 자치구의회의 상임위원회 설치기준은 다음과 같다. <답 ②>

≪시·군 및 자치구의회의 상임위원회 설치기준≫

구 분	상임위원회의 수 (운영위원회 포함)
의원정수 41인 이상	5개 이내
의원정수 31인~40인	4개 이내
의원정수 13인~30인	3개 이내

60. **현재 우리나라 지방의회의 위원회에 대한 설명으로 옳지 않은 것은?** <2010 지방수탁 7급>

① 위원회에는 해당 지방의회의원이 아닌 자는 위원장의 허가를 받아 방청할 수 있다.
② 위원회에는 위원장과 위원의 자치입법활동을 지원하는 전문위원을 둔다.
③ 기초지방의회는 의원이 최소 13인 이상일 경우에 한하여 상임위원회를 구성할 수 있다.
④ 의원의 윤리심사 및 징계에 관한 사항을 심사하는 윤리특별위원회를 둘 수 있다.

해설

③은 과거의 지방자치법 규정의 내용이다. 1991년에는 기초의회도 정원이 13인 이상이 되면 대통령령이 정하는 설치기준에 따라 3개에서 5개 이내의 상임위원회를 설치할 수 있도록 하였다. 그러다가 2006년 정부의 지방분권화 작업에 따라 지방자치법개정을 통해 위원회 설치에 관한 사항을 완전히 지방정부의 조례로 정하는 바에 따라 위원회를 둘 수 있다. 위원회의 종류는 소관 의안과 청원 등을 심사 · 처리하는 상임위원회와 특정한 안건을 일시적으로 심사 · 처리하기 위한 특별위원회 두 가지가 있음. <답 ③>

61. **다음 중 특별위원회에 대한 기술이 잘못된 것은?**

① 특별위원회는 부의된 안건을 심의하는 동안 존재한다.

② 특별위원회는 조례에 의하여 설치할 수 있다.
③ 특별위원회는 원칙적으로 회기중에 한하여 의회의 의결로 부의된 안건만 심사한다.
④ 특별위원회의 설치기준은 대통령령으로 정한다.
⑤ 의회의 의결로 회부된 특정 안건에 대해서는 폐회중에도 심사할 수 있다.

해설

특별위원회는 (i) 어느 상임위원회에도 전속하지 않는, 즉 수개의 상임위원회에 관련되는 사안의 심사, (ii) 예산안 · 결산안의 심사, (iii) 행정사무감사 및 행정사무조사, (iv) 특정 의안의 심의 등을 위하여 구성된다. ④ 설치할 수 있는 특별위원회의 수는 제한이 없으며, 여러 개의 특별위원회가 설치되어 있는 경우 의원 1인이 2개 이상의 특별위원회 위원이 될 수 있다. <답 ④>

62. 위원회의 운영에 관한 설명 중 옳지 않은 것은?

① 위원회는 회기중 위원장이 필요하다고 인정하거나 재적위원 1/3 이상의 요구가 있을 때 개회한다.
② 당해 지방의회의원이 아닌 자가 위원회를 방청하기 위해서는 위원장의 허가를 얻어야 한다.
③ 위원회는 폐회중이라도 본회의의 의결이 있거나 재적위원 과반수 이상의 요구가 있을 때에는 개회할 수 있다.
④ 위원회의 회의는 공개하는 것을 원칙으로 한다.
⑤ 필요한 경우 위원회에 관한 세부사항은 의회의 의결로 정할 수 있다.

해설

지방의회의 위원회는 회기중에 위원장이 필요하다고 인정하거나 재적위원 1/3 이상의 요구가 있을 때 개회하되, 폐회중이라도 (i) 본회의의 의결이 있는 때, (ii) 의장이 필요하다고 인정할 때, (iii) 재적위원 1/3 이상의 요구가 있는 때, (iv) 지방자치단체장의 요구가 있는 때에 한하여 개회할 수 있다. <답 ③>

63. 우리나라 지방의회의 의결사항을 모두 고른 것은? <2008 선관위 9급>

<보기>		
ㄱ. 선결처분	ㄴ. 예산심의	ㄷ. 기금의 설치 · 운용
ㄹ. 조례제정	ㅁ. 청원처리	

① ㄱ, ㄴ, ㄷ ② ㄴ, ㄹ, ㅁ
③ ㄴ, ㄷ, ㄹ, ㅁ ④ ㄱ, ㄴ, ㄷ, ㄹ, ㅁ

해설

선결처분은 자치단체장이 지방의회의 의결을 얻지 않고 독자적 판단에 의하여 미리 처분하는 것으로서 사전의결원칙의 예외이다. 지방자치법 제109조에 따르면 지방자치단체의 장은 지방의회가 성립되지 아니한 때와 지방의회의 의결사항 중 주민의 생명과 재산보호를 위하여 긴급하게 필요한 사항으로서 지방의회를 소집할 시간적 여유가 없거나 지방의회에서 의결이 지체되어 의결되지 아니할 때 선결처분을 할 수 있다. 그러나 선결처분은 지체없이 지방의회에 보고하여 승인을 얻어야 하며 얻지 못하면 그때부터 효력이 상실된다. 즉, 선결처분은 지방의회에 사후승인을 반드시 얻어야 함을 주의하여야 한다. <답 ③>

64. 지방의회의 의결권에 대한 설명이 적절하지 않은 것은?

① 의결권은 광의로는 지방자치단체의 의사와 지방의회의 의사를 결정하기 위하여 의회에 부여된 권한을 말한다.
② 지방의회의 의결사항은 조례가 정하는 바에 의하여 따로 정할 수 있다.
③ 의결권은 지방자치단체에 관한 모든 사항에 미친다.
④ 우리나라는 제한적 열거주의를 채택하고 있다.
⑤ 법령에 의하지 않은 사실상의 결의는 일정한 법적 효력을 발생하지 않는다.

해설

③ 지방의회의 의결권은 자치단체에 관한 모든 사항에 미치는 것이 아니라 지방자치단체의 의사결정 가운데서 기본적이고 중요한 사항에 한정되어 있는데, 이것을 의결사항이라고 한다. <답 ③>

65. 지방의회의 필수적 의결사항에 해당하지 않는 것은?

① 결산의 승인 ② 조례의 제정 및 개폐 ③ 청원의 수리와 처리
④ 예산편성권 ⑤ 대통령령으로 정하는 공공시설의 설치 및 처분

해설

우리나라는 지방자치법 제39조에 '지방의회는 다음 사항을 의결한다'라고 규정하여 제한적 열거주의를 채택하고 있으며, 열거된 사항에 대해서는 반드시 지방의회의 의결을 받도록 하고 있다. 지방의회의 필수적 의결사항에는 (i) 조례의 제정 및 개폐, (ii) 예산의 심의·확정, (iii) 결산의 승인, (iv) 법령에 규정된 것을 제외한 사용료·수수료·분담금·지방세 또는 가입금의 부과와 징수, (v) 기금의 설치·운용, (vi) 대통령령으로 정하는 중요재산의 취득·처분, (vii) 대통령령으로 정하는 공공시설의 설치 및 처분, (viii) 법령과 조례에 규정된 것을 제외한 예산외 의무부담이나 권리의 포기, (ix) 청원의 수리와 처리, (x) 외국지방자치단체와의 교류협력에 관한 사항, (xi) 기타 법령에 의하여 그 권한에 속하는 사항 등이다. ④ 예산편성권은 자치단체장의 권한이다. <답 ④>

66. 우리나라 지방의회의 의결사항이 아닌 것은? <2001 지시 기술직>

① 도시계획승인 ② 예산의 확정 ③ 결산의 승인
④ 기금의 설치·운용 ⑤ 대통령령으로 정하는 공공시설의 설치·처분

해설

① 도시계획의 승인은 국토해양부장관 또는 시·도지사가 행한다. <답 ①>

67. 현행 지방자치법상 지방의회의 의결사항에 포함되는 것은?

<2002 지시 기술직>

① 예산의 편성과 심의
② 도시재정비계획의 확정
③ 자치단체장의 불신임 의결
④ 규칙의 제정
⑤ 외국 지방자치단체와의 교류협력에 관한 사항

해설

지방의회 의결사항은 일반적으로 지방자치법 제39조 제1항에 다음과 같이 한정되어 있다. 조례의 제정 및 개폐, 예산의 심의 · 확정, 결산의 승인, 법령에 규정된 것을 제외한 사용료 · 수수료 · 분담금 · 지방세 또는 가입금의 부과와 징수, 기본 재산 또는 적립금의 설치 · 관리 및 처분, 대통령령으로 정하는 중요 재산의 취득 · 처분, 대통령령으로 정하는 공공시설의 설치 · 관리 및 처리, 법령과 조례에 규정된 것을 제외한 예산외 의무 부담이나 권리의 포기, 청원의 수리와 처리, 외국 지방자치단체와의 교류협력에 관한 사항, 기타 법령에 의하여 그 권한에 속하는 사항 <답 ⑤>

68. 위원회는 폐회중인 경우라도 개회할 수 있다. 적합하지 않은 것은?

① 본회의의 의결이 있는 때
② 의장이 필요하다고 인정할 때
③ 지방자치단체장의 요구가 있는 때
④ 재적위원 1/3 이상의 요구가 있는 때
⑤ 위원장이 필요하다고 인정할 때

해설

⑤ 위원회는 회기중 위원장이 필요하다고 인정하거나 재적위원 1/3 이상의 요구가 있을 때 개회한다. ①②③④의 경우에 한하여 폐회중이라도 위원회를 개회할 수 있다. <답 ⑤>

69. 지방의회의 의결사항으로 볼 수 없는 것은?

① 계속비 설정
② 지방자치단체의 명칭 · 구역변경
③ 의원의 자격상실
④ 지방자치단체조합의 설립
⑤ 교육 · 체육 및 학예에 관한 예산편성권

해설

지방자치법 제39조의 지방의회 의결사항 중 기타 법령에 의한 필요적 의결사항에는 (i) 사무소소재지 변경 · 신설, (ii) 행정사무조사권발동, (iii) 지방채발행, (iv) 계속비, (v) 예비비지출승인, (vi) 행정협의회 설립 · 규약, (vii) 자치단체조합 설립 · 규약, (viii) 의장단 불신임, (ix) 회의규칙제정, (x) 의원의 사직허가, (xi) 의원의 징계, (xii) 의원의 자격상실 등이 있다. ⑤ 교육 · 체육 및 학예에 관한 예산편성권은 교육감의 권한이다. <답 ⑤>

70. 지방의회의 행정통제권한에 해당되지 않는 것은? <2001 지시 기술직>

① 직무이행명령권 ② 질문답변요구권 ③ 행정사무조사권
④ 자료제출요구권 ⑤ 예산심의권

해설

① 자치단체장의 권한임. <답 ①>

71. 현재 우리나라 지방자치단체장에 대한 견제기능으로 옳지 않은 것은?

① 지방의회의 행정사무감사제도 ② 정보공개제도 <2002 지시>
③ 주민감사청구제도 ④ 시민단체 또는 이익집단의 압력
⑤ 지방의회의 불신임결의권

해설

지방자치단체의 경우 의장·부의장이 법령을 위반하거나 정당한 이유 없이 직무를 수행하지 아니한 때에는 의회는 불신임을 결의할 수 있다. <답 ⑤>

72. 다음은 의결권의 효력과 한계에 대한 설명이다. 잘못된 것은?

① 의결사항은 지방의회의 의결이 없는 한 집행기관이 집행할 수 없다.
② 자치단체의 의사결정은 일반적으로 자치단체장이 집행함으로써 비로소 대외적인 효력을 발생한다.
③ 지방의회는 국가사무 및 자치단체에 위임된 기관위임사무에 대해서 의결할 수 없다.
④ 지방의회의 의결은 법령 또는 상급자치단체의 조례나 규칙에 위반해서는 안 되지만 해당 자치단체의 조례나 규칙에는 제한받지 않는다.
⑤ 지방의회의 의결은 지방자치단체장이 선결처분권 또는 재의요구권을 행사하는 경우 제한을 받는다.

해설

지방의회의 의결권은 (i) 법령, 상급자치단체의 조례·규칙, 해당 자치단체의 조례·규칙에 위반해서는 안 되며, (ii) 주민의 권리제한·의무부과 및 벌칙에 관한 사항을 조례로 규정할 때 법률의 위임이 있어야 하며, (iii) 지방자치단체장이 선결처분권 또는 재의요구권을 행사하는 경우, (iv) 감독관청이 재의요구권을 행사하거나 감독관청의 승인을 요하는 경우에 제한을 받는다. 따라서 지방의회가 조례의 제정 및 개폐권을 가지고 있더라도 일단은 현존하는 조례 또는 규칙을 준수하면서 조례를 제정 또는 개폐하여야 한다. <답 ④>

73. 다음 사항 중 효력발생의 가능성이 있는 의결은?

① 기관위임사무에 대한 의결
② 지방자치단체장의 행정권을 침해하는 내용의 의결
③ 정족수가 미달하는 회의에서 이루어진 의결

④ 소집절차를 취하지 않은 회의에서 이루어진 의결
⑤ 주민의 권리제한 또는 의무부과에 관한 사항의 의결

해설

지방의회의 의결은 (i) 국가사무 및 자치단체에 위임된 기관위임사무에 대한 의결, (ii) 지방자치단체장의 행정권을 침해하는 내용의 의결 등 의결의 내용상 지방의회의 권한을 넘는 경우와 (iii) 정족수가 미달하는 회의에서 이루어진 의결, (iv) 소집절차를 취하지 않은 회의에서 이루어진 의결 등 법령이 정한 적법절차를 거치지 않아 중대하고 명백한 하자가 있었을 경우에 당연히 무효가 된다. ⑤ 주민의 권리제한 또는 의무부과에 관한 사항의 의결은 법률의 위임이 있는 경우에 가능하다. <답 ⑤>

74. 우리나라 지방의회의 의결권행사에 있어서 감독관청의 승인을 요하는 경우가 아닌 것은?

① 의원의 사직허가
② 지방채의 발행
③ 지방자치단체조합의 설립
④ 지방자치단체의 직속기관 설치
⑤ 합의제 행정기관의 설치

해설

현행법상 지방의회의 의결권행사에 있어서 감독관청의 승인을 요하는 경우로는 (i) 행정구·읍·면·동의 명칭과 구역변경 및 폐치·분합, (ii) 지방자치단체 소속행정기관의 설치, (iii) 지방자치단체의 하부행정기구 설치, (iv) 지방채의 발행, (v) 지방자치단체조합의 설립 및 해산 등이다. <답 ①>

75. 지방의회의 의결권에 관한 설명 중 부적절한 것은?

① 의결권이 협소할 경우 지방행정의 신속성·능률성·적시성을 높일 수 있다.
② 의결권이 광범위하면 지방정치의 과열화를 방지할 수 있다.
③ 의결권은 협의의 의미로는 지방자치단체의 의사를 결정하기 위하여 부여된 권한을 말한다.
④ 의결권이 광범위할 경우 주민자치를 구현할 수 있다.
⑤ 의결된 사항은 의회 및 의원뿐만 아니라 집행기관은 물론 내용에 따라서는 주민에 대해서도 구속력을 가진다.

해설

지방의회의 의결권이 광범위할 경우 (i) 지방행정을 신중하게 처리하며, (ii) 민주주의 원칙에 충실하며, (iii) 주민자치를 구현할 수 있지만, (i) 행정의 신속성 및 능률성을 저해할 수 있으며, (ii) 행정의 강력한 추진을 곤란하게 하며, (iii) 자치단체장과의 대립이 심화될 경우에는 행정을 지연시키거나 마비시킬 우려가 있다. 반면에 의결권이 협소할 경우에는 (i) 지방행정의 신속성·능률성·적시성을 높일 수 있고, (ii) 집행기관과 지방의회의 지나친 대립·갈등을 방지할 수 있으며, (iii) 지방정치의 과열화를 방지할 수 있으나, (i) 주민자치를 제약하고, 집행기관의 재량범위를 확대시키며, (ii) 견제와 균형의 원리가 무너지고 지방의회가 자문기관화할 우려가 있으며, (iii) 집행기관의 독재 및 부정을 견제할 수 없게

된다는 단점을 갖는다. <답 ②>

76. 행정사무감사 및 조사권에 대한 설명으로 틀린 것은?

① 지방행정사무에 대한 감사는 매년 1회 정기적으로 행하여야 한다.
② 사무조사는 특정사안에 관하여 재적의원 1/3 이상의 발의가 있는 경우 본회의 의결을 거쳐 행한다.
③ 행정사무감사는 시·도의 경우 14일, 시·군 및 자치구의 경우 9일의 범위 내에서 실시한다.
④ 행정사무감사 및 조사는 공개한다. 다만 본회의의 의결이 있는 경우에 한하여 비공개할 수 있다.
⑤ 직접 이해관계가 있거나 공정을 기할 수 없는 현저한 사유가 있는 의원은 그 사안에 한하여 감사 또는 조사에 참여할 수 없다.

해설

지방의회의 행정사무감사 및 조사는 원칙적으로 공개하되, 본회의의 의결이나 감사 또는 조사위원회의 의결로 비공개할 수 있다. 지방의회는 매년 1회 그 지방자치단체의 사무에 대하여 시·도에서는 14일의 범위에서, 시·군 및 자치구에서는 9일의 범위에서 감사를 실시하고, 지방자치단체의 사무 중 특정 사안에 관하여 본회의 의결로 본회의나 위원회에서 조사하게 할 수 있다(개정 2011.7.14). <답 ④>

77. 행정사무감사 및 조사의 범위와 한계에 대한 기술이다. 잘못된 것은?

① 행정사무감사 및 조사는 지방자치단체의 자치사무와 단체위임사무에 대해서만 할 수 있다.
② 국회와 시·도의회는 위임사무의 감사결과에 대하여 당해 지방의회에 필요한 자료를 요구할 수 있다.
③ 행정사무감사 또는 조사는 개인의 사생활을 침해할 수 없다.
④ 교육·체육 및 학예에 관한 사무의 감사 또는 조사는 교육위원회가 실시하고 지방의회에의 보고로 갈음한다.
⑤ 행정사무감사 또는 조사는 계속중인 재판이나 수사중인 사건의 소추에 관여하지 못한다.

해설

지방의회의 행정사무감사 및 조사권은 자치단체의 사무를 대상으로 하되, 자치단체 및 그 장이 위임받아 처리하는 국가사무와 시·도의 사무에 대해서도 국회와 시·도의회가 직접 감사하기로 한 사무를 제외하고는 그 감사를 각각 당해 시·도의회와 시·군 및 자치구의회가 행할 수 있다. 따라서 행정사무감사는 자치사무뿐만 아니라 모든 위임사무에 대해서 실시할 수 있지만 행정사무조사는 자치사무와 단체위임사무에 대해서만 실시할 수 있다.
<답 ①>

78. 행정사무감사 및 조사의 대상에 해당하지 않는 것은?

① 교육 · 체육 및 학예에 관한 기관 ② 자치단체의 소속행정기관
③ 지방공기업 ④ 자치단체조합
⑤ 지방자치단체가 1/4 이상 출자 · 출연하는 법인

해설

지방의회의 행정사무감사 및 조사권의 대상기관에는 (i) 당해 자치단체, (ii) 그 소속행정기관과 하부행정기관, (iii) 교육 · 체육 및 학예에 관한 기관, (iv) 지방공기업, (v) 위임 · 위탁사무 처리단체 또는 기관, (vi) 자치단체가 1/4 이상 출자 · 출연하는 법인 등이다.

<답 ④>

79. 우리나라 지방의회가 내부조직에 관하여 갖는 선거권이 아닌 것은?

① 의장 · 부의장 선출 ② 검사위원의 선출 ③ 사무국장의 선출
④ 임시의장의 선출 ⑤ 상임위원회 위원의 선출

해설

지방의회는 법령이 정하는 바에 의하여 일정한 기관 또는 기관의 구성원에 대한 선거권을 가진다. 여기에는 (i) 의장 · 부의장의 선거, (ii) 임시의장의 선거, (iii) 위원회 위원의 선거, (iv) 검사위원의 선거 등이 포함된다. 사무처장 또는 사무국장 · 사무과장은 지방의회 의장의 추천에 의하여 지방자치단체장이 임명한다. <답 ③>

80. 지방의회의 청원수리권에 대한 설명이 틀린 것은?

① 청원권이란 지방자치단체의 기관에 대하여 일정한 사항에 관한 희망을 진술하는 권리이다.
② 청원은 청원자의 권리나 이익이 침해된 경우에만 행할 수 있다.
③ 청원의 결과에 대하여 당해 기관은 기속되지 않는다.
④ 청원은 반드시 문서로서 하고 의원의 소개를 필요로 한다.
⑤ 청원권자는 내 · 외국인을 불문한다.

해설

청원은 권리나 이익이 침해된 경우에만 하는 것이 아니라 청원자의 이해관계가 없어도 무방하다. 청원은 반드시 문서로서 해야 하고, 의원의 소개를 요건으로 한다는 점에서 의원의 소개를 필요로 하지 않는 진정과 구별되며, 그 결과에 당해 기관이 기속되지 않는다는 점에서 행정쟁송과도 구별된다. <답 ②>

81. 지방의회의 청원에 대한 설명 증 틀린 것은? <2009 광주 9급>

① 지방의회에 직접 제출하여야 한다.
② 청원자는 주소를 기재하고 서명 · 날인하여야 한다.
③ 의장은 소관상임위원회나 본회의에 부의하여 심사해야 한다.
④ 재판의 간섭이나 법률에 위배되는 사항은 수리하지 않는다.

해설

주민은 지방의회에 직접 제출할 수 없고, 지방의원의 소개를 받아야 한다. <답 ①>

82. 다음 중 청원권의 주체가 아닌 것은?

① 미성년자 ② 권리능력 없는 사단 ③ 지방의회
④ 수형자 ⑤ 타 자치단체의 주민

해설

청원을 하고자 하는 자는 미성년자와 금치산자는 물론 자연인과 법인 모두를 포함한다. 타 지방자치단체의 주민과 권리능력 없는 사단도 청원할 수 있으며, 특별권력관계에 있는 공무원, 군인도 성실복무의무에 반하지 않고 자기직무와 관련된 청원 내지 집단적인 청원이 아닌 한 청원할 수 있고, 수형자 등도 가능하다. 그러나 지방의회는 지방자치단체의 기관에 불과하기 때문에 청원권을 가지지 못한다. 따라서 시 · 군 및 자치구의회가 그 명의로 특별시 · 광역시 · 도 · 특별자치도의회에 대하여 청원을 할 수 없다. <답 ③>

83. 다음 중 지방의회가 반드시 수리해야 할 청원사항은?

① 지방자치단체의 제도의 시정을 요구하는 청원
② 재판에 간섭하는 내용의 청원
③ 국가원수를 모독하는 청원
④ 타인을 모해할 목적으로 허위의 사실을 적시하는 청원
⑤ 법령에 위배되는 내용의 청원

해설

지방의회는 ②, ③, ④, ⑤ 외에 동일내용의 청원서를 동일기관에 2개 이상 제출하거나 2개 이상의 기관에 제출한 청원은 수리하지 않는다. 청원의 대상이 되는 사항에는 (i) 지방자치단체의 공권력행사에 의하여 받은 피해에 대한 구제, (ii) 공무원의 비위의 시정이나 징계 · 처벌의 요구, (iii) 법령과 조례, 규칙 등의 제정 및 개폐, (iv) 지방자치단체의 제도나 시설의 운영, (v) 기타 지방자치단체의 기관의 권한에 속하는 사항 등이 포함된다.
<답 ①>

84. 청원수리권에 관한 설명 중 옳은 것은?

① 지방의회에 청원을 하기 위해서는 청원서만으로 족하다.
② 청원은 반드시 개회중에 수리하여야 한다.
③ 청원서를 접수한 때에는 반드시 본회의에 회부하여 심사하여야 한다.
④ 지방자치단체의 장은 청원을 처리할 수 없다.
⑤ 청원사항은 자치단체 기타 공공단체의 모든 사무에 미친다.

해설

① 지방의회에 청원하기 위해서는 지방의원의 소개를 얻어 청원서를 제출하여야 하며, 청원서에는 청원자의 성명(법인인 경우에는 그 명칭과 대표자의 성명) 및 주소를 기재하고

서명 · 날인하여야 한다. ② 청원은 그 형식과 절차가 갖추어져 있으면 의회가 개회중이든 폐회중이든 반드시 수리하여야 한다. ③ 지방의회의장이 청원서를 접수한 때에는 이를 소관 위원회 또는 본회의에 회부하여 심사하게 한다. ④ 지방의회가 채택한 청원으로서 그 자치단체장이 처리함이 타당하다고 인정되는 청원은 의견서를 첨부하여 자치단체장에게 이송하며, 자치단체장은 이송된 청원을 처리하고, 그 결과를 지체 없이 지방의회에 보고하여야 한다. <답 ⑤>

85. 우리나라 지방의회의원의 신분과 거리가 먼 것은?

① 의원의 사직은 허가사항이다.
② 의원은 형사상 불체포면책특권이 있다.
③ 의원은 정무직 지방공무원이다.
④ 의원의 징계에 관하여 의결할 수 있다.
⑤ 의원의 자격심사도 가능하다.

해설

우리나라는 지방의회의원에 대하여 불체포면책특권을 인정하지 않고 있다. 다만 의원체포통지제도를 두어 체포 또는 구금된 지방의회의원이 있을 때에는 관계수사기관의 장이 지체없이 의장에게 영장의 사본을 첨부하여 통지하도록 하고 있다. <답 ②>

86. 다음 중 지방의회가 내부조직사항을 독자적으로 할 수 없는 것은?

① 의장단의 구성 ② 회의규칙의 제정 ③ 위원회의 설치
④ 사무조직의 설치 ⑤ 지방의회 의원의 회기수당

해설

지방의회는 의장단의 구성, 위원회의 설치(위원회의 소관사항, 위원의 선임, 위원회의 정수 등), 사무기구의 설치, 회의규칙의 제정 등 지방의회의 내부조직에 대하여 외부로부터의 영향 및 간섭을 받지 않고 스스로 결정할 수 있다. ⑤ 지방의회의원의 회기수당은 대통령령이 정하는 범위 안에서 조례가 정하는 기준에 따라 지급한다. <답 ⑤>

87. 의원신분사정권에 대한 설명으로 적당하지 않은 것은?

① 의원이 사직하려면 반드시 개회중에 의회의 허가를 받아야 한다.
② 의원은 자신이 제출한 사직서에 대하여 허가가 있기 전까지는 철회할 수 있다.
③ 의원의 자격심사는 재적의원 1/4 이상의 연서로 의장에게 청구할 수 있다.
④ 의원의 자격상실의결은 재적의원 2/3 이상의 찬성을 요한다.
⑤ 지방의회의원이 회의규칙에 위배되는 행위를 한 때에 의회의 의결로 이를 징계할 수 있다.

해설

지방의회의원이 사직하기 위해서는 의회가 개회중일 경우에는 의회의 허가를 받아야 하고,

폐회중일 경우에는 의장의 허가를 받아 사직할 수 있다. 의원은 자신이 제출한 사직서에 대하여 의회의 의결 또는 의장의 허가가 있기 전까지 철회할 수 있다. 법해석상 총사직 역시 가능하다 하겠다. <답 ①>

88. 다음 중 징계의 종류에 해당하지 않는 것은?

① 공개회의에서의 사과 ② 벌금부과 ③ 공개회의에서의 경고
④ 30일 이내의 출석정지 ⑤ 의원직에서의 제명

해설

지방의회의원이 지방자치법 또는 회의규칙에 위배되는 행위를 한 때에는 의회의 의결로써 이를 징계할 수 있다. 지방의회 의장은 징계대상 의원이 있을 때에는 이를 소관 위원회 또는 본회의에 회부하며, 모욕을 당한 의원이 모욕을 가한 의원에 대하여 징계를 요구할 경우에는 징계사유를 기재한 요구서를 의장에게 제출하여야 한다. 징계의 종류에는 (i) 공개회의에서의 경고, (ii) 공개회의에서의 사과, (iii) 30일 이내의 출석정지, (iv) 재적의원 2/3 이상의 찬성으로 하는 제명 등이 있다. <답 ②>

89. 지방의원의 징계에 대한 설명으로 옳지 않은 것은?

① 징계의 종류에는 공개회의에서의 경고, 공개회의에서의 사과, 30일 이내의 출석정지, 제명의 네 가지가 있다.
② 징계처분은 모든 경우에 재적의원 2/3 이상의 찬성을 요한다.
③ 모욕을 당한 의원이 징계를 요구할 때에는 징계사유를 기재한 요구서를 의장에게 제출하여야 한다.
④ 의원에 대한 지방의회의 징계처분에 대하여는 법원에의 제소가 허용되어 있다.
⑤ 의회운영과 전혀 관계가 없는 개인적 행위는 징계사유가 되지 않는다.

해설

징계 중에서 공개회의에서의 경고나 사과는 신분과 보수에는 영향을 미치지 아니하나, 30일 이내의 출석정지는 동 기간 동안 회의비를 받을 수 없고, 제명은 신분을 박탈당한다. ② 징계의 의결은 원칙적으로 재적의원 과반수의 출석과 출석의원 과반수의 의결로 하지만 제명에 대한 의결은 재적의원 2/3 이상의 찬성이 있어야 한다. ④ 국회에서처럼 의원에 대한 징계처분에 대해 법원에의 제소권을 금지하는 것과 달리 지방의회의 경우에는 제명처분을 받은 의원이 제명처분에 불복하여 제명처분 무효확인소송을 제기할 수 있으며, 승소하면 지방의원직에 다시 복직할 수 있다. ⑤ 지방자치법 또는 회의규칙에 위배되는 행위를 한 때에 징계를 할 수 있다. <답 ②>

90. 다음 중 지방의회의 자율권에 속하지 않는 것은?

① 회의규칙제정권 ② 의원자격의 심사권 ③ 의원의 징계권
④ 행정조사권 ⑤ 의원경찰권

✍ 해설

자율권이란 의회 내부의 조직과 운영에 관하여 일정한 범위 내에서 의회 스스로 규율할 수 있는 권한을 말한다. 이러한 자율권에는 자주적 내부조직권(의장단의 구성, 위원회의 설치, 사무기구의 설치 등), 의사의 자율권(회의규칙의 제정, 개·폐회 등의 결정, 회의의 비공개), 의원신분사정권(의원사직의 허가, 의원자격심사, 의원의 징계), 의원경찰권 등이 포함된다. ④ 행정조사권은 행정감시권에 속한다. <답 ④>

91. 다음 지방자치단체장의 권한 중 지방의회의 승인이나 동의를 필요로 하지 아니하고 행사할 수 있는 것은?

① 선결처분권 ② 행정협의회 구성권 ③ 예비비 지출권
④ 의회사무직원 임명권 ⑤ 지방자치단체조합 설립권

✍ 해설

① 선결처분권은 의회의 사후승인을 받아야 한다(지방자치법 제109조). ③ 예비비의 지출은 다음 연도 지방의회의 승인을 얻어야 한다(동법 제129조). ②⑤ 외에도 지방채 발행권(동법 제124조), 계속비 지출권(동법 제128조) 등은 지방의회의 동의를 얻어야 행사할 수 있다. ④ 의회사무직원은 지방의회의장의 추천에 의하여 당해 자치단체장이 임명한다(동법 제91조). <답 ④>

92. 지방자치단체장의 권한이 아닌 것은? <2008 7급 채용>

① 지방의회의 의결이 월권이나 법령에 위반되는 경우 재의요구권
② 총선거 후 최초로 집회되는 지방의회 임시회 소집권
③ 지방의회의 의결사항 중 주민의 생명과 재산 보호를 위하여 긴급하게 필요한 사항으로서 지방의회를 소집할 시간적 여유가 없거나 지방의회에서 의결이 지체되어 의결되지 아니할 때의 선결처분권
④ 지방채 발행권

✍ 해설

총선거 후 최초로 집회되는 지방의회 임시회 소집권은 지방의회 권한이다. <답 ②>

93. 지방의회의 소집 및 회기에 관한 설명 중 올바른 것은?

① 지방의회의장과 부의장이 모두 사고가 있는 때에는 자치단체장이 의회를 소집하여야 한다.
② 지방의회의 소집은 의회의 의장과 협의하여 자치단체장이 소집한다.
③ 지방의회의 회의 종류로는 정례회, 임시회, 특별회 등의 세 가지가 있다.
④ 지방의회의장은 지방자치단체장이나 재적의원 1/3 이상의 요구가 있는 때에는 임시회를 소집하여야 한다.
⑤ 정례회는 매년 1회 소집하여야 한다.

✍ 해설 ....

① 지방의회의장과 부의장이 모두 사고가 있을 때에는 임시의장을 선출하여 의장의 직무를 대행하게 한다. ② 지방의회의 소집권자는 지방의회의장이며, 다만 예외적으로 총선거 후 최초로 집회되는 임시회는 지방자치단체의 장이 소집한다. ⑤ 종래의 지방자치법에서는 지방의회의 정기회를 시 · 도에 있어서는 매년 11월 20일에, 시 · 군 및 자치구에 있어서는 매년 11월 25일에 집회하도록 하였으나, 개정 지방자치법에서는 매년 2회 정례회를 개최하고, 정례회의 집회일 기타 정례회의 운영에 관하여 필요한 사항은 대통령령이 정하는 바에 의하여 당해 자치단체의 조례로 정하도록 하고 있다(지방자치법 제44조). <답 ④>

94. 우리나라 지방의회의 운영에 관한 기술 중 틀린 것은?

① 의회의 의사는 지방자치법에 특별히 규정된 경우를 제외하고는 재적의원 과반수의 출석과 출석의원 과반수의 찬성으로 한다.
② 회기중에 의결되지 못한 안건은 다음 회기에 계속되지 않고 폐기된다.
③ 의장은 의결에 있어서 표결권을 가지며 가부동수인 때에는 부결된 것으로 본다.
④ 지방의회는 재적의원 1/3 이상의 출석으로 개의한다.
⑤ 지방의회의 회의는 본회의 및 위원회 회의 모두 공개하는 것을 원칙으로 한다.

✍ 해설 ....

우리나라 지방자치법 제59조에 따르면 '지방의회에 제출된 의안은 그 회기중에 의결되지 못한 이유로 폐기되지 않으며, 다만 지방의회의원의 임기가 만료되는 경우에는 그러하지 아니하다'고 하여 회기계속의 원칙을 규정하고 있다. 일본의 지방의회는 회기불계속의 원칙을 채택하고 있다. <답 ②>

95. 다음 중 지방의회의원에게 전속된 발안권이 아닌 것은?

① 의원의 징계
② 회의규칙의 개정
③ 위원회조례
④ 출납책임자의 선임에 관한 동의
⑤ 행정사무감사 · 조사권

✍ 해설 ....

지방의원에게 전속된 발안권에는 (i) 의원의 징계, (ii) 의장불신임의결, (iii) 회의규칙의 개정, (iv) 행정사무감사 · 조사권, (v) 의회사무국설치조례, (vi) 위원회조례 등이 있으며, 지방자치단체의 장에게 전속된 발안권에는 (i) 예산 · 결산안 제출권, (ii) 행정기관설치조례, (iii) 출납책임자의 선임에 관한 동의, (iv) 공사도급계약 체결의 의결 등이 있다. <답 ④>

96. 우리나라 지방의회의 연간 회의총일수가 올바르게 연결된 것은?

① 시 · 도의회는 120일, 시 · 군 · 자치구의회는 100일
② 시 · 도의회는 120일, 시 · 군 · 자치구의회는 90일

③ 시 · 도의회는 120일, 시 · 군 · 자치구의회는 80일
④ 시 · 도의회는 100일, 시 · 군 · 자치구의회는 70일
⑤ 시 · 도의회는 100일, 시 · 군 · 자치구의회는 80일

해설 ……………………………………

지방의회의 연간 회의총일수는 정례회 및 임시회를 합하여 시 · 도에 있어서는 120일, 시 · 군 및 자치구에 있어서는 80일을 초과할 수 없다. <답 ③>

97. 우리나라 지방의회에 대한 설명으로 옳지 않은 것은? <2002 지시>
① 주민이 제출한 청원을 접수 · 처리한다.
② 집행기관의 행정사무 처리상황을 조사 및 감사한다.
③ 지방의회 의원선거는 지역대표제를 기본으로 하나 광역의회에서는 비례대표제를 가미하고 있다.
④ 지방의회의 연간 회의총일수는 광역의회가 120일, 기초의회가 60일로 제한되어 있다.
⑤ 지방의회의 의결은 국가의 법령이나 상급 자치단체의 법규를 위반하지 않아야 한다.

해설 ……………………………………

연간 총 회의일수는 임시회와 정례회를 합하여 120일을 초과하지 않는 범위 내에서 회의를 할 수 있다. <답 ④>

98. 우리나라의 지방의회에 대한 설명으로 올바르지 못한 것은 ?
① 지방의회는 주민에 의해 선출된 지방의원을 그 구성원으로 하는 합의제 의결기관이다.
② 지방의회는 주민대표, 의결기관, 합의제, 집행기관의 감독기관, 의견표명의 기능을 가진다.
③ 지방의회의 의장 또는 부의장이 법령을 위반하거나 정당한 이유 없이 직무를 수행하지 않더라도 지방의회는 불신임을 의결할 수 없다.
④ 지방의회는 매년 1회 해당 지방자치단체의 사무에 대하여 시 · 도에서는 10일, 시 · 군 및 자치구에서는 7일의 각 범위에서 감사를 실시한다.

해설 ……………………………………

③ 지방의회의 의장 또는 부의장이 법령을 위반하거나 정당한 이유 없이 직무를 수행하지 아니한 때에는 지방의회는 불신임을 의결할 수 있다. 의장 또는 부의장에 대한 불신임의 결은 재적의원 4분의 1 이상의 발의와 재적의원 과반수의 찬성으로 행한다. <답 ③>

99. 지방의회에 대한 설명으로 틀리는 것은 ?
① 지방의회는 매년 2회의 정례회를 개최한다.

② 연간 회의 총일수와 정례회 및 임시회의 회기는 해당 지방자치단체의 조례로 정한다.
③ 지방의회에서 의결할 의안은 지방자치단체의 장이나 재적의원 5분의 1 이상 또는 의원 10인 이상의 연서로 발의한다.
④ 의결정족수는 원칙적으로 재적의원 과반수의 출석과 출석의원 과반수의 찬성으로 의결한다. 의장은 의결에 있어서 표결권을 가지며, 가부동수인 때에는 가결된 것으로 본다.

해설

④ 의결정족수는 원칙적으로 재적의원 과반수의 출석과 출석의원 과반수의 찬성으로 의결한다. 의장은 의결에 있어서 표결권을 가지며, 가부동수인 때에는 부결된 것으로 본다. 의사정족수는 지방의회는 재적의원 3분의 1 이상의 출석으로 개의한다. <답 ④>

100. 다음 중 의안의 발의요건을 올바르게 기술한 것은?

① 지방의회의장, 자치단체장, 재적의원 1/5 이상, 위원회
② 지방의회의장, 의원 10인 이상, 재적의원 1/5 이상, 자치단체장
③ 자치단체장, 의원 10인 이상, 재적의원 1/5 이상, 위원회
④ 지방의회의장, 의원 10인 이상, 자치단체장, 위원회
⑤ 자치단체장, 의원 3인 이상, 재적의원 1/5 이상, 지방의회의장

해설

지방의회에서 의결할 의안은 자치단체의 장이나 재적의원 1/5 이상 또는 의원 10인 이상의 연서로 발의하며, 위원회도 그 소관에 속하는 사항에 관하여 의안을 제출할 수 있다. 의안은 그 안을 갖추어 의장에게 제출하여야 한다. <답 ③>

101. 지방의회의 의결정족수에 대한 설명으로 옳은 것을 모두 고르면?

<2001 지시 기술직>

㈎ 의장불신임에 대한 의결은 재적의원 1/4 이상의 발의와 재적의원 과반수의 찬성으로 이루어진다. ㈏ 지방자치단체장의 재의요구시 재적의원 과반수의 출석과 출석의원 2/3 이상의 찬성으로 재의결된다. ㈐ 의원제명의결을 하기 위하여는 재적의원 2/3 이상의 찬성이 있어야 한다. ㈑ 지방자치단체의 사무소 소재지 변경이나 신설을 의결하기 위하여는 재적의원 과반수의 출석과 출석의원 2/3 이상의 찬성이 있어야 한다.

① ㈎, ㈏ ② ㈎, ㈐ ③ ㈎, ㈏, ㈐
④ ㈏, ㈐, ㈑ ⑤ ㈎, ㈏, ㈐, ㈑

해설

지방자치단체의 사무소의 소재지를 변경하거나 새로 설정하려면 지방자치단체의 조례로 정한다. 이 경우 면·동은 지방자치법 제4조의2 제3항 및 제4항에 따른 행정면(行政面)·행정동(行政洞)을 말한다(개정 2009.4.1). 제1항의 조례는 그 지방의회의 재적의원 과반수의 찬성을 받아야 한다. <답 ③>

102. 다음 중 의결정족수가 다른 사항은?

① 의원의 자격상실의결 ② 조례안의 재의결
③ 재의요구에 대한 재의결 ④ 의회의 비공개의결
⑤ 예산상 집행불가능한 의결의 재의결

해설

②③④⑤는 출석의원 3분의 2 이상의 찬성을 요하지만 ① 의원의 자격상실의결은 재적의원 3분의 2 이상의 찬성을 필요로 한다. <답 ①>

≪특별의결정족수≫

(i) 의장단의 불신임의결 (ii) 사무소소재지의 변경·신설에 관한 조례	재적의원 1/4 이상의 발의와 재적의원 과반수의 찬성
(i) 조례안의 재의결 (ii) 재의요구에 대한 재의결 (iii) 예산상 집행불가능한 의결의 재의결	재적의원 과반수의 출석과 출석의원 2/3 이상의 찬성
(i) 의회의 비공개의결	의원 3인 이상의 발의와 출석의원 2/3 이상의 찬성
(i) 의원의 자격상실의결 (ii) 의원의 제명의결	재적의원 2/3 이상의 찬성

103. 우리나라 지방의회의 운영에 관한 설명 중 잘못된 것은?

① 일단 개의한 후라도 회의중에 의사정족수가 미달하면 의장은 회의의 중지 또는 산회를 선포할 수 있다.

② 의원 3인 이상의 발의로 출석의원 2/3 이상의 찬성이 있거나 의장이 사회의 안녕질서유지를 위하여 필요하다고 인정하는 경우 회의를 비공개할 수 있다.

③ 위원회에서 본회의에 부의할 필요가 없다고 결정된 의안은 원칙적으로 본회의에 부의할 수 없으며, 그 안은 폐기된다.

④ 의회의 의장이나 의원은 본인 또는 직계존비속과 직접 이해관계가 있는 안건에 대해서는 그 의사에 참여할 수 없다.

⑤ 여기서 직계존비속이란 부모, 조부모, 자손을 말하며 양부모, 양친자관계는 포함되지 않는다.

해설

우리나라는 지방자치법 제70조에서 지방의회의 의장이나 의원은 본인, 배우자, 직계존비속 또는 형재자매와 직접 이해관계가 있는 안건에 대해서 그 의사에 참여할 수 없다는 '의사제척의 원칙'을 규정하고 있다. 다만 의회의 동의가 있을 때에는 의회에 출석하여 발언할 수 있다. 여기서 직계존비속이란 부모, 조부모, 자손 등이며 양부모, 양친자관계도 포함된다. <답 ⑤>

104. 우리나라 지방의회의 소집에 관한 설명이 잘못된 것은?

① 정례회는 매년 2회 개최하며 집회일은 대통령령이 정하는 바에 따라 당해 자치단체의 조례로 정한다.

② 총선거 후 최초로 집회되는 임시회는 지방자치단체장이 지방의회의원 임기개시일부터 15일 이내에 소집한다.

③ 지방자치단체의 장이나 재적의원 1/3 이상의 요구가 있을 때에는 지방의회의장이 15일 이내에 임시회를 소집하여야 한다.

④ 임시회의 소집은 시 · 도에 있어서는 집회일 7일 전에, 시 · 군 및 자치구에 있어서는 집회일 5일 전에 공고하여야 하나 긴급을 요할 때는 그러하지 아니하다.

⑤ 지방자치단체의 장은 지방의회에 부의할 안건을 미리 공고하여야 하지만 회의중 긴급한 안건을 부의할 때에는 예외로 한다.

해설

지방자치법 제45조 제1항에 '총선거 후 최초로 집회되는 임시회는 지방자치단체의 장이 지방의회의원 임기개시일부터 25일 이내에 소집한다'고 규정되어 있다. <답 ②>

105. 현행법상 지방의회의 의결사항에 대한 규정방법은?

① 지정주의 ② 개별적 수권주의 ③ 예시주의
④ 포괄주의 ⑤ 제한적 열거주의

해설

우리나라는 지방자치법 제39조에 '지방의회는 다음 사항을 의결한다'고 하여 지방의회의 필수적 의결사항을 열거하고, 이외에 지방자치단체는 조례가 정하는 바에 의하여 지방의회에서 의결되어야 할 사항을 따로 정할 수 있다고 함으로써 제한적 열거주의를 채택하고 있다. <답 ⑤>

106. 우리나라 지방의회의 운영에 있어서 사안별 발의기준이 잘못 연결된 것은?

① 행정사무조사의 발의 — 재적의원 1/3 이상의 연서

② 회의비공개결정의 발의 — 의원 3인 이상

③ 의장단불신임의 발의 — 재적의원 1/3 이상

④ 의원자격심사청구 — 재적의원 1/4 이상의 연서
⑤ 위원회에서 폐기된 의안의 본회의 회부 — 의장 또는 재적의원 1/3 이상

해설

③ 의장단불신임은 재적의원 4분의 1 이상으로 발의할 수 있다. <답 ③>

107. 다음 중 시·도지사가 행정안전부장관에게 보고해야 할 사항이 아닌 것은?

① 지방의회에서 결산의 승인을 얻은 때
② 소관사무의 일부를 위탁하고자 할 경우
③ 지방의회에서 의결된 예산안을 이송 받은 때
④ 합의제 행정기관을 설치할 경우
⑤ 시·도간 행정협의회를 구성할 경우

해설

④ 자치단체가 그 소관사무의 일부를 독립하여 수행할 필요가 있는 경우 법령 또는 당해 자치단체의 조례가 정하는 바에 의하여 합의제 행정기관을 설치할 수 있으며, 조례로 설치하는 경우 행정안전부장관의 승인을 얻어야 한다. ①, ②, ③, ⑤ 외에도 (i) 시·도의 조례나 규칙을 제정 또는 개폐하는 경우, (ii) 시·도 또는 시·도지사가 위탁사항을 변경 또는 해지하고자 할 경우에는 행정안전부장관에게 보고토록 하고 있다. <답 ④>

108. 지방의회의 정례회 및 임시회의 개최횟수가 올바르게 짝지어진 것은?

	시·도의회		시·군·자치구의회	
	정례회	임시회	정례회	임시회
①	매년 2회	매년 4회	매년 2회	매년 3회
②	매년 1회	제한 없음	매년 1회	제한 없음
③	매년 2회	제한 없음	매년 1회	매년 3회
④	매년 2회	제한 없음	매년 1회	매년 2회
⑤	매년 2회	제한 없음	매년 2회	제한없음

해설

지방자치법 제44조를 보면 정례회는 매년 2회 개최한다고 규정되어 있으며, 제39조에서는 자치단체장이나 재적의원 3분의 1 이상의 요구가 있을 때에 임시회를 소집하도록 하고 있다. 따라서 임시회의 개최횟수에 대해서 제한을 가하고 있지 않다. 다만 연간 회의총일수를 정례회·임시회 합해 시·도는 120일, 시·군 및 자치구는 80일을 초과할 수 없도록 규정하고 있다. <답 ⑤>

109. 우리나라 지방의회의 회의운영의 원칙에 해당하지 않는 것은?

① 의사정족수의 원칙 ② 일사부재의의 원칙 ③ 회기불계속의 원칙
④ 의사제척의 원칙 ⑤ 회의공개의 원칙

해설

≪회의운영의 기본원칙≫

의사정족수의 원칙(제55조)	지방의회는 재적의원 1/3 이상의 출석으로 개의한다
의결정족수의 원칙(제56조)	의사는 특별히 규정된 경우를 제외하고는 재적의원 과반수의 출석과 출석의원과반수의 찬성으로 의결한다
회의공개의 원칙(제57조)	i) 지방의회의 회의는 공개하여야 한다 ii) 다만 의원 3인 이상의 발의로 출석의원 3분의 2이상의 찬성이 있거나 의장이 사회의 안녕질서유지를 위하여 필요하다고 인정하는 경우에는 비공개
회기계속의 원칙(제59조)	i) 의회에 제출된 의안은 회기중에 의결되지 못한 이유로 폐기되지 아니한다 ii) 다만 의원의 임기가 만료되는 경우에는 그러하지 아니함
일사부재의 원칙(제60조)	의회에서 부결된 의안은 같은 회기중에 다시 발의 또는 제출 할 수 없다
의사제척의 원칙(제62조)	i) 의회의장이나 의원은 본인 또는 직계존비속과 직접 이해관계가 있는 안건에 대해서는 그 의사에 참여할 수 없다 ii) 다만 의회의 동의가 있을 때에는 의회에 출석하여 발언할 수 있음

<답 ③>

110. 지방의회의 행정사무감사 및 조사권에 대한 설명이다. 틀린 것은?

① 행정사무감사 및 조사시 허위증언 또는 정당한 이유 없이 불출석한 자에 대해서는 500만원 이하의 과태료를 부과할 수 있다.
② 행정사무감사는 특정사안에 대해 이루어지며, 행정사무조사는 사무 전반에 걸쳐 이루어진다.
③ 행정사무감사는 국가 또는 자체감사와 중복될 우려가 있다.
④ 행정사무조사권의 발의는 반드시 서면으로 하여야 하며, 재적의원 1/3 이상의 연서로 발의한다.
⑤ 행정사무감사는 매년 정기적으로 실시하나 행정사무조사는 폐회 · 휴회중이라도 가능하다.

해설

② 행정사무감사는 자치단체 사무전반에 대해 이루어지며 기관위임사무도 가능하다. 반면 행정사무조사는 특정사안에 대해서 이루어진다. <답 ②>

≪행정사무감사와 행정사무조사의 비교≫

구 분	행정사무감사	행정사무조사
대 상	지방자치단체 사무 전반 (기관위임 사무도 가능)	특정사안 (구체적 · 한정적)
시기/발동요건	매년 정기적으로 제1차 또는 제2차 정례회 회기 내에 실시(법정감사), 시기변경 가능	재적위원 1/3 이상 연서와 본회의 의결(폐회 · 휴회중 가능)
시행위원회	소관상임위원회, 특별위원회(위원장 · 간사의 호선)	소관상임위원회, 특별위원회(위원장 · 간사의 호선)
대상기관	상임위소관 전체기관	특별사안 관련기관
계획서시행	각 상임위원장 또는 감사위원회가 작성, 본회의 승인 후 시행	조사위원회가 작성, 본회의 승인 후 시행
공개원칙	공개(위원회의결로 비공개 가능)	공개(위원회의결로 비공개 가능)

111. 지방자치단체장의 지위에 대한 설명으로 가장 올바르지 않은 것은?

① 지방자치단체의 장은 당해 지방자치단체의 사무를 통할하는 지위에 있다.
② 지방자치단체의 장은 단지 주민의 대표기관일 뿐이지 지방자치단체의 대표기관은 아니다.
③ 지방자치단체의 장은 당해 지방자치단체의 사무를 관리하고 집행한다.
④ 지방자치단체의 장은 국가로부터 사무를 위임받은 범위 내에서 국가하부기관의 지위를 갖는다.
⑤ 지방자치단체의 장은 당해 관할구역 내의 정치적 지도자이자 주민의 대표로서의 지위를 갖는다.

✍ **해설**

지방의회는 주민의 대표기관에 불과하지만 지방자치단체의 장은 주민의 대표기관이며 동시에 지방자치단체의 대표기관이다. 즉 지방자치단체의 장만이 외부에 대하여 당해 지방자치단체의 의사를 표시할 수 있다. <답 ②>

112. 우리나라 기초의회와 광역의회의 비교내용 중 적절하지 못한 것은?

① 기초의회의 의원정수는 원칙적으로 그 관할구역 내의 읍 · 면 · 동마다 1인으로 하지만 광역의회는 그 관할구역 내의 시 · 군 · 자치구마다 2인으로 한다.
② 임시회의 회기에 있어서 기초의회는 15일 이내로 하고 광역의회는 20일 이내로 한다.
③ 연간 총 회의일수에 있어서 기초의회는 80일을, 광역의회는 120일을 초과할 수 없다.
④ 기초의회의 의장 · 부의장은 각 1인씩이나 광역의회는 의장 1인, 부의장 2

인이다.

⑤ 기초의회나 광역의회나 정당공천을 허용한다.

해설

우리나라는 지방의회의 회기에 대하여 정례회의 경우 광역의회(시 · 도)에 있어서는 40일 이내, 기초의회(시 · 군 및 자치구)에 있어서는 35일 이내로 하여 달리 규정하고 있으나 임시회의 회기에 대해서는 기초의회와 광역의회 모두 15일 이내로 하고 있다. <답 ②>

≪광역의회의 기초의회의 비교≫

구 분	광 역 의 회	기 초 의 회
의원정수와 기준	(i) 지역구의원정수: 자치구 · 시 · 군마다 2인, 정수 하한선 14인 (ii) 비례대표의원정수: 지역구 의원정수의 100분의 10, 정수 하한선 3인	(i) 읍 · 면 · 동마다 1인 (ii) 정수 하한선 7인
회의 - 정례회	회기 40일 이내(매년 2회 개최)	회기 35일 이내(매년 2회 개최)
회의 - 임시회	15일 이내(집회일 7일 전 공고)	15일 이내(집회일 5일 전 공고)
연간회의 총일수	120일 이내	80일 이내
의장단 구성	의장 1인, 부의장 2인	의장, 부의장 각 1인
행정사무 감사기간	5일 이내	3일 이내
정당공천	공천 허용	공천 배제→공천 허용(2005년 개정)
대 표 제	비교다수대표제+비례대표제 가미	비교다수대표제
선거구제	소선거구제	중선거구제
주 요 공통사항	(i) 의원의 임기: 4년 (ii) 의장단의 임기: 2년 (iii) 신분보장: ㉠ 명예직, ㉡ 불체포특권 · 면책특권 없음, ㉢ 의원체포의 통지 및 확정판결의 통지규정만 있음 (iv) 의안발의: 재적의원 1/5 이상 또는 의원 10인 이상의 연서나 지방자치단체장 및 지방의회의 위원회 (v) 선거일: 임기만료일 전 30일 이후 첫 번째 수요일 (vi) 선거기간: 14일 (vii) 의사정족수: 재적의원 1/3 이상의 출석 (viii) 의결정족수: 재적의원 과반수 출석과 출석의원 과반수 이상의 찬성	

113. 우리나라 지방의회제도에 대한 설명으로 옳은 것은? <2001 지시>

① 시 · 군 · 자치구의회의 경우 의원정수 15인 이상인 경우에 상임위원회를 둘 수 있다.

② 시 · 군 · 자치구의회에는 의장 1인과 부의장 2인을 둔다.
③ 의장 또는 부의장에 대한 불신임 의결은 재적의원 3분의 1 이상의 발의와 재적의원 과반수의 찬성으로 행한다.
④ 시 · 도의회의 경우 연간 회의총일수는 120일을 초과할 수 없다.
⑤ 지방의회는 지방자치단체의 사무 중 특정사안에 대하여 본회의 또는 위원회의 의결로 조사할 수 있다.

해설

① 13인 이상인 경우. ③ 재적의원 4분의 1 이상의 발의와 재적의원 과반수의 찬성. ⑤ 본회의 의결로 본회의 또는 위원회가 조사. <답 ④>

114. 지방자치법 제92조는 '지방자치단체의 장은 당해 자치단체를 대표하고 그 사무를 통할한다'고 규정하고 있다. 적절하지 않은 내용은?

① 지방자치단체의 장은 대표기관으로서의 지위를 가진다.
② 사무의 통할이란 지방자치단체의 일체성을 확보하는 통합기능을 의미한다.
③ 사무를 통할한다는 것은 집행기관의 지위에서의 사무의 통할을 의미한다.
④ 지방자치단체의 장은 대외적으로 지방자치단체의 의사를 표시한다.
⑤ 지방자치단체의 장은 조례를 공포한다.

해설

지방자치단체의 장이 '당해 자치단체를 대표한다'는 것은 오직 지방자치단체장만이 대표기관의 지위에서 외부에 대하여 당해 지방자치단체의 의사를 표시할 수 있다는 것이며, '그 사무를 통할한다' 함은 대표의 지위에서의 사무의 통할로서 지방자치단체의 일체성을 확보하는 통합기능을 수행한다는 뜻이다. <답 ③>

115. 우리나라 집행기관의 선임방식의 변천 중 최초로 시 · 읍 · 면장을 주민직선제로 채택한 시기는?

① 1949년 지방자치법 제정시 ② 1952년 제1차 개정시
③ 1956년 제2차 개정시 ④ 1958년 제4차 개정시
⑤ 1960년 제5차 개정시

해설

1949년 지방자치법의 제정을 통해 시 · 읍 · 면장을 의회에서 선출하도록 규정하였으며, 1952년 제1차 개정시에도 의회간선제를 그대로 이어받았다가 1956년 제2차 개정시에 시 · 읍 · 면장을 주민직선제로 선출하도록 개정하였다. 그후 1958년 제4차 개정시 직선제를 폐지하고 임명제를 채택하였으나, 1960년 제5차 개정시 다시 주민직선제로 환원하였다.
<답 ③>

≪우리나라 집행기관 선임방법의 변천과정≫

구 분	기초자치단체	광역자치단체
지방자치법 제정(1949년)	의회간선제	국가임명제
제2차 개정(1956년)	주민직선제	국가임명제
제4차 개정(1958년)	국가임명제	국가임명제
제5차 개정(1960년)	주민직선제	주민직선제
1961~1995년 6월	국가임명제	국가임명제
1995년 6월~현재	주민직선제	주민직선제

116. 우리나라 지방자치단체장의 신분에 대한 설명이 틀린 것은?

① 모든 지방자치단체의 장의 선거에 정당추천제가 허용된다.
② 지방자치단체의 장은 정무직 지방공무원이다.
③ 지방자치단체의 장은 유급직이다.
④ 지방자치단체장의 무투표당선을 인정 안하고 있다.
⑤ 지방자치단체장의 피선거권 연령은 25세 이상이다.

해설

무투표 당선은 2006년 선거의 경우 광역 및 기초의회의원에만 적용하고 기초 및 광역자치단체장은 투표자의 3분의 1이상 득표해야 당선으로 확정됐지만, 2010년 선거부터는 선거종류에 관계없이 단독(정수 범위내) 입후보인 경우 모두 무투표 당선을 인정하고 있다.

<답 ④>

117. 우리나라 지방자치단체장의 임기에 대한 설명으로 올바른 것은?

① 임기는 4년이고 연임할 수 있다.
② 임기는 4년이고 계속 재임할 수 있다.
③ 임기는 4년이고 3기에 한해 계속 재임할 수 있다.
④ 임기는 5년이고 연임할 수 있다.
⑤ 임기는 5년이고 계속 재임할 수 있다.

해설

지방자치단체장의 임기는 4년으로 하며 계속 재임은 3기에 한한다(지방자치법 제95조).

<답 ③>

118. 지방자치단체의 장의 겸직금지에 해당하지 않는 것은?

① 선거관리위원회위원 ② 교 원 ③ 한국은행의 임원
④ 지방공사의 임 · 직원 ⑤ 변호사

✍ 해설

지방자치단체장은 직무수행의 공정성과 주민복지의 증진에 전념할 책무가 있기 때문에 다음에 해당하는 직을 겸임할 수 없다. (i) 대통령, 국회의원, 헌법재판소재판관, 각급 선거관리위원회위원, 지방의회의원, 교육위원회의 교육위원, (ii) 국가공무원과 지방공무원, (iii) 다른 법령의 규정에 의하여 공무원의 신분을 가지는 직, (iv) 정부투자기관(한국방송공사와 한국은행 포함)의 임 · 직원, (v) 농업협동조합 · 수산업협동조합 · 축산업협동조합 · 임업협동조합 · 의료보험조합 · 엽연초생산협동조합 · 인삼협동조합(이들 조합의 중앙회와 연합회 포함)의 임 · 직원, (vi) 교원, (vii) 지방공사와 지방공단의 임 · 직원, (viii) 기타 다른 법률이 겸임할 수 없도록 정하는 직 등이다. <답 ⑤>

119. 다음 보기 중 현행법상 지방자치단체의 장이 당연퇴직하는 사유를 올바르게 지적하고 있는 것은?

㈎ 겸임할 수 없는 직에 취임한 때	㈏ 피선거권이 없게 된 때
㈐ 자격상실의 의결이 있는 때	㈑ 징계에 의해 해직된 때
㈒ 자치단체의 폐치 · 분합에 의하여 장의 직을 상실할 때	

① ㈎, ㈏, ㈐ ② ㈎, ㈏, ㈒ ③ ㈎, ㈐, ㈑
④ ㈎, ㈐, ㈑, ㈒ ⑤ ㈎, ㈏, ㈑, ㈒

✍ 해설

지방자치단체의 장은 (i) 겸임할 수 없는 직에 취임한 때, (ii) 피선거권이 없게 된 때(자치단체의 구역변경 또는 폐치 · 분합 외의 다른 사유로 당해 자치단체의 구역 밖으로 주민등록을 이전한 때 포함), (iii) 지방자치단체의 폐치 · 분합에 의하여 장의 직을 상실한 때에 그 직에서 당연퇴직되며, 지방자치단체의 장이 퇴직하는 때에는 그 소관사무의 일체를 후임자에게 인계하여야 한다. <답 ②>

120. 우리나라 지방자치단체장의 신분소멸사유에 해당하지 않는 것은?

① 불신임의결 ② 사 임 ③ 선거무효
④ 당선무효 ⑤ 당연퇴직

✍ 해설

지방자치단체의 장은 선거에 의하여 취임한 정무직 지방공무원으로서 사임, 당연퇴직, 임기만료, 선거무효, 쟁송에 의한 당선무효, 사망 등에 의하여 그 신분이 소멸된다. ① 지방자치단체장의 신분소멸사유로 우리나라는 불신임의결을 인정하지 않고 있으나 일본의 경우 의회의 불신임의결에 의해서도 해직되며, 영미에서는 주민의 해직요구나 직무집행명령에 대한 직무불이행으로 인하여 해직되기도 한다. <답 ①>

121. 지방자치단체장이 지방의회에 대해 행사할 수 있는 권한과 가장 거리가 먼 것은?

① 예산안의 편성 및 결산승인권
② 선결처분권

③ 지방의회의 의결에 대한 재의요구권
④ 제소권
⑤ 예산상 집행불가능한 의결의 재의요구권

해설

① 예산안의 편성은 자치단체장의 권한이나 결산승인권은 지방의회의 권한이다. 자치단체장은 집행기관의 지위에서 ②③④⑤의 권한을 가지며, 지방의회는 행정사무조사권, 행정사무감사권, 단체장 및 관계공무원 출석답변요구권, 관련서류제출요구권, 선결처분의 사후승인권 등을 가진다. <답 ①>

122. 지방자치단체장의 권한에 해당하지 않는 것은?

① 위원회 소집요구권
② 부의안건의 공고권
③ 예산편성 및 집행권
④ 사무위임권
⑤ 대통령령으로 정하는 공공시설의 설치 및 처분

해설

지방자치단체장이 갖는 일반적 권한으로는 (i) 통할대표권, (ii) 사무의 관리·집행권, (iii) 지휘·감독권, (iv) 규칙제정권, (v) 임면권, (vi) 사무위임권, (vii) 행정기구의 설치권, (viii) 지방채발행권 등이 있으며, 지방의회와의 관계에 있어서는 (i) 총선거 후 최초로 집회되는 임시회 소집 및 일반임시회 소집요구권, (ii) 의회출석 및 진술권, (iii) 재의요구 및 제소권, (iv) 조례안 등 각종 의안발의권, (v) 부의안건의 공고권, (vi) 지방의회 사무직원의 임명권, (vii) 조례공포권, (viii) 선결처분권, (ix) 예산편성 및 집행권, (x) 보궐선거 등의 의원선거일 공고권, (xi) 위원회 소집요구권 등의 권한을 가진다. ⑤ 대통령령으로 정하는 공공시설의 설치 및 처분은 지방의회의 권한이다. <답 ⑤>

123. 지방자치단체의 보조기관에 대한 설명이 틀린 것은?

① 시의 부시장, 군의 부군수, 자치구의 구청장은 일반직 지방공무원으로 보한다.
② 부단체장의 정수는 특별시·광역시·도·특별자치도의 경우는 2인, 시·군 및 자치구에 있어서는 1인으로 한다.
③ 지방자치단체에 두는 5급 이상의 국가공무원은 당해 지방자치단체장의 제청으로 소속장관을 거쳐 대통령이 임명한다.
④ 시·도에 있어서 행정기구는 대통령령이 정한 범위 안에서 당해 지방자치단체의 조례로 정한다.
⑤ 지방공무원의 정원은 대통령령이 정한 기준에 따라 당해 지방자치단체의 조례로 정한다.

해설

지방자치단체의 부단체장의 정수는 특별시에 있어서는 3인, 광역시와 도는 2인(인구 800만 이상인 경우 3인)을 초과하지 않은 범위 안에서 대통령령으로 정하며, 시·군 및 자치구에 있어서는 1인으로 하고 있다. 한편 법률이 정하는 바에 따라 자치단체에 두게 되는 6급 이하의 국가공무원은 당해 지방자치단체장의 제청으로 소속장관이 임명한다. <답 ②>

124. 현행 「지방자치법」상 지방자치단체의 장의 보조기관에 해당하는 것은? <2011 국가 7급>

① 부단체장 ② 사업소 ③ 출장소 ④ 읍 · 면 · 동

해설

지방자치법상 보조기관이란 행정기관의 의사결정이나 표시를 보조함으로써 기관의 목적달성에 공헌하는 기관이다. 특별시 · 광역시 및 특별자치시에 부시장, 도와 특별자치도에 부지사, 시에 부시장, 군에 부군수, 자치구에 부구청장 등이 해당한다. 사업소와 출장소는 소속행정기관이고, 읍 · 면 · 동은 하부행정기관이다. <답 ①>

≪지방자치단체의 집행기관≫

지방자치단체의 장	특별시장 · 광역시장 · 도지사 · 시장 · 군수 · 자치구청장
보조기관	① 부지사 · 부시장 · 부군수 · 부구청장 ② 행정기구(대통령이 정하는 기준에 따라 조례로 제정) ③ 지방공무원
소속 행정기관	① 직속기관(소방 · 교육훈련 · 보건치료 · 시험연구 · 중소기업지도기관 등) ② 사업소 ③ 출장소 ④ 합의제행정기관
하부행정기관(장)	자치시가 아닌 시(시장), 자치구가 아닌 구(구청장), 읍(읍장), 면(면장), 동(동장)
교육 · 과학 · 체육 기관	지방자치단체의 교육 · 과학 및 체육에 관한 사무를 분장하게 하기 위하여 별도의 기관을 둠

125. 다음 중 지방공무원이 아닌 것으로 옳게 짝지은 것은? <2007 충남 9급>

> <보기>
> ㄱ. 충청남도 행정부지사 ㄴ. 충청남도 정무부지사
> ㄷ. 충청남도교육청 부교육감 ㄹ. 충청남도지방의회 부의장

① ㄱ, ㄴ ② ㄴ, ㄷ ③ ㄱ, ㄷ ④ ㄷ, ㄹ

해설

부단체장 중 행정부시장, 행정부지사, 부교육감은 국가직 공무원으로서 고위공무원단에 해당된다. 그러나 정무부시장과 정무부지사는 단체장이 임명하므로 지방직 공무원으로서 고위공무원단에 해당되지 않는다. 지방의회 의장과 부의장, 의원들은 지방직 공무원이다.

<답 ③>

126. 우리나라 지방자치법(법률 제9577호)에서 지방자치단체장 및 보조기관에 대해 규정한 내용이 아닌 것은? <2009 서울 9급>

① 지방공무원의 정원은 인건비 등 행정안전부령으로 정하는 기준에 따라 그 지방자치단체의 조례로 정한다.

② 지방자치단체장은 지방의회의 의결이 지체될 경우 선결처분할 수 있다.

③ 지방자치단체장의 임기는 4년이며 재임은 3기에 한한다.

④ 금고 이상의 형을 선고받고 그 형이 확정되지 아니한 경우 지방자치단체장의 권한대행이 이루어진다.

⑤ 특별시의 부시장의 정수는 대통령령으로 정한다.

해설

지방자치단체의 행정기구의 설치와 지방공무원의 정원은 인건비 등 대통령령(「지방자치단체의 행정기구와 정원기준 등에 관한 규정」)으로 정하는 기준에 따라 그 지방자치단체의 조례로 정한다.

⑤ 특별시와 광역시에 부시장, 도와 특별자치도에 부지사, 시에 부시장, 군에 부군수, 자치구에 부구청장을 두며, 그 정수는 다음 각 호와 같다.

1. 특별시의 부시장의 정수 : 3명을 넘지 아니하는 범위에서 대통령령으로 정한다.
2. 광역시의 부시장 및 도와 특별자치도의 부지사의 정수 : 2명(인구 800만 이상의 광역시나 도는 3명)을 초과하지 아니하는 범위에서 대통령령으로 정한다.
3. 시의 부시장, 군의 부군수 및 자치구의 부구청장의 정수 : 1명으로 한다. <답 ①>

127. 우리나라 지방자치법에서 지방자치단체장 밑 보조기관에 대해 규정한 내용이 아닌 것은? <2008 서울 9급>

① 지방공무원의 정원과 인건비 등은 행정안전부령으로 정하는 기준에 따라 그 지방자치단체의 조례로 정한다.

② 지방자치단체장은 지방의회의 의결이 지체될 경우 선결처분할 수 있다.

③ 지방자치단체장의 임기는 4년이며 재임은 3기에 한한다.

④ 금고 이상의 형을 선고받고 그 형이 확정되지 아니한 경우 지방자치단체장의 권한대행이 이루어진다.

⑤ 특별시의 부시장의 정수는 대통령령으로 정한다.

해설

지방공무원의 정원, 행정기구, 소속행정기관 등은 대통령령(지방자치단체의 행정기구와 정원 등에 관한 규정)이 정하는 기준에 따라 자치단체의 조례로 정하도록 되어 있다. <답 ①>

128. 지방자치단체의 집행기관에 대한 설명으로 옳지 않은 것은?

① 지방자치단체장의 임기는 4년이며 3기에 한하여 연임할 수 있다. <2001 지시 기술직>

② 특별시의 부시장은 3인을 초과할 수 없다.

③ 인구가 50만 이상되는 시의 부시장은 2인으로 한다.
④ 정무직 또는 일반직 국가공무원으로 보하는 부지사의 임명권은 대통령에게 있다.
⑤ 기초자치단체의 부단체장 임명권은 해당 지방자치단체장에게 있다.

해설

특별시의 부시장은 3명, 광역시의 부시장 및 도와 특별자치도의 부지사는 2명(인구 800만 이상의 광역시 및 도는 3명)으로 한다. 그 외 일반시의 부시장, 군의 부군수 및 자치구의 부구청장의 정수는 1명으로 한다. <답 ③>

129. 부단체장의 신분에 대한 설명 중 틀린 것은?

① 자치구 · 시 · 군의 부단체장은 일반직 지방공무원으로 보하고 당해 지방자치단체장이 임명한다.
② 정무직 또는 일반직 국가공무원으로 보하는 시 · 도의 부단체장은 시 · 도지사의 제청으로 행정안전부장관을 거쳐 대통령이 임명하도록 한다.
③ 자치구 · 시 · 군의 부단체장의 직급은 대통령령으로 정한다.
④ 특별시와 광역시의 부시장, 도의 부지사는 원칙적으로 정무직 또는 일반직 국가공무원으로 보하되, 그 직급은 대통령령으로 정한다.
⑤ 부단체장을 2인 이상 두는 경우 1인은 정무직 또는 별정직 지방공무원으로 보하며 그 자격기준은 대통령령으로 정한다.

해설

특별시와 광역시의 부시장, 도의 부지사는 정무직 또는 일반직 국가공무원으로 보하고 그 직급은 대통령령으로 정한다. 다만 특별시와 광역시의 부시장, 도의 부지사를 2인 또는 3인을 두는 경우에는 1인은 정무직 또는 별정직 지방공무원으로 보하며, 그 자격기준은 당해 자치단체의 조례로 정한다. ③ 시 · 군 및 자치구의 부시장 · 부군수 및 부구청장의 직급은 당해 시 · 군 또는 자치구에 주민등록이 되어 있는 주민수를 기준으로 하여 (i) 인구수 15만 미만의 시 · 군 및 광역시의 자치구는 지방서기관, (ii) 인구 수 50만 미만의 특별시의 자치구와 인구 수 15만 이상 50만 미만의 시 · 군 및 광역시의 자치구는 지방부이사관, (iii) 인구 수 50만 이상의 시 · 군 및 자치구는 지방이사관으로 하고 있다. ④ 국가공무원으로 보하는 부단체장(행정부시장 또는 행정부지사)은 특별시의 경우 정무직 국가공무원으로, 광역시 · 도의 경우 관리관인 국가공무원으로 보하며, 지방공무원으로 보하는 부단체장(정무부시장 또는 정무부지사)은 특별시의 경우 정무직 지방공무원으로, 광역시 · 도의 경우 별정직 1급 상당 지방공무원으로 보한다. <답 ⑤>

130. 현재 우리나라 지방자치단체의 부단체장에 대한 설명으로 옳은 것은?

<2002 지시 기술직>

① 임명직이지만 선출직인 경우도 있다.
② 광역자치단체 부단체장의 직급은 모두 같다.
③ 기초자치단체 부단체장의 직급은 모두 같다.
④ 광역자치단체의 부단체장은 모두 국가직 공무원이다.

⑤ 1991년 지방자치제도 부활 이후 기초자치단체의 부단체장은 국가직일 때도 있었으나 현재는 모두 지방직 공무원이다.

해설

⑤ 1998년 6월 30일까지 부시장 · 부군수 · 부구청장은 일반직국가공무원으로 보하였다.
<답 ⑤>

131. 지방자치단체의 부단체장에 대한 설명으로 옳은 것은? <2002 지시>

① 도의 부지사는 모두 2명이다.
② 특별시의 부시장은 모두 특별시장이 임명한다.
③ 인구 50만 이상인 시의 부시장은 시장이 행정안전부장관과 협의한 후 임명한다.
④ 자치구의 부구청장은 모두 지방부이사관이다.
⑤ 군의 부군수는 당해 군수가 임명한다.

해설

정무직 또는 일반직 국가공무원으로 보하는 부시장 · 부지사는 시 · 도지사의 제청으로 행정안전부장관을 거쳐 대통령이 임명한다. 시의 부시장, 군의 부군수, 자치구의 부구청장은 일반직 지방공무원으로 보하되, 그 직급은 대통령령으로 정하며 시장 · 군수 · 구청장이 임명한다.
<답 ⑤>

132. 부단체장에 관한 설명으로 옳지 않은 것은? <2003년 지시>

① 특별시 부시장의 정수는 3인을 초과하지 않은 범위 내에서 대통령령으로 정한다.
② 광역자치단체의 부단체장은 정무직 또는 일반직 국가공무원으로 보한다.
③ 기초자치단체의 부단체장의 정수는 1인으로 한다.
④ 도에 부지사 2인을 둘 경우 1인은 정무직 또는 별정직 지방공무원으로 보한다.
⑤ 정무직 또는 일반직 국가공무원으로 보하는 부시장, 부지사는 시 · 도지사의 제청으로 행정안전부장관이 임명한다.

해설

⑤ 정무직 또는 일반직 국가공무원으로 보하는 부시장 · 부지사는 시 · 도지사의 제청으로 행정안전부장관을 거쳐 대통령이 임명한다.
<답 ⑤>

133. 부단체장의 역할과 신분에 대한 설명 중 틀린 것은 ?

① 특별시의 부시장의 정수는 3명을 넘지 아니하는 범위에서 대통령령으로 정한다.
② 기초자치단체 부단체장 1인은 일반직 지방공무원에 보한다.

③ 시의 부시장, 군의 부군수 및 자치구의 부구청장의 정수는 1명으로 한다.
④ 서울특별시의 행정부시장과 정무부시장은 고위공무원단에 속하는 일반직 국가공무원에 보한다.

✍ 해설

④ 서울특별시의 행정부시장 2인은 정무직 국가공무원이며, 정무부시장 1인은 정무직 지방공무원에 속한다. <답 ④>

134. 다음 중 성격이 다른 하나는?

① 부시장 ② 부지사 ③ 읍 장
④ 소속공무원 ⑤ 행정기구

✍ 해설

지방자치단체의 장이 당해 지방자치단체의 목적을 실현하기 위하여 의사를 결정하고 표시할 때 이를 보조하는 권한을 갖는 내부적 행정기관을 보조기관이라 한다. 지방자치법은 자치단체장의 보조기관으로서 부단체장, 행정기구 및 소속공무원을 두고 있다. ⑤ 자치구가 아닌 구의 구청장, 읍·면·동장은 하부 행정기관이다. 이러한 하부 행정기관은 보조기관과는 달리 대외적으로 지방자치단체의 의사를 표시하고 그에 따른 법적 효과를 발생시키는 행정청이다. <답 ③>

135. 지방자치단체의 소속행정기관에 대한 설명 중 옳지 않은 것은?

① 소속행정기관은 주로 지방자치단체의 사무 중 전문분야의 행정사무를 담당·처리하는 기능적 분장기관이다.
② 소속행정기관에는 직속기관, 사업소, 출장소 및 합의제 행정기관 등이 있다.
③ 지방자치단체가 합의제 행정기관을 설치하고자 할 때에는 따로 법령으로 정한 경우를 제외하고는 행정안전부장관의 승인을 얻어야 한다.
④ 출장소가 특정업무를 수행하는 특별행정기관인 데 반하여, 사업소는 지방자치단체장의 권한을 지역적으로 분담하는 일반행정기관이다.
⑤ 우리나라에는 합의제 행정기관으로 선거관리위원회, 인사위원회, 소청심사위원회 등이 설치되어 있다.

✍ 해설

사업소는 특정 업무를 효율적으로 처리하기 위하여 필요한 때에 대통령령이 정하는 바에 의하여 당해 지방자치단체의 조례로 설치하는 기관이며, 출장소는 원격지주민의 편의와 특정지역의 개발촉진을 위하여 필요한 때에 대통령령이 정하는 바에 의하여 당해 지방자치단체의 조례로 설치하는 기관이다. 따라서 사업소가 특정 업무를 수행하는 특별행정기관인 데 반하여, 출장소는 지방자치단체장의 권한을 지역적으로 분담하는 일반행정기관의 성질을 갖는다. <답 ④>

136. 지방자치단체가 원격지 주민의 편의와 특정지역의 개발촉진을 위하여 필요한 때에 대통령령이 정하는 바에 의하여 설치하는 기관은?

<2002 지시>

① 지방국토관리청 ② 하부 행정기관
③ 직속기관 ④ 합의제행정기관 ⑤ 출장소

✍ **해설** ………………………………………

지방자치단체는 원격지 주민의 편의와 특정지역의 개발 촉진을 위하여 필요하면 대통령령으로 정하는 바에 따라 그 지방자치단체의 조례로 출장소를 설치할 수 있다(지방자치법 제115조).

<답 ⑤>

137. 조례로 설치하는 지방자치단체의 직속기관이 아닌 것은? <2001 지시>

① 사업소 ② 교육훈련기관 ③ 중소기업지도기관
④ 보건진료기관 ⑤ 시험연구기관

✍ **해설** ………………………………………

지방자치단체는 그 소관 사무의 범위 안에서 필요하면 대통령령이나 대통령령으로 정하는 바에 따라 지방자치단체의 조례로 자치경찰기관(제주특별자치도에 한한다), 소방기관, 교육훈련기관, 보건진료기관, 시험연구기관 및 중소기업지도기관 등을 직속기관으로 설치할 수 있다(지방자치법 제113조). 지방자치단체는 특정 업무를 효율적으로 수행하기 위하여 필요하면 대통령령으로 정하는 바에 따라 그 지방자치단체의 조례로 사업소를 설치할 수 있다(지방자치법 제114조).

<답 ①>

138. 지방자치단체의 하부 행정기관에 해당하는 것은? <2002 지시>

① 읍 · 면 · 동
② 사업소
③ 출장소
④ 부지사 · 부시장 · 부군수 · 부구청장
⑤ 조례로 설치한 소방, 교육훈련 등의 기관

✍ **해설** ………………………………………

지방자치법 제120조에 의하면 하부 행정기관으로 자치구가 아닌 구 · 읍 · 면 · 동을 둔다.

<답 ①>

139. 다음 중 집행기관에 대한 설명으로 옳은 것은?

① 자치단체장은 당해 지방자치단체의 사무를 통할하지만 그것은 장 밑에 두는 보조기관, 소속행정기관 및 하부행정기관에 대해서만 통할권을 미친다.
② 자치단체장은 당해 지방자치단체의 사무 및 기관위임사무에 대하여 스스로의 판단과 책임 아래 집행을 한다.
③ 자치단체장은 외부에 대하여 자치단체를 대표하기 때문에 그가 행한 행위는 당해 자치단체의 행위로 간주되고 다른 기관의 행위는 모두 효력이

없다.

④ 지방자치단체의 장은 위임 또는 위탁받은 사무의 일부를 다시 위임 · 위탁할 수 있다.

⑤ 지방자치단체장은 합의제행정기관이 담당하는 사무에 관해서도 행정상의 감독을 할 수 있다.

해설

① 사무의 통할이란 당해 지방자치단체의 사무 전반에 관하여 자치단체장이 종합적인 통일성을 확보하는 것이다. 따라서 자치단체장의 통할권은 보조기관, 소속 행정기관, 하부행정기관뿐만 아니라 그 권한에 관한 한 의회와 주민에게도 미친다. ② 자치단체장은 당해 지방자치단체의 사무에 관해서는 스스로의 판단과 책임에 의하여 사무를 집행하지만 기관위임사무에 관하여는 국가 또는 위임기관 등의 지휘 · 감독을 받는다. ③ 자치단체장의 대표권의 내용은 구체적으로는 별개의 조항에 의하여 규정되어지는 것이므로 자치단체장에게 대표권이 있다고 하여 그것이 무조건적으로 백지위임된 것은 아니다. ⑤ 우리나라의 경우 지방자치단체로부터 독립된 지위를 가지고 사무를 수행하는 합의제행정기관으로는 인사위원회, 선거관리위원회, 소청심사위원회 등이 있다. 이들 위원회는 법령에 의해 설치된 것으로서 지방자치단체의 장으로부터 독립된 지위와 권한을 인정받고 있으므로 지방자치단체의 장의 지휘 · 감독을 받지 아니한다. <답 ④>

140. 다음은 부단체장의 신분에 대한 설명이다. 타당한 것은?

① 부시장 · 부지사를 3인 두는 시 · 도에 있어서는 그 중 1인으로 하여금 특정지역의 사무를 담당하게 할 수 있다.

② 기초자치단체의 부단체장인 부시장, 부군수, 부구청장의 정수는 대통령령으로 규정되어 있다.

③ 부시장 · 부군수 · 부구청장의 정수는 원칙적으로 1인이지만 조례로써 두지 않을 수도 있다.

④ 부단체장이 사임하고자 할 때에는 반드시 그가 사임하고자 하는 날의 20일 전까지 당해 지방자치단체의 의회의장에게 통지하여야 한다.

⑤ 시 · 도지사가 부시장 · 부지사를 선임할 때에는 반드시 지방의회의 동의를 얻어야 한다.

해설

② 기초자치단체의 부단체장인 부시장 · 부군수 · 부구청장의 정수는 지방자치법(제110조 제1항 제3호)에 규정되어 있다. ③ 부시장 · 부군수 · 부구청장의 정수는 지방자치법에 1인으로 정해져 있기 때문에 조례로써 두지 않을 수 없다. ④ 지방자치단체장이 그 직을 사임하고자 할 때에는 당해 지방의회의 의장에게 미리 사임일을 기재한 서면으로 통지(부득이한 경우를 제외하고 사임하고자 하는 날 10일 전까지)하여야 하지만 부단체장의 경우는 이러한 절차가 필요하지 않다. ⑤ 광역자치단체의 부시장 · 부지사 중에서 정무직 또는 일반직 국가공무원으로 보하는 부시장 · 부지사는 시 · 도지사의 제청으로 행정안전부장관을 거쳐 대통령이 임명하게 되어 있으며 지방의회의 동의를 받을 필요는 없다. <답 ①>

141. 지방자치단체장의 권한대행 및 직무대리에 대한 설명으로 옳지 않은 것은?

① 자치단체장이 공소제기된 후 구금상태에 있거나 금고 이상의 형의 선고를 받고 그 형이 확정되지 않은 경우 부단체장이 그 권한을 대행한다.

② 자치단체장이 그 직을 가지고 당해 자치단체의 장 선거에 입후보하는 경우에도 일정기간 부단체장이 그 권한을 대행한다.

③ 자치단체장이 출장 · 휴가 등 일시적 사유로 직무를 수행할 수 없는 경우에는 부단체장이 그 직무를 대리한다.

④ 부단체장이 자치단체장의 권한대행을 하게 된 때에는 즉시 이를 지방의회에 통보하여야 한다.

⑤ 자치단체장의 직무를 대리하는 부단체장은 법령과 당해 자치단체의 조례나 규칙이 정하는 바에 의하여 당해 자치단체의 장의 권한에 속하는 사무를 처리한다.

해설

①② 자치단체장이 (i) 궐위된 경우, (ii) 공소제기된 후 구금상태에 있는 경우, (iii) 금고 이상의 형의 선고를 받고 그 형이 확정되지 않은 경우, (iv) 의료법에 의한 의료기관에 60일 이상 계속하여 입원한 경우에는 부단체장이 그 권한을 대행한다. 또한 자치단체장이 그 직을 가지고 당해 자치단체의 장선거에 입후보하는 경우에는 후보자등록을 한 날부터 선거일까지 부단체장이 당해 자치단체장의 권한을 대행한다. 부단체장이 2인 이상인 시 · 도에 있어서는 대통령령이 정하는 순에 의하여 그 권한을 대행하거나 직무를 대리하며, 부단체장이 부득이한 사유로 직무를 수행할 수 없는 때에는 당해 자치단체의 규칙에 정하여진 직제순에 의한 공무원이 그 권한을 대행하거나 직무를 대리한다. ③ 출장 · 휴가 등 일시적 사유가 발생한 경우 자치단체장은 부단체장이 직무를 대리할 범위와 기간을 미리 서면으로 정하여야 한다. ④ 부단체장이 자치단체장의 권한대행을 하게 되거나 권한대행을 하지 아니하게 된 때에는 즉시 이를 지방의회에 통보하고, 시 · 도에 있어서는 행정안전부장관에게, 시 · 군 · 자치구에 있어서는 시 · 도지사에게 즉시 보고하여야 한다. ⑤ 자치단체장의 권한을 대행하는 부단체장은 법령과 당해 자치단체의 조례나 규칙이 정하는 바에 의하여 당해 자치단체장의 권한에 속하는 사무를 처리하지만 자치단체장의 직무를 대리하는 부단체장은 자치단체장이 미리 서면으로 위임하거나 지시한 사무를 처리한다. 다만, 공익상 긴급을 요하는 경우에는 위임되거나 지시된 사무 외의 자치단체장의 권한에 속하는 사무를 처리할 수 있다. <답 ⑤>

142. 지방의회의 집행기관에 대한 평상시의 일반적 관계에 해당하지 않는 것은?

① 조례제정권 ② 동의 및 승인권
③ 자치단체장 불신임의결권 ④ 중요정책에 대한 의결권
⑤ 행정사무감사 및 조사권

해설

지방의회와 자치단체장은 평상시에 상호간의 견제와 균형을 유지하면서 각자의 기능을 수행하는 일반적 견제관계를 갖는다. 지방의회가 자치단체장에 대하여 평상시에 갖고 있는 일반적 견제수단으로는 (i) 지방자치단체의 장 또는 관계공무원으로 하여금 지방의회에 출석하여 보고 및 질의에 답변을 요구하는 권한, (ii) 지방행정사무의 감사 및 조사권, (iii) 동의 및 승인권, (iv) 의결권, (v) 청원의 수리 및 처리, (vi) 서류제출요구권 등을 들 수 있다. 반면에 집행기관인 지방자치단체의 장이 지방의회에 대하여 갖고 있는 평상시의 일반적 견제수단으로는 (i) 의회소집권 및 소집요구권, (ii) 조례안을 비롯한 각종 의안의 발의권, (iii) 예산안의 편성 및 제출권 등이 있다. ③은 비상시 지방의회에 부여하는 특수적 견제수단으로 일반적으로 기관통합형의 지방정부에서 인정되는 권한이다. 우리나라도 지방자치단체장에 대한 불신임의결권을 인정하지 않고 있다. <답 ③>

143. 지방의회와 자치단체장의 특수적 관계에 해당하지 않는 것은?

① 장의 재의요구권　② 의회해산권　③ 선결처분권
④ 불신임의결권　⑤ 조례제정권

해설

지방의회와 자치단체장의 특수적 관계란 지방의회와 집행기관간의 균형관계가 평상시대로 유지되지 못하고 상호간에 심각한 대립·갈등이 발생할 때, 이를 중앙정부의 감독권 발동 없이 자치단체 내부에서 자치적으로 해결할 수 있도록 하기 위하여 양 기관에 특수적 권한 또는 수단을 부여하고 있는 경우를 말한다. 비상시의 특수적 견제수단으로는 지방의회의 집행기관에 대한 불신임의결권과 자치단체장의 재의요구권 및 제소권, 선결처분권, 의회해산권 등이 있다. 국가에 따라서는 주민의 수장 및 의원에 대한 해직청구권, 의회해산청구권까지 인정하는 경우도 있다. <답 ⑤>

144. 다음 중 지방의회 권한이 아닌 것? <2008 경남 9급>

① 지방의회 의장에 대한 불신임의결
② 자치단체장에 대한 불신임의결
③ 행정감사 및 행정조사권
④ 자료제출요구권

해설

의장과 부의장에 대한 불신임의결은 인정되지만, 자치단체장에 대한 불신임의결은 1949년 지방자치법 제정시에는 도입된 적이 있지만 1960년에 폐지되어 현재까지 인정되지 않고 있다. <답 ②>

145. 선결처분권에 대한 설명 중 맞는 것은?

① 지방의회의 승인을 얻지 못해도 유효하다.
② 선결처분은 본래 자치단체장의 지위에 고유한 권한이다.
③ 지방의회가 성립되지 아니한 때에는 선결처분할 수 없다.
④ 지방의회의 의결사항 중 주민의 생명과 재산보호를 위하여 긴급하게 필요한 사항으로써 지방의회를 소집할 시간적 여유가 없거나 지방의회에서 의결이 지체되어 의결되지 아니한 때에는 선결처분할 수 있다.

⑤ 부단체장 또는 장의 직무대행자는 할 수 없다.

해설

장의 선결처분권이란 지방의회가 의결을 할 수 없거나 의결을 하지 않은 경우에 자치단체의 존립 또는 효율적 운영을 위하여 해당 자치단체의 장이 의회의 의결을 거치지 않고 일정한 의결사항을 독자적 판단에 의하여 처분하는 것을 말한다. 우리나라 지방자치법은 일반적 사항에 대한 선결처분권과 예산에 대한 선결처분권에 한하여 인정하고 있다. ③④ 지방자치단체장은 (i) 지방의회가 성립되지 아니한 때와 (ii) 지방의회의 의결사항 중 주민의 생명과 재산보호를 위하여 긴급하게 필요한 사항으로서, 지방의회를 소집할 시간적 여유가 없을 때, 지방의회에서 의결이 지체되어 의결되지 아니한 때에는 선결처분할 수 있다. 이때 '주민의 생명과 재산보호를 위하여 긴급하게 필요한 사항'이라 함은 (i) 천재지변이나 대형화재로 인한 피해의 복구 및 구호, (ii) 중요한 군사안보상의 지원, (iii) 급성전염병에 대한 예방조치, (iv) 기타 긴급하게 조치하지 아니하면 주민의 생명과 재산에 대하여 중대한 피해가 발생될 우려가 있는 사항을 말한다. ① 그러나 선결처분한 사항에 대해서는 지체 없이 지방의회에 보고하여 승인을 얻어야 하며, 승인을 얻지 못한 선결처분은 그때부터 효력을 상실한다. 지방자치단체장은 승인 여부에 관한 사항을 지체 없이 공고하여야 한다. ②⑤ 선결처분권은 본래 자치단체장의 지위에 고유한 권한이 아니므로 장의 직무를 대리하는 부단체장 또는 장의 직무대행자도 행사할 수 있다. <답 ④>

146. 지방자치단체장의 선결처분권에 대한 설명으로 옳은 것은?

<2001 지시>

① 선결처분은 다음 회기의 지방의회에 보고하여 감사를 받아야 한다.

② 지방의회의 승인을 받지 못한 선결처분은 그 효력이 소급하여 무효 또는 취소된다.

③ 지방자치단체장의 직무를 대리하는 자도 선결처분권을 행사할 수 있다.

④ 지방의회가 성립했을 때에도 사안에 따라 선결처분권을 행사할 수 있다.

⑤ 지방자치단체장은 지방의회의 의결이 지체될 때에는 언제나 선결처분권을 행사할 수 있다.

해설

지방자치법 제109조 지방자치단체의 장의 선결처분으로 ① 지방자치단체의 장은 지방의회가 성립되지 아니한 때(의원이 구속되는 등의 사유로 의결정족수에 미달하게 될 때)와 지방의회의 의결사항 중 주민의 생명과 재산보호를 위하여 긴급하게 필요한 사항으로서 지방의회를 소집할 시간적 여유가 없거나 지방의회에서 의결이 지체되어 의결되지 아니할 때에는 선결처분(先決處分)을 할 수 있다. <답 ③, ④>

147. 지방자치단체의 장이 선결처분을 할 수 있는 대상이 아닌 것은?

<2003년 지시>

① 주민의 생명과 재산보호를 위하여 긴급하게 필요한 사항

② 천재지변과 대형화재로 인한 피해의 복구 및 구호

③ 중요한 군사안보상의 지원

④ 급성전염병에 관한 예방조치

⑤ 재정 · 경제상의 중대한 위기

✍ 해설 ……………………………………

지방의회의 의결사항 중 주민의 생명과 재산보호를 위하여 긴급하게 필요한 사항으로서 지방의회를 소집할 시간적 여유가 없거나 지방의회에서 의결이 지체되어 의결되지 아니할 때에는 선결처분(先決處分)을 할 수 있다. <답 ⑤>

148. 우리나라 자치단체장의 재의요구권에 대한 설명 중 틀린 것은?

① 자치단체의 장은 지방의회의 의결이 월권 또는 법령에 위반되거나 공익을 현저히 해한다고 인정되는 때에는 그 의결사항을 이송받은 날부터 20일 이내에 이유를 붙여 재의를 요구할 수 있다.

② 재의요구에 대하여 재적의원 과반수의 출석과 출석의원 2/3 이상의 찬성으로 전과 같은 의결을 하면 의결사항은 확정된다.

③ ①에서 월권이란 회의의 제원칙을 어기거나 강박에 의하여 의결된 것을 의미하며, 법령에 위반된 의결이란 법적 근거가 없는 사항에 대해 의결하는 것 등을 말한다.

④ 예산상 집행불가능한 의결에 대해서도 그 의결사항을 이송받은 날부터 20일 이내에 그 이유를 붙여 재의를 요구할 수 있다.

⑤ 자치단체장은 재의결된 사항이 법령에 위반된다고 인정되는 때에는 대법원에 소를 제기할 수 있다.

✍ 해설 ……………………………………

재의요구권이라 함은 지방자치단체장이 지방의회의 의결에 대하여 이의가 있는 경우에 이의 수리 또는 공포를 거부하고 의회에 반송하여 이를 다르게 의결해 줄 것을 요구하는 권한을 말한다. 지방자치법이 규정하고 있는 자치단체장의 재의요구사항으로는 (i) 일반의결에 대한 재의요구권, (ii) 경비의 의결에 대한 재의요구권, (iii) 조례의 제정에 대한 재의요구권, (iv) 감독관청의 요청에 의한 재의요구권 등이 있다. (i), (ii), (iii)의 재의요구는 지방의회가 폐회중인 때에도 할 수 있다. 자치단체장은 지방의회의 의결이 월권 또는 법령에 위반되거나 공익을 현저히 해한다고 인정되는 때에는 그 의결사항을 이송받은 날부터 20일 이내에 이유를 붙여 재의를 요구할 수 있다(지방자치법 제107조). '월권'이라 함은 법적 근거가 없는 사항에 대하여 의결하거나 의안제출권이 자치단체의 장에게 전속한 것을 의원발안으로 하여 의결하는 것을 의미하며, '법령에 위반되는 의결'은 의결한 사항의 내용이 직접적으로 법령에 저촉되는 것, 소집에 의하여 개최되는 회의로서 정당한 소집절차에 의하지 않고 회의를 개최하여 의결한 것, 회의절차에 대하여 법령에 특별한 규정이 있음에도 불구하고 그에 의하지 않은 것, 회의의 제원칙을 어긴 것, 강박에 의하여 의결된 것 등을 그 내용으로 한다. <답 ③>

149. 지방자치단체장의 권한에 관한 설명으로 옳지 않은 것은?

① 기초자치단체장은 당해 지방자치단체의 부단체장을 임명한다. <2001 지시>

② 지방자치단체장은 지방의회의 의결이 월권 또는 법령에 위반된다고 인정

되는 때에는 20일 이내에 법원에 제소할 수 있다.

③ 광역자치단체장은 시 · 도 위임사무와 관련하여 기초자치단체장에게 이행명령을 내릴 수 있다.

④ 지방자치단체장은 지방의회의 의장에게 임시회의 소집을 요구할 수 있다.

⑤ 지방자치단체장은 지방의회의 의장의 추천에 의하여 지방의회사무직원을 임명한다.

해설

지방자치법 제107조 지방의회의 의결에 대한 재의요구와 제소의 내용에 의하면 지방자치단체의 장은 지방의회의 의결이 월권이거나 법령에 위반되거나 공익을 현저히 해친다고 인정되면 그 의결사항을 이송 받은 날부터 20일 이내에 이유를 붙여 재의를 요구할 수 있다. <답 ②>

150. 지방자치단체 집행기관과 지방의회와의 관계를 설명한 것으로 옳지 않은 것은? <2001 지시 기술직>

① 지방의회는 지방자치단체에 대해 감사권과 조사권을 가지고 있다.

② 지방자치단체장은 지방의회의 의결이 공익을 현저히 해한다고 인정될 경우 재의요구를 할 수 있다.

③ 지방자치단체장은 지방의회의 의결 내용 중에 예산상 집행할 수 없는 경비가 포함된 경우에는 그 이유를 붙여 재의를 요구할 수 있다.

④ 지방자치단체장의 재의요구에도 불구하고 지방의회가 전과 같이 의결하면 고등법원에 소를 제기할 수 있다.

⑤ 지방의회의 사후 승인을 얻지 못한 선결처분은 그때부터 효력을 상실한다.

해설

지방자치단체의 장은 재의결된 사항이 법령에 위반된다고 인정되면 대법원에 소(訴)를 제기할 수 있다. <답 ④>

151. 우리나라의 교육 · 학예기관에 관한 설명이 잘못된 것은?

① 교육 · 학예에 관한 기관의 조직과 운영에 대하여 필요한 사항은 따로 법률로 정하고 있다.

② 1949년 제정 교육법은 시에 합의제행정기관인 교육위원회를, 군에 특별지방자치단체인 교육구를 두었다.

③ 1991년 '지방교육자치에 관한 법률'은 시 · 도 및 시 · 군 · 자치구의 교육자치제를 채택하고 있다.

④ 1961년의 개정 교육법에서는 교육위원회와 교육구를 모두 폐지하고 일반지방자치단체의 내국(內局)으로 통합하였다.

⑤ 현행지방자치법은 자치단체의 교육 · 과학 및 체육에 관한 사무를 분장하

기 위하여 별도의 기관을 두도록 하고 있다.

✍ 해설

1991년 '지방교육자치에 관한 법률'은 교육의 자주성 및 전문성과 지방교육의 특수성을 살리기 위하여 지치단체의 교육 과학 기술 체육 기디 학예에 관한 사무를 관장하는 기관의 설치와 그 조직 및 운영 등에 관한 사항을 규정함으로써 지방교육의 발전에 이바지함을 목적으로 하고 있다. 동법은 자치단체의 교육·학예에 관한 사무를 특별시·광역시·도·특별자치도의 사무로 하여 시·도단위에 의결기관으로서 교육위원회와 집행기관으로서 교육감을 두고, 시·군 및 자치구에는 교육위원회와 집행기관을 인정하지 않고 있다. 시·군·자치구 단위에는 시·도의 교육·학예에 관한 사무를 분장하기 위하여 하급교육행정기관으로서 교육청을 설치하고 교육장을 두도록 하고 있다. <답 ③>

152. A시의 시의회는 예산심의에서 차기 연도에 상환해야 할 지방채 상환액 10억원 삭감을 의결하였다. 이때에 시장이 취할 수 있는 조치는? <2002 지시>

① 재의요구 ② 선결처분 ③ 재의요구·법원제소
④ 재의요구·선결처분 ⑤ 재의요구·법원제소·선결처분

✍ 해설

지방자치법 제108조에는 ① 지방자치단체의 장은 지방의회의 의결이 예산상 집행할 수 없는 경비를 포함하고 있다고 인정되면 그 의결사항을 이송받은 날부터 20일 이내에 이유를 붙여 재의를 요구할 수 있다. ② 지방의회가 법령에 따라 지방자치단체에서 의무적으로 부담하여야 할 경비나, 비상재해로 인한 시설의 응급 복구를 위하여 필요한 경비를 줄이는 의결을 할 때에도 재의를 요구할 수 있다. <답 ①>

153. 다음 중 지방자치법상 자치단체장이 반드시 지방의회에 재의를 요구하여야 하는 경우는?

① 자치단체장에 대한 불신임의결
② 공공시설에 대하여 장기적·독점적 이용을 허가하는 의결
③ 의무비를 삭감하는 의결
④ 상급감독관청으로부터 재의요구를 요청받은 의결
⑤ 일부수정된 조례의 의결

✍ 해설

재의에는 (i) 조례안에 대한 의회의결에 이의가 있는 경우(지방자치법 제26조), (ii) 의회의결이 월권 또는 법령에 위반되거나 공익을 현저히 해한다고 인정되는 때에 할 수 있는 재의요구(동법 제107조), (iii) 지방의회의결이 예산상 집행할 수 없는 경비가 포함되어 있다고 인정되는 때 요구할 수 있는 재의요구 및 법령상의 의무적 경비 또는 비상재해 응급복구경비 등을 삭감하는 의결에 대한 재의요구(동법 제108조), (iv) 지방의회의결이 법령에 위반되거나 공익을 현저히 해한다고 판단될 때 시·도에 대하여는 행정안전부장관이, 시·군·자치구에 대하여는 시·도지사가 당해 자치단체장에게 재의요구를 하도록 한 경우의 재의요구(동법 제172조)가 있다. 이 중에서 (i), (ii), (iii)은 재의요구를 할 수 있도록

규정된 이른바 임의적 재의요구사항이며, (iv)는 법률상 재의요구를 하여야 하는 것으로 규정된 필요적 재의요구사항이다. ①은 현행지방자치법에서는 허용되지 않는 제도이며, ②, ③은 임의적 재의요구사항에 속한다. ⑤ 일부 수정된 조례는 의결할 수 없다. <답 ④>

≪재의요구권의 종류≫

구 분 \ 종 류	재의조건	요구기간	재의결 정족수	재의결 효 과	일부수정 재의요구	수 정 재의결
일반의결에 대한 재의요구	월권·위법 또는 현저히 공익을 해한다고 인정될 때	20일 이내	재적의원 과반수 출석과 출석의원 3분의 2 이상 찬성	확정적	불가능	가 능 (해석상)
경비의결에 대한 재의요구	집행불가능한 경비포함 또는 필수경비 삭감의결 때	20일 이내	재적의원 과반수 출석과 출석의원 3분의 2 이상 찬성	확정적	불가능	가 능 (해석상)
조례제정에 대한 재의요구	이의가 있는 때	20일 이내	재적의원 과반수 출석과 출석의원 3분의 2 이상	확정적	불가능	가 능 (해석상)
감독관청에 의한 재의요구	위법 또는 현저히 부당하다고 인정될 때	-	재적의원 과반수 출석과 출석의원 3분의 2 이상 찬성	확정적	불가능	가 능 (해석상)

154. 지방의회가 의결한 조례안이 월권 또는 법령에 위반되거나 공익을 현저히 해한다고 인정되는 때에 지방자치단체의 장이 행사할 수 있는 권한은? <2007 울산 9급>

① 선결처분권 ② 재의요구권 ③ 임시회소집권
④ 조례에 대한 제소권 ⑤ 불신임결의권

해설

월권 또는 법령을 위반하거나 공익을 현저히 해한다고 인정되는 조례안에 대하여 자치단체장은 재의를 요구할 수 있으며(재의요구권), 지방의회가 재의결(재적과반수 출석과 출석의원 2/3 이상 찬성)할 경우 조례로서 확정되며 이 경우 자치단체장은 20일 이내에 대법원에 소를 재기할 수 있다. <답 ②>

155. 교육위원회에 대한 설명으로 올바른 것은?

① 시·도의 교육·학예에 관한 집행기관이다.

② 특별시·광역시의 위원정수는 자치단체인 자치구 및 군의 수로 하되, 그 하한은 7인으로 한다.

③ 도의 위원정수는 교육청의 수로 하되, 제주도는 7인으로 한다.
④ 의장과 부의장 각 1인을 두며, 임기는 1년으로 한다.
⑤ 사무직원은 지방공무원으로 보한다.

해설

①②③ 교육위원회는 시·도의 교육·학예에 관한 심의·의결기관이며, 시·도별 교육위원회 위원 정수는 인구, 지역적 특성 등을 감안하여 정하되, 7인 내지 15인으로 한다(지방교육자치에관한법률 제4조 및 제57조). ④ 교육위원회에 의장과 부의장 각 1인을 두며, 그 임기는 4년으로 한다. 의장·부의장은 교육위원 중에서 무기명투표로 선출하되, 재적위원 과반수의 득표로 당선된다. 당해 시·도의 교육특별회계가 부담하는 경비로써 두는 지방공무원의 정원은 시·도의 조례로 정한다. <답⑤>

≪각 시·도별 교육위원회 위원 및 교육의원 정수≫ (제5조 관련)
<개정 2010.2.26>

시·도	교육위원회 위원 정수	교육의원 정수
서울특별시	15인	8인
부산광역시	11인	6인
대구광역시	9인	5인
인천광역시	9인	5인
광주광역시	7인	4인
대전광역시	7인	4인
울산광역시	7인	4인
경기도	13인	7인
강원도	9인	5인
충청북도	7인	4인
충청남도	9인	5인
전라북도	9인	5인
전라남도	9인	5인
경상북도	9인	5인
경상남도	9인	5인
계	139인	77인

156. 교육위원의 신분에 관한 설명이 틀린 것은?

① 교육위원은 임기 4년의 유급직이다.
② 교육위원은 당해 지방자치단체의 교육기관과 영리를 목적으로 거래할 수 없다.

③ 교육위원은 시 · 도의회에서 시 · 군 · 자치구의회가 추천한 자 중 무기명투표로 선출한다.

④ 경력자로서 교육위원후보자가 되고자 하는 자는 교육 또는 교육행정경력이 5년 이상 있거나 양 경력을 합하여 5년 이상 있는 자이어야 한다.

⑤ 교육위원은 학식과 덕망이 높고 시 · 도의회의원의 피선거권이 있는 자로서 후보자등록일부터 과거 1년 동안 비정당인이어야 한다.

해설

③ 교육위원 선출방법의 변천과정을 보면, 먼저 제정 지방교육자치에관한법률(1991.3.8)에서는 시 · 군 · 자치구의회가 추천한 자 중에서 시 · 도의회가 선출토록 하였다. 그 후 제4차 개정(1997.12.17)을 통하여 학교운영위원회선거인과 교원단체선거인으로 구성된 시 · 도교육위원선거인단에서 선출하였다가 제5차 개정(1998.6.3)에서는 학교운영위원회선거인과 교원단체선거인으로 구성된 선출권역교육위원선거인단에서 무기명투표로 선출하였다. 현재는 주민직선으로 선출된 교육의원과 시 · 도의회의원으로 구성하되 교육의원이 과반수가 되도록 구성한다<2010.2.26 실설, 2014.6.30까지 유효>. <답 ③>

157. 선결처분에 관한 설명 중 맞는 것은?

① 장은 의회가 의결하여야 할 사항에 관하여 부결한 경우에는 선결처분을 할 수 있다.

② 장은 의회가 성립되지 않는다고 인정되는 때에는 의회의 의결이 필요한 사항을 선결처분할 수 있다.

③ 의회의 위임을 받아 전결처분한 경우에는 지체 없이 의회에 보고하여 그 승인을 받아야 한다.

④ 장이 지방자치법에 정해진 바에 따라 선결처분을 한 경우에는 지체없이 의회에 보고하여 그 승인을 받아야 하며, 승인을 받지 못하면 그 처분은 소급해서 효력을 잃는다.

⑤ 선결처분에 대하여 의회의 승인을 얻은 경우에는 공고를 하여야 하지만 승인을 얻지 못한 경우에는 공고하지 않아도 무방하다.

해설

① 장은 의회가 의결하여야 할 사항을 의결하지 아니할 때 선결처분할 수 있는 것이다. ③ 현행지방자치법에는 전결처분에 관한 규정이 없다. ④ 선결처분을 한 때에는 지체없이 의회에 보고하여 승인을 받아야 하는 것이므로 승인을 받지 못하면 그 때부터 효력을 잃게 되는 것이지 소급해서 효력을 상실하는 것은 아니다. ⑤ 선결처분에 관하여는 의회의 승인을 얻은 경우는 물론 승인을 받지 못한 경우에도 지체없이 공고하여야 한다(지방자치법 제109조 제4항). 아울러 자치단체장이 선결처분을 한 때와 의회의 승인을 얻은 때에는 시 · 도에 있어서는 행정안전부 장관에게, 시 · 군 및 자치구에 있어서는 시 · 도지사에게 이를 보고하여야 한다. <답 ②>

≪선결처분권의 종류≫

구 분	처분조건	선결처분	사후처리
일반사항의 선결처분	(i) 의회가 성립되지 아니한 때, (ii) 주민의 생명·재산의 보호를 위해 긴급하게 필요한 사항으로서 의회를 소집할 시간적 여유가 없거나 의회에서 의결이 지체되고 있는 때		지체없이 지방의회에 보고하여 승인을 받음
예산의 선결처분	예산불성립 (회계연도 개시까지 의회에서 예산안이 확정의결되지 아니한 때)	(i) 법령이나 조례에 의해 설치된 기관 또는 시설의 유지·운영, (ii) 법령 또는 조례상 지출의무의 이행, (iii) 이미 예산으로 승인된 사업의 계속을 위한 경비의 전년도 예산에 준한 집행	예산안에 반영
	예산공백 (폐치·분합으로 지방자치단체가 새로 설치된 때)	예산이 성립될 때까지 필요한 경상적 수입과 지출을 집행	집행한 수입과 지출은 새로 성립될 예산에 포함

158. **다음 중 교육위원의 겸직금지범위에 해당하지 않는 것은?**

① 국회의원　② 지방의회의원　③ 국가공무원
④ 사립학교 직원　⑤ 대학교수

해설

교육위원은 (i) 국회의원, (ii) 지방의회의원, (iii) 국가공무원, (iv) 지방공무원, (v) 사립학교 교원(대학의 전임강사 이상의 교원 제외), (vi) 사립학교를 설치·경영하는 법인의 임·직원 또는 사립학교 경영자 등의 일정한 직을 겸직할 수 없다. ⑤ 대학교수는 사립학교 교원의 범위에서 제외되므로 겸직할 수 있다. 또한 교육위원은 당해 자치단체의 교육기관(교육행정기관, 교육연구기관, 교육연수·훈련기관, 도서관, 교원·학생복지후생기관 등을 포함)과 영리를 목적으로 하는 거래를 할 수 없으며, 이와 관련된 재산의 양수인 또는 관리인이 될 수 없다. <답 ⑤>

159. **교육위원회의 권한에 해당하지 않는 것은?**

① 대통령령으로 정하는 중요재산의 취득·처분
② 기금의 설치·운용
③ 청원의 수리와 처리
④ 교육규칙의 제정
⑤ 대통령령으로 정하는 공공시설의 설치·관리 및 처분

✍ 해설

교육위원은 (i) 시 · 도의회에 제출할 조례안, (ii) 시 · 도의회에 제출할 예산안 및 결산, (iii) 시 · 도의회에 제출할 특별부과금 · 사용료 · 수수료 · 분담금 및 가입금의 부과와 징수에 관한 사항, (iv) 시 · 도의회에 제출할 기채안, (v) 기금의 설치 · 운용, (vi) 대통령령으로 정하는 중요재산의 취득 · 처분, (vii) 대통령령으로 정하는 공공시설의 설치 · 관리 및 처분, (viii) 법령과 조례에 규정된 것을 제외한 예산외 의무부담이나 권리의 포기, (ix) 청원의 수리와 처리, (x) 외국 지방자치단체와의 교류협력, (xi) 기타 법령과 시 · 도조례에 의하여 그 권한에 속하는 사항들을 심의 · 의결한다. 교육위원회의 의결사항 중 (v) 내지 (xi)에 관한 교육위원회의 의결은 시 · 도의회가 의결한 것으로 본다. ④ 교육규칙의 제정은 교육감의 권한이다. <답 ④>

160. 우리나라의 교육자치에 대한 설명 중 틀리는 것은 ?

① 교육자치제의 기본원리로는 지방분권의 원리, 분리 · 독립의 원리, 전문적 관리의 원리, 주민참여의 원리를 들 수 있다.
② 교육감 및 교육의원에 대한 주민소환제가 도입되었다.
③ 교육감 및 교육의원후보자에 대한 정당공천(추천)이 도입되었다.
④ 지방교육세는 지방세 중 재산세, 자동차세, 등록세, 담배소비세, 레저세 등에 부가하여 징수한다.

✍ 해설

교육감은 주민 직선으로 선출하며, 정당 공천은 배제된다. 교육감의 임기는 4년으로 하며, 계속 재임은 3기에 한한다. 교육감 및 교육의원 후보자에 대한 정당공천(추천)은 금지되어 있다. 또한 후보자는 지지정당을 표방하는 것이 금지되어 있다. <답 ③>

161. 우리나라 교육자치에 대한 설명 중 틀리는 것은 ?

① 교육감은 주민직선으로 선출하고, 임기는 4년, 계속 재임은 3기에 한한다.
② 교육의원은 주민직선으로 선출하며, 임기는 4년으로 한다.
③ 교육감 및 교육의원 후보자에 대한 정당 공천이 금지되어 있고, 후보자는 지지정당 표방이 금지되어 있다.
④ 교육감 및 교육의원은 주민소환제가 도입되어 있지 않다.

✍ 해설

교육감 및 교육의원은 주민소환제가 도입되어 있다. 우리나라 교육자치조직의 의결기관은 교육위원회이며, 집행기관은 교육감이다. <답 ④>

162. 우리나라의 교육자치제도에 관한 설명 중 옳지 않은 것은?

<2001 지시 기술직>

① 교육위원회는 시 · 도의 교육 · 학예사무에 관한 의결기관이다.
② 교육감은 주민직선으로 선출하며 임기는 4년으로서 3회에 한하여 연임할 수 있다.

③ 교육청은 1 또는 2 이상의 시 · 군 · 자치구를 관할구역으로 하는 하급행정청이다.
④ 시 · 군 · 자치구의회는 교육청의 예산을 심의 · 의결한다.
⑤ 시 · 도의 교육 · 학예에 관한 경비를 따로 경리하기 위하여 당해 지방자치단체에 교육비 특별회계를 둔다.

해설

교육의원이 전국 16개 시 · 도교육청의 정책과 예산을 심의 · 의결하고, 교육감과 산하 기관에 대한 감사 · 조사 역할을 한다. <답 ④>

163. 교육감의 지위와 신분에 대한 설명 중 틀린 것은?

① 교육감은 시 · 도의 교육 · 학예에 관한 집행기관이다.
② 교육감은 교육 · 학예에 관하여 당해 자치단체를 대표하고 통할한다.
③ 교육감은 학식과 덕망이 높고 시 · 도지사의 피선거권이 있는 자로서 후보자등록일로부터 과거 1년 동안 비정당인이어야 한다.
④ 교육감의 임기는 4년으로 하되, 3차에 한하여 연임할 수 있다.
⑤ 교육감은 교육경력 또는 교육공무원으로서의 교육행정경력이 10년 이상인 자이어야 한다.

해설

시 · 도의 교육 · 학예에 관한 집행기관인 교육감은 학식과 덕망이 높고 시 · 도지사의 피선거권이 있는 자로서 후보자등록일로부터 과거 1년 동안 정당의 당원이 아닌 자이어야 하며, 후보자등록일을 기준으로 교육경력 또는 교육공무원으로서의 교육행정경력이 5년 이상 있거나 양 경력을 합하여 5년 이상인 자이어야 한다. <답 ⑤>

164. 다음 중 교육감의 권한이 아닌 것은?

① 청원의 수리와 처리 ② 재의요구 및 제소권 ③ 교육규칙제정권
④ 지휘 · 감독권 ⑤ 교육 · 학예에 관한 대표권

해설

① 청원의 수리와 처리는 교육위원회의 심의 · 의결사항이다. ②③④ ⑤ 이외에 교육감은 (i) 사무통할권, (ii) 행정사무집행권, (iii) 지방의회출석발언권, (iv) 조례안제출권, (v) 공포권, (vi) 선결처분권, (vii) 권한의 일부 위임 또는 위탁, (viii) 예산안의 편성 및 결산서의 작성 등 재정에 관한 권한을 갖는다. <답 ①>

165. 다음 중 시 · 도의 교육 · 학예에 관한 교육감의 권한이 아닌 것은?

<2002 지시 기술직>

① 사무집행 · 통할권 ② 선결처분권
③ 교육위원의 임명권 ④ 조례안의 작성 ⑤ 예산안의 편성

✍ 해설 ……………………………………………

③ 교육위원은 주민의 보통 · 직접 · 평등 · 비밀선거에 따라 선출한다. <답 ③>

166. 현행법상 교육감은 어느 기관에서 선출하는가?

① 광역의회 ② 교육위원회 ③ 교육감선거인단
④ 주민직선 ⑤ 교육청

✍ 해설 ……………………………………………

④ 교육감은 주민의 보통 · 직접 · 평등 · 비밀선거에 따라 선출한다. <답 ④>

167. 우리나라의 교육·학예에 관한 기관의 설명 중 타당하지 못한 것은?

① 교육감이 교육기관을 당해 시 · 도의 조례로 설치하고자 할 때에는 교육과학기술부장관의 승인을 얻어야 한다.
② 부교육감은 교육감이 추천한 자를 교육과학기술부장관의 제청으로 국무총리를 거쳐 대통령이 임명한다.
③ 교육감 밑에 기타 필요한 보조기관을 둘 수 있으며, 그 설치 · 운영 등에 관하여 필요한 사항은 대통령령이 정한 범위 내에서 조례로 정한다.
④ 교육감은 지방공무원을 둘 수 있으며, 그 정원은 법령이 정하는 기준에 의하여 시 · 도의 조례로 정한다.
⑤ 교육청은 시 · 도의 교육 · 학예에 관한 사무를 분담하기 위하여 1개 또는 2개 이상의 시 · 군 및 자치구를 관할구역으로 하는 하급교육행정기관이다.

✍ 해설 ……………………………………………

① 교육감은 그 소관사무의 범위 안에서 필요한 때에는 교육과학기술부장관의 승인 없이 대통령령 또는 당해 시 · 도의 조례가 정하는 바에 의하여 교육기관을 설치할 수 있다. ④ 교육감의 보조기관과 교육기관 및 하급교육행정기관에는 당해 시 · 도의 교육특별회계가 부담하는 경비로써 지방공무원을 둘 수 있으며, 그 정원은 법령이 정한 기준에 의하여 시 · 도의 조례로 정한다. 다만 교육감은 대통령령이 정하는 바에 의하여 국가공무원을 둘 수 있다. <답 ①>

168. 우리나라의 교육 · 학예에 관한 기관에 관련된 내용이다. 틀린 것은?

① 교육위원은 선출권역을 단위로 선출하되, 그 정수는 7인 내지 15인으로 한다.
② 교육위원의 임기만료로 인한 교육위원의 선출은 교육위원 임기만료일 30일 내지 10일 전에 실시한다.
③ 교육감의 임기가 만료되는 때의 후임자의 선출기간도 교육위원과 동일하다.

④ 교육감은 재의결된 사항이 법령에 위반된다고 판단될 때 이를 교육과학기술부장관에게 보고하고 재의결된 날부터 20일 이내에 제소할 수 있다.
⑤ 교육위원회가 새로 구성된 후 최초로 소집되는 회의는 교육위원 임기개시일부터 25일 이내에 교육감이 소집한다.

해설

지방교육자치에관한법률은 시 · 도 교육위원의 정수를 종전의 7인 내지 25인에서 7인 내지 15인으로 조정하고 교육위원의 선출도 종래의 선출권역에서 선거구를 단위로 선출하도록 하고 있다. 동법은 시 · 도별 선거구를 인구, 행정구역, 지세, 교통 기타 조건을 고려하여 2개 내지 7개로 획정하고, 선거구별 교육위원 정수에 대해서는 교육위원 1인당 인구 수 등을 감안하여 2인 내지 4인으로 하는 등 시 · 도별 선거구의 명칭, 구역 및 선거구별 교육위원 정수를 구체적으로 명시하고 있다. <답 ①>

≪시 · 도별 교육위원 정수≫

시 · 도	교육위원 정수
서울특별시	15인
경기도	13인
부산광역시	11인
대구 · 인천광역시, 강원도, 충남, 전북, 전남, 경북, 경남	9인
광주 · 대전 · 울산광역시, 충북, 제주도	7인

169. 교육위원회의 운영과 관련된 다음의 설명 중 맞는 것은?

① 회의는 교육감 또는 재적위원 1/3 이상의 요구에 의해 의장이 소집한다.
② 예산안 및 결산안은 교육감 또는 재적위원 1/3 이상의 연서로 발의한다.
③ 회기는 연 60일을 초과하지 않는 범위 내에서 시 · 도규칙으로 정한다.
④ 교육위원회는 재적위원 1/3 이상의 출석으로 개의하고 재적위원 과반수의 찬성으로 의결한다.
⑤ 교육 · 학예사무에 대한 감사 또는 조사는 교육위원회의 의결로 교육위원회 또는 위원회가 할 수 있다.

해설

② 의안의 발의는 교육감 또는 재적위원 1/5 이상의 연서로 하지만 예산안 및 결산안은 교육감이 제출한다. ③ 회기는 연 50일을 초과하지 않는 범위 내에서 회의규칙으로 정한다. 단 특별히 필요한 경우에는 교육위원회의 의결로 10일의 범위 안에서 회의일수를 연장할 수 있다. ④ 재적위원 과반수의 출석으로 개의하고(의사정족수) 출석위원 과반수의 찬성으로 의결한다(의결정족수). ⑤ 교육위원회가 교육 · 학예사무에 관한 감사 또는 조사를 하고자 할 때에는 소위원회를 구성하여 이를 행하여야 하며, 감사 또는 조사계획서에 의하여 실시하되, 감사기간은 5일 이내로 한다. 교육위원회 의장은 감사 또는 조사를 한 때에는 그 결과를 특별시 · 광역시 · 도 · 특별자치도의회에 문서로 보고하여야 한다. <답 ①>

제 7 장

정부간 관계와 광역행정

제 7 장 정부간 관계와 광역행정

1. 다음 중 지방자치단체간의 상호관계에 관한 설명으로 부적절한 것은?

① 지방자치단체간의 수평적인 횡적 관계가 존재한다.
② 종적 관계는 광역자치단체와 기초자치단체간에 발생한다.
③ 수직적인 종적관계로는 권한위임이 있다.
④ 기초자치단체와 광역자치단체간에는 수직적인 관계를 유지하려는 경향이 있다.
⑤ 지방자치단체간 상호작용이 항상 효과적인 정책결과를 발생시키지는 않는다.

해설

④ 기초자치단체와 광역자치단체간에는 헌법에 의하여 동일한 법적 지위를 부여받고 있으므로 특정한 사무를 제외하고는 수평적인 관계를 유지하려 하고 있다. <답 ④>

2. 지방자치단체 상호간의 관계 중 수평적인 관계에 해당하지 않는 것은?

① 광역행정기구의 설치 ② 지방자치단체조합 ③ 행정협의회의 구성
④ 권한의 위임 ⑤ 특별구 설치

해설

④ 권한의 위임은 수직적인 종적 관계에 속한다. 이 밖에도 광역자치단체의 창설, 광역자치단체로의 사무이양 등이 있다. <답 ④>

3. 현대사회의 정부간 관계의 특징으로 보기 어려운 것은?

① 광역사무의 증대 ② 정부간 조정의 필요성 증대
③ 자치단체의 독자적 업무처리 확대 ④ 사회권 · 경제권의 확대와 규질화
⑤ 산업의 고도화 및 경제성장과 지역개발의 필요성 증대

해설

③ 현대사회는 지방자치단체가 독자적으로 처리할 수 있는 사무의 폭이 줄어드는 대신 2개 이상의 자치단체가 공동으로 처리해야 하는 사무의 폭은 늘고 있다. <답 ③>

4. D. S. Wright가 미국연방제하의 정부간 관계를 분리권위형, 포괄권위형, 중첩권위형으로 분류한 근거는 무엇인가?

① 선임(designation), 관계(relationship), 권위(authority)

② 관계(relationship), 권력(power), 권위(authority)
③ 관계(relationship), 분권(decentralization), 위임(deconcentration)
④ 선임(designation), 권력(power), 관계(relationship)
⑤ 선임(designation), 분권(decentralization), 위임(deconcentration)

해설

D. S. Wright는 미국연방제하의 정부간 관계를 선임(designation), 관계(relationship), 권위(authority)라는 세 가지 근거에 의해 분리권위형, 포괄권위형, 중첩권위형으로 분류하였다. <답 ①>

5. 라이트(D.Wright)의 정부 간 관계모형에 대한 설명 중 옳지 않은 것은? <2011 지방수탁 9급>

① 분리형(seperated model)은 중앙-지방 간의 독립적인 관계를 의미한다.
② 내포형(inclusive model)은 지방정부가 중앙정부에 완전히 의존되어 있는 관계를 의미한다.
③ 중첩형(overlapping model)은 정치적 타협과 협상에 의한 중앙-지방 간의 상호의존 관계를 의미한다.
④ 경쟁형(competitive model)은 정책을 둘러싼 정부 간 경쟁관계를 의미한다.

해설

④는 D.Wright가 제시한 IGR모형에 해당하지 않는다. D.Wright는 ① 분리권위형, ② 내포형(포괄권위형), ③ 중첩형 세가지로 유형화하였다. 경쟁형은 D.C.Nice가 제시한 유형이다. Nice는 정부간 관계를 경쟁형과 상호의존형으로 이원화하였다. <답 ④>

≪D. Wright의 정부간 관계 모형≫

구 분	내 용
분리권위형	(i) 연방정부와 주정부는 명확한 분리하에 상호독립적 · 완전자치적으로 운영되고 지방정부는 주정부에 종속된 이원적 관계 (ii) 연방정부와 주정부는 상호경쟁적 관계
포괄권위형	(i) 연방정부가 주정부와 지방정부를 완전히 포괄하는 종속관계 (ii) 강력한 계층제적 통제 (iii) 게임이론
중첩권위형	(i) 연방정부와 주 및 지방정부가 각자 고유한 영역을 가지면서 동시에 동일한 관심과 책임영역을 지니는 상호의존적 관계 (ii) 정부기능의 동시적 작용 (iii) 자치권과 재량권의 제한적 분산 (iv) 협상 · 교환관계(재정적 상호협조와 경쟁관계)

6. 정부간 관계에 대한 설명으로 잘못된 것은?

① 중앙정부와 지방정부간 관계에 대한 이론이다.
② 개별 지방정부의 이익이 우선 고려되어야 한다.
③ 라이트(D. S. Wright)는 정부간 관계모형으로 분리형, 포괄형, 중첩형을 정리했다.
④ 최선의 합리성이 작용해서는 바람직한 관계 형성이 힘들 수 있다.

해설

② 개별 정부의 이익 우선보다는 중앙·지방정부간 협력이 더 중요하다. <답 ②>

7. 공공선택론의 관점에서 협력, 경쟁, 담합 및 강제의 네 가지 정부간 관계를 제시하 있는 학자는?

① Bish ② Andree Lajoie ③ Rhodes
④ J. A. G. Griffith ⑤ D. S. Wright

해설

모든 나라에 있어서 정책부문에 따라 부분적으로 나타날 수 있는 정부간 관계를 분석한 Bish는 공공선택론의 관점에서 협력(cooperation)·경쟁(competition)·담합(collusion)·강제(coercion)의 네 가지 정부간 관계를 제시하고 있다. ④ J. A. G. Griffith는 중앙정부와 지방정부간의 관계를 자유방임형(laissez-faire)·규제형(regulatory)·장려형(pro-motional)의 세 가지로 유형화하고 있다. <답 ①>

8. 정부간 관계의 모형 중 Andree Lajoie가 분류하고 있는 분권유형은?

① 정치적 분권 — 행정적 분권 — 행정권 위임
② 행정적 분권 — 내포적 분권 — 중첩적 분권
③ 수평적 분권 — 수직적 분권 — 상호의존적 분권
④ 행정적 분권 — 수평적 분권 — 수직적 분권
⑤ 내포적 분권 — 정치적 분권 — 수평적 분권

해설

Andree Lajoie는 분권을 정치적 분권, 행정적 분권, 행정권 위임의 세 가지 유형으로 분류하였다. <답 ①>

≪Andree Lajoie의 분권유형≫

구 분	정치적 분권	행정적 분권	행정권 위임
정 의	연방정부와 주정부의 관계유형	중앙정부와 지방정부의 관계유형	지방정부는 중앙으로부터 위임받은 권한수행
지방정부의 법적 기초	헌 법	법 률	중앙정부

정부간 관계	대등관계	때로 중앙정부에 종속	종속관계
지방정부의 재정	자주재정	부분적 자주재정	중앙정부에 의존
지방정부의 지위	독립정체	어느 정도의 자치권을 가진 국가의 창조물	중앙정부의 하부기관
지방대표의 선택방법	선 거	선거 또는 임명	임 명

9. 지방자치단체간 분쟁의 직접적인 원인으로 보기 어려운 것은?

① 자율성의 강화 ② 지역이기주의 현상 ③ 상호의존성의 증가
④ 중앙집권의 확대 ⑤ 정책의 우선순위의 차이

해설

④ 중앙집권의 확대는 분쟁발생의 직접적인 원인으로 보기 어렵다. ①②③⑤ 외에도 지방자치단체간 분쟁의 원인으로 상호인지의 차이, 상호비용부담 및 피해보상의 문제 등을 지적할 수 있다. <답 ④>

10. 각국의 중앙·지방관계에 관한 이론 설명으로 올바른 것은? <2001 지시>

① IGR(Intergovernmental Relations) 모델은 원래 프랑스와 같은 단일국가(Unitary State)에서 나온 이론이다.
② D. S. Wright는 미국의 중앙 · 지방관계를 포괄권위모형(Inclusive Authority Model), 분리권위모형(Separated Authority Model), 상호의존권위모형(Interdependent Authority Model)의 셋으로 나누어 설명하고 있다.
③ 村松岐夫는 일본의 중앙 · 지방관계를 수직적 정치경쟁모형과 수평적 행정통제모형으로 설명하고 있다.
④ 우리나라의 중앙 · 지방관계는 1995년 지방자치가 완전히 부활하게 됨에 따라 J. A. G. Griffith가 말하는 동반자모형(Partnership Model)으로 변화하게 되었다.
⑤ R. A. W. Rhodes는 권력의존모형(Power-Dependence Model)을 통하여 영국의 중앙 · 지방관계를 설명하고 있다.

해설

① IGR은 미국과 같은 연방제국가에서 나온 이론이다. ③ 수직적 행정통제형, 수평적 정치경쟁형, 상호의존형으로 분류하고 있다. ⑤ Rhodes는 중앙정부와 지방정부의 상호작용관계를 의존과 자원(Dependence and Resources)이라는 관점에서 분석하면서 상호의존적인 정부가 권한을 동시에 증대시킬 수 있는 파지티브섬관계로 파악하고 있다. <답 ⑤>

11. **제3자에 의한 분쟁해결방식 중 조정의 강도에 따라 바르게 분류된 것은?**

① 알선 → 중재 → 재판 → 조정 → 구역개편
② 알선 → 조정 → 중재 → 재판 → 구역개편
③ 중재 → 재판 → 알선 → 조정 → 구역개편
④ 중재 → 알선 → 조정 → 재판 → 구역개편
⑤ 조정 → 중재 → 알선 → 재판 → 구역개편

해설

지방자치단체간 분쟁은 당사자들의 자율적인 협상을 통해 해결하는 것이 가장 바람직하지만 여의치 않을 경우에는 제3자인 중앙정부나 조정위원회, 사법부 등의 조정적 역할이 필요하게 된다. 조정의 강도에 따라 알선(의사타진, 전달) → 조정(조정안 제시, 법적 구속력 없음) → 중재(준사법적 조정) → 재판(사법적 조정) → 구역개편 등으로 구분될 수 있다. <답 ②>

12. **1970년대 등장한 정부간 관리(intergovernmental management)의 개념으로 볼 수 없는 것은?**

① 모든 정부간 상호작용뿐만 아니라 공 · 사부문의 상호작용을 포함하는 개념이다.
② 권력에 있어서 우위나 종속관계가 인정되지 않은 비계층적 권위관계이다.
③ 문제가 발생할 경우 끊임 없는 상호작용을 통해 합의를 유도한다.
④ 고도의 정치성을 수반하는 문제를 해결해야 한다.
⑤ 정부간 관리에서 추구하는 주요가치는 프로그램의 결과나 산출이다.

해설

④ 정책결정에 관심을 두는 정부간 관계와는 달리 정부간 관리는 정책집행을 강조하므로 정치성의 정도가 낮다. <답 ④>

≪연방주의 · 정부간 관계 · 정부간 관리의 특성비교≫

구 분	연방주의	정부간 관계	정부간 관리
관계단위	국가와 수정부, 주정부간	국가 · 주 · 지방정부, 국가 · 지방정부, 주 · 지방정부, 지방정부간	정부간 관계단위와 공 · 사 부문의 혼합형태
권위관계	국가우위 (불확정적 계층제)	인지된 계층제 (인지된 지도)	비계층적 의사소통망
갈등해소수단	법률, 재판, 선거	시장, 게임, 연합	거래, 협상, 대화, 분쟁해소
가 치	목 표	전망, 이미지	산출, 프로그램의 결과

정치지수	고도의 정치성	정책결정(조정)	정책집행(문제해결)
주도적 행위자	선출된 정치인	일반행정가	정책전문가

13. 다음 중 공공갈등을 관리하기 위한 방법 중 숙의적·대안적 분쟁해결기법(alternative dispute resolution)에 해당하지 않은 것은?

① 협상 ② 조정 ③ 중재
④ 시민배심원제 ⑤ 행정심의

해설

대안적 분쟁해결기법(ADR: alternative dispute resolution)은 재판 등에 의한 강제적인 분쟁해결방식에 대한 대안으로, 중립적인 제3자의 조정·중재하에 이해당사자가 분쟁해결과정에 직접 참여하여 상호 수용가능한 합의를 유도해 내는 자율적인 방식이다. ADR은 본질적으로 '합의에 의하여' 조정하는 다양한 접근기법을 총칭하며, 대화(dialogue)와 협상(negotiation), 화해촉진(facilitation), 조정(mediation), 중재(arbitration), 옴부즈맨(ombudsman) 등이 활용된다. <답 ⑤>

14. 제3자 조정의 실효성을 제고하기 위해서 고려해야 할 내용으로 타당하지 않은 것은?

① 지방자치단체간 분쟁해결은 당사자들의 자율적 협상을 원칙으로 한다.
② 분쟁당사자들의 의사를 통제함으로써 효과적인 조정이 이루어질 수 있다.
③ 조정의 강도가 약한 알선으로부터 순차적으로 시행하는 것이 바람직하다.
④ 분쟁당사자들간의 신뢰가 필수적인 성공요인이다.
⑤ 제3자 조정은 시의성과 신속성 있게 이루어져야 한다.

해설

② 제3자에 의한 조정의 효과성은 분쟁당사자들의 적극적인 참여와 의사소통을 촉진시킴으로써 제고될 수 있다. <답 ②>

15. 지방자치단체 상호간의 분쟁조정에 대한 설명으로 틀린 것은 ?

① 행정안전부소속 하에 있는 행정협의조정위원회는 지방자치단체간의 분쟁을 조정한다.
② 행정안전부장관은 신청에 의한 조정 외에 직권으로 조정할 수 있다.
③ 행정안전부장관으로부터 조정 결정을 통보받은 지방자치단체의 장은 그 조정 결정사항을 이행하여야 한다.
④ 헌법재판소는 지방자치단체간의 권한쟁의에 관한 심판을 관장한다.

✍ 해설

- 중앙행정기관의 장과 지방자치단체의 장이 사무를 처리함에 있어서 의견을 달리하는 경우 이를 협의 · 조정하기 위하여 국무총리 소속 하에 행정협의조정위원회를 둔다.
- 행정협의조정위원회의 위원장은 국무총리가 위촉한 위원회 위원 중에서 국무총리가 위촉한다.
- 행정협의조정위원회는 중앙행정기관의 장 또는 지방자치단체의 장의 신청에 의하여 협의 · 조정한다. 행정협의조정위원회는 재적위원 과반수의 출석으로 개의하고, 출석위원 3분의 2 이상의 찬성으로 의결한다.
- 행정협의조정위원회의 위원장은 결정사항을 지체없이 이를 서면으로 국무총리에게 보고하고 행정안전부장관 · 관계중앙행정기관의 장 및 당해 지방자치단체의 장에게 통보하여야 하며, 통보를 받은 관계중앙행정기관의 장과 당해 지방자치단체의 장은 그 협의 · 조정 결정사항을 이행하여야 한다.
- 지방자치단체간의 분쟁을 조정하는 위원회로서 행정안전부에 지방자치단체중앙분쟁조정위원회가 설치되어 있다.
- 행정안전부장관은 관계 중앙행정 기관의 장과의 협의를 거쳐 지방자치단체중앙분쟁조정위원회의 의결에 따라 조정하여야 한다.

<답 ①>

16. 현행 지방자치법상 지방자치단체 상호간 협력방식에 대한 설명으로 가장 적합하지 않은 것은? <2010 국가 9급>

① 사무위탁은 사무처리비용의 절감, 공동사무처리에 따른 규모의 경제 등의 장점이 있으나, 위탁처리비용의 산정문제 등으로 인해 광범위하게 이용되지 못하고 있다.

② 2개 이상의 지방자치단체가 그 사무 중 일부를 공동 처리할 필요가 있을 때에는 규약을 정하고 일정한 절차를 거쳐 지방자치단체조합을 설립할 수 있다.

③ 행정협의회를 구성한 관계 지방자치단체는 반드시 협의회의 결정에 따라 사무를 처리할 필요는 없다.

④ 지방자치단체는 다른 지방자치단체로부터 사무의 공동처리에 관한 요청이나 사무처리에 관한 협의 · 조정 · 승인 또는 지원의 요청을 받으면 법령의 범위에서 협력하여야 한다

✍ 해설

③ 행정협의회를 구성한 관계 지방자치단체는 협의회가 결정한 사항이 있으면 그 결정에 따라 사무를 처리하여야 한다(지방자치법 제157조). 행정협의회는 법인이 아니고 사업의 주체가 되지 못하며 집행권은 없으나 여기서 결정한 사항에 대해서는 각 자치단체가 따라야 한다. <답 ③>

17. 지방자치단체간 사무처리 기준으로 잘못된 설명은? <2005 인천 9급>

① 둘 이상의 기초자치단체에 관한 사항은 광역자치단체가 수행한다.

② 중앙정부와의 연락 및 보완적 사무는 광역자치단체가 담당한다.

③ 외부 효과와 규모의 경제가 있으면 기초자치단체가 담당하기에 적합하지 않다.

④ 기초와 광역자치단체의 공동 관련사무가 경합되면 광역 우선이 원칙이다.

해설

광역과 기초가 결합되는 사무는 원칙적으로 기초자치단체가 우선 수행한다는 것이 현재 일반적으로 수용되고 있는 사무 배분 원칙이다. <답 ④>

18. 지방자치단체 상호간의 분쟁조정에 관한 설명으로 옳지 않은 것은?

① 지방자치단체 상호간에 분쟁이 발생할 경우 <2008 지방수탁 7급>
행정안전부장관 또는 시 · 도지사가 당사자의 신청에 의하여 이를 조정할 수 있다.

② 지방자치단체 상호간 분쟁이 공익을 현저히 저해하여 조속한 조정이 필요하다고 인정될 경우에는 당사자의 신청이 없어도 행정안전부장관 또는 시 · 도지사가 직권으로 이를 조정할 수 있다.

③ 조정결정사항 중 예산이 수반되는 경우에 관계 지방자치단체는 이에 필요한 예산을 우선적으로 편성하여야 한다.

④ 동일 광역자치단체 내 기초자치단체 간의 분쟁은 중앙분쟁조정위원회에서 조정한다.

해설

④ 기초자치단체간 분쟁은 지방분쟁조정위원회의 의결에 따라 시 · 도지사가 조정하며 광역자치단체간 분쟁은 중앙분쟁조정위원회의 의결에 따라 행정안전부 장관이 조정하며, 해상경계분쟁과 같은 자치단체간 권한의 존부 또는 범위에 관한 권한쟁의심판은 헌법재판소가 관장한다. <답 ④>

19. 자치단체 상호간 분쟁이 발생하였을 때 분쟁조정에 대한 설명이다. 틀린 것은?

① 행정안전부 장관 또는 시 · 도지사가 당사자의 신청에 의하여 이를 조정할 수 있다.

② 조속한 조정이 필요하다고 인정되는 경우에는 직권으로 조정이 가능하며 법적 구속력이 있다.

③ 감독기관이 조정결정을 하기 위해서는 분쟁조정위원회를 필수적으로 거쳐야 하지만 최종적 결정기관은 감독기관이다.

④ 감독기관에 의한 조정 불가능 시 국무총리 소속 행정협의조정위원회에서

최종적 조정을 수행한다.

✍ 해설

국무총리 소속 행정협의조정위원회는 국가와 자치단체간 분쟁조정을 맡고 있으며 신청에 의하여 조정을 수행하고 법적 구속력이 인정되지만, 시행령에 규정되어 있고 당사자인 국가가 조정을 한다는 점에서 감독기관에 의한 분쟁조정보다 구속력이 약하다. <답 ④>

20. 다음 중 지방자치단체 상호간 분쟁조정을 위한 수단이 아닌 것은?

① 현법재판소의 권한쟁의 ② 행정협의회 설치 <2005 전남 9급>
③ 자치단체조합 설치 ④ 행정협의조정위원회 설치

✍ 해설

행정협의조정위원회는 중앙정부와 지방정부간 분쟁을 조정하기 위하여 국무총리 소속 하에 설치한 위원회로서, 신청에 의하여 조정하며 실질적인 구속력은 없다. <답 ④>

21. 지방자치단체간 분쟁을 조정하는 분쟁조정위원회에 대할 잘못된 설명은?

① 분쟁 중인 한쪽 당사자의 신청이 있으면 조정할 수 있다.
② 이행명령 및 대집행 등의 구속력이 있다.
③ 조속한 조정이 필요하다고 인정되는 경우에 직권조정도 가능하다.
④ 분쟁조정위원회의 의결을 반드시 거쳐야 한다.

✍ 해설

① 분쟁중인 당사자가 공동으로 신청해야 한다. <답 ①>

22. 지방자치단체간 분쟁조정과 협력강화를 위한 직접적인 수단과 거리가 먼 것은?

① 행정협의회 ② 인사교류제도 ③ 자치단체조합
④ 분쟁조정위원회 ⑤ 사무위탁

✍ 해설

공무원들의 인사교류를 통해서도 분쟁조정이나 협력강화는 가능하지만 간접적인 수단이다. 직접적인 해결방법은 되지 못한다. <답 ②>

23. 지방자치단체 상호간 분쟁의 조정과 협의사항조정에 필요한 사항을 심의 · 의결하기 위해 행정안전부 또는 시 · 도에 설치하는 조직은?

① 지방자치단체분쟁조정위원회 ② 광역행정협의회 <2003 지시 유사>
③ 지방이양합동심의회 ④ 행정협의조정위원회
⑤ 지방이양추진위원회

해설

1994년 3월에 개정된 지방자치법에 의해 분쟁심의기관으로 도입되었다가 1999년 8월 31일 개정 지방자치법에 의해 분쟁의결기관이 된 지방자치단체 분쟁조정위원회는 당사자의 신청 또는 직권에 의하여 지방자치단체 상호간 또는 지방자치단체장 상호간의 분쟁의 조정과 행정협의회의 협의사항의 조정에 필요한 사항을 심의·의결하기 위하여 행정안전부(중앙분쟁조정위원회) 또는 시·도(지방분쟁조정위원회)에 설치되는 분쟁의결기관이다(지방자치법 제149조의 제1항, 2008.2.29 개정). <답 ①>

24. 지방자치단체간의 권한쟁의에 관한 심판을 관장하는 기관은?

① 헌법재판소 ② 고등법원 <2001 지시 기술직 유사>
③ 행정협의조정위원회 ④ 지방이양추진위원회
⑤ 지방자치단체분쟁조정위원회

해설

국가기관 또는 지방자치단체는 (i) 국가기관 상호간, 국가기관과 지방자치단체간 및 지방자치단체 상호간에 권한의 존부 또는 범위에 관하여 다툼이 있을 때, (ii) 피청구인의 처분 또는 부작위가 헌법이나 법률에 의하여 부여받은 청구인의 권한을 침해하였거나 침해할 현저한 위험이 있는 경우에 한하여 헌법재판소에 권한쟁의심판을 청구할 수 있다. <답 ①>

25. 지방자치제도에 관한 다음 기술 중 타당한 것은? <2001 입법>

① 조례는 법률의 구체적·개별적 위임사항에 한해서만 규정할 수 있다.
② 우리나라는 지방자치에 있어서 의회대표제가 아니라 주민총회제를 채택하고 있다고 보여진다.
③ 헌법재판소는 지방자치단체 상호간의 권한쟁의를 심판한다.
④ 지방자치단체의 장 선거에서 후보자가 1인인 때에는 무투표당선이 인정된다.
⑤ 주민은 공공시설의 설치를 반대하는 사항을 내용으로 하는 조례의 개폐를 청구할 수 있다.

해설

① 지방자치단체는 법령의 범위 안에서 그 사무에 관하여 조례를 제정할 수 있다. 다만, 주민의 권리 제한 또는 의무 부과에 관한 사항이나 벌칙을 정할 때에는 법률의 위임이 있어야 한다. ② 우리나라는 지방자치에 있어서 주민총회제가 아닌 의회대표제를 채택하고 있다. ④ 국회의원·지방자치단체장·지방의회의원선거에 있어서는 후보자가 1인일 경우 투표를 실시하지 아니하고 당선인으로 결정한다. ⑤ 주민은 법령을 위반하는 사항, 지방세·사용료·수수료·부담금의 부과·징수 또는 감면에 관한 사항, 그리고 행정기구를 설치하거나 변경하는 것에 관한 사항이나 공공시설의 설치를 반대하는 사항은 조례의 개폐 청구대상에서 제외한다(신설 2009.4.1). <답 ③>

26. 경기도와 충청남도가 해상경계분쟁을 한다면 이를 해결할 권한이 있는 기관으로 가장 타당한 것은? <2002 입법>

① 경기도의회와 충청남도의회
② 행정안전부장관과 법무부장관
③ 대법원과 헌법재판소
④ 행정안전부장관과 헌법재판소
⑤ 해양수산부장관과 행정안전부장관

해설

④ 광역자치단체간 분쟁조정은 행정안전부장관이 행하며, 해상경계분쟁과 같은 자치단체간 권한의 존부 또는 범위에 관한 권한쟁의심판은 헌법재판소가 관장한다. <답 ④>

27. 지방자치단체간의 분쟁조정과 관련하여 제도적으로 적합하지 않은 사항은?

① 행정안전부장관 또는 시 · 도지시가 직권으로 분쟁을 조정하는 경우에는 그 취지를 미리 당사자에게 통보하여야 한다.
② 행정안전부장관은 분쟁조정결정에 의한 시설의 설치로 이익을 받은 자치단체에 대하여 그 시설비의 전부 또는 일부를 부담하게 할 수 있다.
③ 행정안전부장관이 분쟁을 조정하고자 할 때에는 중앙분쟁조정위원회의 심의와 국무총리의 허가를 받아야 한다.
④ 시 · 도지사가 분쟁을 조정할 때에는 관계중앙행정기관의 장과의 협의를 거쳐 지방분쟁조정위원회의 의결에 따라 조정하여야 한다.
⑤ 행정안전부장관 또는 시 · 도지사는 조정결정사항을 지방자치단체에서 성실히 이행하지 않은 때에는 직무이행명령을 내릴 수 있다.

해설

지방자치법 제148조(지방자치단체 상호간의 분쟁조정)에 관한 문제이다. ① 행정안전부장관 또는 시 · 도지사가 직권으로 분쟁을 조정하는 경우에는 먼저 (i) 그 취지를 미리 당사자에게 통보하고, (ii) 미리 서면으로 당사자에게 기간을 정하여 상호협의하여 분쟁을 해결하거나 분쟁조정을 신청하도록 권고하여야 하며, (iii) 그 기간 내에 분쟁이 해결되지 아니하거나 분쟁조정신청이 없는 경우 분쟁조정위원회에 이를 회부할 수 있다. ② 행정안전부장관 또는 시 · 도지사는 분쟁조정결정에 의한 시설의 설치 또는 역무의 제공으로 이익을 받거나 그 원인을 야기하였다고 인정되는 지방자치단체에 대하여 그 시설비 또는 운영비 등의 전부 또는 일부를 행정안전부장관이 정하는 기준에 따라 부담하게 할 수 있다. ③ 동법 제148조 제3항에 의하면 '행정안전부장관 또는 시 · 도지사가 지방자치단체 상호간 또는 지방자치단체장 상호간의 분쟁을 조정하고자 할 때에는 관계중앙행정기관의 장과의 협의를 거쳐 지방자치단체 중앙분쟁조정위원회 또는 지방자치단체 지방분쟁조정위원회의 의결에 따라 조정하여야 한다'고 규정하고 있다. <답 ③>

28. 지방자치단체 분쟁조정위원회에 관한 내용으로 올바른 것은?

① 대통령령이 정하는 중앙행정기관 소속공무원은 중앙분쟁조정위원회의 당연직 위원이 된다.

② 중앙분쟁조정위원회의 위원장은 행정안전부장관의 제청으로 국무총리가 임명 또는 위촉한다.
③ 중앙분쟁조정위원회 및 지방분쟁조정위원회의 위원장은 각각 행정안전부장관과 시 · 도지사가 된다.
④ 지방분쟁조정위원회의 위원은 시 · 도지사의 제청으로 행정안전부장관이 임명한다.
⑤ 당연직 위원이 아닌 민간인 위원은 과반수 이상이어야 하며, 임기는 2년으로 하되, 연임할 수 있다.

해설

① 중앙분쟁조정위원회의 당연직 위원은 행정안전부차관 · 산업자원부차관 · 환경부차관 · 건설교통부차관 및 기획예산처차관이다. 한편 조례로 정하는 당해 지방자치단체 소속공무원은 지방분쟁조정위원회의 당연직 위원이 된다. ②③ 분쟁조정위원회의 위원장 및 위원 중 5인은 (i) 대학에서 부교수 이상으로 3년 이상 재직중이거나 재직한 자, (ii) 판사 · 검사 또는 변호사의 직에 6년 이상 재직중이거나 재직한 자, (iii) 기타 지방자치사무에 관한 학식과 경험이 풍부한 자 중에서 중앙분쟁조정위원회의 경우는 행정안전부장관의 제청으로 대통령이, 지방분쟁조정위원회는 시 · 도지사가 임명 또는 위촉한다. ⑤ 중앙분쟁조정위원회 및 지방분쟁위원회는 각각 위원장을 포함한 11인 이내의 위원으로 구성하며, 공무원이 아닌 위원장 및 위원의 임기는 3년으로 하되, 연임할 수 있다. <답 ①>

29. 지방자치단체간의 사무위탁에 관한 설명 중 적합하지 않은 것은?

① 사무위탁은 지방자치단체상호간 요구되는 협력방식의 하나이다.
② 사무위탁은 지방자치단체의 장이 그의 권한에 속하는 사무의 일부를 그의 보조기관 또는 하부행정기관에 위임하는 것이다.
③ 사무위탁은 산업화와 지역개발이 고도화될수록 그 범위는 늘어날 전망이다.
④ 사무위탁에 소요되는 경비는 사무를 위탁하는 지방자치단체가 이를 부담하는 것이 원칙이다.
⑤ 사무위탁의 대상으로는 유료도로의 관계 상하수도 및 환경보전관리, 교육과 방재사업 등이 있다.

해설

사무위탁이란 지방자치단체 또는 그 장이 소관사무의 일부를 다른 지방자치단체 또는 그 장에게 위탁하여 처리하는 것을 말한다. 사무위탁은 지방자치단체 상호간의 협력방식의 하나이기 때문에 지방자치단체의 장이 그의 권한에 속하는 사무의 일부를 그의 보조기관 또는 소속기관, 하부기관에 위임하거나 공공단체 및 법인 등에 그것을 위탁하는 것과는 구별된다(지방자치법 제151조). <답 ②>

30. 행정협의회에 관한 내용으로서 적합하지 않은 것은?

① 행정협의회를 구성하고자 할 때에는 관계자치단체간의 협의에 따라 규약

을 정하여 관계지방의회의 의결을 거쳐야 한다.
② 우리나라 행정협의회방식은 처음에 도시권행정협의회로 발전하였다.
③ 행정협의회에는 실무협의회뿐만 아니라 자문기관도 둘 수 있다.
④ 행정협의회는 원칙상 자율적으로 구성되지만 상급기관이 공익상 필요한 경우 그 구성을 권고할 수 있다.
⑤ 행정협의회의 법적 성격은 조합과 같이 법인격을 갖는다.

✍ 해설 ……………………………………

⑤ 행정협의회는 현행지방자치법상 조합과는 달리 법인격을 갖지 아니한다. 행정협의회와 관계지방자치단체의 장, 기타 집행기관과의 사이에는 대리에 준하는 효과가 인정된다.
<답 ⑤>

31. 지방자치단체간 설치하는 행정협의회에 관한 설명으로 옳지 않은 것은? <2002 지시 기술직>
① 우리나라에서 도시권행정협의회가 처음으로 발족한 곳은 대구권이다.
② 관계지방자치단체의 협의에 의해 규약을 정하여 자발적으로 운영되는 정부간 협의체이다.
③ 지방자치단체간의 지나친 경쟁과 갈등을 완화할 수 있는 제도이다.
④ 지방자치단체의 사무 중 일부를 공동으로 처리하기 위하여 일종의 법인체를 형성하는 것이다.
⑤ 관계지방자치단체의 명의로 행한 사무처리는 그 관계지방자치단체가 행한 것으로 본다.

✍ 해설 ……………………………………

⑤ 행정협의회가 관계지방자치단체 또는 그 장의 명의로 행한 사무의 처리는 관계지방자치단체 또는 그 장이 행한 것으로 본다. <답 ④>

32. 도시권행정협의회의 공통적 협의사항으로 볼 수 없는 것은?
① 광역도시계획 수립과 변경 ② 공해 및 환경오염과 관련된 사항
③ 버스노선의 신설 및 연장 ④ 동사무소 위치변경 사항
⑤ 공공시설의 설지 및 관리운영

✍ 해설 ……………………………………

④ 동사무소 위치변경은 해당 시 자체에 국한된 사항으로 도시권행정협의회의 협의대상이 안 된다. <답 ④>

33. 지방자치단체 상호간 또는 중앙정부와 자치단체간의 갈등해결을 위한 제도로 볼 수 없는 것은?
① 국가의 지방자치단체에 대한 지도 · 감독, 위법 · 부당한 명령 · 처분의 시

정, 직무이행명령
② 재판에 의한 해결
③ 국회의 입법활동에 의한 갈등해소
④ 재판 이외의 협상, 조정, 중재에 의한 갈등해소
⑤ 옴부즈만제도(Ombudsman)에 의한 갈등해소

해설

행정권한의 남용이나 부당하게 국민의 권익을 침해한 행정기관의 처분을 국회소속기관인 옴부즈만(Ombudsman)을 통해서 신속 · 공정하게 조사하여 그 시정을 권고하는 제도는 정부간 갈등해소와는 거리가 멀다. <답 ⑤>

34. 토머스(K. Thomas)가 제시하고 있는 대인적 갈등관리방안에 대한 설명으로 옳지 않은 것은? <2012 지방수탁 9급>

① 자신의 이익과 상대방의 이익을 만족시키려는 정도라는 두 가지 차원으로 구분하여 설명한다.
② 경쟁이란 상대방의 이익을 희생하여 자신의 이익을 추구하는 방안이다.
③ 순응이란 자신의 이익은 희생하면서 상대방의 이익을 만족시키려는 방안이다.
④ 타협이란 자신과 상대방의 이익 모두를 만족시키려는 방안이다.

해설

토머스(K. Thomas)는 다른 갈등 당사자를 만족시켜 주려는 노력(상대방의 이익만족도)인 협력성(cooperativeness)과, 자신의 이익/관심사를 만족시키려는 시도(자신의 이익만족도)인 단정성(assertiveness)의 두 차원을 통해 아래와 같이 5가지 갈등관리방안을 제시하였다. 토머스의 모형에 따르면 지문 ④의 자신과 상대방의 이익 모두를 만족시키려는 방안은 타협이 아니라 협동방식이다. <답 ④>

≪토머스의 갈등처리방식≫

구분	내용
회피(avoiding)	자신과 상대방의 이익 모두 무관심한 갈등전략
경쟁(competition)	자신의 이익은 추구하고, 상대방의 이익은 희생시키는 갈등전략
순응(accommodating)	자신의 이익은 희생하고, 상대방의 이익은 만족시키는 갈등전략
협동(collaborating)	자신과 상대방의 이익 모두 만족시키는 갈등전략
타협(compromising)	자신과 상대방 이익의 중간 정도를 만족시키는 갈등전략

35. 갈등관리상황 중 자기와 상대이익을 만족시키려는 의도가 다 같이 높을 때 제시될 수 있는 갈등해소 방안으로 가장 적합한 것은? <2010 서울 9급>

① 순응 ② 경쟁
③ 타협 ④ 회피 ⑤ 협동

✍ 해설 ……………………………………

루불과 토마스의 이차원 모형 중 협동에 관한 설명이다. 자신의 이익을 만족시키려는 독단성 정도와 상대방의 이익을 만족시키려는 협력성 정도라는 두 가지 독립적 차원을 이용하여 개인 수준의 갈등관리를 다섯 가지로 분류했다. 경쟁(competition)－회피(avoiding)－타협(compromising)－협동(collaborating)－순응(accommodating) <답 ⑤>

36. 지방자치법상 지방자치단체장에게 부여된 권한 중 지방의회와 지방자치단체장이 대립, 갈등하는 경우의 비상적 해결수단에 속하지 않는 것은? <2008 지방수탁 9급>

① 재의 요구 ② 직무이행명령
③ 준예산 집행 ④ 선결처분

✍ 해설 ……………………………………

② 자치단체장에 대한 직무이행명령권은 지방의회의 권한이 아니라 중앙행정기관의 장의 권한에 속한다. 직무이행명령이란 지방자치단체의 장이 그 의무에 속하는 국가위임사무의 관리 및 집행을 해태한 때에 주무부장관이 그 이행을 명령하는 제도로서 지방의회와 단체장 상호간에는 인정되지 아니한다. <답 ②>

37. 제3자에 의한 분쟁해결방식 중 중앙집권적 분쟁해결방식은?

① 알 선 ② 구역개편 ③ 조 정
④ 중 재 ⑤ 재 판

✍ 해설 ……………………………………

제3자에 의한 분쟁해결방식은 조정의 강도에 따라 알선, 조정, 중재, 재판, 구역개편 등으로 나눌 수 있다. <답 ②>

≪제3자에 의한 분쟁해결방식≫

구 분	조 정 방 식
알 선	알선자가 분쟁당사자들의 의사를 타진하여 전달하고 협상의 조건을 제시하는 등 분쟁당사자들의 의견접근을 돕는 활동
조 정	조정자 또는 조정위원회가 분쟁당사자들의 주장과 쟁점을 조사하고 자신의 조정안을 분쟁당사자들에게 제시하여 수락을 권고하는 정치적 활동
중 재	중재위원회가 내린 재정을 통하여 분쟁당사자들을 법률적으로 구속하는 준사법적 분쟁조정방식
재 판	법원의 판결을 통한 사법적 분쟁조정방식
구역개편	구역확장이나 합병에 의하여 지방자치단체간 분쟁을 해결하려는 중앙집권적 분쟁조정방식

38. 최근 삶의 질 향상으로 쾌적한 환경에 대한 국민들의 욕구가 증대됨에 따라 환경오염피해와 관련한 분쟁이 지속적으로 증가하고 있다.

환경오염피해분쟁조정제도에 대한 설명으로 틀린 것은?

① 환경오염으로 인하여 피해가 발생한 경우뿐만 아니라 발생이 예상되는 경우에도 분쟁조정을 신청할 수 있다.

② 환경분쟁을 조정하기 위하여 합의제행정기관으로서 환경부에는 중앙환경분쟁조정위원회를, 시 · 도에는 지방환경분쟁조정위원회를 설치하고 있다.

③ 위원회에 의한 직권조정제도는 물론 분쟁의 신속한 해결을 위해 선정대표자제도를 도입하고 있다.

④ 환경단체도 분쟁당사자를 대리하여 조정신청을 할 수 있도록 하였으며, 대표당사자에 의한 조정신청제도를 도입하고 있다.

⑤ 환경분쟁조정으로는 알선, 조정, 재정 등이 있는데, 특히 재정은 재판에 준하는 절차로서 재정문서는 재판상 화해조서와 동일한 효력을 가지고 있다.

해설

⑤ 기존에는 재정의 효력을 재판상 화해조서와 동일한 효력을 가지는 것으로 하였으나 환경분쟁조정법 개정(1997. 8. 28)에서는 당사자가 재정에 승복할 경우 당사자간 합의로 간주하고 있으며, 불복할 경우에는 60일 이내에 법원에 소송을 제기할 수 있도록 하고 있다. <답 ⑤>

39. 당사자에 의한 분쟁해결방식 중 원칙협상의 내용으로 적합하지 않은 것은?

① 자신의 주장을 최선의 해결책으로 믿으면서 상대방을 설득하려는 협상방식이다.

② 문제의 실체를 바탕으로 분쟁을 해결하려는 객관적 · 문제중심적 협상방식이다.

③ 문제로부터 사람을 분리시키며 입장이 아닌 이해관계에 초점을 맞춘다.

④ 궁극적인 협상의 결과는 객관적이고 공정한 기준에 입각한다.

⑤ 합의를 이루기 전에 상호공동이익을 가져오는 대안들을 개발한다.

해설

분쟁당사자에 의한 해결방식에는 당사자간의 직접적인 협상에 의한 방법과 행정협의회, 지방자치단체조합 등 제도적 장치를 이용하는 방법이 있으며, 협상방식은 다시 입장협상과 원칙협상으로 나누어질 수 있다. ①은 입장협상에 관한 내용이다. 협상당사자들이 이러한 입장협상에 너무 집착할 경우 (i) 협상내용이 본질적인 관심사로부터 벗어나기 쉽고, (ii) 합의에 도달하는 데 많은 시간과 노력을 요하게 되며, (iii) 협상이 의지의 경합으로 격화되어 협상당사자들의 원만한 관계유지를 지속시키기 어렵게 한다. <답 ①>

40. 행정협의조정위원회에 대한 설명으로 올바르지 않은 것은?

① 중앙행정기관의 장과 지방자치단체의 장이 사무를 처리함에 있어서 의견

을 달리하는 경우 이를 협의 · 조정하기 위해 국무총리소속하에 두는 기구이다.

② 행정협의조정위원회의 협의 · 조정은 당사자의 신청에 의하며, 직권으로 협의 · 조정할 수 없다.

③ 행정협의조정위원회는 위원장 1인을 포함하여 13인 이내의 위원으로 구성한다.

④ 행정협의조정위원회는 재적위원 과반수의 출석으로 개의하고, 출석위원 3분의 2 이상의 찬성으로 의결한다.

⑤ 수도권지역의 광역계획수립과 집행에 있어서 중앙행정기관의 장과 서울특별시장이 의견을 달리하는 경우에도 행정협의조정위원회가 조정한다.

해설

② 협의 · 조정은 당사자의 쌍방 또는 일방이 서면으로 행정협의조정위원회의 위원장에게 신청하여야 하며, 이 경우 시 · 도지사는 행정안전부장관을, 시장 · 군수 · 구청장은 시 · 도지사와 행정안전부장관을 거쳐야 한다. ③ 행정협의조정위원회의 위원은 (i) 재정경제부장관 · 행정안전부장관 · 기획예산처장관 · 국무조정실장 및 법제처장, (ii) 안건과 관련된 중앙행정기관의 장과 시 · 도지사중 위원장이 지명하는 자, (iii) 기타 지방자치에 관한 학식과 경험이 풍부한 자중에서 국무총리가 위촉하는 자 4인이며, 위원장은 위촉위원 중에서 국무총리가 위촉한다. 위원장과 위촉위원의 임기는 2년으로 하되, 연임할 수 있다. ⑤ 서울특별시와 관련된 도로 · 교통 및 운수관련사항, 환경오염방지 및 환경보전에 관한 사항, 수자원 등의 이용에 관한 사항, 기타 수도권의 광역행정상 필요한 사항의 계획수립과 그 집행에 관하여 관계중앙행정기관의 장과 시장이 의견을 달리하는 경우 국무총리가 행정협의조정위원회의 심의를 거쳐 이를 조정한다. <답 ⑤>

41. 중앙정부와 지방정부간, 지방정부 상호간의 분쟁조정에 대한 설명으로 옳지 않은 것은? <2002 지시>

① 중앙과 지방간 사무를 처리함에 있어서 이견이 있을 시에는 중앙분쟁조정위원회가 이를 조정한다.

② 국무총리실에 행정협의조정위원회가 설치됨에 따라 수도권광역행정조정위원회는 폐지되었다.

③ 지방자치단체는 행정협의조정위원회의 조정결정을 따라야 한다.

④ 중앙과 지방간 권한쟁의에 관한 심판은 헌법재판소가 한다.

⑤ 지방자치단체 상호간의 분쟁은 중앙분쟁조정위원회와 지방분쟁조정위원회가 조정한다.

해설

③ 행정협의조정위원회의 위원장은 협의 · 조정사항에 관한 결정을 한 때에는 지체없이 이를 서면으로 국무총리에게 보고하고 행정안전부장관 · 관계중앙행정기관장 및 당해 자치단체장에게 통보하여야 하며, 통보를 받은 관계중앙행정기관장과 당해 자치단체장은 그 협의 · 조정결정사항을 이행하여야 한다. <답 ①>

42. 국가에 의한 지방자치단체의 지도·감독수단으로 우리나라 지방자치법이 규정하고 있지 않은 것은? <2001 지시>

① 특정사안에 관하여 신고할 의무
② 지방자치단체 사무에 관하여 조언 또는 권고, 자료제출 요구, 기술지원
③ 국무총리 소속하의 협의조정기구를 통한 협의조정
④ 지방자치단체장에 대한 직무이행명령
⑤ 공익을 해하는 처분에 대한 시정명령 또는 취소 · 정지

해설

지방자치법은 제9장 국가의 지도 · 감독에서 (i) 자치단체의 사무에 대한 조언 · 권고 · 지도 및 재정 · 기술지원(제166조), (ii) 국가위임사무 또는 시 · 도 위임사무처리의 지도 · 감독(제167조)(2011.7.14 개정), (iii) 국무총리소속하의 협의조정기구를 통한 중앙행정기관과 자치단체간 협의조정(제168조), (iv) 위법 · 부당한 명령 · 처분의 시정명령 및 취소 · 정지(제169조), (v) 자치단체장에 대한 직무이행명령 및 대집행(제170조의 2), (vi) 자치단체의 자치사무에 대한 감사(제171조), (vii) 재의요구명령과 제소지시 및 직접제소(제172조) 등을 규정하고 있다. <답 ①>

43. 지방자치법상의 지방자치단체에 대한 국가 및 시 · 도의 지도, 감독에 대한 설명 중 옳은 것만을 고른 것은? <2009 지방수탁 9급>

ㄱ. 중앙행정기관의 장이나 시 · 도지사는 지방자치단체의 사무에 관하여 조언 또는 권고하거나 지도할 수 있다.
ㄴ. 중앙행정기관의 장과 지방자치단체의 장이 사무를 처리할 때 의견을 달리하는 경우 이를 협의 · 조정하기 위하여 행정안전부 소속으로 협의조정기구를 둘 수 있다.
ㄷ. 지방자치단체의 사무에 관한 그 장의 명령이나 처분이 법령에 위반되거나 현저히 부당하여 공익을 해친다고 인정되면 시 · 도에 대하여는 주무부장관이, 시 · 군 및 자치구에 대하여는 시 · 도지사가 즉시 이를 취소하거나 정지할 수 있다.
ㄹ. 주무부장관이나 시 · 도지사는 해당 지방자치단체의 장이 정해진 기간 내에 이행명령을 이행하지 아니하면 그 지방자치단체의 비용부담으로 대집행하거나 행정상 · 재정상 필요한 조치를 할 수 있다.

① ㄱ, ㄴ ② ㄱ, ㄹ ③ ㄴ, ㄷ ④ ㄷ, ㄹ

해설

ㄱ과 ㄹ만 옳고, 나머지는 틀리다. ㄴ. 행정안전부가 아니라 국무총리 소속 하에 협의조정기구를 둘 수 있도록 하고 있다. ㄷ. 지방자치단체의 사무에 관한 그 장의 명령이나 처분이 법령에 위반되거나 현저히 부당하여 공익을 해친다고 인정되면 주무부장관이나 시 · 도지사가 즉시 취소 · 정지하는 것이 아니라, 시 · 도에 대하여는 주무부장관이, 시 · 군 및 자치구에 대하여는 시 · 도지사가 기간을 정하여 서면으로 시정할 것을 명하고, 그 기간에

이행하지 아니하면 이를 취소하거나 정지할 수 있다. <답 ②>

44. 지방자치법상 지방자치단체에 대한 국가의 관여수단으로 인정되고 있지 않은 것은? <2001 행시>

① 단체장 상호간에 분쟁발생시 국무총리의 직권조정
② 조언, 권고, 지도 및 자료제출의 요구
③ 재의(再議)요구명령 및 직접제소
④ 행정대집행법을 준용한 행정대집행
⑤ 시정명령권 및 취소·정지권의 행사

해설

① 지방자치단체 상호간이나 지방자치단체의 장 상호간 사무를 처리할 때 의견이 달라 다툼이 생기면 다른 법률에 특별한 규정이 없으면 행정안전부장관이나 시·도지사가 당사자의 신청에 따라 조정(調整)할 수 있다. 다만, 그 분쟁이 공익을 현저히 저해하여 조속한 조정이 필요하다고 인정되면 당사자의 신청이 없어도 직권으로 조정할 수 있다(개정 2008. 2.29). <답 ①>

45. 정부 상호간 갈등이 발생했을 경우, 사법절차에 의한 방법이다. 사법절차에 의할 경우 발생하는 문제점으로 적합하지 않은 것은?

① 엄청난 소송비용으로 정부예산 낭비
② 많은 시간이 소요되어 적시성을 상실
③ 당사자의 대립적인 관계 악화로 미래관계에 나쁜 영향을 미친다.
④ 사법부의 전문성 결여
⑤ 사법적인 절차는 분쟁해결에 있어서 최선의 수단이 아니므로 최종적인 수단은 될 수 없다.

해설

⑤ 분쟁해결의 사법적인 절차는 최선의 방법이라고 할 수는 없으나 행정부 스스로 해결할 수 없을 때 최후적인 방법으로 그 존재가치는 있다. <답 ⑤>

46. 재판 이외의 협상·조정·중재에 의한 분쟁해결제도의 설명 중 적합하지 않은 것은?

① 협상에 의한 방법은 자치원칙에 입각하여 순전히 당사자인 기관끼리 자발적인 의사에 따라서 합의에 의해 해결하는 방식이다.
② 협상에 의한 방법으로는 행정협의회의 구성이 있다.
③ 조정은 당사자인 기관끼리 협상에 의해서 분쟁해결이 어려울 경우, 제3자의 개입을 통한 구속력 있는 해결방식이다.
④ 중재에 의한 방법으로는 지방자치단체 분쟁조정위원회가 있다.
⑤ 중재는 분쟁당사자가 판정을 맡은 제3자의 개입을 통한 결정에 따르는

구속력 있는 해결방식이다.

해설

조정은 제3자의 개입을 전제로 한 해결방식이지만 결정의 구속력은 쌍방동의가 있을 때만 가능하다. <답 ③>

≪협상 · 조정 · 중재의 비교≫

구 분		협 상	조 정	중 재
절차개시시 당사자 합의		필수조건	필수조건/예외	불필요
제3자	개입여부	불개입	개 입	개 입
	성 격	–	개인/공 · 사기관	개인/공 · 사기관
	선 정	–	쌍방합의	쌍방합의
	역 할	–	합의도출	중재결정
절차의 진행내용		이해/입장 조정	이해/입장 조정	확인/이해조정
절차의 정형성		없 음	없 음	약간 있음
결정의 구속력		쌍방동의 필요	쌍방동의 필요	구속력 있음

47. 정부간 분쟁해결에 있어서 현실적인 제약점을 극복하기 위한 제도적 절차로 소위 대안적 분쟁해결제도(Alternative Dispute Resolution)가 있다. 이의 설명으로 적합하지 않은 것은?

① 이 제도는 공공부문과 민간부문에 있어서 구미 선진국에서는 오래 전부터 광범위하게 운용되어 왔다.
② 우리나라에서도 행정부 내에 설치되어 운영되고 있다.
③ 그 성격별로는 의결, 심의, 조정, 자문위원회로 나누어 볼 수 있다.
④ 지방자치단체 분쟁조정위원회가 이에 속하며 의결기능을 가지고 있으나 법적 구속력이 없다.
⑤ 대안적 분쟁해결제도는 재판에 의한 해결이 부적합한 이해갈등의 합리적인 중재에 적합하다.

해설

대안적 분쟁해결제도(ADR)는 재판 등에 의한 강제적 분쟁해결방식에 대한 대안으로서 중립적인 제3자의 조정 · 중재하에 이해당사자가 분쟁해결과정에 직접 참여하여 상호 수용가능한 합의를 유도해 내는 방식이다. 그 목적으로는 (i) 재판의 혼잡 및 비용상승과 지연의 구제, (ii) 분쟁해결과정에서의 공동체사회의 참여, (iii) 재판에 의한 해결이 부적합한 갈등의 합리적인 중재, (iv) 양 당사자의 극단적인 감정대립의 완화 등을 들 수 있다. 우리나라 지방자치단체 분쟁조정위원회의 기능은 개정 지방자치법을 통해 과거의 심의기관에서 의결기관으로 권한이 강화되었다. 조정결정사항을 성실히 이행하지 않을 경우, 직무이행명령을 내릴 수 있고 대집행할 수 있다. <답 ④>

48. 중앙통제의 필요성이 아닌 것은?

① 행정기능의 양적 확대
② 행정의 지방화에 따른 자치단체의 민주성 제고
③ 행정기능의 질적 복잡화 · 고도화
④ 지방적 사무의 전국적 이해관계화
⑤ 신속 · 능률적인 행정수행

해설

오늘날의 행정은 광역화, 전국화, 국제화 추세에 있다. 따라서 이러한 행정의 변화에 지방자치단체가 능동적 · 적극적으로 대응할 수 있도록 능력을 제고시켜 주어야 할 필요성이 제기되고 있다. <답 ②>

49. 지방자치단체에 대한 행정통제의 단점으로 볼 수 없는 것은? <2001 입법>

① 행정통제가 지나치게 강화되면 지방자치의 본질을 해치게 된다.
② 자치단체의 사소한 행정사무처리에도 통제를 가하게 됨으로써 지방정부의 사기를 저해하며 행정능률을 저하시킨다.
③ 지방의 특성과 실정에 맞는 행정이 곤란해진다.
④ 지방행정기능의 자기결정성과 자기책임성이라는 지방주민들의 욕구를 충족시키기 곤란하다.
⑤ 자치단체간의 행정수준 차이가 커져 국민생활의 균형을 유지하기 어렵다.

해설

⑤ 자치단체에 대한 국가의 행정통제는 국민이 인간다운 생활을 누리는데 필요한 최소한의 서비스수준을 보장하여 전국적 균형을 확보하고자 하는 것이다. <답 ⑤>

50. 우리나라에서 행정통제를 수행하는 내부통제기관으로만 구성된 것은? <2008 지방수탁 9급>

ㄱ. 감사원	ㄴ. 국회	ㄷ. 헌법재판소
ㄹ. 국민권익위원회	ㅁ. 행정안전부	

① ㄱ, ㄷ, ㄹ ② ㄱ, ㄷ, ㅁ ③ ㄱ, ㄹ, ㅁ ④ ㄴ, ㄹ, ㅁ

해설

행정통제에는 정부 밖에서 통제가 이루어지는 외부통제와 정부 내부에서 이루어지는 내부통제가 있다. 입법부 · 사법부 등에 의한 통제는 외부통제에 해당하며 감사원 및 국민권익위원회 등은 독립통제기관으로서 내부통제 기관에 해당한다. 행정안전부도 조직 · 정원 · 인사 등을 통한 내부통제기관이다. <답 ③>

51. 우리나라 중앙정부의 통제 중 행정상 통제에 해당하지 않는 것은 ?

① 지방자치단체의 장에 대한 직무이행명령권
② 자치사무에 대한 감사권
③ 지방의회 의결의 재의요구지시권, 제소지시권 및 직접 제소권
④ 행정기구의 편제 및 공무원의 정원에 관한 기준 제정

해설

④는 인사상 통제에 해당한다. <답 ④>

≪우리나라의 중앙통제≫

1) 행정상 통제: 지방자치단체의 사무에 대한 지도 및 지원, 국가사무 처리의 지도·감독, 위법·부당한 명령·처분의 시정명령권 및 취소·정지권, 지방자치단체의 장에 대한 직무이행명령권, 자치사무에 대한 감사권, 지방의회 의결의 재의요구지시권, 제소지시권 및 직접제소권, 회계검사기관의 회계검사권과 직구감찰권, 각종 유권해석 및 지침의 제공
2) 인사상 통제: 행정기구의 편제 및 공무원의 정원에 관한 기준 제정, 지방자치단체에 두는 국가공무원의 임명 및 감독
3) 재정상 통제: 지방자치단체재정운용업무편람 보급, 예산 및 결산 보고, 보조금 사용에 관한 감독

52. 중앙정부의 지방정부에 대한 통제의 수단으로 잘못 설명된 것은 ?

① 사전승인권 ② 시정명령권
③ 취소정지권 ④ 선결처분권

해설

선결처분이란 지방의회가 의결할 수 없거나, 의결하지 않은 경우에 지방자치단체의 장이 지방의회의 의결을 거치지 않고 일정한 사항을 독자적 판단에 따라 우선적으로 처분하는 것이다. <답 ④>

53. 행정통제에 관한 설명으로 옳지 않은 것은? <2011 국회사무처 8급>

① 길버트(E. Gilbert)에 의하면 행정통제의 방법은 통제자가 행정조직 내부에 위치하는가 그렇지 않은가에 따라 공식적 통제와 비공식적 통제로 구분된다.
② 프리드리히(C. Friedrich)는 행정국가의 불가피성과 외부통제의 어려움으로 인해 내부통제가 더 강조되어야 한다고 보았다.
③ 정치행정이원론적 입장에 따르면 외부통제가 더 바람직하다.
④ 사법부에 의한 통제는 일차적으로 사후적 조치라는 점에서 한계를 지닌다.
⑤ 옴부즈만제도는 융통성과 비공식성이 높은 제도이며 법적이라기보다는 사회적·정치적 성격이 강한 제도이다.

✍ 해설 ··

길버트(E. Gilbert)는 통제자가 행정조직 내부에 위치하는가 그렇지 않은가에 따라 내부통제와 외부통제로 나누었다. 공식 통제와 비공식 통제는 통제장치가 공식적으로 법제화되어 있는가 그렇지 않은가에 의해 구분된다. <답 ①>

≪Gilbert의 행정통제≫

구분	내부통제	외부통제
공식	• 행정수반(대통령) 및 국무총리실에 의한 통제 • 계층제(상관) 및 인사관리제도를 통한 통제 • 독립통제기관(감사원, 국민권익위원회)에 의한 통제 • 교차기능조직(기재부, 행안부 등)에 의한 통제 • 정부업무평가(구 심사평가)에 의한 통제	• 입법부에 의한 통제 • 사법부(헌법재판소, 법원)에 의한 통제 • 옴부즈만에 의한 통제
비공식	• 행정윤리(전문직업상의 행동규범)에 의한 통제 • 동료 집단의 평가와 비판에 의한 통제 • 대표관료제 • 공익	• 민중통제 • 시민에 의한 통제 • 이익집단에 의한 통제 • 여론, 매스컴, 인터넷 등에 의한 통제 • 정당에 의한 통제

54. 행정통제에 관한 설명으로 옳지 않은 것은? <2008 국회사무처 8급>

① 감사원에 의한 통제는 내부통제로, 사후 통제적 성격을 갖고 있다.
② 전통적인 통제방식으로 중시된 것은 행정부에 의한 통제이다.
③ 옴부즈만은 기존의 행정결정을 무효로 하거나 취소할 수 없다.
④ 사법부에 의한 통제는 소극적인 성격이 강하다.
⑤ 선거제도는 외부통제에 속한다.

✍ 해설 ··

② 전통적인 통제방식으로 중시된 것은 입법부 등에 의한 외부통제이며, 행정부에 의한 내부통제는 현대 행정국가 하에서 강조되는 통제이다. <답 ②>

55. 행정의 외부통제에 관한 설명으로 옳지 않은 것은? <2002 국가 7급>

① 민중통제의 방법으로는 선거, 여론, 주민참여, 이익단체의 활동 등이 있다.
② 사법통제는 권익의 침해가 전제되기 때문에 사후적 통제가 되며 부작위(不作爲)에 대한 통제가 어렵다.
③ 옴부즈만제도는 다른 통제방법에 비하여 신속하게 행정행위를 직접 취소시키는 효과가 있다.
④ 예산심의 · 결정권은 강력한 입법통제 수단이다.

해설

③ 옴부즈만제도는 행정행위를 직접 취소, 무효화시킬 수 없다. <답 ③>

56. 오늘날 지방자치단체에 대한 중앙정부의 통제방식 중 가장 광범하고 중요한 통제방식은?

① 행정통제 ② 입법통제 ③ 재정통제
④ 사법통제 ⑤ 언론통제

해설

행정통제는 입법 · 사법통제에 비해 탄력성과 유연성 및 능률성 · 효과성을 가지고 있어서 오늘날 가장 중요한 통제방식으로 각광받고 있다. <답 ①>

57. 행정통제에 있어서 내부통제제도에 속하는 것은? <2001 국가 7급>

① 감사원의 감사제도 ② 국회의 예산 심의
③ 행정소송제도 ④ 옴부즈만제도

해설

행정통제에는 정부 밖에서 통제가 이루어지는 외부통제와 정부 내부에서 이루어지는 내부통제가 있다. 입법부 · 사법부 등에 의한 통제는 외부통제에 해당하며 감사원 및 국민권익위원회 등은 독립통제기관으로서 내부통제기관에 해당한다. 행정안전부도 조직 · 정원 · 인사 등을 통한 내부통제기관이다. <답 ①>

≪행정통제의 구분≫

구분	내부통제	외부통제
공식	행정수반(대통령), 교차기능조직, 독립통제기관(감사원, 국민권익위원회), 계층제(상관), 심사평가	입법부, 사법부, 옴부즈만
비공식	행정윤리(전문직업상의 행동규범), 대표관료제, 공익	민중통제, 시민참여, 이익집단, 언론매체, 정당

58. 다음과 같은 행정현실에서 가장 적합한 행정통제 방안은?
<2012 지방수탁 9급>

> 현재 지방관서에서 하루속히 척결해야 할 것은 관급공사와 관련한 비리이다. 드물지만 간판도 없는 유령회사가 관급공사를 따내는 경우도 있다. 전관예우라고나 할까? 전직 기관장이 공사를 따내는 경우인데, 그들은 공사를 맡고 난 다음에 회사를 설립하기도 한다. 관급공사를 시의원이나 구의원이 맡는 것도 큰 문제이다. 행정을 감시해야 할 사람에게 시정을 맡기는 것은 어불성설이다. 이런 실태는 행정경험과 해당분야에 대한 전문성을 갖고 합법성과 합목적성을 구별할 수 있는 전문가만이 발견해 낼 수 있다.

① 시민에 의한 통제 ② 입법부에 의한 통제
③ 사법부에 의한 통제 ④ 감사원에 의한 통제

✍ 해설

④ 예시문의 "행정경험과 해당분야에 대한 전문성"에 입각한 통제는 바로 내부통제로서 내부통제기관으로 행정수반, 감사원, 국민권익위원회 등이 있다. 반면 시민에 의한 통제, 입법부에 의한 통제, 사법부에 의한 통제 등과 같은 외부통제는 모두 전문성이 낮다. 행정의 전문화 · 복잡화로 인해 외부통제보다 내부통제가 중시되고 있다. <답 ④>

59. 비권력적 행정통제에 해당하지 않는 것은?

① 협 의 ② 조 언 ③ 승 인
④ 조 정 ⑤ 정보제공

✍ 해설

③ 승인은 명령, 처분과 함께 권력적 행정통제에 속한다 <답 ③>

60. 신중앙집권 하의 통제방식에 대한 설명 중 틀린 것은?

① 통제의 행사는 지방정부의 보호 · 육성의 의미를 지니는 것이어야 한다.
② 권력적 통제보다 비권력적 통제가 행사되고 있다.
③ 가장 중요한 통제방식은 행정적 통제이다.
④ 중앙과 지방의 공존 · 조화를 통하여 국가전체의 발전을 도모하려고 한다.
⑤ 화이트는 권력적 · 지배적인 중앙통제 방법을 제시하였다.

✍ 해설

화이트(L. D. White)는 비권력적 · 협동적인 중앙통제를 위한 방법으로 (i) 조언, (ii) 협의, (iii) 정보제공, (iv) 정기보고, (v) 지도, (vi) 보조금, (vii) 기준설정, (viii) 사전승인, (ix) 재심, (x) 감사, (xi) 임면, (xii) 명령 등을 제시하였다. <답 ⑤>

61. 우리나라의 중앙통제의 특징으로 보기 어려운 것은?

① 후견적 감독관계 ② 관료주의적 감독관계 ③ 수평적 협력관계
④ 할거주의적 비능률성 ⑤ 독선적 · 권위주의적 태도

✍ 해설

우리나라의 지방자치단체에 대한 중앙정부의 행정통제는 수직적인 통제관계로서 수평적인 협력관계에는 아직 이르지 못하고 있다. 즉 지방자치법에 '국가의 지도 · 감독'(제9장)이라는 장을 두고 제166조~제172조까지 규정함으로써 중앙정부와 지방자치단체간의 관계를 일단 상하관계에 입각하여 중앙정부의 지방자치단체에 대한 지도 · 감독의 관계로 파악하고 있기 때문이다. <답 ③>

62. 중앙통제의 필요성에 관한 가장 직접적인 요인은?

① 지방사무와 국가사무와의 상호관련성

② 국가공무원과 지방공무원간의 능력 차이
③ 행정의 민주성 제고
④ 지방정부의 중앙에 대한 재정의존도 심화
⑤ 지방사무의 전국적인 영향력 증대

해설

중앙통제는 국가사무의 지방위임의 증대에 따른 국가사무와 지방사무의 상호관련성이 깊어지게 됨에 따라 불가피하게 되었다. <답 ①>

63. 중앙정부의 지방자치단체에 대한 통제방식 중 사전적 통제로만 활용할 수 있는 제도는? <2003 지시>

① 소 원 ② 심 사 ③ 인 가
④ 시정조치 ⑤ 감 사

해설

지방자치단체의 특정행위의 종료 전에 대한 통제를 사전적 통제, 종료 후에 대한 통제를 사후적 통제라고 한다. 사전적 통제로는 (i) 조언 · 권고 · 지도, (ii) 보고 · 제출(사전적 · 사후적), (iii) 감사(사전적 · 사후적), (iv) 심사(사전적 · 사후적), (v) 승인 · 인가 등이 있으며, 사후적 통제로는 (i) 이의제도, (ii) 시정명령, (iii) 직무이행명령 등이 있다. ① 소원은 이미 행하여진 처분의 위법 · 부당성을 이유로 그 시정을 구하는 것이다. <답 ③>

64. 다음 중 중앙통제의 근거 또는 필요성과 거리가 먼 것은?

① 국민최저수준의 보장 ② 법령의 준수
③ 획일적인 능률성 강화 ④ 지방자치단체의 보호 · 육성
⑤ 국가의 존립목적과 통일성의 유지

해설

중앙통제는 어디까지나 획일적 · 균형적인 능률성만이 아니라 주민참여, 주민통제 등을 기반으로 하는 민주성을 조화시켜 양자간에 상호보완관계를 이루어야 한다. 뿐만 아니라 국가의 통일성을 유지하고 지방이익과 전체이익을 조화시키기 위해 중앙통제의 필요성이 인정된다 할지라도 명백한 법적 근거, 즉 법률의 수권을 필요로 하며, 헌법상 보장하고 있는 지방자치단체의 독자성을 저해하지 않는 범위 내에서 행사되어야 한다. <답 ③>

65. 지방자치단체에 대한 중앙통제의 한계를 설명한 것으로 옳지 않은 것은? <2003 지시>

① 국가 전체의 통일성을 유지하기 위하여 필요한 경우에 한한다.
② 헌정상 보장된 지방자치단체의 독자성을 저해하지 않는 범위에서 통제를 해야 한다.
③ 명백한 법적 근거와 일정한 법적 절차에 의해서 통제를 하여야 한다.
④ 자치사무에 대한 감사는 법령위반사항에 한해서 실시할 수 있다.

⑤ 기관위임사무에 대한 감사는 당해 지방자치단체의 동의를 얻어야 한다.

해설

⑤ 동의를 요하지 않는다. <답 ⑤>

66. 우리나라 중앙통제의 실제에 해당하지 않는 것은?

① 국가 또는 시 · 도는 지방자치단체에 재정지원 · 기술지원을 한다.
② 행정안전부장관 또는 시 · 도지사는 자치단체의 자치사무에 대하여 보고를 받거나 서류 · 장부 또는 회계를 감사할 수 있다.
③ 지방자치단체에 대하여 중앙정부의 의사가 일방적으로 전달되는 경향이 있다.
④ 시 · 군 및 자치구의 시 · 도위임사무에 대해서는 시 · 도지사가 지도 · 감독권을 갖는다.
⑤ 지방공무원의 정원은 행정안전부령이 정하는 기준에 따라 그 자치단체의 규칙으로 정하도록 되어 있다.

해설

①은 지방자치법 제166조 제2항, ②는 제158조, ④는 제171조 참조. ⑤ 현행지방자치법은 지방자치단체에는 당해 지방자치단체의 경비로서 부담하는 지방공무원을 두되, 그 정원은 대통령령이 정하는 바에 의하여 당해 지방자치단체의 조례로 정하도록 규정하고 있다.
<답 ⑤>

67. 중앙통제의 바람직한 방향이다. 틀린 것은?

① 행정수준의 향상을 위한 지도주의
② 법규를 존중하는 형식우선주의
③ 역할중심의 지역정향적 다원주의
④ 수직적 분업체계의 유지
⑤ 전국적 · 종합적 계획을 위한 협력주의

해설

중앙통제는 법규의 취지와 목적을 고려하여 실질적이고 효과적인 통제가 이루어지도록 유연성과 탄력성을 지니는 방향으로 나아가야 한다. 향후 지방자치단체에 대한 중앙통제의 방향으로는 (i) 지식과 기술의 조언 및 정보의 제공, (ii) 국민적 최저수준의 확보를 위한 재정적 지원, (iii) 국가와 자치단체간의 원활한 협력관계 유지, (iv) 수직적 분업체계의 유지, (v) 행정수준의 향상을 위한 지도주의, (vi) 전국적 · 종합적 계획을 위한 협력주의 등을 들 수 있다. <답 ②>

68. 지방자치법상의 직무이행명령제도에 관한 설명 중 가장 올바른 것은?

① 직무이행명령제도는 지방자치단체의 장에게 위임된 기관위임사무에 대한 적법 · 적정한 집행을 확보하기 위한 제도적 장치이다.

② 주무부장관 또는 시 · 도지사는 지방자치단체의 장이 위임사무에 관하여 법령위반 또는 그 처리를 해태한 경우에 직무이행명령을 발할 수 있다.
③ 주무부장관은 시 · 도지사에 대하여는 물론 시장 · 군수 또는 자치구청장에 대해서도 직무이행명령을 발할 수 있다.
④ 직무이행명령제도는 지방자치단체의 장이 국가기관으로서 행한 잘못된 처분에 대하여 그 취소나 정지처분을 하는 제도적 장치이다.
⑤ 직무이행명령을 받은 지방자치단체의 장은 그 이행명령에 이의가 있는 때에는 이행명령서를 접수한 날로부터 20일 이내에 고등법원에 제소할 수 있다.

해설

직무이행명령제도는 법령의 규정에 의하여 지방자치단체의 장에게 위임된 국가 또는 시 · 도의 기관위임사무에 관하여 지방자치단체의 장이 그 사무의 관리 및 집행을 명백히 해태하고 있다고 인정되는 때에 그 이행을 강제하여 지방행정의 적법 · 적정한 집행을 확보하기 위한 제도적 장치이다. ② 직무이행명령은 지방자치단체의 장이 법령의 규정에 의하여 그 의무에 속하는 국가위임사무 또는 시 · 도위임사무의 관리 및 집행을 해태하고 있다고 인정되는 때에 한한다. 따라서 지방자치단체의 장이 자치사무의 관리 및 집행을 해태한 경우나 법령에 위반하여 기관위임사무를 처리한 경우는 직무이행명령의 대상이 아니다. ③ 직무이행명령은 시 · 도지사에 대하여는 주무부장관이 시 · 군 및 자치구에 대하여는 시 · 도지사가 발할 수 있다. ④ 직무이행명령제도는 이미 이루어진 처분의 취소나 정지처분을 하게 하는 제도는 아니다. ⑤ 일반적인 행정소송의 관할법원이 고등법원인 데 반하여 직무이행명령에 대해서는 대법원에 직접 소를 제기할 수 있도록 하였으며, 제소기간도 통상의 행정소송과는 달리 15일 이내의 단기간으로 하고 있다. <답 ①>

69. 지방자치단체장에 대한 직무이행명령의 설명으로 잘못된 것은?

① 주무부장관 또는 시 · 도지사는 기간을 정하여 서면으로 그 이행할 사항을 명령할 수 있다.
② 주무부장관 또는 시 · 도지사는 당해 자치단체장이 직무이행명령에 불복할 경우에 당해 지방자치단체의 비용부담으로 대집행할 수 있다.
③ 주무부장관 또는 시 · 도지사는 당해 자치단체장이 직무이행명령에 불복한 경우 행정 · 재정상 필요한 조치는 취할 수 없다.
④ 주무부장관 또는 시 · 도지사는 대집행을 한 때에는 행정안전부장관에게 즉시 이를 통보하거나 보고하여야 한다.
⑤ 자치단체장은 직무이행명령에 이의가 있는 때에는 집행정지결정을 신청할 수 있다.

해설

① 자치단체장이 국가위임사무 또는 시 · 도위임사무의 관리 및 집행을 명백히 해태하고 있는 경우 시 · 도에 대하여는 주무부장관이, 시 · 군 및 자치구에 대하여는 시 · 도지사가 기간을 정하여 서면으로 그 이행할 사항을 명령할 수 있으며, ②③ 당해 자치단체장이 그

기간 내에 이를 이행하지 아니할 때에는 당해 자치단체의 비용부담으로 대집행하거나 행정 · 재정상 필요한 조치를 할 수 있다. ④ 주무부장관((i) 및 (ii)에 한함) 또는 자치단체장은 (i) 이행명령을 한 때, (ii) 대집행하거나 행정 · 재정상 필요한 조치를 한 때, (iii) 대법원에 제소하거나 집행정지결정을 신청한 때와 그에 따른 대법원의 판결이나 결정이 있는 때, (iv) 이행명령을 이행한 때에는 행정안전부장관에게 즉시 이를 통보하거나 보고하여야 한다. 이 경우 시장 · 군수 및 자치구의 구청장은 시 · 도지사를 거쳐 보고하여야 한다. ⑤ 이행명령에 이의가 있는 자치단체장은 이행명령서를 접수한 날부터 15일 이내에 대법원에 소를 제기할 수 있고, 이 경우 이행명령의 집행을 정지하게 하는 집행정지결정을 신청할 수 있다. <답 ③>

70. 우리나라 지방자치단체장에 대한 설명으로 잘못된 것은 ?

① 특별시장, 광역시장, 특별자치시장, 도지사, 시장, 군수, 자치구청장을 말하며, 정무직 공무원이다.

② 법령에 의하여 국가로부터 사무를 위임받은 범위에서 국가 하부기관의 지위에 있게 된다.

③ 예산편성권과 집행권 및 결산의 승인, 청원의 수리와 처리, 지방채 발행권 등 재정에 관한 권한을 가지고 있다.

④ 지방의회의 의결이 월권이거나 법령에 위반되거나 공익을 현저히 해친다고 인정되는 경우 지방자치법에서 지방자치단체장의 재의요구권을 인정하고 있다.

해설

결산의 승인, 청원의 수리와 처리는 지방의회의 기능으로 의결사항이다. 자치단체장의 임기는 4년으로 하며, 계속 재임은 3기에 한한다. 그리고 법령 또는 조례가 위임한 범위에서 그 권한에 속하는 사무에 관하여 규칙을 제정할 수 있다. <답 ③>

71. 시 · 도지사, 시장 · 군수 등은 각각 집행정지결정을 신청할 수 있다. 집행정지결정신청이 잘못된 것은? <2002 지시>

① 시 · 도지사의 직무이행명령에 대한 시장 · 군수의 집행정지결정신청

② 주무부장관의 직무이행명령에 대한 시 · 도지사의 집행정지결정신청

③ 시 · 도지사의 대집행에 대한 시장 · 군수의 집행정지결정신청

④ 시 · 군의회의 위법한 재의결 확정에 대한 시 · 도지사의 집행정지결정신청

⑤ 시 · 군의회의 위법한 재의결 확정에 대한 시장 · 군수의 집행정지결정신청

해설

③ 지방자치법상의 집행정지결정신청은 위법한 재의결의 집행이나 이행명령의 집행을 정지하게 하는 결정을 신청하는 것으로서 i) 지방의회의 위법한 재의결사항에 대한 자치단체장 및 상급기관(행정안전부장관 또는 시 · 도지사)의 집행정지결정신청, ii) 행정안전부장관 또는 시 · 도지사의 분쟁조정결정사항의 이행명령에 대한 자치단체장의 집행정지결정신청, iii) 주무부장관 또는 시 · 도지사의 직무이행명령에 대한 자치단체장의 집행정지결정신청이 있다. <답 ③>

72. 다음 중 감독기관이 지방자치단체의 자치사무에 대하여 감사를 실시할 수 있는 범위는?

① 법령위반사항 ② 현저히 부당한 사항
③ 관리 및 집행을 해태한 사항 ④ ①과 ②가 해당된다.
⑤ ①, ②, ③ 모두 해당된다.

해설

① 행정안전부장관 또는 시·도지사는 지방자치단체의 자치사무에 관하여 보고를 받거나 서류·장부 또는 회계를 감사할 수 있다. 이 경우 감사는 법령위반사항에 한하여 실시한다(지방자치법 제158조). <답 ①>

73. 지방자치단체에 대한 국가의 지도·감독에 대한 설명으로 타당하지 아니한 것은? <2001 입법>

① 행정안전부장관 또는 시·도지사는 지방자치단체의 자치사무에 관하여 그것이 위법 또는 부당하다고 판단되는 경우에 보고를 받거나 서류·장부 또는 회계를 감사할 수 있다.
② 중앙행정기관의 장 또는 시·도지사는 지방자치단체의 사무에 관하여 조언 또는 권고하거나 지도할 수 있으며, 이를 위하여 필요한 때에는 지방자치단체에 대하여 자료의 제출을 요구할 수 있다.
③ 시·군 및 자치구 또는 그 장이 위임받아 처리하는 시·도의 사무에 관하여는 시·도지사의 지도·감독을 받는다.
④ 지방자치단체의 위임사무에 관한 그 장의 명령이나 처분이 법령에 위반되거나 현저히 부당하여 공익을 해한다고 인정될 때에는 시·도에 대하여는 주무부장관이, 시·군 및 자치구에 대하여는 시·도지사가 기간을 정하여 서면으로 시정을 명하고 그 기간 내에 이행하지 아니할 때에는 이를 취소하거나 정지할 수 있다.
⑤ 지방자치단체의 장이 법령의 규정에 의하여 그 의무에 속하는 국가위임사무 또는 시·도위임사무의 관리 및 집행을 명백히 해태하고 있다고 인정되는 때에는 시·도에 대하여는 주무부장관이, 시·군 및 자치구에 대하여는 시·도지사가 기간을 정하여 서면으로 이행할 사항을 명령할 수 있다.

해설

② 지방자치법 제166조 제1항. ③ 동법 제167조. ④ 동법 제169조 제1항. ⑤ 동법 제170조. <답 ①>

74. 우리나라 지방자치단체에 대한 통제내용으로 옳지 않은 것은?

① 지방자치단체의 사무처리에 대한 중앙정부의 <2001 지시 기술직>

승인권을 폭넓게 인정하고 있는 편이다.

② 광역자치단체장은 기초자치단체장의 처분이 법령에 위반된다고 인정될 경우에는 즉시 취소하거나 정지시킬 수 있다.

③ 시 · 도지사가 소관사무의 일부를 타 시 · 도 또는 그 장에게 위탁하는 경우에는 행정안전부장관 및 관계중앙행정기관의 장에게 이를 보고하여야 한다.

④ 국가위임사무처리를 지방자치단체장이 명백히 해태하고 있다고 인정되는 때에는 직무이행명령을 발할 수 있다.

⑤ 기초자치단체장이 위임받아 처리하는 국가사무에 관하여는 광역자치단체장의 지도 · 감독권을 인정하고 있다.

✍ 해설

지방자치단체의 사무에 관한 그 장의 명령이나 처분이 법령에 위반되거나 현저히 부당하여 공익을 해친다고 인정되면 시 · 도에 내하여는 주무부장관이, 시 · 군 및 자치구에 대하여는 시 · 도지사가 기간을 정하여 서면으로 시정할 것을 명하고, 그 기간에 이행하지 아니하면 이를 취소하거나 정지할 수 있다. 이 경우 자치사무에 관한 명령이나 처분에 대하여는 법령을 위반하는 것에 한한다(지방자치법 제169조 제1항). <답 ②>

75. 지방자치단체에 대한 중앙정부의 관여 내용으로 옳지 않은 것은?

<2002 지시>

① 중앙행정기관의 장 또는 시 · 도지사는 지방자치 단체에 대하여 자료의 제출을 요구할 수 있다.

② 지방자치단체장은 자치사무에 관한 명령이나 처분의 취소 등에 이의가 있는 때에는 행정법원에 소를 제기할 수 있다.

③ 시 · 도의 부시장 · 부지사는 시 · 도지사의 제청으로 행정안전부장관을 거쳐 대통령이 임명한다.

④ 지방자치단체에는 국가공무원을 둘 수 있으며, 5급 이상은 당해 자치단체장의 제청으로 소속 장관을 거쳐 대통령이 임명한다.

⑤ 감사원은 지방자치단체의 회계와 지방자치단체가 자본금의 2분의 1 이상을 출자한 법인의 회계를 검사한다.

✍ 해설

② 지방자치단체의 장은 자치사무에 관한 명령이나 처분의 취소 또는 정지에 대하여 이의가 있으면 그 취소처분 또는 정지처분을 통보받은 날부터 15일 이내에 대법원에 소(訴)를 제기할 수 있다(지방자치법 제169조). <답 ②>

76. 광역행정에 대한 설명 중 맞지 않는 것은?

① 현대 행정의 질적 특징 중의 하나이다.

② 국가행정의 효율성 증진과 자치행정의 민주성 향상간의 조화이다.

③ 도시를 폐쇄체제로 간주하고 도시 내부의 문제에만 접근한다.

④ 광역주의에 입각하면서도 중앙집권화에 이르지 않고 지역수준에서 행정을 처리하게 하는 방식이기도 하다.
⑤ 몇 개의 자치단체가 공동으로 행정수요에 대응하는 행정을 말한다.

해설

광역행정은 최근 들어서 그 중요성이 더욱 강조되고 있는 행정방식으로 도시를 폐쇄체제로 간주하고 도시내부 문제에만 매달리는 과거의 미시적 접근방법으로부터 탈피하여 기존 지방자치단체의 법정행정구역을 초월한 보다 넓은 지역을 단위로 하여 수행되는 도시행정 방식이다. <답 ③>

77. 광역행정의 처리방식 중 기존 지방자치단체의 자치권이 가장 크게 제약되는 것은? <2007 국회 8급>

① 지방자치단체 조합 ② 연합 ③ 특별구 설치
④ 합병 ⑤ 사무위탁

해설

④ 합병은 2개 이상의 기존 자치단체를 통·폐합하여 하나의 법인격을 지닌 자치단체를 신설하는 광역행정방식으로서 통할방식에 해당된다. 통합방식은 가장 강력한 광역행정방식으로서 광역사무를 능률적으로 처리하는 장점이 있는 반면, 각 자치단체의 개별적 특수성이 무시되고 중앙집권화가 촉진되므로 주민참여가 곤란해지는 문제가 있다. <답 ④>

78. 광역행정에 대한 아래의 설명 중에서 적합하지 않은 것은? <2006 서울 7급>

① 광역행정을 처리하기 위한 기구인 지방자치단체조합의 구성원은 관련지방자치단체의 주민이다.
② 광역행정은 광역적행정수요에 초점을 맞추는 경향이 있기 때문에 기초자치단체의 행정수요를 경시할 가능성이 있다.
③ 광역행정을 처리하기 위한 기구인 협의회는 집행에서 실질적인 강제력이 결여되어 있기 때문에 당사자 간에 심각한 의견 불일치를 보이는 광역사무를 해결하기 어렵다.
④ 교통·통신의 발달과 과학·기술의 발달 등으로 생활권의 확대되면서 발생하는 행정구역과의 불일치 현상을 해결하기 위해 광역행정이 필요하다.
⑤ 행정의 민주성과 효율성을 동시에 모색하기 위해 광역행정이 필요하다.

해설

광역행정의 방식 중 지방자치단체조합(특별지방자치단체)은 2개 이상의 지방자치단체가 하나 또는 둘 이상의 사무를 공동으로 처리할 필요가 있을 때에 규약을 정하여 당해 지방의회의 의결을 거쳐 시·도는 행정안전부장관의, 시·군 및 자치구는 시·도지사의 승인을 얻어 지방자치단체조합을 설립할 수 있다. 이 경우 지방자치단체조합이 일반지방자치단체와 차이가 있다면 기능 내지 목적이 일반적·종합적이 아닌 특정적·한정적이며, 구성원은 주민이 아니라 지방자치단체이고, 임의설립 및 임의해산이 원칙이라는 점이다. <답 ①>

79. 광역행정에 대한 아래의 설명 중에서 틀린 것은? <2006 서울 9급>

① 중앙집권과 지방분권을 조화시킬 수 있다.
② 사회변화와 제도 사이의 괴리를 완화시킬 수 있다.
③ 일상적인 도시행정수요가 경시될 수 있다.
④ 지방자치가 저해될 수 있다.
⑤ 협의회는 의결기관을 통해 강제이행권한을 가진다.

해설

⑤ 행정협의회는 과세권이나 집행권이 없으므로 강제이행권한을 갖지 않으며 각 자치단체가 집행권과 강제이행권한을 가진다. 다만, 행정협의회가 결정한 사항이 있는 경우 이에 따라 사무를 처리하여야 한다고 규정함으로써 법적 구속력을 인정하고 있다. <답 ⑤>

80. 광역행정에 대한 내용으로 옳지 않은 것은?

① 행정협의회는 의결기관을 통해 강제이행권한을 가진다.
② 규모의 경제를 구현하므로 단위당 행정비용을 줄일 수 있다.
③ 고도로 전문화된 지식과 서비스는 자치단체별 관리방식보다는 광역행정방식이 보다 효율적이다.
④ 서울지방국세청 등 특별행정기관에 의한 업무수행도 광역행정방식에 해당된다.

해설

① 행정협의회는 가장 일반적인 광역행정방식으로서, 지방자치단체가 관련된 사무의 일부를 공동으로 처리하기 위하여 구성할 수 있다. 협의회는 법인격이 없으므로 과세권이나 집행권이 없다. 지방자치법 147조 제1항에서는 협의회가 결정한 사항이 있는 경우 이에 따라 사무를 처리하여야 한다고 규정함으로써 법적 구속력을 인정하고 있지만, 협의회 자체는 집행권한이 없기 때문에 강제이행 권한도 없으며 집행권한과 강제이행권한은 어디까지나 각 자치단체가 행사한다. <답 ①>

81. 다음 중 반드시 광역행정이 필요한 상황이 아닌 것은?

① 쓰레기처리장의 입지를 둘러싸고 갈등이 발생한 경우 <2004 울산 9급>
② 인접 자치단체에 하수처리를 위탁하고자 할 경우
③ 울산시가 양산을 흡수하여 울양시로 만들 경우
④ 대구의 공단폐수로 인한 부산 주민피해에 대해 공동처리를 해야 하는 경우
⑤ 둘 이상의 자치단체를 경유하는 상수도 시설을 건설할 경우

해설

지역간 분쟁이 예상되는 업무는 광역자치단체에서 수행하는 것이 바람직하지만 다른 ②, ③, ④, ⑤에 비하여 상대적으로 ①과 같은 NIMBY 현상을 반드시 광역행정으로 처리하여야 한다고 할 수 없으며, 광역자치단체가 맡는다고 해서 지역주민의 저항을 해소할 수 있다고는 할 수 없다. 따라서 지역분쟁의 조정방식(규범적 · 공리적 · 강제적 전략)으로 이해

하는 것이 출제의도에 더욱 적합하다. <답 ①>

82. 광역행정이 도시행정에서 지니는 성격으로 볼 수 없는 것은?

① 집권과 분권의 조화 ② 지리적 · 역사적 요인에 대한 고려
③ 지방자치단체의 재편성 ④ 자치단체의 독자적 발전
⑤ 제도와 사회변화의 조화

해설

광역행정이 도시행정에서 지니는 성격은 다음과 같이 설명할 수가 있다. (i) 집권과 분권의 조화: 광역행정은 단일한 광역도시계획체제를 구축하여 행정의 효율성을 추구하면서도 지역주민의 자치권을 보장하는 중앙집권과 지방분권의 절충 · 조화로서의 성격을 가진다. (ii) 지리적 · 역사적 요인에 대한 고려: 광역행정은 정치체제가 무시할 수 없는 지역의 특수한 지리적 · 역사적 요인을 존중하는 행정방식으로서 지역의 특수성에 적합한 행정업무를 효율적으로 수행하기 위한 것이다. (iii) 지방자치단체의 재편성: 광역행정은 새로운 협력단위를 형성하여 그 새로운 협력행정단위와 기존 자치단체간의 기능의 재분담을 도모함으로써 지방자치단체의 구역과 계층구조 및 기능배분의 재편성의 결과를 가져온다. (iv) 제도와 사회변화의 조화: 광역행정은 도시화 · 산업화의 진전에 따른 사회 · 경제 · 문화적 여건의 변화와 확대에 신속히 대처하지 못하는 병폐를 지방자치단체간의 협력에 의하여 조절해 나감으로써 제도에 신축성을 부여하는 수단으로서의 성격을 가진다. <답 ④>

83. 도시권에서 급속도로 진행되고 있는 광역행정의 촉진요인으로 볼 수 없는 것은?

① 배후지역인구의 도시집중에 따른 도시의 과밀화
② 대도시권 내 지역간의 기능적 이질성
③ 광역적 행정수요의 확대
④ 대도시권 내 각 지역간의 행 · 재정력의 격차
⑤ 대도시권 내의 집합도시화(conurbation)

해설

광역행정은 오늘날 보편적으로 발전하고 있으나 그 중에서도 특히 도시권에서 급속도로 발전하고 있는데, 이는 (i) 대도시화의 급격한 진전, (ii) 대도시권 내 지역간의 기능적 동질성, (iii) 광역적 행정수요의 확대, (iv) 대도시권 내 각 지역간의 행 · 재정력의 격차 등과 같은 도시권의 특수성에서 기인한다. <답 ②>

84. 다음 중 광역행정의 기준으로 적당하지 않은 것은?

① 세포기준 ② 협력체계기준 ③ 환경체계기준
④ 형평성 기준 ⑤ 고도의 전문화된 서비스기준

해설

페로프(Harvey S. Perloff)는 미국의 경우를 설명하면서 광역도시권 내에서의 다섯 가지 행정서비스 접근기준을 제시하고 있는데, 이 중 세포기준(cellular criteria)이란 지역단위

에서 수행할 필요가 있는 사무의 기준으로 지역주민의 이해·관심과 직결되는 사무는 지방정부에 일임하여 처리한다는 것이므로 광역행정기준이라 보기 어렵다. <답 ①>

85. 광역행정의 단점으로 타당한 것은?

① 주민참여의 약화　　② 서비스공급비용의 증대
③ 외부효과의 발생　　④ 생활권과 행정권의 불일치
⑤ 지역간 격차의 심화

해설

광역행정은 지방자치제의 민주성을 해치거나 적극적인 주민참여와 공동체의식을 약화시킬 수 있다. <답 ①>

86. 광역행정의 장점으로 볼 수 없는 것은? <2001 지시>

① 최적 공공서비스 구역을 확보하여 행정서비스의 공급비용을 절감할 수 있다.
② 행정서비스 공급과정에서 발생하는 외부효과를 내부화함으로써 자원배분의 효율성을 확보할 수 있다.
③ 막대한 재원이 소요되는 행정서비스 공급에 있어서 재정투자의 효율성을 확보할 수 있다.
④ 주민참여에 의한 행정서비스 공급을 확대함으로써 민주주의 기본이념을 보다 충실히 실현할 수 있다.
⑤ 지역간 서비스 격차를 완화하고 보다 균형적인 지역개발을 도모할 수 있다.

해설

광역행정은 오히려 지방자치제의 민주성을 해치거나 적극적인 주민참여와 공동체의식을 약화시킬 수 있다. <답 ④>

87. 광역행정에 관한 설명으로 옳지 않은 것은? <2001 지시 기술직>

① 광역행정은 주민들의 선호를 신속하고 다양하게 수용하기 위한 방편이다.
② 광역행정은 대도시권의 분절현상에 따라 나타나는 지방자치단체간의 정치적 불안정을 해소하기 위한 수단으로 등장했다.
③ 지방자치단체간의 상호 유기적인 협력을 통해 단독으로 처리하는 것보다 경제적으로 유리한 결과를 가져올 수 있을 때 광역행정을 실시한다.
④ 개별 지방자치단체간 편익과 비용의 전가라는 외부성 문제가 발생하는 경우 그 문제를 해결하기 위하여 광역행정을 실시한다.
⑤ 광역행정은 행정서비스공급에서 규모의 경제를 이루기 위한 한 방안이다.

✍ 해설 ······································

광역행정은 오히려 지방자치제의 민주성을 해치거나 적극적인 주민참여와 공동체의식을 약화시킬 수 있다. <답 ①>

88. 우리나라에서 시행하고 있는 광역행정의 방법이 아닌 것은?

① 행정협의회 ② 광역도시계획 <2001 지시 기술직>
③ 도농복합형태의 시 ④ 지방자치단체조합 ⑤ 재산구연합

✍ 해설 ······································

광역행정의 처리수단별 방식이 다양하다. ㉠ 공동처리방식: 둘 이상의 자치단체 또는 행정기관이 상호협력관계를 형성하여 광역행정사무를 공동으로 처리하는 방식으로 일부사무조합, 행정협의회, 기관의 공동설치, 사무의 위탁, 연락회의, 의원파견 등의 방법을 이용한다. ㉡ 연 합: 둘 이상의 지방자치단체가 독립적인 법인격은 그대로 가지면서 그 전역에 걸친 단체를 새로 창설하여 광역행정에 관한 사무를 처리하는 방식으로 자치단체연합체, 도시공동체 등의 방법을 이용한다. ㉢ 합 병: 몇 개의 기존 자치단체를 통·폐합하여 하나의 법인격을 가진 자치단체를 신설하는 방식이다. ㉣ 흡수통합: 하급자치단체가 가지고 있던 권한 또는 지위를 상급자치단체 또는 국가가 흡수통합하는 방식으로 하급자치단체의 기능만을 흡수하는 방식인 기능의 흡수통합과 기능뿐만 아니라 지위까지도 흡수하는 지위의 흡수통합으로 구분된다. ㉤ 특별구역설정: 특수한 광역적 사무를 수행하기 위하여 일반행정구역 또는 자치구역과는 별도의 구역을 정하는 방식이다(예: 항만관리구, 하수처리구, 홍수대책구, 공원구 등). ㉥ 특별행정기관: 광역행정사무를 처리하기 위하여 특정기능만을 수행하는 국가행정기관을 일반행정기관과는 별도로 설치하는 방식이다(예: 뉴욕항만청, 프랑스의 드아브르항만청, 영국의 adhoc authority, 우리나라의 건설교통부의 지방국토관리청, 환경부의 지청, 상공부의 수출자유지역관리소 등). ㉦ 광역의회: 주민이 선출한 지방의원 등이 대표로 참여하여 광역의회를 구성하고 여기에서 광역적 사무를 토의하여 처리하는 광역행정방식을 의미한다(예: 워싱턴 대도시권 정부회의 등). ㉧ 관치적 집권화: 자치단체를 통해서가 아니라 국가의 지방행정기관을 강화함으로써 광역행정을 수행하는 방식이다(예: 일본의 수도권청 설치). <답 ⑤>

89. 광역행정의 방식에 대한 설명으로 옳지 않은 것은? <2009 지방수탁 7급>

① 흡수통합은 자치단체를 몇 개 폐합하여 하나의 법인격을 가진 새로운 자치단체를 신설하는 방식이다.
② 공동처리 방식은 둘 이상의 자치단체가 상호 협력관계를 형성하여 광역적 행정사무를 공동으로 처리하는 방식이다.
③ 연합은 기존의 자치단체가 각각 독립적인 법인격을 유지하면서 그 위에 광역행정을 전담하는 새로운 자치단체를 신설하는 방식이다.
④ 자치단체 간 계약은 한 자치단체가 다른 자치단체에게 일정한 대가를 받고 서비스를 제공하는 것을 말한다.

✍ 해설 ······································

광역행정의 방식 중에서 자치단체를 몇 개 폐합하여 하나의 법인격을 가진 새로운 자치단

체를 신설하는 것은 합병방식이다. 흡수통합은 상급자치단체가 하급자치단체의 권한이나 지위를 흡수·통합하는 것이다. 하급자치단체가 가지고 있던 권한 또는 지위를 상급자치단체 또는 국가가 흡수통합하는 방식으로 하급자치단체의 기능만을 흡수하는 방식인 기능의 흡수통합과 기능뿐만 아니라 지위까지도 흡수하는 지위의 흡수통합으로 구분된다.

≪광역행정 방식의 비교≫

<table>
<tr><td rowspan="6">공동
처리
방식</td><td colspan="2">협의회</td><td>협의기관 설치, 법인격 없음, 우리나라 채택</td></tr>
<tr><td colspan="2">일부 사무조합</td><td>사무의 일부를 공동처리하기 위해 법인 설립, 법인격 있음</td></tr>
<tr><td colspan="2">공동기관</td><td>장, 위원, 직원, 부속기관 등을 공동으로 두는 방식</td></tr>
<tr><td colspan="2">사무위탁</td><td>자기 사무의 일부를 상대방에게 위탁 처리, 우리나라 채택</td></tr>
<tr><td colspan="2">연락회의</td><td>자치단체의 대표들로 구성되는 단순한 대화기구, 우리나라 협의체가 이에 해당</td></tr>
<tr><td colspan="2">직원 파견</td><td>직원을 파견 받아서 협력을 얻어 사무 처리</td></tr>
<tr><td rowspan="3">연합
방식</td><td colspan="2">자치단체연합체</td><td>연합하여 특별자치단체적 성격을 가진 연합체를 구성하여 일정한 사무를 연합체에서 처리하도록 함, 토론토 연합</td></tr>
<tr><td colspan="2">도시공동체</td><td>대도시권에 있는 기초자치단체들이 광역적인 도시계획의 실시, 공동시설의 정비 등을 위해 광역적 자치단체 또는 행정단위를 구성</td></tr>
<tr><td colspan="2">복합사무조합</td><td>종합성을 위해 몇 가지 광역적 사무를 동시에 처리하는 조합을 설립</td></tr>
<tr><td rowspan="5">통합
방식</td><td colspan="2">합 병</td><td>자치단체 몇 개를 통·폐합하여 하나의 법인격을 가진 새로운 자치단체 설립, 우리나라의 구역확장 방식도 이에 해당</td></tr>
<tr><td rowspan="2">흡
수
통
합</td><td>기능의
흡수통합</td><td>하급자치단체의 기능을 상급 또는 국가가 흡수, 영미에서 발달</td></tr>
<tr><td>지위의
흡수통합</td><td>하급자치단체의 기능뿐만 아니라 지위까지 상급단체가 흡수</td></tr>
<tr><td colspan="2">전부사무조합</td><td>둘 이상의 자치단체가 그 자치단체들의 모든 사무를 종합적으로 처리할 조합을 설치하여 그 조합의 구성과 동시에 기존의 자치단체를 소멸시키는 방식, 우리나라는 현재 채택하지 않고 있음</td></tr>
<tr><td colspan="2">광역자치단체</td><td>해당 자치단체 전체를 관할하는 광역자치단체를 새로 설립하는 방식, 자치계층의 증설</td></tr>
<tr><td>특별
구역
방식</td><td colspan="2">특별구역 방식</td><td>일반행정구역이나 자치구역과 별도의 구역을 정하는 방식, 교육구, 하수처리구, 공원구 등</td></tr>
</table>

<답 ①>

90. 특정한 광역사무의 수행을 위하여 일반행정구역과는 별도의 관할구역을 설정하는 광역행정의 방식은?

① 지방자치단체조합 ② 행정협의회 ③ 자치단체연합체
④ 교육구 ⑤ 특별지방행정기관

해설

특별구역방식으로서 교육구가 여기에 해당된다. <답 ④>

91. 몇 개의 기존자치단체를 통폐합하여 하나의 법인격을 가진 자치단체를 신설하는 방식은?

① 합 병 ② 지방자치단체조합 ③ 권한의 흡수
④ 연 합 ⑤ 특별지방행정기관의 설치

해설

합병은 사회적 · 경제적으로 밀접한 관계에 있는 몇 개의 군소자치단체를 대도시를 중심으로 통 · 폐합하여 강력한 단일정부를 만들거나 도시화된 중심도시에 접근지역을 편입시킴으로써 중심도시의 관할구역을 넓히는 방법이다. 합병으로 인해 해당 지방자치단체들의 독립적 법인격이 상실되는 것이 큰 특징이다. <답 ①>

92. 합병에 의한 광역행정방식의 장점이 아닌 것은?

① 행정구역을 사회 · 경제권역에 일치시킬 수 있다.
② 지역격차를 시정할 수 있다.
③ 광역사무의 해결이 신속하고 비용이 절감된다.
④ 주민들의 일체성이 증가한다.
⑤ 규모의 경제성을 살릴 수 있다.

해설

합병에 의한 광역행정방식은 (i) 행정구역을 사회 · 경제권역에 일치시킬 수 있고, (ii) 지역격차를 시정할 수 있으며, (iii) 광역사무의 해결이 신속하고 비용이 절감되며, (iv) 규모의 경제성을 살릴 수 있다는 장점이 있으나, 이에 반해 (i) 주민들의 일체성의 희박, (ii) 이해의 대립, (iii) 세금증가의 우려, (iv) 지방자치단체의 역할감소 등의 문제로 반대하는 경향이 현저하다. <답 ④>

93. 다음 중 시 · 군 통합에 관한 설명으로 잘못된 것은?

① 우리나라에서는 1990년대 들어 자치단체의 행정구역과 생활권 · 경제권을 일치시키려는 노력으로 활발히 추진된 바 있다.
② 군을 중심으로 하여 중심도시와 인접도시를 부분적 또는 전부를 흡수하여 단일정부를 만드는 것이다.
③ 최초로 버지니아주에서 시도되었을 당시에는 큰 관심을 모으지 못하였다.
④ 미국에서 흔하게 일어났던 통합은 교육구간의 통합이었다.

⑤ 지역주민과 공무원의 동의를 얻기가 용이하여 그 적용이 쉽다.

✍ 해설

시 · 군통합은 (i) 규모의 경제성을 추구할 수 있고, (ii) 서비스를 광역지역 내에 균등하게 제공할 수 있으며, (iii) 예산집행과 재원조달간의 관계를 용이하게 한다는 장점이 있지만, 이에 반해 (i) 단일군이 있지 아니한 지역에는 적용하기가 어렵고, (ii) 도시주민과 군지역 주민의 동의를 얻기가 용이하지 않으며, (iii) 정부의 통합으로 많은 수의 고위관리들이 자리를 잃게 되기 때문에 정치적으로 실현가능성이 적다는 단점이 있다. <답 ⑤>

94. 시 · 군 통폐합의 필요성이 아닌 것은?

① 도시공공서비스의 외부효과를 내재화하기 위함이다.
② 행정능률의 향상과 주민생활의 편의제공을 위해 필요하다.
③ 산업화 · 도시화에 따르는 사회 · 경제적 여건의 변화에 적응하기 위해 필요하다.
④ 우리나라에서도 자치단체의 생활권과 경제권을 행정구역과 일치시키기 위한 노력으로 최근에 활발히 추진된 바 있다.
⑤ 현재 우리나라 시 · 군의 규모는 격차가 심하지 않으나 지방자치제의 조기 정착을 위해 통 · 폐합을 추진하고 있다.

✍ 해설

1960년대 이후의 급격한 산업화와 도시화의 결과로 도시정부의 전반적인 행정력과 경제력은 향상되었지만 도시부의 자치단체와 농촌부의 자치단체간에는 심각한 행 · 재정적 격차가 발생하였다. <답 ⑤>

95. 둘 이상의 지방자치단체가 독자적인 법인격을 그대로 유지하면서 새로운 단체를 구성하고 특정사무를 처리하는 방식은?

① 합 병 ② 권한흡수 ③ 연 합
④ 특별구역설치 ⑤ 공동처리

✍ 해설

③ 연합은 사회적 · 경제적으로 밀접한 관계에 있는 둘 이상의 자치단체가 각자 독립적인 법인격을 유지하면서 광역도시권에 새로운 정부연합체를 설치하여 광역적 업무를 처리하는 이원적 광역행정방식이다. <답 ③>

96. 대도시연합(Metropolitan Federation)에 의한 광역행정방식을 취하고 있지 않은 도시는?

① 마이애미 ② 토론토 ③ 서 울
④ 위니펙 ⑤ 대판(大阪)

✍ 해설

연합체에 의한 광역행정방식은 특히 도시권에서 많이 채택되고 있는데, 캐나다의 토론토

연합과 대(大)위니펙연합, 독일의 대하노버연합, 미국의 마이애미, 네델란드의 아인도벤연합, 독일의 게마인데연합, 영국의 종래의 대런던회의(GLC)와 최근의 런던광역시(GLA) 등이 그에 속한다.

<답 ③>

97. 1986년 폐지되었던 영국의 GLC(Greater London Council)를 대신하여 최근 설립된 GLA(Greater London Authority)의 광역행정방식은? <2003 지시>

① 통합방식 ② 연합방식 ③ 협의회방식
④ 특별구방식 ⑤ 조합방식

해설

둘 이상의 지방자치단체가 독립적인 법인격은 그대로 가지면서 그 전역에 걸친 단체를 새로 창설하여 광역행정에 관한 사무를 처리하는 방식으로 자치단체연합체, 도시공동체 등의 방법을 이용하는 연합방식이다.

<답 ②>

98. 다음 중 정부간 협정에 의한 광역행정의 특징으로 맞지 않은 것은?

① 도시정부간 조정의 가장 단순한 형태이다.
② 하나의 광역행정서비스에 2개 이상의 정부가 관여하고 있다.
③ 정책지향적이라기 보다는 서비스지향적이다.
④ 대부분의 정부간 협정은 영구적이다.
⑤ 대도시권의 수요와 문제점에 대해 쉬우면서도 즉시적인 대응을 할 수 있다.

해설

도시지역에서 도시정부와 주변정부간의 변화에 대한 조정의 가장 단순한 형태는 2개 이상의 정부간에 단일 또는 복수의 서비스를 제공하기 위해 협정을 맺는 것이다. 이 접근방법은 밑으로부터의 결정과 통제를 침해하지 않고 대도시권의 수요와 문제점에 대해 손쉬우면서도 즉시적인 대응을 할 수 있는 장점이 있다. 대체적으로 이 방식은 (i) 하나의 광역행정서비스에 2개 이상의 정부가 관여하고 있고, (ii) 서비스 지향적이고, (iii) 대부분의 협정은 관련 지방정부의 자발성과 한시성을 특징으로 하기 때문에 비영구적이며, (iv) 모든 협정이 특별 및 일반입법이 정하는 범위 내에서만 체결된다는 특징을 갖고 있다.

<답 ④>

99. 미국의 교육구는 광역행정에 있어서 어떤 방식에 속하나?

① 연합방식 ② 공동처리방식 ③ 정부간 협정방식
④ 특별행정기관방식 ⑤ 특별구역의 설치

해설

특별구는 단일한 기능을 수행하기 위한 정부단위로서 주로 미국에서 활용되어왔다. 대부분 지방정부의 자치권보장, 서비스생산의 능률성, 서비스확산의 최소화라는 세 가지 광역행정문제를 직접적으로 처리하기 위하여 설치되었으며, 여기에는 소방, 상수공급, 쓰레기처리, 병원, 도서관, 공원, 환경오염방지 등과 관련한 여러 특별구가 포함된다. 특히 교육구는 정치적인 관심사와는 떨어져서 자유로운 교육을 위해 독자적으로 형성되어졌다.

<답 ⑤>

100. 미국에서 정부단위간의 협력 · 조정기관으로서 제4의 자치단체로 불리는 광역행정방식은?

① 광역행정협의회 ② 시 · 군통합 ③ 자치단체연합
④ 지방자치단체조합 ⑤ 합 병

해설

① 광역행정협의회는 광역지역문제를 해결하기 위해 공동으로 노력하는 자발적인 정부간 협의체이다. 미국에서는 정부단위간의 협력 · 조정기관으로서 제4의 자치단체라 불리기도 한다. 1954년 디트로이트(Detroit)에 지방간 감독위원회가 생긴 이후 최근에 활발하게 설치되고 있는 광역행정협의회는 각 정부단위의 대표들로 구성되며, 현재 미국에 700개 이상이 존재하고 있다. <답 ①>

101. 광역행정의 방식에 대한 설명으로 옳게 연결된 것은? <2001 지시>

① 합병 — 지방자치단체간의 협의로 규약을 정하여 내부조직의 일부를 공동으로 설치
② 특별구 — 특정한 광역행정사무를 처리하기 위하여 일반행정구역과 별도로 설립된 특별지방자치단체
③ 지방자치단체조합 — 대도시권문제를 조정 · 해결하기 위한 일반행정기구
④ 협의회 — 일정지역의 종합적인 개발계획에 의거하여 설치되는 특별지방자치단체
⑤ 사무위탁 — 기존의 지방자치단체 위에 광역행정을 전담하는 기구를 신설하여 사무를 처리

해설

①은 합병이 아니라 기관의 공동설치에 대한 설명이다. 합병은 몇 개의 기존 자치단체를 통 · 폐합하여 하나의 법인격을 가진 자치단체를 신설하는 방식이다. 공동처리방식은 둘 이상의 자치단체 또는 행정기관이 상호협력관계를 형성하여 광역행정사무를 공동으로 처리하는 방식으로 일부사무조합, 행정협의회, 기관의 공동설치, 사무의 위탁, 연락회의, 의원파견 등의 방법을 이용한다. <답 ②>

102. 다음 중 광역행정의 종합사업방식에 해당하지 않는 것은?

① 연 합 ② 합 병 ③ 특별구역 설치
④ 공동처리 ⑤ 지위흡수

해설

광역행정은 처리사업별로 특정사업별 방식(공동처리, 권한흡수, 특정사업이관, 특별구역설치, 특별행정기관설치 등)과 종합사업별 방식(공동처리, 연합, 합병, 지위흡수 등)으로 구분할 수 있다. <답 ③>

103. 특정의 광역적 행정목적을 위해서 지방자치단체가 협정 또는 협의회 등을 구성하여 상호협력하는 체제는?

① 공동처리 ② 연 합 ③ 지위의 흡수
④ 합 병 ⑤ 특별구역설정

✍ 해설

① 광역행정의 공동처리방식은 특정의 광역적 행정목적을 위해서 둘 이상의 자치단체 또는 행정기관이 상호협력관계를 형성하여 광역행정사무를 공동으로 처리하는 방식이다. 여기에는 일부·복합사무조합, 행정협정, 행정협의회, 기관의 공동설치, 사무의 위탁, 연락회의, 직원파견 등이 있다. <답 ①>

104. 지방자치단체간 협의에 의한 광역행정방식으로 옳지 않은 것은? <2002 지시>

① 행정협의회 ② 사무위탁
③ 일부사무조합 ④ 복합사무조합 ⑤ 특별지방행정기관

✍ 해설

⑤ 중앙정부에 의해 행해지는 광역행정방식이다. <답 ⑤>

105. 공동처리방식에 대한 설명으로 맞지 않는 것은?

① 둘 이상의 자치단체가 상호협력관계를 형성하여 광역적 행정사무를 처리하는 행정방식이다.
② 공동처리사업에 대한 비용부담 등 지방자치단체간의 이해관계가 대립될 경우 그 적용이 곤란하다.
③ 기초자치단체의 구성이나 수행해야 할 사무·사업의 종류, 범위 등에 있어서 융통성과 효과성이 거의 없다.
④ 사무나 서비스의 이익이 하나의 자치단체구역에만 한정되지 않거나 규모의 경제가 기대될 때 적합하다.
⑤ 분뇨·쓰레기처리시설 등의 혐오시설의 설치시 주민들의 반발이 심하다.

✍ 해설

공동처리방식은 각 자치단체가 단독으로 처리할 수 없는 사업 또는 시설을 연합이나 합병을 하지 않고도 상호협력으로 처리함으로써 사무처리의 융통성과 효과성을 높일 수 있다는 장점이 있는 반면에, 공동처리에 대한 연대성이 약하고 비용부담, 이해관계 등으로 자치단체간의 대립이 있는 경우 협력관계의 유지가 어렵다는 단점이 있다. <답 ③>

106. 지방자치단체가 혐오시설을 설치할 때 주민들을 설득하기 위해 사용하는 방법 가운데 성격이 다른 하나는? <2007 강원 9급>

① 위험준비금 ② 재산권 보장
③ 주민투표 ④ 대체보상

✍ **해설** ··

주민투표는 규범적 · 사회적 접근이고 나머지는 기술적 방식이다. <답 ③>

107. 우리나라 행정협의회의 문제점으로 옳지 않은 것은? <2002 지시>

① 지방의회가 행정협의회의 운영에서 배제되어 정치적 실천성이 부족하다.
② 협의된 사업추진을 위한 효과적인 예산 확보가 어렵다.
③ 문제발생시 이를 맡아 처리할 전담 상설기관이 없다.
④ 행정협의회에는 의결권과 집행권이 있으나 제 기능을 못하고 있다.
⑤ 주로 실무적 차원에서 해결될 수 있는 문제들만을 다룬다.

✍ **해설** ··

④ 행정협의회는 법인격을 갖지 않아 독립된 권리주체가 아니므로 권리 · 의무의 귀속주체가 될 수 없다. 따라서 그의 활동은 외부적으로 법적 구속력을 갖지 않고, 그에 참여한 지방자치단체를 직접 구속하지 않음이 원칙이다. 그럼에도 불구하고 지방자치법은 행정협의회에 일정한 권한을 부여하고 있다. <답 ④>

108. 자치단체를 통해서가 아니라 국가의 지방행정기관을 강화함으로써 광역행정을 수행하는 방식을 일컫는 용어는?

① 자치적 집권화 ② 관치적 기능이양 ③ 자치적 분권화
④ 관치적 집권화 ⑤ 자치적 기능이양

✍ **해설** ··

④ 관치적 집권화의 방식은 자치단체를 통해서가 아니라 국가의 지방행정기관을 강화함으로써 광역행정을 수행하는 방식이다. 대도시 광역행정체제에 있어서의 관치적 방식으로는 일본의 수도권청에서 그 예를 찾아볼 수 있는데, 이 수도권청은 동경도와 그 주변의 자치단체를 관할하는 국가의 광역행정기관으로서 비록 자치단체, 시민, 관계 각 성청의 대표로 구성되는 평의회가 설치되어 있기는 하지만 그것은 의결기관이 아니라 심의기관에 불과하다는 의미에서 자치단체의 의회와는 다른 특성이 있다. <답 ④>

109. 광역행정에 대한 설명으로 옳지 않은 것은? <2010 지방수탁 9급>

① 광역행정이란 둘 이상의 지방자치단체 관할구역에 걸쳐서 공동적 또는 통일적으로 수행되는 행정을 말한다.
② 사회경제방식은 둘 이상의 지방자치단체가 상호 협력하여 광역행정사무를 공동으로 처리하는 방식이다.
③ 공동처리방식은 둘 이상의 지방자치단체가 상호 협력하여 광역행정사무를 공동으로 처리하는 방식이다.
④ 연합방식은 일정한 광역권 안에 여러 자치단체를 통합한 단일의 정부를 설립하여 광역행정사무를 처리하는 방식이다.

✍ **해설**

④ 일정한 광역권 안에 여러 자치단체를 통합한 단일의 정부를 설립하여 광역행정사무를 처리하는 방식은 합병이다. <답 ③>

110. 우리나라의 광역행정에 관한 설명이 잘못된 것은?

① 우리나라는 국토면적이 좁고 전통적으로 중앙집권체제가 발달되어 왔기 때문에 다른 나라에 비하여 광역행정이 크게 발달하지 못하였다.
② 최근에는 자치의 광역화 요청이 두드러지게 나타나기 시작하여 광역행정의 문제가 심각하게 대두되고 있다.
③ 구역변경은 우리나라에서 가장 많이 이용되어 온 방식으로 주로 대도시의 성장에 따라 합병이나 편입·분리의 방식으로 이루어져 왔다.
④ 1990년대에 들어와서 중점도시의 개발을 위하여 인구 5만 이상이 되는 읍을 군으로부터 분리하여 시로 승격하고 있다.
⑤ 지방자치단체 스스로의 협력방식인 행정협의회, 자치단체조합, 사무위탁 등의 활용이 극히 부진하다.

✍ **해설**

우리나라에서 과거에 주로 실시하였던 구역변경방식은 일반시가 인구 100만명을 초과하게 되면 도로부터 분리하여 광역시로, 읍은 인구 5만명 이상이 되면 군으로부터 분리하여 시로 승격시키는 것이었다. 그러나 이 방식에 의한 구역변경의 결과, 구역변경에 포함되지 못한 잔여지역(rump county)의 문제가 심각하게 제기됨에 따라 1990년대에 와서는 시·군통합을 통한 이른바 통합시를 설치하여 행정구역과 생활권·경제권·문화권을 일치시키려는 경향이 증가하고 있다. <답 ④>

111. 우리나라의 행정협의회에 대한 설명 중 틀린 것은?

① 수도권행정협의회와 대도시권행정협의회는 관련 시·도로 구성된다.
② 대도시권행정협의회에서 합의가 안 된 사항에 대하여 관계지방자치단체장이 조정을 요청하면 행정안전부장관이 조정하게 되어 있다.
③ 행정협의회를 통한 자치단체간의 광역사무 합의율은 100%로 지방자치실시 이후에 지역간의 이해갈등 해소에 절대적으로 기여하고 있다.
④ 대도시권행정협의회의 운영을 위한 경비는 동일비율로 부담하며 공동사무처리 및 공영개발비용은 시·도합의에 의해 부담한다.
⑤ 급속한 도시화·산업화에 따른 도시의 광역화 추세에 발맞추기 위하여 60년대 후반부터 도시권행정협의회를 운영하여 왔다.

✍ **해설**

③ 행정협의회는 자치단체간 분쟁과 갈등을 해소하기 위해 상호 협력하거나 일정한 사무를 공동으로 처리하는 광역행정의 한 방식으로서 자치행정의 효과적인 수행을 위한 것이다.
② 행정협의회에서 합의가 이루어지지 아니한 사항에 대하여 관계지방자치단체장으로부터

조정요청이 있는 때에는 시·도간의 협의사항에 대하여는 행정안전부장관이, 시·군 및 자치구간의 협의사항에 대하여는 시·도지사가 이를 조정하되, 관계 시·군 및 자치구가 2개 이상의 시·도에 걸치는 경우에는 행정안전부장관이 이를 조정할 수 있다. 행정안전부장관 또는 시·도지사는 관계중앙행정기관장과의 협의를 거쳐 분쟁조정위원회의 의결에 따라 조정하여야 하며, 관계지방자치단체장은 그 조정결정을 이행하여야 한다. ③ 행정협의회를 통한 지방자치단체간의 광역사무 합의율은 50% 미만으로 지역간의 이해관계대립을 효율적으로 해소하지 못하고 있다. <답 ③>

112. 지방자치단체 상호간의 분쟁조정과 관련하여 옳은 설명은?

① 지방자치단체 분쟁조정위원회는 단순한 심의기관에 불과하며 행정안전부장관 또는 시·도지사가 분쟁조정을 결정한다.
② 당사자의 신청이 없이는 행정안전부장관 또는 시·도지사는 분쟁을 조정할 수 없다.
③ 분쟁조정위원회는 3분의 2 이상의 출석으로 개의하고 출석위원 과반수의 찬성으로 의결한다.
④ 시·도를 달리하는 시·군 및 자치구 또는 그 장간의 분쟁은 중앙분쟁조정위원회의 권한사항이다.
⑤ 분쟁조정위원회의 구성 및 운영에 관한 사항은 대통령령 또는 조례로 정한다.

해설

① 지방자치법 제149조 제1항에서 '분쟁의 조정과 협의사항의 조정에 필요한 사항을 심의·의결하기 위하여 행정안전부에 지방자치단체 중앙분쟁조정위원회와 시·도에 지방자치단체 지방분쟁조정위원회를 둔다'고 하고, 동법 제149조의2 제2항에서 심의·의결사항을 법정화하고 있다. ② 지방자치법 제149조 제1항에 의하면 '지방자치단체 상호간 또는 지방자치단체장 상호간 사무를 처리함에 있어서 의견을 달리하여 다툼이 있는 때에는 다른 법률에 특별한 규정이 없는 한 행정안전부장관 또는 시·도지사가 당사자의 신청에 의하여 이를 조정할 수 있다'고 규정하면서, '다만, 그 분쟁이 공익을 현저히 해하여 조속한 조정이 필요하다고 인정되는 경우에는 당사자의 신청이 없는 때에도 직권으로 이를 조정할 수 있다'고 단서조항을 둠으로써 당사자의 신청이 없이도 공익상 필요시 직권조정이 가능하도록 하였다. ③ 분쟁조정위원회는 위원장을 포함한 위원 7인 이상의 출석으로 개의하고, 출석위원 3분의 2 이상의 찬성으로 의결한다(동법 제140조의3 제1항). ⑤ 개정 지방자치법(1999. 8. 31)은 분쟁조정위원회의 구성 및 운영에 관하여 기본적인 사항을 정하고 있으며, 이 법이 정한 사항 외에 필요한 사항은 대통령령으로 정하도록 하고 있다(동법 제149조의2, 제150조의3). <답 ④>

113. 우리나라 광역행정의 저해요인이 아닌 것은?

① 국토면적의 협소
② 지방자치에 대한 경험부족
③ 정부간 기능배분의 명확화
④ 자치단체 규모의 광대화
⑤ 중앙집권적 행정문화

✍ 해설 ……………………………………

우리나라에서는 광역행정이 다른 나라에 비하여 그리 활발하게 전개되지 않고 있는데, 이는 우리나라의 국토면적 자체가 좁아 광역화 문제는 바로 중앙집권화로 해결될 수 있었고, 전통적으로 중앙집권제가 채택 · 발달되어 왔으며, 기초자치단체와 광역자치단체의 규모가 외국보다 크기 때문이었다. 중앙정부와 자치단체간의 기능배분은 매우 모호하게 규정되어 있어서 상위정부가 하위정부를 예속하는 변질된 상하관계로 변모되고 있다. <답 ③>

114. 광역행정방식으로 여러 자치단체를 포괄하는 단일 정부를 설립하여 그 정부의 주도로 사무를 광역적으로 처리하는 광역행정방식은?

① 연합방식 ② 통합방식 <2011 서울 9급>
③ 공동처리 ④ 참여 ⑤ 효용방식

✍ 해설 ……………………………………

여러 자치단체를 포괄하는 단일 정부를 설립하여 그 정부의 주도로 사무를 광역적으로 처리하는 광역행정방식이 통합방식이며, 그 중 합병방식에 해당한다. 반면 연합방식은 복수의 자치단체가 각각 독립적인 법인격을 그대로 유지하면서 자치단체의 상부조직으로서 연합단체를 새로 신설하여 광역행정사무를 처리하게 하는 방식이다. 연합방식은 각 자치단체의 법인격이 유지되므로 독자성이 인정되는 반면, 통합방식은 각각 자치단체의 법인격이 유지되지 않으므로 독자성이 침해되며 통합정부가 광역사무에 대하여 연합정부에 비해 주도적으로 계획하고 집행한다. <답 ②>

115. 광역행정방식 중 통합방식이 아닌 것은 ?

① 전부사무조합 ② 합병 ③ 광역자치단체 ④ 복합사무조합

✍ 해설 ……………………………………

광역행정방식으로는 - 공동처리방식(협의회, 일부 사무조합, 공동기관, 사무위탁, 연락회의, 직원파견), 연합방식(자치단체연합체, 도시공동체, 복합사무조합), 통합방식(합병, 흡수통합, 전부사무조합, 광역자치단체), 특별구역방식이 있다. 통합방식 중 전부사무조합은 둘 이상의 자치단체가 그 자치단체들의 모든 사무를 종합적으로 처리할 조합을 설치하여 그 조합의 구성과 동시에 기존의 자치단체를 소멸시키는 방식이다. 우리나라는 현재 채택하지 않고 있다. <답 ④>

≪광역행정방식≫

1. 공동처리방식: 협의회, 일부 사무조합, 공동기관, 사무위탁, 연락회의, 직원파견
2. 연합방식: 자치단체연합체, 도시공동체, 복합사무조합
3. 통합방식: 합병, 흡수통합, 전부사무조합, 광역자치단체
4. 특별구역방식

116. 현재 우리나라에서 둘 이상의 지방자치단체가 그 사무를 공동으로 처리하는 광역행정의 방식이거나 이에 기여할 수 있는 것이 아닌 것은? <2011 국회사무처 9급>

① 행정협의회의 구성 ② 지방자치단체조합의 설립

③ 사무의 위탁 ④ 지방자치단체장 등의 협의체의 설립
⑤ 특별지방행정기관의 설치

✍ 해설

「행정기관의 조직과 정원에 관한 통칙」에 의하면 특별지방행정기관은 '국가의 특정한 중앙행정기관에 소속되어 해당 관할구역 내에서 시행되는 소속 중앙행정기관의 권한에 속하는 행정사무를 관장하는 국가의 지방행정기관'을 말한다. 특별지방행정기관도 광역행정의 방식에 속한다고 볼 수 있다. 그러나 둘 이상의 지방자치단체가 그 사무를 공동으로 처리하기 위해 설치했다고 볼 수는 없기 때문에 정답은 ⑤가 된다. 나머지 ①②③④는 둘 이상의 지방자치단체가 그 사무를 공동으로 처리하는 광역행정의 방식이다. <답 ⑤>

117. 우리나라의 지방자치에 관한 설명으로 옳은 것은? <2006 대구 9급>

① 지방자치단체의 조직은 기관통합형이다.
② 지방세의 세목과 세율은 지방의회가 조례로 결정한다.
③ 광역시에 있는 군은 지방자치단체이다.
④ 지방자치단체의 조직에는 특별행정기관도 포함된다.

✍ 해설

인천광역시 옹진군, 부산광역시 기장군처럼 광역시는 군을 설치할 수 있으며 기초자치단체이다. ④는 논란의 여지가 있음. 특별행정기관은 특별지방행정기관을 지칭한 용어로서 경찰서, 세무서, 우체국 등 국가가 설치한 특별 지방행정기관도 있지만 소방서, 보건소 등 지방자치단체가 설치한 특별지방행정기관도 있기 때문에 ④도 정답이다. ① 우리나라는 의결기관과 집행기관이 견제와 균형관계를 이루는 기관분리형이다. <답 ③, ④>

118. 우리나라의 광역행정에 대한 설명으로 올바르지 못한 것은 ?

① 행정협의회는 법인격을 갖지 않기 때문에 독립된 권리주체가 아니다. 따라서 권리 · 의무의 귀속주체가 될 수 없다.
② 지방자치단체조합은 독립된 법인격을 가진 특별지방자치단체이며, 현재 수도권, 대도시권, 연담도시권, 단핵도시권 등이 있다.
③ 지방자치단체는 다른 지방자치단체와 협의하여 그 소관 사무의 일부를 다른 지방자치단체 또는 그 장에게 위탁하여 처리할 수 있다. 여기서 협의는 공법상의 계약으로서, 사무의 위탁을 그 내용으로 한다.
④ 특별구역 설정이란 특수한 광역적 사무를 수행하기 위하여 일반행정구역 또는 자치구역과는 별도의 구역을 정하는 방식이다.

✍ 해설

② 지방자치단체조합으로 현재 자치정보화조합 등이 있다. 행정협의회로 현재 수도권, 대도시권, 연담도시권, 단핵도시권 협의회 등이 있다. <답 ②>

제 8 장

지방자치단체의 인사행정

제 8 장 지방자치단체의 인사행정

1. 우리나라 지방공무원제에 대한 설명으로 부적절한 것은?

① 지방공무원제가 독자적인 법률제도로서 확립된 해는 1963년이다.
② 지방공무원의 복무 · 연금제도 · 보수 · 신분보장 등은 법률로 정하고 있다.
③ 지방자치단체에 두는 6급 이하의 국가공무원은 자치단체장이 임명한다.
④ 지방공무원제는 지방적 사무를 처리하기 위한 공무원제도이다.
⑤ 지방자치단체의 공무원이란 지방자치단체의 경비로써 부담하는 공무원이다.

해설

지방자치단체에는 법률이 정하는 바에 의하여 국가공무원을 둘 수 있는데, 이들 국가공무원에 대해서는 국가공무원법의 규정에도 불구하고 5급 이상의 국가공무원은 당해 지방자치단체의 장의 제청으로 소속장관을 거쳐 대통령이 임명하고, 6급 이하의 국가공무원은 당해 지방자치단체의 장의 제청으로 소속장관이 임명한다. <답 ③>

2. 우리나라 국가공무원제도에 대한 설명으로 옳지 않은 것은?

<2011 국가 9급>

① 현재 시행하고 있는 고위공무원단제도는 일반직 공무원만을 대상으로 하고 있다.
② 계급제를 기본으로 직위분류제적 요소를 가미하여 운영하고 있다.
③ 예산의 범위 안에서 기구, 정원, 보수 및 예산에 관한 자율성을 가지되 그 결과에 대하여 책임을 지는 총액인건비제를 운영할 수 있다.
④ 결원이 발생하였을 때 정부 내 공개모집을 통하여 해당 기관 내부 또는 외부의 공무원 중에서 적격자를 임용할 수 있는 공모직위제도를 운영할 수 있다.

해설

① 고위공무원단은 일반직 · 별정직 · 계약직과 외무공무원 약 1,500여명의 고위공무원단으로 구성된다. <답 ①>

3. 다음 중 국가공무원과 지방공무원의 구별기준으로 적합하지 않은 것은?

① 임명권자 ② 사무귀속 ③ 근무의무의 대상
④ 근무지역 ⑤ 경비부담주체

✍ **해설** ···

국가공무원과 지방공무원의 구별기준은 반드시 명백한 것은 아니지만 실무상으로 선임주체와 사무귀속에 두어 국가에 의하여 선임되고 국가사무를 집행하는 공무원을 국가공무원, 지방자치단체에 의하여 선임되고 자치단체의 사무를 집행하는 공무원을 지방공무원으로 구별하기도 하고, 공무원이 근무의무를 지는 행정주체 여하와 보수 기타 경비부담주체 여하를 기준으로 구별하기도 한다. 일반적으로 지방공무원이란 그의 선임주체인 지방자치단체에 근무의무를 지고 당해 지방자치단체에서 그의 경비가 지급되는 공무원이라고 할 수 있다. <답 ④>

4. 특수경력직 지방공무원만으로 나열한 것은? <2002 지시 기술직>

㈎ 고용직 공무원	㈏ 기능직 공무원	㈐ 계약직 공무원
㈑ 별정직 공무원	㈒ 특정직 공무원	

① ㈎, ㈐, ㈑ ② ㈎, ㈏, ㈐ ③ ㈏, ㈑, ㈒
④ ㈏, ㈐, ㈑ ⑤ ㈎, ㈐, ㈒

✍ **해설** ···

특수경력직 공무원은 경력직 공무원 이외의 공무원을 말한다. 1) 정무직 공무원: 선거에 의하여 취임하거나 임명에 있어서 지방의회의 동의를 요하는 공무원 및 고도의 정책결정 업무를 담당하거나 이러한 업무를 보조하는 공무원으로서 법령 또는 조례에서 정무직으로 지정하는 공무원. 2) 별정직 공무원: 특정한 업무를 담당하기 위하여 별도의 자격기준에 의하여 임용되는 공무원으로서 법령 또는 조례에서 별정직으로 지정하는 공무원. 3) 계약직 공무원: 지방자치단체와 채용계약에 의하여 일정한 기간 동안 전문지식·기술이 요구되거나 임용에 있어서 신축성 등이 요구되는 업무에 종사하는 공무원. 4) 고용직 공무원: 단순한 노무에 종사하는 공무원. <답 ①>

5. 지방공무원법이 제정된 시기는?

① 1948년 ② 1949년 ③ 1950년
④ 1960년 ⑤ 1963년

✍ **해설** ···

제정지방자치법의 규정에 따라 1950년 2월 10일 대통령령으로 지방공무원령이 제정되었다가 1963년 11월 1일에야 비로소 지방공무원법이 제정되어 지방공무원제도가 독자적인 법률제도로서 확립되었다. 지방공무원법은 그후 2002년까지 모두 25차례에 걸쳐 개정되었다. <답 ⑤>

6. 다음 중 특수경력직 공무원이 아닌 것은? <2011 지방수탁 9급>

① 정무직 공무원 ② 별정직 공무원
③ 고용직 공무원 ④ 특정직 공무원

✍ **해설** ···

④ 특정직은 경력직 공무원이다. <답 ④>

≪지방공무원의 구분≫

경력직 공무원		특수경력직 공무원	
일반직	기술·연구 또는 행정일반에 대한 업무를 담당하며 직군·직렬별로 분류되는 공무원	정무직	선거에 의해 취임하거나 임명시 지방의회 동의를 요하는 공무원 및 고도의 정책결정업무를 담당하거나 이 업무 보조하는 공무원
특정직	공립의 대학·전문대학에 근무하는 교육공무원 및 지방소방공무원과 기타 특수분야의 업무를 담당하는 공무원으로서 다른 법률이 특정직 공무원으로 지정하는 공무원	별정직	특정한 업무를 담당하기 위하여 별도의 자격기준에 의하여 임용되는 공무원으로서 법령 또는 조례에서 별정직으로 지정하는 공무원
기능직	기능적인 업무를 담당하며 그 기능별로 분류되는 공무원	계약직	채용계약에 의하여 일정한 기간 동안 전문지식·기술이 요구되거나 임용에 있어서 신축성 등이 요구되는 업무에 종사하는 공무원
		고용직	단순한 노무에 종사하는 공무원

7. 지방공무원의 복무에 관한 설명으로 잘못된 것은?

① 지방공무원은 징계책임·변상책임·형사상책임뿐만 아니라 민사책임도 지게 된다.

② 직무상 의무에 위반하거나 직무를 태만했을 때 임용권자는 그의 직권으로 지방공무원을 징계할 수 있다.

③ 원칙적으로 징계사유가 발생한 날로부터 2년이 경과한 때에는 징계요구를 하지 못한다.

④ 징계의 종류에는 파면, 해임, 정직, 감봉 및 견책의 5종이 있다.

⑤ 정직은 1개월 이상 3개월 이하의 기간 직무에 종사하지 못하고 보수의 2/3를 감한다.

해설

지방공무원에 대한 징계는 (i) 지방공무원법 또는 이에 의한 명령이나 지방자치단체의 조례 또는 규칙에 위반한 때, (ii) 직무상 의무에 위반하거나 직무를 태만하였을 때, (iii) 공무원의 품위를 손상하는 행위를 한 때에 임용권자가 행하되, 반드시 인사위원회의 의결을 거쳐야 한다. 다만 5급 이상 공무원 또는 이와 관련된 하위직 공무원의 징계와 소속기관을 달리하는 동일사건에 관련된 자의 징계는 시·도인사위원회의 의결로 행한다. 징계에는 파면, 해임, 정직, 감봉 및 견책 등 다섯 가지가 있으며, 징계사유가 발생한 날부터 2년(금품 및 향응수수, 공금의 횡령·유용의 경우에는 3년)을 경과할 경우에는 징계요구를 행하지 못한다.

<답 ②>

≪징계의 효력≫

정 직	(ⅰ) 1개월 이상 3개월 이하의 기간 (ⅱ) 보수의 2/3 감함 (ⅲ) 정직기간중 공무원의 신분은 보유하나 직무에 종사하지 못함
감 봉	(ⅰ) 1개월 이상 3개월 이하의 기간 (ⅱ) 보수의 1/3 감함
견 책	전과에 대하여 훈계하고 회개하게 함

8. 다음 중 지방공무원의 원칙적인 임용권자가 아닌 것은?

① 시 · 도의 교육감 ② 도지사 ③ 자치구청장
④ 교육장 ⑤ 특별시 · 광역시의 시장

해설

특별시 · 광역시 · 도 · 특별자치도의 교육감을 포함한 각급 지방자치단체의 장은 그 소속공무원의 임용 · 휴직 · 면직과 징계를 행하는 권한을 가진다. ④ 교육장은 둘 이상의 시 · 군 · 자치구를 관할하는 교육청의 장으로서 단순한 하부교육행정기관에 불과하다. <답 ④>

9. 지방공무원의 임용권자가 될 수 없는 자는?

① 군의회 의장 ② 시의회 사무국장 ③ 부단체장
④ 도의회 사무처장 ⑤ 도의 공무원교육원장

해설

지방공무원법 제6조에 따르면 제1항에서 '지방자치단체의 장이 소속공무원의 임명 · 휴직 · 면직과 징계를 행하는 권한을 가진다'고 규정하고, 제2항에 '그 권한의 일부를 조례가 정하는 바에 따라 보조기관, 소속기관의 장, 지방의회의 사무처장, 사무국장, 사무과장 또는 교육위원회의 의사국장에 위임할 수 있다'고 규정하고 있다. 따라서 ②③④⑤는 모두 임용권을 위임받은 범위 내에서 임용권자가 될 수 있으나 의회의장의 경우는 소속의회 사무직원의 임용을 자치단체장에게 추천하는 권한만 가질 뿐이며 임용권을 가지지는 않는다.

<답 ①>

10. 지방인사위원회에 관한 설명이 잘못된 것은?

① 지방인사위원회는 각급 지방자치단체에 임용권자별로 설치되어 있다.
② 지방인사위원회에는 위원장과 부위원장 각 1인씩 둔다.
③ 지방자치단체의 장이 위촉하는 위원은 3인을 초과할 수 없다.
④ 위촉위원의 임기는 3년이며 1차에 한하여 연임할 수 있다.
⑤ 임용권을 위임받은 소속기관의 장도 인사위원회를 둘 수 있다.

✍ 해설

① 지방자치단체에 임용권자별로 인사위원회를 두되, 특별시 · 광역시 · 도 또는 특별자치도에는 필요하면 제1인사위원회와 제2인사위원회를 둘 수 있다(개정 2012.3.21). ② 인사위원회에 위원장 · 부위원장 각 1명을 두며, 위원장은 시 · 도의 국가공무원으로 임명하는 부시장 · 부지사 · 부교육감, 시 · 군 · 구(자치구)의 부시장 · 부군수 · 부구청장이 되고, 부위원장은 해당 인사위원회에서 호선(互選)한다. ③ 지방인사위원회는 16명 이상 20명 이하의 위원으로 구성한다. 다만, 임용권을 위임받은 기관에 두는 인사위원회와 해당 지방자치단체의 인구 수, 위원 선정의 어려움 등을 고려하여 대통령령으로 정하는 지방자치단체에 두는 인사위원회는 7명 이상 9명 이하의 위원으로 구성할 수 있다(개정 2012.3.21). ④ 위촉위원의 임기는 3년으로 하되, 한 번만 연임할 수 있다(개정 2012.3.21). ⑤ 지방자치단체에 임용권자별로 인사위원회를 두며, 임용권을 위임받은 기관 중 시의 구청장과 자치단체장이 필요하다고 인정하는 소속기관의 장 이외의 임용권을 위임받은 자는 인사위원회를 둘 수 없다. <답 ③>

11. 지방인사위원회에 관한 설명으로 옳지 않은 것은? <2001 지시 변형>

① 지방공무원 인사에 관하여 일정한 사무를 결정 · 집행하는 합의제행정기관이다.
② 정당원 및 지방의회의 의원은 위원으로 위촉될 수 없다.
③ 공무원의 징계를 의결할 수 있다.
④ 공무원으로 20년 이상 근속하고 퇴직한 자는 위원으로 위촉될 수 있다.
⑤ 위원의 임기는 3년으로 하되 2차에 한하여 연임할 수 있다.

✍ 해설

⑤ 위촉위원의 임기는 3년으로 하되, 한 번만 연임할 수 있다(개정 2012.3.21). <답 ⑤>

12. 인사위원회의 위원이 될 수 없는 자는?

① 법관 · 검사 ② 변호사자격증 소지자 ③ 행정학 교수
④ 초등학교 교장 ⑤ 지방의회의원

✍ 해설

지방인사위원회에 임명 또는 위촉될 수 있는 자(개정 2012.3.21)는 (i) 법관 · 검사 또는 변호사의 자격이 있는 사람, (ii) 대학에서 조교수 이상으로 재직하거나 초등학교 · 중학교 · 고등학교 교장 또는 교감으로 재직하는 사람, (iii) 공무원(국가공무원 포함)으로서 20년 이상 근속하고 퇴직한 사람, (iv) 비영리민간단체에서 10년 이상 활동하고 있는 지역단위 조직의 장, (v) 상장법인의 임원 또는 지정된 공기업의 지역단위 조직의 장으로 근무하고 있는 사람, ⑤ 공무원 결격사유자, 정당원 및 지방의회의원은 위원으로 위촉될 수 없다. <답 ⑤>

13. 지방인사위원회에 관한 설명 중 올바른 것만으로 짝지어진 것은?

<2001 지시 기술직>

㈎ 합의제 행정기관이다. ㈏ 위원장은 해당 지방자치단체의 부단체장이 된다. ㈐ 7인 이상 9인 이하의 위원으로 구성된다. ㈑ 정당원 및 지방의회의원도 위원으로 위촉될 수 있다. ㈒ 위촉위원의 임기는 3년으로 하되, 2차에 한해 연임될 수 있다.

① ㈎, ㈏ ② ㈏, ㈐ ③ ㈐, ㈑
④ ㈑, ㈒ ⑤ ㈎, ㈒

해설 ···

인사위원회는 16명 이상 20명 이하의 위원으로 구성한다. 다만, 임용권을 위임받은 기관에 두는 인사위원회와 해당 지방자치단체의 인구 수, 위원 선정의 어려움 등을 고려하여 대통령령으로 정하는 지방자치단체에 두는 인사위원회는 7명 이상 9명 이하의 위원으로 구성할 수 있다(개정 2012.3.21). 인사위원회에 위원장 · 부위원장 각 1명을 두며, 위원장은 시 · 도의 국가공무원으로 임명하는 부시장 · 부지사 · 부교육감, 시 · 군 · 구(자치구)의 부시장 · 부군수 · 부구청장이 되고, 부위원장은 해당 인사위원회에서 호선(互選)한다. 위촉되는 위원은 (i) 법관 · 검사 또는 변호사의 자격이 있는 사람, (ii) 대학에서 조교수 이상으로 재직하거나 초등학교 · 중학교 · 고등학교 교장 또는 교감으로 재직하는 사람, (iii) 공무원(국가공무원 포함)으로서 20년 이상 근속하고 퇴직한 사람, (iv) 비영리민간단체에서 10년 이상 활동하고 있는 지역단위 조직의 장, (v) 상장법인의 임원 또는 지정된 공기업의 지역단위 조직의 장으로 근무하고 있는 사람이어야 한다. 위촉된 위원의 임기는 3년으로 하며, 1차에 한해 연임할 수 있다. <답 ①>

14. 지방인사위원회의 의결정족수는?

① 재적위원 1/3 이상의 출석과 출석위원 과반수의 찬성
② 재적위원 1/3 이상의 출석과 출석위원 2/3 이상의 찬성
③ 재적위원 2/3 이상의 출석과 출석위원 과반수의 찬성
④ 재적위원 2/3 이상의 출석과 재적위원 과반수의 찬성
⑤ 재적위원 과반수의 출석과 출석위원 2/3 이상의 찬성

해설 ···

지방인사위원회의 회의는 위원장이 필요하다고 인정할 때에 소집하며, 재적위원 2/3 이상의 출석과 출석위원 과반수의 찬성으로 의결한다. <답 ③>

15. 5급 이상 지방공무원의 소청을 심사할 소청심사위원회는 어디에 설치되어 있는가?

① 법원행정처 ② 행정안전부 ③ 특별시 · 광역시 · 도
④ 시 · 군 · 자치구 ⑤ 각급 지방자치단체

✍ **해설** ....

지방공무원의 소청을 심사할 소청심사기관은 행정자치부(구 총무처) 소청심사위원회로, 2008년 다시 행정안전부의 특별시 · 광역시 · 도 소청심사위원회로 개편되었다. <답 ③>

≪소청심사 관할≫

<table>
<tr><th>구 분</th><th colspan="6">소청심사기관</th></tr>
<tr><td rowspan="16">행정부</td><td rowspan="13">국가공무원</td><td rowspan="12">경력직</td><td>일반직</td><td colspan="3">행정안전부 소청심사위원회</td></tr>
<tr><td rowspan="10">특정직</td><td>외무공무원</td><td colspan="2">행정안전부 소청심사위원회</td></tr>
<tr><td>경찰공무원</td><td colspan="2">행정안전부 소청심사위원회
※ 단, 전투경찰대의 경사, 경장, 순경은 당해 전투경찰대가 소속된 기관에 설치된 경찰공무원징계위원회</td></tr>
<tr><td>소방공무원</td><td colspan="2">행정안전부 소청심사위원회</td></tr>
<tr><td>검 사</td><td colspan="2">소청제도 없음</td></tr>
<tr><td>교 원</td><td colspan="2">교원소청심사위원회</td></tr>
<tr><td rowspan="2">군 인</td><td>장교 및 준사관</td><td>· 국방부 중앙군인사 소청심사위원회
· 항고심사위원회</td></tr>
<tr><td>하사관</td><td>· 각군 본부의 군인사 소청심사위원회
· 항고심사위원회</td></tr>
<tr><td>군무원</td><td colspan="2">· 국방부 군무원인사 소청심사위원회
· 항고심사위원회</td></tr>
<tr><td>국가정보원</td><td colspan="2">행정안전부 소청심사위원회</td></tr>
<tr><td>대통령경호실</td><td colspan="2">행정안전부 소청심사위원회</td></tr>
<tr><td>기능직</td><td colspan="3">행정안전부 소청심사위원회</td></tr>
<tr><td colspan="2">특수경력직</td><td colspan="3">원칙적으로 소청대상에 포함되지 않음</td></tr>
<tr><td rowspan="3">지방공무원</td><td rowspan="2">경력직</td><td>일반 · 기능직</td><td colspan="3">· 각 시 · 도 지방공무원 소청심사위원회
· 교육 소청심사위원회(지방직 교육직렬)</td></tr>
<tr><td>특정직</td><td>소방직</td><td colspan="2">지방공무원 소청심사위원회</td></tr>
<tr><td colspan="2">특수경력직</td><td colspan="3">원칙적으로 소청대상에 포함되지 않음</td></tr>
<tr><td>입법부</td><td colspan="6">국회사무처 소청심사위원회</td></tr>
<tr><td>사법부</td><td colspan="6">법원행정처 소청심사위원회</td></tr>
<tr><td>헌재소</td><td colspan="6">헌법재판소사무처 소청심사위원회</td></tr>
<tr><td>중선위</td><td colspan="6">중앙선거관리위원회사무처 소청심사위원회</td></tr>
</table>

16. 지방공무원이 제기하는 소청을 심사할 소청심사위원회는 어디에 설치되어 있는가? <2002 지시>

① 국무총리실 ② 행정안전부 ③ 국가인권위원회
④ 특별시 · 광역시 · 도 ⑤ 시 · 군 · 자치구

✍ 해설

소청심사위원회는 공무원의 징계 기타 그 의사에 반하는 불리한 처분이나 부작위(不作爲)에 대한 소청을 심사·결정하기 위하여 시·도에 임용권자별로(임용권을 위임받은 자 제외) 지방소청심사위원회 및 교육소청심사위원회를 설치한다. <답 ④>

17. 특수경력직 지방공무원으로 볼 수 없는 것은?

① 지방자치단체장 ② 교육위원
③ 특정직 지방공무원 ④ 비서관
⑤ 지방자치단체와 채용계약에 의한 과학자, 기술자 및 특수분야의 전문가

✍ 해설

특정직 지방공무원은 공립의 대학·전문대학에 근무하는 교육공무원 및 지방소방공무원과 기타 특수분야의 업무를 담당하는 공무원으로서 경력직 공무원에 속한다. <답 ③>

18. 지방인사행정기관인 소청심사위원회의 설명이 틀린 것은?

① 소청심사위원회는 7인의 위원으로 구성된다.
② 인사위원회 위원은 소청심사위원회의 위원이 될 수 없다.
③ 소청심사위원회의 위원장은 심사위원회에서 위촉위원 중 호선한다.
④ 현재 지방소청심사위원회와 교육소청심사위원회가 설치되어 있다.
⑤ 소청심사위원회의 결정은 처분행정청을 기속하지 않는다.

✍ 해설

소청심사위원회는 16명 이상 20명 이하의 위원으로 구성한다. 이 경우 위촉되는 위원이 전체 위원의 2분의 1 이상이어야 한다(개정 2012.3.21). 심사위원회의 회의는 위원장과 시·도지사 또는 교육감이 회의마다 지정하는 6명의 위원으로 구성한다. 이 경우 위촉된 위원이 5명 이상이어야 한다(신설 2012.3.21). 소청심사위원회는 공무원의 징계 기타 그 의사에 반하는 불이익처분이나 부작위에 대한 소청을 심사·결정하기 위하여 특별시·광역시·도·특별자치도에 임용권자별로 설치되어 있으며, 지방공무원 소청심사위원회와 교육소청심사위원회가 있다. 소청심사위원회의 결정은 처분행정청을 기속하며, 징계처분과 강임·휴직·직위해제 또는 면직처분 기타 본인의 의사에 반한 불리한 처분 또는 부작위에 관한 행정소송은 심사위원회의 심사·결정을 거치지 않으면 제기할 수 없다. <답 ①, ⑤>

19. 소청심사위원회에 대한 설명으로 부적절한 것은?

① 소청심사위원회는 심사시 소청인 또는 그 대리인에게 진술의 기회를 부여하여야 한다.
② 소청인 또는 대리인에게 진술의 기회를 부여하지 않고 한 결정은 무효이다.
③ 징계처분을 받은 자의 청구에 의한 소청심사시 원래 징계처분에서 과한 징계보다 무거운 징계를 과하지 못한다.
④ 심사위원회의 결정은 재적위원 2/3 이상의 출석과 재적위원 과반수의 합

의에 의한다.

⑤ 위원은 본인 또는 그 친족이나 친족의 관계에 있었던 자와 관련된 사항의 소청사건에 관여하지 못한다.

✍ **해설**

④ 소청심사위원회의 결정은 구성원 3분의 2 이상의 출석과 출석위원 과반수의 합의에 따르되, 의견이 나뉜 경우에는 출석위원 과반수에 이를 때까지 소청인에게 가장 불리한 의견에 차례로 유리한 의견을 더하여 그 중에서 가장 유리한 의견을 합의된 의견으로 본다(개정 2012.3.21). <답 ④>

20. 다음 중 지방소청심사위원회의 위원이 될 수 없는 자는?

① 법 관 ② 검 사 ③ 변호사

④ 소속 국장 ⑤ 행정학 교수

✍ **해설**

소청심사위원회는 16명 이상 20명 이하의 위원으로 구성하되, (i) 법관 · 검사 또는 변호사로 재직하는 사람, (ii) 대학에서 법률학을 담당하는 부교수 이상으로 재직하는 사람, (iii) 소속 국장급 이상의 공무원인 자 중에서 특별시장 · 광역시장 · 도지사 또는 특별자치도지사 또는 교육감이 임명 또는 위촉한다. 다만, 인사위원회위원, 「정당법」에 따른 당원, 지방의회의원에 해당하는 사람은 심사위원회의 위원이 될 수 없다. <답 ⑤>

21. 공무원에게 정치적 중립이 요구되는 근거로 가장 미약한 것은? <2012 국가 9급>

① 정치적 무관심화를 통한 직무수행의 능률성 확보를 위해 필요하다.

② 정치적 개입에 의한 부정부패를 방지하기 위해 필요하다.

③ 행정의 계속성과 전문성을 확보하기 위해 필요하다.

④ 공무원 집단의 정치세력화를 방지하기 위해 필요하다.

✍ **해설**

① 공무원에게 정치적 중립이 요구되는 근거는 정권이 교체되더라도 편당성 없이 공평무사하게 국민에게 봉사하게 하기 위함이다. 공무원이 일체 정치로부터 단절되거나 정치적 무관심 · 무감각을 조장하기 위한 것이 아니다. <답 ①>

22. 공무원의 정치적 중립과 관련된 내용이 아닌 것은? <2006 서울 7급>

① 당파적 중립성을 견지한다.

② 공무원은 국민전체의 봉사자이다.

③ 공무원을 폐쇄집단화할 가능성도 있다.

④ 유럽국가들은 공무원의 정치활동을 허용하는 경우가 있다.

⑤ 실적주의를 극복하기 위한 성격을 지닌다.

✍ **해설** ……………………………………

공무원의 정치적 중립이란 공무원이 정치에 개입하지 않는다는 의미가 아니고, 어느 정당이 집권하든 공평하게 여야 간에 차별 없이 봉사하는 것을 의미한다. 부당하게 정파적 특수이익과 결탁하여 공평성을 상실하거나 정쟁에 개입하지 않는 공평성 및 비당파성의 견지를 말한다. 이는 행정이 다루어야 할 내용들이 복잡 전문화되고 행정이 목표 설정과 정책결정에 깊숙이 개입하게 되는 현대 행정국가의 상황에서 요구되는 근무규율이다. 이의 대두 배경은 엽관주의의 폐해 극복이라는 관점에서도 파악할 수 있다. 실적주의의 등장과 함께 인사에 대한 정치적 간섭을 배제하여 정치적 전횡으로부터 공무원을 보호하여 행정의 안정성과 전문성을 확보하는 한 방법으로 정치적 중립의 원칙을 채택하게 된 것이다.

<답 ⑤>

23. 실적주의의 주요 구성요소로 보기 어려운 것은? <2012 지방수탁 9급>

① 공직취임의 기회균등 ② 공무원 인적 구성의 다양화
③ 신분보장 및 정치적 중립 ④ 실적에 의한 임용

✍ **해설** ……………………………………

② 공무원 인적 구성의 다양화를 추구하는 인사제도는 대표관료제에 대한 설명이다. 실적주의제(Merit system)는 능력, 자격, 성적 등 객관적·중립적 기준에 따른 인사제도이므로 다양한 인적 구성을 하진 못한다. <답 ②>

24. 지방공무원에 관한 설명으로서 적합하지 않은 것은?

① 지방공무원은 지방자치단체의 경비로서 부담하는 공무원을 말한다.
② 지방공무원은 지방의 고유사무만을 처리한다.
③ 지방공무원은 지역주민의 일상생활과 직접 관련되는 복리행정을 수행한다.
④ 지방공무원의 범위 속에는 특수경력직 공무원도 있다.
⑤ 지방공무원의 신분과 정치적 중립성은 국가공무원과 동일하다.

✍ **해설** ……………………………………

② 지방공무원은 지방자치단체의 지방사무 이외에도 국가 또는 상급기관의 단체 및 기관위임사무도 처리한다. <답 ②>

25. 우리나라 지방공무원제도에 대한 기술 중 타당하지 않은 것은?

① 민간전문가를 파견받아 공직에 근무하게 할 수 있다.
② 지방자치단체는 필요한 경우 임용권자별로 복수의 인사위원회를 둘 수 있다.
③ 복수의 인사위원회를 두는 경우 제2인사위원회 위원장은 특정지역의 사무를 담당하는 부단체장 또는 인사담당국장이 된다.
④ 인사위원회위원은 소청심사위원회의 위원이 될 수 없다.
⑤ 5급에의 승진임용방법으로서 시험과 인사위원회의 의결에 의한 방법을 병행할 수 있다.

✍ 해설

① 임용권자는 전문성이 특히 요구되는 특수업무의 효율적 수행 등을 위하여 필요한 때에는 인사위원회의 의결을 거쳐 지방자치단체 외의 기관 · 단체의 임직원을 파견받아 근무하게 할 수 있다(지방공무원법 제30조의4 제1항). ② 지방자치단체에 임용권자별로 인사위원회를 두되, 특별시 · 광역시 · 도 또는 특별자치도에는 필요한 경우 제1인사위원회와 제2인사위원회를 둘 수 있다고 하여 시 · 도에 한해 복수의 인사위원회를 둘 수 있도록 규정하고 있다(동법 제7조 제1항). ③ 시 · 도에 복수의 인사위원회를 두는 경우 제1인사위원회의 위원장은 시 · 도의 국가공무원으로 보하는 부단체장 · 부교육감이 되고, 제2인사위원회의 위원장은 특정지역의 사무를 담당하는 부단체장 또는 인사담당국장이 된다(동법 제9조 제2항). ④ 인사위원회위원 · 정당법에 의한 당원 및 지방의회의원은 소청심사위원회의 위원이 될 수 없다(동법 제14조 제2항). ⑤ 종전에는 5급 공무원으로의 승진임용을 일반승진시험, 인사위원회 승진의결, 일반승진시험과 인사위원회 승진의결의 병행 중에서 한 가지 방법을 택하도록 하였으나 법령을 개정하여 인사위원회 승진의결방식을 삭제하고, 일반승진시험과 인사위원회 승진의결의 병행시 각 5할의 비율로 하도록 함으로써 5급 일반승진시험실시를 의무화하였다(동법 제38조 제1항; 지방공무원임용령 제38조 제2항). <답 ②>

26. 경력직 지방공무원으로 볼 수 없는 것은?

① 일반직 지방공무원
② 지방소방공무원
③ 기능직 지방공무원
④ 연구 · 지도직 지방공무원
⑤ 고용직 지방공무원

✍ 해설

⑤ 고용직 지방공무원은 단순노동에 종사하는 지방공무원으로서 특수경력직에 속한다.

<답 ⑤>

≪경력직 공무원≫

일반직 공무원	기술 · 연구 또는 행정일반에 대한 업무를 담당하며 직군 · 직렬별로 분류되는 공무원
특정직 공무원	공립의 대학 · 전문대학에 근무하는 교육공무원 및 지방소방공무원과 기타 특수분야의 업무를 담당하는 공무원으로서 다른 법률이 특정직 공무원으로 지정하는 공무원
기능직 공무원	기능적인 업무를 담당하며 그 기능별로 분류되는 공무원(철도현업, 토건, 전신, 기계, 화공, 방호, 보건위생, 농림, 선박, 사무보조 등)

27. 지방공무원법상 경력직 공무원으로만 짝지어진 것은?

<2001 지시 기술직>

① 일반직 공무원 — 고용직 공무원
② 특정직 공무원 — 기능직 공무원
③ 일반직 공무원 — 전문직 공무원
④ 별정직 공무원 — 정무직 공무원
⑤ 별정직 공무원 — 일반직 공무원

✍ 해설

지방공무원은 경력직과 특수경력직 공무원으로 구분되고, 경력직 공무원에는 일반직, 특정직, 기능직 공무원이 있고, 특수경력직 공무원에는 정무직, 별정직, 계약직, 고용직 공무원이 있다. <답 ②>

28. 지방인사위원회의 기능으로서 적절하지 않은 것은?

① 지방공무원의 충원계획의 사전심의
② 각종 임용시험의 실시
③ 보직관리기준 및 승진 · 전보임용기준의 사전심의
④ 임용권자의 요구에 의한 공무원의 징계의결
⑤ 자치단체장이 지방의회에 제출하는 공무원인사관련 조례안의 사전심의

해설

≪인사위원회의 기능≫

(i) 공무원 충원계획의 사전심의 및 각종 임용시험의 실시
(ii) 임용권자의 요구에 의한 보직관리기준 및 승진 · 전보임용기준의 사전의결
(iii) 승진임용의 사전심의
(iv) 임용권자의 요구에 의한 공무원의 징계의결
(v) 자치단체장이 지방의회에 제출하는 공무원의 인사와 관련된 조례안 및 규칙안의 사전심의
(vi) 기타 법령의 규정에 의하여 그 관장에 속하는 사항

<답 ③>

29. 지방의 소청심사제도와 관련하여 잘못 설명된 것은?

① 7인의 소청심사위원 중 법관 · 검사 · 변호사 및 법률학담당 부교수 이상의 직에 있는 자에 의해 위촉되는 위원은 4인 이상이어야 한다.
② 공무원의 신분보장과 직업공무원제도의 확립을 공고히 하기 위한 제도이다.
③ 지방소청심사위원회는 모든 지방공무원의 소청을 심사 · 결정한다.
④ 소청심사위원회에 위촉된 위원의 임기는 2년이며 연임할 수 있다.
⑤ 법원소속 공무원의 소청은 법원행정처의 소청심사위원회에서 심사 · 결정하고 있다.

해설

① 소청심사위원회는 16명 이상 20명 이하의 위원으로 구성한다. 이 경우 위촉되는 위원이 전체 위원의 2분의 1 이상이어야 한다(개정 2012.3.21). 심사위원회의 회의는 위원장과 시 · 도지사 또는 교육감이 회의마다 지정하는 6명의 위원으로 구성한다. 이 경우 위촉된 위원이 5명 이상이어야 한다(신설 2012.3.21). ② 소청심사제도는 행정심판제도의 하나로서 임용권자의 위법 · 부당한 인사상 처분을 시정하여 공무원의 권리를 구제하여 줌으로써 공무원의 신분보장과 직업공무원제의 확립을 도모하려는 제도이다. 우리나라는 지방공무원의 징계 기타 그 의사에 반하는 불이익처분에 대한 소청을 심사 · 결정하기 위하여 특별시 · 광역시 · 도 및 특별자치도에 임용권자별로 지방소청심사위원회와 교육소청심사위원회

를 설치하도록 하고 있다(지방공무원법 제13조). 또한 국회소속 공무원 및 법원소속 공무원의 소청에 관한 사항을 심사 · 결정하기 위하여 국회사무처 및 법원행정처에 각각의 소청심사위원회를 두도록 하고 있다. ③ 각 시 · 도 지방소청심사위원회는 자치단체에 소속되어 있는 지방공무원의 소청을 관할하고, 교육소청심사위원회에서는 교육과학기술부산하 지방공무원의 소청을 관할하도록 되어 있는바, 지방공무원 소청심사위원회에서 모든 지방공무원의 소청을 심사 · 결정하지는 않는다. <답 ①, ③>

30. 지방자치단체의 인사에 관한 중앙통제를 설명한 것으로 옳지 않은 것은? <2001 지시>

① 지방자치단체의 5급 이상 국가공무원은 대통령이 임명한다.
② 지방자치단체에 두는 지방공무원의 정원 기준은 대통령령으로 정한다.
③ 기초자치단체의 부단체장의 직급은 대통령령으로 정한다.
④ 행정안전부장관은 시 · 도의 개방형직위 지정 및 변경시 협의권을 갖는다.
⑤ 행정안전부장관은 지방공무원의 1년 이상 장기 해외훈련에 대한 승인권을 갖는다.

해설

① 자치단체에 두는 5급 이상 국가공무원은 당해 자치단체장의 제청으로 소속장관을 거쳐 대통령이 임명하고, 6급 이하는 당해 자치단체장의 제청으로 소속장관이 임명함. ② 지방공무원의 정원기준은 대통령령으로 정하며, 정원은 대통령령이 정한 기준에 따라 당해 자치단체의 조례로 정함. ④ 시 · 도지사가 개방형직위를 지정 · 변경하거나 직위별 직무수행요건을 설정 · 변경하려면 미리 당해 인사위원회의 심의를 거친 후 대통령령이 정하는 바에 따라 행정안전부장관과 협의하여야 한다. ⑤ 자치단체장은 소속 지방공무원을 국외에 파견하여 교육훈련을 받게 하거나 국외의 교육훈련기관에 위탁하여 일정한 기간 교육훈련을 받게 할 수 있다. <답 ⑤>

31. 다음 중 외국인을 공무원으로 임용할 수 없는 것은?

① 국가의 공권력을 행사 분야
② 연구 · 기술 · 교육 · 특정한 분야
③ 자격요건에 적합한 대한민국 국민을 채용하기 어려운 경우
④ 국가안보 및 보안 · 기밀에 관계되는 분야

해설

국가공무원법이 개정되어 외국인의 공무원 임용범위가 확대되었다. 개정 전 "국가의 공권력을 행사하거나 정책결정 그 밖에 국가보안 및 기밀에 관계되는 분야가 아닌 연구, 기술, 교육 등 특정한 분야의 직위에 대하여, 그 자격요건에 적합한 대한민국 국민을 채용하기 어려운 경우에는 기간을 정하여 필요한 최소한의 범위 안에서"를 개정 후 "국가안보 및 보안, 기밀에 관계되는 분야를 제외하고" 외국인을 공무원으로 임용할 수 있다(개정 2011.5.23)고 규정하여 외국인의 공무원 임용범위를 확대하였다. 한편 (i) 국가의 존립과 헌법 기본질서의 유지를 위한 국가안보 분야, (ii) 내용이 누설되는 경우 국가의 이익을 해하게 되는 보안 · 기밀 분야, (iii) 외교, 국가간 이해관계와 관련된 정책결정 및 집행 등 복수국적자의 임용이 부적합한 분야에는 복수국적자(대한민국 국적과 외국 국적을 함께 가진

자)의 임용을 제한할 수 있다(신설 2011.5.23). <답 ④>

32. 지방공무원임용의 결격사유가 되지 않는 것은?

① 금치산자 또는 한정치산자
② 병역미필자
③ 파산자로 복권되지 아니한 자
④ 금고 이상의 형을 받고 그 집행유예의 기간이 만료된 날로부터 2년을 경과하지 않은 자
⑤ 징계에 의하여 파면의 처분을 받은 날로부터 5년을 경과하지 않은 자

해설

≪지방공무원임용의 결격사유≫ (지방공무원법 제31조)

(i) 금치산자 및 한정치산자
(ii) 파산자로서 복권되지 아니한 자
(iii) 금고 이상의 형을 받고 그 집행이 종료되거나 집행을 받지 아니하기로 확정된 후 5년이 경과하지 아니한 자
(iv) 금고 이상의 형을 받고 그 집행유예의 기간이 만료된 날로부터 2년을 경과하지 아니한 자
(v) 금고 이상의 형의 선고유예를 받은 경우에 그 선고유예기간중에 있는 자
(vi) 법원의 판결 또는 다른 법률에 의하여 자격이 상실 또는 정지된 자
(vii) 징계에 의하여 파면의 처분을 받은 날로부터 5년을 경과하지 아니한 자
(viii) 징계에 의하여 해임의 처분을 받은 날로부터 3년을 경과하지 아니한 자

<답 ②>

33. 지방소청심사위원회에 관한 다음 설명 중에서 부적절한 것은?

① 소청심사위원회는 파면 또는 해임이나 면직처분으로 인한 심사청구의 경우 청구를 접수한 날로부터 5일 이내에 후임자의 보충발령을 유예하게 하는 임시결정을 할 수 있다.
② 지방공무원은 그 의사에 반하는 불이익처분에 불복할 때에는 그 처분이 있는 것을 안 날부터 30일 이내에 심사를 청구할 수 있다.
③ 소청심사위원회의 결정은 처분행정청을 기속하는 효력을 가지고 있다.
④ 소청심사위원회에 부위원장을 두지 않고 있다.
⑤ 공무원은 본인의 의사에 반한 불리한 처분에 대하여 소청을 거치지 아니하고도 행정소송을 제기할 수 있다.

해설

지방공무원은 임용권자가 행한 징계처분, 강임, 휴직, 직위해제 또는 면직처분에 불복할 경우에는 설명서를 받은 날부터, 상기처분 이외의 그 의사에 반하는 불리한 처분에 불복할 때에는 그 처분이 있는 것을 안 날부터 각각 30일 이내에 심사위원회에 당해 처분의 심사를 청구할 수 있다. 소청심사위원회는 파면 또는 해임이나 면직처분으로 인한 심사청

구의 경우 청구를 접수한 날로부터 5일 이내에 최종결정이 있을 때까지 후임자의 보충발령을 유예하게 하는 임시결정을 할 수 있으며, 임시결정을 한 날로부터 20일 이내에 최종결정을 하여야 한다. 임시결정을 한 경우를 제외하고는 심사청구를 접수한 날로부터 60일 이내에 결정을 하여야 하며 불가피한 경우 30일을 연장할 수 있다. ⑤ 지방공무원이 징계처분, 강임 · 휴직 · 직위해제 또는 면직처분 기타 본인의 의사에 반한 불리한 처분에 대하여 소송을 제기함에 있어서는 소원전치주의가 적용되므로 원칙적으로 소청심사위원회의 심사 · 결정을 거치지 아니하고는 행정소송을 제기할 수 없다. <답 ⑤>

34. 우리나라 내부임용제도에 대한 설명으로 옳지 않은 것은? <2011 국가 9급>

① 승급은 같은 계급 또는 등급 내에서 호봉이 높아지는 것을 말한다.
② 전보는 동일한 직급 내에서 보직을 변경하는 것을 말한다.
③ 파면은 연금법상의 불이익은 없으나, 3년 동안 공무원 피임용권을 박탈하는 것을 말한다.
④ 직권면직은 폐직 또는 과원발생 등의 경우 임용권자가 직권에 의해 공무원의 신분을 박탈하는 것을 말한다.

해설

③ 파면은 연금법상 불이익(1/2 내지 1/4까지 지급제한)이 있는 징계의 일종으로 5년 동안 공무원에 재임용될 수 없다. 3년 동안 공무원 피임용권을 박탈하는 징계는 파면이 아니라 해임이다. <답 ③>

35. 지방공무원의 정치활동금지의 내용으로 볼 수 없는 것은?

① 정당, 기타 정치단체의 결정에 관여하거나 이에 가입할 수 없다.
② 특정정당 또는 특정인에 대한 투표를 하거나 하지 아니하도록 권유하는 것
③ 특정정당이나 특정인을 위한 서명운동을 기획 · 주재하거나 권유하는 것
④ 특정정당이나 특정인에게 투표하는 행위
⑤ 특정정당이나 특정인을 위한 문서 · 도서를 게시하거나 게시하게 하는 것

해설

①②③⑤ 이외에 기부금품을 모집 또는 모집하게 하거나 공공자금을 이용 또는 이용하게 하는 것, 타인으로 하여금 정당 기타 정치단체에 가입하게 하거나 가입하지 아니하도록 권유하는 것 등이 지방공무원의 정치활동금지사항이다(지방공무원법 제57조 제1항). <답 ④>

36. 국가공무원법 제65조에서 규정하고 있는 공무원의 정치운동 금지조항 가운데 잘못된 것은? <2011 군무원 9급>

① 서명운동을 기도, 주재하거나 권유하는 것
② 문서 또는 도서를 공공시설 등에 게시하거나 게시하게 하는 것
③ 정치적 행위의 금지에 관한 한계를 국회규칙, 대법원규칙, 헌법재판소규칙, 중앙선관위규칙 또는 국무총리령으로 정한 것

④ 기부금을 모집 또는 모집하게 하거나 공공자금을 이용 또는 이용하게 하는 것

해설

③의 경우 국가공무원법 제65조 제4항에 규정된 사항으로서 행정부의 경우 국무총리령이 아니라 대통령령으로 정하도록 하고 있다. <답 ③>

≪국가공무원법 제65조, 지방공무원법 제57조(정치운동의 금지)≫

① 공무원은 정당이나 그 밖의 정치단체의 결성에 관여하거나 가입할 수 없다.
② 공무원은 선거에서 특정정당 또는 특정인을 지지하거나 반대하기 위하여 다음 각 호의 어느 하나에 해당하는 행위를 하여서는 아니 된다.
  1. 투표를 하거나 하지 아니하도록 권유하는 것
  2. 서명운동을 기획·주재하거나 권유하는 것
  3. 문서 또는 도화(圖畵)를 공공시설 등에 게시하거나 게시하게 하는 것
  4. 기부금품을 모집하거나 모집하게 하는 행위 또는 공공자금을 이용하거나 이용하게 하는 것
  5. 타인에게 정당이나 그 밖의 정치단체에 가입하게 하거나 가입하지 아니하도록 권유하는 것
③ 공무원은 다른 공무원에게 제1항과 제2항에 위배되는 행위를 하도록 요구하거나 정치적 행위에 대한 보상 또는 보복으로 이익 또는 불이익을 약속하여서는 아니 된다.

37. 우리나라 지방공무원법은 공무원이 선거에서 특정정당 또는 특정인을 지지하거나 반대하기 위해 다음 중 어떤 행위를 하면 안 되도록 규정하고 있는가? <2009 서울 7급>

① 타인에게 정치단체에 가입하게 하거나 가입하지 아니하도록 권유
② 특정후보에 대한 자신의 지지 또는 반대의사를 나타냄
③ 타인이 어떤 후보나 정당을 지지하고 있는지를 말하도록 유도
④ 집권 정당에 대한 비판
⑤ 야당에 대한지지 의사 표현

해설

① 지방공무원법(제57조)과 국가공무원법(제65조)에서 투표권유, 서명주재, 문서개시, 기부금 모집, 정당가입 권유 등 정치운동을 금지하고 있음. <답 ②>

38. 다음 중 국가공무원법에서 규정하고 있는 행정윤리에 관련된 의무에 포함되지 않는 것은? <2009 서울 7급>

① 청렴의 의무
② 정치운동의 금지
③ 비밀엄수의 의무
④ 영리업무 및 겸직 금지
⑤ 선물신고의 의무

해설

⑤ 선물 수수 신고의 의무는 공직자윤리법에 규정되어 있다. <답 ⑤>

<table>
<tr><th colspan="2">자율규제윤리</th><th>공무원윤리헌장</th></tr>
<tr><td rowspan="6">법령적 · 강제적 규제윤리</td><td>헌법</td><td>① 공무원은 국민에 대한 봉사자이며 국민에 대해 책임을 진다.
② 공무원의 정치적 중립과 신분은 법률로 보장된다.</td></tr>
<tr><td>국가 공무원법</td><td>① 성실의무: 법령을 준수하며 성실히 직무 수행
② 복종의무: 상관의 정당한 직무상 명령
③ 직장이탈금지의무
④ 친절 · 공정의무
⑤ 종교중립의 의무(2009.1)
⑥ 비밀엄수의무
⑦ 청렴의무
⑧ 영예 등의 수령규제
⑨ 품위유지의무
⑩ 영리행위 및 겸직금지
⑪ 집단행위금지
⑫ 정치활동금지
⑬ 선서의 의무</td></tr>
<tr><td>공직자 윤리법</td><td>① 재산등록 및 공개의무
• 재산등록의무: 4급 이상(고위공무원단 포함) 공무원과 이에 상당하는 공무원, 정무직, 공기업 등의 장과 부기관장, 감사 등은 본인 · 배우자 · 직계존비속의 보유재산을 등록
• 재산공개의무: 1급 이상, 정무직, 공기업의 장 · 부기관장, 감사 등은 이를 공개해야 한다.
② 선물 수수의 신고 · 등록의무
③ 취업제한의무: 재산등록의무자이던 공직자 등은 퇴직 전 3년 이내에 담당했던 직무와 관련 있는 기업체에 퇴직일로부터 2년간은 취업할 수 없다.
④ 이해충돌방지의무: 공직자의 이해와 관련되어 공정한 업무수행이 곤란치 않도록 해야 함
⑤ 주식백지신탁의무: 재산공개대상자와 기재부 · 금융위 소속공직자는 일정금액 이상의 주식을 매각 또는 백지신탁하여야 한다.</td></tr>
<tr><td>부패방지및 국민권익위 설치 · 운영 에관한법률</td><td>공직내부비리 발견시 신고할 의무</td></tr>
<tr><td>공직자등의 병역사항 신고 및 공개에 관한 법률</td><td>정무직, 4급이상 공직자, 법관, 검사 등과 공직후보자 중 병역신고 의무자는 본인과 18세 이상인 직계비속의 병역처분, 군복무사실, 병역면제 등에 관한 사항을 소속기관에 신고해야 한다.</td></tr>
</table>

39. 일반직 공무원과 거리가 먼 것은?

① 임용에 있어서 일정한 자격요건 ② 신분보장제도의 확립
③ 경력직 공무원 ④ 공개경쟁채용원칙
⑤ 직업공무원제의 적용

✍ 해설

일반직 공무원(전체 지방공무원의 63%)은 지방행정의 기본골격을 이루며 직업공무원제의 적용을 받고, 신분보장, 공개경쟁채용을 원칙으로 하는 경력직 공무원에 속한다. ①은 별정직 공무원과 관련된 사항이다. <답 ①>

40. 특수경력직 공무원에 가장 적합한 내용은?

① 공개공쟁시험에 의하여 임용
② 승진제도가 미비하고 전보는 극히 예외적으로 인정
③ 공무원 복무관련조항은 원칙적으로 미적용
④ 직군 · 직렬 및 계급은 일반직에 준하여 규정
⑤ 정당활동의 자유

✍ 해설

특수경력직 공무원은 공개경쟁시험에 의하여 공직에 취임하는 경우는 거의 없고 선거(정무직)에 의하거나 특별임용방법(별정직, 계약직, 고용직)에 의하여 취임한다. 특수경력직 공무원의 다른 직위로의 전보는 그 속성에 맞지 않으며, 계급구분이 없으므로 승진제도는 당연히 없다. <답 ②>

41. 지방공무원에 대한 직권면직의 설명으로 타당하지 않은 것은?

① 우리나라는 직권면직의 사유를 법정화하고 있다.
② 휴직기간의 만료 또는 휴직사유가 소멸된 후에도 직무에 복귀하지 아니하거나 직무를 감당할 수 없을 때에 직권면직시킬 수 있다.
③ 임용권자가 직권면직시킬 경우에는 미리 당해 인사위원회의 의견을 들어야 한다.
④ 직위해제되어 대기명령을 받은 자가 그 기간중 능력 또는 근무성적의 향상을 기대하기 어렵다고 인정되어 파면시킬 경우에는 당해 인사위원회의 동의를 얻어야 한다.
⑤ 시 · 군 · 자치구의 5급 이상 지방공무원의 직권면직에도 당해 인사위원회의 동의가 필요하다.

✍ 해설

직권면직이란 지방공무원이 일정한 사유에 해당되었을 경우에 본인의 의사와는 무관하게 임용권자가 그의 공무원신분을 박탈하여 공직으로부터 제거하는 제도이다. ⑤ 시 · 군 · 자치구의 5급 이상 공무원의 직권면직에는 시 · 도인사위원회의 동의가 필요하다. <답 ⑤>

≪직권면직의 법정사유≫

(i) 지방자치단체의 폐치·분합, 직제와 정원의 개폐 또는 예산의 감소 등에 의하여 폐직 또는 감원이 된 때 (ii) 휴직기간의 만료 또는 휴직사유가 소멸된 후에도 직무에 복귀하지 아니하거나 직무를 감당할 수 없을 때 (iii) 전직시험에서 3회 이상 불합격한 자로서 직무수행능력이 부족하다고 인정된 때 (iv) 직위해제되어 대기명령을 받은 자가 그 기간중 능력 또는 근무성적의 향상을 기대하기 어렵다고 인정된 때 (v) 징병검사·입영 또는 소집의 명령을 받고 정당한 이유 없이 이를 기피하거나 군복무를 위하여 휴직중에 있는 자가 재영중 군무를 이탈하였을 때 (vi) 당해 직급에서 직무수행에 필요한 자격증의 효력이 상실되거나 면허가 취소되어 담당직무를 수행할 수 없게 된 때

42. 지방공무원의 의사에 반하여 임용권자가 휴직을 명할 수 있는 경우는?

① 신체·정신상의 장애로 장기요양을 필요로 할 때
② 해외유학을 하게 될 때
③ 사고 또는 질병 등으로 장기간의 요양을 요하는 부모·배우자·자녀 또는 배우자의 부모의 간호를 위하여 필요한 때
④ 국제기구 또는 외국기관에 임시로 고용될 때
⑤ 자녀(신청 당시 1세 미만의 자녀에 한함)를 양육하기 위하여 필요한 때

해설

휴직은 공무원으로서의 신분은 보유하나 그 직무에 일정기간 종사하지 못하는 것으로서 직권휴직과 청원휴직이 있다. ①은 본인의 의사에도 불구하고 임명권자가 휴직을 명해야 할 직권휴직의 사항이다(지방공무원법 제63조 제1항). <답 ①>

≪휴직의 요건≫

직권휴직	(i) 신체·정신상의 장애로 장기요양을 요할 때 (ii) 병역의무를 필하기 위하여 정집 또는 소집된 때 (iii) 천재·지변 또는 전시·사변이나 기타 사유로 인하여 생사 또는 소재가 불명하게 된 때 (iv) 기타 법률의 규정에 의한 의무를 수행하기 위하여 직무를 이탈하게 되었을 때
청원휴직	(i) 국제기구·외국기관, 국내외의 대학·연구기관, 다른 국가기관 또는 대통령령이 정하는 민간기업 그 밖의 기관에 임시로 채용될 때 (ii) 해외유학을 하게 된 때 (iii) 행정안전부장관 또는 교육과학기술부장관이 지정하는 연구기관이나 교육기관 등에서 연수하게 된 때 (iv) 자녀(휴직신청 당시 3세 미만인 자녀)를 양육하기 위하여 필요하거나 여자공무원이 임신 또는 출산하게 된 때 (v) 사고 또는 질병 등으로 장기간의 요양을 요하는 부모·배우자·자녀 또는 배우자의 부모의 간호를 위하여 필요한 때 (vi) 외국에서 근무·유학 또는 연수하게 되는 배우자를 동반할 때

43. 지방공무원의 승진임용은 근무성적평정, 경력평정 기타 능력의 실증에 의하고 있다. 다음 중 잘못 설명된 것은?

① 승진임용 또는 승진임용제청시 동료 · 하급자 · 민원인의 평가결과를 반영할 수 있다.

② 임용권자는 소속공무원에 대하여 정기 또는 수시로 근무성적평정을 해야 한다.

③ 근무성적평정을 위해 위원장 포함 5인 이상 7인 이하의 위원으로 구성되는 근무성적평정위원회를 둔다.

④ 임용권자는 5급 이하 및 기능직 공무원에 대하여 근무성적평정점 4할, 경력평정점 4할, 훈련성적 2할의 비율로 승진후보자명부를 작성한다.

⑤ 6급 이하의 승진임용은 승진후보자명부 순위에 의한 무시험승진이지만 필요할 경우 승진시험을 병용할 수 있다.

해설

④ 임용권자는 5급 이하 및 기능직 공무원에 대하여 근무성적평정점 7할, 경력평정점 3할 비율에 따라 승진후보자명부를 승진예정직급별로 작성한다(지방공무원 평정규칙 제27조 개정 2010.5.7). 계급간의 승진임용은 근무성적평정, 경력평정, 그 밖의 능력의 실증에 따라 한다. 다만, 1급부터 3급까지의 공무원으로의 승진임용은 능력과 경력 등을 고려하여 임용하며, 5급 공무원으로의 승진임용은 승진시험을 거치도록 하되, 필요하다고 인정하면 대통령령으로 정하는 바에 따라 인사위원회의 의결을 거쳐 임용할 수 있다. 6급 이하 공무원으로의 승진임용의 경우 필요하다고 인정하면 대통령령으로 정하는 바에 따라 승진시험을 병용(竝用)할 수 있다. 승진에 필요한 계급별 최저근무연수, 승진의 제한, 그 밖에 승진에 필요한 사항은 대통령령으로 정한다(지방공무원법 제38조, 개정 2008.12.31). <답 ④>

44. 다음 중 공무원 승진적체를 해소하기 위하여 우리나라 정부가 실시하고 있는 제도가 아닌 것은? <2010 전환특채 9급>

① 필수요원제 ② 복수직급제

③ 대우공무원제 ④ 개방형직위제

해설

①, ②, ③과 직급별 통합 정원제 등은 승진적체를 해소하기 위한 방안이나 ④는 관련 없다. <답 ④>

45. 우리나라 지방공무원제도에 대한 내용 중 바르게 설명된 것은?

① 연고지특별임용제도 또는 한지채용제도는 인정되지 않고 있다.

② 7급의 신규임용시험은 당해 지방자치단체의 인사위원회에서 실시한다.

③ 5급 이상 공무원의 신규임용시험은 행정안전부장관이 실시한다.

④ 5급 공개경쟁임용시험에 합격한 자의 임용후보자명부의 유효기간은 5년의 범위 안에서 대통령령으로 정한다.

⑤ 외국어에 능통한 자를 선발하기 위한 특별임용시험의 2차과목에는 전공과목이 면제된다.

✍ 해설

① 우리나라는 연고지 기타 지역적 특수성을 고려하여 일정한 지역에 거주하는 자를 그 지역에 소재하는 기관에 임용할 수 있는 연고지특별임용제도 또는 한지채용제도를 채택하고 있다. ② 7급의 신규임용시험은 시 · 도단위로 당해 시 · 도인사위원회에서 실시하되, 농촌진흥사업에 종사하는 연구 및 지도직 공무원에 대한 신규임용시험은 따로 대통령령이 정하는 기관에서 실시한다. 9급의 신규임용시험은 당해 지방자치단체의 인사위원회에서 실시하고, 5급 이상 공무원에 있어서는 행정안전부장관이 실시하며, 임용예정직에 관련이 있는 자격증소지자의 특별임용시험의 경우는 시 · 도인사위원회에서 실시한다. ④ 5급 공무원 공개경쟁임용시험에 합격한 자의 임용후보자명부의 유효기간은 5년으로 하고, 기타 신규임용후보자명부의 유효기간은 2년의 범위 안에서 대통령령으로 정한다. 한편 제한경쟁특별임용시험의 합격유효기간은 2년으로 하고 있다. ⑤ 국가경쟁력의 제고는 물론 행정의 전문화를 기하기 위하여 외국어에 능통한 자의 특별임용시험에도 2차과목에 대해서 전공과목을 추가하고 있다. <답 ③>

46. 우리나라는 학력제한을 철폐하여 공개경쟁채용시험의 문호를 개방하고 있으나 연령에 대해서는 여전히 일정한 제한을 가하고 있다. 신규임용시 5급 공무원의 연령제한은?

① 20세~30세 ② 20세 이상 ③ 18세~35세
④ 20세~32세 ⑤ 18세~40세

✍ 해설

2009년부터 공개채용시험의 응시 상한연령이 폐지되었다(공무원임용시험령 제16조 개정 2008.10.20). 공무원의 채용시험에 응시하려는 사람은 최종시험예정일이 속한 연도에 응시연령이 일반직 7급 이상 채용시험은 20세 이상, 8급 이하는 18세(교정 · 보호 직렬은 20세) 이상, 기능직 채용시험은 18세 이상 해당하여야 한다. <답 ②>

47. 현행 지방공무원제도의 특성으로 적합하지 않은 것은?

① 국제전문직위, 개방형 전문직위 등 개방형 인사체제를 운용하고 있다.
② 연봉제를 도입하여 능력과 실적을 중시하는 성과급 보수체계를 채택하고 있다.
③ 전문분야별 보직관리제의 적용대상을 5급 이하로 하고 있다.
④ 지방자치단체 상호간 및 국가공무원과 지방공무원간의 인사교류제를 채택하고 있다.
⑤ 지방자치단체 내에 국가공무원과 지방공무원이 혼합배치되어 있다.

✍ 해설

③ 지방공무원의 전문성 강화를 위한 전문분야별 보직관리제의 적용대상을 5급 이하에서 4급 이하로 확대적용하고 있다. 단 시 · 군 및 자치구는 5급 이하를 적용대상으로 한다. <답 ③>

48. 현행 우리나라 지방공무원제도에 대한 설명이 잘못된 것은?

① 근무성적평정은 전 직급의 공무원을 대상으로 하고 있다.
② 중앙정부에 대한 지방인사의 자주성이 매우 미약하다.
③ 공직의 경쟁력과 생산성을 제고하기 위해 성과상여금제를 실시하고 있다.
④ 일반직 직위의 분류가 세분되어 있어 지방행정의 실정에 맞지 않다.
⑤ 지방공무원의 직급별 정원의 책정은 지방자치단체의 조례에 의해 자주적으로 정할 수 있다.

해설

'지방자치단체의행정기구와정원기준등에관한규정'(1998.8.31)에 의하면 표준정원에 대하여 보정한 정원을 초과하여 정원을 책정하고자 할 경우에는 미리 행정안전부장관의 승인을 받아야 하며, 매년 2회에 거쳐 정원의 관리현황을 행정안전부장관에게 보고하도록 되어 있다. 뿐만 아니라 자치단체장은 행정안전부령이 정하는 지방공무원 종류별 정원책정기준에 의하여 정원을 책정하여야 하고, 별정직 공무원의 정원을 책정하는 경우에도 미리 행정안전부장관의 승인을 얻어야 하는 등 정원관리나 책정에 관한 실질적인 권한이 중앙정부에 집중되어 있는 실정이다. <답 ⑤>

49. 다음 보기 중 우리나라 지방공무원의 정원관리제의 변천과정을 올바르게 나열하고 있는 것은?

㈎ 개별관리제	㈏ 기준정원제	㈐ 총정원제	㈑ 표준정원제

① ㈎ → ㈏ → ㈐ → ㈑
② ㈏ → ㈎ → ㈐ → ㈑
③ ㈏ → ㈎ → ㈑ → ㈐
④ ㈎ → ㈏ → ㈑ → ㈐
⑤ ㈑ → ㈏ → ㈐ → ㈎

해설

지방공무원의 정원관리제는 개별관리제, 기준정원제, 총정원제, 표준정원제의 순으로 변화해 오면서 지방자치단체의 정원책정 자율권의 범위를 확장시키는 방향으로 나아가고 있다. <답 ①>

50. 총액인건비제도의 운영 목표와 가장 거리가 먼 것은? <2011 지방수탁 9급>

① 민주적 통제의 강화
② 성과와 보상의 연계 강화
③ 자율과 책임의 조화
④ 기관운영의 자율성 제고

해설

① 총액인건비제도는 총액인건비 범위내에서는 인사운영의 자율성을 부여하기 위한 제도로 민주적 통제보다는 기구 · 인력 · 예산 · 정원운영상 자율성을 부여하여 자율과 성과, 보상 및 책임의 연계 및 조화를 강화시키려는 인사제도이다. <답 ①>

51. 지방자치단체의 조직권을 강화하기 위한 방안의 하나로 도입된 '총액인건비제'에 대한 설명으로 옳지 않은 것은? <2010 국가직 7급>

① 중앙정부에 의한 정원통제를 어느 정도 피할 수 있다.
② 정원 및 기구의 조정을 통해 조직내에서 자동적인 제어기능이 작동한다.
③ 업무성격이나 내용에 따라 유연한 인력운영이 가능하다.
④ 표준정원제 운영에 적합하고, 지방자치단체장의 무분별한 기구와 정원관리의 폐해를 막을 수 있다.

해설

중앙정부(행정안전부)가 자치단체별 기구와 정원을 산정·통제하던 표준정원제는 2007년 폐지되고, 총액인건비제로 전환되었다. 현행 총액인건비제도는 중앙정부(행정안전부)가 정한 총액인건비 범위 내에서 지방정부가 총정원을 조례로 정하여 자율적으로 운영하도록 하는 제도이다. ④는 총액인건비제도가 도입되기 전 사용되던 표준정원제에 의한 정원통제제도를 의미한다. <답 ④>

52. 우리나라 지방공무원에 대한 평정제도를 설명한 것으로 옳지 않은 것은?

① 5급 이상 공무원의 근무성적평정은 연 1회 실시하며, 평정대상기간 동안의 소관업무에 대한 목표달성도를 평가한다.
② 기능직 공무원의 근무성적평정은 연 2회 실시하고, 평정대상기간 동안의 근무실적, 직무수행능력 및 직무수행태도를 평가한다.
③ 경력평정은 승진소요최저연수에 도달한 5급 이하 및 기능직 공무원에 대해 실시한다.
④ 훈련성적평정은 공통전문교육훈련성적, 선택전문교육훈련성적으로 평정하고, 공통전문교육훈련성적이 없거나 부족한 경우에 기본교육훈련성적을 반영할 수 있도록 하였다.
⑤ 가점평정의 경우 실적가점제를 도입하여 탁월한 근무실적이 있는 자에 대하여 실적가점을 부여할 수 있도록 하였다.

해설

① 종선에는 5급 이하 및 기능직 공무원에 대하여 매년 2회 근무성적평정을 실시하고, 4급 공무원에 대하여는 매년 1회 인사평정서를 작성하여 왔으나 현재는 근무성적의 평정대상을 확대하여 1급 내지 4급의 일반직 공무원까지 근무성적평정을 실시하도록 하였다.
<답 ①>

평정대상	1~4급 공무원	5급 이하 및 기능직 공무원
평정요소	목표달성도(목표관리제)	· 근 무 실 적: 60% · 직무수행능력: 30% · 직무수행태도: 10%
평정시기	12월 31일	6월 30일, 12월 31일

53. 다음 중 고정급적 연봉제의 적용대상 공무원은?

① 1급~3급 공무원
② 비전임 계약직 공무원
③ 전임 계약직 공무원
④ 정무직 공무원
⑤ 별정직 공무원

해설

≪연봉제 적용대상 공무원≫

구 분	고정급적 연봉제	성과급적 연봉제
적용대상공무원	정무직 공무원	· 1급~3급 공무원 · 1급~3급 상당공무원 · 전임 및 비전임 계약직 공무원

※ 다만 성과급적 연봉제여서 3급 또는 4급의 복수직 정원에 해당하는 3급 공무원은 제외.
<답 ④>

54. 공직의 제도적 기반과 공직구조에 대한 설명으로 옳지 않은 것은?

① 직업공무원제는 계급제와 폐쇄형에 입각하고 있다. <2010 전환특채 9급>
② 우리나라는 2006년에 고위공무원단제도를 도입하였다.
③ 현재 우리나라의 공직분류는 실질적으로 계급제에 토대를 두고 있다.
④ '정급'은 직무의 종류가 같거나 유사한 직위를 묶어 직렬을 형성하고 다시 동일하거나 유사한 직렬을 묶어 직군을 형성하는 작업이다.

해설

④ 정급(定級)이란 직급명세서가 작성된 후 모든 직위를 해당 직군, 질렬, 직급, 등급에 배정하는 것을 말한다.
<답 ④>

55. 현행 「공무원의 노동조합 설립 및 운영 등에 관한 법률」상 공무원 노동조합에 대한 설명으로 옳지 않은 것은? <2011 지방수탁 7급>

① 6급 이하의 일반직공무원 및 이에 상당하는 별정직 · 계약직 공무원의 경우 법령에 의해 금지된 자를 제외하고는 노동조합에 가입할 수 있다.
② 정책결정에 관한 사항 등 근무조건과 직접 관련되지 아니하는 사항은 단체교섭을 할 수 없다.
③ 노동조합 전임자는 임용권자의 동의를 받아 노동조합 업무에만 종사할 수 있다.
④ 단체교섭이 결렬된 경우에 지방공무원노동조합은 해당 지방노동위원회에 조정을 신청할 수 있다.

해설

④ 단체교섭이 결렬된 경우에는 당사자 어느 한쪽 또는 양쪽은 중앙노동위원회에 조정을 신청할 수 있다(공무원의 노동조합의 설립 · 운영에 관한 법률 제12조). <답 ④>

56. 공무원의 노동조합 설립 및 운영에 대한 설명으로 옳지 않은 것은?

<2010 국회 8급>

① 단체협약의 내용 중 법령, 조례, 예산에 의하여 규정되는 내용은 단체협약으로서의 효력을 인정하지 아니한다.

② 공무원노조를 설립하고자 하는 경우에는 고용노동부장관에게 노조설립허가서를 제출하여야 한다.

③ 인사·보수에 관한 업무를 수행하는 공무원 등 노동조합과의 관계에서 행정기관의 입장에서 업무를 수행하는 공무원은 노동조합에 가입할 수 없다.

④ 단체교섭이 결렬된 경우에는 당사자 일방 또는 쌍방은 중앙노동위원회의 조정을 신청할 수 있다. 중앙노동위원회는 조정신청을 받은 날부터 20일 이내에 조정을 마쳐야 한다.

⑤ 정부교섭대표는 정부교섭대표가 아닌 관계 기관의 장으로 하여금 교섭에 참여하게 할 수 있고, 다른 기관의 장이 관리하거나 결정할 권한을 가진 사항에 대해서 해당 기관의 장에게 교섭 및 단체협약 체결 권한을 위임할 수 있다.

해설

④ 단체교섭이 결렬된 경우에는 당사자 일방 또는 쌍방은 중앙노동위원회의 조정을 신청할 수 있다. 중앙노동위원회는 조정신청을 받은 날부터 30일 이내에 조정을 마쳐야 한다.

<답 ④>

57. 2006년부터 시행된 공무원의 노동조합 설립 및 운영 등에 관한 법률의 주요 내용에 관한 설명 중 옳지 못한 것은?

① 단체협약의 내용 중 법령·조례 또는 예산에 의해 규정되는 내용도 단체협약으로서 효력이 인정된다.

② 공무원 노동조합에 가입할 수 있는 공무원의 범위는 6급 이하의 일반직 공무원 등이다.

③ 공무원 노동조합은 국회·법원·헌법재판소·선거관리위원회·행정부·특별시·광역시·도·시·군·자치구 및 특별시·광역시·도의 교육청을 최소단위로 하여 설립할 수 있다.

④ 공무원 노동조합의 대표자는 공무원 보수·복지 등 근무조건에 관한 사항에 대하여 국회사무총장, 행정안전부장관, 시·도지사 등 정부 측 교섭대표와 교섭하고 단체협약을 체결할 권한을 갖는다.

해설

2006년부터 시행되고 있는 「공무원의 노동조합 설립 및 운영 등에 관한 법률」에서는 단체협약의 내용 중에 법령·조례 또는 예산에 의해 규정되는 내용은 단체협약으로 서 효력이 인정되지 않는다. 그러나 이 경우에도 정부 측 교섭대표에 대해 단체협약의 이행을 위해 성실히 노력할 의무가 부과되어 있다(개정 2010.3.17). <답 ①>

58. 우리나라 개방형 직위제도에 대한 설명으로 옳은 것은? <2009 지방수탁 7급>

① 모든 직급과 계급에서 개방형 직위를 지정하여 임용할 수 있다.

② 개방형 직위의 규모는 중앙행정기관과 지방자치단체에서 동일하다.

③ 개방형 직위는 업무 수행상 고도의 전문성이 요구된다고 판단되는 직위에 한정하고 있다.

④ 개방형 직위는 공직 내부와 외부에서 적격자를 공개모집에 의한 시험을 거쳐 선발한다.

해설

① 고위공무원단 직위 및 과장급 직위에 한하여 개방형 직위를 지정하여 임용할 수 있다. ② 개방형 직위의 규모는 중앙행정기관의 경우 소속장관은 소속장관별로 고위공무원단 직위 총수의 100분의 20의 범위에서 지정하고, 소속장관이 필요하다고 인정하는 경우에는 중앙행정기관의 실장·국장 밑에 두는 보조기관 또는 이에 상당하는 직위(과장급 직위) 총수의 100분의 20의 범위에서 개방형 직위를 지정할 수 있으며, 지방자치단체의 경우 광역자치단체(시·도·특별자치도)는 1~5급 직위 총수의 100분의 10의 범위에서, 기초자치단체(시·군·구)는 2~6급 직위 총수의 100분의 10의 범위에서 개방형 직위를 지정할 수 있다(개정 2011.2.25). ③ 해당 기관의 직위 중 '전문성'이 특히 요구되거나, '효율적인 정책수립'을 위하여 필요하다고 판단되어 공직 내부 또는 외부에서 적격자를 임용할 필요가 있는 직위에 대하여는 이를 개방형 직위로 지정하여 운영할 수 있다. <답 ④>

≪개방형 직위와 공모 직위 비교≫

	개방형 직위	공모 직위
경쟁 범위	공직 내외 경쟁	공직 내에서 부처 내외 경쟁
지정 기준	전문성 또는 효율적인 정책수립	효율적인 정책수립 또는 관리
대 상	고위공무원단 직위 총수의 20% 이내	경력직 고위공무원단 직위 총수의 30% 이내(15% 내외로 지정 가능)
	과장급 직위 총수의 20% 이내	과장급 이하 직위 일부
신 분	계약직을 원칙으로 하되, 경력직 가능	경력직
임용기간	5년 이내 최소 2년 보장	원칙적으로 임용된 날부터 2년 이내에 다른 직위에 임용 불가
시험 방법	서류전형과 면접시험에 의하되, 필요한 경우에는 필기시험이나 실기시험을 부과	서류전형과 면접시험
지방자치단체의 도입 여부	광역(시·도): 1~5급 직위 총수의 10% 이내	도 입
	기초(시·군·구): 2~6급 직위 총수의 10% 이내	

59. **「공직자윤리법」과 그 시행령에 근거하여 재산등록 의무를 갖는 공무원이 아닌 것은?** <2010 지방수탁 7급>

① 건축 · 토목 · 환경 · 식품위생 분야의 대민 관련 인 · 허가 담당 지방자치단체 소속 7급 일반직 공무원

② 예산의 편성 및 심사를 담당하는 지방자치단체 소속 7급 일반직 공무원

③ 조세의 부과 · 징수 · 조사 및 심사를 담당하는 지방자치단체 소속 7급 일반직 공무원

④ 감사원 소속의 7급 일반직 공무원

해설

②의 공무원은 해당하지 않는다. 공직자윤리법에서는 다음과 같이 재산등록의무대상자의 포괄적 기준을 정하고 그 시행령에서는 구체적인 대상공무원을 정하고 있다. <답 ②>

≪재산등록의무자≫

공직자윤리법 제3조	공직자윤리법 시행령 제3조
• 대통령 · 국무총리 · 국무위원 · 국회의원 등 국가의 정무직공무원 • 지방자치단체의 장, 지방의회의원 등 지방자치단체의 정무직공무원 • 4급 이상의 일반직 국가공무원(고위공무원단 소속 일반직공무원 포함) 및 지방공무원과 이에 상당하는 보수를 받는 별정직공무원(고위공무원단 소속 별정직 포함) • 대통령령으로 정하는 외무공무원과 4급 이상의 국가정보원 직원 및 대통령실 경호공무원 • 법관 및 검사 • 헌법재판소 헌법연구관 • 대령 이상의 장교 및 이에 상당하는 군무원 • 교육공무원 중 총장 · 부총장 · 대학원장 · 학장 및 전문대학의 장과 대학에 준하는 각종 학교의 장, 특별시 · 광역시 · 도 · 특별자치도의 교육감 · 교육장 및 교육위원 • 총경(자치총경 포함) 이상의 경찰공무원과 소방정 및 지방소방정 이상의 소방공무원 • 공기업의 장 · 부기관장 및 상임감사, 한국은행의 총재 · 부총재 · 감사 및 금융통화위원회의	• 고위공무원단에 속하는 외무공무원 및 직무등급이 6등급 이상인 직위의 외무공무원 • 2급 이상의 군무원 • 4급 이상 또는 고위공무원단에 속하는 일반직 공무원에 상당하는 연구관 · 지도관 • 4급 이상 또는 고위공무원단에 속하는 일반직 공무원에 상당하는 직위에 임명된 장학관 · 교육연구관 • 감사원 소속 공무원 중 5급 이하 7급 이상의 일반직공무원과 이에 상당하는 별정직공무원 • 국가경찰공무원 중 경정, 경감, 경위, 경사와 자치경찰공무원 중 자치경정, 자치경감, 자치경위, 자치경사 • 소방공무원 중 소방령, 소방경, 소방위, 소방장과 지방소방령, 지방소방경, 지방소방위, 지방소방장 • 국세청 및 관세청 소속 공무원 중 5급 이하 7급 이상의 일반직공무원과 이에 상당하는 별정직공무원 • 법무부 및 검찰청 소속 공무원 중 5급 이하 7급 이상의 검찰사무직공무원 및 마약수사직공무원 • 중앙행정기관 및 소속기관 공무원이나 지방자치단체 소속 공무원 중 감사업무를 주된 기능으로 하는 부서에 근무하는 5급 이하 7급 이상의 일반직공무원, 이에 상당하는 특정직공무원 및 별정직공무원과 그 상급 감독자 • 중앙행정기관이나 지방자치단체 소속공무원

추천직 위원, 금융감독원의 원장·부원장 및 감사, 농업협동조합중앙회·수산업협동조합중앙회의 회장 및 상임감사 • 공직유관단체의 임원 • 그 밖에 국회규칙, 대법원규칙 및 대통령령으로 정하는 특정 분야의 공무원과 공직유관단체의 직원	중 건축·토목·환경·식품위생 분야의 대민 관련 인·허가, 승인, 검사·감독, 지도단속 업무를 담당하는 부서에 근무하는 5급 이하 7급 이상의 일반직공무원, 이에 상당하는 특정직공무원 및 별정직공무원과 그 상급 감독자 • 지방자치단체 소속 공무원 중 조세의 부과·징수·조사 및 심사에 관계되는 업무를 담당하는 부서에 근무하는 5급 이하 7급 이상의 일반직공무원, 이에 상당하는 별정직공무원 및 그 상급 감독자

60. 국민에 대한 봉사자로서 공직자가 지녀야 할 윤리를 확립할 목적으로 제정된 우리나라의 현행 「공직자윤리법」이 포함하고 있지 않는 내용은?
<2012 국가 9급>

① 내부고발자 보호 ② 재산등록 및 공개
③ 선물신고 ④ 퇴직공직자의 취업제한

해설

②③④는 모두 공직자윤리법에 규정되어 있고, ① 내부고발자 보호제도는 「부패방지 및 국민권익위원회 설치·운영에 관한 법률」에 규정되어 있다(제62조). <답 ①>

61. 우리나라 「공직자윤리법」의 규정 내용이 아닌 것은?
<2011 경찰간부후보생>

① 재산등록의무자는 본인, 배우자, 본인의 직계존속 및 직계비속의 재산을 등록해야 한다.
② 병역신고의무자는 본인과 18세 이상인 직계비속의 병역처분, 군복무사실, 병역면제 등에 관한 사항을 소속기관에 신고해야 한다.
③ 공무원 등이 그 직무와 관련하여 외국으로부터 선물을 받으면 지체없이 소속 기관·단체의 장에게 신고하여야 한다.
④ 대통령령으로 정하는 직급이나 직무분야에 종사하였던 공무원은 퇴직일부터 2년간 퇴직 전 3년 이내에 소속하였던 부서의 업무와 밀접한 관련이 있는 일정 규모 이상의 영리를 목적으로 하는 사기업체 또는 영리사기업체의 공동이익과 상호협력 등을 위하여 설립된 법인·단체에 취업할 수 없다.

해설

병역신고의무는 공직자윤리법이 아니라, 「공직자 등의 병역사항 신고 및 공개에 관한 법률(제3조)」에 규정되어 있다. ① 재산등록 및 공개의무, ③ 외국으로부터 받은 선물 신고의무, ④ 퇴직공직자 취업제한의무와 주식백지신탁의무 등은 공직자윤리법에 규정되어 있다.
<답 ②>

≪공직자 등의 병역사항 신고 및 공개에 관한 법률 제3조≫

※ 공직자 등의 병역사항 신고 및 공개에 관한 법률 제3조(신고대상자와 신고할 병역사항) 신고의무자는 본인과 본인의 18세 이상인 직계비속에 대한 다음 각 호의 병역사항을 신고하여야 한다. 1. 18세인 신고대상자는 제1국민역(第1國民役) 편입사항 2. 징병검사 또는 징집 · 소집의 대상인 신고대상자는 징병검사 연도 및 병역처분 내용 3. 징집 또는 소집 복무를 마쳤거나 마친 것으로 보는 신고대상자의 경우에는 다음 각 목의 사항 가. 복무 분야, 나. 계급, 다. 군번(군번이 부여된 경우만 해당한다), 라. 입영 연월일 마. 전역 · 소집해제 연월일, 바. 전역 · 소집해제 사유 4. 현역 · 보충역 · 전환복무 등 복무 중인 신고대상자의 경우에는 다음 각 목의 사항 가. 복무 분야, 나. 복무부대 또는 복무기관, 다. 계급, 라. 입영 또는 편입 연월일 5. 다음 각 목의 어느 하나에 해당하는 신고대상자의 경우에는 「병역법」 제11조에 따른 징병검사를 할 때부터 같은 법 제72조에 따른 병역의무기간을 마칠 때까지의 병역사항(최종 병역처분을 할 때의 질병명 · 심신장애내용 또는 처분사유를 포함한다) 가. 제2국민역에 편입(제2국민역에 편입된 것으로 보는 경우를 포함한다. 이하 제8조 제3항에서 같다)된 자, 나. 병역이 면제되거나 병적(兵籍)에서 제적된 자, 다. 현역 또는 보충역의 복무나 의무종사를 마치지 아니하고 병역의무가 종료된 자

62. 다음에 제시된 문제해결방식이 의미하는 공무원 인사행정제도는?

<2012 지방수탁 9급>

서울의 과밀은 우수학생의 서울 집중으로부터 시작된다. '우수학생 서울 집중→엘리트 시험 독점→권력 집중→취업 기회 창출→인구 서울 집중→우수학생 서울 집중'의 순환구조로 서울의 비대화와 지방의 황폐화는 더욱 심각해지고 있다. 세계 최고의 교육열이 이를 가속화해 불균형 발전을 심화시켰다면, 이제 그 교육의 변수를 균형발전의 지렛대로 원용할 수 있는 슬기를 발휘할 때이다. 인재지역할당제는 이러한 생산적 방향전환에 기여할 수 있는 중요한 제도적 장치이다.

① 엽관제 ② 대표관료제
③ 실적제 ④ 직업공무원제

해설

위 예문은 지역간의 수직적인 불균형(격차)을 시정하고자 하는 '대표관료제'의 필요성을 설명하고 있다. 우리나라에서 대표관료제는 지방인재 분야(인재지역할당제 등), 저소득층 분야(저소득층 채용목표제 등), 여성 분야(양성평등채용목표제 등), 장애인 분야(장애인의무고용제 등), 과학기술인력 분야(이공계 출신 채용목표제 등) 영역 등에서 실행중이다. <답 ②>

63. 내부고발에 대한 설명으로 가장 타당한 것은? <2009 서울 9급>

① 퇴직 후의 고발은 내부고발이 아니다.
② 조직 내의 비정치적 행위를 대상으로 한다.
③ 내부고발은 익명으로 이루어져야 한다.
④ 내부고발은 공직사회의 응집력을 강화시킨다.
⑤ 내부적인 이의제기 형식과는 다르다.

해설

내부고발(whistle-blowing)은 조직구성원인 개인 또는 집단이 불법 · 부당 · 부도덕한 것이라고 보는 조직 내의 일을 대외적으로 폭로하는 행위이다. <답 ⑤>

≪내부고발(whistle-blowing)≫

조직구성원인 개인 또는 집단이 불법 · 부당 · 부도덕한 것이라고 보는 조직 내의 일을 대외적으로 폭로하는 행위이다.
(1) 윤리적 신념에 바탕을 둔 공익 추구적 이타주의적인 외형
(2) 실질적 동기의 다양성: 공익 외에 사익 추구 성향으로 나타나기도 한다.
(3) 고발자의 위상: 일반적으로 고발자의 지위가 피고발자의 지위보다 낮다.
(4) 비통상적 통로: 상관의 권위에 대한 불복종에 해당한다.
① 내부고발은 재직 중은 물론 퇴직 후의 고발행위도 포함하는 개념이다.
② 내부고발은 조직 내의 불법 · 부당 · 부도덕한 행위와 관련된다. 따라서 정치적 행위라고 해서 제외되는 것은 아니다.
③ 부패행위를 신고하고자 하는 자는 신고자의 인적 사항과 신고 취지 및 이유를 기재한 기명의 문서로써 하여야 하며, 신고대상과 부패행위의 증거 등을 함께 제시하여야 한다.
④ 내부고발은 서로 감시하는 체제가 형성되기 때문에 공직 사회의 응집력은 약화될 것이다.

제 9 장

지방재정

제 9 장 지방재정

1. 국가재정과 지방재정의 차이에 관한 설명으로 가장 옳지 않은 것은?

① 국가재정은 포괄적인 기능을 수행하는 데 비해 지방재정은 자원배분기능을 주로 담당하고 있다. <2004 입법>

② 국가재정은 순수공공재적 성격이 강한 재화나 서비스를 공급하는 데 비해 지방재정이 공급하는 재화나 서비스는 순수공공재적 성격이 약하다.

③ 지방재정은 국가재정에 비해 가격원리가 적용될 수 있는 여지가 많다.

④ 국가재정은 지방재정에 비해 조세에 대한 의존도가 높다.

⑤ 공평성과 효율성이라는 이념에 비추어 본다면 국가재정은 상대적으로 효율성을 더 강조하는데 비해 지방재정은 공평성을 더 강조한다.

해설

국가재정은 응능주의(소득 · 능력에 따른 부담)인 반면 지방재정은 응익주의(서비스이용 대가에 따른 부담)가 지배적이어서 시장원리가 적용되는 사용료 · 수수료 · 부담금 등을 많이 포함하며, 국가재정은 순수공공재(국방 · 치안 · 사법 등)를 주로 공급하는 반면 지방재정은 비배재성과 비경합성의 정도가 약한 준공공재(상하수도 · 도로 · 교육 등)를 주로 공급한다. 따라서 국가재정은 공평성을 보다 강조하는 반면, 지방재정은 효율성을 보다 강조한다.

<답 ⑤>

2. 공공영역에 있어서 자원배분이론이 아닌 것은? <2004 강원 9급>

① 소비자 선호 접근방법 ② 정치적 접근방법

③ 경제적 접근방법 ④ 도덕적 접근방법

해설

공공영역의 자원배분에 관한 이론은 소비자선호의 접근방법, 정치적 접근방법, 경제적 접근방법이 있다. 소비자 선호의 접근방법은 자원은 전적으로 소비자의 선호에 따라 배분되어야 한다는 것이고, 정치적 접근방법은 예산이란 어디까지나 정치과정의 일환이기 때문에 관계된 집단간의 협상에 지나지 않는다는 것이다. 경제적 접근방법은 자원이란 희소성을 가지고 있기 때문에 이것의 배분이란 어디까지나 경제적 논리나 합리성에 의해서 지배되어야 한다는 것이다. <답 ④>

3. 지방재정에 관한 설명으로 잘못된 것은?

① 지방재정은 지방자치단체의 경제인만큼 국가경제와 다른 독특한 성질을 가진다고 볼 수 있다.

② 일반적으로 지역경제의 성장과 구조적 변화는 지방정부의 재정운용으로부터 영향을 받지 않는다.
③ 지방재정에 대한 중앙정부의 통제가 강화되어 가는 것은 개발행정의 광역화와 지역간 재원불균형의 완화 및 자금관리의 효율화의 필요성에 그 원인이 있다.
④ 지방재정은 사경제와는 달리 공공성과 강제성 및 계획성을 띠며, 국가재정과 밀접한 관계를 맺고 있다.
⑤ 지방재정의 자주성은 독립세입원의 확보와 세출의 독자적 활동으로부터 실현될 수 있다.

해설

지역경제는 지방정부의 재정운용과 밀접한 관계에 있다. 즉 지방재정은 지방자치단체의 재정적 기반으로서 지방자치의 본래적 기능인 주민에 대한 일상적 서비스를 제공하는 데 충당되므로 지역주민의 생활과 지역경제에 큰 영향을 미친다. <답 ②>

4. 다음 중 공공재의 특징에 대한 설명이 틀린 것은? <2004 충남 9급>

① 축적(저장)이 가능하다. ② 한계비용이 0에 가깝다.
③ 무임승차의 문제가 발생한다. ④ 생산과 소비가 동시에 일어난다.

해설

공공재는 비배제성과 비경합성을 특징으로 하는 재화이다. 따라서 비배제성으로 인해 무임승차(자)의 문제가 발생하며, 비경합성으로 인해 한계비용(추가비용)이 0이다. 또한 공공재는 생산과 소비가 동시에 일어나므로 비축적성의 특징을 가지므로 축적(저장)이 불가능하다. <답 ①>

5. 광복 이후 우리나라에서 최초로 제정된 근대적인 지방재정제도는?

① 지방세규칙 ② 지방세법 ③ 지방비법
④ 지방재정법 ⑤ 시동지세(市洞地稅) 부가세

해설

1906년 지방세규칙, 1909년 지방비법, 1914년 시동지세 부가세, 1926년 지방세제가 공포 · 시행되다가, 해방 이후 1949년 12월 22일에 전문 5장 75조로 구성된 지방세법이 공포되었으며, 그후 1963년 11월에 지방재정법이 제정되었다. <답 ②>

6. 지방재정의 특성으로 적합하지 않은 것은?

① 공공성 ② 다양성 ③ 강제성
④ 계획성 ⑤ 단일성

해설

지방재정은 독립적 주체인 지방자치단체에 의해 운영되기 때문에 당해 지방자치단체가 처한 경제적 상황이나 지역적 특성 등에 따라 재정상황은 각양각색일 수밖에 없다. 이러한 지방재정은 (i) 자주성, (ii) 제약성, (iii) 다양성, (iv) 불균형성, (v) 응익성, (vi) 강제성, (vii) 계획성, (viii) 공공성 등과 같은 특징을 갖는다. <답 ⑤>

7. 우리나라 지방재정의 특징으로 볼 수 없는 것은?

① 자주재원의 빈곤
② 지방재정조정제도의 안정화
③ 지방예산제도의 비합리성
④ 지방재정의 과도한 중앙의존성
⑤ 지방재정규모의 영세성과 낮은 신장률

해설

우리나라는 지방재정조정제도가 불안정하여 그 실효성이 의심받고 있는 실정이다. <답 ②>

8. 지방자치단체의 재정자립도란?

① 지방세수입과 지방교부세의 합계액이 세입총액에서 점하는 비율을 말한다.
② 지방세수입과 국고보조금의 합계액이 세입총액에서 점하는 비율을 말한다.
③ 지방체 공제한 지방세수입과 세외수입의 합계액이 세입총액에서 점하는 비율을 말한다.
④ 지방교부세와 세외수입의 합계액이 세입총액에서 점하는 비율을 말한다.
⑤ 지방교부세와 보조금의 합계액이 세입총액에서 점하는 비율을 말한다.

해설

지방재정자립도란 기존 개념으로는 지방세입 총액 중에서 자주재원(지방채 수입을 산입함)의 비율을 의미하는 것이었으나 2008.2.29 개정된 현행 지방자치법 시행령 제7조 2항에 따르면 지방자치단체의 일반회계예산 중에서 외부로부터 차입하는 지방채를 공제한 자체수입(지방세, 세외수입)이 차지하는 비율을 말한다. <답 ③>

$$\text{지방재정자립도(\%)} = \frac{\text{지방세}+\text{세입수입}-\text{지방채}}{\text{일반회계예산}} \times 100$$

9. 지방자치단체의 재정자립도에 대한 설명으로 옳지 않은 것은? <2009 국가직 7급>

① 재정지출의 내역이라고 할 수 있는 세출의 질을 고려하고 있지 않다.
② 대규모 사업의 수행을 가능케 하는 재정규모의 중요성을 간과하고 있다.
③ 지방자치단체의 실질적 재정 상태를 나타내며, 중앙정부로부터 얼마나 많은 지원을 받고 있는가를 보여준다.
④ 중앙정부에 의한 재정지원을 의존재원으로 처리함으로써 재정지원의 형태를 제대로 파악할 수 없다.

✍ **해설** ……………………………………

재정자립도는 지방자치단체의 총세입에서 자주재원(지방세와 세외수입)이 차지하는 비율을 의미한다. ① 지방재정자립도는 세입 측면을 고려한 개념으로서, 세출 측면을 고려하지 못한 개념이다. 따라서 세출 측면의 변화는 지방재정자립도에 영향을 미치지 않는다. ②③ 지방재정자립도는 비율지표이기 때문에 지방자치단체의 재정의 규모나 재정력을 알려주지 못한다. 따라서 지방자치단체의 실질적 재정상태를 나타내 준다고 볼 수 없다. 또한 지방재정자립도 계산시 국가(중앙정부)가 지원해준 것과 광역자치단체가 지원해준 것의 구별없이 의존재원에 포함되어 총예산, 즉 총세입 항목에 계산되기 때문에 중앙정부로부터 얼마나 지원을 받고 있는지, 광역자치단체로부터 얼마나 지원을 받고 있는지를 정확히 알 수 없다. 지방재정자립도 계산시 지방교부세나 국고보조금이 모두 의존재원에 속한다. 따라서 재정지원의 형태가 일반교부금의 형태인지 특정교부금의 형태인지는 구별하지 않는다. <답 ③>

10. 지방행정재정자립도를 바르게 나타낸 것은? <2006 국가직 7급>

① 총재원 중 자주재원의 비율　② 자주재원 중 의존재원의 비율
③ 총재원 중 세수입의 비율　④ 의존재원 중 자주재원의 비율

✍ **해설** ……………………………………

지방재정자립도란 지방자치단체의 순수재정자립 여건을 표시하는 지표로서 지방자치단체의 일반회계 총세입(지방세, 세외수입, 지방교부세, 국고보조금) 중에서 국가로부터 지원받는 의존수입과 외부로부터 차입하는 지방채를 공제한 자체수입(지방세, 세외수입)이 차지하는 비율을 말한다. <답 ①>

11. 다음 중 지방자치단체의 지방재정자립도를 제고시키는 방안으로 가장 적합한 것은? <2005 서울 7급>

① 국고보조금의 교부방법을 포괄보조금방식으로 한다.
② 지방교부세의 법정교부율을 대폭 상향조정한다.
③ 사용료·수수료 등의 요율을 인상하는 등 수익자부담 원칙을 강화한다.
④ 지출의 우선순위를 조정하여 감축관리를 강화한다.
⑤ 조세체계를 개편하여 내국세의 비중을 높인다.

✍ **해설** ……………………………………

지방재정자립도를 제고시키는 방안 ⅰ) 지방세율을 인상, 세원을 발굴, 국세의 지방세 전환(지방소비세), 비과세·감면·축소 등 지방세원을 보다 확충, ⅱ) 사용료 수준의 적정화, 수수료제도의 개선, 각종 분담금제도의 적극적 활용, 수익사업의 발굴, 공공복권사업의 활용 등 세외수입을 확충, ⅲ) 지방교부세의 지방세화 또는 공동세화 등 재정조정제도를 보다 합리화해야 한다. <답 ③>

12. 지방세입의 재원구조에 관한 설명으로서 적절하지 않은 것은?

① 지방세입은 일반세입과 특별회계세입으로 이루어진다.
② 일반세입에는 자체수입과 의존수입이 있다.

③ 일반세입 가운데 지방세는 자체수입이다.
④ 세외수입과 교부세수입은 의존수입이다.
⑤ 특별회계세입은 일반세입과는 별도로 취급된다.

✍ **해설**

지방세입의 재원구조는 크게 일반세입과 특별회계세입으로 이루어지며 일반세입은 다시 자주재원과 의존재원으로 나눌 수 있다. 자주재원은 자체수입이라고도 불리우는 것으로 지방자치단체가 직접 징수하는 재원을 말하며 지방세와 세외수입이 있다. 반면 의존수입으로 불리워지는 의존재원은 국가나 상급자치단체로부터 제공받는 재원으로서 지방교부세, 국고보조금으로 구성된다. <답 ④>

13. 지방자치단체는 사업을 수행하기 위해 다양한 재원으로부터 경비를 조달한다. 다음 중 지방자치단체의 자주재원이라고 할 수 있는 것은?

<2005 국가직 7급>

① 세외수입 ② 지방교부세
③ 국고보조금 ④ 분권교부세

✍ **해설**

① 세수입과 세외수입(지방채 제외)은 자주재원에 해당하며, ④의 분권교부세는 2005.1.1 신설된 지방교부세의 일종으로써 의존재원이다. <답 ①>

14. 지방자치단체의 세입 중 자주재원에 해당하는 것은?

① 지방양여세 ② 수수료 ③ 부담금
④ 교부금 ⑤ 보통교부세

✍ **해설**

자주재원이란 자체수입이라고도 불리는 것으로 지방자치단체가 직접 자주적으로 징수하는 수입으로 지방세(보통세, 목적세)와 세외수입(사용료 · 수수료, 지방채 등)으로 구성된다.
<답 ②>

15. 지방세원칙 중 하나인 부담분임의 원칙을 가장 잘 충족시키고 있는 것은?

<2009 지방수탁 9급>

① 주민세(개인균등할) ② 재산세
③ 레저세 ④ 담배소비세

✍ **해설**

부담분임의 원칙(분담성의 원칙)이란 모든 주민이 지방자치단체의 행정에 요하는 경비를 고르게 부담하여야 한다는 것으로 자치의 기본이다. 따라서 널리 일반주민이 조금씩이라도 그 자치단체의 경비를 분담할 세제가 필요하다. 그런데 재산세는 부동산 등을 소유한 자에게(예를 들어 전세나 월세 세입자의 경우 재산세를 부담하지 않는다), 레저세(구 마권세)는 경마나 경륜을 하는 자에게, 담배소비세는 담배소비자인 흡연자에게만 부과되므로 부담분임의 원칙과 거리가 있다. <답 ①>

16. 지방세가 갖추어야 할 요건과 그 설명이 잘못된 것은? <2009 서울 7급>

① 부담보편의 원칙: 동등한 지위에 있는 자에게는 동등하게 과세하고 조세감면의 폭이 너무 넓어서는 안 된다.

② 국지성(지역성)의 원칙: 지방세의 과세 객체는 가능한 한 지방자치단체 간의 이동이 적고 그 자치단체의 관할구역 내에 국지화·지역화되어 있어야 한다.

③ 안정성의 원칙: 지방세가 지방재정의 건전성과 관련이 깊으므로 지방세는 경기변동에 민감하지 않도록 안정적으로 유지되어야 한다.

④ 응익성의 원칙: 행정 주체가 제공하는 공공서비스와 주민의 담세액이라는 반대급부 사이에 대가관계가 성립되어야 한다.

⑤ 부담분임의 원칙: 지방세의 세원은 특정한 자치단체에만 편재되어서는 안 되며 지방자치단체별로 차이가 없도록 가능한 한 모든 자치단체에 골고루 분포되어 있어야 한다.

해설

부담분임의 원칙이란 전 주민이 널리 지방세를 부담할 것, 주민자치의 관점에서 지방자치단체의 구역 안에 거주하는 주민이 자치단체의 행정활동에 소요되는 비용을 널리 분담하여야 한다는 것을 말한다. ⑤에서 지방세의 세원은 특정한 자치단체에만 편재되어서는 안 되며, 지방자치단체별로 차이가 없도록 가능한 한 모든 자치단체에 골고루 분포되어 있어야 한다는 원칙은 보편성의 원칙에 대한 설명이다. <답 ⑤>

≪지방세의 원칙≫

구분	내용
재정수입측면	• 충분성의 원칙: 지방자치를 위하여 충분한 금액이어야 한다. • 보편성의 원칙: 세원이 지역간에 균형적(보편적)으로 분포되어 있어야 한다. • 안정성의 원칙: 경기변동에 관계없이 세수가 안정적으로 확보되어야 한다. • 신장성의 원칙: 늘어나는 행정수요에 대응하여 매년 지속적으로 세수가 확대되어야 한다. • 신축성(탄력성)의 원칙: 자치단체의 특성에 따라 탄력적으로 운영되어야 한다.
주민부담측면	• 부담분임의 원칙: 가급적 모든(많은) 주민이 경비를 나누어 분담해야 한다. • 응익성(편익성)의 원칙: 주민이 향유한 이익(편익)의 크기에 비례하여 부담되어야 한다(티부가설의 원칙). • 효율성의 원칙: 자원배분의 효율화에 기여해야 한다. • 부담보편(평등성, 형평성)의 원칙: 주민에게 공평(동등)하게 부담되어야 한다.
징세행정측면	• 자주성의 원칙: 중앙정부로부터 독자적인 과세주권이 확립되어야 한다. • 편의 및 최소비용의 원칙: 징세가 용이하고 징세비가 절감되어야 한다. • 국지성의 원칙: 과세객체가 관할구역내에 국한되어 있어야 한다. • 조세부담을 회피하기 위한 지역간 이동이 없어야 한다.

17. 지방세에 대한 설명으로 옳지 않은 것으로 묶은 것은? <2009 국가 7급>

ㄱ. 지방세의 중요한 원칙으로는 응익성, 안정성, 보편성 등이 있다.
ㄴ. 지방자치단체의 목적세로는 주행세, 도시계획세, 지방교육세 등이 있다.
ㄷ. 자치구의 보통세로는 면허세, 재산세가 있다.
ㄹ. 중앙정부는 보통교부세를 교부할 때 일정한 조건을 붙이거나 용도를 제한할 수 없다.
ㅁ. 지방채 발행 한도액의 범위 안이라도 외채를 발행하는 경우에는 지방의회의 의결을 거친 후 행정안전부장관의 추인을 받아야 한다.
ㅂ. 지방자치단체장은 그 지방자치단체의 항구적 이익이 되거나 긴급한 재난복구 등의 필요가 있을 때에는 지방채를 발행할 수 있다.

① ㄱ, ㄴ ② ㄴ, ㄹ ③ ㄴ, ㅁ ④ ㄷ, ㅂ

해설

ㄴ. 2009년 당시의 주행세는 2011년 1월부터 자동차세로 통합되었고, 이는 목적세가 아니고 보통세이다. 도시계획세는 2011년 폐지되었다. 목적세는 지역자원시설세와 지방교육세이다. ㅁ. 지방채 발행 한도액의 범위 안이라도 외채를 발행하는 경우에는 지방의회의 의결을 거치기 전에 행정안전부장관의 승인을 얻어야 한다. <답 ③>

구 분	특별시 · 광역시세	도세	자치구세	시 · 군세
보통세 (9개)	취득세, 레저세, 담배소비세, 지방소비세, 주민세, 지방소득세, 자동차세	취득세, 등록면허세, 레저세, 지방소비세	등록면허세 재산세	담배소비세, 주민세, 지방소득세, 재산세 자동차세
목적세 (2개)	지역자원시설세, 지방교육세	지역자원시설세, 지방교육세		

18. 다음 지방세 중 목적세에 해당하는 것은 모두 몇 개인가 ?

㉠ 취득세 ㉡ 소득세 ㉢ 재산세 ㉣ 등록세 ㉤ 지역자원시설세
㉥ 담배소비세 ㉦ 교육세 ㉧ 면허세 ㉨ 주민세 ㉩ 지방교육세

① 2개 ② 3개 ③ 4개 ④ 5개

해설

지방세의 목적세로는 지방교육세, 지역자원시설세가 있다. 도세는 취득세, 등록면허세, 지방소비세, 레저세, 지방교육세, 지역자원시설세가 있으며, 시 · 군세로는 주민세, 재산세, 자동차세, 담배소비세, 지방소득세가 있으며, 자치구세로는 등록면허세, 재산세가 있으며, 광역시 자치구세로는 등록면허세, 재산세, (주민세 재산분), (지방소득세 종업원분)이 있다. <답 ①>

19. 지방세입의 일반적 구조에 관한 설명으로 타당성이 없는 것은?

① 보통교부세는 지방자치단체의 일반재원으로 사용되는 교부재원이다.
② 일반세입 가운데 지방교부세와 보조금은 의존재원이다.
③ 지방교부세는 국고보조금과 함께 특정재원의 성격을 띤다.
④ 자체수입은 지방정부의 자주재원에 근거를 두고 있다.
⑤ 사용료, 수수료, 기부금, 전입금 등은 세외수입이다.

해설

③ 지방교부세(특별교부세 제외)는 일반재원이지만 국고보조금은 특정재원의 성격을 갖는다. <답 ③>

20. 다음 중 지방재정의 특성이라고 볼 수 없는 것은?

① 강제적 징수 ② 재정주체의 다양성
③ 비용부담의 응능성 중시 ④ 재정규모의 다양성
⑤ 자주성 · 탄력성의 제약

해설

③ 일반적으로 국가재정은 응능성의 원칙이 강조되지만 지방재정에는 응익성의 원칙이 강하게 지배하고 있다. 즉 지방자치단체는 주민의 일상생활과 직접 관련이 있는 도시계획, 상하수도, 청소, 증명서발급 등의 서비스를 제공하면서 직접적인 개별수익자로부터 목적세나 수수료 · 사용료 및 부담금을 징수하고 있는데, 이러한 응익주의에 의한 수입비중이 큰 것이 지방재정의 특징이다. <답 ③>

21. 지방재정에 대한 국가관여의 필요성으로서 가장 타당하지 않은 것은?

① 국가재정시책과의 일치를 위해서
② 지방자치단체간의 재정력의 격차를 해소 · 완화하기 위해서
③ 국가가 지방자치단체에 대한 재원부여권한을 보유하고 있으므로
④ 지방자치단체는 독자적으로 재정을 운영할 능력이 부족하므로
⑤ 국민적 최저수준을 유지하기 위해서

해설

지방자치단체는 국가통치구조의 일부분이므로 지방재정도 국가재정에 종속되어 필연적으로 국가의 관여와 통제를 받게 된다. 그러나 지방재정도 독자적인 법인격을 지닌 지방자치단체의 경제인만큼 재정주체 및 여건의 다양성을 바탕으로 각각 자율적으로 운영되도록 보장하여야 할 것이며, 관여는 필요한 최소한의 범위 내에서 행해져야 한다. <답 ④>

22. 지방재정운영의 원칙이라고 할 수 없는 것은?

① 재정구조의 탄력성 확보의 원칙 ② 단기적 재정안정의 원칙
③ 행정수준의 확보 · 향상의 원칙 ④ 수지균형의 원칙
⑤ 비용부담 적정화의 원칙

✍ 해설 ……………………………………

지방자치단체의 활동은 영속적이므로 재정운영도 재원의 연도간 조정, 후년도 재정부담이나 재원의 예측, 중 · 장기지방재정계획의 수립 등에 기초를 두고 장기적인 재정안정을 도모해야 한다. ①, ③, ④, ⑤ 외에도 재정운영의 공정성 확보의 원칙, 재정운영의 효율성의 원칙, 국가시책구현의 원칙 등이 있다 <답 ②>

23. 지방자치의 내실화를 위해 지방재정의 확충이 요구되고 있다. 지방재정의 주요구성 요소인 지방세의 조건으로 가장 옳지 않은 것은?

① 과세의 응징성 ② 지역간 이동성 <2004 입법>
③ 세원의 안정성 ④ 세수의 탄력성
⑤ 세무행정의 용이성

✍ 해설 ……………………………………

티보가설이 내포하는 '지역간 이동성'은 수익자부담주의를 저해하고 지방정부의 부익부 빈익빈 현상을 초래하므로 지방재정확충 방안으로 보기 어렵다. <답 ②>

24. 지방자치단체의 세입 중 의존재원은?

① 특별교부세 ② 재산수입 ③ 징수교부금
④ 사용료 ⑤ 이자수입

✍ 해설 ……………………………………

지방자치단체의 의존재원으로는 지방교부세, 국고보조금을 들 수 있다. 지방교부세에는 보통교부세와 특별교부세가 있으며, 국고보조금에는 부담금, 교부금 및 협의의 보조금(장려적 보조금과 지방재정보조금)이 있다. ②, ③, ④, ⑤는 세외수입으로서 자주재원에 해당한다. <답 ①>

25. 다음 중 의존재원이 아닌 것은 ?

① 징수교부금 ② 재정보전금
③ 조정교부금 ④ 국고보조금

✍ 해설 ……………………………………

징수교부금은 세외수입이다. 시 · 군 및 자치구별 교부 기준은 각 시 · 군 및 자치구에서 징수한 도세 징수금액의 100분의 3으로 한다. 다만 지역실정을 고려하여 필요할 경우 조례로 징수금액 외에 징수건수를 반영하는 등 교부기준을 달리 정할 수 있다. <답 ①>

26. 지방수입 중 경상재원에 해당하는 것은?

① 특별교부세 ② 이월금 ③ 지방채
④ 전입금 ⑤ 재산임대수입

✍ 해설 ……………………………………

지방자치단체의 세입은 수입의 안정성과 규칙성을 기준으로 경상재원과 임시재원으로 구분할 수 있다. 경상재원이란 회계연도마다 계속적 · 안정적으로 확보할 수 있는 재원을 의미하며, 지방세, 사용료 · 수수료 · 재산임대수입 · 이자수입 · 징수교부금 · 사업장수입, 보통교부세 등이 포함된다. 한편 임시재원은 회계연도에 따라 불규칙적 · 가변적으로 확보되는 재원을 말하며, 특별교부세, 기부금, 전입금, 이월금, 지방채, 재산매각수입 등이 해당된다. <답 ⑤>

27. 지방재정자립도에 대한 문제점으로 타당하지 않은 것은?

① 지방자치단체의 재정규모를 고려하지 않고 있다.
② 지방교부세제도의 취지와 상충된다.
③ 경상적 경비와 투자적 경비의 비율을 고려하지 않는다.
④ 기능 및 재원배분의 측면을 전혀 고려하지 않고 있다.
⑤ 지방채수입을 자주재원에 산입하지 않은 모순을 가진다.

해설

① 재정자립도는 일반회계 세입총액에서 자체수입이 차지하는 비율로서 재정규모와 무관하기 때문에 재정자립도가 높다고 재정상태를 건전하다고 평가할 수는 없다. ② 지방교부세의 경우 상환을 요하지 않는 수입으로서 지방자치단체의 재정력 향상에 크게 이바지하는 데 재정자립도는 교부금의 효과를 역산정함으로써 지방교부세 제도의 취지와 상충하고 있다. ③ 지방재정력은 투자적 경비비율 등 세출구조에 따라 달라지는데, 재정자립도는 지방자치단체의 세입구조만 고려하여 실질적인 재정력을 평가하는 데 한계가 있다. ④ 기능 및 재원배분의 측면을 고려하지 않음은 물론 특별회계를 제외하고 있다. ⑤ 지방채수입은 장차 상환해야 할 장기차입금으로서 지방자치단체의 자주재원이 될 수 없다. 우리나라의 경우 종래에는 지방채를 자주재원에 포함시켜 지방재정자립도를 산출하였으나 1994년부터 자체수입에서 지방채를 제외하고 있다. <답 ⑤>

28. 지방재정자립도에 관한 설명 중 틀린 것은? <2001 입법>

① 지방재정자립도는 지방세수입과 세외수입의 합계액이 세입총액에서 점하는 비율을 의미한다.
② 재정자립도 개념에 의하면 구성비가 유사할 경우 재정력이 유사하다고 간주해 버리는 오류를 낳게 된다.
③ 일반적으로 지방재정자립도가 같거나 유사하다고 해서 자치단체의 재정력이 같은 것은 아니다.
④ 지방재정자립도 개념에는 자치단체의 재정규모를 반영하고 있다.
⑤ 재정자립도는 자치단체의 세출구조를 고려하지 않는다.

해설

재정규모가 작아 자치단체에 부과된 기능을 제대로 수행할 수 없는 상태에서 단지 재정자립도만 높다고 재정상태를 건전하다고 평가할 수는 없는 것이다. <답 ④>

29. 지방교육세는 지방세의 일부 세목에 부가되어 징수된다. 다음 중 지방교육세가 부가되는 지방세가 아닌 것은? <2001 입법 변형>

① 등록면허세 ② 재산세 ③ 레저세
④ 취득세 ⑤ 담배소비세

해설

지방교육세(2000년 신설)는 지방세 중 (i) 등록세(자동차에 대한 등록세 제외), (ii) 레저세, (iii) 주민세균등할, (iv) 재산세, (v) 비영업용 승용자동차에 대한 자동차세(국가 또는 지방자치단체 제외), (vi) 담배소비세, (vii) 종합토지세에 부가 · 징수하는 조세이다. <답 ④>

30. 지방예산에 있어서 세출예산의 성질별 분류에 속하지 않는 것은?

① 인건비 ② 경상이전 ③ 경제개발비
④ 자본지출 ⑤ 물건비

해설

세출예산의 성질별 분류는 (i) 인건비, (ii) 물건비, (iii) 경상이전경비, (iv) 자본지출, (v) 융자 및 출자, (vi) 보전재원, (vii) 지방자치단체 내부거래, (viii) 예비비 및 기타 등으로 분류된다. ③ 경제개발비는 세출예산의 기능별 분류이다. <답 ③>

31. 지방세에 관한 설명이 적절하지 않은 것은?

① 부담분임의 원칙이 적용되어야 한다.
② 과세권의 주체는 국가가 아니라 지방자치단체이다.
③ 지방자치단체의 주요재원으로서 자주재원의 성격을 띠고 있다.
④ 개별적 대가가 없다는 점에서 사용료나 수수료와는 다르다.
⑤ 세원이 반드시 당해 지방자치단체에 한정될 필요는 없다.

해설

지방세란 지방자치단체가 그 기능을 수행하는 데 소요되는 일반적 경비를 조달하기 위하여 당해지역의 주민 또는 그 구역 안에서 일정한 행위를 하는 자로부터 직접적 · 개별적 보상없이 강제적으로 징수하는 재화를 의미한다. 따라서 지방세의 세원은 해당 지방자치단체에 한정되어야 한다. <답 ⑤>

32. 우리나라 현행 지방세제에 대한 설명으로 옳은 것은? <2011 지방수탁 7급>

① 지방소비세는 특별시 · 광역시 · 도세이며, 지방소득세는 시 · 군 · 구세이다.
② 최근 유사 · 중복 세목이 통폐합되어 현재 보통세 8개와 목적세 3개의 세목으로 간소화되었다.
③ 기초자치단체는 목적세를 부과할 수 없다.
④ 재산과세 중 거래과세로 분류되는 취득세는 특별시 · 광역시 · 도세이며, 등록면허세는 시 · 군 · 구세이다.

해설

≪한국의 지방세 체계≫ 지방세기본법 개정(2011. 1월 시행)

구 분	특별시 · 광역시세	도세	자치구세	시 · 군세
보통세 (9개)	취득세, 레저세, 담배소비세, 지방소비세, 주민세, 지방소득세, 자동차세	취득세, 등록면허세, 레저세, 지방소비세	등록면허세, 재산세	담배소비세, 주민세, 지방소득세, 재산세 자동차세
목적세 (2개)	지역자원시설세, 지방교육세	지역자원시설세, 지방교육세		

<답 ③>

33. 다음의 보기의 지방세 중 도세에 해당하는 것은 모두 몇 개인가 ?

㉠ 취득세	㉡ 등록면허세	㉢ 주민세	㉣교육세	㉤ 레저세
㉥ 지방소비세	㉦ 지방소득세	㉧ 소득세	㉨ 지방교육세	

① 3개 ② 4개 ③ 5개 ④ 6개

해설

도세는 ㉠㉡㉤㉥㉨ 5개이다. <답 ③>

34. 2010년에 신설된 지방소득세에 대한 내용으로 옳지 않은 것은?

① 소득분과 종업원분으로 구분되며 재정자립도는 변함이 없다.
② 지방소득세 소득분은 기존 주민세 소득할이 전환된 것이다.
③ 지방소득세 종업원분은 기존 사업소세 종업원할이 전환된 것이다.
④ 지방소득세의 신설로 지방재정이 확충된 효과가 있다.
⑤ 목적세의 비중이 낮아지고 보통세의 비중이 높아졌다.

해설

지방소득세는 기존 지방세인 주민세의 소득할과 사업소세의 종업원할이 전환된 것이므로 지방재정이나 자주재원이 확충되는 효과는 없다. 다만 목적세인 사업소세가 폐지되고 사업소세의 종업원할이 보통세인 지방소득세에 편입되었으므로 목적세 비중은 낮아진 반면 보통세 비중은 높아졌다.

≪지방소득세≫

- 과세대상이 유사한 주민세와 사업소세를 통합하여 2010년에 신설한 지방세로서 기존 주민세(소득할)와 사업소세(종업원할)를 통합하여 기존대로 특별시 · 광역시, 시 · 군세로 지정함
- 소득분(국세인 소득세와 법인세의 각 10%)과 종업원분(종업원 급여 총액의 0.5%)으로 구분
- 이 중 종업원분은 기존 구세인 사업소세(종업원할)가 폐지되면서 지방소득세에 통합된 것이므로 지방세법에서는 구세로 적용하는 특례규정을 둠

≪주민세와 사업소세 개편내역≫

구 분	변경 전(2009)		변경 이후(2010.1.1)		
지방세	주민세 (2)	균등할	주민세 (2)	균등분	종전 주민세균등할과 사업소세 재산할을 주민세로 통합함
		소득할		재산분	
지방세	사업 소세(2)	재산할	지방소득세 (2)	소득분	종전 주민세 소득할과 사업소세 종업원할을 지방소득세로 통합함
		종업원할		종업원분	
국 세	부가 가치세	소비세의 10%	지방소비세	지방세	종전 부가세의 5%는 지방세로 함
			부가가치세	국 세	종전 부가세의 5%는 국세로 함

주민세를 도시지역의 경우 특별시 · 광역시세로 하되, 자치구의 세수결손을 해소하기 위하여 주민세 중 재산분(종래 소득할)과 신설된 지방소득세 중 종업원분(종래 사업소세 종업원할) 세수는 특례조항에 의하여 자치구세로 함. <답 ④>

35. 다음의 보기에서 시 · 군세에 해당하는 것은 모두 몇 개인가 ?

㉠ 취득세	㉡ 재산세	㉢ 등록면허세	㉣ 자동차세	㉤ 레저세
㉥ 담배소비세	㉦ 지방소비세	㉧ 지방소득세	㉨ 지역자원시설세	

① 3개 ② 4개 ③ 5개 ④ 6개

해설

≪지방세의 세목≫(지방세제기본법과 지방세법)

	구 분	도 세	시 · 군세	특별시 · 광역시세	자치구세
지방세	보통세	취득세, 등록면허세, 레저세, 지방소비세	주민세, 재산세, 자동차세, 담배소비세, 지방소득세	담배소비세, 지방소비세, 취득세, 지방소득세 자동차세, 주민세, 레저세	등록면허세, 재산세 광역시 자치구세: 등록면허세, 재산세 (주민세재산분)(지방소득세 종업원분)
	목적세	지역자원시설세, 지방교육세		지역자원시설세, 지방교육세	
국세	내국세	직접세	소득세, 법인세, 상속세와 증여세		
		간접세	부가가치세, 개별소비세, 주세, 인지세, 증권거래세		
	목적세	교통 · 에너지 · 환경세(2012년까지), 교육세, 농어촌특별세			
	관 세				

<답 ②>

36. **다음의 보기에서 지방세 중 시 · 군세에 해당하는 것은 모두 모두 몇 개인가 ?**

㉠ 농어촌 특별세	㉡ 상속세	㉢ 취득세
㉣ 지방소비세	㉤ 지방교육세	㉥ 지방소득세
㉦ 주민세	㉧ 담배소비세	㉨ 자동차세

① 3개 ② 4개 ③ 5개 ④ 6개

해설

시 · 군세는 주민세, 재산세, 자동차세, 담배소비세, 지방소득세가 있다. ㉥㉦㉧㉨ 네 개다.
<답 ②>

37. **2010년부터 국세인 부가가치세의 일부를 지방세인 지방소비세로 전환하였다. 이와 관련하여 사실과 다른 것은?**

① 지방재정이 확충된다.
② 지방재정자립도가 향상된다.
③ 일종의 공동세이다.
④ 지방교부세가 증액된다.

해설

국세의 지방세화로 지방재정이 확충되고 재정자립도가 향상되는 반면, 내국세의 19.25%를 교부하는 지방교부세는 감액된다. 지방소비세는 국세인 부가가치세(재화 또는 용역의 공급자와 재화의 수입자에게 부과)의 5%를 특별시, 광역시, 도에 지역별 소비지출 정도 등을 감안하여 대통령령으로 정하는 안분기준 및 안분방식에 따라 배분하는 지방세이다(공동세). 지역경제 활성화와 지방세수 확충을 위하여 신설하였으며 각 지역간 지방소비세액은 지역간 재정격차를 완화하기 위하여 가중치를 부여하여 산출한다. 국세의 일부를 지방세로 이양한 것이므로 납세자 추가부담은 없다. <답 ④>

38. **지방세의 유형별 구분에 대한 설명 중 거리가 먼 것은 ?**

① 우리나라 지방세는 대부분 독립세 중심으로 되어 있으나, 지방소득세의 소득분, 지방소비세, 지방교육세는 부가세 형태이다.
② 지방세 중 지방소비세, 취득세 등은 종량세에 해당된다.
③ 주민세 균등분은 정액세이고, 취득세는 비례세이며, 재산세는 대부분 누진세에 해당한다.
④ 재산보유과세는 주로 시 · 군과 같은 기초자치단체의 세목으로 되어 있으며, 재산거래과세는 도와 같은 광역자치단체의 세목으로 되어 있다.

해설

종가세는 물품의 가격에 따라 세율을 정하는 조세를 말하며, 국세 중 부가가치세나 주세, 그리고 지방세 중 지방소비세, 취득세 등이 이에 해당한다. 경기의 변동으로 가격이 변하면 세수입도 증감된다. 종량세는 물품의 무게나 길이, 용량에 따라 세율을 결정하는 조세를 말한다. 담배소비세(궐련 20개비당 641원)를 대표적으로 들 수 있다. <답 ②>

39. 우리나라 지방세제도에 관한 설명으로 잘못된 것은?

① 군세의 대종은 취득세이다. ② 자치구에는 목적세가 없다.
③ 시 · 군에는 등록세가 없다. ④ 보통세와 목적세로 구분되어 있다.
⑤ 시 · 군과 달리 자치구에는 등록면허세가 있다.

해설

현행 지방세는 보통세(9개 세목)와 목적세(2개 세목)의 총 11개 세목으로 구성되어 있으며, 광역자치단체세와 기초자치단체세 체계로 구분되어 있다. ① 취득세는 광역시 · 도세이다. <답 ①>

40. 지방세가 갖추어야 할 요건으로서 타당성이 없는 것은?

① 응익의 원칙 ② 평등성 ③ 국지성
④ 경직성 ⑤ 보편성

해설

④ 지방자치단체의 재정수요는 경제발전과 국민소득수준의 상승에 따라 팽창하므로 지방자치단체의 세입도 이에 따라 증대할 필요가 있다. 지방세가 갖추어야 할 요건 또는 원칙으로는 (i) 평등성, (ii) 보편성, (iii) 국지성(정착성), (iv) 안정성, (v) 신축성, (vi) 부담분임의 원칙, (vii) 응익의 원칙 등이 있다. <답 ④>

41. 지방세목들 중 성격이 다른 것은 <2007 서울 7급>

① 주행세 ② 공동시설세
③ 지방교육세 ④ 지역개발세

해설

주행세는 보통세이고 나머지는 모두 목적세이다. <답 ①>

42. 주민세를 보통세로 부과 · 징수할 수 없는 지방자치단체는?

① 서울특별시 ② 광주광역시 <2002 지시 기술직>
③ 용인시 ④ 경기도 ⑤ 무주군

해설

주민세는 특별시 · 광역시세 및 시 · 군세에 속한다. 도세엔 포함되지 않는다. <답 ④>

43. 다음 지방세 가운데 목적세에 해당하는 것은?

① 자동차세 ② 레저세 ③ 지역자원시설세
④ 농업소득세 ⑤ 담배소비세

해설

2011.1.1 부터 우리나라의 지방세는 총 11개 세목으로 지방세를 간소화 했다. <답 ③>

≪지방세제 변경사항 정리≫

구 분	기존 세목(2009)	변경(2010)	변경(2011)	비고
보통세 (9개로)	취득세, 레저세	–	취득세, 레저세	변경 없음
	등록세, 면허세	–	등록면허세	통합
	담배소비세	–	담배소비세	변경 없음
	주민세 (균등할, 소득할)	주민세(통합) 지방소득세(신설)	–	내용 변경(통합) 및 신설
	자동차세, 주행세	–	자동차세	통합
	재산세	–	재산세	통합(도시계획세를 흡수하여 재산세로)
	농업소득세, 도축세	농업소득세 폐지	도축세 폐지	폐지(현재 없음)
	–	지방소비세(신설)	–	신설
목적세 (2개로)	지역개발세, 공동시설세	–	지역자원 시설세	통합신설
	지방교육세	–	지방교육세	변경 없음
	도시계획세, 사업소세 (재산할,종업원할)	사업소세 폐지	도시계획세 폐지	도시계획세는 폐지되어 재산세로 흡수
국세	부가가치세(10%)	부가가치세(5%) 지방소비세(5%)	–	부가가치세의 일부를 지방세로 함

≪간소화된 현 지방세 체계≫(2011.1.1부터)

구 분	기존(16개 세목)	개정(11개 세목)
중복과세 통·폐합	①취득세+②등록세(취득관련분)	①취득세
	③재산세+④도시계획세	②재산세
유사세목 통합	②등록세(취득관련분)+⑤면허세	③등록면허세
	⑥공동시설세+⑦지역개발세	④지역자원시설세
	⑧자동차세+⑨주행세	⑤자동차세
폐 지	⑩도축세	※ 폐 지
현행유지	⑪주민세 ⑫지방소득세 ⑬지방소비세 ⑭담배소비세 ⑮레저세 ⑯지방교육세	⑪주민세 ⑫지방소득세 ⑬지방소비세 ⑭담배소비세 ⑮레저세 ⑯지방교육세

44. 다음의 지방세목 중 시 · 군세에 해당하지 않는 것은?

① 주민세 ② 자동차세 <2002 지시 기술직 유사>
③ 담배소비세 ④ 등록세 ⑤ 재산세

해설

등록세는 특별시 · 광역시세에 속한다. 시 · 군세로 담배소비세, 주민세, 지방소득세, 재산세, 자동차세가 속한다. <답 ④>

45. 지방세 중 재산세의 과세대상을 올바르게 지적한 것은?

㈎ 선 박	㈏ 항공기	㈐ 자동차
㈑ 건축물	㈒ 광 구	

① ㈎, ㈏, ㈐ ② ㈎, ㈏, ㈑ ③ ㈎, ㈏, ㈐, ㈑
④ ㈎, ㈏, ㈑, ㈒ ⑤ ㈎, ㈏, ㈐, ㈑, ㈒

해설

재산세라 함은 과세기준일 현재 재산세 과세대장에 재산의 소유자로 등재되어 있는 자에게 부과하는 재산과세(보유과세)이다. 재산세의 과세대상은 종전에는 건축물, 광구, 선박 및 항공기 등이었으나 현재는 건축물, 선박 및 항공기로 규정하고 있다. 자동차는 자동차세의 과세대상에 해당된다. <답 ②>

46. 우리나라 지방자치단체의 기능별 분류구조와 관련이 없는 것은?

① 일반행정비 ② 사회개발비 ③ 경제개발비
④ 교부경비 ⑤ 민방위비

해설

지방예산의 기능별 분류는 세출예산에 대한 분류방법으로서 현행 우리나라 지방자치단체 예산의 기능별 분류구조는 (i) 일반행정비, (ii) 사회개발비, (iii) 경제개발비, (iv) 민방위비, (v) 지원 및 기타 경비로 나누어지고 있다. <답 ④>

47. 기관간 또는 장 · 관 · 항의 입법과목간 예산의 유용을 무엇이라 하는가?

① 예산의 배정 ② 예산의 이용 ③ 예산의 이체
④ 예산의 이월 ⑤ 예산의 전용

해설

예산의 이용(移用)에 관하여 묻는 질문이다. 지방재정법 제38조 제1항에 의하면 예산집행상의 필요에 의하여 미리 예산으로서 지방의회의 의결을 얻은 경우에는 장 · 관 · 항 사이에 이용을 할 수 있다고 규정되어 있다. <답 ②>

예산의 이 체	지방자치단체의 기구·직제 또는 정원에 관한 법령이나 조례의 제정 혹은 개폐로 인하여 관계기관 사이에 직무권한 기타의 변동이 있을 때에는 그 예산을 상호 이체할 수 있다(지방재정법 제47조 제1항)
예산의 이 월	세출예산 중 경비의 성질상 당해 연도 내에 그 지출을 끝내지 못할 것이 예상되는 경우 이를 다음 연도에 이월하여 사용할 수 있다(지방재정법 제50조)
예산의 전 용	지방자치단체의 장은 필요에 따라 대통령이 정하는 바에 의하여 각 항 내의 예산액 범위 안에서 각 세항(細項) 또는 목(目)의 금액을 전용할 수 있다(지방재정법 제49조)

48. 지방세의 특징을 잘못 지적한 것은?

① 지방자치단체가 과세권에 근거하여 강제적으로 부과·징수한다.
② 금전으로 표시되고 금전으로 징수하는 것이 원칙이다.
③ 지방자치단체의 일반적 경비를 지변하기 위한 재원조달을 그 목적으로 한다.
④ 지방자치단체의 서비스제공으로부터 받는 이익에 대한 대가로써 그 이익은 직접적·개인적이다.
⑤ 당해 지역의 주민 또는 그 구역 안에서 일정한 행위를 하는 자로부터 징수하는 재화이다.

해설

지방세는 지방자치단체의 일반적인 경비를 조달하기 위하여 지방자치단체의 주민 또는 그 구역 안에서 일정한 행위를 하는 자로부터 개별적·직접적인 특정한 수익에 관련 없이 강제적으로 징수되는 재화이다. 따라서 벌금, 과태료 등과 같이 위법행위에 대한 제재를 목적으로 징수되는 금전적 급부나 특별한 이익에 대한 반대급부로써 직접적·개별적으로 징수되는 사용료·수수료 등과 구별된다. <답 ④>

49. 지방세 세원확보 원칙과 우리나라 지방자치단체의 현실적인 문제점을 연결한 것으로 옳지 않은 것은? <2012 국가 9급>

① 충분성 — 지방세 수입이 지방사무의 양에 비교하여 충분하지 못하다.
② 안정성 — 소득과세 중심으로 세원확보가 매우 불안정하다.
③ 보편성 — 수도권과 비수도권의 세원이 심각하게 불균형적이다.
④ 자율성 — 지방세의 세목설정 권한이 인정되지 않기 때문에 자율성이 상대적으로 떨어진다.

해설

② 우리나라 지방세는 소득과세가 아닌 재산과세 중심으로 되어 있어 세원확보의 신장성이 부족하다. <답 ②>

≪지방세의 원칙≫

재정 수입 측면	• 충분성의 원칙: 지방자치를 위하여 충분한 금액이어야 한다. • 보편성의 원칙: 세원이 지역간에 균형적(보편적)으로 분포되어 있어야 한다. • 안정성의 원칙: 경기변동에 관계없이 세수가 안정적으로 확보되어야 한다(재산세 등). • 신장성의 원칙: 늘어나는 행정수요에 대응하여 매년 지속적으로 세수가 확대되어야 한다. • 신축성(탄력성)의 원칙: 자치단체의 특성에 따라 탄력적으로 운영되어야 한다(탄력세율제도 등).
주민 부담 측면	• 부담분임의 원칙: 가급적 모든(많은) 주민이 경비를 나누어 분담해야 한다(주민세 균등분 등). • 응익성(편익성)의 원칙: 주민이 향유한 이익(편익)의 크기에 비례하여 부담되어야 한다(티부가설의 원칙). • 효율성의 원칙: 자원배분의 효율화에 기여해야 한다. • 부담보편(평등성, 형평성)의 원칙: 주민에게 공평(동등)하게 부담되어야 한다(조세감면의 최소화).
징세 행정 측면	• 자주성의 원칙: 중앙정부로부터 독자적인 과세주권이 확립되어야 한다. • 편의 및 최소비용의 원칙: 징세가 용이하고 징세비가 절감되어야 한다. • 국지성의 원칙: 과세객체가 관할구역내에 국한되어 있어야 한다. 조세부담을 회피하기 위한 지역간 이동이 없어야 한다.

50. 지방세의 원칙이 아닌 것은? <2004 서울 9급>

① 안정성 ② 충분성 ③ 신축성
④ 보편성 ⑤ 형평성

해설

형평성은 국가재정에서 상대적으로 강조하는 것으로 소득세와 같이 누진제제와 같이 누진세제에 반영된다. 지방에서는 상대적으로 효율성이 강조된다. ①의 안정성과 ③의 신축성은 상충되는 측면이 있어 해석에 유의해야 한다. 지방세는 경기변동의 영향을 덜 받도록 안정성이 필요한 반면 지역경제 활성화가 지방세 수입 확보로 연결되는 신축성(혹은 탄력성)도 있어야 한다. 이러한 상충성을 고려하면 문제의 보기에서 오해의 소지가 있다.

<답 ⑤>

51. 지방세의 원칙 중 동등한 지위에 있는 자에게 동등하게 과세하고 조세감면의 폭이 너무 넓어서는 안 된다는 원칙은?

① 부담분임의 원칙 ② 응익성의 원칙 ③ 지역성의 원칙
④ 부담보편의 원칙 ⑤ 충분성의 원칙

해설

부담보편의 원칙은 동등한 지위에 있는 자에게는 동등하게 과세하고, 조세감면의 폭을 너무 넓혀서는 안 된다는 원칙이다. <답 ④>

≪지방세의 원칙≫

(i) 충분성의 원칙: 지방재정수요를 충족시키는 데 충분한 수입을 가져올 것
(ii) 보편성의 원칙: 각 지방자치단체의 수입이 보편적으로 존재할 것
(iii) 정착성(지역성)의 원칙: 세원이 일정한 지역 내에 정착하고 있을 것
(iv) 신장성의 원칙: 지방자치단체의 수입이 자치단체의 발전에 따라 증가될 것
(v) 안정성의 원칙: 세수가 매년 안정적이고 연도간의 세수변동이 적을 것
(vi) 부담분임의 원칙: 전주민이 널리 지방세를 부담할 것
(vii) 응익성의 원칙: 조세부담의 배분은 공공서비스의 편익량을 기준으로 할 것
(viii) 효율성의 원칙: 시장(市場)의 효율적인 선택행위를 침해하지 말 것
(ix) 자주성의 원칙: 지방자치단체가 과세행정상 자주성을 가질 수 있을 것
(x) 편의 및 최소비용의 원칙: 징세가 간편하고 경비가 적게 들 것
(xi) 확실성의 원칙: 징세가 확실히 실행될 것

52. 우리나라 지방재정에 관한 설명으로 옳지 않은 것은? <2001 지시>

① 지방교부세제도는 지방자치단체간의 재정력 격차 해소에 기여하고 있다.
② 중앙과 지방간의 사무배분과 경비분담이 불일치하고 있다.
③ 엄격한 조세법률주의의 적용으로 자주재정권이 크게 제약받고 있다.
④ 지방세 체계가 획일적이어서 지역경제의 특성에 맞는 세목이 부족하다.
⑤ 지방세가 신장성이 높은 소득과세 중심으로 구성되어 있다.

해설

⑤ 지방세가 소득과세 위주가 아니라 자산과세 위주이므로 세수 신장성이 낮고 거래세 비중이 높아 경기순환의 영향을 많이 받으므로 안정성이 떨어진다. <답 ⑤>

53. 다음 중 세외수입의 특성을 잘못 지적한 것은?

① 수입근거와 종류 · 형태 등이 매우 다양하다.
② 세외수입의 규모가 자치단체간에 불균형적이며 연도별 신장률도 저조하다.
③ 세외수입에는 일반재원인 것과 특정재원인 것이 있다.
④ 세외수입은 현금으로만 징수된다.
⑤ 특정서비스에 대한 반대급부로서 응익적 성격을 갖는다.

해설

세외수입은 지방세와 함께 지방재정의 자주적 기반을 뒷받침해주는 중추적인 세입원으로서 (i) 자주재원, (ii) 잠재수입원, (iii) 대상(代償)적 성격, (iv) 수입의 불규칙성, (v) 비도의 지정, (vi) 수입의 다양성, (vii) 현금 및 증지수입 등의 특성을 지닌다. 따라서 ④ 세외수입은 현금뿐만 아니라 수입증지(사용료 · 수수료의 징수)로도 징수된다. <답 ④>

54. 다음 중 세입원별 재정자치도가 가장 낮은 세원에 해당하는 것은?

① 독자적 과세 ② 부가과세 ③ 지방교부세
④ 공동과세 ⑤ 국고보조금

✍ 해설 ……………………………………

지방자치단체의 입장에서 재정자치에 기초한 세입원은 독자적 과세, 중복과세, 세외수입, 부가과세, 공동과세, 지방교부세 및 국고보조금 등으로 구분할 수 있는바, 독자적 과세로부터 국고보조금순으로 갈수록 재정자치도가 낮아진다. <답 ⑤>

구　분	내　용	재정자치도
독자적 과세	지방자치단체가 세목 · 과세표준 및 세율을 결정하는 것	⇧ 높음
중복과세	지방자치단체가 세목을 결정할 수 있는 권한은 없으나 과세표준 및 세율을 결정할 수 있는 것	
세외수입	지방자치단체가 어느 정도 자주적으로 사용료 · 수수료 등을 결정할 수 있는 것	
부가과세	지방자치단체가 세목 · 과세표준의 결정권은 없으나 세율을 결정할 수 있는 것	
공동과세	전국적으로 균일한 과세표준과 세율에 의하여 부과 · 징수된 세수를 일정한 방식에 의하여 지방자치단체에 배분하는 것	
지방교부세	중앙정부가 일정한 배분액을 결정하여 지방자치단체에 배분하되, 그 용도는 지방자치단체가 결정할 수 있는 것	낮음 ⇩
국고보조금	중앙정부가 지방자치단체에 대한 배분액뿐만 아니라 그 용도도 결정하여 배분하는 것	

55. 세외수입의 특징으로 옳지 않은 것은? <2002 지시>

① 지방정부의 세외수입에는 광의로 사용료 · 수수료 · 분담금 등이 포함된다.
② 세외수입은 공공시설의 사용, 행정서비스의 제공 등에 대한 반대급부 또는 대가로서 응익성이 강한 수입이므로 재원조달에서 마찰이나 저항이 비교적 적은 편이다.
③ 세외수입은 비교적 중앙정부의 직접적인 통제에서 벗어난 잠재수입원으로서 지방정부의 노력 여하에 따라 확대 · 개발이 상대적으로 용이하다.
④ 세외수입은 지역의 입지조건이나 경제적 환경, 특정사업의 추진, 지방자치단체의 노력 여하에 따라 수입의 규모가 달라질 수 있기 때문에 지역간 분포상황 및 구조가 불균등하다.
⑤ 세외수입은 복지실현과 평등을 위한 재분배 기능도 있어 도시정부의 사회정책적 수단으로서 활용도가 높다.

✍ 해설 ……………………………………

⑤ 재분배기능을 갖는 것은 지방재정조정제도이다. <답 ⑤>

56. 세외수입의 종류와 그에 대한 설명을 바르게 연결한 것은?

<2010 지방수탁 7급>

ㄱ. 지방자치단체가 주민의 복지증진을 위해 설치한 공공시설을 특정소비자가 사용할 때 그 반대급부로 개별적인 보상원칙에 따라 지방자치단체의 조례에 의거하여 강제적으로 부과·징수하는 공과금이다.
ㄴ. 지방자치단체의 재산 또는 공공시설의 설치로 인해 주민의 일부가 특별히 이익을 받을 때 그 비용의 일부를 부담시키기 위해 그 이익을 받는 자로부터 수익의 정도에 따라 징수하는 공과금이다.
ㄷ. 지방자치단체가 특정인에게 제공한 행정 서비스에 의해 이익을 받는 자로부터 그 비용의 전부 또는 일부를 반대급부로 징수하는 수입이다.

ㄱ ㄴ ㄷ ㄱ ㄴ ㄷ

① 사용료 - 분담금 - 수수료 ② 수수료 - 부담금 - 과년도 수입
③ 사용료 - 부담금 - 과년도 수입 ④ 수수료 - 분담금 - 사용료

해설

ㄱ은 사용료, ㄴ은 분담금, ㄷ은 수수료에 관한 설명이다.
주요 세외수입의 정확한 개념은 다음과 같다.

(1) 사용료: 지방자치단체가 주민의 복지증진을 위해 설치한 공공시설을 특정소비자가 사용할 때 그 반대급부로 개별적인 보상원칙에 따라 지방자치단체의 조례에 의거하여 강제적으로 부과·징수하는 공과금
(2) 분담금: 지방자치단체의 재산 또는 공공시설의 설치로 인해 주민의 일부가 특별히 이익을 받을 때 그 비용의 일부를 부담시키기 위해 그 이익을 받는 자로부터 수익의 정도에 따라 징수하는 공과금
(3) 수수료: 지방자치단체가 특정인에게 제공한 행정서비스에 의해 이익을 받는 자로부터 그 비용의 전부 또는 일부를 반대급부로 징수하는 수입 <답 ①>

≪세외수입의 종류≫

실질적 세외수입	경상적 수입 (일반회계)	사용료, 수수료, 재산임대수입, 사업장수입(경영수익사업), 이자수입, 징수교부금
	사업수입 (특별회계)	상수도사업, 하수도사업, 지하철, 주택사업, 공영개발사업, 기타특별회계
명목적 세외수입	임시적 수입 (일반회계)	재산매각수입, 융자금 회수, 이월금, 기부금, 융자금, 전입금, 부담금, 잡수입, 과년도수입
	사업 외 수입 (특별회계)	이월금, 융자금, 전입금, 잡수입, 지난 연도수입, 기타

57. 세외수입 중 지방자치단체의 재산 또는 공공시설의 설치로 인하여 주민의 일부가 특히 이익을 얻게 될 때 그 비용의 일부를 지변하기 위하여 이익을 받는 자로부터 징수하는 공과금은?

① 사용료 ② 수수료 ③ 분담금
④ 부담금 ⑤ 교부금

해설

분담금은 사용료 · 수수료와 조세의 중간적 성격을 가진 것으로서 지방자치단체의 재산 또는 공공시설의 설치로 인하여 주민의 일부가 특히 이익을 받는 경우에 그 비용의 일부를 지변하기 위하여 이익을 받은 자로부터 그 이익의 범위 안에서 징수하는 공과금이다. ① 사용료는 지방자치단체의 공공시설의 이용이나 재산을 사용함으로써 얻는 편익에 대한 대가로 징수하는 공과금이다. ② 수수료는 지방자치단체의 사무 및 위임사무가 특정인을 위한 것일 경우 그 사무에 대하여 비용을 징수하는 공과금이다. ④ 부담금은 국가와 지방자치단체간 또는 지방자치단체 상호간에 어느 한쪽이 상대방에게 이익을 주는 일을 하였을 때 그 이익의 범위 내에서 그 일의 처리에 필요한 경비를 부담시켜 수납하는 것이다. 이러한 부담금에는 수익자부담금, 원인자부담금, 손상자부담금, 개발부담금, 오염자부담금 등이 있다. ⑤ 교부금은 국가가 수행하여야 할 사무를 자치단체 또는 그 기관에 위임하여 수행하는 경우 그 소요되는 경비를 충당하기 위해 교부되는 국고지출금이다. 민방위교부금, 병사교부금 등이 있다. <답 ③>

58. 세외수입 중 사용료와 수수료에 대한 설명으로 부적절한 것은?

① 사용료는 공공시설을 이용함으로써 얻는 편익에 대한 대가로서 징수하는 공과금이다.
② 수수료는 지방자치단체의 특별한 행정활동에 의해 개별적인 이익을 받는 자로부터 징수되는 공과금이다.
③ 사용료와 수수료는 특정한 이익에 상응하여 특정한 개인에게 부과되는 금전적 가치라는 점에서 동일한 성격을 갖는다.
④ 사용료의 부과는 공공시설의 상태를, 수수료의 부과는 지방자치단체의 특별한 서비스행위를 기준으로 한다.
⑤ 사용료와 수수료는 모두 과세객체의 부담능력을 전제로 하는 응능원칙에 따라 부과된다는 점에서 공통된다.

해설

사용료와 수수료는 모두 지방자치단체에 의해 이익을 받는 주민으로부터 개별적인 보상원칙에 따라 강제징수하는 공과금이다. 그러나 사용료는 지방자치단체의 공공시설의 이용이나 재산을 사용함으로써 얻는 편익에 대한 대가로 징수하는 것이지만(예: 병원의 입원료, 공원의 입장료, 도로점용료, 공설묘지 · 화장장사용료, 지하철요금, 상하수도요금 등) 수수료는 지방자치단체가 제공하는 특정한 행정서비스에 대한 반대급부로서 징수하는 것이다(예: 증명수수료, 시험수수료 등). <답 ⑤>

59. 다음 중 세외수입을 최협의로 이해할 때 해당하지 않는 세입원은?

<2002 지시 기술직 유사>

① 사업장수입 ② 재산매각수입 ③ 이자수입 ④ 수수료 ⑤ 징수교부금

✍ 해설

세외수입은 그 수입형성방식에 따라 광의 · 협의 · 최협의로 구분된다. (i) 광의의 세외수입: 지방자치단체의 세입 중 지방세와 지방교부세 · 국고보조금을 제외한 모든 수입을 의미하며, 실질적 세외수입뿐만 아니라 명목적 세외수입(일반회계의 임시적 수입과 특별회계의 사업외수입)까지도 포함한다. (ii) 협의의 세외수입: 매년 반복하여 조달되는 예측이 가능한 실질상의 세외수입으로서 광의의 세외수입 중 일반회계의 경상적 수입과 특별회계의 사업수입을 말한다. 일반적으로 세외수입의 증대라고 하는 경우 협의의 세외수입을 의미한다. (iii) 최협의의 세외수입: 협의의 세외수입에서 특별회계의 사업수입을 제외한 일반회계의 경상적 수입만을 의미한다. 세외수입 가운데 가장 보편적인 세입원이다. <답 ②>

≪세외수입의 종류≫

실질상 세외수입	경상적 수입	사용료수입, 수수료수입, 재산임대수입, 사업장수입, 징수교부금, 이자수입
	사업수입	상수도, 지하철, 주택, 공영개발, 하수도, 기타 특별회계
명목상 세외수입	임시적 수입	재산매각수입, 융자금회수, 지방채, 기부금 및 기금, 전입금, 부담금, 잡수입, 과년도수입, 이월금
	사업외수입	이월금, 융자금회수, 전입금, 잡수입, 과년도수입

60. 최근 재정자립도 향상방안으로 세외수입의 확충이 강조되고 있다. 다음 중 세외수입의 설명과 거리가 먼 것은?

① 경상적 세외수입에는 특별회계의 사업수입은 제외되며 보통 사용료, 수수료, 사업장수입, 징수교부금 등 반복적 수입이 여기에 해당된다.

② 사용료는 공공시설의 사용에 따른 대가인 반면 수수료는 자치단체의 특별한 행정활동에 대한 대가이다.

③ 징수교부금은 하급자치단체가 상급자치단체의 세금을 징수하여 납부한 경우 징수금액의 3%를 반대급부로 주는 교부금이다.

④ 잡수입은 다른 회계 또는 기금으로부터의 이전으로 생기는 회계조작상의 수입이다.

✍ 해설

④는 전입금에 대한 설명이고, 잡수입은 이자수입, 변상금 및 위약금(과태료, 체납처분금 등), 불용품 매각수입 등이다. <답 ④>

61. 다음 중 명목상 세외수입의 범주는?

① 경상적 수입, 임시적 수입 ② 사업수입, 사업외수입
③ 경상적 수입, 사업수입 ④ 임시적 수입, 사업외수입

⑤ 경상적 수입, 사업외수입

✍ 해설

실질적 세외수입에 경상적수입과 사업수입이 포함되고 명목적 세외수입에 임시적 수입과 사업외수입이 포함된다. <답 ④>

62. 다음 중 경상적 세외수입에 해당되지 않는 것은 ?

① 사용료 ② 징수교부금
③ 재산임대수입 ④ 융자금

✍ 해설

④ 융자금은 임시적 수입 또는 사업외수입이다. 경상적 수입은 사용료, 수수료, 재산임대수입, 사업장수입(경영수익사업), 이자수입, 징수교부금이다. <답 ④>

63. 다음 중 지방채의 특징에 관한 설명으로 적절하지 않은 것은?

① 상환이 1회계연도를 넘는 장기차입금이다.
② 기채에 의하여 자금의 이전이 이루어진다.
③ 기채발행시 별도의 담보물이 있어야 한다.
④ 채권발행 또는 증서차입의 형태로 발행된다.
⑤ 지방자치단체가 부담하는 채무이다.

✍ 해설

지방채는 일반적으로 무담보 · 무보증의 채무이다. 지방채의 발행은 지방자치단체가 과세권에 기초한 장래의 세수를 재원으로 하여 반드시 차입금을 상환할 것이라는 신뢰에 바탕을 두고 있으므로 별도의 담보물을 필요로 하지 않는다. <답 ③>

64. 지방채가 수행하는 주요기능이라고 할 수 없는 것은?

① 재원조달기능 ② 효율적인 자원배분기능
③ 부담의 공평화기능 ④ 소득의 재분배기능
⑤ 응급적인 재원보전기능

✍ 해설

지방채란 지방자치단체가 재정수입의 부족을 보충하기 위하여 외부로부터 자금을 조달함으로써 부담하는 채무로서 (i) 재원조달기능, (ii) 자원배분기능, (iii) 주민간 · 세대간 부담의 공평화기능, (iv) 응급적인 재원보전기능, (v) 국가경제정책과의 협조기능 등을 수행하지만 ④ 소득재분배기능은 수행할 수 없다. <답 ④>

65. 지방채에 대한 설명으로 가장 맞지 않는 것은?

① 지방채의 발행은 반드시 행정안전부장관의 승인을 받은 범위 내에서 지방의회의 의결을 거쳐 이루어져야 한다.

② 지방채과도발행단체, 지방세의 징수실적이 현저히 저조한 단체, 원리금상환에 연체가 있는 단체 등은 기채가 제한된다.
③ 행정안전부장관은 지방채발행계획을 수립하여 관계중앙행정기관의 장과 협의하여야 한다.
④ 지방채의 발행은 자치단체장의 권한이므로 자치단체장의 신청이 없는 것은 포함되지 않는다.
⑤ 지방자치단체조합도 지방채를 기채할 수 있으며 그 상환과 이자의 지급은 당해 조합이 책임진다.

해설

지방채발행은 행정안전부장관의 승인을 얻은 범위 안에서 지방의회의 의결을 얻어야 한다. 자치단체장이 지방채를 발행하고자 하는 때에는 행정안전부장관이 정하는 기준에 따라 8월 31일까지 다음 연도의 지방채발행계획안을 행정안전부장관에게(시·군 및 자치구의 경우는 시·도지사를 거쳐) 제출하여야 한다. 행정안전부장관이 지방채발행계획을 수립하는 때에는 9월 30일까지 지방자치단체별 지방채발행규모 및 발행조건 등 필요한 자료를 첨부하여 관계중앙행정기관의 장에게 협의를 요청하여야 하며, 행정안전부장관은 지방채발행계획안을 10월 31일까지 승인하여야 한다. 자치단체장이 천재지변 등 불가피한 사유로 인하여 지방채발행계획에 추가하여 지방채를 발행하고자 하는 때에는 따로 행정안전부장관의 승인을 얻어야 한다. ⑤ 지방자치단체조합도 독자적인 법인격을 갖는 특별지방자치단체이므로 지방채를 발행할 수 있으나 지방자치단체조합이 지방채를 기채하는 경우에 그 기채한 지방채에 대해서는 당해 조합과 조합의 구성원인 지방자치단체가 그 상환과 이자의 지급에 관하여 연대책임을 진다. <답 ⑤>

66. 지방채에 관한 설명으로 옳은 것은? <2001 지시 기술직>

① 지방채는 계층간 소득재배분 기능과 적자재정의 보전기능을 가진다.
② 지방채는 지방자치단체가 부담하는 채무로서 지방자치단체의 재정수입 부족을 보충하기 위한 것이다.
③ 지방자치단체는 항구적인 이익이나 재해복구 등에 필요한 재원마련을 위하여 당해 지방의회의 승인을 얻어 지방채를 발행할 수 있다.
④ 지방채는 과세권을 담보로 발행되는 채권으로서 그 매입 여부가 원칙적으로 강제성을 가진다.
⑤ 지방채는 후년도의 주민에게 부담을 주는 것이므로 그 발행의 조건은 당해 지방의회가 조례로 정한다.

해설

④ 매출공채와 교부공채만이 강제공채이며 그 밖의 공채는 임의공채이다. <답 ②>

67. 현재 우리나라의 지방채발행에 관한 설명으로 옳지 않은 것은?

① 지방채 발행승인에는 일괄승인제, 수시신청 승인제 <2002 지시 기술직>

및 개별승인제가 있다.
② 기채승인제를 채택하고 있다.
③ 지방채발행은 행정안전부장관의 승인을 얻어야 한다.
④ 지방채발행은 해당 지방의회의 의결을 얻어야 한다.
⑤ 일괄승인시 지방채발행승인을 얻기 위해서는 먼저 해당 지방의회의 의결을 얻은 후, 중앙정부 관계부처와의 협의 및 심사를 거쳐야 한다.

해설

⑤ 먼저 지방의회의 의결을 얻는 것이 아니다. 지방채의 발행절차: ㈎ 행정안전부장관의 지방채발행계획의 지침시달 ㈏ 행정안전부장관에게 지방채발행계획안의 제출(다만 시·군 및 자치구의 지방채발행계획안은 시·도지사를 거쳐 제출) ㈐ 지방채발행계획의 수립·협의: 행정안전부장관은 지방채발행계획안을 관계중앙행정기관의 장과 협의하여 10월 31일까지 승인 여부를 결정·통보하여야 한다. ㈑ 지방의회의 의결: 지방자치단체의 장은 지방채사업을 당초 예산에 편성하여 의회의 의결을 얻어야 한다. <답 ⑤>

68. 다음은 지방채 발행에 대하여 설명한 것이다. 이 중 잘못 설명한 것은?

① 지방채 발행 한도액의 범위 안에서 외채를 발행하는 경우에는, 행정안전부장관의 승인 없이 지방의회의 의결만 거치면 된다.
② 재해예방 및 복구사업은 행정안전부장관의 승인을 얻은 범위 안에서 지방의회의 의결을 얻어 지방채 발행 한도액의 범위를 초과하여 지방채를 발행 할 수 있다.
③ 천재·지변으로 인한 재해 등 예측할 수 없는 세입결함의 보전에 쓰려는 지방채는 행정안전부장관의 승인을 얻은 범위 안에서 지방의회의 의결을 얻어 지방채 발행 한도액의 범위를 초과하여 지방채를 발행 할 수 있다.
④ 지방자치단체조합의 장은 그 조합의 항구적 이익이 되거나 긴급한 재난복구 등의 필요가 있는 때 또는 지방자치단체에 대부할 필요가 있는 때에는 지방채를 발행할 수 있다.

해설

지방채란 지방자치단체가 부족한 재원을 보전하기 위하여 외부로부터 조달하는 차입금으로서, 상환이 복수회계연도에 걸쳐서 이루어진다. 증서차입 또는 증권발행의 형식을 취한다. 지방채 발행 한도액의 범위 안이라도 외채를 발행하는 경우에는 지방의회의 의결을 거치기 전에 행정안전부장관의 승인을 얻어야 한다. 지방자치단체조합의 장은 그 조합의 항구적 이익이 되거나 긴급한 재난 복구 등의 필요가 있는 때 또는 지방자치단체에 대부할 필요가 있는 때에는 지방채를 발행할 수 있다. 이 경우 행정안전부장관의 승인을 얻은 범위 안에서 조합의 구성원인 각 지방자치단체의 지방의회의 의결을 얻어야 한다. <답 ①>

69. 지방채에 대한 설명 중 틀리는 것은?

① 지방채란 지방자치단체가 부족한 재원을 보전하기 위하여 외부로부터 조

달하는 차입금으로서, 상환이 복수회계연도에 걸쳐서 이루어진다.
② 지방채는 지방자치단체가 부담하는 채무로서, 무담보 · 무보증의 채무이다.
③ 지방채는 지방자치단체가 기채연도에 있어서 세입의 일부가 되며, 자금의 이동을 수반한다.
④ 지방채는 지방자치단체가 특정한 사업을 수행하는 데 필요한 경비에 충당하려는 일반재원이다.

해설

지방채는 지방자치단체가 특정한 사업을 수행하는 데 필요한 경비에 충당하려는 특정재원이다.
<답 ④>

70. 지방채에 대한 설명으로 틀리는 것은 ?

① 지방채는 기채연도에 있어서 지방자치단체의 세입의 일부가 되며, 자금의 이동을 수반한다.
② 외채를 발행하는 경우, 한도액을 초과하여 발행하는 경우, 지방자치단체 조합이 지방채를 발행하는 경우에는 행정안전부장관의 승인을 얻어야 한다.
③ 현재는 물론 장래에 편익을 누리게 될 미래의 주민들에게도 그 부담을 공평하게 분담시킬 수 있다.
④ 지방채 발행 한도액의 범위라도 외채를 발행하는 경우에는 지방의회의 의결을 거치기 전에 기획재정부장관의 승인을 얻어야 한다.

해설

지방채 발행 한도액의 범위라도 외채를 발행하는 경우에는 지방의회의 의결을 거치기 전에 행정안전부장관의 승인을 얻어야 한다.
<답 ④>

71. 지방자치단체가 부족한 재원을 보전하기 위해 외부로부터 조달하는 차입금으로서, 증서차입 또는 증권발행의 형식을 취하는 채무로서, 지방채에 관한 설명 중 틀리는 것은 ?

① 지방자치단체가 현금을 지급하는 대신에 차후 연도에 지급을 약속하는 증권을 채권자에게 교부하는 것을 교부공채라 한다.
② 지방채는 지방자치단체가 부담하는 채무로서, 무담보 · 무보증의 채무이다.
③ 신규로 발행하는 지방채 증권에 대해 청약서에 의하여 불특정 다수를 대상으로 투자자를 모집한 후 현금의 납입을 받고 증권을 발행하는 것을 모집공채라 한다.
④ 외채를 발행하는 경우, 한도액을 초과하여 발행하는 경우, 지방자치단체 조합이 지방채를 발행하는 경우에는 기획예산처장관의 승인을 얻어야 한다.

✍ 해설

매출공채는 지방자치단체로부터 인 · 허가나 차량등록 등 특정 역무를 제공받는 주민 또는 법인을 대상으로 원인행위에 첨가하여 소화하는 것을 말한다. 직접매출과 위탁매출이 있다. 지방자치단체의 장은 그 지방자치단체의 항구적 이익이 되거나 긴급한 재난복구 등의 필요가 있는 때에는 재정상황 및 채무규모 등을 고려하여 대통령령이 정하는 지방채 발행 한도액의 범위 안에서 지방의회의 의결을 얻어 지방채를 발행할 수 있다. 외채를 발행하는 경우, 한도액을 초과하여 발행하는 경우, 지방자치단체조합이 지방채를 발행하는 경우에는 행정안전부장관의 승인을 얻어야 한다. <답 ④>

72. 지방정부가 채권을 발행하여 차량이나 주택구입 및 인 · 허가시 강제로 구입하도록 하는 채권은 무엇인가? <2007 서울 9급>

① 매출공채 ② 공모공채 ③ 사모공채
④ 증서차입채 ⑤ 교부공채

✍ 해설

매출공채는 이미 발행한 지방채증권을 일정기간 매출하는 방법이다. 우리나라 지방채 발행의 대부분을 차지하며 자치단체의 투자재원으로 많이 활용된다. 지방정부의 경우 모집공채(공모공채)가 국채에 비하여 원활하지 못하므로 인허가 등록시 강제로 매출하는 방식을 주로 사용하므로 준조세성격을 띠는 문제가 있다. <답 ①>

≪채권의 분류≫

1) 발행방법에 따른 분류
  ① 차입금(증서차입채): 지방자치단체가 증서에 의하여 차입하는 지방채를 말하며, 외국정부 · 국제기구 등으로부터 차관(현물차관 포함)을 도입하는 경우를 포함한다.
  ② 지방채증권(증권발행채): 지방자치단체가 증권발행의 방법에 의하여 차입하는 지방채를 말하며, 외국에서 발행하는 경우를 포함한다.
  ㉠ 교부공채: 지방자치단체가 토지매입대금이나 공사대금 등에 현금대신 증권을 발행하여 교부하는 방식
  ㉡ 모집공채(공모공채): 지방자치단체가 공모를 통해서 응모자에게 증권을 발행하여 자금을 조달하는 방식
  ㉢ 매출공채: 지방자치단체가 지하철 등의 공익사업을 위해 차량이나 주택구입 및 특정 인허가와 관련하여 강제로 공채를 매입하게 하는 방식
2) 상환방법에 따른 분류
  ① 일시상환채: 상환기간이 도래하면 전액을 일괄하여 상환
  ② 분할상환채: 원리금을 수회에 걸쳐 상환하는 방식

73. 지방자치단체가 토지매입, 공사대금 지불시에 현금대신 발행하는 지방채를 무엇이라고 하는가? <2005 대전 9급>

① 매출공채 ② 교부공채
③ 모집공채 ④ 분할상환공채

✍ 해설

공채(국채 및 지방채)는 발행방식에 따라 다양하게 구분된다. 상환방식에 따라 분할상환공채와 완전상환공채가 있고 모집방식에 따라 공모(매입)공채, 매출공채, 교부공채 등으로 구분한다. (1) 공모공채(모집공채): 공모방식을 통해서 공채매입을 희망하는 자들로 하여금 공채를 매입하도록 하는 방식, (2) 교부공채: 국가나 자치단체가 돈을 갚아야 할 곳(토지매입대금이나 공사대금 지불 등)에 현금대신 공채증권을 발행하여 교부하는 방식, (3) 매출공채: 지방정부로부터 특정 서비스를 제공받는 주민 등을 대상으로 원인행위에 첨가하여 강제로 소화시키는 방식. <답 ②>

74. 지방재정에 관한 설명으로 옳은 것은? <2008 국회직 8급>

① 지방채는 세대간 부담의 형평성 제고에 도움이 된다.
② 기준재정수요액이 높을수록 재정력지수가 높다.
③ 국고보조금의 배정은 중앙정부에 재량권이 없다.
④ 재정자립도가 높을수록 지방재정이 건전하다.
⑤ 지방세의 종목은 지방의회가 정한다.

✍ 해설

① 지방채는 편익을 보는 미래세대가 부담하기 때문에 세대간 형평성이 제고되므로 맞는 지문이다. ② 재정력지수는 기준재정수입액/기준재정수요액이므로 기준재정수요액이 높을수록 재정력지수는 낮다. ③ 국고보조금은 국가가 시책상 또는 자치단체의 재정사정상 특히 필요하다고 인정될 때 용도를 특정하여 교부하는 자금으로서 국가의 감독통제가 많고 국가의 재량권이 크게 작용한다. ④ 재정건전성은 재정자립도뿐만 아니라 자치단체의 재정규모, 경상수지 비율, 투자비 비율 등을 종합적으로 판단하여 측정하므로 재정자립도가 높다고 해서 비례적으로 지방재정이 건전하다고 볼 수 없다. ⑤ 우리나라는 조세법정주의로서 법정외세가 인정되지 않으므로 지방세의 세목, 과세객체, 세율 등을 지방의회가 정할 수 없다. <답 ①>

75. 지방자치단체의 채무 및 채권관리에 관한 설명으로 옳지 않은 것은? <2003 지시>

① 지방자치단체의 장은 비상복구 등의 필요가 있을 때에는 행정안전부장관의 승인을 받은 범위 내에서 지방의회의 의결을 거치지 않고 지방채를 발행할 수 있다.
② 지방자치단체의 장은 공익을 위하여 필요하다고 인정하는 경우에는 미리 지방의회의 의결을 얻어 보증채무부담행위를 할 수 있다.
③ 지방자치단체는 조례 또는 계약에 의하지 아니하고는 그 채무의 이행을 지체할 수 없다.
④ 지방자치단체가 지방채를 발행하고자 할 경우 지방채 발행계획을 수립하여 관계 중앙행정기관의 장과 협의하여야 한다.
⑤ 지방자치단체는 법령 또는 조례의 규정과 지방의회의 의결에 의하여 채권에 관한 채무를 면제할 수 있다.

✍ 해설

② 지방자치법 제124조 제3항. ③ 동조 제4항. ⑤ 지방자치단체는 법령 또는 조례의 규정에 의하거나 지방의회의 의결을 얻지 아니하고는 채권에 관하여 채무를 면제하거나 그 효력을 변경할 수 없다(동조 제5항). <답 ①, ④>

76. 다음 중 지방채의 발행가능경비에 해당하지 않는 것은?

① 차환채 ② 출자금 및 대부금 ③ 비상재해복구비
④ 일시차입금 ⑤ 공공용시설의 건설사업비

✍ 해설

지방채의 발행가능경비에는 (i) 항구적 이익이 되는 사업(예: 공공용시설 또는 공용시설의 건설사업비, 지방공기업에 필요한 경비, 출자금 및 대부금), (ii) 비상재해복구비, (iii) 기 발행한 지방채의 차환, (iv) 세입결함채 등이 있다. ④ 일시차입금이란 지방자치단체가 세출예산을 지출함에 있어서 일시적으로 세출현금의 부족이 생길 때 당해연도의 수입으로 상환한다는 전제하에 미리 지방의회의 의결을 얻어 일시적으로 차입하는 금액이다. 지방채는 채무의 이행이 1회계연도 이상의 장기간에 걸쳐서 이루어지므로 1회계연도 내의 자금조달수단으로서 이루어지는 일시차입금과 다르다. <답 ④>

77. 현행법상 우리나라 지방교부세의 교부세율은? <2002 지시 기술직 유사>

① 내국세 총액의 12.37% ② 내국세 총액의 19.24%
③ 내국세 총액의 13.27% ④ 내국세 총액의 17.6%
⑤ 내국세 총액의 11.8%

✍ 해설

지방교부세는 국가가 지방자치단체(지방자치단체조합 포함)에 당해 연도 내국세총액[국세-(관세+목적세+종합부동산세+다른 법률에 의하여 특별회계의 재원으로 사용되는 세목)]의 19.24%(지방교부세율 2006.1 개정됨)에 해당하는 금액을 교부하는 재원이다. <답 ②>

78. 참여정부의 지방분권화 정책에 따라 국가균형발전특별법이 제정되고 국가균형발전특별회계가 신설됨에 따라 폐지된 제도는?

① 지방교부세제도 ② 지방양여금제도 <2005 국가직 7급>
③ 국고보조금제도 ④ 지방채발행제도

✍ 해설

② 지방양여금제도는 균형적 지역발전을 위하여 1991년 도입된 제도로서 2005.1 지방양여금제도가 폐지되고 양여금의 주재원이었던 주세는 전액 국가균형발전특별회계 재원으로 사용되고 있다. 따라서 지방양여금제도는 국가균형발전특별회계제도로 전환된 것이라 할 수 있다. <답 ②>

79. 우리나라 지방재정확충방안의 하나로 특히 농어촌 등 세원 자체가 빈약한 지방의 재정을 확보하기 위해서 어떤 방안이 강구되어야 하는가?

① 지방교부세의 상향 조정 ② 세외수입의 확충
③ 지방세율의 상향 조정 ④ 국세의 지방세 이전
⑤ 조세감면정책의 강화

해설

지방자치단체의 열악한 재정을 확충하기 위한 방안으로는 (i) 지방세율의 인상, (ii) 신세원의 발굴, (iii) 국세의 지방세이전, (iv) 세외수입의 확충, (v) 법정 외 지방세의 설치방안, (vi) 지방교부세의 상향 조정 등 여러 가지 방안이 강구될 수 있다. 그러나 대부분의 세원이 대도시에 편중된 상황하에서 농어촌 등 세원 자체가 빈약한 지방의 재정을 확충하고 자치단체간 재정의 형평성을 제고하기 위한 가장 현실적이고 적절한 해결방안은 지방재정조정제도의 합리적인 개편이라 하겠다. 이 가운데서도 용도나 기능, 자치단체의 자율성 보장면에서 중추적 역할을 하는 지방교부세의 개편방안이 중요하다. 따라서 주민들에게 부담을 가중시키지 않고 실질적인 세수증대를 가져오는 국가재정의 대폭적인 지방이전, 즉 지방교부세의 상향 조정이 가장 바람직하다. ④ 국세의 지방세이전도 지방자치단체 전체의 자주재원규모의 실질적인 증대를 가져올 수 있으나 반면에 세원의 지역간 편재로 인하여 대도시와 농어촌간의 재정력의 불균형을 심화시킬 우려가 있다. <답 ①>

80. 우리나라 현행 지방재정조정제도에 관한 설명으로 옳은 것은?

<2001 지시 기술직>

① 지방교부세는 보통교부세와 특별교부세의 두 가지 종류가 있다.
② 국고보조금은 지방자치단체의 재정자율성 강화를 위한 제도이다.
③ 지방양여금은 주세, 토지초과이득세, 전화세, 농어촌특별세를 그 재원으로 한다.
④ 최근 지방교부세의 재원은 국세 총액의 13.27%에서 15%로 상향조정되었다.
⑤ 지방양여금의 대상사업과 사업별 배분비율은 대통령령으로 정한다.

해설

④ 내국세 총액의 19.24%이다. 국세는 내국세 · 관세 · 목적세 등으로 이루어진다. ⑤ 지방양여금법에 규정되어 있다. <답 ①>

81. 우리나라의 지방재정조정제도에서 재원의 배분주체가 다른 하나는?

<2008 국가직 9급>

① 보통교부세 ② 분권교부세
③ 특별교부세 ④ 조정교부금

해설

보통교부세, 특별교부세, 분권교부세, 부동산교부세 등은 지방교부세의 종류로서 중앙정부가 지방정부의 대하여 교부해주는 교부세 재원이지만 조정교부금과 재정보전금은 광역자

치단체가 기초자치단체에 대해서 교부하는 조정재원이다. <답 ④>

82. 지방재정조정제도에 대한 설명으로 가장 타당한 것은? <2007 중앙인사위 9급>

① 지방교부세는 보통교부세와 특별교부세의 두 가지로 구성되어 있다.

② 특별교부세는 보통교부세의 기능을 보완하는 것으로 보통교부세를 교부받지 못하는 지방자치단체는 특별교부세를 교부받을 수 없다.

③ 국고보조금은 지방재정의 자율성을 약화시키지만 지방정부간 재정력 격차를 현저하게 완화시키는 기능을 한다.

④ 지방교부세 총액은 법률에 의해 정해지지만 국고보조금의 규모는 중앙정부의 재정여건, 예산정책 등을 고려하여 중앙정부에서 결정한다.

해설

④ 지방교부세 총액(내국세 총액의 19.24%)은 법률(지방교부세법)에 의하여 정해지지만 국고보조금의 규모는 중앙정부의 재정여건, 예산정책 등을 고려하여 중앙정부에서 결정하며, 소관부처의 예산에서 교부된다. ①의 경우 지방교부세는 보통교부세, 특별교부세, 분권교부세, 부동산교부세 4가지가 있으며 ②의 경우 재정력지수가 1보다 높아 재정이 건전한 자치단체는 보통교부세를 교부받지 못할 수 있으나 특별교부세는 교부받을 수 있다. 보통교부세와 특별교부세는 별개이다. ③의 경우 국고보조금은 조건부 대응 지원금이므로 통제가 수반되어 지방재정의 자율성을 약화시킨다. 지방정부간에 재정력 격차를 완화시키는 것은 국고보조금이 아니라 지방교부세이다. <답 ④>

83. 지방재정조정제도에 대한 설명으로 잘못된 것은 ?

① 국고보조금은 중앙정부의 계획에 따라 지방비 부담을 수반하는 경우가 많다.

② 지방자치단체간의 재정불균형을 조정하기 위한 것이다.

③ 지방교부세는 지방자치단체의 일반적 재원으로 활용된다.

④ 국고보조금은 지역간, 자치단체간의 재정적 격차를 완화하기 위해 도입된 제도이다.

해설

지역간, 자치단체간의 재정적 격차를 완화하기 위해 도입된 제도는 지방교부세제도이다. 지방교부세는 내국세의 일정비율(19.24%)을, 국고보조금은 보조금의 예산 및 관리에 관한 법에 의하여 중앙정부의 일반회계와 특별회계에서 지방정부에 보조하는 재원이다. <답 ④>

84. 지방재정조정제도에 대한 설명 중 올바른 것은?

① 지방양여금은 국가의 일반회계 또는 특별회계예산을 그 재원으로 한다.

② 지방교부세는 1회계연도에 징수되는 지방세총액의 15%로 법정되어 있다.

③ 국고보조금은 전국 공통 또는 지역특성에 따른 특정사업수요에 충당된다.

④ 지방교부세는 재정부족액을 기준으로 포괄적으로 교부된다.
⑤ 국고보조금은 포괄적으로 용도가 지정된다.

해설

지방교부세는 용도의 제한이 없는 보통교부세와 특정한 사정으로 발생한 재정수요에 충당하거나 재정수입의 감소를 보충해주는 특별교부세로 나누어지는데, 일반적으로 지방교부세라 하면 보통교부세를 일컫는다. <답 ④>

≪지방양여금, 지방교부세 및 국고보조금간의 비교≫

구 분	지방양여금 (2005년 폐지됨)	지방교부세	국고보조금
근 거	지방양여금법	지방교부세법	보조금의예산및관리에 관한법률
재 원	국세 중 특정세목(주세, 교통세, 농어촌특별세) 수입의 전부 또는 일부 (특별회계)	전전년도 교부세 정산액과 지방양여금을 제외한 내국세총액의 15%(일반회계)	국가의 일반회계 또는 특별회계예산
용 도	지역투자사업경비 충당	자치단체의 기본행정 수요경비 충당	국가시책 및 목적사업 경비 충당
배정방식	자치단체별 기준통계 및 해당사업계획(법정기준)	재정부족액(법정기준)	국가시책 및 계획과 정책적 고려
기 능	균형적 지역개발	재정의 형평화	자원배분기능
비도제한	포괄적 용도지정	제한 없음	엄격 (사업별 용도지정)
지방비부담	없음(정액보조)	없음(정액보조)	있음(대부분 정률보조)
성 격	특정재원, 의존재원	일반재원, 공유적 독립재원	특정재원, 의존재원
재량정도	다소 있음	많음	거의 없음
예산편성	법령이 정하는 재원을 예산에 계상 (예산편성상의 재량여지 없음)	법령이 정하는 재원을 예산에 계상 (예산편성상의 재량여지 없음)	회계연도별로 국회의 심의과정을 거쳐 예산으로 확정 (예산편성상의 재량여지 있음)

85. 우리나라 지방재정조정제도에 관한 설명으로 올바른 것은 ?

① 조정교부금은 국가가 특별시 · 광역시 관할구역 안의 자치구 상호간 재원을 보충 · 조정하기 위하여 교부하는 것이다.
② 현재 재정자립도를 산정할 때 지방교부세는 지방자치단체의 자주재원에 속한다.
③ 국고보조금은 지방자치단체의 특정 경비를 보전하기 위하여 국세의 일정

비율을 교부한다.

④ 보통교부세는 매년도 기준재정수입액과 기준재정수요액을 기초로 산정되며, 재정초과액이 발생한 지방자치단체는 지급대상에서 제외된다.

해설

① 조정교부금(의존재원) - 특별시장 및 광역시장은 시세수입액 중의 일정액을 확보하여 조례가 정하는 바에 의하여 당해 지방자치단체의 관할구역 안의 자치구 상호간의 재원을 조정하여야 한다. 자치구 상호간의 조정재원은 당해 시세 중 취득세와 등록세로 하며, 자치구 상호간의 재원조정 방법을 정하는 조례에는 조정교부금의 교부율·산정방법 및 교부시기 등이 포함되어야 한다. ② 지방교부세는 의존재원이며, ③ 지방교부세는 내국세의 일정비율(19.24%)을, 국고보조금은 보조금의 예산 및 관리에 관한 법에 의하여 중앙정부의 일반회계와 특별회계에서 지방정부에 보조하는 재원이다. <답 ④>

86. 다음에서 지방교부세의 종류에 대한 설명으로 맞지 않는 것은 ?

① 보통교부세는 재정이 풍족한 지방자치단체에는 교부하지 않는다.

② 특별교부세는 연중 수시로 교부할 수 있고, 그 교부에 있어서 조건을 붙이거나 비도를 제한 할 수 있으며, 보통교부세를 받지 못한 단체도 특별교부세는 받을 수 있다.

③ 분권교부세는 내국세 총액의 0.94%를 법정재원으로 하고 있고, 매 연도의 기준재정수입액이 기준재정수요에 미달되는 자치단체를 대상으로 그 미달액을 기초로 하여 교부하는 재원을 말하며, 연 4기로 나누어 교부된다.

④ 부동산교부세의 교부기준은 부동산세제 개편에 따른 지방자치단체의 세수감소분을 기준으로 산정하되 재정여건, 지방세 운영상황 등을 감안하여 대통령령으로 정한다.

해설

③은 보통교부세를 설명하고 있다. 보통교부세는 지방자치단체가 기본적인 행정수준의 유지를 위해 일반재원으로 사용할 수 있도록 매 연도의 기준재정수입액이 기준재정수요에 미달되는 자치단체를 대상으로 그 미달액(재정부족액)을 기초로 하여 교부하는 재원을 말하며, 연 4기로 나누어 교부된다. 다만 자치구에 대해서는 특별시 또는 광역시에 합산하여 산정하고, 이를 해당 특별시 또는 광역시에 일괄적으로 교부한다. <답 ③>

87. 다음 중 지방자치단체가 자주재원으로 부담하여야 할 경비를 국가가 정책상 필요하다고 인정하였다거나 또는 지방자치단체의 재정형편상 재정지원을 목적으로 교부하는 것은?

① 협의의 보조금 ② 교부금 ③ 양여세
④ 부담금 ⑤ 대여금

✍ 해설

국고보조금이란 지방자치단체가 지출하는 특정경비에 대하여 국가가 지급하는 일체의 지출금을 말한다. 국고보조금은 성질별로 (i) 교부금: 원래 국가가 직접 수행해야 할 일을 지방자치단체에 위임하여 수행하는 경우 국가가 그 경비를 전부 교부하는 것(병사교부금, 민방위교부금, 선거사무교부금 등), (ii) 부담금: 자치단체가 행하는 특정한 일이 국가적으로 이해관계가 있으므로 국가와 자치단체가 일정비율에 따라 경비를 나누어 부담하는 것(전염병예방보조금, 재해복구사업보조금, 생활보호비보조금 등), (iii) 협의의 보조금: 원래 자치단체가 스스로 경비를 지급해야 하나 국가가 시책을 장려하기 위해 또는 자치단체의 재정지원을 목적으로 그 경비의 전부 또는 일부를 교부하는 것(지하철 건설, 농수산물도매시장 건립, 농공지구조성, 경지정리 등)으로 구분할 수 있다. <답 ①>

88. 국고보조금제도에 관한 설명으로 잘못된 것은?

① 국가위임사무에 대한 처리비용은 국가가 부담한다는 취지이다.
② 국고보조금은 일방적인 급부금으로서 무상재원이다.
③ 국고보조금은 지방자치단체의 주요한 자주재원이다.
④ 국고보조금은 중앙정부의 자의에 의하여 지급 여부가 결정된다.
⑤ 지방재정의 능력을 보충하기 위하여 국가가 지급하는 것이다.

✍ 해설

국고보조금은 그 사용목적이 개별적 사무에 한정되어 있는 특정재원이자 국가로부터 교부되는 의존재원이다. 따라서 비도의 제한이 없는 지방세, 지방교부세 등의 일반재원과 다르며, 사용료 · 수수료 등 자치단체가 스스로 징수하는 자주재원과도 구별된다. 한편 '보조금의예산및관리에관한법률'은 (i) 신청주의, (ii) 지방비부담경비의 사전협의, (iii) 차등보조율의 적용, (iv) 영세보조금의 통합, (v) 보조금심의위원회의 설치(기획예산처), (vi) 지방비부담의무 등을 규정하고 있다. <답 ③>

89. 국고보조금의 종류에 해당하지 않는 것은?

① 교부금 ② 장려적 보조금 ③ 지방재정 보조금
④ 부담금 ⑤ 특별교부세

✍ 해설

국고보조금은 법적 또는 경비의 성질을 기준으로 부담금, 교부금, 협의의 보조금으로 구분할 수 있으며, 이 중 협의의 보조금은 다시 장려적 보조금과 지방재정보조금으로 나누어진다. <답 ⑤>

≪국고보조금의 종류 및 내용≫

구 분	내 용	사무구분	보 조 율
분 담 금	국가와 지방의 상호 이해관계	단체위임사무	일부 또는 전부
교 부 금	국가사무의 지방위임	기관위임사무	전 부
협의의 보조금	국가시책 또는 지방재정상 필요	자치사무	필요 상당액

90. 국고보조금의 특성이 아닌 것은? <2007 대구 7급>

① 보조의 불예측성과 통제 등으로 인하여 재정의 안정성과 자율성이 약하다.
② 용도가 정해져 있는 특정재원이다.
③ 매년 경상적으로 수입되는 경상재원이다.
④ 재산매각대금, 기부금, 이월금 등이 예외적으로 국고보조금에 속한다.

해설

재산매각대금, 기부금, 이월금 등은 국고보조금 재원이 아니라 세외수입에 해당된다. 국고보조금은 중앙정부가 특정 사업의 수행과 관련하여 자치단체에 교부하는 자금으로서 특정재원이다. <답 ④>

91. 다음은 한국의 지방재정조정제도에 관한 기술이다. 사실과 관계가 가장 먼 것은? <2001 입법>

① 국고보조금은 지방자치단체의 특정경비를 보전하기 위하여 국세의 일정비율을 교부한다.
② 지방양여금은 국세 중 특정세목의 일부 또는 전부를 지방자치단체에 양여하여 특정사업 수요에 충당하도록 하는 것이다.
③ 지방교부세는 지방자치단체의 일반적 재원으로 활용된다.
④ 조정교부금은 대부분이 일반적 목적으로 사용된다.
⑤ 지방교부세는 내국세의 일정비율로 결정된다.

해설

국고보조금은 중앙정부(기획재정부)가 특정 사업의 수행과 관련하여 용도를 지정하여 자치단체에 교부하는 자금으로서 중앙정부와 지방정부간 수직적 불균형을 조정해주는 제도이다. <답 ①>

92. 지방재정조정제도에 관한 설명으로 옳지 않은 것은?

<2000 행시 일부 수정>

① 우리나라에서 독일식 역교부금제도와 유사한 것으로 징수교부금을 들 수 있다.
② 우리나라의 지방재정조정계도에는 지방교부세, 국고보조금 등이 있다.
③ 현재 재정자립도를 산정할 때 지방교부세는 지방자치단체의 자주재원에 속한다.
④ 지방교부세는 용도가 정해져 있지 않다는 점에서 국고보조금과 다르다.

해설

지방교부세는 의존재원으로서 재정자립도를 낮추는 역할을 한다. 역교부금제도란 독일 주정부간 재정력의 격차를 시정하기 위하여 부유한 자치단체가 징수한 세금의 초과분을 재정형편이 취약한 자치단체에 교부하는 제도로서 수평적 불평등을 시정하는 조정제도이다. <답 ③>

93. 우리나라의 현행 국고보조금제도의 문제점이라고 볼 수 없는 것은?

① 보조금의 빈번한 내시변경 ② 보조금에 따른 지방비 부담의 과중
③ 차등보조율의 미활성화 ④ 재정부담상의 기준 결여
⑤ 보조금 배정시의 지나친 융통성

해설

우리나라의 경우 국고보조금지급시 대부분 정률보조형식을 취하므로 비융통성이 문제로 지적되고 있다. 현행 국고보조금제도의 문제점으로는 (i) 재정부담상의 기준결여, (ii) 보조금액의 영세성, (iii) 과중한 지방비부담, (iv) 빈번한 보조금의 내시변경, (v) 보조금의 적시공급 결여, (vi) 보조금의 세분화에 따른 재정자금의 비효율적 이용, (vii) 보조금지급조건의 획일적 결정 등을 들 수 있다. <답 ⑤>

94. 우리나라의 국고보조금제도의 특징으로 옳은 것은? <2002 지시>

① 보조금의 사용 용도가 비교적 폭넓게 정해진다.
② 대부분의 경우 정액보조금 형태로 주어진다.
③ 지방자치단체의 사업우선순위를 왜곡시키는 경우가 많다.
④ 지방의 부담비율이 지나치게 낮아 실질적으로 교부금과의 구분이 모호하다.
⑤ 자치단체의 특성에 따라 보조비율의 차등적용이 활성화되어 있다.

해설

① 국고보조금은 특정재원으로 국가가 특정한 사무나 사업의 실시를 지방자치단체에 의무를 지우면서 일정한 기준을 제시하여 당해 사무나 사업집행에 소요되는 경비에 충당할 것을 조건으로 하여 교부한다. ② 국고보조금의 대부분이 정률보조금으로 적용되고 있는데, 그 보조비율은 국가의 재정사정이나 지방비 부담능력, 주민의 요구정도, 당해사무에 대한 국가의 관심도 또는 장려의지 정도 등을 감안하여 개별법령에 규정되는 경우도 있으나 대부분이 「보조금의 예산 및 관리에 관한 법률」에서 정하고 있다. <답 ③>

95. 국고보조금 이용상의 특색이라고 할 수 없는 것은?

① 단가의 적정성 ② 교부의 지연
③ 과다한 다기성(多岐性) ④ 늦은 결정
⑤ 지출의 우선순위 결정의 어려움

해설

보조금의 단가가 대부분 적정치 못하다. <답 ①>

96. 포괄적 국가보조사업에 해당하지 않는 것은? <2007 부산 7급>

① 사무 성격상 명백한 국가사무사업
② 지역 주민의 의사 반영이 필요한 사업
③ 지방 이양시 축소가 예상되는 사업
④ 모든 지방정부에 공통된 사업

✍ 해설

①은 원칙적으로 해당 중앙부처의 특정 보조금으로 운영된다. <답 ①>

97. 현행 지방교부세제도에 관한 설명으로 볼 수 없는 것은?

① 특별교부세는 국가정책상 부득이한 지방재정수요가 있는 경우에 국가가 별도로 책정한다.
② 특별교부세의 교부에 대해서는 조건을 붙이거나 비도를 제한할 수 있다.
③ 보통교부세의 비도에 대해서는 제한을 두지 않는다.
④ 보통교부세는 빈약한 지방자치단체의 일반재정의 보전을 위한 재원이다.
⑤ 보통교부세는 매년 1월 1일 현재를 기준으로 산정하며 제4기로 나누어 교부한다.

✍ 해설

지방교부세는 지방재정의 부족분을 보충하고 자치단체간 재정력의 격차를 해소·완화하기 위한 것이다. 여기에는 일반재정의 보전을 위한 보통교부세와 특별한 재정수요에 충당하는 특별교부세 및 국가정책상 부득이한 지방재정수요가 있는 경우 법정교부율 외에 국가가 별도로 책정한 증액교부금이 있다. <답 ①>

98. 행정안전부령을 개정하여 자치단체 보조율 적용기준으로 2008년부터 도입된 재정자주도에 포함되지 않는 것은?

① 세외수입 ② 지방교부세
③ 재정보전금 ④ 국고보조금

✍ 해설

재정조정제도 중 국고보조금은 용도가 정해진 자금으로서 제외시킨다.
재정자주도= 지방세+세외수입+지방교부세+재정보전금+조정교부금//일반회계예산*100
(→행정안전부령). <답 ④>

99. 지방교부세의 종류 중 특정재원이며, 행정안전부장관의 판단과 재량이 많이 개입되고 정치적 관계나 각종 로비가 크게 작용하는 교부세는?

① 보통교부세 ② 특별교부세
③ 분권교부세 ④ 부동산교부세

✍ 해설

보통교부세의 획일적인 산정 방법으로 포착할 수 없는 특별한 재정수요를 반영하여 교부하는 특정재원이다. 연중 수시로 교부할 수 있고, 그 교부에 있어서 조건을 붙이거나 비도를 제한할 수 있으며, 보통교부세를 받지 못한 단체도 특별교부세는 받을 수 있다. 이러한 특별교부세에서는 행정안전부장관의 판단과 재량이 많이 개입되며, 정치적 관계나 각종 로비가 크게 작용한다. <답 ②>

100. 지방교부세제도에 규정되어 있는 '기준재정수요액' 대비 '기준재정수입액'의 비율로 측정되는 것은? <2011 서울 7급>

① 재정자립도 ② 재정자주도 ③ 재정력지수
④ 자치재정력 ⑤ 지방재정도

해설

③ 재정력지수에 해당하는 개념이다. <답 ③>

≪주요 지방재정지표≫

<table>
<tr><td>재정규모
(재정력)</td><td>자주재원+의존재원+
지방채</td><td>지방재정자립도 등을 반영하지 못한다.</td></tr>
<tr><td>재정자립도</td><td>(지방세+세외수입) /
일반회계 총세입</td><td>자립도가 높다하여 재정이 건전하다 할 수 없다(재정규모, 세출의 질, 실질적 재정상태, 정부지원규모내역 알 수 없기 때문)</td></tr>
<tr><td>재정력 지수</td><td>기준재정수입액 /
기준재정수요액</td><td>지수가 클수록 재정력이 좋다.</td></tr>
</table>

101. 지방교부세제도에 관한 설명 중 옳지 않은 것은? <2009 국가 9급>

① 지방자치단체간 재정수입의 불균형을 완화하기 위한 제도이다.
② 특별교부세는 행정 · 재정운영 실적이 우수할 경우 지급될 수 있다.
③ 분권교부세는 특정목적의 재원으로 운영된다.
④ 보통교부세는 일반재원의 성격을 갖는다.

해설

분권교부세(내국세 총액의 0.94%)는 2005년부터 지방교부세에 신설된 제도로서, 국고보조사업을 이양받은 자치단체에 대하여 교부하는 금전으로서 일반재원으로 사용된다. <답 ③>

<table>
<tr><td rowspan="7">의
존
재
원</td><td rowspan="4">지방교부세
(일반재원)</td><td>보통교부세</td><td colspan="2">(기준재정수요액-기준재정수입액) × 조정률</td></tr>
<tr><td>특별교부세</td><td colspan="2">특별한 재정수요(특정재원)</td></tr>
<tr><td>분권교부세</td><td colspan="2">국고보조사업 이양</td></tr>
<tr><td>부동산 교부세</td><td colspan="2">부동산세제 개편에 따른 보전</td></tr>
<tr><td rowspan="3">국고보조금
(특정재원)</td><td>장려적 보조금</td><td>자치사무</td><td>지방이해관계</td></tr>
<tr><td>부담금</td><td>단체위임사무</td><td>공동이해관계</td></tr>
<tr><td>교부금</td><td>기관위임사무</td><td>국가이해관계</td></tr>
</table>

102. 우리나라의 지방재정에 관한 다음 설명 중 옳지 않은 것은? <2006 중앙인사위 9급>

① 지방세는 자산과세 위주의 세원구성으로 신장성이 미약하다.

② 지방세의 경우 국세에 비하여 응능성보다는 응익성의 원칙이 더 중시된다.
③ 재정자립도는 지방자치단체의 재정규모와 세출구조를 반영하지 못하고 있다.
④ 분권교부세는 국고보조사업의 지방이양을 위해 국가가 교부하는 특정재원이다.

해설

분권교부세는 국고보조사업을 이양 받은 자치단체에 대하여 지방이양사업과 관련된 인구수 등의 통계자료, 종전의 국고보조금 지원수준 등을 감안하여 교부하는 금전으로서 특별교부세와 같이 특정사업을 위하여 교부하는 특정재원이 아니다. ① 지방세는 재산세 등 자산과세 위주이므로 신장성이 높은 소비과세와 소득과세가 취약하여 경제성장이나 소득증가에 따른 세수의 탄력적인 증가가 곤란하다. ② 지방세는 사용료, 수수료, 부담금 등 응익주의가 지배적이다. ③ 재정자립도는 자치단체의 재정규모를 고려하지 못하고 경상수지비율 등 세출구조를 고려하지 못 한다. 재정자립도가 동일하더라도 투자비를 지출하는 자치단체와 정상비를 충당하는 데 급급한 자치단체가 있음. <답 ①>

103. 지방교부세에 대한 설명으로 옳은 것은? <2010 지방수탁 9급>

① 지방교부세의 재원은 내국세 총액은 19.24%이다.
② 지방교부세는 모두 일반재원의 성격을 가지고 있다.
③ 보통교부세를 교부받지 못하는 지방자치단체는 분권교부세를 교부받을 수 없다.
④ 국고보조사업을 이양 받지 않은 지방자치단체는 분권교부세를 교부받을 수 없다.

해설

지방교부세의 재원은 해당 연도의 내국세(목적세 및 종합부동산세와 다른 법률에 따라 특별회계의 재원으로 사용되는 세목의 해당 금액은 제외) 총액의 1만분의 1,924에 해당하는 금액과 「종합부동산세법」에 따른 종합부동산세 총액 등으로 한다. 지방교부세가 모두 일반재원의 성격을 가지고 있는 것은 아니며, 특별교부세는 특정재원의 성격을 가진다. 분권교부세는 국고보조사업을 이양받은 자치단체에 대하여 교부한다. 따라서 보통교부세를 교부받지 못하는 지방자치단체도 분권교부세를 교부받을 수 있나. ④ 분권교부세는 국고보조사업을 이양 받은 자치단체에 대하여 교부한다. 따라서 국고보조사업을 이양 받지 않은 지방자치단체는 분권교부세를 교부받을 수 없다. <답 ④>

104. 지방교부세에 대한 설명 중 틀리는 것은 ?

① 보통교부세는 내국세 총액의 18.3% 중 100분의 96의 재원으로 하며, 재정이 풍족한 지방자치단체에는 교부하지 않는다.
② 분권교부세는 내국세 총액의 0.94%의 재원으로 한다.
③ 부동산교부세의 교부 기준은 지방자치단체의 재정여건, 지방세 운영 상황

등을 고려하여 대통령령으로 정하며, 기초자치단체에 전액 배분한다.

④ 특별교부세는 지방이양사업과 관련된 인구 수 등의 통계자료, 종전의 국고보조금 지원 수준 등을 감안하여 대통령령으로 정하는 바에 따라 산정한다.

✍ **해설** ···

특별교부세는 내국세 총액의 18.3% 중 100분의 4의 재원으로 하며, 보통교부세의 획일적인 산정방법으로 포착할 수 없는 특별한 재정수요를 반영하여 교부하는 특정재원이다. 이러한 특별교부세에서는 행정안전부장관의 판단과 재량이 많이 개입되며, 정치적 관계나 각종 로비가 크게 작용한다. ④는 분권교부세에 대한 설명으로 분권교부세는 2014년 12월 31일까지 연장함. <답 ④>

105. 2009년 현재 보통교부세의 산정에 필요하지 않은 것은? <2009 국회 8급>

① 부동산 교부세액 ② 기준재정수요액
③ 기준재정수입액 ④ 관계 내국세 총액 ⑤ 조정률

✍ **해설** ···

부동산교부세의 재원은「종합부동산세법」에 의한 종합부동산세 총액을 지방자치단체에 전액 교부하기 때문에 내국세를 기준으로 하는 보통교부세의 산정에는 관련이 없다. 지방교부세는 내국세 총액(관계 내국세 총액)의 19.24%로 이 중 보통교부세의 교부재원은 총 교부재원의 96/100을 점하며, 보통교부세는 각급 자치단체의 기준재정소요액에서 각급 자치단체의 기준재정수입액을 차감한 금액을 기준으로 비율별로 각급 자치단체에 배정된다. 보통교부세는 매년도의 기준재정수입액이 기준재정수요액에 미달하는 자치단체에 대하여 그 미달액을 기초로 하여 교부한다. <답 ①>

106. 지방교부세에 대한 다음 설명으로 틀린 것은? <2007 전남 9급>

① 분권교부세는 지방자치단체로 국가의 사무를 이양할 때 교부한다.
② 보통교부세는 지방재정수요액과 지방재정수입액의 차이를 교부한다.
③ 특별교부세는 특수한 사정으로 발생한 재정수요 충당을 위하여 교부한다.
④ 부동산교부세는 수입이 낮은 지방자치단체에 교부한다.

✍ **해설** ···

④ 부동산교부세는 종합부동산세를 재원으로 하여 전액 자치단체에 교부하는 금전으로서 교부기준은 종합부동산세 신설에 따른 자치단체의 재원감소분을 기초로 하여 재정여건, 지방세, 운영상황, 부동산 보유세 규모 등을 감안하여 지급된다. 따라서 수입이 낮은 자치단체에 교부하는 것이 아니다. <답 ④>

107. 다음 설명 중 지방교부세의 내용과 관련이 있는 것은? <2007 경북 9급>

① 국가의 사무를 지방자치단체에 위임하고 중앙정부가 그 경비를 지급하는 것이다.
② 지방자치단체간의 재정 불균형 해소 및 조정을 위한 것이다.

③ 재정자금의 효율적 배분을 위한 것이다.
④ 지방교부세는 중앙정부의 조건과 통제가 따른다.

✍ 해설

②, ④ 지방교부세는 자치단체간 재정격차를 해소하기 위하여 국가가 내국세의 일정비율을 각 자치단체에게 교부하는 자금으로서 용도가 지정되지 않은 일반재원이므로 용도가 지정된 국고보조금과는 달리 중앙정부의 조건과 통제가 따르지 않는다. ①은 국고보조금 중 교부금에 해당되는 내용이며, ③ 지방교부세는 자원의 효율적 배분이 아니라 재정의 형평화를 기능으로 한다. <답 ②>

108. 지방자치단체간의 재정형평을 위한 재정지원 목적의 교부금은?

<2002 경찰간부>

① 지방교부세 ② 국고보조금
③ 역교부금 ④ 재정보전금

✍ 해설

지방교부세가 자치단체간 재정형평을 위한 수평적 불균형 조정제도이다. 한편 역교부금은 일종의 공동세제로서 부유한 자치단체의 여유자원을 빈곤한 자치단체에 재배분하는 것이 주요 목적이다. 독일의 역교부세제도와 캐나다 · 호주의 균형화 교부금제도도 같은 내용이며 우리나라는 아직 도입하지 않았다. 국고보조금과 재정보전금은 각각 국가-자치단체, 상급자치단체-하급자치단체간의 수직적 불균형 조정제도이다. <답 ①>

109. 지방교부세제도에 관한 설명 중 타당하지 않은 것은?

① 국고보조금에 비하여 중앙의 감독을 덜 받는다.
② 지방자치단체간의 재정수입의 불균형을 완화하기 위한 제도이다.
③ 매년의 기준재정수입액이 기준재정수요액에 미달될 경우에 지급한다.
④ 특정경비를 위해서만 지출할 수 있다.
⑤ 지방교부세의 재원은 내국세의 일정비율에 해당하는 금액으로 법정되어 있다.

✍ 해설

지방교부세는 지방자치단체 상호간의 재정적 불균형을 조정하기 위하여 교부되는 것으로서 여기에는 용도의 지정이 없는 보통교부세(일반재원)와 용도를 지정하는 특별교부세(특정재원)가 있다. 일반적으로 지방교부세라고 할 때에는 보통교부세를 지칭한다. <답 ④>

110. 지방교부세에 관한 다음의 기술 중 적합하지 않은 것은?

① 지방재정의 조정 ② 보통교부세의 용도 제한
③ 특별교부세의 조건부 교부 ④ 지방재정의 자립성 존중
⑤ 지방행정의 계획적 운영

✍ 해설

지방교부세는 지방재정의 부족을 해결하고 지방간의 격차를 조정하기 위한 것으로 지방재정의 자주성을 존중하며, 지방행정의 계획적인 운영을 기한다. 따라서 보통교부세의 교부

에 대해서는 조건을 붙이지 않고 용도에 대해서도 제한을 두지 않음으로써 일반재원화하고 있다. <답 ②>

111. 지방교부세에 대한 설명 중 옳은 것은? <2001 국가 7급>

① 지방자치단체간의 재정불균형을 조정하기 위한 것이다.
② 국가의 사무를 지방자치단체에 위임하고 그 경비를 보조하는 것이다.
③ 지방자치단체의 재정지원을 위해서 만들어진 목적세이다.
④ 지방자치단체의 재정자립도를 높이기 위해서 만든 지방세이다.

해설

지방교부세는 지방자치단체간의 재정적 불균형을 시정하고 전국적인 최저생활수준을 확보하기 위하여 지방자치단체의 재정수요에 필요한 부족재원을 보전할 목적으로 국가가 지방자치단체(지방자치단체조합 포함)에 교부하는 재원이다. <답 ①>

112. 지방교부세에 관한 다음 기술 중 틀린 것은?

① 보통교부세와 특별교부세 및 증액교부금으로 나누어져 있다.
② 우리나라는 이제까지 자치단체의 재정수요 중 부족액을 거의 전액 보조해 왔다.
③ 기준재정수입액은 당해 자치단체의 표준세율에 의한 보통세 수입액의 80%에 보정수입액을 더하여 산정한다.
④ 기준재정수요액은 각 측정단위의 수치에 보정을 가한 후 당해 단위비용을 곱하여 얻은 금액의 합산액에 보정수요액을 더하여 산정한다.
⑤ 국가가 재정적 결함이 생긴 지방자치단체에 교부하는 재정보조이다.

해설

지방교부세는 보통교부세와 특별교부세 및 증액교부금으로 구분되며 오늘날 내국세 총액의 15%로 책정되어 있다. ② 보통교부세의 경우 재정부족액에 조정률(보통교부세 총액÷재정부족액 총액)을 곱하여 산정하고 있는데, 교부세 총액에 비해 지방의 재정부족액 총액이 많아 사실상 지방자치단체 재정수요의 부족을 완전히 보조하고 있지 못하다. <답 ②>

≪연도별 재정부족액 및 법정교부세 현황≫ (단위: 백만원)

구 분	재정부족액	법정보통교부세	충당률(%)
1990	2,334,047	1,908,500	81.7
1991	2,903,380	2,688,500	92.5
1992	4,197,959	3,533,726	84.2
1993	4,862,178	4,011,896	82.5
1994	4,967,262	4,295,062	86.5
1995	5,692,248	4,985,661	87.6
1996	6,563,788	5,797,940	88.3
1997	7,405,499	6,142,666	82.9
1998	7,787,825	6,353,842	81.6

113. 기초자치단체간의 재정형평화를 위한 광역자치단체의 재정조정제도에 대한 설명으로 옳지 않은 것은?

① 조정교부금은 특별시 · 광역시가 관할구역 안의 자치구 상호간의 재정불균형을 해소하기 위해 교부하는 것이다.

② 재정보전금은 광역시 및 도가 관할구역 안의 시 · 군의 재원을 보전하려는 것이다.

③ 조정교부금은 특별시세 · 광역시세 중 일정세목을 재원으로 하는 데 반해 재정보전금은 시 · 군에서 징수하는 광역시세 · 도세의 47%를 재원으로 한다.

④ 조정교부금의 교부율은 특별시 · 광역시의 조례로써 정한다.

⑤ 재정보전금에는 일반재정보전금, 시책추진보전금 및 특별재정보전금이 있다.

해설

① 자치구 재원조정교부금은 특별시 · 광역시장에게 자치구 상호간의 재정조정책임을 부여하면서 도입된 제도로서 자치구 상호간 재정불균형을 해소하고(재정력의 형평화) 자치구의 일정한 행정수준을 확보하기(재원보장) 위해 시세 중 일정세목을 재원으로 하여 교부되는 것이다. 대부분 보통교부금(90%)의 성격으로 운영되지만 특별한 재정수요가 발생하는 경우 조례가 정하는 바에 따라 특별교부금(10%)으로 교부된다. ②③ 재정보전금은 광역시장 · 도지사가 시 · 군에서 징수하는 광역시세 · 도세(공동시설세 제외)의 27%(인구 50만 이상의 시와 자치구가 아닌 구가 설치되어 있는 시의 경우에는 47%)를 재정보전재원으로 확보하여 인구, 징수실적, 당해 시 · 군의 재정사정 기타 대통령령이 정하는 기준에 따라 당해 광역시 · 도의 관할구역 안의 시 · 군에 배분하는 것이다. ⑤ 시 · 군의 행정운영에 필요한 재원을 보전하기 위한 일반재정보전금(재정보전금총액의 90/100)과 시 · 군의 지역개발사업 등 시책추진을 지원하기 위한 시책추진보전금(재정보전금총액의 10/100) 및 보통교부세가 교부되지 않는 시 · 군에 대하여 그 재정적 결함을 보전하기 위한 특별재정보전금(경기도: 일반재정보전금의 25/100, 그 외 광역시 · 도: 행정안전부장관이 정하는 범위 안에서 시 · 도 조례가 정하는 비율)이 있다. <답 ③>

114. 우리나라의 지방재정조정제도에서 재원의 배분주체가 다른 하나는?

<2008 국가 9급>

① 보통교부세 ② 분권교부세

③ 특별교부세 ④ 조정교부금

해설

④ 조정교부금은 상급자치단체(특별시와 광역시)가 자치구에게 교부하는 금전인 반면, ①, ②, ③은 지방교부세의 종류로서 국가가 자치단체에게 교부하는 금전이다. <답 ④>

115. 우리나라 지방재정조정제도에 대한 설명 중 옳지 않은 것은?

<2001 행시·외시·지시>

① 조정교부금은 국가가 특별시 · 광역시 관할구역 안의 자치구 상호간 재원을 보충 · 조정하기 위하여 교부하는 것이다.

② 지방양여금은 국가가 특정 세수(稅收)의 전부 또는 일부를 지방자치단체에 양여하여 지방재원의 확충과 불균형의 시정을 도모한다.
③ 국고보조금은 지방자치단체의 업무수행에 소요되는 경비 일부 또는 전부를 충당하기 위하여 특정 용도를 지정하여 교부된다.
④ 보통교부세는 매년도 기준재정수입액과 기준재정수요액을 기초로 산정되며, 재정초과액이 발생한 지방자치단체는 지급대상에서 제외된다.
⑤ 특별교부세는 연중 수시로, 조건을 붙이거나 용도를 제한하여 교부될 수 있다.

해설

조정교부금은 특별시장이나 광역시장이 시세(市稅) 수입 중의 일정액을 확보하여 조례로 정하는 바에 따라 해당 지방자치단체의 관할 구역 안의 자치구 상호 간의 재원을 조정(지방자치법 제173조)해야 하는 제도로 조정교부금의 운영권한은 특별시 · 광역시에 있고, 자율성과 신축성이 보장되어 있다. <답 ①>

116. 우리나라의 지방재정조정제도에 대한 설명 중 옳지 않은 것은 모두 몇 개인가?

ㄱ. 보통교부세는 매년도 기준재정수입액과 기준재정수요액을 기초로 산정되며, 재정초과액이 발생한 지방자치단체는 지급대상에서 제외된다.
ㄴ. 특별교부세는 연중 수시로 조건을 붙이거나 용도를 제한하여 교부될 수 있다.
ㄷ. 분권교부세는 국고보조사업의 이양을 위해 국가가 교부하는 특정재원이다.
ㄹ. 지방교부세는 지방자치단체간의 재정적 불균형을 시정하고 전국적인 최저생활 수준을 확보하기 위해 국가가 지방자치단체에게 교부하는 재원이다.
ㅁ. 지방교부세는 국가가 내국세의 19.24%를 지방자치단체에 교부해주는 제도이다.
ㅂ. 국고보조금은 비도가 정해져 있지 않는 일반재원으로서, 사용목적이 개별적 사무에 한정되어 있다.

① 2개 ② 3개 ③ 4개 ④ 5개

해설

정부는 2005년부터 지방교부세에 분권교부세를 신설하고 국고보조사업을 이양 받은 자치단체에 대하여 교부하고 있다. 분권교부세는 지방이양사업과 관련된 인구 수 등의 통계자료, 종전의 국고보조금 지원수준 등을 감안하여 대통령령이 정하는 바에 따라 산정한다. 지방교부세 중 보통교부세와 분권교부세는 일반재원이고, 특별교부세는 특정재원이다. 국고보조금은 비도가 정해져 있는 특정재원으로서, 사용목적이 개별적 사무에 한정되어 있다. 국고보조금은 국가로부터 교부되는 의존재원이며, 중앙정부의 통제의 정도가 가장 높다. 국고보조금의 종류로는 부담금, 교부금, 협의의 보조금이 있다. 지방교부세는 지방자치단체간의 재정적 불균형을 시정하고 전국적인 최저생활 수준을 확보하기 위하여 지방자치단체의 재정수요에 필요한 부족재원을 보전할 목적으로 국가가 지방자치단체에 교부하는 재원이다. 지방교부세의 종류로는 보통교부세(분권교부세액을 제외한 교부세 총액의 100분의 96), 특별교부세(분권교부세액을 제외한 교부세 총액의 100분의 4), 분권교부세(내국세 총액의 0.94%), 부동산교부세(종합부동산세 총액+종합부동산세 예산액과 결산액의 차액 정산액)가 있다. <답 ①>

117. 지방자치단체의 재정에 관한 다음의 설명 중 가장 타당한 것은?

① 지방자치단체는 국가시책의 구현을 위하여 노력하여야 하는바, 이를 위해 소요되는 경비는 전액국가의 부담으로 하여야 한다.

② 지방자치단체의 회계는 일반회계와 특별회계로 구분하며, 특별회계는 지방자치단체의 조례로 설치되는 것을 말한다.

③ 계속비와 명시이월비 및 사고이월비는 회계연도독립의 원칙에 대한 예외라고 할 수 있다.

④ 지방자치단체장이 채무부담행위를 한 경우에는 다음 연도 지방의회의 의결을 얻어야 한다.

⑤ 자치단체장은 공익을 위해 필요할 경우 지방의회의 의결 없이 보증채무부담행위를 할 수 있다.

해설

우리나라는 회계연도독립의 원칙에 대한 예외로서 계속비와 명시이월비 및 사고이월비 등을 인정하고 있다. ① 국가시책의 구현을 위하여 소요되는 지방자치단체의 경비는 전액국고부담이 아니라 국고보조 외에 지방비로도 부담하게 되어 있으며, 이러한 국고보조율과 지방비부담률은 법령으로 정하도록 하고 있다(지방자치법 제123조 제2항). ② 종래의 지방자치법에서는 지방자치단체의 특별회계를 조례로써만 설치할 수 있도록 하였으나 현행법에서는 법률로써도 설치할 수 있도록 하였다(동법 제126조 제2항). ④ 채무부담행위란 경비수요에 대하여 익년도에 걸쳐 채무부담의 원인이 되는 계약을 체결하는 것을 말한다. 따라서 지방자치단체의 장이 세입·세출 외의 부담이 될 채무부담의 원인이 되는 행위를 하고자 할 때에는 미리 지방의회의 의결을 얻어야 한다(지방자치법 제124조 제2항). ⑤ 자치단체장은 공익을 위하여 필요하다고 인정하는 경우에는 미리 지방의회의 의결을 얻어 보증채무부담행위를 할 수 있다(지방자치법 제124조 제3항). 보증채무부담행위란 익년도 이후의 경비지출이 반드시 예정되어 있지 않은 채무를 부담하는 행위이지만 언젠가는 재정상의 구속을 가하는 행위이므로 지방의회의 의결을 요건으로 하고 있다. <답 ③>

118. 중앙정부, 광역자치단체, 기초자치단체의 경우 집행부가 의회에 예산안을 제출해야 하는 기한으로 바르게 나열된 것은? <2007 광주 7급>

① 60일 - 20일 - 20일　② 70일 - 45일 - 20일

③ 90일 - 40일 - 30일　④ 90일 - 50일 - 40일

✍ **해설** ………………………………………

중앙정부는 회계연도 개시 90일 전, 광역과 기초자치단체는 각각 50일 전과 40일 전까지 제출해야 한다. <답 ④>

119. 지방자치단체장이 예산안을 편성하여 지방의회에 제출해야 하는 시기는?

① 시 · 도는 회계연도 개시 50일 전까지, 시 · 군 및 자치구는 회계연도 개시 40일 전까지이다.
② 시 · 도는 회계연도 개시 40일 전까지, 시 · 군 및 자치구는 회계연도 개시 30일 전까지이다.
③ 시 · 도는 회계연도 개시 50일 전까지, 시 · 군 및 자치구는 회계연도 개시 45일 전까지이다.
④ 시 · 도는 회계연도 개시 40일 전까지, 시 · 군 및 자치구는 회계연도 개시 35일 전까지이다.
⑤ 시 · 도, 시 · 군 및 자치구 모두 회계연도 개시 50일 전까지이다.

✍ **해설** ………………………………………

지방자치단체의 장은 회계연도마다 예산안을 편성하여 시 · 도는 회계연도개시 50일 전까지, 시 · 군 및 자치구는 회계연도개시 40일 전까지 지방의회에 제출하여야 한다(지방자치법 제127조 제1항). <답 ①>

120. 지방자치단체의 장이 이미 성립한 예산에 변경을 가할 필요가 있을 때 새로 예산안을 편성하여 제출하는 예산제도는?

① 본예산 ② 수정예산 ③ 준예산
④ 추가경정예산 ⑤ 특별회계예산

✍ **해설** ………………………………………

지방자치단체의 장은 예산성립 후에 생긴 사유로 인하여 이미 성립한 예산에 추가 또는 변경을 가할 필요가 있을 때 새로 추가경정한 예산안을 편성하여 제출할 수 있다. 이러한 추가경정예산의 편성제출시기 및 편성횟수에는 제한이 없다. 한편 수정예산은 지방자치단체의 장이 예산안을 제출한 후 부득이한 사유로 인하여 그 내용의 일부를 수정하고자 할 때 예산이 의결되기 이전에 예산안을 수정하여 지방의회에 다시 제출하는 예산을 말한다. <답 ④>

121. 지방자치단체에 대한 예산안편성기본지침을 작성·시달하는 자는?

① 지방자치단체의 장 ② 지방의회의 의장 ③ 행정안전부장관
④ 국무총리 ⑤ 재정경제부장관

✍ **해설** ………………………………………

국가의 예산안편성지침은 매 회계연도마다 재정경제부장관이 작성 · 시달하지만 지방자치

단체의 예산안편성지침은 행정안전부장관이 작성 · 시달한다. <답 ③>

122. 세출예산 중 경비의 성질상 당해 연도 내에 그 지출을 끝내지 못할 것이 예상되는 경우 이를 다음 연도에 넘겨서 사용하는 제도는?

① 예비비 ② 예산이월 ③ 예산전용
④ 예산이체 ⑤ 예산이용

✍ **해설**

예산은 원칙적으로 회계연도독립의 원칙에 따라 다음 연도로 이월될 수 없다. 그러나 사업중단으로 인한 정부활동의 지장초래, 연도 내의 무리한 예산집행에 따른 예산낭비발생 등의 사태를 방지하고 예산운영에 신축성을 부여하기 위하여 회계연도독립의 원칙에 대한 예외로서 예산이월이 인정되고 있다. 이러한 예산이월은 최소한의 범위 내에서 인정되며, 그 종류로는 명시이월, 사고이월, 계속비이월이 있다. <답 ②>

123. 지방예산의 형식적 내용에 포함되지 않는 것은?

① 예산총칙 ② 계속비 ③ 예비비
④ 채무부담행위 ⑤ 사고이월비

✍ **해설**

지방자치단체의 예산이란 지방자치단체가 1회계연도 내에 그 목표와 사업계획을 성취하기 위한 자원의 효과적인 활용에 관한 계획이다. 이러한 지방정부예산은 예산총칙, 세입 · 세출예산, 계속비, 채무부담행위, 명시이월비로 구성되어 있다. 예산총칙에는 세입 · 세출에 관한 총괄적 규정과 지방채, 일시차입금의 한도액, 기타 예산집행에 관하여 필요한 사항을 정하도록 하고 있다. <답 ⑤>

124. 명시이월에 대한 설명 중 틀린 것은?

① 지방의회의 사전의결을 반드시 거쳐야 한다.
② 본예산에 의해서만 가능하다.
③ 반드시 그 취지를 세입 · 세출예산에 명시하여야 한다.
④ 명시이월예산도 사고이월의 요건충족시 사고이월이 가능하다.
⑤ 명시이월은 당해 연도 내에 경비지출을 끝내지 못할 것이 미리 예상되어야 한다.

✍ **해설**

명시이월은 세출예산 중 경비의 성질상 당해 연도 내에 그 지출을 끝내지 못할 것이 예상될 때 그 취지를 세입 · 세출예산에 명시하여 미리 지방의회의 의결을 얻은 금액을 다음 연도에 이월하여 사용하는 것이다. 따라서 명시이월은 예산집행과정에서 계획변경 등 당해 연도 내의 지출완료가 불가능함을 사전에 미리 예측할 수 있는 사안에 대하여 적용되며, 본예산 또는 추가경정예산에 의해서도 가능하다. 명시이월된 예산은 불가피한 사유로 인하여 지출을 끝내지 못한 경우에는 사고이월이 가능하여 집행할 수 있으나 사고이월은 재사고이월이 불가능하다. <답 ②>

125. 윌다브스키(A. Wildavsky)가 부(Wealth)와 재정의 예측성(predictability)을 기준으로 분류한 예산과정형태 중에서, 경제력은 낮으나 재원의 예측 가능성이 높은 경우로서 미국의 지방정부에서 많이 발견되는 형태는?
<2011 국가 7급>

① 점증예산(incrementalism)
② 대체점증예산(alternating incrementalism)
③ 반복예산(repetitive budgeting)
④ 세입예산(revenue budgeting)

해설

미국 등 선진국의 지방정부에서 흔한 세입예산 또는 양입제출적 예산(revenue budgeting)에 해당된다.
<답 ④>

≪윌다브스키의 예산결정의 행태 구분≫

		국가의 경제력	
		클 경우	작을 경우
재정의 예측가능성	높을 때	(1) 점증적 예산결정 (incremental budgeting)	(2) 양입제출적 예산결정 (revenue budgeting)
	낮을 때	(3) 추가적 예산결정 (supplemental budgeting)	(4) 반복적 예산결정 (repetitive budgeting)

126. 지방자치단체의 예산과 결산에 관한 다음 기술 중 잘못된 것은?

① 시 · 도지사는 회계연도마다 예산안을 편성하여 회계연도 개시 50일 전까지 지방의회에 제출하여야 하고, 시 · 도의회에서는 회계연도 개시 15일 전까지 이를 의결하여야 한다.
② 예산안의 편성 · 제출은 지방자치단체의 장의 권한에 속하는 것으로서 지방의회는 지방자치단체의 장의 동의 없이 지출예산 각 항의 금액을 증액하거나 새로운 비목을 설치할 수 없다.
③ 추가경정예산안이란 예산이 확정된 후에 그 예산의 변경을 가할 필요가 있을 때 편성 · 제출하는 것이며, 수정예산안이란 예산안이 아직 의결되기 전에 그 내용의 일부를 수정하기 위한 것이다.
④ 예측할 수 없는 예산 외의 지출 또는 예산초과지출에 충당하기 위하여 세입 · 세출예산에 예비비를 계상하여야 하는바, 일단 예산에 계상된 예비비의 지출에 관하여는 따로 지방의회의 승인을 얻을 필요가 없다.
⑤ 지방자치단체의 장은 회계연도마다 작성한 세입 · 세출결산서에 검사위원의 검사의견서를 첨부하여 다음 회계연도 6월 말일까지 지방의회에 제출하여야 한다.

✍ 해설

④ 예비비가 비록 예산의 일부로서 지방의회의 의결을 얻은 것이라 할지라도 그 구체적인 용도가 미확정된 상태에 있었던 것이므로 그것을 지출한 경우에는 다음 연도 지방의회의 승인을 얻어야 한다(지방자치법 제129조). <답 ④>

127. 기금은 어떤 예산의 원칙의 예외가 되는가?

① 한정성의 원칙 ② 통일성의 원칙 ③ 명세성의 원칙
④ 엄밀성의 원칙 ⑤ 공개성의 원칙

✍ 해설

기금은 특별회계와 마찬가지로 세입·세출이 밀접하게 연계되기에 특정한 세입으로 특정한 지출이 이루어진다. 그러므로 통일성의 원칙의 예외가 된다. <답 ②>

128. 지방자치단체의 복권발행을 설명하는 내용으로 옳지 않은 것은?

<2001 지시 기술직>

① 지방자치단체가 수행하는 공익사업과 지역개발기금의 재원충당을 목적으로 한다.
② 지방자치단체장은 복권의 종류, 발행금액, 발행조건을 정하여 지방의회에 제출한다.
③ 복권발행을 위해서는 지방의회의 의결을 거쳐 행정안전부장관의 승인을 얻어야 한다.
④ 복권의 발행 및 운영은 사행행위규제및처벌특례법에 의해 규제를 받는다.
⑤ 소멸시효가 완성된 당첨금은 당해 지방자치단체에 귀속한다.

✍ 해설

지방자치단체는 문화·예술·복지향상 기타 공익을 목적으로 하는 사업과 지역개발을 위한 기금의 재원에 충당하기 위하여 복권을 발행할 수 있다. 이 경우 당해 자치단체장은 그 종류, 발행금액, 발행조건을 정하여 지방의회의 의결을 거쳐 행정안전부장관의 승인을 얻어야 한다(지방재정법 제88조, 2011.8.4개정). 복권의 당첨금의 소멸시효는 지급일부터 3월이며, 소멸시효가 완성된 당첨금은 당해 자치단체에 귀속한다(동조 제2항). ④ 복권의 발행에 관하여는 사행행위등규제및처벌특례법의 적용을 배제한다(동조 제3항). <답 ④>

129. 현행법상 지방자치단체의 목권 발행복적으로 명시되어 있지 않은 것은?

<2003년 지시>

① 문화사업 ② 예술사업 ③ 환경보존사업
④ 복지향상사업 ⑤ 지역개발기금 재원충당

✍ 해설

지자체의 복권발행 목적으로 문화, 예술, 복지 사업 및 지역개발 기금 재원 충당 등은 해당하나 환경보존 사업은 해당하지 않는다. <답 ③>

130. 우리나라 지방자치단체에서 인정되지 않는 것은?

① 수정예산 ② 잠정예산 ③ 준예산
④ 당초예산 ⑤ 추가경정예산

해설

우리나라는 지방자치단체의 예산으로서 본예산(당초예산), 수정예산, 추가경정예산, 준예산만을 인정하고 있으며 잠정예산, 가예산제도는 인정하지 않고 있다. <답 ②>

131. 사고이월 및 계속비이월에 대한 설명으로 부적합한 것은?

① 회계연도독립의 원칙에 대한 예외로서 인정되는 제도이다.
② 계속비이월에서는 각 연도의 집행잔액이 불용액으로 처리되지 않고 익년도 예산의 연할액에 가산된다.
③ 사고이월은 세출예산에 경비의 금액이 계상되어 있어야 하고, 예산심의시에 예산이월이 예상되지 않아야 한다.
④ 계속비이월도 예산이 책정되어 있어야 하지만 계속비예산은 사고이월이 될 수는 없다.
⑤ 사고이월은 지출원인행위가 이루어졌으나 불가피한 사고가 전제되어야 한다.

해설

사고이월은 세출예산 중 당해 연도 내에 지출원인행위를 하고 불가피한 사유로 인하여 연도 내에 지출하지 못한 경비와 지출원인행위를 하지 아니한 그 부대경비의 금액을 다음 연도에 이월하여 사용하는 것이다. 따라서 사고이월은 반드시 지출원인행위가 있어야 하며 그후에 불가피한 사유로 연도 내에 지출을 하지 못하였을 때에 허용된다. 한편 경비의 총액과 연할액(年割額)을 정하여 수년도에 걸쳐 지출할 수 있는 계속비의 이월은 연도별 소요경비의 금액 중 당해 연도 내에 지출하지 못한 금액은 당해 계속사업의 완성 연도까지 차례차례로 이월하여 사용하는 것이다. 따라서 당해 연도 내에 지출하지 못한 계속비 잔액은 결산시에 불용액으로 처리되지 않고 다음 연도의 연할액에 가산되며, 사고이월의 요건이 충족될 경우 최종년도에 가서 사고이월도 가능하다. <답 ④>

132. 지방의회에서 예산안을 의결해야 하는 시기는?

① 시 · 도의회에서는 회계연도 개시 20일 전까지, 시 · 군 및 자치구의회에서는 회계연도 개시 15일 전까지이다.
② 시 · 도의회에서는 회계연도 개시 15일 전까지, 시 · 군 및 자치구의회에서는 회계연도 개시 10일 전까지이다.
③ 시 · 도의회에서는 회계연도 개시 25일 전까지, 시 · 군 및 자치구의회에서는 회계연도 개시 20일 전까지이다.
④ 시 · 도의회에서는 회계연도 개시 20일 전까지, 시 · 군 및 자치구의회에서는 회계연도 개시 10일 전까지이다.

⑤ 시 · 도의회에서는 회계연도 개시 25일 전까지, 시 · 군 및 자치구의회에서는 회계연도 개시 15일 전까지이다.

해설

지방자치단체의 장이 제출한 예산안은 시 · 도의회에서는 회계연도 개시 15일 전까지, 시 · 군 및 자치구의회에서는 회계연도 개시 10일 전까지 이를 의결하여야 한다(지방자치법 제127조 제2항). <답 ②>

133. 현행 지방자치법의 내용 중 예산 및 결산에 관한 서술이 옳지 않은 것은? <2001 지시>

① 지방자치단체의 회계연도는 매년 1월 1일에 시작하여 그해 12월 31일에 종료한다.

② 지방자치단체장은 회계연도마다 예산안을 편성하여 시 · 도는 회계연도개시 50일 전까지, 시 · 군 및 자치구는 회계연도개시 40일 전까지 지방의회에 제출하여야 한다.

③ 시 · 도의회에서는 회계연도개시 20일 전까지, 시 · 군 및 자치구의회에서는 회계연도개시 10일 전까지 예산안을 의결하여야 한다.

④ 지방의회는 지방자치단체장의 동의 없이 지출예산 각 항의 금액을 증가하거나 새 비목을 설치할 수 없다.

⑤ 지방자치단체장은 출납폐쇄 후 80일 이내에 결산서 및 증빙서류를 작성하고 지방의회가 선임한 검사위원의 검사의견서를 첨부하여 다음 연도 지방의회의 승인을 얻어야 한다.

해설

시 · 도의회에서는 회계연도 개시 15일 전(12월 16일)까지, 시 · 군 및 자치구의회에서는 10일 전(12월 21일)까지 예산안을 의결하여야 한다(지방자치법 제127조 2항). <답 ③>

134. 지방의회의 의장이 예산안이 의결된 때, 이를 지방자치단체의 장에게 이송해야 하는 기간은?

① 15일 이내 ② 10일 이내 ③ 7일 이내
④ 5일 이내 ⑤ 3일 이내

해설

지방의회의 의장은 예산안이 의결된 때에는 3일 이내에 이를 당해 지방자치단체의 장에게 이송하여야 한다. 지방자치단체장이 예산의 이송을 받은 때에는 지체없이 시 · 도에서는 행정안전부장관에게, 시 · 군 및 자치구에서는 시 · 도지사에게 각각 보고하고, 그 내용을 고시하여야 한다. 다만, 재의요구를 할 때에는 그러하지 아니하다(지방자치법 제133조 제2항, 개정 2008.2.29). <답 ⑤>

135. 지방재정력의 증대방안이다. 부합하지 않는 것은?

① 행정사무를 재검토하여 민간이양을 한다.
② 기능의 합리적 배분에 의해 권한 · 책임 · 의무의 부담을 명확하게 한다.
③ 수익자부담방법의 확대와 지역경제력을 배양해야 한다.
④ 지방재정조정제도의 활용과 자체 경상비의 절약을 도모한다.
⑤ 세외수입의 재원을 점차적으로 감소시켜야 한다.

해설

①②③ 등은 지방재정력의 증대를 위한 근본적인 방안이고, 그 외에도 부분별 방안으로서 자주재원(지방세와 세외수입)의 확대, 지방재정조정제도(지방교부세와 국고보조금)의 개선 등도 하나의 방안이다.
<답 ⑤>

136. 우리나라 지방자치의 실태에 대한 사항을 설명하였다. 틀린 것은?

① 지방재정조정제도에서 가장 큰 몫을 차지하는 것은 국고보조금이다.
② 지방자치법상 채택하고 있는 권한배분방식은 예시적 열거주의이다.
③ 지방의원의 신분은 무보수 명예직이며 자료수집 · 연구를 위한 보조활동비를 지급한다.
④ 교육 · 학예에 관련된 지방교육재정은 광역자치단체마다 교육비특별회계로 일원화되어 있다.

해설

국고보조금의 비중이 증가하는 데 반해 지방교부세의 비중은 점차 줄어들고 있지만 여전히 지방재정조정제도 중에서 가장 큰 몫을 차지하고 있는 수입은 지방교부세수입이다.
<답 ①>

137. 지방자치단체가 간접 경영하는 지방공기업의 경영형태 중에서 민간부문의 자본참여가 불가능한 것은? <2002 지시>

① 재단법인 ② 지방공사 ③ 지방공단
④ 주식회사 ⑤ 민 · 관 공동출자사업

해설

지방공단은 자치단체가 특정 업무를 위탁시킬 목적으로 전액 출자한 법인으로서 민간의 출자가 허용되지 않으며 시설관리 등의 사업에 활동되고 있다. <답 ③>

138. 지방공기업에 대한 설명으로 옳지 않은 것은? <2002 지시 기술직>

① 지방공사는 일종의 회사인 반면, 지방공단은 일종의 공공업무대행기관이다.
② 지방공단은 민관합작으로 설립할 수 없다.
③ 지방공단의 경영비용은 지방자치단체의 수탁금으로 충당한다.
④ 지방공단은 독자적으로 단독사업을 수행할 수 있다.

⑤ 지방직영기업은 사업소 형태로서 법인격이 없다.

✍ 해설

지방공단은 독자적으로 단독사업을 수행할 수 없다. <답 ④>

139. 정책평가 수행을 위해 설립된 기구와 법적 근거가 바르지 않게 연결된 것은? <2012 국가 9급>

① 복권위원회 — 복권 및 복권기금법
② 공기업 · 준정부기관 경영평가단 — 공공기관의 운영에 관한 법률
③ 보조사업평가단 — 지방공기업법
④ 지방자치단체합동평가위원회 — 정부업무평가 기본법

✍ 해설

③ 보조사업평가단의 설치운영은 보조금 관리에 관한 법률에 규정되어 있다. 지방공기업법이 아니다. <답 ③>

≪보조금관리에 관한 법률≫

제15조(보조사업의 운용 평가) ① 기획재정부장관은 「국가재정법」 제8조의 재정사업 자율평가 대상사업 중 보조사업에 대하여 실효성 및 지원 필요성 등을 평가하고, 그 존속 여부를 결정하여야 한다. ② 기획재정부장관은 제1항에 따른 보조사업을 평가하고 존속 여부를 결정하기 위하여 보조사업평가단을 구성 · 운영할 수 있다.

140. 지방공기업의 형태에 대한 설명이다. 잘못 기술한 것은?

① 지방직접경영형태인 지방직영기업은 1992년 처음으로 도입된 명칭으로 지방자치단체가 직접 경영하는 사업이다.
② 법인의 형태로 설립 · 경영되는 지방공사는 다른 지방자치단체와는 공동으로 설립할 수 있으나 민간의 출자는 허용되지 않는다.
③ 지방공단의 경우는 지방자치단체 외의 자의 출자가 허용되지 않는 일종의 공공업무대행기관이다.
④ 지방공사 · 공단 외의 출자 · 출연법인은 지방자치단체가 자본금 또는 재산의 1/2 미만을 출자 · 출연하고 민간기업과 상법에 의한 주식회사 또는 민법에 의한 재단법인을 설립하는 경우를 말한다.
⑤ 민간위탁경영은 지방자치단체가 보유하는 주식이나 지분의 매각 없이 공기업의 경영권만 민간에 위탁하는 경우를 말한다.

✍ 해설

(i) 직접경영방식(지방직영기업): 지방공기업 중에서 가장 오랜 역사를 지니고 있는 것으로 기업을 경영하는 지방자치단체가 자신의 직원(공무원)에 의해 지방공기업에 관한 사무를 처리하는 것을 의미한다. 우리나라 지방공기업법에서는 이를 지방직영기업이라 부르고 있

는데, 상수도, 하수도, 공영개발 등은 지방직영기업으로 경영되는 대표적인 사업이며, 이들 사업은 지방자치단체의 조직(예를 들어 사업본부, 사업단, 사업소, 국·과 등)에 의해 직접 운영된다. (ii) 간접경영방식: 지방자치단체가 공법상 또는 사법상의 법인을 설립하여 이를 통해 간접적으로 기업활동을 행하는 방식이다. 이러한 간접경영방식은 출자비율에 따라 그 경영형태가 다른데, 지방자치단체가 전액 출자한 지방공사·지방공단, 지방자치단체가 50% 이상 출자한 지방공사, 지방자치단체가 50% 미만을 출자한 지방공사·공단외의 출자·출연법인(상법상의 주식회사 및 민법상의 재단법인 형태)으로 구분된다. 특히 지방공사와 지방공단은 경영상의 공통성을 지니고 있으나 그 성격은 상이하다. 즉 지방공사는 다분히 민간부문의 성격이 강한 사업영역을 공공성 확보 차원에서 지방자치단체가 간접경영하는 일종의 회사로서 도시개발·의료원·지하철·농수산물유통 등 다양한 분야에서 설립되고 있다. 그러나 지방공단은 전문성과 기술성 확보를 이유로 설립하여 지방자치단체의 고유업무를 전담 대행하게 하는 일종의 공공업무대행기관으로서 독자적인 사업을 수행할 수 없으며 주차장·체육시설 등 주로 시설관리 분야에서 설립되고 있다. <답 ②>

≪지방공기업의 경영형태≫

<table>
<tr><th colspan="2">경영형태</th><th>자치단체
출자비율</th><th colspan="2">비 고</th></tr>
<tr><td colspan="2">직방직영기업</td><td>100%</td><td colspan="2">정부조직 형태</td></tr>
<tr><td colspan="2">지 방 공 단</td><td>100%</td><td colspan="2">민간출자 불허</td></tr>
<tr><td rowspan="2">지방공사</td><td>전액출자형</td><td>100%</td><td colspan="2"></td></tr>
<tr><td>제3섹터형</td><td>50% 이상</td><td>광의의 제3섹터</td><td rowspan="2">민간출자 허용
(외국인 ·
외국법인 포함)</td></tr>
<tr><td colspan="2">지방공사 · 공단 외 출자 · 출연법인</td><td>50% 미만</td><td>협의의 제3섹터</td></tr>
</table>

141. 지방공기업에 대한 설명 중 맞지 않는 것은?

① 지방자치법은 지방공기업에 대한 규정을 두고 있다.
② 주민의 복리증진을 위한 비권력적 서비스를 제공한다.
③ 국가공기업이 발달되지 않은 나라는 지방공기업도 적다.
④ 지방자치제의 실시는 지방공기업의 증가를 촉진한다.
⑤ 지방공기업은 공공성과 경제성의 조화를 추구한다.

해설

지방공기업이란 일반적으로 지방공기업법의 적용을 받으며 지방자치단체가 직접 설치·경영하거나 법인을 설립하여 경영·관리하는 기업으로써 주민의 복리증진을 목적으로 한다. 따라서 이념적으로 국가공기업이 적은 나라에서도 지방공기업은 발달되어 왔다. <답 ③>

142. 지방공기업의 특성을 잘못 설명한 것은?

① 사기업과 달리 공익성의 원리가 강하게 작용한다.
② 공익성은 있으나 채산성이 없는 사업도 경영하며 그 손실은 자치단체의 일반재원으로 보전된다.

③ 지역성이 강하여 사업영역이 특정관할구역 안에 제한되는 것이 일반적이다.
④ 국가공기업보다 사업의 종류와 사업규모가 획일적이다.
⑤ 주민의 복지증진을 위한 공공서비스를 효율적으로 제공하기 위해 설치 된다.

✍ 해설

지방공기업은 지역적인 특수성으로 인하여 국가공기업보다 사업의 종류와 사업규모가 훨씬 다양하다. <답 ④>

143. 지방공기업의 설치가 필요한 사업이 아닌 것은?
① 주민의 복리향상을 위한 사업
② 자유경쟁이 가능한 사업
③ 사업의 채산성이 낮은 사업
④ 종합적으로 경영하는 것이 필요한 사업
⑤ 지역적 독점사업

✍ 해설

자유경쟁이 가능한 사업은 구태여 지방공기업으로 운영할 필요가 없다. 오히려 성질상 지역적으로 독점적일 수밖에 없는 공익사업은 사기업에 맡기게 되면 폐해가 극심할 우려가 있기에 공기업을 설치 · 운영하는 것이 바람직하다. <답 ②>

144. 지방공기업의 경영방식 중 직접경영방식을 잘못 설명하고 있는 것은?
① 지방공기업의 직접경영은 지방자치단체 본래의 기능에 포함된다.
② 지방공기업은 원칙적으로 직접경영방식을 기본으로 한다.
③ 직원은 공무원이 아니며 예산도 지방자치단체의 예산과 관련이 없다.
④ 우리나라의 경우 지방공기업에는 직접경영방식이 대부분이다.
⑤ 공공성과 저요금정책이 가능하지만 자주성의 결여로 능률적인 기업경영이 곤란하다.

✍ 해설

직접경영은 지방자치단체가 직접 기업을 경영하는 방식으로서 지방자치단체의 국이나 과 또는 사업소와 같은 행정기관이 경영하는 형태를 띤다. 직접경영의 경우 직원은 공무원이며 그 예산도 지방자치단체의 예산과 일체를 이룬다. <답 ③>

145. 지방공기업의 독립채산제의 내용과 거리가 먼 것은?
① 수지적합성
② 일반재정의 지원
③ 소요자본의 자기조달성
④ 기업경영의 자주성
⑤ 손익처분의 자주성

✍ 해설 ······································

독립채산제란 재정상의 독립을 확보하고 그 자주성을 최대한으로 발휘하기 위한 기본원리로서 지방공기업재정을 운영하는 지방자치단체의 일반회계로부터 재정적으로 독립하여 공기업의 경비에 대해서는 기업경영에 따르는 수입에 의하여 충당하는 것을 말한다. 이러한 독립채산제는 (i) 수지적합성, (ii) 소요자본의 자기조달성, (iii) 손익처분의 자주성을 그 내용으로 하고 있다. <답 ②>

146. 우리나라 지방공기업의 요금결정원칙과 관련이 없는 것은?

① 적정수익의 원칙 ② 서비스원가주의 ③ 경쟁가격의 원칙
④ 기업의 계속성 유지 ⑤ 지역간 요금수준의 형평화

✍ 해설 ······································

지방공기업법에 따르면 '지방자치단체는 지방공기업의 급부에 대하여 조례가 정하는 바에 따라 요금을 징수할 수 있는데, 당해 요금은 적정하여야 하고, 지역간 요금수준의 형평을 기하여야 하며, 이를 결정함에 있어서는 당해 지방공기업이 제공한 급부의 원가를 보상함과 아울러 기업으로서 계속성을 유지할 수 있도록 하여야 한다'고 규정하고 있다(제22조 제1항). 따라서 우리나라는 요금결정기준으로 (i) 적정수익의 원칙, (ii) 지역간 요금수준의 형평성, (iii) 서비스원가주의, (iv) 기업의 계속성 유지 등 네 가지를 들고 공공성과 경제성을 조화 · 균형시키고 있다. <답 ③>

147. 다음 중 우리나라 지방공기업의 당연적용사업에 해당하지 않는 것은?

① 지방도로사업 ② 상하수도사업 ③ 주택사업
④ 문화예술사업 ⑤ 토지개발사업

✍ 해설 ······································

당연적용사업이란 지방공기업법에서 규정하고 있는 의무적 적용대상사업으로서 상하수도, 궤도사업, 자동차운송, 지방도로 등 공공성이 강한 9개 사업을 말한다. 임의적용사업은 구체적인 대상사업을 열거하지 않고 대상사업의 유형, 규모 등에 관계 없이 경상경비의 5할 이상을 경상수입으로 충당할 수 있는 경우 지방자치단체의 자율적인 판단하에 조례에 의하여 지방공기업을 설치 · 운영할 수 있다. <답 ④>

≪지방공기업법 적용대상사업≫

당연적용사업	임의적용사업
(i) 수도사업(간이상수도사업 제외) (ii) 공업용수도사업 (iii) 궤도사업(도시철도사업 포함) (iv) 자동차운송사업 (v) 지방도로사업(유료도로사업에 한함) (vi) 하수도사업 (vii) 주택사업 (viii) 토지개발사업 (ix) 의료사업	(i) 민간인의 경영참여가 어려운 사업으로서 주민복리의 증진, 지역경제의 활성화 및 지역개발의 촉진에 직접 관련있는 사업과 (ii) 대통령령이 정하는 기준에 미달하는 당연적용사업 중 경상경비의 5할 이상을 경상수입으로 충당할 수 있는 사업

148. 지방공기업의 경영방식에 대한 설명 중 틀린 것은?

① 간접경영방식은 자주적 기업경영이 가능하다.
② 직접경영은 각 자치단체의 구역을 넘는 업무의 실시에 적합하다.
③ 간접경영방식은 서비스의 안정적 공급과 공공성의 확보가 곤란하다.
④ 위탁경영방식은 전문적 지식을 요하거나 숙련을 요하는 사업에 적합하다.
⑤ 직접경영은 채산성이 없는 경우에도 사업수행이 가능하다.

해설

직접경영방식은 각 지방자치단체의 관할구역을 넘는 업무의 실시가 곤란하며, 여러 관할구역에 걸친 광역적 공기업의 운영에는 간접경영방식이 적합하다. <답 ②>

≪지방공기업의 경영방식≫

구 분	장 점	단 점
직접경영방식	(i) 경영에의 주민의사반영 용이 (ii) 직접적 통제의 가능 (iii) 재원조달의 용이 (iv) 채산성 없는 사업의 수행가능 (v) 종합적 사업추진	(i) 경영의 자주성 · 신축성의 저해 (ii) 사업의 경제성 · 효율성의 저해 (iii) 경영기술의 축적곤란 (iv) 경영에 대한 책임의식 결여 (v) 광역적 사업수행의 곤란
간접경영방식	(i) 경영의 자주성 제고 (ii) 책임경영제의 확립 (iii) 합리적 · 효율적 운영 (iv) 광역적 공기업운영체제 확립	(i) 요금수준의 공공성확보 곤란 (ii) 책임성 상실의 우려 (iii) 채산성 없는 사업 곤란 (iv) 서비스공급이 불안정성
위탁경영방식	전문적 지식을 요하거나 숙련을 요하는 사업에 적합	공공성이 강한 사업에는 부적합
자본참여방식	재정력이 빈약한 자치단체도 공공사업이 가능	공공성 확보를 위한 사업인수시 재정수요감당의 곤란

149. 지방공기업에 관한 설명으로 옳은 것은? <2001 지시>

① 서비스 성격상 경합성이 강하여 지역 내 과다경쟁이 우려되는 경우 지방공기업을 설치 · 운영하는 것이 바람직하다.
② 우리나라의 경우 간접경영방식이 대부분이다.
③ 지방재정의 확충을 위하여 최대한의 이윤을 추구해야 한다.
④ 지방자치단체가 시행하는 간이상수도사업은 지방공기업법의 적용을 받지 않는다.
⑤ 지방공사와 공단은 지방자치단체가 50% 이상 출자하여야 한다.

해설

지방공기업법의 적용을 받는 사업으로서 직접경영사업과 지방공사 · 지방공단 등 간접경영사업을 포함하는데 협의의 개념으로 지방공기업법의 적용사업 중 직접경영방식인 지방직영기업만을 의미한다. 수도사업은 지방공기업의 적용범위지만 간이상수도사업은 제외된다.

지방공단은 자치단체가 특정 업무를 위탁시킬 목적으로 전액 출자한 법인으로서 민간의 출자가 허용되지 않는다. <답 ④>

150. 우리나라 지방공기업에 대한 '경영평가'에 관한 설명으로 가장 타당하지 않은 것은? <2006 서울 7급>

① 행정안전부장관은 지방공기업에 대한 경영평가를 실시하고 그 결과에 따라 필요한 조치를 강구하여야 한다.

② 행정안전부장관이 필요하다고 인정하는 경우에는 지방자치단체의 장으로 하여금 경영평가를 실시하게 할 수 있다.

③ 경영평가에는 지방공기업의 경영목표의 달성도, 업무의 능률성, 공익성 및 고객서비스 등에 관한 평가가 포함되어야 한다.

④ 지방공기업의 경영평가는 기업의 경제성과 효율성을 증대하도록 운영하여야 한다는 지방공기업의 경영원칙에 따라 실시되어야 한다.

⑤ 행정안전부 장관 또는 시 · 도지사는 지방공기업의 효율적인 경영을 위하여 필요한 지도 · 조언 또는 권고를 행할 수 있다.

해설 ··

지방공기업은 자치단체가 지역 주민의 복리증진을 목적으로 경영하는 기업을 말한다. 따라서 자치성 · 공공성 · 기업성을 특징으로 한다. 중앙정부의 공기업 총괄기관이 기획재정부라면, 지방공기업의 경우 주무부장관은 행정안전부가 된다. <답 ④>

151. 지방공기업의 '경영평가'에 관한 설명으로 잘못된 것은?

① 경영평가는 경제성과 효율성을 증대하도록 운영해야 한다. <2006 서울 7급>

② 지방공기업의 경영목표 달성, 업무 능률, 고객 서비스 등이 평가된다.

③ 행정안전부장관은 자치단체장으로 하여금 경영평가를 실시하게 할 수 있다.

④ 행정안전부장관은 평가 결과에 대한 조치를 강구해야 한다.

⑤ 행정안전부장관은 지방공기업에 대한 지도 · 조언 또는 권고를 행할 수 있다.

해설 ··

① 공기업은 항상 공익성과 경제성을 균형 있게 추구해야 한다. <답 ①>

152. 우리나라 지방공기업의 효율적인 책임경영을 확보하기 위해 실시하는 경영평가 및 경영진단에 대한 설명으로 옳은 것은?

① 지방공기업에 대한 경영평가는 관리자 또는 사장 · 이사장이 실시한다.

② 지방공사 · 지방공단에 대한 경영평가는 2년마다 실시한다.

③ 지방공기업에 대한 경영진단은 지방자치단체장이 실시한다.
④ 경영목표설정이 비합리적인 지방공기업에 대하여 경영진단을 실시할 수 있다.
⑤ 경영진단 결과 필요한 경우 자치단체장은 지방공기업의 임원의 해임 등 필요한 소지를 명할 수 있다.

해설

① 행정안전부장관은 지방공기업의 경영원칙에 따라 대통령령이 정하는 바에 의하여 지방공기업에 대한 경영평가를 실시하고, 그 결과에 따라 필요한 조치를 강구하여야 한다. 다만 행정안전부장관이 필요하다고 인정하는 경우에는 자치단체장으로 하여금 경영평가를 실시하게 할 수 있다. ② 지방공기업에 대한 경영평가는 매년 실시하여야 하지만 지방직영기업의 경영평가에 관하여는 행정안전부장관이 따로 정할 수 있다. ③ 지방공기업의 책임경영체제를 확립하기 위하여 부실 지방공기업에 대하여는 행정안전부장관이 대통령령이 정하는 바에 의하여 경영진단을 실시하고, 그 결과를 공개할 수 있도록 하고 있다. ④ 경영진단의 대상이 되는 공기업은 (i) 3사업연도 이상 계속하여 당기 순손실이 발생한 지방공기업, (ii) 특별한 사유 없이 전년도에 비하여 영업수입이 현저하게 감소한 지방공기업, (iii) 경영여건상 사업규모의 축소, 법인의 청산 또는 민영화 등 경영구조개편이 필요하다고 인정되는 지방공기업, (iv) 경영목표설정이 비합리적인 지방공기업, (v) 인력 및 조직관리가 비효율적인 지방공기업, (vi) 재무구조가 불건전한 지방공기업, (vii) 기타 행정안전부장관이 경영진단이 필요하다고 인정하는 지방공기업이다. ⑤ 경영진단 결과 필요하다고 인정되는 경우에는 행정안전부장관이 지방자치단체장, 공사의 사장 또는 공단의 이사장에게 당해 지방공기업의 임원해임, 조직개편 등 경영개선을 위하여 필요한 조치를 명할 수 있도록 하였다. <답 ④>

153. 우리나라에서 현재 시행되고 있는 예산제도에 대한 설명으로 옳은 것은? <2011 지방수탁 7급>

① 국가와 지방자치단체 모두에 대해 성과계획서 및 성과보고서의 작성을 의무화하고 있다.
② 국가에 대해 조세지출예산서, 지방자치단체에 대해 지방세 지출보고서의 작성을 의무화하고 있다.
③ 국가와 지방자치단체 모두에 대해 성인지 예산서 및 성인지 결산서의 작성을 의무화하고 있다.
④ 국가와 지방자치단체는 일반회계 예산총액의 100분의 1 이내의 금액을 예비비로 계상하여야 한다.

해설

현행 예산제도에 대해 묻고 있다. ① 성과계획서 및 성과보고서의 작성 의무화는 국가재정법에만 규정되어 있는 내용으로 국가에 대해서만 적용된다. 지방재정법에는 성과중심의 재정운용원칙만 규정되어 있다. ② 현재 조세지출예산서의 작성과 국회 제출이 의무화(국가재정법 제27조)되어 있고, 지방세지출보고서의 작성과 지방의회 제출이 의무화(지방세특례제한법 제5조)되어 있다. ③ 국가와 지방자치단체 모두에 대해 성인지 예산서 및 성인지

결산서의 작성을 의무화하고 있으나, 국가는 2010회계연도 예산안 및 결산부터 적용되고, 지방자치단체는 2013회계연도 예산안 및 결산부터 적용한다. 따라 지방자치단체에 대해서는 현재 시행되고 있지 않다. ④ 국가재정법에는 일반회계 예산총액의 100분의 1 이내의 금액을 예비비로 계상하여야 한다고 규정하는 반면, 지방재정법에는 상당하다고 인정되는 금액을 예비비로 계상하여야 한다고 규정하고 있다. <답 ②>

154. 우리나라에서 현재 시행되고 있는 재정제도는? <2011 지방수탁 7급>

① 국가예산의 편성과정에 국민의 참여를 허용하는 참여예산제도
② 지방예산의 편성시 세부내용을 미리 확정하기 곤란한 사업의 경우 총액규모만 반영하고 세부지출을 집행부서에 위임하는 총액계상예산제도
③ 국가재정지출에 있어서 낭비를 감시하고 그에 대한 책임을 추궁하는 납세자소송제도
④ 지방예산이 절약되거나 수입이 증대된 경우 그 일부를 기여자에게 보상으로 지급하는 예산성과금제도

해설

④ 예산성과금제도는 국가재정법과 지방재정법 모두에서 시행되고 있는 제도이다(국가재정법 제49조; 지방재정법 제48조). ① 지방재정법상 지방자치단체의 예산편성에 필수적인 주민참여가 규정되어 있지만, 국가재정법에서는 도입되어 있지 않다. ② 총액계상예산제도는 국가재정법에만 있고 지방재정법에는 규정되어 있지 않다. ③ 지방자치법상 주민소송제도를 납세자소송제도로 파악할 수 있으나, 국가재정지출에 대해서는 불가능하다. <답 ④>

155. 지방재정법에 들어 있는 것이 아닌 것은? <2009 울산 7급>

① 예산총칙 ② 세입 · 세출예산 ③ 계속비
④ 명시이월비 ⑤ 국고채무부담행위

해설

지방재정법 제39조에는 예산의 내용을 ① 예산총칙, ② 세입 · 세출예산, ③ 계속비, ④ 명시이월비, ⑤ 채무부담행위로 규정하고 있다. ⑤ '국고'는 중앙정부에 해당되는 것이다. 국고채무부담행위가 아니고 채무부담행위라야 맞다. <답 ⑤>

156. 예산집행과 관련하여 지방자치단체의 출납원의 역할은 무엇인가?

① 지출원인행위를 수행하는 자이다.
② 지출을 결정하고 지급을 명령하는 자이다.
③ 채권자에게 현금을 지급하는 자이다.
④ 경리관과 같은 개념이다.

해설

재무관(경리관): 지출원인행위를 하는 자, 지출관(지출원): 지출결정과 지급명령을 하는 자(계좌이체를 명하는 자), 출납원: 채권자에게 현금을 지급하는 자 <답 ③>

157. 중앙정부가 지방재정을 관리하기 위해 모든 자치단체에 적용하는 조치가 아닌 것은?

① 지방세지출예산제도 ② 지방재정투자심사 ③ 중기지방재정계획
④ 지방재정 건전화 계획 ⑤ 지방재정분석 · 진단제도

✍ **해설**

지방재정 건전화 계획은 행정안전부에서 실시하는 지방재정분석 · 진단을 통해 재정건전성이 우려되는 지방자치단체에 국한하여 수립하도록 요구하는 재정계획이다. <답 ④>

158. 우리나라 자치재정권에 대한 설명으로 옳지 않은 것은?

<2012 지방수탁 9급>

① 지방자치단체는 법률로 정하는 바에 따라 지방세를 부과 · 징수할 수 있다.
② 지방자치단체는 공공시설의 이용 또는 재산의 사용에 대하여 사용료를 징수할 수 있다.
③ 지방자치단체는 행정목적을 달성하기 위하여 특정한 자금을 운용하기 위한 기금을 설치할 경우 행정안전부장관의 승인을 얻어야 한다.
④ 지방자치단체의 장이나 지방자치단체조합은 따로 법률이 정하는 바에 따라 지방채를 발행할 수 있다.

✍ **해설**

지방자치단체는 행정목적을 달성하기 위하여 특정한 자금을 운용하기 위한 기금을 설치할 수 있으며, 기금의 설치 · 운용에 관하여 필요한 사항은 조례로 정한다(지방자치법 제144조). 자치단체의 기금 설치 · 운용에 관하여 필요한 사항은 행정안전부장관의 승인이 아니라, 조례로 정하므로 지방의회의 의결권에 속한다. <답 ③>

제10장

지방행정의 경영과 대응과제

제10장 지방행정의 경영과 대응과제

1. 새로운 공공서비스 공급방식으로 제시된 BTO(Build-Transfer-Operate)와 BTL(Build-Transfer-Lease)에 대한 설명으로 옳지 않은 것은?

<2012 국가 9급>

구분	BTO 방식	BTL 방식
ㄱ. 실제운영의 주체	민간	정부
ㄴ. 운영시 소유권	정부	민간
ㄷ. 투자비 회수방법	사용료	임대료
ㄹ. 소유권 이전시기	준공	준공

① ㄱ ② ㄴ ③ ㄷ ④ ㄹ

해설

② BTO(건설 · 운영 후 양도) 방식이나 BTL(건설 · 양도 후 임대) 방식 모두 준공 시점이 소유권이 정부로 이전된다는 점에서는 동일하다. 하지만, BTO 방식은 소유권 이전 이후 민간이 운영하는 것이고, BTL 방식은 정부가 운영주체가 된다는 점이 다르다. <답 ②>

2. <보기> 중 지방자치단체의 민간투자사업에 관한 설명으로 옳은 것을 모두 고르면? <2011 국회사무처 8급>

ㄱ. BTL방식에서는 사회간접자본시설의 준공과 동시에 당해시설의 소유권이 지방자치단체에 귀속되며, 사업시행자에게 일정 기간의 운영권을 인정한다.
ㄴ. BTO방식에서는 사회간접자본시설의 준공 후 민간의 운영이 종료되는 시점에 시설의 소유권이 지방자치단체에 귀속된다.
ㄷ. BTL방식에서는 최소운영수입보장제도가 적용되고 있다.
ㄹ. BTO방식은 최종수요자에게 사용료를 부과하기 쉬운 시설에 적합하다.
ㅁ. BTO방식에서는 일차적으로 민간이 수요 위험을 부담하게 된다.
ㅂ. 민간투자사업의 추진 방식은 소유권, 운영권을 민간부문과 공공부문 중에서 누가 보유할 것인가에 따라 구분된다.

① ㄱ, ㄷ, ㄹ ② ㄴ, ㄷ, ㅂ ③ ㄴ, ㄹ, ㅂ
④ ㄷ, ㅁ, ㅂ ⑤ ㄹ, ㅁ, ㅂ

해설

ㄱ. BTL방식에서는 사회간접자본시설의 준공과 동시에 당해시설의 소유권이 지방자치단체에 귀속되며, 사업시행자가 직접 운영하는 것이 아니라 정부가 시설을 임대받아 운영한다. 운영권을 인정하는 방식은 수익형 민간투자방식인 BTO이다. ㄴ. 사회간접자본시설의 준공 후 민간의 운영이 종료되는 시점에 시설의 소유권이 지방자치단체에 귀속되는 것은 BOT 방식이다. 방식의 소유권 이전시기는 운영종료시점이 아니라 준공시점에 이루어진다. ㄷ. BOT 또는 BTO 방식에서는 적자보전협약에 의하여 최소운영수익보장제도(MRG; Minimum Revenue Guarantee)가 적용되었으나, BTL 내지는 BLT방식에서는 임대료를 산정지급하므로 이러한 제도가 불필요하다. 우리의 경우도 대부분의 민자유치방식이 BTL방식으로 전환되면서 관련 근거법에서 최소운영수입보장제도(MRG)가 폐지되었다. <답 ⑤>

《민자유치방식(BOO · BTO · BTL · BOT · BOO · BLT) 비교》

<table>
<tr><td>구 분</td><td>BOO
(Build Own Operate
건설 · 소유 운영방식)</td><td>BOT
(Build Operate Transfer
건설 · 운영 후 양도방식)</td><td>BTO
(Build Transfer Operate
건설 · 양도 후 운영방식)</td><td>BLT
(Build Lease Transfer
건설 · 임대 후 양도방식)</td><td>BTL
(Build Transfer Lease
건설 · 양도후 임대방식)</td></tr>
<tr><td>개 념</td><td>민간사업자가 자금을 투자하여 사회인프라를 건설하여(Build) 소유권을 갖고(Own) 운영하며(Operate) 시설투자비 및 투자수익을 획득하는 방식</td><td>민간사업자가 자금을 투자하여 사회인프라를 건설(Build)하고 소유권(Own)을 취득 후 일정기간 관리운영(Operate)하여 시설투자비를 회수한 뒤 국가에 소유권을 이전(Transfer), 즉 기부채납하는 방식</td><td>민간사업자가 자금을 투자하여 사회인프라를 건설(Build) 후 소유권을 일단 이전(Transfer)하고 약정기간동안 최종이용자에게 사용료를 직접 부과해 운영(Operate)하여 투자비를 회수하는 방식</td><td>민간사업자가 사회인프라를 건설(Build) 후 일정 기간 주무관청에 임대(Lease)해주고 임대기간이 끝나면 소유권을 정부에 넘기는 방식</td><td>민간사업자가 자금을 투자해 사회인프라를 건설하고(Build), 준공시점에서 시설소유권이 정부에 이전(Transfer)하는 대신 일정기간 시설의 관리운영권을 획득하되, 민간은 정부에 시설을 임대(Lease)하고 정부는 임대료를 지급하여 시설투자비를 회수하는 방식</td></tr>
<tr><td>사 례</td><td>-</td><td colspan="2">· 수익사업
(민자고속도로, 주차빌딩처럼 투자비 회수 가능 시설)
· 민간이 위험을 부담함
· 적자보전협약에 의하여 최소운영수익보장(MRG)1)</td><td colspan="2">· 비수익사업
(공공임대주택, 노인요양시설, 수목원 등 투자비회수가 어려운 시설)
· 민간에게는 위험 부담이 거의 없음.</td></tr>
<tr><td>민간의 위험부담</td><td></td><td colspan="2">민간이 위험을 부담한다.</td><td colspan="2">민간에게는 위험 부담이 거의 없다.</td></tr>
<tr><td>운영기간 중 시설 소유권 주체</td><td>민간</td><td>민간</td><td>정부</td><td>민간</td><td>정부</td></tr>
<tr><td>소유권 이전시기</td><td>이전하지 않음</td><td>운영종료 시점</td><td>준공 시점</td><td>운영종료 시점</td><td>준공 시점</td></tr>
</table>

1) 우리나라는 최근 MRG제도를 폐지하고 BLT · BTL방식으로 전환함.

3. 임대형 민자사업(Build-Transfer-Lease)의 효과가 아닌 것은?

<2009 서울 9급>

① 재정부담의 세대간 이전을 통해 미래세대가 금전적 부담 없이 시설에 대한 혜택을 볼 수 있다.
② 민간의 창의를 활용해 투자 효율을 높일 수 있다.
③ 정부의 재정운영 방식의 탄력성을 높일 수 있다.
④ 민간부문의 유휴자금을 장기 공공투자로 유인할 수 있다.
⑤ 정부가 통상적으로 연간 예산으로 건설하기에는 소요시간이 많이 드는 긴요한 공공시설을 민간자본을 통해 조기에 공급할 수 있다.

해설

사회간접자본(SOC) 민간투자제도는 SOC 투자에 소요되는 막대한 투자재원을 모두 국가재정으로 부담하는 것은 한계가 있다. 따라서 국가의 재정부담을 줄이면서 적절한 SOC 투자 수준을 유지해 나가고, 민간의 경영기법과 창의·효율성을 공공부문에 활용함으로써 다양하고 질 좋은 공공서비스를 제공할 수 있는 민자사업을 보다 활성화하는 노력이 필요하다. 대형 민자사업(Build-Transfer-Lease)은 민간이 자금을 투자해 공공시설을 건설(Build)하고, 민간은 시설완공시점에서 소유권을 정부에 이전(Transfer)하는 대신 일정기간 동안 시설의 사용·수익권한을 획득하게 되며, 민간은 시설을 정부에 임대(Lease)하고 그 임대료를 받아 시설투자비를 회수한다. 따라서 재정부담의 세대 간 이전을 통해 미래세대가 금전적 부담 없이 시설에 대한 혜택을 볼 수 있는 것은 아니다. ① BTL의 경우 이와 같이 정부가 일정 기간 동안 민간사업자에게 임차료를 지급해야 하기 때문에 미래 세대가 금전적 부담 없이 시설에 대한 혜택을 볼 수 있다고 하는 것은 잘못이다.
우리나라는 현재 「사회간접자본시설에 대한 민간투자법」에 의해 민자유치가 이루어지고 있다. 주요 내용은 다음과 같다.

BOO(Build-Own-Operate)	시설물 준공과 동시에 사업시행자에게 소유권이 인정되는 방식
BTO(Build-Transfer-Operate)	민간사업자가 투자와 건설을 담당하고, 시설운영까지 담당
BTL(Build-Transfer-Lease)	민간사업자는 투자와 건설을 담당하고, 정부가 시설운영을 담당

(1) 민간투자방식을 다양하게 허용하여 민간의 자유로운 창의가 발휘될 수 있도록 하였다.
(2) 최소운영수입 보장, 매수청구권 인정, 환리스크 부담 등 과감한 정부의 지원조치로 민간투자에 따른 사업위험을 대폭 낮추어 준다.
(3) 실시협약 체결시에 수익률, 총사업비 등 사업시행조건을 사전에 확정하도록 하였다. 이를 통해 민간투자자는 자신의 경영 책임하에 이익을 얻거나 손실을 부담하게 되며, 정부로서는 총사업비 증가 등의 문제를 해결할 수 있다. <답 ①>

4. 지방행정수요의 변화요인을 설명한 것 중 타당하지 않은 것은?

① 지방의 인구증가 ② 시민의 생활수준향상 ③ 지방기능의 분화
④ 과학·기술의 발달 ⑤ 지방재정의 급증

✍ **해설** ……………………………………

지방행정수요의 변화요인으로는 (i) 지방의 인구증가와 인구집중, (ii) 경제성장과 시민소득의 증가, (iii) 과학 · 기술의 발달, (iv) 정보화 사회의 출현, (v) 도시사회의 변모, (vi) 지방행정기능의 확대와 질적 변화, (vii) 지방구조 및 기능의 분화, (viii) 경제적 · 사회적 환경의 변화, (ix) 시민의 의식구조 및 행동양식의 변모 등을 들 수 있다(한국지방행정학회, 1990, p. 308에서 재인용). 한편, 지방재정의 감소 또한 중요한 지방행정수요의 변화요인으로 작용하는데, 미국의 지방정부의 예를 들어보면 1970년대 들어오면서 불황과 경기침체를 겪게 되어 상당한 재정적 압박을 받고 있으며, 더욱이 계속 늘어나는 조세부담에 대한 주민들의 조세저항이 거세게 제기되면서 지방정부의 예산은 상당액 삭감되어 정부가 제공할 수 있는 공공서비스가 줄어들게 되었다. <답 ⑤>

5. 행정과 경영의 관계에 관한 다음 설명 중 가장 옳지 않은 것은?

① 두 개념은 동질적인 측면도 있고 이질적인 측면도 있다. <2002 입법고시>
② 주로 전자는 공공행정을 말하고 후자는 기업행정을 지칭할 때 사용한다.
③ 능률적인 관리의 관점에서 볼 때는 양자가 유사하다.
④ 공공의 목적이나 가치를 중시할 때는 양자의 차이점이 부각된다.
⑤ 행정 고객과 경영 고객은 같은 국민이란 점에서 법적으로 같은 정도의 취급을 받는다.

✍ **해설** ……………………………………

⑤ 행정은 모든 국민을 법 앞에 평등하게 대우해야 하지만, 경영은 고객간 차별대우가 용이하다. <답 ⑤>

6. 지방공공서비스를 가장 함축적으로 표현한 말은?

① 비민간재 ② 순수공공재 ③ 민간재
④ 요금재 ⑤ 공동소유재

✍ **해설** ……………………………………

지방공공서비스란 일반적으로 공공재의 한 종류로서 비경쟁성과 비배제성의 원리가 엄격하게 적용되는 순수한 공공재로 인식하기보다는 비사유재 또는 비민간재(non-private goods)로 인식하는 것이 더 타당하다. <답 ①>

7. 다음 중 지방공공서비스의 주요한 특징으로 볼 수 있는 것은?

① 비경쟁성과 배제성 ② 경쟁성과 비배제성 ③ 비경쟁성과 비배제성
④ 경쟁성과 배제성 ⑤ 독점성과 배제성

✍ **해설** ……………………………………

지방공공서비스는 소비과정에서의 비배제성(non-exclusion)과 비경쟁성(non-rivalry)을 갖고 있는 서비스 또는 재화로 폭넓게 이해되고 있다. (i) 비배제성(non-exclusion): 일부에게 서비스의 편익을 한정하는 것이 불가능하거나 또는 엄청나게 비용이 많이 드는 경우로 비배제성이 있는 서비스는 비용을 지불하지 않는 사람을 편익으로부터 배제하는 것이

어렵다(예: 시청앞 분수대). (ii) 비경쟁성: 많은 사람이 동시에 동일한 서비스를 소비할 수 있는 경우로 어떤 사람의 혜택으로 인해 다른 사람의 혜택이 줄지 않기 때문에 집합적인 소비(collective consumption) 또는 편익의 불가분성(indivisibility of benefits)이라고도 불린다(예: 국방, 방송, 홍수통제, 일기예보, 오염완화, 공중보건 등). <답 ③>

8. **지방행정에서 서비스공급체계에 대한 변화의 경향을 잘못 설명하고 있는 것은?**

① 지방정부의 재정축소, 압박의 감소 ② 공공성에 수익성과 경영관리 가미
③ 민간부문의 공공서비스 수행증가 ④ 수익자부담원칙의 필요증가
⑤ 행정의 경직성으로 주민부담증가

해설

지방정부의 재정이 급격히 팽창하고 있으나 1970년대 들어오면서 불황과 경기침체를 겪게 되어 상당한 재정적 압박을 받고 있다. 더구나 계속 증가하는 조세부담에 대한 주민들의 조세저항(tax revolt)의 움직임이 표면화됨에 따라 지방정부는 더욱더 곤경을 당하고 있다. <답 ①>

9. **지방공공서비스의 공급체계의 변화과정으로 틀린 것은?**

① 사회구조의 다원화, 소득의 증가 등에 따라 지방정부에 요구되는 공공서비스 수요는 점차 감소되고 있다.
② 지방정부의 재정부담은 증가하고 있는 반면, 주민의 조세저항운동으로 조세인상에는 한계가 있다.
③ 공공부문의 서비스공급의 한계를 극복하기 위해 민간부문 혹은 민관공동출자사업에 의한 서비스공급이 시도되고 있다.
④ 민간부문에 의한 행정서비스 공급은 저가이면서도 양질의 서비스를 제공할 수 있다.
⑤ 공공행정의 서비스공급시 경영관리를 위한 측면을 고려해야 한다.

해설

① 국민소득의 증가와 사회의 다원화 등에 따라 주민들의 공공서비스에 대한 수요는 점차 증가하고 있는 실정이다. <답 ①>

10. **지방공공서비스의 특성이라고 보기 어려운 것은?**

① 지방공공서비스는 시장경제의 원리만으로는 원활하게 공급할 수 없고 공공부문이 개입해야 한다.
② 지방공공서비스는 전지역을 대상으로 공급되며 서비스의 수혜자도 광역적으로 입지해 있어 식별 · 확인이 불가능하다.
③ 주민이 사회의 모든 위치를 공정하게 점유하고 경쟁할 수 있도록 균등한 기회를 제공하는 서비스이다.

④ 지방공공서비스는 시민의 최저생활수준을 충족시키며 인간다운 생활을 영위하기 위해 보장받아야 할 서비스이다.

⑤ 지방공공서비스의 대부분은 주민과 공무원간의 대면적 상호작용을 통해 급부된다.

해설

② 지방공공서비스는 특정한 지역을 대상으로 공급되며, 서비스의 수혜자도 공간적으로 입지해 있어 어느 정도 식별·확인이 가능하다. <답 ②>

11. 불확실한 환경에 대한 조직의 대응전략 중 지방자치단체가 시·도립 병원을 공사로 전환하여 자율경영토록 하는 정책과 관련이 있는 것은?

① 경쟁 ② 갈등조정 ③ 형평화 ④ 분류

해설

① J. Scott의 견해. 조직과 환경의 관계모형을 완충전략(분류, 비축, 형평화, 성장, 예측)과 연결전략(정부의 환경개입으로 경쟁, 권위주의, 계약, 합병)이 있다. <답 ①>

12. 도시공공서비스의 특징으로 옳지 않은 것은? <2002 지시>

① 도시공공서비스는 비경합성과 비배제성이 엄격히 적용되는 순수공공재라기보다는 서비스의 소비자가 증가함에 따라 서비스의 양과 질이 감소하는 성격을 지니고 있다.

② 도시공공서비스는 도시라는 특정한 지역에 거주하는 주민을 수혜대상으로 하여 제공되는 서비스이다.

③ 도시공공서비스 제공시설의 입지는 시민들의 서비스에 대한 접근성과 공간적 효율성에 영향을 주는 중요한 변수가 된다.

④ 도시공공서비스는 시민생활의 질적 수준향상과 복지수준의 증진을 도모하는 주된 기반이다.

⑤ 도시공공서비스는 일반적인 공공재와는 달리 비용을 지불하지 않고 서비스 편익을 향유하려는 경향이 나타나지 않는다.

해설

도시공공서비스의 기본적인 공공재의 성격으로부터 비용을 지불하지 않고 서비스 편익을 향유하려는 이른바 무임승차자의 문제가 발생한다. <답 ⑤>

13. 사회적 기능에 의한 공공서비스 중 일상적 서비스에 해당하지 않는 것은?

① 상하수도 ② 쓰레기수거 ③ 소 방
④ 교 통 ⑤ 통 신

✍ 해설

일상적 서비스는 상하수도, 쓰레기수거, 도로 · 교통, 통신 등과 같이 일상적으로 이용하는 서비스로 수익자부담원칙에 의해 개별적으로 제공된다. <답 ③>

14. 시비스의 공급과정에서 공공개입이 필요한 이유가 아닌 것은?

① 시장의 실패 ② 외부성 ③ 무임승차
④ 자연적 독점 ⑤ X의 비효율성

✍ 해설

서비스의 공급과정에 정부의 개입이 필요한 것은 서비스공급과정에서 발생하는 시장실패와 그로 인한 서비스의 독점현상이 주요하게 작용한다. 시장실패의 원인은 주로 외부성(externalities) 또는 외부효과, 공공서비스의 존재, 수확체증(규모의 경제)으로 인한 자연적 독점현상, 시장의 불완전성, 분배적 형평의 문제 등을 들 수 있다. 한편 Wolf는 정부실패의 원인으로서 투입과 산출의 괴리, 관료적 제국주의, 정치적 외부효과, 권력분배의 불평등 등을 제시하고, 시장결함의 제거라는 논리적 · 경제적 정당성을 가지고 등장한 정부개입이 오히려 비효율적으로 운영되고 있다면서 정부개입은 일정한 한계를 가져야 하며 정부역할도 축소되어야 한다고 주장한다. ③ 외부효과가 있으면 어느 누구도 가격을 지불하지 않는 무임승차자가 되려 한다. ⑤ X의 비효율성은 관료제에 기인한 행정 내부의 비능률로서 정부실패의 원인이다. <답 ⑤>

15. 공공재와 행정서비스에 관한 설명으로 적절하지 않은 것은? <2012 지방수탁 9급>

① 비배제성과 비경합성으로 인해 무임승차(free-riding)가 발생하기 쉽다.
② 시장실패의 발생가능성은 정부개입을 합리화하는 정당성을 제공한다.
③ 문화행사와 같이 사회구성원에게 일정 수준까지 공급되어야 바람직하다고 판단되는 것이다.
④ 공동체를 유지하기 위한 국방은 일반적으로 정부가 공급한다.

✍ 해설

③ 문화행사와 같이 사회구성원에게 일정 수준까지 공급되어야 바람직하다고 판단되는 재화는 공공재가 아니라 가치재이다. 가치재란 민간부문에서 소비를 하는 것이 바람직한 재화이지만 민간에 맡겨 둘 경우 재화의 생산량이 최적 생산에 미치지 못하는 재화이다. <답 ③>

16. 시장실패와 정부실패를 해결하기 위한 정부의 대응 방식에 대한 설명으로 옳지 않은 것은? <2010 국가 7급>

① 시장실패를 극복하기 위한 정부의 역할은 공적공급, 공적유도, 정부규제 등으로 구분할 수 있다.
② 공공재의 존재에 의해서 발생하는 시장실패는 공적 공급의 방식으로 해결하는 것이 적합하다.
③ 자연독점에 의해서 발행하는 시장실패는 공적 유도(보조금)의 방식으로

해결하는 것이 적합하다.

④ 파생적 외부효과로 인한 정부실패는 정부 보조 삭감 또는 규제완화의 방식으로 해결하는 것이 적합하다.

해설

③ 시장실패의 원인이 자연독점으로 인한 경우에는 공적 공급이나 정부규제가 대응방식이 된다. <답 ③>

≪시장실패의 원인별 대응방식≫

원 인	공적공급(조직)	공적(정부)규제	공적유도(유인,보조금)
공공재의 존재	○(정부)		
자연독점	○(공기업)	○(가격 · 생산량규제)	
외부효과의 발생		○(외부불경제)	○(외부경제)
정보의 비대칭성		○(공개 의무)	○(공개시 유인)
불완전경쟁		○(경쟁유도)	
	정부의 직접공급	직접규제	간접규제

17. 다음 중 민영화를 통해 효과적으로 해결하기 어려운 정부실패 유형에 해당하는 것은? <2011 서울 9급>

① 사적목표의 설정 ② x-비효율성 ③ 파생적 외부효과
④ 권력의 편재 ⑤ 지대추구 행위

해설

③ 파생적 외부효과로 인해 정부실패가 발생 시 이에 대응하기 위한 방법으로 정부 보조 삭감이나 규제완화를 추진하고 있다. <답 ③>

≪정부실패의 원인별 대응방식≫

원인	민영화	규제완화	정부보조 삭감
사적목표 추구(내부성)	○		
권력의 편재 (포획 · 지대추구)	○	○	
X-비효율(비용 체증)	○	○	○
파생적 외부효과		○	○

18. 시장실패와 그에 대한 정부의 대응 방식이다. 그 연결이 바르지 않은 것은? <2004 국가 7급>

① 외부효과 발생→정부규제 ② 정보의 비대칭성→공적공급
③ 자연독점→정부규제 ④ 공공재의 존재→공적공급

✍ 해설

② 시장실패의 원인이 정보의 비대칭성일 때는 공적유도(보조금)방식이나 정부규제방식이 적합하다. <답 ②>

19. 정부실패에 대한 정부의 대응 방식으로 옳지 않은 것은?

① 사적 목표의 설정에 대한 방안에는 민영화가 있다. <2009 서울 7급>

② X-비효율에 대한 방안에는 민영화, 정부보조 삭감, 규제완화 등이 있다.

③ 파생적 외부효과에 대한 방안으로 정부보조 삭감, 규제완화 등이 있다.

④ 권력의 편재에 대한 방안으로 정부보조 삭감, 규제완화 등이 있다.

⑤ 최근 시장실패와 정부실패를 함께 교정할 수 있는 제도로서 네트워크 거버넌스가 제시되고 있다.

✍ 해설

④ 권력의 편재에 대한 방안으로 민영화와 규제완화 등이 있다. <답 ④>

20. 정부실패의 요인으로만 묶은 것은?

㉠ 공공재의 존재	㉡ 사적 목표의 설정	㉢ 외부효과의 발생
㉣ 파생적 외부효과	㉤ 불완전 경쟁	㉥ 정보의 비대칭성
㉦ 권력의 편재	㉧ X-비효율	㉨ 자연독점

① ㉠㉡㉤㉥ ② ㉡㉢㉧㉨ ③ ㉡㉣㉦㉧ ④ ㉢㉣㉥㉦

✍ 해설

ㄱ, ㄷ, ㅁ, ㅂ, ㅈ은 시장실패의 요인에 해당한다. <답 ③>

≪정부실패와 시장실패 비교≫

시장실패	정부실패
① 공공재의 존재 ② 외부효과(외부경제 및 외부불경제) ③ 독점의 존재 ④ 평균 수익의 증가와 평균 비용의 감소 ⑤ 정보의 비대칭성 및 불완전성 (정보의 편재) ⑥ 소득분배의 불공평성	① 정부 조직의 내부성 (기관목표와 사회목표의 괴리) ② 파생적 외부효과(비의도적 역작용) ③ 비용과 수익(혜택)의 분리: Wolf의 비시장실패 ④ X의 비효율성 ⑤ 공공서비스 공급의 독점성(경쟁결여) ⑥ 권력과 특혜에 의한 가치배분의 불공평성 (권력의 편재) ⑦ 정보의 불충분(대리손실 및 도덕적 해이)
대책: 정부규제 및 정부개입 필요	대책: 민영화 및 규제완화 필요

21. 시장실패에 따른 정부개입의 정당성으로 옳지 않은 것은?

① 공공재의 존재 ② 외부효과 발생 <2010 국회 8급>
③ 자연독점 ④ 정보의 비대칭성 ⑤ 정부규제

해설

정부규제는 시장실패에 대한 대응방안이지 정부개입의 정당성의 근거(원인)는 아니다. 시장실패에 따른 정부개입의 정당성이란 시장실패의 원인을 말한다. <답 ⑤>

22. 보통 정부에 의한 시장개입의 정당성은 해당 재화를 시장에 맡겨 놓았을 때 나타나는 부작용, 즉 시장실패에 있다. 다음 중 시장실패가 발생하는 경우로 옳지 않은 것은? <2009 서울 9급>

① 비배제성과 비경합성의 특성을 갖는 공공재의 생산
② 전력, 상하수도 등 고정비용이 변동비용에 비해 매우 높은 자연독점 상태의 서비스 제공
③ 불완전한 정보가 제공되는 식품의 유통
④ 외부효과가 발생하는 산업
⑤ 계약에 의한 민간위탁

해설

정부가 민간기업이나 비영리단체 등과의 계약을 통해 서비스를 공급하는 방식인 민간위탁은 민영화의 한 유형으로서 정부실패에 대한 하나의 대응방식이다. <답 ⑤>

23. 다음 중 정부실패의 원인으로만 묶인 것은? <2008 국가 9급>

ㄱ. 행정조직 내부 목표와 사회적 목표의 불일치 ㄴ. 행정관료의 도덕적 해이 ㄷ. 소득분배의 불평등성 ㄹ. 정부부문의 공공서비스 공급 독점

① ㄱ, ㄴ, ㄷ ② ㄱ, ㄴ, ㄹ
③ ㄴ, ㄷ, ㄹ ④ ㄱ, ㄴ, ㄷ, ㄹ

해설

ㄱ은 내부성을 말하며, ㄴ은 주인-대리인 이론에서 정보의 비대칭으로 인한 도덕적 해이와 역선택에 관한 내용이다. 이는 시장실패와 정부실패의 공통적인 요소이다. ㄷ의 소득분배의 불평등은 시장실패에 해당된다. ㄹ은 공급적 차원에서 정부실패를 말한다. <답 ②>

24. 다음 중 정부실패를 설명하는 이론으로 가장 적합한 것은?

① 공공선택이론 ② 신행정학 <2008 서울 7급>
③ 행태론 ④ 신제도주의 ⑤ 뉴거버넌스

✍ 해설

① 공공선택이론은 공공재의 생산자와 소비자를 정부와 시민으로 보고 시민에 의한 선택권을 보장함으로써 정부실패를 극복하고자 하는 이론이다. ④ 신제도주의는 그 유파가 다양한데 정부실패를 설명하는 주인-대리인 이론도 있고, 실장실패를 설명하는 공유재 이론도 있다. ⑤ 뉴거버넌스는 정부실패를 극복하려는 신공공관리에 대한 비판적 대안으로 등장하였다는 점에서 관련성이 없진 않지만 상대적으로 적은 편이다. <답 ①>

25. <보기> 중 신행정론에 관한 사항으로만 묶인 것은?

<2011 국회사무처 8급>

ㄱ. Frank Marini	ㄴ. 분권화 지향
ㄷ. 정책지향적 행정론	ㄹ. 실천적 적실성 강조
ㅁ. 가치중립적 관리론	ㅂ. 합리성 중시
ㅅ. 시민참여 강조	ㅇ. 정치행정이원론

① ㄱ, ㄷ, ㅁ ② ㄴ, ㄹ, ㅂ ③ ㄷ, ㄹ, ㅅ
④ ㄹ, ㅁ, ㅂ, ㅅ ⑤ ㄱ, ㄴ, ㅅ, ㅇ

✍ 해설

ㅁ. 가치중립적 관리론, ㅂ. 합리성 중시, ㅇ. 정치행정이원론 등은 신행정론이 비판한 내용이다. 신행정론은 가치지향적이고, 문제지향적이고, 처방적이고, 합리성보다는 형평성과 대응성을 강조하며, 실천적인 행정연구의 방향을 모색하는 정치행정일원론이다. <답 ③>

《신행정론》

신행정론은 기존 행정학의 보수적 경향에 반발로서 월남전의 실패, 소수민족 문제의 확산, 신구세대간의 갈등, 풍요속의 빈곤 등 격동기 미국사회를 배경으로 등장하였다.

ㄱ. 외부지향성 강조: 과거의 행정이론에서 중요시했던 행정능률 등 행정내부지향성에서 행정조직의 고객에 대한 충성 같은 외부지향성(고객, 환경, 다른 외부관련기관과의 관계)으로 변모
ㄴ. 사회적 형평 추구: 단순히 행정의 능률성이나 효과성을 강조하는 것 이상으로, 사회적으로 불리한 위치에 있는 계층에게 행정적 혜택이 보다 더 우상적으로 많이 돌아가게 할 것을 주장
ㄷ. 행태론, 실증주의 비판: 행정의 탐구가 현실과 관계될 것을 강조하며, 또한 가치중립적이고 보수적 성향의 행태론 및 실증주의를 비판
ㄹ. 인간의 성장과 발전을 중시
ㅁ. 비관료적 체제의 모색과 새로운 조직의 처방: 고정적 계서제의 철폐, 분권화, 조직구성원과 고객의 참여확대, 다양한 조직단위의 상황적응적 설계, 조직참여자의 인간적 성장 등
ㅂ. 현실적합성 추구
ㅅ. 가치·규범 지향성: 기존의 행정이론이 강조한 능률과 절약, 효과 등에 밀려있던 인간적 적응, 개인적 도덕성, 사회적 형평, 고객 중심주의, 윤리성, 창의성 등
ㅇ. 행정탐구와 행정실무 공동을 강조

26. 공공선택론(public choice theory)의 접근방법에 관한 설명으로 옳지 않은 것은? <2008 지방수탁 9급>

① 방법론적 개인주의에 입각하고 있으며, 인간은 철저하게 자기이익을 추구한다고 가정한다.

② 인간은 모든 대안들에 대하여 등급을 매길 수 있는 합리적인 존재라고 가정한다.

③ 정당 및 관료는 공공재의 소비자이고, 시민 및 이익집단은 공공재의 생산자로 가정한다.

④ 뷰캐넌(J. Buchanan)과 털럭(G. Tullock)이 대표적인 학자이다.

해설

③ 공공선택이론은 공공부문의 경제학적 관점을 도입하려는 접근법으로 행정을 공공재의 공급과 소비관계로 파악하고 정당 및 관료는 공공재의 공급자이고 시민 및 이익집단은 공공재의 소비자로 가정한다. 모든 인간은 자신들의 이익을 추구하는 합리적 경제인으로 가정하는 방법론적 개체주의에 입각하고 있다. <답 ③>

27. 행정학의 접근방법으로서 공공선택이론에 관한 기술 중 옳지 않은 것은? <2005 국가 7급>

① 정부실패(government failure)를 인정한다.

② 정부를 공공재의 생산자로 규정하며, 시민들은 공공재의 소비자라고 규정한다.

③ 의사결정에 필요로 하는 인원이 증가하면 의사결정비용이 감소하는 반면 외부비용은 증가한다.

④ 공공재의 공급문제와 그에 따른 무임승차자의 문제를 해결하고자 한다.

해설

①④의 경우 공공선택이론은 정부실패의 가능성을 인정하며, 시장경제원리에 따른 개인의 선호를 존중하여 무임승차문제 등을 해결함으로써 정부실패를 해결하기 위한 노력의 일환으로 등장한 것이다. ③ 뷰캐넌과 털록(Buchanan &Tullock)의 비용극소화모형에 의하면 의사결정에서 필요로 하는 인원(참여자)이 증가하면 의사결정비용(내부비용)은 증가하지만 외부비용(집행비용, 순응비용)은 감소한다고 주장하였다. 따라서 의사결정비용과 외부비용의 결합인 총비용곡선의 최저점에서 적정참여자(인원)가 참여하는 가운데 의사결정이 이루어져야 한다는 것이다. <답 ③>

28. 공공선택론에 대한 설명으로 옳지 않은 것은? <2003 국가 7급>

① 정부를 공공재의 생산 및 공급자로 규정한다.

② 공공부문의 시장경제화를 통해 시민의 편익이 극대화 될 수 있는 서비스 공급과 생산이 가능하다고 본다.

③ 정치학에 경제학을 응용하는 연구라고도 정의된다.

④ 시민개개인의 선호와 선택 대신에 집단의 이익을 강조하며, 비합리적인 인간관에 기초한다.

✍ 해설 ....

④ 공공선택이론은 집단의 이익보다는 개인의 효용을 극대화하려는 방법론적 개체주의와 합리적인 경제인관을 전제하고 공공부문에다가 경제학적 관점을 적용하려는 접근이다.

<답 ④>

29. 공공선택이론에 관한 설명으로 옳지 않은 것은? <2001 국가 9급>

① 경제적 과정과 현상을 정치학적 방법으로 설명, 해결하고자 하는 이론이다.

② 인간을 합리적이고 이기적인 경제인으로 본다.

③ 정책에 대한 개개인의 선호를 합하면 사회전체의 선택이 된다고 보았다.

④ 공공선택의 공급측면에서 볼 때 중심적 행위자는 정부와 관료제이다.

✍ 해설 ....

㉠ 공공선택이론은 관료가 자기의 이익보다는 공익을 우선시한다는 전통적인 Wilson식의 행정관을 비판하며, 공공재의 생산과 소비에 경제학적 관점이나 시장경제원리를 도입하려는 것이다. ㉡ 행정은 공공재의 공급자로, 국민을 소비자로 가정된다. 이는 전체주의가 아닌 개인주의적 접근이다. ㉢ 경제학적 관점을 정치나 행정에 도입하여 정부실패원인을 연구하였다(정치경제학적 접근).

<답 ①>

30. 공공선택이론과 가장 관계가 먼 것은? <2000 국가 7급>

① 비시장적 의사결정의 경제학적 연구

② 귀납적 추론 모형

③ 방법론적 개인주의

④ 경제적 인간관

✍ 해설 ....

집단의 이익보다는 개인의 효용을 극대화하려는 방법론적 개체주의와 합리적인 경제인관을 전제하고 공공부문에다가 시장경제원리를 도입하려는 경제학적 관점을 적용하려는 접근이다.

<답 ②>

31. 행정학의 접근방법 중 공공선택론의 특성에 해당하지 않는 것은?

<2009 지방수탁 7급>

ㄱ. 방법론적 개체주의	ㄴ. 국가의지의 강조
ㄷ. 부서목표의 극대화	ㄹ. 합리적 경제인
ㅁ. 교환으로서의 정치	ㅂ. 예산극대화

① ㄱ, ㄹ ② ㄴ, ㄷ ③ ㄷ, ㅁ ④ ㄷ, ㅂ

해설

공공선택론은 인간은 이기적이고 자원은 한정되어 있다는 경제학적 분석틀을 이용하여 정치현상을 연구하는 이론이다. 따라서 공공선택론은 국가의지나 부서목표보다는 예산극대화(Niskanen)와 같은 개개인의 이익을 중시하는 방법론적 개체주의의 입장이다. 공공선택론은 정치도 일종의 경제활동과 같은 교환행위로서 유권자는 자신의 효용을 극대화하기 위해서 자신의 이익을 대변해줄 수 있는 정당에 투표를 하고 정치인은 득표를 극대화하기 위해 중위투표자가 선호하는 정책을 선택하게 된다고 본다. <답 ②>

32. 공공선택이론에 관한 다음 설명 중 틀린 것은? <2005 인천 9급>

① 정책결정은 많은 사람이 참여할수록 좋다.
② 관료들은 공공성을 극대화하려고 한다.
③ 공공부문에 경제학적 관점을 받아들이는 것이다.
④ 정책의 파급효과를 중시한다

해설

공공선택이론은 공공부문에 경제학적 관점을 받아들이는 것으로 정치인과 관료도 사익을 추구하는 존재로 본다. 따라서 관료들은 공공성을 극대화하기 보다 사익을 추구하는 존재로 파악한다. <답 ②>

33. 공공부문에 의한 서비스공급의 내용으로 틀린 것은?

① 주민에 대한 공공서비스는 전통적으로 공공부문에 의해 제공되었다.
② 민간부문을 배제한 공공부문의 서비스공급이 필요하게 되었다.
③ 정부의 재정수요증가를 효율적으로 대응하기 위한 행정관리체계가 필요하게 되었다.
④ 지방재정수요의 증대에 대응하기 위한 재정의 적정확보가 중요하게 대두되었다.
⑤ 막대한 재정이 필요하므로 공공부문의 서비스공급은 한계에 직면하게 되었다.

해설

양적으로 확대되고 질적으로 다양화되는 주민들의 행정수요를 공공부문이 적절히 해결할 수 없게 되자, 이러한 한계를 극복하기 위하여 민간부문에 의한 공공서비스공급이 등장하게 되었으며, 또한 공공부문과 민간부문과의 결합에 의한 서비스공급이 필요하게 되었다. <답 ②>

34. 지방공공서비스의 공급체계를 개선할 필요성으로 볼 수 없는 것은?

① 대부분 지방정부들의 재정상태가 빈약하다.
② 주민들에 대한 행정수요에 반응성을 높일 필요가 있다.
③ 국제화 · 세계화 시대에 지방정부의 경쟁력을 강화해야 한다.

④ 행정 자체의 능률성을 제고시킬 필요가 있다.
⑤ 시장구조에 지나치게 의존하여 왔다.

해설

현재 지방공공서비스의 공급체계는 공공부문에서 지나치게 관리해왔기 때문에 민간부문의 자율성과 창의성을 침해하여 왔으며, 이로 인해 행정서비스가 비효율적으로 전달되고 있다는 비판이 심각하게 제기되고 있다. <답 ⑤>

35. 우리나라의 책임운영기관에 대해 설명한 것으로서 옳지 않은 것은?
<2011 국회사무처 9급>
① 공공성뿐만 아니라 경쟁원리도 중시한다.
② 책임운영기관의 직원은 법률상 공무원이 아니다.
③ 영국의 Executive Agency에서 유래한 기관이다.
④ 일본의 독립행정법인과도 유사한 이념을 가진 기관이다.
⑤ 조사연구형 책임운영기관도 있다.

해설

책임운영기관은 기관장을 계약직으로 공개채용하지만, 소속 직원들은 공무원 신분을 유지하고 다른 부처와 인사교류도 가능한 정부기관이다. 사무의 성격에 따라 행정형 기관 및 기업형 기관으로 구분하던 책임운영기관을 법률에서 6개 유형(조사연구형, 교육훈련형, 문화형, 의료형, 시설관리형 및 기타 유형의 기관)으로 구분함에 따라, 그 유형별 책임운영기관의 구분 기준을 정하고 해당 유형별 구분에 따라 38개의 책임운영기관을 분류하여 규정하고 있다(개정 2011.6.7). <답 ②>

36. 우리나라 책임운영기관에 대해 옳게 기술한 것은? <2005 국가 7급>
① 책임운영기관의 기관장은 전체 직원에 대하여 임용권을 가진다.
② 책임운영기관의 구성원은 공무원신분이다.
③ 모든 책임운영기관이 동일한 평가지표에 의해 평가된다.
④ 원칙적으로 일반회계로 운영된다.

해설

② 우리나라 책임운영기관은 정부조직이며, 구성원도 공무원신분이다. ① 직원의 임용권은 소속중앙행정기관장이 가지며, ③ 기관의 성격에 따라 다양한 성과평가지표가 사용된다 ④ 특별회계로 운영된다. <답 ②>

37. 우리나라의 책임운영기관에 대한 설명 중 틀리는 것은 ?
① 국방부장관은 군부대 및 기관의 업무가 사업적·집행적 성질의 서비스를 제공하고 성과측정이 가능한 경우 기획재정부장관과의 협의 및 '군 책임운영기관운영위원회'의 심의를 거쳐 '군 책임운영기관'으로 지정할 수 있다.
② 중앙책임운영기관의 조직 및 정원에 관한 사항은 정부조직법과 그 밖의 정부조직 관계 법령이 정하는 바에 의한다.

③ 중앙책임운영기관의 예산 및 회계에 관한 사항에 관하여는 기업형 기관에 적용되는 규정을 적용한다.
④ 기업형 기관의 사업을 효율적으로 운영하기 위하여 책임운영기관특별회계를 두며, 특별회계는 계정별로 책임운영 기관의 장이 운영하고, 행정안전부 장관이 이를 통합하여 관리한다.

해설

④ 기업형 기관의 사업을 효율적으로 운영하기 위하여 책임운영기관특별회계를 두며, 특별회계는 계정별로 중앙행정기관의 장이 운영하고, 기획재정부 장관이 이를 통합하여 관리한다. ①「군 책임운영기관의 지정·운영에 관한 법률」은 2008년 6월 22일부터 시행되었다. 책임운영기관이었던 국립의료원은 폐지되고 특수법인인 국립중앙의료원으로 변경되었다(2010.4.2). 따라서 국립의료원은 책임운영기관에서 제외되었다. <답 ④>

38. **우리나라의 책임운영기관에 대한 설명으로 틀리는 것은 ?**

① 소속 책임운영기관장은 업무의 성격상 필요한 경우에는 정원 한도 내에서 계약직 공무원을 활용할 수 있다.
② 행정형기관은 일반회계로 운영하되, 일반회계에 별도의 책임운영기관 항목을 설치하고 기업형기관에 준하는 예산운영상의 자율성을 보장하여야 한다.
③ 책임운영기관의 존속 여부, 책임운영기관의 평가절차·방법, 책임운영기관 관련 제도의 운영 및 개선 등에 관한 중요 사항을 심의하기 위해 기획재정부장관 소속으로 책임운영기관운영위원회를 둔다.
④ 책임운영기관은 대통령령으로 정하는 바에 따라 소속기관을 둘 수 있으며, 그 하부조직의 설치와 분장 사무는 기본운영규정으로 정한다.

해설

책임운영기관의 존속 여부, 책임운영기관의 평가절차·방법, 책임운영기관 관련 제도의 운영 및 개선 등에 관한 중요 사항을 심의하기 위해 행정안전부장관 소속으로 책임운영기관운영위원회를 둔다. 또한 소속책임운영기관의 사업성과의 평가결과가 우수하다고 인정되는 경우에는 계약의 갱신 대신 책임운영기관의 장의 채용기간을 1년 이상 연장할 수 있도록 하며, 책임운영기관의 장이 소속 중앙행정기관의 장의 사전승인을 받아 직원 상여금의 지급액 및 지급방법 등을 따로 정할 수 있도록 하였다(책임운영기관설치운영법 시행령 개정. 2010.4.2 시행). <답 ③>

39. **공공서비스의 간접공급방식이 아닌 것은?** <2002 지시>

① 제3섹터 설립방식 ② 구매권 또는 증서방식
③ 자원봉사단체 활용방식 ④ 보조금 방식
⑤ 책임운영기관 방식

✍ 해설 ....

⑤ 정부조직에 의한 직접공급방식이다. <답 ⑤>

40. 지방공공서비스의 민간공급에 대한 이론적 근거로 타당하지 않은 것은?

① 사용자부담의 원칙 ② 비용분담 ③ 규모의 경제
④ 민간기업의 이윤동기 ⑤ 통일적인 공급

✍ 해설 ....

한정된 재원으로 효율적인 서비스를 제공하고자 하는 방안들은 오래 전부터 학자들의 주된 관심사항 중의 하나였다. 그 중에서 사바스(E. S. Savas) 등이 강조하고 있는 민영화 방안이 최근들어 주목을 받고 있는데, 이는 서비스의 제공과 생산의 주체를 구별하여 가능한 한 사용자부담의 원칙, 비용분담(cost spreading), 이윤동기(profit incentives)와 규모의 경제(economy of scale) 원리 등을 활용할 수 있는 민간의 장점을 살려보고자 하는 방법이다. <답 ⑤>

41. 지방공공서비스 공급을 민영화할 경우의 장점이 아닌 것은?

① 저렴한 비용으로 양질의 서비스를 제공할 수 있다.
② 민간경제의 성장을 유도할 수 있다.
③ 자유경쟁을 통한 공급이기 때문에 가격이 항상 싸다.
④ 지방행정의 경제관리를 개선할 수 있다.
⑤ 관련공무원과의 마찰 없이 서비스에 신축성을 기할 수 있다.

✍ 해설 ....

사기업이 지방공공서비스를 공급하는 경우에는 이들 기업들이 이윤을 우선적으로 고려하기 때문에 비용이 과다할 수 있다. <답 ③>

42. 민영화는 지방행정의 경영화를 위한 하나의 전략이다. 다음 중 민영화의 방안과 직접적인 관련이 적은 것은?

① 민간위탁
② 서비스공급권의 부여 등 허가 또는 지정
③ 증서교부
④ 보조금 지원이나 조세감면 등의 재정지원
⑤ ZBB와 일몰법(sun set law)의 활용

✍ 해설 ....

민영화란 공공단체가 보유하는 주식이나 시설을 매각하거나 공공부문이 담당하여 왔던 서비스를 민간부문이 담당케 하는 것을 말한다. 감축관리의 한 방안으로서 민영화가 있으나 민영화 방안과 감축관리의 방안이 동일한 범위를 갖는 것은 아니다. ⑤ ZBB는 감축관리의 방안이나 민영화의 방안은 아니다. 일몰법은 법령제정시 존치기간을 설정하고 해당 기간이 경과하면 자동적으로 그 효력이 상실되도록 하거나 일정한 시간이 경과한 시점에서 재검토하여 폐지하는 제도적 장치로서 감축관리의 한 방안이다. ①②③④는 정부가 공공서비스공급을 결정하고 민간이 생산하는 민영화 방안이다. <답 ⑤>

43. 지방자치단체가 공공서비스 공급을 결정하고 민간이 생산하는 행정의 민영화 방법에 해당하는 것만으로 묶여진 것은? <2001 지시 기술직>

㈎ 주식회사형 제3섹터	㈏ 계약(contracting-out)	㈐ 허가(franchise)
㈑ 보조금(granting)	㈒ 자원봉사(voluntary service)	
㈓ 정부의 서비스판매(government vending)		

① ㈎, ㈏, ㈓ ② ㈏, ㈐, ㈑ ③ ㈏, ㈐, ㈒
④ ㈎, ㈑, ㈒ ⑤ ㈏, ㈐, ㈓

해설

정부가 공급을 결정하고 민간이 생산하는 민영화 방법으로 계약, 지정 · 허가, 보조금, 구매권 또는 증서 등이 있다. <답 ②>

44. 공공기관이 제공하는 재화와 용역의 대가로 이의 수혜자로부터 요금이나 수수료를 징수하는 것을 지칭하는 용어는?

① 민간이양 ② 공동공급 ③ 제3섹터
④ 공급자부담 ⑤ 사용자부담

해설

⑤ 사용자부담이란 공공서비스의 공급에 의해서 사용자 개인이 혜택을 받고 있다면 그 혜택에 상응하는 반대급부를 지불해야 한다는 원칙에 근거하여 공공기관이 제공하는 재화와 용역의 대가로 수혜자로부터 요금이나 수수료를 징수하는 것을 의미한다. <답 ⑤>

45. 공공서비스의 공급방법 중 사용자부담방법이 갖는 이점이 아닌 것은?

① 공정성 ② 신축성(탄력성) ③ 낭비의 방지
④ 서비스시설의 축소 ⑤ 광역문제의 해결에 용이

해설

사용자부담방법에 의한 지방공공서비스의 공급은 (i) 공정성의 확보, (ii) 서비스의 신축적인 제공, (iii) 시민의 자유신장, (iv) 서비스시설의 용이한 확충, (v) 통근 및 광역문제의 해결, (vi) 재원낭비의 방지, (vii) 성장에 따른 도시문제의 해결 등의 이점을 갖는다. 사용자부담은 세금의 강제적 징수와는 달리 서비스를 이용하지 않는 한 시민의 부담을 요구하지 않기 때문에 서비스시설의 확장이 용이하다. <답 ④>

46. 민관공동출자사업에 관한 설명으로 옳지 않은 것은? <2003 지시>

① 공공부문의 재원부족을 해소하기 위한 대안으로 등장한 사업이다.
② 민간부문의 제반기능의 증대로 민간부문의 영역을 필요로 하기 때문이다.

③ 특산품 개발 · 판매 및 정보서비스 제공은 민관공동출자사업에서 배제된다.
④ 상법에 의한 주식회사와 민법에 의한 재단법인도 지방자치단체가 출자할 수 있는 기업 또는 단체의 범위에 속한다.
⑤ 민관공동출자사업이라는 의미의 제3섹터가 가장 잘 발달한 나라는 일본이다.

해설

제3섹터란 공공부문과 민간부문이 합작하여 공익성과 기업성을 조화시키면서 제도적인 이익을 극대화하는 경영방식이다. 즉 공공부문과 민간부문이 공동이익 또는 공동목표를 설정하고 그것을 위해 민관이 공동출자하여 협력하는 방식이다. 이러한 제3섹터에는 지방정부가 50% 이상 출자하는 지방공사형태와 50% 미만 출자하는 지방공사 · 공단외 출자 · 출연법인(상법상의 주식회사, 민법상의 재단법인)형태가 있다. ③ 세계화 · 정보화시대에 대응하여 무역회사, 무역센터 및 지역정보센터 등을 설립 · 운영하고 있다. <답 ③>

47. 다음 중 우리나라 최초의 제3섹터형 사업은?

① 부산위생주식회사 ② 점촌도시개발공사 ③ 김제개발공사
④ 한밭개발공사 ⑤ 장흥표고유통공사

해설

① 우리나라에서 최초로 설립된 지방의 제3섹터 사업은 1962년의 부산위생주식회사로, 이는 부산시내의 분뇨수거 및 처리를 목적으로 부산시가 34.4%, 민간인이 65.6%를 출자해 설립하였다. <답 ①>

48. 제3섹터의 특징이라 할 수 없는 것은?

① 민간부문의 우수한 인재와 고도의 기술흡수
② 조직의 쇄신과 환경에 대한 대응능력 증진
③ 타산성이 보장되지 않는 사업에도 추진이 가능
④ 경영의 자주성 보장
⑤ 지방자치단체의 재정부담 감소에 도움

해설

제3섹터는 민관합동사업으로 공공성과 사익성을 동시에 보장하기 위한 목적으로 설립되기 때문에 타산성이 보장되지 않는 사업에는 추진이 불가능하다. <답 ③>

49. 정책이나 사업이 종료되는 경우 기존의 정책이나 사업을 담당하던 조직을 축소시키는 것을 의미하는 말은?

① 구조적 감축 ② 예산적 감축 ③ 기능적 감축
④ 정책적 감축 ⑤ 정치적 감축

해설

감축관리에는 지방정부에서 실시한 기존의 정책(사업)을 평가하여 계속 존속시킬 필요가 없을 때 사업을 종료시키는 기능적 감축과 정책이나 사업이 종료되는 경우 기존의 정책(사업)을 담당하던 조직을 축소 또는 폐지시키는 구조적 감축이 있다. <답 ①>

50. 다음 중 지방공공서비스의 공동생산에 대한 설명이 잘못된 것은?

① 주민과 정부가 재화 및 서비스를 공동으로 생산하려는 노력의 결합이다.
② 페리스(J. M. Ferris)는 공동공급이라는 용어를 사용할 것을 제안하였다.
③ 공공서비스 전달체계의 전혀 새로운 제도이며 새로운 행정방식이다.
④ 행정기관의 활동에 도움을 주고 기여하기 위한 주민들의 활동이다.
⑤ 주민과 행정기관의 공동노력과 자발적 참여라는 두 가지 요소가 포함된 용어이다.

해설

주민공동생산이란 '공공서비스의 생산과 분배에 있어서 주민들의 생산적 참여'를 의미한다. 즉 행정기관의 활동에 도움을 주고 기여하기 위한 주민들의 부조활동으로서 주민과 행정기관간의 결합된 형태를 취한다. 이러한 주민공동생산은 전혀 새로운 제도나 행정방식의 획기적인 창안이 아니라 개별적인 행정서비스의 생산에서 행해지던 다양한 시민관여의 경험으로부터 발전된 것이다. 즉 지방자치단체의 서비스생산에 있어서 과거부터 시행되어 왔던 개개 주민들의 참여가 확대되면서 이를 통합하여 하나의 민간자발조직으로 일반화시키려는 노력으로부터 형성된 것이다. <답 ③>

51. 지방정부의 공공서비스 공동생산방식에 대한 설명으로 옳지 않은 것은? <2002 지시>

① 지방정부와 주민들의 능동적인 참여를 통해 상호 협력적 생산관계를 구축할 수 있다.
② 공공부문에 지역사회 자원을 추가 투입하여 공공서비스 수준과 범위를 확장할 수 있다.
③ 서비스 공급과정의 산출 및 전달체계부문보다는 투입부문에 초점을 두고 있다.
④ 비전문성으로 인한 공공서비스의 질적 저하 문제가 발생할 수 있다.
⑤ 지역 NGO나 민간자원을 활용함으로써 비용절감효과를 거둘 수 있다.

해설

③ 투입보다는 산출 및 전달체계부문에 초점을 둔다. <답 ③>

52. 오늘날 시민사회조직에 대한 설명으로 가장 적합하지 않은 것은?

① 정부와 비정부조직간에 적대적 관계보다는 서로의 <2010 국가 9급>
존재를 인정하는 동반자적 관계가 점차 확산되고 있다.

② 비정부조직이 생산하는 공공재나 집합재의 생산비용을 정부가 지원하는 경우에는 정부와 대체적 관계를 형성한다.
③ 비영리조직이 지닌 특징으로는 자발성, 자율성, 이익의 비배분성 등이 있다.
④ 정부가 시시나 시원의 필요성을 위해 특정한 비정부조직분야의 성장을 유도하여 형성된 의존적 관계는 개발도상국에서 많이 나타난다.

해설

②는 정부와 보완적 관계이다. <답 ②>

53. 비정부조직(NGO)에 대한 설명으로 가장 옳지 않은 것은?

<2009 지방수탁 9급>

① 높은 전문성을 보유하고 있어 정책과정에서 영향력이크다.
② 정부나 시장에 대한 감시와 견제의 역할을 한다.
③ 이상주의에 치우쳐 결과에 무책임하다고 비판을 받기도 한다.
④ 재정상의 독립성 결여로 인해 자율성확보에 문제가 있다는 비판이 존재한다.

해설

NGO는 도덕적, 종교적 신념에 바탕을 둘 뿐, 전문성과 책임성을 확보하기 어렵다는 비판이 제기되고 있다. Salamon은 이를 박애적 아마추어리즘이라 지적하였다. <답 ①>

54. NGO에 관한 이론과 그 설명의 연결이 옳지 않은 것은?

<2008 지방수탁 7급>

① 소비자통제이론 - NGO는 서비스가 구매되는 상황이나 또는 그 서비스 자체의 성격으로 말미암아, 소비자들이 영리기업에서 생산하는 서비스에 대해서 정확한 평가를 내리기가 불가능하기 때문에 이를 보완할 목적으로 등장하였다.
② 공공재이론 - NGO 부문은 사회의 구성원들에게 기존의 공공재 공급구조 체제에서 충족되지 못한 수요를 만족시키는 역할을 한다.
③ 다원화이론 - NGO 부문은 정부에 의해 달성될 수 있는 것보다 사회 서비스 생산에서 상당한 다양성을 제공하고 있다.
④ 기업가이론 - 정부와 NGO부문이 이질적이고 이들 간의 관계가 경쟁과 갈등이라고 가정한다.

해설

① 소비자통제이론(Consumer Control Theory)은 소비자인 시민이 국가권력을 감시하고 통제하기 위한 수단으로 발생하였다는 모형이다. ② 공공재이론은 시장에서 공급될 수 없는 공공성이 강한 재화는 주로 행정기구가 공급하여야 하지만 기존의 공공재 공급체계하에서 공급되지 못 한 수요를 충족시키기 위하여 발생했다는 모형이다. <답 ①>

55. 최근에 비정부조직(NGO)의 행정부분에서의 역할이 확대되는 이유와 가장 관련이 적은 것은? <2005 서울 7급>

① 시장실패의 확대 ② 정부실패의 확대 ③ 정보화의 진전
④ 세계화의 진전 ⑤ 학습조직의 증대

해설

최근 NGO의 역할이 증대한 원인은 다양하나 행정환경의 변화에 근본적으로 기인한다. 행정환경의 변화로서 개방화와 세계화의 진전, 지방화의 전개, 민주화와 정보화 등을 들 수 있다. 또한 정부실패와 시장실패 모두를 들 수 있는데, 종래 시장의 실패를 치료하기 위한 정부의 개입이 역으로 정부실패를 초래함으로써 시장실패와 정부실패를 동시에 치유하기 위하여 등장하였다. 따라서 NGO 등이 주축이 되는 현대시민사회의 등장은 새로운 패러다임으로 전통적인 시장질서와 정부개입이라는 이분법적 대립구도를 뛰어넘는 새로운 통치질서이다. 지식(행정)조직으로서의 학습조직은 유기적인 정부조직으로서 비정부조직(NGO)과는 관련이 없다. <답 ⑤>

56. 민간의 활력을 이용한 도시경영전략 중 시민참여와 자원봉사의 에너지를 활용하는 것은? <2003 지시>

① 관민합작사업 ② 민간위탁(contract-out) ③ 제3섹터형 공기업
④ 공동생산(coproduction) ⑤ 합동재개발

해설

④ 주민공동생산이란 '공공서비스의 생산과 분배에 있어서 주민들의 생산적 참여'를 의미한다. 우리나라에서 공공서비스의 공동생산이 이루어지는 경우로는 시정모니터제도, 명예행정관제도, 거리질서 계몽활동, 각종 직능단체의 활동 등이 있다. 이러한 예들 외에도 서울올림픽과 대전엑스포를 개최할 때 자원봉사단을 조직하여 공동생산방식을 시도했다. <답 ④>

57. 공동생산에 영향을 미치는 요인으로 타당하지 않은 것은?

① 주민의 개인적 사정 ② 지역사회의 사회적 조건
③ 행정기관의 조직적 특성 ④ 산출되는 수혜의 범위
⑤ 참여자간의 사익추구정도

해설

공동생산에 어느 정도 참여할 것인가에 대한 결정은 다음과 같은 요인들에 의해 영향을 받는다. i) 주민의 개인적 사정: 이에는 공동생산을 위해 쓸 수 있는 경제력, 시간, 에너지 등의 자원, 행정서비스의 요구정도, 특정한 행정서비스에 대한 주민들의 평가 등이 있는데, 각각의 정도가 높아질수록 공동생산에의 참여가능성도 높아진다. ii) 지역사회의 사회적 조건: 예컨대 우범지역의 주민들은 다른 지역의 주민들보다 범죄예방을 위한 순찰업무에 참여하려는 경향이 높을 것이다. 또한 주민들간의 효과적인 의사소통, 빈번하고 정규적인 상호작용, 사회적 일체감, 동질감 등의 존재도 공동생산의 가능성을 증가시킨다. iii) 행정기관의 조직적 특성: 행정기관이 분권화되어 있을수록 공동생산이 활발해질 것이며 행정기관이 주민에게 정보, 자원 등을 제공하기로 방침을 정하고 있다면 주민들의 참여기회는 그만큼 확대될 것이다. iv) 공동생산에 의해 산출되는 편익의 수혜범위: 만약 그 편

익이 공동생산에 참여한 주민들에 의해서만 향유될 수 있고 비참여자는 배제된다면 주민들의 참여노력은 최대가 될 것이다. <답 ⑤>

58. 지방공공서비스의 공동생산의 특성으로 옳지 않은 것은?

① 서비스 질과 양 향상 ② 주민참여의 증가 ③ 예산낭비
④ 대정부 신뢰도 증가 ⑤ 행정관료의 반응성 향상

✍ **해설**

행정기관과 주민들의 공동생산으로 인해 유급공무원을 자원봉사주민들로 대체할 수 있으므로 동일한 양과 질의 서비스를 제공하는 데 필요한 비용을 절감할 수 있다. <답 ③>

59. 다음 중 지방정부가 행정서비스를 직접 공급하는 형태가 아닌 것은?

① 호 적 ② 병 사 ③ 주민등록
④ 지적측량 ⑤ 민방위

✍ **해설**

호적, 병사, 주민등록, 민방위, 지방세부과 등과 같은 서비스는 중앙정부나 지방정부가 원가에 해당하는 수수료를 지불받거나 무료로 공공서비스를 직접 제공하는 형태에 속한다. 계량기검사나 지적측량 등은 민간에 위탁하고 있는 서비스이다. <답 ④>

60. 지방자치단체의 경영성 확보를 위한 각국의 제도에 관한 설명으로 옳은 것은? <2001 지시>

① 일본의 제3섹터는 민법이나 상법에 의해 설립된 법인 중 지방자치단체가 40% 이상 출자한 법인을 말한다.
② 프랑스의 혼합경제회사의 경우 지방자치단체와 연합하고자 하는 민간법인은 적어도 20% 이상의 자본을 투자해야 한다.
③ 일본의 경우 지방공사의 설립은 특별법에 의거해야 한다.
④ 영국의 의무경쟁입찰제도의 경우 지방자치단체의 계약부서는 중소기업보다 대기업에 낙찰되는 것을 선호하는 경향이 있다.
⑤ 우리나라에서는 1992년에 지방자치단체의 투자비율이 50% 이상 되는 상법상 주식회사와 민법상 재단법인을 설립 · 운영할 수 있도록 지방공기업법이 개정되었다.

✍ **해설**

①③ 공사, 협회, 기금, 주식회사 등 그 명칭 여하에 관계없이 민법 또는 상법에 근거한 법인 중 자치단체가 25% 이상 출자한 법인을 말한다. ② 혼합경제회사는 도시계획 · 시설 · 주거 · 상공업부문에 대해서만 창설할 수 있으며, 지방자치단체는 80% 미만의 범위 내에서 50% 이상 투자하여야 한다. ④ 낙찰받지 못하면 당해 부서는 폐지되므로 당해 자치단체에 낙찰되는 것을 선호하며, 이를 위해 자치단체는 민간기업의 경영권을 매수하여 간접경영하거나 외곽단체의 성격을 지닌 기업을 설치하는 등 편법을 취하는 경우가 비일비

재하다. ⑤ 지방공사형 제3섹터는 투자비율이 50% 이상이지만 주식회사형 제3섹터(상법상 주식회사 또는 민법상 재단법인)는 50% 미만이다. <답 ②>

61. 정부간 협정에 의해 공공서비스를 전달하는 방식에 대한 설명이 틀린 것은?

① 특정자치단체가 타자치단체에 특정서비스의 공급을 위탁하는 방법이다.
② 특정서비스를 공급하기 위하여 계약을 통해 다른 정부를 이용하는 방법이다.
③ 정부간 서비스계약의 형태를 취한다.
④ 수탁정부는 서비스공급결정자가 되고 위탁정부는 서비스생산자가 된다.
⑤ 도시권의 광역화 추세와 더불어 크게 강조되고 있다.

해설

정부간 협정에 의한 서비스전달체계는 특정자치단체가 타자치단체에 특정서비스의 공급을 위탁하고 그 비용을 지불하는 방법이다. 이 경우 수탁정부는 서비스생산자가 되고, 위탁정부는 서비스공급결정자가 된다. 그러나 서비스를 공동으로 제공하기 위한 협정을 맺을 경우 관련정부 모두가 생산자이자 공급결정자가 된다. <답 ④>

62. 정부가 민간기업과의 계약을 통해 시민에게 서비스를 전달할 때 갖추어야 할 자격조건이 아닌 것은?

① 공공서비스에 대한 수요를 분명하게 규정하는 실체이어야 한다.
② 능수능란한 구매기관으로서의 자질을 갖추어야 한다.
③ 구입한 상품과 서비스에 대한 엄밀한 검사자이어야 한다.
④ 각종 세금을 공정하게 부과하고 능률적으로 징수하여야 한다.
⑤ 민간계약업자에게 지불할 금액을 최대한 지연함으로써 정부의 비용을 감소시켜야 한다.

해설

사바스(E. S. Savas)는 민간기업과의 위탁계약을 함에 있어서 정부가 갖추어야 할 사항을 다음과 같이 지적하고 있다. (i) 민주적으로 표현된 공공서비스에 대한 수요를 분명하게 규정하는 실체이어야 한다. (ii) 능숙한 구매기관이어야 한다. (iii) 민간부문으로부터 구입한 상품과 서비스에 대한 엄밀한 검사자이어야 한다. (iv) 각종 세금을 공정하게 부과하고 능률적으로 징수하여야 한다. (v) 민간계약업자에게 시의적절하게 적합한 금액을 지불함으로써 경비지출을 최소화하여야 한다. <답 ⑤>

63. 민간기업과의 계약을 통하여 공공서비스를 공급하는 이유로 적당하지 않은 것은?

① 신축적인 운영 ② 지속적인 서비스사용 ③ 고도의 전문기술
④ 비용절감 ⑤ 고도의 개선된 서비스

해설

풀(R. W. Poole, Jr)은 정부가 민간기업과의 계약을 하는 이유로 다음과 같은 이유를 들고 있다. (i) 비영리단체가 도입·채택하고 있는 고도의 개선된 서비스를 지방정부가 이용할 수 있다. (ii) 필요한 서비스를 필요한 시간에만 사용할 수 있다. (iii) 지방정부에서는 찾아볼 수 없는 고도의 전문기술을 이용할 수 있고, 이와 같은 서비스를 지방정부가 직접 도입할 경우 오히려 비용이 증가한다. (iv) 가용재원에 맞추어 사회사업을 신축성 있게 운영할 수가 있다. <답 ②>

64. 정부가 제공하는 공공서비스에 대해 민간기업이 서비스를 제공할 수 있도록 권한을 부여하는 서비스전달방식은?

① 정부의 서비스판매 ② 정부간 협정 ③ 지정 · 허가
④ 구입증서 ⑤ 보조금

해설

③ 지정·허가(franchises)는 정부가 공공서비스를 제공하는 과정에서 특정서비스에 대해 민간기업에게 서비스를 제공할 수 있는 권한을 부여하여 민간기업이 이를 공급하는 방법이다. ④ 구입증서(vouchers)는 일부계층의 시민에게 특정한 소비를 장려하기 위해 특정 서비스를 이용할 수 있는 이용권을 생산자가 아닌 소비자에게 직접 지급하고, 소비자가 이를 시장에서 자유로이 선택하도록 하는 방법이다. ⑤ 보조금(grants or subsidies)은 사회적으로 소비가 권장되어야 할 서비스에 대해 정부가 서비스생산자인 민간기업에게 재정지원·조세감면 등 세제상의 혜택, 저리융자·대부보증 등을 제공하여 서비스가 생산되도록 하는 방법이다. <답 ③>

65. 민간위탁 방식에 대한 설명으로 옳지 않은 것은? <2009 국가 7급>

① 자원봉사자 방식은 서비스의 생산과 관련된 현금지출에 대해서만 보상받고 직접적인 보수는 받지 않는 방식이다.
② 보조금 방식은 민간조직 또는 개인의 서비스 제공활동에 대하여 재정 또는 현물로 지원하는 방식이다.
③ 구입증서 방식은 시민들의 서비스 구입 부담을 완화시키기 위해 금전적 가치가 있는 쿠폰을 제공하는 방식이다.
④ 계약 방식은 민간조직에게 일정구역 내에서 공공서비스를 제공하는 권리를 인정하는 방식이다.

해설

④는 계약(민간위탁, contracting-out) 방식이 아니라 면허(허가, franchises) 방식에 해당한다. 계약 방식은 정부가 민간기업이나 비영리단체 등과의 계약을 통하여 서비스를 공급하는 것을 말한다. 계약 방식의 경우 정부가 소요경비를 부담하는 데 비해, 면허 방식의 경우에는 소비자가 소요경비를 부담한다. <답 ④>

66. 민간위탁 방식에 대한 설명으로 옳지 않은 것은? <2008 서울 9급>

① 자조활동(self-help) 방식은 레크리에이션, 안전 모니터링, 복지사업 등의 분야에서 많이 활용된다.

② 면허 방식에서는 시민이 서비스 제공자에게 비용을 지불하는 대신 정부는 서비스의 수준과 질을 규제한다.

③ 보조금 방식은 공공서비스에 대한 요건을 구체적으로 명시하기 곤란하거나 서비스가 기술적으로 복잡한 경우에 적합하다.

④ 구입증서(voucher) 방식은 시민들에게 서비스의 선택권을 제공하는 장점이 있다.

⑤ 계약 방식에서는 기업 간 경쟁 입찰을 통해 서비스 생산 주체를 결정하는 것이 일반적이다.

✍ **해설** ……………………………………

①은 자조활동이 아니다. 자원봉사자(Volunteer) 방식에 해당한다. <답 ①>

≪주요 민간위탁 방식≫

계약 방식 (Contranting)	정부가 민간과의 계약을 통해 국민들에게 서비스를 전달하는 것으로 민간조직은 생산자가 되고, 정부는 생산자에게 비용을 지불하는 서비스 공급결정자가 된다. 이 방법은 기업간 경쟁입찰을 통해 서비스 생산주체를 결정하는 방식으로 정부재정 부담을 경감시킬 수 있다.
면허 방식 (Franchising)	민간조직에 일정한 구역 내에서 공공서비스를 제공하는 권리를 인정하는 협정으로서 시민이 서비스 제공자에게 비용을 지불하는 대신 정부는 서비스의 수준과 질을 규제한다.
보조금 방식 (Subsidy)	민간의 서비스 제공활동에 대해 재정 또는 현물을 지원하는 방식으로 공공서비스에 대한 요건을 구체적으로 명시하기 곤란하거나 서비스가 기술적으로 복잡한 경우에 적합하다.
구입증서 방식 (voucher)	금전적 가치가 있는 쿠폰을 시민들에게 제공하는 방식으로 시민들에게 서비스의 선택권을 제공하는 장점이 있다.
자원봉사자 방식 (Volunteer)	자원봉사자에 의한 서비스 제공 방식으로 레크리에이션, 안전 모니터링, 복지사업 등의 분야에서 많이 활용된다.
자조활동 (self-help) 방식	공공서비스의 수혜자와 제공자가 같은 집단에 소속되어 서로 돕는 형식으로 이웃감시, 주민순찰, 보육사업, 고령자 대책, 문화예술사업 등에서 주로 활용된다.
규제 및 조세유인 방식	보조금 방식과 마찬가지 효과를 내면서도 비용은 적게 소요되는 방식으로 대체교통 수단 장려(규제) 또는 쓰레기 수집이나 도로청소 장려(조세유인제도) 등에 적합하다.

67. 민간위탁 방식에 대한 설명으로 옳지 않은 것은? <2012 지방수탁 9급>

① 자조활동(self-help) 방식은 서비스의 생산과 관련된 현금지출에 대해서만 보상받고 직접적인 보수는 받지 않으면서 공익을 위해 봉사하는 사람들을 활용하는 것이다.

② 보조금 방식은 민간조직 또는 개인이 제공한 서비스 활동에 대해 정부가 재정 또는 현물을 지원하는 것이다.

③ 바우처(voucher) 방식은 공공서비스의 생산을 민간부문에 위탁하면서 시민들의 구입부담을 완화시키기 위해 금전적 가치가 있는 쿠폰(coupon)을 제공하는 것이다.

④ 면허 방식은 민간조직에게 일정한 구역 내에서 공공서비스를 제공하는 권리를 인정하는 것이다.

✍ **해설**

자조활동(self-help) 방식은 공공서비스의 수혜자와 제공자가 같은 집단에 소속되어 서로 돕는 형식으로 이웃감시, 주민순찰, 보육사업, 고령자 대책, 문화예술사업 등에서 주로 활용된다. ①의 서비스의 생산과 관련된 현금지출에 대해서만 보상받고 직접적인 보수는 받지 않으면서 공익을 위해 봉사하는 사람들을 활용하는 방식은 자원봉사(Volunteer) 방식이다. <답 ①>

68. 민영화의 유형 중 민간위탁(contracting-out)에 대한 설명으로 틀리는 것은?

① 민간업자가 오랫동안 행정서비스를 독점하는 데서 오는 폐해가 있을 수 있고, 정보의 비대칭성으로 인해 역선택과 도덕적 해이 등과 같은 대리인 문제의 발생 가능성이 있다.

② 공공서비스에 대한 요건을 구체적으로 명시하기 곤란하거나, 서비스가 기술적으로 복잡하고 서비스의 목표를 어떻게 달성할 것인지가 불확실할 경우에 사용된다.

③ 기업간 경쟁입찰을 통해 서비스 생산주체를 결정함으로써 정부의 재정부담을 경감시킬 수 있다.

④ 인력운영의 유연성을 제고해 관료조직의 팽창을 억제할 수 있다. 정부가 실질적으로 해당 분야에 필요한 전문기술인력을 상시 확보하는 효과를 창출한다.

✍ **해설**

재정지원(grants)은 공공서비스에 대한 요건을 구체적으로 명시하기 곤란하거나, 서비스가 기술적으로 복잡하고 서비스의 목표를 어떻게 달성할 것인지가 불확실할 경우에 사용된다. 또한 공공서비스에 대한 요건을 구체적으로 명시하기 곤란하거나, 서비스가 기술적으로 복잡하고 서비스의 목표를 어떻게 달성할 것인지가 불확실할 경우에 사용된다. <답 ②>

69. 다음 중 정부가 서비스 수준을 통제하면서도 서비스 생산을 민간부문에 이양하는 장점이 있으나, 서비스 제공자 사이에 경쟁이 약할 경우 이용자의 비용 부담이 과중하게 될 우려가 있는 공공서비스 공급방식은? <2009 국가 7급>

① 면허 ② 보조금지급 ③ 조세유인
④ 구입증서 지급 ⑤ 자원봉사

해설

① 면허(Franchising 프랜차이즈제도: 허가, 특허방식)는 특정 서비스의 공급에서 민간에게 독점권(면허)을 부여해 정부가 서비스 공급결정자가 되고 민간이 서비스의 생산자가 되어서 서비스 대가를 지불하는 방식이다. 장점으로 수익자 부담원칙에 적합하고, 민간업체의 전문성을 활용할 수 있고, 업체난립을 막을 수 있으나, 단점으로 독점에 의한 가격인상 우려와 함께 서비스질을 저하할 가능성이 있다. 예: 쓰레기 종량제 봉투의 제작과 판매를 민간기업에 독점권 부여, 고형폐기물수거와 처리, 컨벤션센터 운영, 공항운영 · 구급차서비스 · 차량견인 및 보관 등이 있다. <답 ①>

70. 다음 중 지방행정의 민간위탁의 필요성이라고 보기 어려운 것은?

① 업무효율화와 인건비 · 경비절감
② 행정전문화에 의한 지식 · 기술의 필요
③ 행정서비스의 질 개선
④ 행정업무의 전산화
⑤ 고도의 지식기술을 가진 인재확보의 곤란

해설

지방행정사무의 민간위탁 필요성은 ①②③⑤ 이외에 직원확보의 곤란, 능률성 향상, 공무원의 부정부패제거, 주민서비스의 향상 등을 들 수 있다. <답 ④>

71. 부패의 유형에 대한 설명으로 옳지 않은 것은? <2009 지방수탁 9급>

① 민원처리 과정에서 소위 '급행료'가 당연시되는 관행은 제도화된 부패에 해당된다.
② 과도한 선물의 수수와 같이 공무원 윤리강령에 규정될 수는 있지만, 법률로 규정하는 것에 대하여 논란이 있는 경우는 회색부패에 해당된다.
③ 공금횡령이나 회계부정은 거래를 하는 상대방 없이 공무원에 의해 일방적으로 발생하는 백색부패에 해당된다.
④ 공무원과 기업인 간의 뇌물과 특혜의 교환은 거래형 부패에 해당된다.

해설

공금횡령이나 회계부정은 거래를 하는 상대방 없이 공무원에 의해 일방적으로 발생하는 비거래형 부패(사기형 부패)에 해당된다. 백색부패란 이론상으로는 일탈행위로 규정될 수 있으며, 관례화된 부패를 말한다. <답 ③>

72. 공직부패의 유형으로서 사회구성원 가운데 일부 집단은 처벌을 원하지만 다른 일부 집단은 처벌을 원하지 않는 경우의 부패를 말하는 것으로 올바른 것은?

① 백색부패 ② 회색부패 ③ 흑색부패 ④ 적색부패

해설

≪공직부패의 유형≫

1. 회색부패: 사회체제에 파괴적인 영향을 미칠 수 있는 잠재성을 지닌 부패로서, 사회구성원 가운데 일부 집단은 처벌을 원하지만 다른 일부 집단은 처벌을 원하지 않는 경우의 부패를 말한다. 예를 들어, 과도한 선물의 수수는 윤리강령에 규정될 수 있지만, 이를 부패방지 및 국민권익위원회의 설치와 운영에 관한 법률 등에 규정하는 것에 대해서는 반론이 있으며, 이 경우에 해당하는 사례들이 회색부패의 형태에 해당한다.
2. 백색부패: 이론상 부패행위로 규정될 수 있으나, 사회구성원 다수가 어느 정도 용인하는 관례화된 부패를 말한다. 백색부패는 사회체제에 심각한 파괴적 영향을 미치지 않는다. 선의의 거짓말은 백색부패의 범주에 속한다.
3. 흑색부패: 사회체제에 명백하고 심각한 해를 끼치는 부패로, 구성원 모두가 인정하고 처벌을 원하는 부패를 말한다.

<답 ②>

73. 공직부패의 유형에 대한 설명 중 타당하지 않은 것은?

① 거래형 부패 — 직접 뇌물을 받고 특혜를 주면서 이익을 교환하는 유형
② 백색부패 — 사회체제에 명백하고 심각한 해를 끼치는 부패로, 구성원 모두가 인정하고 처벌을 원하는 부패
③ 회색부패 — 사회구성원 가운데 일부 집단은 처벌을 원하지만 다른 일부 집단은 처벌을 원하지 않는 경우의 부패
④ 체제적 부패 — 제도화된 또는 구조화된 부패로서, 포괄적 부패가 만연되어 부패가 제도화·일상화되고, 공식행동규범의 준수가 오히려 예외적인 것이 되는 것

해설

②는 흑색부패를 말한다. 백색부패는 이론상 부패행위로 규정될 수 있으나, 사회구성원 다수가 어느 정도 용인하는 관례화된 부패를 말한다. 백색부패는 사회체제에 심각한 파괴적 영향을 미치지 않는다.

<답 ②>

74. 다음 중 공직의 부패를 방지하기 위한 방안과 거리가 먼 것은?

① 정부의 사회적 규제를 강화하여 사회통제 수준을 높인다. <2006 국회 8급>
② 행정정보의 공개를 통해 행정의 투명성을 확보한다.
③ 시민단체의 정부활동 감시기능을 강화한다.
④ 국민들이 정부활동에 대한 불만사항을 제기할 수 있는 제도적 장치를 강

화한다.

⑤ 행정절차를 간소화하여 민원처리 단계를 줄인다.

해설

사회적 규제는 경제적 규제에 비해 지대추구나 포획현상의 가능성이 낮아 부패의 가능성이 낮지만, 사회적 규제의 강화가 공직의 부패를 방지하기 위한 방안이라고 보기는 어렵다. 부패방지를 위해서는 불필요한 규제를 완화해야 한다. <답 ①>

75. 행정서비스의 민영화에 관한 장점으로 볼 수 없는 것은?

① 정부의 책임성을 확보할 수 있다.
② 행정서비스의 효과성 측정을 용이하게 한다.
③ 정부의 기구확장을 억제한다.
④ 민간경제의 성장을 촉진한다.
⑤ 공공시설 투자비를 억제할 수 있다.

해설

행정서비스의 민영화의 장점으로는 ②③④⑤ 이외에 행정서비스 질의향상, 주민참여의 확대, 전문기술의 제공, 시설투자비절약, 지방경영의 개선 등을 들 수 있다. <답 ①>

76. 민간부문에 의한 행정서비스 제공의 이점이라고 볼 수 없는 것은?

<2001 지시>

① 민간경제의 성장을 유도할 수 있다.
② 전문적 기술을 활용할 수 있다.
③ 공공부문의 책임성 확보가 용이해진다.
④ 정부비용을 줄일 수 있다.
⑤ 정부기구의 과도한 확장을 억제할 수 있다.

해설

③ 공공부문의 책임성은 오히려 약해진다. <답 ③>

77. 전통적으로 정부의 고유 영역으로 간주되어 정부가 직접 제공해 오던 서비스를 근래에 들어 민간기업에 위탁관리하는 경향이 있는데, 이의 목적이라고 보기 힘든 것은?

<2001 사시>

① 행정의 대국민 책임성 확보
② 기업가적 정부의 실현
③ 작고 효율적인 정부의 실현
④ 민간부문의 경쟁력 활용
⑤ 비용 절감의 경제성 추구

해설

민간기업에 위탁관리하는 목적은 기업가적 정부의 실현, 작고 효율적인 정부의 실현, 민간부문의 경쟁력 활용, 비용 절감의 경제성 추구 등이다. <답 ①>

78. **행정사무의 민간위탁에 대한 설명으로 틀린 것은?**

① 소득세 원천징수와 같이 국민의 권리 · 의무사항도 대상이 된다.
② 수탁자는 자기의 명의와 책임으로 사무를 처리한다.
③ 위탁자는 그 사무처리에 관하여 관여할 수 없다.
④ 수탁자의 사무처리에 이의가 있는 자는 그 처리가 있는 날로부터 3개월 이내에 이의신청을 할 수 있다.
⑤ 위탁대상업무는 원칙적으로 국민의 권리 · 의무와 직접 관련되지 않는 사무이어야 한다.

✍ **해설** ……………………………………………

위탁자는 수탁자가 업무처리를 합리적으로 수행하고 있는가에 대하여 관여한다. 민간위탁 대상업무는 국민의 권리 · 의무와 직접 관계되지 아니하는 조사 · 검사 · 관리 등의 업무임을 원칙으로 하나, 때로는 국민의 권리 · 의무와 직접 관계되는 행정사무가 민간위탁되는 경우도 있다. 소득세원천징수, 선박권력행사 등이 그러한 예이다. <답 ③>

79. **지방행정사무의 민간위탁 대상사무가 될 수 없는 것은?**

① 쓰레기수거 ② 주민등록관리 ③ 유원지관리
④ 주차장관리 ⑤ 도서관 설치 · 관리

✍ **해설** ……………………………………………

민간위탁의 대상업무는 원칙적으로 국민의 권리 · 의무와 직접 관련되지 않는 사무로서 (i) 단순사실행위인 행정작용, (ii) 공익성보다는 능률성이 더 많이 요구되는 사무, (iii) 특수한 전문지식과 기술을 요하는 사무, (iv) 기타 국민생활과 직결된 단순행정사무이다. ①③④⑤는 단순반복적인 행정작용이기 때문에 민간위탁이 가능하다. 주민등록관리는 지방자치단체의 기관위임사무이다. <답 ②>

80. **다음의 민간위탁방식 가운데 가장 비민주적인 것은?**

① 계 약 ② 자발적 서비스제공 ③ 지정 또는 허가
④ 보조금제공 ⑤ 증서제공

✍ **해설** ……………………………………………

③ 지정 또는 허가방식은 독점성을 가져서 민간의 진입이 제한되므로 가장 비민주적이다. <답 ③>

81. **다음 중 정부에 대한 이해를 달리하는 제도는?** <2010 서울 9급>

① 공립학교의 운영 ② 성과연계예산 ③ 법규중심의 통제
④ 계층제 조직 ⑤ 수습중심의 재해대책

✍ **해설** ……………………………………………

전통적 관료제 정부와 신공공관리론에 입각한 기업형 정부를 비교하는 문제이다. 성과연

계 예산은 기업가적 정부와 관련이 있고, 나머지는 전통적인 관료제 정부와 관련이 있다.
<답 ②>

82. 다음 주장들 중 신공공관리론(NPM)의 특성이나 주장을 나타낸 것을 모두 모은 것은?

> ㉠ 정치 · 경제 · 사상적으로는 신자유주의적(neo-liberalism) 관점이다.
> ㉡ 정부운영에 있어 경쟁보다는 분배 · 참여 · 평등의 원리를 강조한다.
> ㉢ '일은 더 잘하고 비용은 덜 드는 정부'를 지향한다.
> ㉣ 정부는 노 젓는 일보다는 방향 잡는 일에 더 많은 노력을 하여야 한다.
> ㉤ 정책결정 기능과 사업적 성격이 강한 정책집행 기능은 서로 분리하여 별개의 기관들이 각각을 담당케 하는 것이 바람직하다.

① ㉠, ㉢, ㉣, ㉤　② ㉡, ㉢, ㉣, ㉤　③ ㉠, ㉣, ㉤
④ ㉡, ㉢, ㉣　⑤ ㉠, ㉢, ㉤

해설

① 정부운영에 있어 경쟁보다는 분배 · 참여 · 평등의 원리를 강조하는 것은 신공공관리론이 아닌 신행정론의 이념에 해당한다. ㉡을 제외한 나머지 지문은 모두 신공공관리론과 관련된다. <답 ①>

83. 다음 중 신공공관리론 등이 중시하는 공기업의 민영화의 추진목적이 아닌 것은? <2010 전환특채 9급>

① 공공서비스 능률 향상　② 시장실패의 치유
③ 작은 정부의 구현　④ 재정적자의 완화

해설

민영화의 필요성(목적)으로 정부규모의 축소와 재정적자의 감소를 시도하며, 시장경제체제에 의한 자율성을 증진과 능률성을 제고하고, 경쟁체제에 의하여 저렴한 비용으로 양질의 서비스제공을 가능하게 하며, 자본조달의 용이와 보수인상요구 억제 등을 들 수 있다. ②의 시장실패의 치유는 민영화가 아니라 공기업의 필요성 또는 정부개입의 근거이다. <답 ②>

84. 신공공관리론(New Public Management)에 대한 설명으로 옳지 않은 것은? <2011 국가 7급>

① 공공서비스의 민간위탁과 민영화보다는 시민과 기업이 참여하는 공동공급을 중시한다.
② 시장주의와 신관리주의가 결합하여 전통적 관료제 패러다임의 한계를 극복하기 위한 것이다.
③ 가격메카니즘과 경쟁원리를 활용한 공공서비스의 제공을 강조한다.
④ 고객지향적인 공공서비스의 제공을 중시한다.

✍ 해설 ....

① NPM에서는 공동공급 보다는 공공서비스의 민간위탁을 중시한다. 시민과 기업이 참여하는 공동 공급을 중시하는 것은, 상대적으로 뉴거버넌스의 특징이다. <답 ①>

≪신공공관리론과 뉴거버넌스의 특징 비교≫

구 분	신공공관리(국정관리)	뉴거버넌스(신국정관리)
인식론적 기초	신자유주의, 신공공관리	공동체주의, 참여주의
관리기구 (공급주체)	시장주의	서비스연계망(공동체)에 의한 공동생산
관리가치	결과(효율성, 생산성)	과정(민주성, 정치성, 신뢰)
관료역할	공공기업가	조정자
작동원리	갈등과 경쟁체제(시장메커니즘)	신뢰와 협력체제(참여메커니즘)
서비스	민영화, 민간위탁	공동생산(시민, 기업의 참여)
관리방식	고객지향	임무중심
분석수준	조직 내	조직 간
이데올로기	우파	좌파
혁신의 초점	정부 재창조(미국)	시민 재창조(영국)
참여의 형태	공리주의, 자원봉사주의(Volunteerism)	시민주의(Civicism)
정치성	탈정치화	재정치화

85. 신공공관리론(NPM)과 뉴거버넌스에 대한 설명으로 옳지 않은 것은?

<2010 국회 8급>

① NPM은 경쟁의 원리를 강조하지만, 뉴거버넌스는 신뢰를 기반으로 조정과 협조를 중시한다.

② NPM은 작은 정부를 중시하면서 행정과 경영을 동일시하지만, 뉴거버넌스는 큰 정부를 중시하면서 행정과 경영을 분리시킨다.

③ NPM은 국민을 공리주의에 입각하여 고객으로 보지만, 뉴거버넌스는 국민을 시민주의에 바탕을 두고 덕성을 지닌 시민으로 본다.

④ NPM은 행정의 경영화에 의한 정치행정 이원론의 성격이 강하지만, 뉴거버넌스는 담론이론 등을 바탕으로 한 행정의 정치성을 중시한다고 볼 수 있다.

⑤ NPM은 행정기능을 상당부분 민간에 이양하지만, 뉴거버넌스는 민간의 힘을 동원한 공적 문제의 해결을 중시한다.

✍ 해설 ....

NPM(신공공관리론)과 뉴거버넌스 모두 정부의 독점적 통치를 비판하면서 정부는 방향잡기 강조, 정부역할의 축소, 행정과 민간구분의 상대성, 민관협력 등을 인정한다는 점에서는 차이가 없다. <답 ②>

86. 신자유주의에 근거한 신공공관리(New Public Management)에 대한 설명으로 옳지 않은 것은? <2009 국가 7급>

① 법규나 규정에 의한 관리보다는 목표와 임무 중심의 관리를 강조한다.
② 예산지출 위주의 정부운영 방식에서 탈피하여 수입 확보를 강조한다.
③ 정부는 촉매작용자, 촉진자, 중개자 역할보다는 공급자 역할을 수행한다.
④ 사후적 대책수립보다는 사전적 문제예방에 주력하는 경향이 있다.

해설

신공공관리론은 정부는 서비스 공급자로서보다는 촉매작용자, 중개자, 그리고 촉진자로서의 역할을 수행하는 것이 바람직하다고 본다. <답 ③>

≪전통적인 관료제 정부와 신공공관리론(기업가적 정부)의 비교≫

전통적 관료제	신공공관리론(기업가적 정부)
노젓기 역할	방향키(steering)역할(촉진적 정부)
서비스의 독점공급	경쟁 도입(경쟁적 정부)
직접 해줌	할 수 있도록 해줌(지역사회에 힘을 부여하는 정부)
투입 중심 예산	성과지향적 예산(성과지향적 정부)
규칙 중심 관리	임무 중심 관리(사명지향적 정부)
관료 중심	고객 중심(고객지향적 정부)
지출지향	수익 창출(기업가형 정부)
집권적 계층제	참여와 팀워크(분권형 정부)
사후 치료	예측과 예방(미래지향적 정부)
행정메커니즘	시장메커니즘(시장지향적 정부)

87. 신공공관리론과 뉴거버넌스이론을 비교한 것 중 옳지 않은 것만을 고른 것은? <2009 지방수탁 9급>

		<신공공관리론>	<뉴거버넌스>
ㄱ. 인식론적 기초	-	신자유주의	공동체주의
ㄴ. 관리기구	-	시장	네트워크
ㄷ. 관리가치	-	결과	신뢰
ㄹ. 관료의 역할	-	조정자	공공기업가
ㅁ. 작동원리	-	협력	경쟁

① ㄱ, ㄷ　② ㄱ, ㅁ　③ ㄴ, ㄷ　④ ㄹ, ㅁ

✍ 해설

④ ㄹ, ㅁ은 반대이다. <답 ④>

88. 신공공관리론에 대한 설명 중 가장 옳지 않은 것은 <2011 경정승진>

① 전통적인 관료제 패러다임의 한계를 극복하고 작은 정부를 지향하는 정부 운영 및 개혁에 관한 이론이다.

② 가격메커니즘과 경쟁원리를 활용한 공공서비스 생산, 고객지향적인 공공서비스 제공 등을 중시한다.

③ 정부개혁의 주요 방향은 기업가적 정부, 투입에 기반을 둔 예산배분, 규칙 중심의 조직관리 등이다.

④ 기업의 경영원리와 관리기법들을 행정에 도입하여 정부의 성과 향상과 관리의 효율성을 제고시킬 것을 강조한다.

✍ 해설

③ 정부개혁의 주요 방향은 기업가적 정부, 성과와 연계한 예산 배분, 임무 중심의 조직관리 등이다. <답 ③>

89. 다음 중 신공공관리론에서 정부의 역할은?

① 노젓기 ② 방향잡기
③ 정책집행 ④ 봉사와 서비스

✍ 해설

신공공관리론은 정부의 역할을 노젓기(정책집행, 서비스 제공기능)보다 방향잡기(조타수, 정책결정, 규제기능)에 주력함으로써 작지만 효율적인 정부 또는 작지만 강력한 정부로 전환을 강조한다. 노젓기(집행)는 민영화 또는 집행기관의 분리(책임운영기관) 등을 통해 정부역할을 축소를 지향한다. <답 ②>

90. 신공공관리론(New Public Management)에 대한 설명으로 옳은 것은?

① 업무의 결과보다 과정을 중시한다. <2010 지방수탁 9급>

② 정부의 역할을 방향제시보다 노젓기로 본다.

③ 권력의 집중화보다는 분권화를 지향한다.

④ 시장실패의 치유를 위한 국가의 역할을 강조한다.

✍ 해설

신공공관리론은 정부실패의 치유를 위한 시장의 역할을 강조하며, 정부의 역할을 노젓기보다는 방향제시로 보며, 업무의 과정보다 결과를 중시한다. <답 ③>

91. 신공공관리론의 내용에 대한 설명으로 옳지 않은 것은?

① 관료주의보다는 시장기능을 좀 더 폭넓게 활용함으로써 <2009 전환특채>

정부의 성과를 높여야 한다.
② 권한분산과 하부위임을 통해 참여적 의사결정을 촉진시켜야 한다.
③ 업무성과를 제고하기 위해서는 산출이나 결과가 아닌 투입에 관심을 가져야 한다.
④ 경쟁원리의 도입을 통해 행정서비스 공급의 경쟁력을 높여야 한다.

해설

신공공관리론은 과정 · 절차보다 성과 · 결과에 중점을 두며, 고위 관리자의 개인적 책임이나 역할을 강조한다. <답 ③>

92. 신공공관리모형에 대한 설명으로 가장 거리가 먼 것은? <2007 국회 8급>
① 기존의 관료적 패러다임에서 벗어나야 한다고 주장한다.
② 정부의 역할은 정책에 의해서 규정된 관리나 집행에 국한하여 최소화해야 한다고 주장한다.
③ 공공서비스의 질과 고객에 대한 대응성을 높이기 위해 공공부문에 경쟁을 도입해야 한다고 주장한다.
④ 개인이나 비영리 기구 등 다양한 조직을 활용할 것을 주장한다.
⑤ 시장을 신뢰하고, 규제완화를 주장하는 입장을 지지한다.

해설

신공공관리론 – 촉진적 정부(노젓기보다는 방향잡기) : 조타수의 역할을 강조한다. 정부는 서비스 공급자로서보다는 촉매자, 중개자, 그리고 촉진자로서의 역할을 수행하는 것이 바람직하다. <답 ②>

93. 신공공관리적 행정개혁의 문제점, 성과 및 과제에 대한 설명으로 옳지 않은 것은? <2010 지방수탁 7급>
① 시장유사기제의 적용에 따른 문제점으로 민간위탁은 독과점의 폐해를 야기할 수 있다.
② 분권화와 권한이양에 따른 문제점으로 정책기능과 집행기능간 기능분담의 적절성 확보가 어렵다.
③ 공공부문의 책임성, 합리성 및 민주성 확보에 기여할 수 있다.
④ 신공공관리적 개혁의 효과성에 상대적으로 중요성이 높은 변수를 개발하여 개혁수단으로 적용한다면 적실성이 높아질 수 있다.

해설

신관리론은 공공부문에 민간기법이나 시장방식을 도입하자는 것으로 효율성과 생산성만을 강조한 나머지 공공부문의 책임성, 공익성, 형평성 및 민주성 확보에는 제약이 따른다. 신공공관리론은 시장과 민간부문을 지나치게 이상화하는 반면, 정부와 관료제를 지나치게 폄하함으로써 민주행정 및 책임행정의 지향성과 갈등을 야기할 가능성이 많다. ①의 경우

민간위탁은 수탁업체를 선정할 때 경쟁입찰과정을 거치지만 일단 선정이 되면 독과점 형태로 운영되므로 지나친 이윤추구로 인한 공익저해 등의 문제점이 발생할 수 있다. <답 ③>

94. 신공공관리론과 대비되는 뉴거버넌스의 특징으로 가장 거리가 먼 것은? <2008 국회 8급>

① 신뢰와 협력을 중시한다.
② 조직간 관계에 초점을 맞춘다.
③ 신자유주의 인식론에 기초하고 있다.
④ 공공서비스의 공동 공급을 강조한다.
⑤ 결과보다는 과정을 중시한다.

해설

③ 신자유주의 인식론에 기초하고 있는 것은 신공공관리론이며 뉴거버넌스는 공동체주의 내지는 참여주의를 기초로 하고 있다. <답 ③>

≪거버넌스(국정관리론)와 뉴거버넌스(신국정관리론)의 비교≫

구 분	거버넌스(국정관리)	뉴거버넌스(신국정관리)
인식론적 기초	신자유주의 · 신공공관리	공동체주의 · 참여주의
관리기구 (공급주체)	시장(주의)	연계망(network)에 의한 공동생산
관리가치	결과(outcomes) [효율성 · 생산성]	신뢰(trust), 과정(민주성 · 정치성)
관료역할	공공기업가	조정자(coordinator)
작동원리	갈등과 경쟁체제(시장메커니즘)	신뢰와 협력체제(참여메커니즘)
서비스	민영화, 민간위탁	공동생산(시민 · 기업의 참여)
관리방식	고객지향	임무 중심
분석수준	조직내(intra-organizational)	조직간(inter-organizational)
이데올로기	우파	좌파
혁신의 초점	정부 재창조(미국)	시민 재창조(영국)
참여의 형태	자원봉사주의(Volunteerism)	시민주의(Civilism)
정치성	탈정치화(비정치적 개념)	재정치화(정치적 개념)
* 공통점	- 노젓기보다 방향잡기 중시 - 투입보다 산출에 대한 통제 강조 - 공공과 민간부문의 구분 필요성에 회의적	

출처: 김중규, 2008, 7급선행정학 p.248 기초로 재구성.

95. 뉴거버넌스와 신공공관리론은 서로 다른 가치를 갖고 있으나, 공통점도 있다. 다음 중 뉴거버넌스와 신공공관리론의 공통점인 것은?

① 정부역할 ② 관리기구 <2011 서울 9급>
③ 관료역할 ④ 서비스 ⑤ 관리방식

해설

① 뉴거버넌스가 다양한 의미로 사용되면서 신공공관리와 동일시하는 경우도 있다. 이는 신공공관리와 뉴거버넌스가 정부개혁전략으로 거의 동일한 시점에서 개발되었다는 점과 정부의 역할에 대한 인식과 제시되는 정부개혁전략이 유사하다는 점 등에서 연유하는 것이라고 할 수 있다. 그러나 신공공관리와 뉴거버넌스는 그 이론적 수준에서 질적인 차이가 존재한다. 결론적으로 신공공관리와 뉴거버넌스는 정부개혁을 위한 적용수준에는 유사성이 있지만, 이론적 수준에서는 질적인 차이가 존재한다. 뉴거버넌스가 정부와 사회간의 새로운 상호작용의 형태를 의미하는 반면, 신공공관리론은 정부관료제를 조직·관리하는 새로운 방법을 의미한다. 즉, 신공공관리는 신자유주의적 이념을 바탕으로 한 행정관리시스템의 전환을 의미한다. <답 ①>

96. 뉴거버넌스(new governance)에 대한 설명으로 옳지 않은 것은?

① 조정자로서 관료의 역할 상을 강조한다. <2011 지방수탁 9급>
② 분석단위로 조직 내(intra-organization) 연구를 강조한다.
③ 경쟁적 작동원리보다는 협력적 작동원리를 중시한다.
④ 공공문제 해결의 기제로써 네트워크의 활용을 중시한다.

해설

② 뉴거버넌스는 분석단위로 조직내(內) 문제보다 조직간(間, inter-organizational) 관계 연구를 더 중시한다. 조직 내를 분석의 단위로 삼는 것은 신공공관리론이다. 따라서 신공공관리론은 정부혁신을 추구하고, 뉴거버넌스는 정책네트워크와 신공공서비스론과 더 관련 있다. <답 ②>

97. 신자유주의 정부개혁의 내용이 아닌 것은? <2001 국가 9급>

① 현금주의회계 ② 내부노동시장
③ 책임운영기관 ④ 서비스구매권

해설

㉠ 정부실패를 극복하기 위한 대안으로 신공공관리론, 신자유주의, 기업가형 정부가 대두되었다. ㉡ 현금주의, 단식부기가 아니라 발생주의, 복식부기를 도입하는 추세에 있다. <답 ①>

98. 부패문제에 대한 거버넌스적 인식에 관한 설명 중 타당성이 적은 것은? <2004 국가 7급>

① 거버넌스에서는 행정부패를 관리방식의 문제가 아닌 정부-사회간 구조와 맥락의 문제로 본다.

② 행정부패는 정부주도적인 통치체제의 구조적 문제이므로 이를 참여적인 거버넌스체제로 전환함으로써 부패를 크게 줄일 수 있다.
③ 거버넌스는 주민참여를 강조한다는 점에서 외부통제의 강화를 통해 부패문제를 해결하고자 한다.
④ 거버넌스는 국정운영의 기소 선제들 참여와 균형의 네트워크 속에 놓음으로써 부패문제를 해결하려고 한다.

✍ 해설 ………………………………………

거버넌스의 의미는 최소국가론, 기업가적 정부, 신공공관리, 좋은 거버넌스, 사회적 인공지능체계, 자기조직화연결망 등 다양한 의미로 쓰이고 있다. 이 문제에서 사용하는 거버넌스의 의미는 네트워크를 강조하는 자기조직화 연결망(self-organizing networks) 혹은 자기조직적인 조직간 연결망(self-organizing inter-organizational networks)의 입장에서 출제된 문제이다. 시장의 조정메커니즘이 가격경쟁이고, 계층제의 조정메커니즘의 행정명령이라면, 연결망의 중심적 작동메커니즘은 신용과 협력이다. 통합된 연결망은 정부로부터의 방향제시에 대항하여 스스로의 정책을 개발하고 환경도 조성할 수 있다. 정부의 주된 과제는 이러한 연결망의 능력을 키우고 새로운 형태의 상호간 협력을 강구하는 것이다. 이상의 논의는 부패에 대한 해결방안으로 다각적이고 다차원적인 접근이 필요하다는 것을 의미한다. <답 ③>

99. 거버넌스를 통한 재무행정부문 혁신에 관한 설명 중 가장 적절하지 못한 것은? <2003 국가 7급>

① 복식부기의 도입을 골자로 하는 정부회계제도 개혁은 재무보고를 통한 재정투명성을 강조한다는 점에서 품목별예산제도의 실현을 의미한다.
② 공공부문에 대한 시장원리의 도입은 응익원칙의 일반적 적용을 통한 세외수입 및 민영화의 일반화를 의미한다.
③ 중앙정부의 재정지원감소에 따른 지방정부간 경쟁을 당연시하게 한다.
④ 네트워크 중심의 참여와 협조는 지방정부간 지나친 경쟁과 지역이기주의라는 부작용을 해소하기 위한 광역적 재정협조로서 나타나고 있다.

✍ 해설 ………………………………………

① 복식부기는 경영성과를 명확히 하기 위한 기업방식의 회계이며 재정통제에 중점을 두는 품목별예산보다는 성과를 중시하는 성과주의 예산에 더 적합하다. <답 ①>

100. 최근 강조되고 있는 새로운 사회문제 해결방식에 대한 기술 중 틀린 것은? <2007 국회 8급>

① 복지문제의 발생 원인을 사회구조보다는 개인의 책임에서 찾으면서 개인의 노동시장에의 참여의지와 노력이 강조되고 있다.
② 집단행동의 딜레마(collective action dilemma)의 극복수단으로서 네트워크, 신뢰 등과 같은 사회적 자본(social capital)의 형성이 강조되고 있다.
③ '철의 삼각(iron triangle)'관계와 같은 행정부처와 이익집단간의 네트워크

와 파트너십이 강조되고 있다.

④ 무임승차행위를 모니터링하고 제재할 수 있는 가능성이 상대적으로 높기 때문에 동네와 같은 작은 공간적 단위를 기초로 한 주민참여와 지역사회의 역량강화가 강조되고 있다.

⑤ 서구 선진국에서 강조하는 '제3방식(The Third Way)'의 문제 해결방식은 시민사회의 역할을 강조하고 있다.

해설

① 비공식 참여자인 이익집단, 공식적 참여자인 관료조직, 그리고 의회의 위원회간의 삼자연합(iron triangle)이 각 정책영역별로 정책의 결정과 집행에 영향을 미친다. ② 미국적 다원주의에서는 정책분야별로 실질적 정책결정권을 공유하는 집합체가 있는데, 이를 정책망(policy network)이라 부른다. 하위정부모형은 소수의 공식적 엘리트와 영향력 있는 특정 이익집단간의 제한된 참여 속에서 안정적인 관계를 형성하여 해당 분야의 정책과정을 지배한다고 보고 있다. 이에 비해 최근 강조되고 있는 새로운 사회문제 해결방식으로 언급되는 것은 뉴거버넌스 관점에서 정부, 시장, 시민사회의 협력적 네트워크를 통한 문제해결방식을 의미한다. <답 ③>

101. 정책네트워크이론(모형)에 대한 설명으로 옳지 않은 것은?

<2012 국가 9급>

① 정책네트워크이론의 대두배경은 정책결정의 부분화와 전문화 추세를 반영한다.

② 철의 삼각(iron triangle)모형은 소수 엘리트 행위자들이 특정 정책의 결정을 지배한다는 점을 강조한다.

③ 이슈네트워크(issue network)모형은 쟁점을 둘러싼 정책참여자들간의 상호작용을 중시한다.

④ 정책과정에 대한 국가중심 접근방법과 사회중심 접근방법이라는 이분법적 논리를 극복하지 못하고 있다.

해설

정책네트워크이론은 기존의 사회중심이론(다원주의)이나 국가중심이론(조합주의)은 한계가 있다는 인식이 대비되고, 국가와 사회의 이분법적 논리에서 나타나는 이론적 한계와 현실설명력의 한계가 등장하면서 다원주의 또는 조합주의라는 양자택일의 단일한 개념을 버리고 각각의 장단점을 보완연계시키는 접근법으로 등장하였다. 즉 철의 삼각, 이슈네트워크, 정책공동체 등 정책 네트워크이론은 정책 및 정책 환경이 전문·복잡화 하면서 더 이상 국가 또는 사회의 특정세력이 정책과정을 주도하지 못한다고 보고 있다. <답 ④>

102. 사회자본(social capital)에 대한 설명으로 옳지 않은 것은?

<2011 국가 7급>

① 부르디외(P. Bourdieu)는 서로 알고 지내는 사이에 지속적으로 존재하는 관계의 네트워크를 통하여 얻을 수 있는 실제적이고 잠재적인 자원의 합계로 정의하였다.

② 사회자본은 물적 자본 및 인적 자본과는 구분되는 자본으로 사회적 관계

속에 존재하는 것이다.
③ 사회자본은 사용할수록 점차 감소하기 때문에 소유주체가 지속적으로 유지하려는 노력을 투입해야 한다.
④ 후쿠야마(F. Fukuyama)는 국가의 복지수준과 경쟁력은 사회에 내재하는 신뢰수준이 결정한다고 보았다.

해설

③ 인적·물적 경제자본은 사용할수록 감소되는 네거티브-섬(negative-sum) 관계이나, 사회적 자본은 당사자가 사용하면 할수록 더욱 증가하는 포지티브-섬(positive-sum) 관계로 나타난다. 즉, 경제자본과 달리 동시성을 전제하지도 않으며, 등가물의 교환도 아니다. 사회적 자본에 대한 연구는 크게 두 가지 부류가 있는데 부르디외(P. Bourdieu)와 콜만(Coleman)의 업적을 계승한 미시적 맥락의 연구(구성원의 능력이나 자산 등 개인적 속성을 강조하는 입장)와 푸트남(Putnam)의 업적을 계승한 거시적 맥락의 연구(협력적 네트워크를 강조)가 그것이다. 부르디외(P. Bourdieu)는 사회적 자본을 미시적 맥락에서 서로 알고 지내는 사이에 지속적으로 존재하는 관계의 네트워크를 통하여 얻을 수 있는 실제적이고 잠재적인 자원의 합계로 정의하였다. <답 ③>

≪사회적 자본의 특징≫

(1) 사회적 자본은 관계 속에 존재하는 자본이다.
(2) 사회적 자본은 이익이 공유되는 특성을 보인다.
(3) 사회적 자본은 소유주체가 지속적으로 유지하려는 노력을 투입해야 하는 자본이다.
(4) 등가물의 교환이 아니다. 경제적 거래처럼 동등한 가치를 지닌 물건의 교환이 아니므로 주는 것만큼 줄고 받는 것만큼 느는 제로-섬(negative-sum)관계가 아니라 당사자가 사용하면 할수록 총량이 더욱 증가하는 포지티브-섬(positive-sum) 관계이다.
(5) 사회적 자본의 교환은 동시성을 전제하지 않는다. 물적 자본의 교환은 시간적으로 동시에 주고받는 관계이지만 사회적 자본은 그렇지 않다.

103. 다음에서 공통적으로 설명하고 있는 것은? <2010 지방수탁 7급>

· 사회적 관계에서 상호이익을 위해 집합행동을 촉진시키는 규범과 네트워크
· 행위자가 자신이 소속한 집단과 네트워크에 있는 자원에 접근함으로써 얻을 수 있는 자산
· 사회적 네트워크 또는 사회구조의 구성원이 됨으로써 확보할 수 있는 행위자의 능력

① 뉴거버넌스 ② 사회자본 ③ 신제도론 ④ 조합주의

해설

상기 제시문은 '사회적 자본'의 개념과 본질에 관한 내용이다. 사회적 자본(社會的 資本: Social Capital)은 종전의 인적, 물적 자본에 대응되는 개념으로 '사회구성원들이 공동의 문제를 협력적으로 해결하는데 자발적이고 적극적으로 참여하는 사회의 조건 또는 특성'을 지칭한다. 사회생활 또는 사회적 조직의 특성이란 상호 신뢰, 믿음, 호혜적 규범, 친사회

적 규범 그리고 협력적 네트워크이다. 다시 말하면 사회적 자본이란 행위자가 사회적 네트워크 또는 사회구조의 구성원이 됨으로써 확보할 수 있는 행위자의 능력이자 자신이 소속한 집단과 네트워크에 있는 자원에 접근함으로써 얻을 수 있는 자산이다. <답 ②>

104. 사회자본의 특성에 대한 설명으로 잘못된 것은?

① 사회자본은 사람들 사이의 관계에서 구체화된다.
② 사회적 자본의 형성과정은 하향적 속성을 지닌다.
③ 사회자본은 공공재이다. 사회자본은 일단 만들어지면 한 개인이 배타적으로 소유하거나 양도하는 것이 불가능하다.
④ 사회자본은 공통의 목적을 위해서 사람들 사이의 협력적 관계를 형성하게 만드는 사회적 구조로서 신뢰, 상호호혜의 규범, 사회적 연결망 등을 핵심적 요소로 한다.

해설

사회적 자본의 형성과정은 상향적 속성을 지닌다. 사회자본은 사람들에 의하여 사용됨으로써 더욱더 증가하며, 사용되지 않음으로써 감소하는 경향이 있다. <답 ②>

105. 네트워크 조직(Network Organization)의 특성에 관한 설명으로 적절하지 않은 것은? <2011 서울 7급>

① 공동의 목표 아래 수직적 · 수평적 통합을 지향하고 지리적 분산의 장애를 극복하고자 한다.
② 자율적이고 다원적, 분산적이다.
③ 가상조직과 임시체제의 속성을 내포한다.
④ 유연성과 신속성을 강조한다.
⑤ 업무성과 평가가 어려운 경우 효용성이 높은 조직형태이다.

해설

⑤ 네트워크조직은 정체성이 약하다는 한계 외에도 업무성과 평가가 어려운 경우 효용을 기대하기 힘들다는 단점이 있다. 네트워크조직은 최종 성과만을 중시하기 때문에 과정적 통제가 필요하거나 업무성과의 평가가 어려운 경우 그리고 구성단위간의 신뢰관계가 취약한 경우에는 조직의 효용을 기대하기 힘들다. <답 ⑤>

106. 조직구조의 모형에 대한 설명으로 바르게 연결된 것은?

<2012 국가 9급>

ㄱ. 수평적 조정의 필요성이 낮을 때 효과적인 조직구조로서 규모의 경제를 제고할 수 있다.
ㄴ. 자기완결적 기능을 단위로 기능간 조정이 용이하여 환경변화에 대한 대응이 신축적이다.
ㄷ. 조직구성원을 핵심 업무과정 중심으로 조직화하는 방식이다.

ㄹ. 조직 자체 기능은 핵심역량 위주로 하고 여타 기능은 외부계약관계를 통해서 수행한다.

① ㄱ - 사업구조 ② ㄴ - 매트릭스구조
③ ㄷ - 수직구조 ④ ㄹ 네트워크구조

해설

④ 네트워크구조는 조직 자체 기능은 핵심역량 위주로 하고 여타 기능은 외부계약관계를 통해서 수행한다. ㄱ. 기능별 구조: 수평적 조정의 필요성이 낮을 때 효과적인 조직구조로서 규모의 경제를 제고할 수 있는 조직이다. ㄴ. 사업구조: 자기완결적 기능을 단위로 기능간 조정이 용이하여 환경변화에 대한 대응이 신축적인 조직이다. ㄷ. 수평구조(팀조직): 조직구성원을 핵심 업무과정 중심으로 조직화하는 방식이다. <답 ④>

107. 네트워크구조의 장점에 대한 설명으로서 가장 거리가 먼 것은?

① 최고품질과 최저비용의 자원들을 활용할 수 있다. <2011 군무원 9급>
② 매우 간소화된 조직구조를 갖는다.
③ 정보통신망의 이용으로 감독인력이 많이 필요하지 않다.
④ 환경변화에 영향을 받지 않아서 매우 안정적이다.

해설

④ 네트워크조직은 불확실한 환경에 탄력적으로 대응하기 위한 대표적인 유기적 구조로서 다수의 변경조직을 통해 환경과의 상호작용이 다원적 · 분산적으로 이루어진다. <답 ④>

108. 네트워크구조에 대한 설명 중 옳지 않은 것은? <2010 전환특채 9급>

① 전 지구적으로 최고품질과 최저비용의 자원들을 활용할 수 있다.
② 직접 감독에 필요한 많은 자원 및 관리인력이 불필요하게 된다.
③ 조직구성원들에게 자율관리, 의사결정권한과 책임을 위임함으로써 사기와 직무동기부여에 기여한다
④ 환경변화에 따른 거대한 초기 투자 없이도 신속하게 새로운 제품을 생산할 수 있다.

해설

네트워크조직은 급변하는 조직 환경에 효율적으로 대응하기 위해 수직적 통합과 수평적이고 공간적으로 통합 메커니즘을 갖춘 조직으로 조직은 핵심적으로 경쟁력 있는 부문만 관리하고 나머지는 외부계약에 의해 수행하는 형태이다. 따라서 ①,②,④와 같은 장점을 보인다. ③은 팀조직 또는 수평적 구조의 특징이다. 팀조직은 전통적 조직에 비하여 수직적인 계층제 형태를 띠지 않고 팀에 대한 권한 부여와 자율적 업무처리를 위하여 계층이 축소되고, 팀간의 유기적 조정이 중시되므로 수평적 조직이 된다. <답 ③>

109. 네트워크조직의 특징을 설명한 것으로 가장 거리가 먼 것은?

<2009 국가 7급>

① 수평적 · 공개적 의사전달이 강조된다.
② 고도의 적응성과 유연성을 가진 유기적 구조를 가진다.
③ 외부기관과의 협력이 강화되기 때문에 대리인 문제의 발생 가능성이 낮다.
④ 의사결정체계는 분권적이며 동시에 집권적이다.

해설

③ 네트워크조직은 계약관계에 있는 외부기간에 대한 직접통제의 곤란으로 대리인 문제의 발생 가능성이 높으며, 이로 인해 조정 및 감시비용이 증가한다. <답 ③>

110. 최근 지방행정분야에서 대두되고 있는 지방거버넌스(Local Governance)의 등장배경과 그 내용에 관한 설명으로 옳지 않은 것은?

<2002 지시 기술직>

① 사회의 다원화
② 지역사회 지식의 축적과 활용
③ 민간부문의 참여확대
④ 정부와 NGO간 협력체제의 강화
⑤ 정부주도의 공공서비스전달체계 확립

해설

⑤ 지방정부는 과거의 직접적인 공급자 중심의 도시정책으로 (i) 정보 · 통신기술의 급격한 발전, (ii) 세계화 · 지방화, (iii) 민간부문의 역할과 기능 확대, (iv) 실질적 · 적극적인 시민참여, (v) NGO 등 시민사회단체의 성장, (vi) 정부간 관계의 상호의존성 증대 등의 변화에 효과적으로 대응하는 데 상당한 한계에 직면하고 있다. 따라서 이러한 한계에 대응하여 최근에 전통적 행정, 전통적 정부(government)로부터 거버넌스(governance)로의 전환이 필요하게 되었다. 즉, 과거 정부(government)라는 공식적 권위에 의한 통치스타일로부터 환경의 변화에 대한 적응 내지 문제에 대한 해결역량을 강조하는 거버넌스(governance)라는 새로운 통치운영원리의 수립이 요구되었다. <답 ⑤>

111. 현대 민주주의 국가에서 정부와 시민사회의 관계에 대한 설명으로 적절하지 않은 것은? <2012 지방수탁 9급>

① 시민사회의 역량이 커지면서 정부 중심의 통치에서 거버넌스로 관점이 변화하고 있다.
② 정부주도의 성장과정에서 초래된 사회적 부작용을 완화하는 방안으로 시민사회의 역할이 강조되고 있다.
③ 시민의식이 성숙되고 시민의 참여욕구가 증대하면서 정부와 시민사회의 새로운 파트너십이 요구되고 있다.
④ 시민사회에 발생하는 이해관계자간의 다양한 갈등을 해결하기 위하여 심판자로서의 정부 역할이 강화되고 있다.

✍ 해설

④ 정부주도의 성장과정에서 초래된 사회적 부작용을 완화하는 방안으로 시민사회의 역할이 강조되고 있으며, 이에 따라 정부와 시민사회의 관계는 협력적인 관계로 바뀌는 추세이다. 현대 민주주의 국가의 시민사회는 이해관계자간의 다양한 갈등을 정부에 의해 해결하기 보다는 시민사회의 중립적인 NGO에 의해 자율적 조정으로 해결되고 있다. 물론 사회 이해당사자간의 갈등과 분쟁이 법적 토대위에서 이루어질 때는 사법부가 심판자의 역할을 한다. <답 ④>

112. '좋은 거버넌스(good governance)' 에 대한 설명으로 옳지 않은 것은?

① 세계은행이 제3세계 국가들에 대한 대출조건으로서 사용한 개념이다. <2010 국가 7급>

② 행정의 투명성, 책임성, 통제 및 대응성이 높을수록 좋은 거버넌스라고 할 수 있다.

③ 행정업무 수행에서 공무원들이 효율적 · 개방적이면서도 타당한 정책결정과 집행을 할 수 있는 관료제적 능력을 지니는 것을 말한다.

④ 자유민주주를 옹호하는 좋은 거버넌스는 효율성을 강조하는 신공공관리와는 결합되기 어렵다고 Rhodes는 주장했다.

✍ 해설

Rhodes가 주장한 '좋은 거버넌스'는 세계은행(UNDP국제부흥개발은행, IBRD)이 제3세계 국가(개도국)에 대한 재정지원 과정에서 사용한 개념으로 자유민주주의와 신공공관리론을 결합한 것이라고 주장하였다. 좋은 거버넌스 개념은 개발도상국의 정부개혁에 시사점이 크다. <답 ④>

113. 좋은 거버넌스(good governance)에 대한 아래의 기술 중 가장 거리가 먼 것은? <2005 국가 7급>

① 발전도상국의 지배구조에 대한 논의에 이용된다.

② 신공공관리(NPM)와 자유민주주의를 결합하여 이를 실현하는 것이다.

③ 관료제와 공무원 개인들이 효율적이고 개방적이며 책임 있는 대상이 되는 것이다.

④ 규칙중심관리를 효율적으로 강화하는 것이다.

✍ 해설

④ 규칙중심의 관리는 전통적인 관료적 거버넌스로서 최근 논의되고 있는 뉴거버넌스와는 상충된다. 좋은 거버넌스(good governance)란 나쁜 거버넌스(bad governance)에 대응되는 개념으로서 능률적이고 책임감 있는 관료집단의 역할을 중시하는 개념이다. 좋은 거버넌스는 신공공관리(NPM)와 자유민주주의를 결합하여 이를 실현하려는 것으로 국가가 좋은 일을 하자는 것인데 개발도상국에서의 만연된 부패가 나쁜 거버넌스의 산물이라고 보고 이를 제거하기 위해서는 좋은 거버넌스의 이행이 필요하다는 입장이다. 좋은 거버넌스는 개발도상국에 대한 기술원조 등을 실시하는 유엔개발계획, 즉 UNDP(United Nations

Development Program)등에서 주로 논의된 모형으로서 개발도상국의 지배구조혁신을 위한 도구로 자주 이용되고 있는 모형이다. <답 ④>

114. 지방행정에 도입가능한 민간경영기법의 설명으로 옳지 않은 것은?

① My My운동 — 직책별 권한 · 책임을 명확히 하는 동시에 <2001 지시> 계층간 권한과 책임을 대폭적으로 하부에 이양함으로써 창조적 기업문화를 형성하는 운동이다.

② 보고 SOS운동 — 보고절차를 간소화하여 실시간 보고를 가능케 하되, 보고서 분량을 확대하여 보다 상세하고 전문적인 보고를 하는 운동이다.

③ Benchmarking — 경쟁기업들의 최우수경영사례를 분석하여 자기기업에 도입함으로써 경쟁에서 승리하는 기법이다.

④ 성과급제 — 연공서열제 급여에서 오는 무사안일적 타성을 타파하고자 구성원의 능력과 실적에 기초한 급여제도이다.

⑤ 고객만족 경영법 — 고객입장에서 사고함으로써 고객이 기대하는 수준의 제품이나 서비스를 제공하여 소비자가 다시 자사의 제품을 선택하도록 하는 경영기법이다.

해설

② 보고 SOS운동은 보고사무를 간소화하기 위한 경영기법으로서 SOS는 Simple, On-time, Slim의 첫 글자를 의미한다. 1) Simple: 보고절차의 단순화를 의미하며, 구두나 메모보고를 활성화하면 문서 발생건수가 30% 감소한다는 것이다. 2) On-time: 의사결정의 신속화이며, 보고는 즉시, 당일에 끝내야 한다는 것을 의미한다. 3) Slim: 문서작성의 간소화를 의미하며, 보고서는 1매주의로 간결하게 작성하되 재작성하는 일이 없도록 한다는 것이다. <답 ②>

115. Tiebout의 가설이 성립하기 위한 전제조건으로 옳지 않은 것은?

① 모든 소비자들이 지방공공재와 조세에 관한 정보를 <2002 지시 기술직> 충분히 알고 있어야 한다.

② 지방정부가 제공하는 지방공공재가 외부성을 갖지 않아야 한다.

③ 서로 상이한 지방공공재와 조세의 조합을 제공하는 수많은 지역사회가 존재하여야 한다.

④ 소비자들이 자신이 선호하는 지역으로 자유로이 이동할 수 있어야 한다.

⑤ 지방공공재를 생산하는 데 발생하는 평균비용은 지역사회마다 달라야 한다.

해설

Tiebout 가설이란 (i) 주민의 완전한 이동성, (ii) 공공서비스와 조세에 대한 완전정보, (iii) 다수의 지방자치단체의 존재, (iv) 외부효과의 배제, (v) 토지이용제한(소득획득상의 지역적 한계가 없을 것) 등과 같은 전제하에서는 분권화된 시장메커니즘에 의해서도 지방공공재의 효율적 공급이 가능하다는 이론이다. 이처럼 Tiebout가 제시한 발에 의한 투표

(voting with their feet)의 논리는 각 지방자치단체로 하여금 공공서비스의 효율적 공급을 유발시키게 하는 주민의 이동을 말한다. <답 ⑤>

116. Tiebout의 '발로 하는 투표'에서 상정하는 지방자치 논리에 대한 설명으로 옳지 않은 것은? <2010 국회 8급>

① 주민 요구에 대한 대응성 제고 측면을 강조한다.
② 주민이 선택할 수 있는 다수의 지방정부가 존재한다.
③ 주민들은 완전한 정보가 주어진다는 전제 하에 자신들의 선호에 따라 지역간 이동을 한다.
④ 지방정부는 최적인구규모를 유지하기 위해 서로 경쟁한다.
⑤ 정보통신 발달 및 생활광역화가 '발로 하는 투표'의 설득력을 높인다.

해설

① 티부가설은 '발로 하는 투표(vote by foot)'의 의미를 가진 말로 주민들이 지방간에 자유롭게 이동가능하기 때문에 지방공공재에 대한 주민들의 선호가 표시되고 지방정부를 주민 스스로 선택할 수 있기 때문에 이러한 시장배분적 과정을 통하여 지방공공재 공급의 적정규모가 결정될 수 있다는 이론이다. ①의 경우 주민 요구에 대한 대응성 측면보다는 시장경제원리에 의한 공공재의 효율적인 공급만을 강조하고 있다는 지적을 받는다. ⑤의 경우 최근 교통 및 정보통신 발달로 생활광역화가 이루어지고 주민들의 이동이 더욱 편리해짐으로써 '발로 하는 투표'의 설득력이 높아지고 있다는 평가를 받는다. <답 ①>

≪티부가설의 기본가정≫

· 다수의 지역사회(지방정부) 존재 · 완전한 정보 · 지역간 자유로운 이동 - 완전한 이동 · 단위당 평균비용 동일 - 규모의 경제 작용X, 규모수익 불변 · 외부효과의 부존재 · 배당수입에 의한 소득 · 한 가지 이상의 고정적 생산요소 존재 · 최적규모의 추구 - 규모가 크면 주민 유출, 작으면 주민유입

117. 지방행정의 환경변화의 변수로서 지방화·분권화의 설명으로 적합하지 않은 것은?

① 지방화는 국가경영의 결정과 국민활동의 무대가 중앙에서 지방의 단위로 옮겨지는 변화과정이다.
② 지방화는 정책결정권한의 소재로 볼 때 분권화(decentralization)의 일환이다.
③ 분권화의 정치적인 의미는 정치적인 의사결정의 분산이고, 행정적 의미로는 행정적 자유재량권의 분산을 의미한다.
④ 오늘날 대부분의 국가는 정치적·행정적 권한의 중앙집권과 규제로부터 지방으로의 분산과 자율로 옮겨지는 경향을 띠고 있다.

⑤ 지방화 · 분권화에는 공공부문의 민영화는 포함되지 않는다.

해설

지방화는 분권화의 일환이다. 분권화에는 국가경영의 결정권한을 중앙에서 지방으로 이양하는 지방분권의 의미와 함께 공공부문의 기능과 활동을 민간부문으로 이전하는 사적인 분권화의 의미도 포함된다. <답 ⑤>

118. 지방화는 분권과 자율을 기초로 하여 국가경영의 대내적 체제대응능력을 강화시키는 것을 기본목적으로 한다. 그 대응능력을 제고시키기 위한 요소로서 적합하지 않은 것은?

① 지도력 배양 ② 책임성 ③ 다양성
④ 참여성 ⑤ 지역균형발전

해설

Harold Wolman 교수는 행정체제의 대응능력을 제고시키기 위한 요소로서 (i) 지도력 배양(leadership development), (ii) 책임성(responsibility), (iii) 다양성(diversity), (iv) 참여성(participation), 그리고 (v) 대응성(responsiveness)을 들고 있다. ⑤ 지역균형발전의 요소는 중앙정부차원에서의 지역정책이며, 지방정부차원에서는 지역간의 상호경쟁 및 협력의 논리가 우선시된다고 할 수 있다. <답 ⑤>

119. 지방화의 필요성에 대한 설명으로서 적합하지 않은 것은?

① 고도의 중앙집권주의는 행정의 획일성을 초래하여 지역실정에 역행하는 경우가 있다.
② 지방화는 광역행정의 수요를 충족시켜서 지역간의 균형발전을 촉진시킨다.
③ 국가권력이 중앙에 집중되어 있을 때, 국가 전체로서의 대응성이 결여되기 쉽다.
④ 중앙정부와 지방정부가 기능분담을 통하여 자주적으로 처리할 때 행정의 생산성과 효율성을 높일 수 있다.
⑤ 지방화는 지방자치정신인 자율과 책임을 주민들에게 고취시켜 지역발전을 능동적으로 도모케 한다.

해설

지방화 · 분권화는 지역실정에 맞는 정책을 지역주민이 스스로 결정하여 시행할 수 있는 지방자치와 궤도를 같이하지만 관할구역을 넘어서 자치단체상호간의 광역적인 행정수요에의 대응에는 미흡하다. 지방자치는 필연적으로 그 지역주민의 이익을 우선하는 지역이기주의가 발생하기 때문이다. <답 ②>

120. 지방화가 제대로 이루어지기 위해 필요한 요건으로 보기 어려운 것은?

① 지방화의 정치적인 요건으로서는 지방정치가 가능한 지방자치제의 실시를

필요로 한다.

② 지방화의 행정적인 요건으로는 중앙기능의 지방이양을 통한 분권화가 필요하다.

③ 국가 전체로 볼 때, 분권화와 집권화의 양극화현상은 모두 문제점이 발생하므로 신중앙집권을 통해서 그 대안을 찾을 수 있다.

④ 경제적인 측면에서는 시장성의 원리에 따라서 지방화가 꼭 필요한 요건은 아니다.

⑤ 사회적 · 문화적인 의미에서 지방화는 인구의 고른 분포와 지방고유의 특색 있는 문화를 보존하기 위하여 필요하다.

해설

개개 지방이 자족과 자립의 경제기반을 가지고 어느 정도 상호균형된 경제력을 보유할 때 참다운 지방화가 실현될 수 있다. <답 ④>

121. 지방화와 지방자치의 상호관계에 관한 설명으로 적합하지 않은 것은?

① 지방화는 사회적 변화라는 특성을 가짐에 비하여, 지방자치는 정치제도적 특성을 갖는다.

② 지방화는 사회현상 전반을 대상으로 하는 것에 반하여, 지방자치는 정치 · 행정에 주로 국한된다.

③ 지방화는 국가와 지방정부 사이의 권한의 배분에 역점을 두는 것에 반하여, 지방자치는 중앙과 지방 사이의 기능 · 활동중심의 변화에 역점을 둔다.

④ 지방자치는 지방화를 가능하게 하는 촉매제 역할을 한다.

⑤ 지방자치 없는 지방화는 핵심이 빠진 외형적인 변화에 불과하다.

해설

지방화는 중앙과 지방 사이의 기능 · 활동중심의 변화에 초점이 주어지고, 지방자치는 중앙정부와 지방정부 사이의 권한의 배분에 역점을 둔다. <답 ③>

122. 지방화와 지방자치의 상호작용 또는 그 영향으로 보기 어려운 것은?

① 지방화의 추세가 강해지면 중앙정부는 자원의 균형배분을 위하여 권한과 책임의 지방이양을 필요에 따라 유보할 수 있다.

② 지방화는 지방자치의 여건을 강화하는 작용을 한다.

③ 지방화가 진전되면 주민의 자율과 책임의식도 향상되어 지방자치의 발전을 도모할 수 있다.

④ 지방자치는 제도로 구체화되기 때문에 지방자치가 올바르게 이루어지면 다른 부문의 지방화는 상당부문 그대로 따르게 된다.

⑤ 지방화는 공공부문뿐만 아니라 민간경제부문에서도 활발히 이루어지고 있

어서 지방자치의 자립기반 조성에 기여한다.

✍ 해설

① 지방화의 추세가 모든 부문에서 강해지면 중앙정부는 권한과 책임의 이양을 전제로 한 지방자치를 촉진시키게 된다. 지방여건의 향상은 바로 지방자치의 역량을 강화시켜 준다.

<답 ①>

123. 지방자치제가 실시되고 있음에도 불구하고 지방화의 수준은 미흡한 것이 우리의 실정이다. 지방화의 제약요인으로 볼 수 없는 것은?

① 오랜 전통의 중앙집권체제에 그 원인이 있다.
② 아이를 낳으면 서울로 보내고 말을 낳으면 제주도로 보내라는 말과 같이 우리 국민의 중앙과 서울지향성에도 그 원인이 있다.
③ 지방의 경제적, 문화적, 사회적인 수용능력의 부족에도 그 원인이 있다.
④ 능률적인 행정과 통일적인 기준을 선호하는 중앙정부의 속성에 따라 실질적인 권한과 책임의 지방이양이 미흡하기 때문이다.
⑤ 지방화는 지역감정과 지역갈등을 초래하는 부작용도 있어서 정부가 이를 억제하기 때문이다.

✍ 해설

지방화에 따른 지역이기주의 확대, 중복투자, 국가적인 투자사업의 지연 등의 부작용도 있으나 이러한 문제가 지방화의 본질을 훼손할 수는 없으며, 더욱이 정부가 지방화를 억제할 명분이 되지 못한다. 왜냐하면 과도한 중앙집권화는 지방화 못지않게 국가발전의 장애요인이 되기 때문이다.

<답 ⑤>

124. 지방의 세계화에 관한 설명으로서 적합하지 않은 것은?

① 지방의 세계화란 지방이 중앙을 거치지 않고 직접 해외로 통하는 노력과 활동을 의미하기도 한다.
② 지방의 세계화란 세계경제 속의 자원과 기업을 지방에 유치함으로써 지역경제를 활성화하는 데 그 의의가 있다.
③ 지방의 세계화란 해당지역의 세계를 향한 '열린 지방'의 개방체제를 의미한다.
④ 지방의 세계화에는 '가장 지방적인 것이 가장 세계적인 것이 될 수 있다'는 지방의 특성화정책도 포함된다.
⑤ 지방의 세계화란 산업 · 경제적인 측면에서 요구되는 것이고 문화 · 사회적인 측면은 고려대상이 되지 않는다.

✍ 해설

지방의 세계화는 지방의 국제경쟁력을 높이기 위한 개방과 개혁정책의 일환이다. 여기에는 경제적인 요인뿐만 아니라 사회적이고 문화적인 요인도 포함된다. 즉 시민의식의 선진

화를 비롯하여 제도 · 관습의 세계화는 필수적이라 할 수 있다. <답 ⑤>

125. 지방의 세계화 전략으로 타당하지 않은 것은?

① 접근방법에 있어서 국가의 세계화 전략은 지방의 세계화 전략의 모델이 된다.
② 세계화 전략의 주체는 지방정부, 기업, 주민 모두이다.
③ 지방화/분권화하에서 지방의 세계화는 활성화된다.
④ 지방의 세계화 가치성향은 획일성이 아닌 다양성에 있다.
⑤ 지방의 세계화란 외국인도 지역주민처럼 불편 없이 해당지역에서 경제 · 문화생활을 영위할 수 있어야 한다.

해설

지방의 세계화라 함은 지방발전이 국가발전을 선도하는 아래로부터의 발전모델이다. <답 ①>

126. 세계화와 지방화의 관계에 관한 설명 중 적합하지 않은 것은?

① 세계화란 국경의 소멸, 국제교류의 활성화, 국제경쟁의 심화 등의 흐름을 의미하는 것이고, 지방화는 권력체제의 다변화, 발전주체의 다원화를 의미한다.
② 중앙정부는 세계화를 추진하고 지방정부는 지방화를 추진하는 것이 기능 분담이라는 측면에서 바람직스럽다.
③ 각국간의 무한경쟁의 시대에 국가가 전면에 나서면 불필요한 국가간의 대립이 생기기 때문에 경우에 따라서는 지방정부가 민간기업을 전면에 내세우는 것도 국익을 위해서 도움이 된다.
④ 세계화와 지방화는 지방의 '개혁과 개방정책'이라는 차원에서 동전의 양면적 특성을 갖는다.
⑤ 지방화가 전제되지 않은 세계화는 성공하기 어렵다.

해설

무한국제경쟁시대에 살아남기 위해서 국내적으로는 지방화가 선행되어야 하고, 대외적으로는 세계화되어야 하는바, 여기에는 중앙정부, 지방정부, 기업 모두 예외가 있을 수 없다. <답 ②>

127. 지방의 세계화정책으로 적합하지 않은 것은?

① 지방정부의 해외사무소설치
② 국경 없는 지역협력체제의 구축
③ 국제적인 문화행사의 개최
④ 외국자본과 기업의 유치
⑤ 대외적인 안보체제의 구축

해설

⑤ 대외적인 안보체제의 구축은 중앙정부의 국제적인 기능이다. <답 ⑤>

128. '세계적으로 생각하고 지역적으로 실천하자'(Think globally, act locally)의 의미로서 올바르지 않은 것은?

① 1991년 6월 노르웨이에서 개최된 국제지방자치연맹(IULA) 회의에서 세계화를 위해 채택한 구호이다.

② 이것은 세계화에 직면한 지방자치단체의 행동지침이다.

③ 이것은 중앙정부와는 무관한 지방정부의 독자적인 세계화 추진전략 구호이다.

④ '지역적으로 실천하자'는 것은 지역의 특성을 살리는 것이 세계화의 주요한 성공의 열쇠라는 것을 의미한다.

⑤ 이것은 개개의 지방정부가 국가적인 틀에서 안주하지 말고 지구촌의 구성원으로서 가치관과 협력의지를 일깨워야 한다는 경구이다.

해설

지방정부의 세계화 전략은 중앙정부로부터 무관할 수 없으며, 중앙정부와의 긴밀한 협력 하에서 성공을 거둘 수 있다. 왜냐하면 지방정부간의 세계화의 과다경쟁은 자원과 시간의 낭비를 가져오기 때문이다. 따라서 필요시 중앙정부의 조정이 요청되며, 이러한 취지에서 우리나라는 행정안전부 산하에 지방자치단체 국제교류재단을 설치하여 운영중에 있다.

<답 ③>

129. 정보화사회의 특징으로 가장 옳지 않은 것은? <2010 국가 9급>

① 피라미드형 조직구조에서 수평적 네트워크구조로 전환되고 있다.

② 관료가 정보를 독점하여 권력의 오 · 남용 문제가 없어진다.

③ 전자정부가 출현하고 문서 없는 정부가 구현될 수 있다.

④ 정보통신기술을 활용한 원스톱(one-stop) · 논스톱(non-stop) 행정서비스가 가능해진다.

해설

정보화 사회에서 관료가 정보를 독점하면 권력의 오 · 남용 문제가 유발될 수 있다. <답 ②>

130. 전자정부 및 지역정보화에 대한 설명으로 옳지 않은 것은?

① UN이 전자정부 발달단계에서 최종단계로 본 것은 <2010 지방수탁 7급> 통합처리(seamless) 단계이다.

② 지역정보화에는 기존의 산업화 과정에서 나타난 지역 간 격차 문제 해결을 위해 지방정부의 주체적 노력이 요구된다.

③ 지역정보화는 지역 간 정보 격차를 해소하는 지역의 정보화와 지역의 균형적 발전을 위한 정보의 지방화를 포함한다.

④ 정보의 그레샴(Gresham) 법칙은 공개되는 공적정보시스템에는 사적 정보시스템에 비해서 상대적으로 가치가 큰 정보가 축적되는 현상을 말한다.

해설

정보의 그레샴의 법칙이란 인간은 가치가 낮은 정보를 공공정보시스템에 남기고, 가치가 높은 정보는 사적으로 보유하는 성향을 가지고 이로 인해 쓸모없는 정보가 공공정보 시스템에 많이 잔여, 컴퓨터의 체증현상과 비용상승을 유발한다는 법칙이다. <답 ④>

≪전자정부의 발달단계 분류≫

전자정부 발달단계는 분류기관에 따라 여러 구분기준이 있으나 일반적으로 다음 3단계로 구분한다.

(1) 통합 1단계: 전자정부 서비스가 출현하는 초기 단계로서 정부가 온라인으로 각종 행정정보를 일방향적으로 제공하는 단계이다.

(2) 통합 2단계: 정보제공자와 이용자간에 상호작용이 이루어진다. 정보제공자가 온라인상에 제공하는 정보를 이용자가 수동적으로 볼 수 있을 뿐만 아니라, 직접 질문하고 답을 받아볼 수 있다.

(3) 통합 3단계: 제공자와 이용자간에 좀더 적극적인 상호거래가 이루어진다. 여권이나 비자를 온라인으로 발급 받는다든지, 출생 · 사망 · 면허 등의 신고 및 관련서류를 발급받을 수 있는 단계이다.

구분	UN	세계은행	가트너그룹	OECD
통합 1단계	자동출현	출현	출현	정보
	출현 조정			
통합 2단계	상호작용	상호작용	상호작용	상호작용
통합 3단계	상호거래	상호거래	상호거래	상호거래
	연계(통합)		전환	전환

UN에서는 2008년도에 '연계(통합)'개념을 전자정부 발전단계에 도입하면서 연계의 의미를 다음과 같이 다섯 가지 의미를 포함하고 있는 것으로 설명하고 있다.

(1) 정부기관간 수평적 연계
(2) 중앙부처와 지방정부간의 수직적 연계
(3) 상호운용성(interoperability) 확보를 위한 인프라간의 연계
(4) 정부기관과 시민간 연계
(5) 정책이해 관련자들간의 연계: 정부 · 민간 · 기업간의 완전한 연계

131. 정보화사회의 특징으로서 적합하지 않은 것은?

① 모든 정보가 시간과 공간을 초월하여 자유롭게 유통된다.
② 넘쳐흐르는 정보 때문에 사회구성원의 대부분이 무기력해지는 경향이 있다.
③ 공공재적 성격을 갖는 재화나 서비스는 세계화를, 사적인 성격을 갖는 재화는 국지화하는 경향이 있다.
④ 산업부문에 있어서 소품종 대량생산체제에서 다품종 소량생산체제가 가능해진다.

⑤ 작은 정부의 실현으로 정부의 역할이 축소된다.

해설

정보화 사회에서는 행정전산화와 정부기능의 민영화 및 분권화로 '작은 정부'를 지향하나, 그것은 조직과 규모면에서 작은 정부를 실현한다는 의미이지 정부기능의 축소나 역할을 과소평가하는 의미는 아니다. <답 ⑤>

132. 기업가적 행정의 원칙으로서 적합하지 않은 것은?

① '노젓기보다는 키를 잡아라' 하고 하는 것은, 즉 공무원은 무조건 열심히 일하는 것도 중요하지만 행정의 방향을 제대로 잡아야 한다(촉진적 정부).
② 행정이 직접 무엇을 하려하지 말고 지역사회가 스스로 하도록 유도한다(지역사회의 주도).
③ 행정을 독점시키지 말고 경쟁을 도입하여야 한다(경쟁성).
④ 법제도나 규칙을 무시하고 사명, 목적, 원칙을 중시해야 한다(사명지향성).
⑤ 예산배분을 성과와 연결시켜야 한다(성과지향성).

해설

사명지향성은 법규만능에서 벗어나 사명중심으로 하는 것이나 그것이 법규를 무시하라는 의미는 아니다. 미국의 고어 부통령그룹이 '정부혁신의 길'에서 주장한 열 가지 기업가형 행정원칙은 다음과 같다. <답 ④>

≪기업가형 행정원칙≫

(i) 촉진적 정부: 노젓기→방향잡기
(ii) 지역사회의 주도: 서비스제공→지역사회에 권한부여
(iii) 경쟁적: 공공독점→경쟁도입
(iv) 사명지향적: 규칙중심→사명중심
(v) 성과지향적: 투입→성과연계 예산배분
(vi) 고객지향적: 관료제→고객요구 충족
(vii) 기업자적: 지출→수익창출
(viii) 미래대비적: 치료→예방
(ix) 분권적: 위계조직→참여와 팀워크
(x) 시장지향적: 행정→시장메커니즘

133. 신공공관리론 분야의 대표적 저작인 Osborne & Gaebler의 「정부재창조론」에서 제시된 '기업가적 정부 운영의 10대 원리'에 속하지 않은 것은? <2011 국회 9급>

① 지역사회가 주도하는 정부 ② 미래에 대비하는 정부
③ 상식이 있는 정부 ④ 성과지향적 정부
⑤ 시장지향적 정부

✍ 해설

상식이 있는 정부는 Osborne & Gaebler의 「정부재창조론」에서 제시된 '기업가적 정부 운영의 10대 원리'와 관계 없다. <답 ③>

134. D. Osborne과 P. Plastrik이 제시한 「정부혁신의 5가지 전략」의 설명으로 옳지 않은 것은? <2010 국회 8급>

① 핵심전략: 정책수립시 명확한 목표설정
② 통제전략: 부패방지를 위한 행정투명성 확보
③ 결과전략: 유인책을 통한 성과관리 강조
④ 고객전략: 시민헌장 제정을 통한 고객에 대한 책임성 확보
⑤ 문화전략: 공직사회의 기업가적 조직문화 창조

✍ 해설

② 통제전략이란 관리자에 대한 통제를 줄이고 권한을 대폭 위임하고 결과에 대해 책임을 지도록 하는 전략이다. <답 ②>

≪기업형정부의 5가지 혁신전략(5C)≫

전 략	정부개혁수단	접근방법
핵심전략	목적	목표와 방향의 명확화
성과전략	유인체계	경쟁관리, 기업관리, 성과관리
고객전략	책임성	고객의 선택, 경쟁적 선택, 품질확보
통제전략	권한	조직권한위임, 지방사회로의 분권
문화전략	문화	관습타파, 감동정신, 승리정신

135. D. Osborne과 T. Gaebler의 기업가적 정부를 통한 행정개혁과 거리가 먼 것은? <2003 국가 7급>

① 기업가적 정부란 공공부문에 시장원리인 경쟁을 도입하고 국민을 고객으로 생각하는 기업가정신을 실천하는 정부를 말한다.
② 고객지향적 정부로서 최선의 서비스를 국민에게 제공하고자 노력하는 것이다.
③ 집권적 계층제보다 참여와 팀워크를 강조한다.
④ 방향잡기(steering)보다 노젓기(rowing)가 정부의 중심역할이라고 생각한다.

✍ 해설

④ 기업형 정부는 전술적인 집행기능(노젓기)보다는 전략적인 정책기능(방향잡기: 조타수)을 더 중시한다. <답 ④>

136. 기업가적 정부모형의 특징과 가장 거리가 먼 것은?

① 형평지향성 ② 경쟁지향성 <2003 국가 7급>

③ 성과지향성 ④ 고객지향성

✍ 해설

기업가적 정부모형에서는 민주적 형평성보다는 경쟁과 성과를 보다 지향한다. <답 ①>

137. 행정개혁 추진자들이 개혁대상인 행정조직에 포획되어 개혁추진에 지장을 주는 일이 많다. 이러한 포획의 원인으로 옳지 않은 것은?

<2002 국가 7급>

① 관료조직의 막강한 권력 ② 개혁의 실패
③ 거대한 행정적 폐단 ④ 개혁조직의 의존성과 취약성

✍ 해설

② 개혁의 실패는 포획의 원인이 아니라 포획의 결과이다. <답 ②>

138. 행정개혁의 촉발에 유리한 조직의 특성으로 옳지 않은 것은?

<2002 국가 7급>

① 구조적 유연성이 높다.
② 분권화의 수준이 높다.
③ 공식화의 수준이 높다.
④ 계층화의 수준이 낮다.

✍ 해설

③ 애드호크라시에 비해 관료제는 개혁에 대해 저항이 강하다. ③은 관료제의 특성이다.
<답 ③>

139. 정부의 생산성위기에 대처하기 위해서 기업가적 조직의 창조를 위한 원칙으로 적합하지 않은 것은?

① 시장경제원리의 적용으로 관료적 형식주의를 배제하여야 한다.
② 규칙에 얽메이기보다는 결과를 효과적으로 달성할 수 있는 체제의 구축이 필요하다.
③ 시민들의 요구와 그들의 만족에 부응하는 조직운영이 되어야 한다.
④ 일선관료의 수준으로 결정권한을 과감히 분산시켜야 한다.
⑤ 중복과 특권을 배제할 수 있는 업무수행방법을 재설계해야 한다.

✍ 해설

②③④⑤는 미국 고어 부통령에 의해서 추진된 '정부성과검토'의 기업가적 조직의 창조를 위한 네 가지 원칙이다. 시장경제원리는 고객만족도를 중시하는 것으로 관료적 형식주의와 직접적인 관련이 없다. <답 ①>

140. 고객만족을 위한 행정혁신의 내용으로서 적합하지 않은 것은?

① 고객에게 선택권 부여 ② 의사결정의 하부위임 ③ 경쟁체제의 도입
④ 시장의 역동성 창출 ⑤ 시장기구를 통한 문제해결

✍ 해설

② 의사결정의 하부위임은 고객만족을 위한 행정혁신의 내용이라기보다는 성과향상을 위한 조직내부의 권한위임사항이다. <답 ②>

141. 지방자치단체의 경영효율화전략과 거리가 먼 것은?

<2001 지시 기술직>

① 조직의 슬림(slim)화
② 보고의 감축 및 간소화
③ 연공서열제의 검토
④ 행정전산화
⑤ 업무과정의 재검토

✍ 해설

지방자치단체의 경영효율화전략으로 조직의 슬림화, 보고의 감축 및 간소화, 행정전산화, 업무과정의 재검토 등이 해당하나 연공서열제는 오히려 경영의 비효율화를 초래할 수 있다. <답 ③>

142. 지방자치단체의 내부 효율성을 향상시키는 제도로 옳지 않은 것은?

<2003 지시>

① 직무재설계
② 감축관리
③ 행정전산화
④ 기구개편
⑤ 주민참여제

✍ 해설

⑤ 주민공동생산과 관련된 외부적 경영혁신방안이다. <답 ⑤>

143. 다음 입찰방식들 중 민간기업의 경쟁성과 공공의 품질 확보를 동시에 추구하고 있어서 정부부문에서 보편적으로 많이 채택하고 있는 계약자 선정방식은 무엇인가?

<2005 국가 7급>

① 제한입찰
② 수의계약
③ 최저가낙찰제
④ 적격심사에 의한 최저가낙찰제

✍ 해설

④ 정부 입찰방식에는 크게 공공시설의 부실을 막고 품질을 향상시키기 위한 적격심사제와 민간기업의 경쟁을 촉진하려는 최저가낙찰제 두 가지가 있다. 정부부문의 입찰은 공식적으로는 최저가낙찰제를 원칙으로 하고 예외적으로 대통령령에 의하여 사전심사제(적격심시제)를 보완적으로 활용할 수 있도록 되어 있으나, 예외가 원칙을 압도하여 적격심사제의 폐단이 문제가 되고 있다. 따라서 우리정부의 입찰방식은 적격심사제와 최저가낙찰제가 결합된 '적격심사에 의한 최저가낙찰제'가 보편적으로 사용되고 있다고 볼 수 있다.
<답 ④>

144. '품질, 성능, 효율성이 유사한 물품들을 생산하는 다수의 공급자와 정부가 복수계약을 한 뒤, 각 수요기관이 공급할 업체를 직접 선택할 수 있는 방식으로서 최근 우리나라에서 도입하고 있는 제도는?

① 성과관리제도
② 나라장터(G2B)

<2005 서울 7급>

③ 제한적 입찰제도 ④ 일괄(Turn-Key) 입찰제도
⑤ 다수공급자계약제도(MAS: Multiple Award Schedule)

해설

⑤ 단체수의계약제도 폐지 등 급변하는 조달환경 변화에 부응하기 위하여 조달청에서는 다수공급자물품계약제도(MAS)를 2005년도부터 시행하고 있다. 다수공급자계약제도(Multiple Award Schedule)는 기존의 최저가 1인 낙찰자 선정 방식으로는 다양성 부족과 품질 저하의 문제점이 지속적으로 지적됨에 따라 다수의 공급자를 선정, 선의의 가격, 품질경쟁을 유도하는 동시에 수요기관의 선택권을 제고하는 제도로서 정보통신기술의 발전 및 인터넷 확산에 따른 전자상거래 시대에 적합하여, 이미 미국, 캐나다 등에서 널리 활용되고 있는 제도이다. 각 공공기관의 다양한 수요를 충족하기 위하여 품질, 성능, 효율 등에서 동등하거나 유사한 종류의 물품을 수요기관이 선택할 수 있도록 2인 이상을 계약상대자로 하는 계약제도로서 납품실적, 경영상태 등이 일정한 기준에 적합한 자를 대상으로 협상을 통해 계약을 체결하고 수요고객이 직접 나라장터(www.g2b.go.kr) 쇼핑몰에서 자유롭게 물품을 선택하여 사용하는 제도이다. <답 ⑤>

145. 지방의 경쟁력강화와 관련하여 주목받고 있는 방식으로 핵심적 경영성과에서 극적인 향상을 이루기 위해 종래의 업무처리방법, 과정 등을 전부 부정·폐기하고 근본적으로 재설계하는 경영혁신기법은?

① 리엔지니어링(Reengineering) ② 벤치마킹(Bench Marking)
③ 벤처기업(Venture Enterprise) ④ 고객만족경영
⑤ 총체적 품질관리(Total Quality Management)

해설

① 리엔지니어링(Reengineering)은 1990년 미국에서 처음 개념화된 경영혁신기법으로서 경영환경이 급격히 변화하고 고객만족을 위한 혁신, 품질, 서비스, 스피드 등이 중요한 요인으로 대두함에 따라 경쟁우위를 확보하기 위해 기업의 업무프로세스를 새로운 정보기술을 바탕으로 재설계함으로써 획기적인 업무성과 향상을 이룩하려는 프로세스 혁신운동이다. 이러한 리엔지니어링의 관점은 지금 하고 있는 업무처리방법이나 조직을 개선, 개량해도 더 이상 성과는 오르지 않는다고 보아 현재 하고 있는 프로세스를 전부 부정하고 의도한 목적에 적합한 프로세스를 무(Zero)에서부터 신규로 만들어나가는 것이다. ② 벤치마킹이란 유사기능의 선도업체를 기준으로 목표나 성과수준을 정하고 그 업체의 조직과 경영기법을 적극 받아들여 응용함으로써 경쟁력을 제고하려는 경영기법이다. ③ 벤처기업이란 자본력이 부족한 중소기업이나 개인이 기술과 아이디어만으로 모험을 무릅쓰고 사업을 시작하는 것을 말한다. ④ 고객만족경영은 서비스의 다양화, 즉시화, 안정화를 통해 고객들이 기대하는 수준의 서비스를 제공함으로써 이후 고객이 당해 기업의 제품이나 서비스를 재차 구입하도록 하는 경영이념이다. ⑤ 총체적 품질관리란 지속적인 개선활동, 공정관리 등을 강조하면서 고객만족을 서비스질의 제1차적 목표로 삼고 조직구성원의 광범위한 참여하에 전체 조직문화의 변화를 추구하는 혁신적인 경영관리기법으로서 고객지향성, 통계적·체계지향적 공정관리, 단순한 능률성 지양, 예방적 품질관리, 권한위임과 조직 전 수준의 참여관리를 통한 지속적인 공정개선 등에 강조점을 두고 있다. <답 ①>

146. 총체적 품질관리가 전통적 관리와 대비되는 특징이 아닌 것은?

① 고객의 요구에 부응하는 품질의 달성이 최우선적인 목표이다. <2001 사시>
② 결점이 없어질 때까지 개선활동을 되풀이한다.
③ 업무의 초점이 개인적 노력에서 집단적 노력으로 옮아간다.
④ 사전적 통제보다는 사후적 통제에 기초한다.
⑤ 집권적 구조보다는 분권적 구조를 선호한다.

✍ **해설** ……………………………………………

총체적 품질관리는 예방적 차원의 품질관리를 하므로 사후적 통제보다는 사전적 통제라 할 수 있다. <답 ④>

147. 다음 중 행정서비스의 품질관리 전략과 관련이 없는 것은?

① 민간기업이 활용하는 총체적 품질관리 기법을 행정에 <2005 국가 7급> 도입한 것은 질 높은 공공서비스 제공체제를 구축하고자 하는 것이다.
② 우리나라는 노무현 정부에서 비로소 행정의 책임성 확보와 주민참여를 위하여 행정서비스 헌장제를 도입하여 운영하고 있다.
③ 행정서비스 헌장제는 공급자 중심에서 고객중심의 서비스를 제공하여 고객만족의 행정을 구현하려는 공공서비스의 품질관리 전략의 일환이다.
④ 주민평가제는 공공서비스에 대하여 시민으로 하여금 정부의 활동을 평가하게 하는 일종의 고객 만족도 조사이다.

✍ **해설** ……………………………………………

② 행정서비스 헌장제도는 김영삼정부 말기인 1997년 대통령훈령으로 '행정서비스 헌장제정지침'이 만들어지면서 김대중정부 들어 우편서비스헌장, 항만서비스헌장 등이 본격 제정, 운용되기 시작하였다. <답 ②>

148. 비용절약과 조직 본연의 핵심역량 강화에 초점을 두면서 내부인력이나 내부자원을 이용하여 수행하던 업무를 외부용역으로 대체하는 전략적 활동을 무엇이라 하는가?

① 목표관리제 ② 책임운영기관제도
③ 종합적 품질관리(TQM) ④ 아웃소싱(outsourcing)
⑤ 의무경쟁입찰제

✍ **해설** ……………………………………………

① 목표관리제는 예상되는 결과를 놓고 조직구성원들이 참여하여 조직의 목표를 설정하는 관리방식으로서 참여를 통하여 목표를 설정하고, 설정된 목표를 달성하는 과정을 점검하여 그 결과를 평가하며 그에 따라 보상하는 관리방식이다. ② 책임운영기관제도는 단순집행기능만을 담당하는 사업적 성격의 기관에 경쟁 · 시장원리를 적용하여 공공성을 유지하면서 운영의 독립성 및 성과중심의 행정을 구현하려는 기업형 정부형태를 말한다. 영국의 Executive Agency, 뉴질랜드의 Crown Entity, 일본의 독립행정법인 등이 그 실례이다.

기관장은 공직내외에서 공모하여 계약직으로 임명하며, 장관과 기관장간에 사업계획과 기관목표를 합의하여 설정함은 물론 기관장에게 조직 · 인사 · 예산회계운영의 자율성을 보장하고 그 성과에 대한 책임 및 인센티브를 부여한다. ④ 외부조달 또는 외주를 의미하는 아웃소싱(outsourcing)은 경쟁력 있는 핵심사업을 정해 집중적으로 투자하고 그렇지 않은 부문들은 외부의 전문적이며 효율적인 전문용역기관에 맡기는 전략적 경영기법이다. 이러한 아웃소싱은 (i) 행정업무의 질적 개선, (ii) 비용의 경제성 확보, (iii) 민간부문의 고용증대, (iv) 특수한 분야의 기술축적을 통한 관련산업분야의 활성화 촉진, (v) 지방조직의 탄력적 운영, (vi) 행정업무 및 서비스의 내실화 추구 등을 위해 필요하다. <답 ④>

149. 바우처제도에 대한 설명으로 옳지 않은 것은? <2010 전환특채 9급>

① 바우처제도는 행정서비스의 공급에 시장원리를 도입한 공급방식이다.

② 명시적 바우처는 쿠폰 또는 카드를 수혜자에게 공급하여 사용하도록 한다.

③ 바우처제도는 소수의 공급자가 있는 경우에 유용하게 활용될 수 있다.

④ 바우처제도는 수요자와 공급자간의 결탁 및 바우처 전매 등으로 정책효과를 달성하는데 지장을 받을 수 있다.

해설

바우처(vouchers) 또는 서비스구매권(coupon) 제도란 정부가 직접 물품이나 서비스를 제공하는 대신에 저소득층과 같은 특정 계층의 소비자들의 선택의 폭을 넓혀주기 위하여 쿠폰을 교부하는 방식이다. ③ 바우처제도는 서비스 종류의 선택에 있어서는 소비자가 구속을 받지만, 소비자들이 특정 서비스의 공급자를 자유롭게 선택할 수 있는 기회를 확대하는 방식이므로 다수의 공급자로부터 선택이 가능한 경우에 유용하다. ② 명시적 바우처는 쿠폰(종이바우처)이나 카드(전자바우처) 등 물질적 형태를 통해 구매권을 지급하는 것이고, 묵시적 바우처란 직접적으로 개인에게 구매권을 지급하지는 않지만 소비자가 공급기관을 자유롭게 선택할 권한이 보장되고 정부가 공급자에게 비용을 사후에 지급하는 제도(방과후 교육제도)이다. <답 ③>

150. 다양한 정책수단 가운데, 소비자가 자유롭게 선택할 수 있는 바우처(voucher)형식을 이용하여 공공서비스를 공급하는 경우들로 구성된 것은? <2008 지방수탁 9급>

ㄱ. 교육과학기술부의 '방과후 수업'
ㄴ. 법무부의 '보호관찰 사업'
ㄷ. 보건복지가족부의 '기초노령연금 사업'
ㄹ. 국토해양부의 '주택장기임대 사업'

① ㄱ, ㄴ ② ㄱ, ㄹ ③ ㄴ, ㄷ ④ ㄷ, ㄹ

해설

② 민영화의 수단으로 바우처 제도가 있다. 바우처 또는 서비스구매권의 제공(Vouching)이란 저소득층과 같은 특정계층의 소비자에게 구매권에 명시된 금액만큼 특정재화나 서비스를 구매할 수 있는 지불수단(이용사은권), 즉 증서(쿠폰)를 제공하는 방식으로 보조금수

취권제도라고도 한다. 설문에서는 ㄱ. 교육과학기술부 '방과후 수업'과 ㄹ. 국토해양부 '주택장기임대사업'이 이에 가깝다.

ㄱ. 교육과학기술부 '방과후 수업'이란 교과부가 2006년부터 저소득층 학생을 대상으로 바우처의 일종인 자유수강권을 지급하여 방과후 학교 강좌를 선택 수강하도록 지원하는 민영화된 복지제도이다.

ㄴ. 법무부 '보호관찰제도'란 죄를 범한 사로서 재범방지를 위하여 보호관찰, 사회봉사 수강 및 갱생보호 등 체계적인 사회내 처우가 필요하다고 인정되는 자에 대하여 지도 · 원호를 함으로써 건전한 사회복귀를 촉진하고, 효율적인 범죄예방 활동을 전개함으로써 개인 및 공공의 복지를 증진함과 아울러 사회를 보호함을 목적으로 하는 제도로서 바우처와는 관계가 없으며 이는 공권력에 의한 직접 공급방식이다.

ㄷ. 보건복지가족부 '기초노령연금 사업'이란 소득인정액이 대통령령에서 정하는 기준 이하인 노인을 대상 국민연금 전체 가입자 평균소득 월액의 5%에 해당하는 금액(현금)을 지급하는 제도(2008.1.1시행)로 바우처가 아니다.

ㄹ. 국토해양부 '주택장기임대사업'이란 서민층의 주거 안정을 위해서 민간자본을 끌어들여 장기임대주택을 건설하고 공공등록 임대차주택에 거주하는 저소득층에게는 임대료를 보조하는 주택바우처 방식으로 국토해양부가 현재 추진중인 사업이다. <답 ②>

151. 살라몬(L. M. Salamon)의 정책수단분류에서 직접성의 정도가 낮은 유형에 속하는 것끼리 묶은 것은? <2011 국가 7급>

ㄱ. 경제규제(economic regulation)	ㄴ. 보조금(grant)
ㄷ. 바우처(voucher)	ㄹ. 공기업(government corporations)

① ㄱ, ㄷ ② ㄱ, ㄹ ③ ㄴ, ㄷ ④ ㄴ, ㄹ

해설

정부의 직접 관여에 속하는 강제적 수단이 정부의 직접 시행, 정부규제, 공기업 등이고, 보조금(grant)이나 바우처(voucher) 등은 간접적 · 혼합적 수단(강제적 수단과 민간부문의 자율적 활동이 혼합된 형태)에 속한다. <답 ③>

≪Salamon의 직접성 정도에 의한 정책수단의 유형 분류≫

살라몬은 의도하는 정책임팩트(효과)에 따라 선택되는 정책수단도 달라져야 하며 그 정책수단의 유형을 다음과 같이 분류했다.

1. 직접적 정책도구(direct tools)
   ① 정부활동을 위한 소비행위를 의미하는 정부소비(direct government)
   ② 정부의 소유 또는 통제 하에서 운영되는 준독립적 기업인 공기업(government corporation)
   ③ 가격, 산출 또는 기업의 진입과 퇴출을 통제하는 경제적 규제(economic regulation), 정부가 특정 개인 또는 기관에게 자금을 빌려주고 그 채권을 관리하는 대출(loan) 등을 포함
2. 간접적 정책도구(indirect tools)
   ① 정부 외부로부터의 재화, 특정 생산품 및 서비스에 대한 구매를 시도하는 계약(contracting) 및 서비스 구매 계약(purchase-of-service contracting)
   ② 공공사업을 촉진시키기 위해 정부가 기업, 가계 또는 다른 정부에게 공여하는 직접 또는 간접지원금인 보조금(grant)

③ 특정 개인이나 기업이 당할 수 있는 물질적 · 경제적 · 신체적 손실의 위험에 대비하기 위해 정부가 제공하는 보상체계인 공적 보험(government insurance)
④ 안전, 건강, 복지 및 환경보전 등을 위해 행위를 제한하는 사회적 규제(social regulation)
⑤ 특정 개인이 한정된 종류의 물건이나 서비스를 구매할 수 있도록 하는 보조하는 현물보조증서(voucher)
⑥ 정부가 민간은행이 특정 개인이나 기업에게 자금을 대출하도록 보증을 서는 대출보증(loan guarantee)
⑦ 정책목표 달성을 위해 개인이나 기업에게 세금 납부를 연기 또는 감면해주는 조세 지출(tax expenditure)
⑧ 특정 공공서비스의 이용비용을 민간에게 부담하게 하는 부과금(charges)
⑨ 타인의 부주의나 잘못된 행동으로 인해 입은 피해에 대해 사법제도를 통해 보상을 받거나 금지적 처분을 요청하는 피해보상청구권(tort liability)

≪Salamon의 정책수단별 정책효과(임팩트) 구분≫

직접성의 정도	정책수단	정책임팩트				
		효과성	능률성	형평성	관리 가능성	합법성/ 정치적 지원
저	불법행위 책임, 보조금, 지급보증, 정부지원기업, 바우처	저	고	저	저	고
중	조세재원, 계약, 사회규제, 라벨부착요구, 교정조세, 부과금	저/중	중	저	저	고
고	보험, 직접대부, 공공정보, 공기업, 직접시행, 경제규제	고	중	고	고	저

152. 시장성 검정(market testing)제도에 대한 설명으로 옳은 것은?

<2001 행시·외시·지시>

① 민간기업의 평균임금수준을 기준으로 공무원의 보수를 결정해야 한다는 제도
② 행정서비스헌장제도를 일컫는 말
③ 언론을 통해 행정서비스를 홍보하는 제도
④ 내부공무원과 민간입찰업자를 경쟁시켜서 행정서비스의 공급주체를 결정하는 제도
⑤ 행정서비스수준을 제고하기 위해 민간기업을 벤치마킹(benchmarking)해야 한다는 제도

해설

영국은 1991년 '품질향상을 위한 경쟁'(Competing for Quality)이란 백서를 통해 정부기능을 원점에서부터 재검토, 입찰 등 공정한 필수경쟁절차(CCT)를 거쳐 공공서비스의 직접 공급주체를 결정하려는 프로그램인 시장성테스트(Market-Testing)은 공공서비스의 품질향상과 비용효용성을 제고하기 위해 중앙정부 주도하에 지방정부를 대상으로 하향적으로

실시한다. 2000년 최고차기정책(Best Value)으로 개편해 비용절감보다는 품질 우선화로 개편되었다. <답 ④>

153. 서구 선진국들이 행정업무 전반에 대하여 아래의 기준에 따라 재검토한 후, 그 결과에 따라 계약제로의 전환, 기업화, 민영화 및 구조조정 등의 다양한 효율화 방안을 적용시키는 절차는? <2005 국가 7급>

ㄱ. 반드시 필요한 업무인가? ㄴ. 반드시 정부가 책임을 맡아야 하는가? ㄷ. 정부가 직접 수행을 해야 하는가? ㄹ. 정부가 수행할 경우 효율 증대 방안은 무엇인가?

① 시장성 테스트 ② 거버넌스
③ 외부효과 ④ 규제영향분석

해설

① 설문의 내용은 서비스를 제공하는 최적주체를 원점에서부터 결정하기 위한 시장성 테스트(Market testing)를 말한다. <답 ①>

154. 우리 정부가 도입한 행정서비스헌장 및 그 이행표준의 목적에 해당하지 않는 것은? <2001 사시>

① 서비스제공의 투명성 제고
② 근접통제의 물리적 한계 극복
③ 서비스품질의 표준화와 구체화
④ 공무원의 창의성과 행정의 유연성 향상
⑤ 서비스에 대한 국민의 기대수준 명확화

해설

행정서비스헌장은 모든 공공기관이 제공하는 서비스기준 및 내용, 서비스를 제공받을 수 있는 절차와 방법, 잘못된 서비스에 대한 시정 및 보상조치 등을 구체적으로 정하여 공표하고 이의 실천을 시민이 당연히 누려야 할 권리로 보장해 줄 것을 스스로 약속한 문서이다. 이러한 행정서비스헌장은 (i) 시장경쟁이 존재하지 않은 공공서비스영역에 시민과의 약속이라는 개념을 도입하고 이러한 약속을 보상 및 징벌과 연계시킴으로써 공공서비스의 품질향상을 도모한다. (ii) 행정의 신뢰성·투명성 확보 및 주민만족도 향상에 기여하며, 행정서비스에 대한 공무원의 관심 및 마인드를 제고한다. (iii) 공급자중심의 공공서비스에서 수요자중심의 공공서비스를 제공하고 고객으로부터 직접적으로 평가를 받는다는 점에서 고객지향적 행정서비스체계를 구축한다. <답 ④>

155. 최근 우리나라의 공공관리 혁신방안과 거리가 먼 것은?

① 고위전문관료의 계약 임용 <2003 국가 7급>
② 리엔지니어링을 통한 절차의 축약과 병렬조직화

③ 총액예산제
④ 시민헌장제를 통한 서비스의 양 관리

✍ 해설

④ 시민헌장제도는 서비스의 품질(qulity)을 표준화하고 이를 이행하려는 서비스 품질관리 제도이므로 서비스의 양과는 직접 관계가 없다. ②의 병렬조직이란 팀조직이나 adhocracy 조직 등 수평화된 동태적 조직을 지칭하는 것이다. <답 ④>

156. 시민헌장제도에 대한 설명으로 옳지 않은 것은? <2001 행시·외시·지시>

① 시민헌장에서는 각 공공기관에 대하여 의무 조항을 명시하고 일반국민이 당연히 누려야 할 권리도 명시하고 있다.
② 정부 내의 시장원리의 사각지대에 고객지향적 행정서비스제를 적용하는 하나의 방안이다.
③ 소비자의 이해관계가 공급자의 이해관계에 의해 지배당하는 제도적 장치이다.
④ 영국에서는 시민헌장제도가 성과관리를 이룩하는 데 크게 기여했다.
⑤ 우리나라에서도 시민헌장제도가 실시되고 있다.

✍ 해설

행정서비스헌장은 모든 공공기관이 제공하는 i) 서비스기준 및 내용, ii) 서비스를 제공받을 수 있는 절차와 방법, iii) 잘못된 서비스에 대한 시정 및 보상조치 등을 구체적으로 정하여 공표하고 이의 실천을 시민이 당연히 누려야 할 권리로 보장해 줄 것을 스스로 약속한 문서이다. <답 ③>

157. 행정서비스헌장제와 관련성이 가장 적은 것은? <2009 지방수탁 9급>

① Charter Mark ② 시장성 평가(Market Testing)
③ 정보공개 ④ 고객선택의 강조

✍ 해설

행정서비스헌장제도는 행정기관이 제공하는 행정서비스의 기준과 내용, 이를 제공받을 수 있는 절차와 방법, 잘못된 서비스에 대한 시정 및 보상조치 등을 구체적으로 정하여 공표하고, 이의 실현을 국민에게 약속하는 것으로 시장성 평가(Market Testing)와는 관계가 없다. 시장성 평가(Market Testing)란 영국 정부가 1991년 '품질을 위한 경쟁(Competing Quality)'이라는 시책에서 강조한 것으로 정부기능을 원점에서부터 재검토하여 이를 적정히 축소하려는 신공공관리론의 주요 프로그램이다(필수경쟁절차: CCT). 정부의 모든 기능을 매 3년 또는 5년마다 검토하여 그 기능의 존폐 여부 및 기능의 수행주체를 결정한다. ①의 Charter Mark란 영국에서 시민헌장제도 시행결과 성과가 우수한 기관에 대해 시상을 하는 제도이다. <답 ②>

158. 영국 시민헌장의 기본원리와 가장 거리가 먼 것은? <2010 서울 7급>

① 선택 ② 정보공개 ③ 친절과 도움

④ 불만 처리절차의 공표 ⑤ 다양성의 존중

✍ 해설 ……………………………………

≪영국 시민헌장의 공공서비스에 대한 기본원리≫

- 표준(standard)· 모든 시민에게 일정 수주 이상의 서비스를 반드시 제공할 것
- 정보와 공개(information & openness): 충분하고 정확한 정보를 제공하고 행정의 투명성을 강화할 것
- 선택과 상담(choice & consultation): 시민의 의견을 서비스개선에 충분히 수렴하며, 시민의 선택권을 최대한 보장할 것
- 정중함(courtesy): 차별하지 않고 공평하게 서비스를 제공하며, 시민을 언제나 정중히 대하고 편의를 도모할 것
- 시정(putting things right): 잘못된 것은 항상 시정조치하며, 피해에 대해서는 반드시 적절한 보상을 할 것
- 세금가치(value for money): 공공지출의 합리성을 꾀하며, 공공서비스를 생산적·경제적으로 제공할 것

<답 ⑤>

159. 지방자치단체들은 재정수입을 증가시키기 위하여 다양한 경영수익사업을 펼치고 있다. 다음은 경영수익사업 성공사례들인데, 지방자치단체와 그 사업이 바르게 연결되지 않은 것은? <2001 국가 7급>

① 전남 함평군-수몰지역 자연석 판매

② 충남 보령시-머드팩 화장품 사업

③ 강원 영월군-패러글라이딩 활공장 사업

④ 경남 거창군-사계절 썰매장

✍ 해설 ……………………………………

① 전남 함평군의 대표적 경영수익사업은 '나비대축제'이다. 전북 무주의 반딧불축제도 유명하다. ② 여름에 행사를 갖고 있다. ③ 99년부터 시행. ④ 97년부터 시행, 여름에는 물썰매, 겨울에는 눈썰매장으로 이용하고 있다. <답 ①>

160. 지방자치단체의 경영수익사업에 대한 설명으로 옳지 않은 것은?

① 기업성을 강조하며 지역주민 전체를 서비스 수혜대상으로 한다. <2002 지시>

② 지역부존자원 개발을 통한 지방자치단체의 수입증대를 목표로 한다.

③ 공공성의 범위 내에서 이윤극대화를 추구한다.

④ 지방행정의 경영화 영역을 확대시켜 주는 수익적 경영활동이다.

⑤ 관광유원지 개발운영도 지방자치단체 경영수익사업의 한 유형이다.

✍ 해설 ……………………………………

경영수익사업은 지방자치단체가 취약한 지방재정 운영의 어려움을 타개하기 위하여 세외수입의 증대를 목적으로 사업을 추진하는 과정에서 형성된 용어로서 '지방자치단체가 자체

수입의 증대와 공익목적 실현을 위하여 민간경제분야를 침해하지 않는 범위 내에서 지역의 부존자원을 생산적으로 활용하거나 공공시설을 효율적으로 관리하려는 비기업적 경영활동'을 말한다. ① 수혜대상이 주민의 일부에 그치는 경우가 많아 효과가 특정 개개인에 귀속한다.

<답 ①>

≪경영수익사업 유형≫

유형	내용
토지이용개발	택지조성, 공업용지조성, 농경지조성, 공유수면매립, 하천부지개발, 저습지 매립, 유휴지개발, 하천복개 등
관광유원지개발	공원, 유원지, 해수욕장, 심신수련장, 동굴 등
공유재산의 생산적 이용	각종 회관, 체육시설의 활용, 노상주차장 운영, 공원묘지 조성, 하천부지 활용 등
건설자재 생산 · 공급	하천골재채취, 해사채취, 석산골재채취 등
농림수산 소득증대	유실수 식재, 양묘장 운영, 농수산물 직판장 운영 등

161. 1980년 이래 영국에서 채택하였던 CCT(Compulsory Competitive Tendering)제도의 한계를 극복하기 위해 최근 새로이 도입된 제도는?

<2002 지시 기출>

① Best Value ② MBO
③ Next Step ④ TQM ⑤ Citizen's Charter

해설

① 영국은 의무경쟁입찰제(CCT)를 폐지하고 이상적인 공공부문의 모습을 (i) 주민의 수요우선, (ii) 효율적 고품질의 행정서비스제공, (iii) 전략적 · 장기적 관점에서의 정책수립에 두면서 이의 실현수단으로서 '주민에 대한 최고의 가치있는 서비스제공'이라는 Best Value 제도를 도입하였다.

<답 ①>

162. 외국의 예산개혁에 대한 설명으로 옳지 않은 것은? <2011 지방수탁 9급>

① 영국의 경우 1982년에 재정관리 프로그램(Financial Management Initiative)을 도입해 개혁을 추진하였다.
② 호주의 경우 지출통제를 위해서 지출심사위원회(Expenditure Review Committee)를 두어 새로운 정책과 예산을 검토하게 했다.
③ 뉴질랜드의 경우 1988년에 국가부문법(State Sector Act)을 제정하여 예산개혁을 추진하였다.
④ 미국의 경우 국가성과평가위원회(National Performance Review)가 최고의 가치(Best Value) 프로그램에 의해 개혁을 추진하였다.

해설

④ Best Value(최고가치)정책은 1991년에 영국정부가 도입한 시장성검증제도가 2000년도에 개편된 것으로 비용절감보다는 품질을 우선화하겠다는 의지이다. ② 호주정부는 1984년 「Budget Reform」이라는 백서를 통해 지출심사위원회(Expenditure Review Committee)를

설치하는 등 재정개혁을 단행하였다. ③ 뉴질랜드는 최초로 산출중심예산을 성공시키고, 최초로 발생주의예산과 회계를 구축하였으며, 최초로 관리자에게 투입을 사용하는 데 완전한 자유재량을 부여하였고, 최초로 포괄적인 책임구현시스템을 정착시킨 국가로서 이를 위하여 1988년 공공부문법(State Sector Act)을 제정하여 재무, 구매, 인사에 관하여 모든 권한을 부처에 위임하고 있다. <답 ④>

163. 우리나라 전자정부에 대한 설명 중 옳지 않은 것은? <2006 국가 7급>

① 1978년부터 정부행정전산화 사업을 총괄한 부처는 총무처이다.

② 행정전산망 사업이 행정전산화 사업에 앞서 시행되었다.

③ '작지만 생산성이 높은 정부'를 지향한다.

④ 현재 전자정부 주무부처는 행정안전부이다.

해설

② '행정전산화' 사업이 '행정전산망' 사업에 앞서 시행되었다. 우리나라의 전자정부사업은 1996년부터 시작되었다. 1978년 행정전산화를 필두로 한 행정정보화사업은 1987년 행정전산망사업, 1994년 초고속 정보통신망사업으로 진행됐고, 1995년에 정보화사업의 구상을 시작 김대중 행정부가 들어서면서 '전자정부'의 개념을 도입하게 됐다. 1996년 6월 11일 정보화촉진기본계획을 확정하고 '작지만 효율적인 전자정부의 구현'을 포함하는 정보화 촉진 10대 중점 과제를 선정했다. 그리고 1998년에는 '사이버코리아 21'계획이 수립되어 전자정부 구현을 위한 구체적인 사업이 추진되었다. <답 ②>

164. 전자정부의 특징에 대한 설명으로 옳지 않은 것은? <2010 국가 7급>

① 전자정부는 정보기술을 이용하여 정부활동의 시간적 · 공간적 제약을 축소한다.

② 전자정부는 공개지향적 정부로서 정부가 보유하고 있는 모든 정보에 대해 접근이 가능하다.

③ 전자정부는 생산성을 높이기 위해 정보기술 집약화를 이룩한 정부이다.

④ 전자정부는 대국민 서비스 제공의 효율화를 목표로 한다.

해설

② 전자정부는 공개지향적 정부로서 공공기관이 보유 · 관리하는 정보는 공개대상이 된다. 다만, 공개될 경우 국가의 중대한 이익을 현저히 해할 우려가 있다고 인정되는 정보나 국민의 생명 · 신체 및 재산의 보호에 현저한 지장을 초래할 우려가 있다고 인정되는 정보 등은 공개하지 아니할 수 있다. <답 ②>

165. 전자정부의 미래 모습을 나타내는 요인들을 모두 고르면? <2009 국가 7급>

㉠ Zero-Stop 서비스	㉡ 전자정부 대표 포털
㉢ 접근수단의 단일화	㉣ 조직구조 · 프로세스 혁신

㉤ 부처별 · 기관별 업무처리	㉥ e-Governance 구현
㉦ 정부 중심의 전자정부	㉧ 백오피스와 프런트오피스 간격 확대

① ㉠, ㉡, ㉢, ㉣　　② ㉠, ㉡, ㉣, ㉥
③ ㉡, ㉣, ㉥, ㉦　　④ ㉡, ㉣, ㉥, ㉧

해설

아래 참조. <답 ②>

≪전자정부의 미래 모습≫

㉠ Zero-Stop 서비스는 '사이버 민원행정', '재택 민원처리', '논스톱/원스톱 행정' 등을 말하며, 사이버 공간에서 양방향(민원인의 민원신청과 행정기관의 민원처리)으로 이루어지는 민원처리 방식이다.
㉡ 우리나라의 전자정부 대표 포털은 http://www.korea.go.kr이다. 전자정부 대표 포털에서는 전체 행정기관의 주요 정보 약 2만여 개를 선별하여 제공하고 있다.
㉢ 접근수단의 단일화가 아니라 다양화이다. 누구나, 언제나, 어디서나 서비스 이용이 가능해야 한다.
㉣ 조직구조 · 프로세스 혁신이 이루어진다. 전자정부는 관료제적 경직성을 탈피한 자율적 · 협동적 · 적응적 정부이다. 구조와 과정의 설계에서 가상조직, 네트워크조직, 임시체제 등의 속성이 강하게 나타난다.
㉤ 부처별 · 기관별 업무처리가 아니라 연계망을 통한 업무처리를 중시한다. 전자정부는 수평적 · 수직적으로 통합된 이음매 없는 정부이다. 대내적으로 전통적인 경계 관념을 타파한 정부이며, 대외적으로 시민, 민간조직 등과의 네트워크를 통해 폭넓은 거버넌스 시스템을 형성한다(e-Governance 구현).
㉥ 정부 중심의 전자정부가 아니라 국민 중심적 전자정부이다. 전자정부는 국민에 대한 봉사의 효율화를 제일의 목표로 삼는 민주적 정부이다. 또한 대내적 민주화, 즉 조직의 인간화를 추구하는 정부이다.
㉦ 백오피스와 프런트오피스 간의 간격을 좁혀야 한다. 프런트오피스(Front Office)는 고객을 직접 상대하는 세일즈나 고객서비스 등의 부서들을 지칭하고, 백오피스(Back Office)는 프런트오피스를 지원하고 받쳐주는 부서들로, 기획/마케팅, 관리, 회계, 창고/물류 등의 부서들을 의미한다.

166. 전자정부가 구현되었을 때 기대할 수 있는 장점만으로 구성된 것은?
<2008 지방수탁 9급>

ㄱ. 국민 참여 증진을 통한 민주주의의 발전
ㄴ. 행정의 생산성 향상
ㄷ. 대고객 관계의 인간화 촉진
ㄹ. 행정서비스의 효과적 공급 및 민원인의 비용 절감
ㅁ. 개인정보 및 인권의 보호 강화

① ㄱ, ㄴ, ㄷ　② ㄱ, ㄴ, ㄹ　③ ㄴ, ㄷ, ㄹ　④ ㄴ, ㄹ, ㅁ

✍ 해설

② 전자정부는 개인의 프라이버시 침해와 해킹 등 컴퓨터 범죄로 인권침해 우려를 발생하며 대고객 관계에서도 인간소외 및 정보격차 현상을 초래할 수 있다. 따라서 ㄷ, ㅁ은 전자정부 기대효과에 해당하지 아니한다. ㄱ의 경우 전자민주주의와 사이버거버넌스 차원에서 맞는 지문이며, ㄴ, ㄹ은 행정의 효율성 제고 측면에서 옳은 지문이다. 특히 ㄷ의 경우 기술적 정보화로 인한 업무의 의미상실, 인간적 과정의 위축으로 인한 인간적 소외와 대고객관계의 비인간화, 경쟁격화로 인한 정보 스트레스 증가 및 개인정보와 인권의 침해가능성 등은 전자정부의 일그러진 모습이다. <답 ②>

167. 전자정부의 설명으로 옳지 않은 것은? <2000 국가 7급>

① 정보기술을 활용하여 행정서비스의 질을 개선한다.
② 공급자위주의 행정에서 고객위주의 행정으로 전환한다.
③ Onestop, Nonstop서비스를 적극적으로 개발한다.
④ 공공기관가 정보의 공동이용을 금지한다.

✍ 해설

행정기관은 수집 · 보유하고 있는 행정정보를 필요로 하는 다른 행정기관과 공동 이용하여야 하며, 다른 행정기관으로부터 신뢰할 수 있는 행정정보를 제공받을 수 있는 경우에는 동일한 내용의 정보를 따로 수집하여서는 아니 된다. <답 ④>

168. 전자정부법에서 천명된 운영 원칙이 아닌 것은? <2009 서울 9급>

① 업무혁신 선행의 원칙 ② 기술개발 및 운영 외주의 원칙
③ 행정기관 확인의 원칙 ④ 행정보안 준수의 원칙
⑤ 행정정보공동이용의 원칙

✍ 해설

전자정부의 구현 및 운영 원칙(전자정부법 제6조~제14조)으로 ① 국민편익 중심의 원칙, ② 업무혁신 선행의 원칙, ③ 전자적 처리의 원칙, ④ 행정정보공개의 원칙, ⑤ 행정기관 확인의 원칙, ⑥ 행정정보공동이용의 원칙, ⑦ 개인정보보호의 원칙, ⑧ 중복투자방지의 원칙, ⑨ 기술개발 및 운영 외주의 원칙 등이 있다. <답 ④>

169. 현행 「전자정부법」상 행정기관이 전자정부의 구현 · 운영 및 발전을 추진할 때 우선적으로 고려해야 하는 사항으로 옳지 않은 것은?

① 대민서비스의 전자화 및 행정기관 편의의 증진 <2011 국가 7급>
② 행정업무의 혁신 및 효율성의 향상
③ 정보시스템의 안정성 · 신뢰성의 확보
④ 행정정보의 공개 및 공동이용의 확대

✍ 해설

① 대민서비스의 전자화 및 국민편익의 증진 원칙이라야 맞다. 전자정부법 제4조에 행정기관 등은 전자정부의 구현 · 운영 및 발전을 추진할 때 다음 전자정부의 원칙들을 우선적

으로 고려하고 이에 필요한 대책을 마련하여야 한다고 규정되어 있다. <답 ①>

≪전자정부의 원칙≫ (2010.5 개정 전자정부법)

종 전	개 정
· 국민편익 중심의 원칙 · 업무혁신 선행의 원칙 · 전자적 처리의 원칙 <삭제> · 행정정보 공개의 원칙 · 행정기관 확인의 원칙 · 행정정보 공동이용의 원칙 · 소프트웨어 중복개발 방지 원칙 · 개인정보 보호의 원칙 · 기술개발 및 운영 외주의 원칙 <삭제>	· 대민서비스의 전자화 및 국민편익의 증진 · 행정업무의 혁신 및 생산성 · 효율성의 향상 · 행정정보의 공개 및 공동이용의 확대 · 행정기관 확인의 원칙 · 중복투자의 방지 및 상호운용성 증진 · 개인정보 및 사생활의 보호 · 정보시스템의 안전성 · 신뢰성 확보 <신설> · 정보기술아키텍처를 기반으로 하는 전자정부 구현 · 운영의 원칙 <신설> · 행정기관 보유 개인정보 당사자의사에 반하여 사용 금지 <신설>

170. 2001년 제정된 「전자정부구현을위한행정업무등의전자화촉진에관한 법률」에서 전자정부구현을 위한 운영원칙으로 채택하고 있지 않은 것은? <2002 지시 기술직>

① 국민편익 중심의 원칙
② 업무혁신 선행의 원칙
③ 자체적 기술개발 및 운영의 원칙
④ 행정정보 공동이용의 원칙
⑤ 개인정보 보호의 원칙

해설

전자정부(electronic government)란 PC와 인터넷이 만들어낸 사이버공간에 구축된 정부로서 정보기술을 활용하여 행정업무를 혁신하고 대국민서비스를 고급화한 지식정보사회형 정부를 말한다. <답 ③>

≪전자정부의 구현 및 운영 원칙≫

국민편익 중심의 원칙	행정기관의 업무처리과정은 당해 업무를 처리하는 데 있어서 민원인이 부담하여야 하는 시간과 노력이 최소화되도록 설계되어야 한다.
업무혁신 선행의 원칙	행정기관은 업무를 전자화하고자 하는 경우에는 미리 당해 업무 및 이와 관련된 업무의 처리과정 전반을 전자적 처리에 적합하도록 혁신하여야 한다.
전자적 처리의 원칙	행정기관의 주요 업무는 전자화되어야 하며, 전자적 처리가 가능한 업무는 특별한 사유가 있는 경우를 제외하고는 전자적으로 처리되어야 한다.
행정정보 공개의 원칙	행정기관이 보유 · 관리하는 행정정보로서 국민생활에 이익이 되는 행정정보는 법령의 규정에 의하여 공개가 제한되는 경우를 제외하고는 인터넷을 통하여 적극적으로 공개되어야 한다.
행정기관 확인의 원칙	행정기관은 특별한 사유가 있는 경우를 제외하고는 행정기관간에 전자적으로 확인할 수 있는 사항을 민원인에게 확인하여 제출하도록 요구하여서는 아니 된다.
행정정보	행정기관은 수집 · 보유하고 있는 행정정보를 필요로 하는 다른 행정기

공동이용의 원칙	관과 공동이용하여야 하며, 다른 행정기관으로부터 신뢰할 수 있는 행정정보를 제공받을 수 있는 경우에는 동일한 내용의 정보를 따로 수집하여서는 아니 된다.
개인정보 보호의 원칙	행정기관이 보유·관리하는 개인정보는 법령이 정하는 경우를 제외하고는 당사자의 의사에 반하여 사용되어서는 아니 된다.
소프트웨어 중복개발방지의 원칙	행정기관은 소프트웨어를 개발하는 경우에는 중복개발이 되지 아니하도록 필요한 조치를 하여야 한다.
기술개발 및 운영 외주의 원칙	행정기관은 전자정부의 구현에 필요한 기술개발 및 운영에 있어서 당해 사업이 민간부문에 맡길 수 없거나 행정기관이 직접 개발 또는 운영하는 것이 경제성·효과성 또는 보안성 측면에서 현저하게 우수하다고 판단되는 경우를 제외하고는 민간부문에 그 개발 및 운영을 의뢰하여야 한다.

171. 전자정부의 비전과 전략을 제시하고, 한국 정부기관의 정보화(즉, 행정정보화) 사업을 주관하는 행정기관은? <2004 국가 7급>

① 국무총리 ② 정보통신부 ③ 행정안전부 ④ 기획예산처

해설

2004년 3월 정부조직법 개정에서 행정자치부(현 행정안전부)의 소관사무에 전자정부에 관한 사무를 추가하였다. <답 ③>

172. 정부에서 추진하는 범부처적 정보화사업의 문제점으로 옳지 않은 것은? <2002 국가 7급>

① 정보화 기술의 부족
② 종합적 기획 및 조정기능의 미약
③ 부처간 영역갈등과 중복투자
④ 부처간 정보의 연계와 공동활용의 미흡

해설

① 우리나라의 IT기술은 선진국 수준이지만 부처간의 이해나 할거주의, 중복투자, 정보의 공동이용이 아닌 정보의 소유나 독점은 문제점으로 지적된다. ①번은 직접적인 관련성이 없다. <답 ①>

173. 행정정보화 및 정보·지식정책과 관련된 설명으로 옳은 것은 모두 몇 개인가? <2011 지방수탁 7급>

㉠ 지식관리에서는 암묵적 지식(tacit knowledge)을 명시적 지식(explicit knowledge)으로 전환시켜 조직의 지식을 증폭시키는 것이 중요하다. ㉡ 정보재의 속성상 그 생산자는 자신의 소유권을 명확히하기 어렵다.

ⓒ 보편적 정보서비스정책의 준거 중에서 활용가능성이란 빈부격차 등 경제적인 이유 때문에 배제되지 않아야 한다는 것을 의미한다.
ⓔ 우리나라의 국가정보화 기본계획은 행정안전부장관이 수립한다.
ⓜ 정보는 사물이나 사실을 기호로 표시한 것이고, 지식은 정보가 사용자에게 의미 있는 형태로 가공된 결과이다.

① 2개 ② 3개 ③ 4개 ④ 5개

해설

ⓐⓑⓔ이 옳고, ⓒⓜ는 틀리다. ⓒ 활용가능성이란 개인의 경제적 능력이 아니라 정보 리터러시 등 지적능력이나 신체조건과 연관된 육체적 능력에 관계없이 유연하고 보편적으로 정보서비스를 받을 수 있어야한다는 것을 의미한다. "빈부격차 등 경제적인 이유 때문에 배제되지 않아야 한다."라는 것은 요금의 저렴성(affordability)에 관한 내용이다. ⓜ 자료는 사물이나 사실을 기호로 표시한 것이고, 정보는 자료가 사용자에게 의미 있는 형태로 가공된 결과이다. <답 ②>

≪보편적 서비스 정책의 방향(Miller)≫

(1) 접근성(Access): 국민들이 살고 있는 장소에 관계없이 정보 서비스를 받을 수 있어야 한다는 것을 의미한다.
(2) 활용 가능성(Usability): 정보 능력과 신체 조건에 관계없이 정보서비스를 받도록 하는 것이다.
(3) 훈련과 지원(Training & Support): 사람들이 인터넷 등을 활용할 수 있는 능력을 갖추도록 어느 정도 수준까지는 교육을 받도록 정부에서 지원하는 것을 말한다.
(4) 유의미한 목적성(Meaningful Purpose): 정보시스템이 개인적으로나 사회적으로 의미 있는 일, 즉 개인적 만족이나 경제적 성취에 도움이 되도록 구축되어야 한다는 것이다.
(5) 요금의 저렴성(Affordability): 시스템이 다른 대안들에 비해 상대적으로 비용효과적이고 보편적으로 사용가능하게 하여 경제적인 이유 때문에 배제되지 않아야 한다는 것이다.

≪자료, 정보, 지식, 지혜의 비교≫

구분	내용
자료 (Data)	일정한 문법에 따라 배열된 문자에 의미 내용이 들어 있는 형태로 데이터베이스에서 제공되는 것이라 할 수 있다. - 평가되지 않은 메시지(예 : 통계청의 인구통계자료)
정보 (Information)	특정 상황이나 문제를 묘사하기 위해 조직화된 사실이나 데이터로 구성되며, 사용자의 생각이나 행위를 변화시키는 데 연관된 어떤 목표를 달성하기 위하여 해석되고 조직화(가공)된 데이터이다. - 특정한 상황에서 평가된 자료(예 : 고령화 사회에 따른 사회변화의 예측)
지식 (Knowledge)	특정 상황에 사용 가능한 정보를 해석하고, 해결 방법을 결정하기 위해 응용된다. 변화하는 환경 하에서 사용자들에게 전달된 정보로서, 사용자들이 의도하는 목적 달성을 가능하게 해주는 진실일 개연성이 높은 것으로 받아들여지는 정보가 지식이 되는 것이다.

	- 일반적 상황에서 평가된 자료(예 : 노인복지정책 수립, 실버 사업의 전망)
지혜 (Wisdom)	지식을 통해 원리를 깨달음으로써 계속하여 응용하는 것을 의미한다. - 지식을 통해 원리를 깨달음으로써 계속하여 응용하는 것

174. 전자정부의 개념정의에 있어서 효율성 모델과 민주성 모델에 대한 비교 설명으로 옳지 않은 것은? <2010 국가 7급>

① 효율성 모델의 사회발전관은 기술결정론인데 반하여 민주성 모델은 사회결정론으로 볼 수 있다.

② 효율성 모델은 국민 편의의 극대화와 정책의 투명화·전문화 과정 등을 통한 정부 내부의 생산성 제고를 꾀하며, 민주성 모델은 행정과정상의 민주성 증진에 초점을 둔다.

③ 효율성 모델은 전자정부를 광의로 해석한 것이며, 민주성 모델은 협의로 해석한 것이다.

④ 효율성 모델은 행정전산망을 확충하거나 행정민원 해결을 강조하는데 반하여 민주성 모델은 전자민주주의와의 연계를 중요시한다.

해설 ……………………………………

③은 반대이다. 효율성모델이 전자정부의 대내적인 효율성만을 강조하는 좁은 의미의 전자정부라면, 민주성 모델은 더 넓게 국민과의 관계에서 전자정부를 통해 민주주의를 구현하려는 광의의 입장이다. ①은 맞는 지문이다. 기술결정론이란 공급적 측면을 강조하는 모형으로 전자정부는 IT기술이나 시스템, 네트워크의 발달에 기인한 것이라고 보는 효율성 모델이다. 반면 사회결정론은 전자정부가 수요적 측면에서 전자정부는 사회의 민주화, 사회문제의 복잡화, 전자민주주의, 인본주의의 요구 등에 기인한 것이라고 보는 민주성 모델이다. <답 ③>

≪전자정부의 효용≫

- 대내 - 효율성 모델 ← 사무자동화, 원격교육, 원격회의, 정보공동활용, EDI, BPR, PR, 재택근무 등 (Back Office)
- 대외 - 민주성 모델 ← 인터넷, 전자참여, 전자거버넌스, 보편적 서비스, PCRM, 전자민주주의, 정보공개 등 (Front Office)

≪전자정부의 대두배경≫

(1) 기술결정론적 관점(공급적 요인): 네트워크, 시스템, IT기술의 발달 등
(2) 사회결정론적 관점(수요적 요인): 세계화, 행정수요 증대, 관료제의 한계, 정책문제의 복잡화, 인본주의 요구
(3) 경제수단론적 관점 : 첨단정보산업의 육성과 경제활성화 차원
(4) 조직관리적 관점
　① 신포디즘적 관점(New-Fordism): 포디즘의 실패를 통제의 실패로 보고, 전자정부를 통제의 가속화로 보는 관점
　② 후포디즘적 관점(Post-Fordism): 포디즘의 실패를 유연성의 실패로 보고, 전자정부를 환경변화에 대한 적응성의 제고 수단으로 보는 관점

175. 전자정부가 실천하고자 하는 구조관리적 측면의 변혁내용이 아닌 것은? <2010 전환특채 9급>

① 구조적 저층화 ② 높은 행정농도
③ 이음매 없는 조직 ④ 구조적 융통성의 증가

해설

전자정부에서는 유기적 조직구조가 요구되는데 이러한 구조는 행정농도가 낮은 편이다. 여기서 행정농도라 함은 조직전체의 인력 중에서 본부지원인력 등 유지관리 인력이 차지하는 비율을 말한다. <답 ②>

176. 행정학의 주요 이론에 대한 설명으로 가장 적절하지 않은 것은? <2010 국가 9급>

① 신공공관리론(New Public Management)은 전통적 관료제에 의한 정부운영방식의 한계를 극복하고 효율성을 확보하기 위해 민간기업의 운영방식을 공공부문에 접목하고자 한다.
② 피터스(B. G. Peters)는 전통적 형태의 정부모형에 대한 대안으로서 시장적 정부모형, 참여적 정부모형, 신축적 정부모형 및 탈내부규제 정부모형 등을 제시하였다.
③ 포스트 모더니즘(Post-Modernism)은 이성, 합리성 및 과학 등에 기초한 모더니즘(Modernism)을 비판하면서, 상상, 해체, 영역파괴, 타자성 등의 개념을 중심으로 한 거시이론, 거시정치 등을 통하여 행정현상을 설명하고자 한다.
④ 신공공서비스론(New Public Service)에서는 행정가가 업무수행의 효율성을 제고시키기보다는 모든 사람에게 더 나은 생활을 보장하여야 한다고 주장한다.

해설

포스트 모더니즘적 접근법은 인간이 세상의 중심에 있고, 인간이 세상의 많은 일들을 합리적으로 인식하고 판단할 수 있다고 믿는다. 인간의 주체성과 이성(reason)에 대한 신뢰와 합리성(rationality)에 대한 가정은 사회과학도 자연과학과 같이 과학적으로 연구할 수 있다는 경험주의적 접근방법을 태동시켰다. 반면 포스트모더니티에서는 "진리의 기준은 맥락 의존적(context dependent)"이라고 보고 있으며, 주체가 중심에 서 있다는 것, 근본주의적인 연구사업과 인식론적인 연구사업, 이성의 성격과 역할, 거시이론, 거대한 설화, 거시 정치 등을 부인한다. <답 ③>

177. 신공공서비스론을 구성하는 내용이 아닌 것은? <2011 군무원 9급>

① 공익과 공유가치간의 관계를 강조하여, 행정가의 역할을 공익을 추구할 수 있도록 촉진하는 것이라 본다.
② 정책과정에서의 궁극적인 책임성 시스템이 가지는 목적은 시민의 선호와 필요에 대해 정부의 대응성을 보장하는 것이라 본다.

③ 시민을 하나의 자율적인 고객으로 이해하고 공공서비스의 질을 향상시켜 시민의 만족도를 높이고자 하며, 이의 구체적인 구현방식은 서비스헌장 또는 시민헌장 등이다.

④ 공공서비스의 이상을 인간에게 가장 높은 가치와 초점을 부여하는 것으로 설정하여 조직은 인간을 존경하는 가운데 협동과 공유된 리더십으로 운영할 때만이 성공할 수 있다고 본다.

해설

③ 시민을 하나의 자율적인 고객으로 이해하고 고객의 만족도를 높이고자 시민헌장 등을 제정하는 것은 신공공서비스가 아니라 신자유주의의 산물인 신공공관리론(NPM)에 해당하는 설명이다. <답 ③>

≪신공공서비스론의 주요 원리(내용)≫

1. 고객이 아닌 시민에 봉사
- 신공공관리론은 많은 민간기업의 경영경험 및 경제이론들의 접목을 통해 시민을 경제적 차원에서 바라보면서 하나의 자율적인 소비자 또는 고객으로 이해하였다.
- 신공공서비스론은 정부와 상호작용을 갖는 것은 고객이 아니라 시민이라는 점을 강조한다. 시민은 커다란 공동체사회에서 권리와 의무를 갖는 주체이다. 정부는 시민의 필요와 이익에 대해 귀를 기울이고 대응하면서 시민의 책임이 성실히 수행될 수 있도록 지원하는 역할을 담당해야 한다.

2. 공익의 추구
- 신공공관리론은 시장시스템에 근거하여 개인고객이 자신의 이익에 근거하여 결정을 내린다고 전제한다. 이런 관점에서 볼 때 공익폐지론자의 입장에서 공익을 이해하고 있다고 볼 수 있다.
- 신공공서비스론에서는 공익과 공유가치간의 관계를 강조하고 있다. 이에 따르면, 행정가의 역할은 시민들의 참여와 대화를 촉진시켜 시민들이 공유된 가치에 근거하여 공익을 정의내리고 추구할 수 있도록 적극적으로 조장하는 것이라고 제시하고 있다.

3. 시민의식의 강조
- 기존에는 정부가 신공공관리론에 근거하여 '방향잡기'와 '기업가적 관리자'의 역할을 강조하였다. 정부의 주된 역할은 각종 규제를 통해 대중의 행위들을 감독하거나 특정한 방향으로 대중을 유도하기 위한 규칙과 인센티브를 설정하는 것이었다.
- 신공공서비스론에 따르면, 정부는 정책과정에 대한 적극적인 시민참여의식을 촉진시키는 역할을 담당해야 한다고 주장한다. 정부에 대한 시민참여는 민주적 거버넌스의 필수적인 요건으로 인식된다.

4. 전략적인 사고와 민주적인 행동
- 기존의 신공공관리론에서 언급된 두 가지 대표적인 정책집행방식은 민영화(privatization)와 협업(co-production)으로서, 이들은 기본적으로 정책집행기능을 공공관료가 아닌 민간시장부문으로 이전하는 것이었다.
- 신공공서비스론은 정책집행과정에서의 시민참여와 공동체사회구축에 초점을 두고 있다. 공동체사회에서는 공공관료와 시민 모두 상호간의 신뢰와 협력을 토대로 공공문제를 파악하고 해결책을 집행하는데 공동의 책임을 갖는다.
- 정부는 항상 공동체사회에서 개방성·접근성이 보장되어야 한다는 점에서 공동체사회 내의 다양한 이해당사자 또는 참여자들의 정책네트워크에 대한 전략적 사고

가 이루어져야 하며, 모든 정책과정단계에서의 시민참여의 기회가 제공되어 민주적인 정책추진을 도모해야 한다.

5. 책임성이 단순하지 않음을 인식

- 신공공관리론에서는 효율성이나 시장시스템에 근거한 기준의 측정수단이 책임있는 행동을 측정하거나 촉진시킬 수 있다고 본다.
- 신공공서비스론은 공공부문에서의 책임성은 행정가들이 공익차원에서 시민들에게 봉사해야 한다는 점에 근거를 두고 있다. 신공공서비스론에서의 책임성은 전문적·법적·정치적·민주적 책임을 포함하는 광범위한 개념으로 이해되어진다. 그러나 민주적 정책과정에서의 궁극적인 책임성 시스템이 갖는 목적은 시민의 선호와 필요에 대해 정부의 대응성을 보장하는 것이다.

6. 방향잡기보다는 봉사

- 신공공관리론에서는 성과와 능률에 초점을 둔 경영자의 역할을 강조한다.
- 신공공서비스론은 정부가 사회를 통제하거나 새로운 방향으로 조종하기보다는 시민들이 공유된 이익을 도출하고 실현하도록 돕는 리더십, 즉 공유리더십(shared leadership)을 발휘해야 한다고 제시한다.
- 신공공서비스론에서 행정가들은 공공자원의 관리자, 공공조직의 보호자, 시민의식과 민주적 담론의 중재자, 공동체사회와의 유기적 관계를 위한 촉매자로서 시민들에게 봉사하는 책임성을 발휘해야 한다.

7. 생산성보다는 사람에게 가치 부여

- 생산성 증대를 위한 전통적 조직관리이론은 Max Weber의 관료제 이론, Frederick Taylor의 과학적 관리론, Douglas McGregor의 X, Y이론 등의 연구에서 찾아볼 수 있다. 전통적 행정학에서 능률성을 달성하기 위해 통제의 기법을 사용한 것이나, 신공공관리에서 생산성의 달성을 위해 인센티브를 사용한 것은 특히 인간의 X이론에 근거한 것이다.
- 그러나 신공공서비스론에서는 신공공관리론의 지나친 생산성의 중시를 비판하면서 공공서비스의 이상을 인간에게 가장 높은 가치와 초점을 부여하는 것으로 설정함으로써 기본적으로 조직은 인간을 존경하는 가운데 협동 과정과 공유된 리더십을 통해 운영될 때만이 성공할 수 있다고 주장한다.

178. 민주적 시민이론·담론이론·포스트모더니즘 등을 이론적 토대로 삼고 있으며, 정부의 역할은 공유된 가치관을 창출하고 시민과 지역공동체들간에 이익을 중재하고 협상하는 데 기여하는 것이라고 주장하는 이론은? <2011 서울 7급>

① 신행정론 ② 공공선택론 ③ 신제도주의론
④ 신공공서비스론 ⑤ 신공공관리론

해설

④ 설문은 신공공서비스이론(NPS)에 해당한다. <답 ④>

179. 행정개혁의 주요 속성에 해당되는 것이 아닌 것은? <2011 서울 9급>

① 공공적 상황에서의 개혁 ② 포괄적 연관성
③ 동태성 ④ 시간적 단절성

⑤ 목표지향성

해설

④ 행정개혁은 시간적 단절성이 아닌 계속적 과정이다. <답 ④>

180. 행정개혁에 대한 설명 중 가장 옳지 않은 것은 <2011 경정승진>

① 행정개혁의 저항요인으로 개혁에 대한 조직간 갈등, 현상유지적인 조직문화 등이 제시된다.

② 행정개혁은 행정체제가 갖는 생태적인 속성상 계속적인 과정의 성격을 갖는다.

③ 고객지향적인 행정은 공무원의 전문가적 판단을 중시한다.

④ 행정개혁에 대한 구조적 접근법은 기능중복의 제거, 의사전달체계의 수정 등을 통해 조직을 개선하려는 전략이다.

해설

③ 고객지향적 행정은 고객의 요구에 대한 대응성을 강조한 나머지 공무원의 전문직업적 판단을 과소평가하는 문제점이 있다. <답 ③>

181. 행정개혁을 위한 다음의 내용 중 접근방법이 다른 한 가지는?

① 분권화의 확대 <2011 군무원 9급>

② 조직내 운영과정의 개선

③ 의사결정권한의 수정

④ 의사전달체계의 수정

해설

② 조직내 운영과정의 개선은 관리·기술적 접근법이고 나머지는 모두 구조적 접근법에 해당한다. <답 ②>

≪행정개혁의 접근법≫

(1) 구조적 접근
  ① 원리전략: 기능 중복의 제거, 책임의 재규정, 조정 및 통제 절차의 개선, 표준석 설차의 간소화, 의시소통체제 및 통솔범위의 수정
  ② 분권화전략: 분권화
(2) 관리기술적 접근: 운영과정이나 일의 흐름을 개선(OR, EDPS, MIS, RE, BPR, TQM, BSC, CBA, 문서양식, 절차, OA 등)
(3) 행태적 접근: OD 등 조직발전전략

182. 피터스(B. Guy Peters)의 정부개혁모형 중 다음이 설명하는 것은?
<2011 국가직 7급>

○ 정책기능수행에서 기업가적 정부의 역할이 강조된다.
○ 조직구조에 대한 특정적 처방은 없다.
○ 관리작용의 자율성이 높다.
○ 거버넌스의 평가기준은 창의성과 행동주의이다.

① 탈규제적 정부모형 ② 신축적 정부모형
③ 시장적 정부모형 ④ 참여적 정부모형

해설

탈규제(저통제)적 정부모형은 정부에 대한 내부통제(내부규제)의 완화를 통해 잠재력과 창의성에 대한 속박을 풀어야 한다고 주장한다. <답 ①>

≪Guy Peters의 미래의 국정관리 4대 거버넌스모형(1997)≫

구분	전통적 정부모형	시장적 정부모형	참여적 정부모형	신축적 정부모형	탈내부규제 정부모형
진단기준	전근대적 권위	독점	계층제	영속성	내부규제
선호조직	계층제	분권화	평면조직	가상조직	규제완화
관리개혁	직업공무원제, 절차적 통제	성과급, 민간기법	총체적 품질 관리, 팀제	가변적 인사관리, 임시조직	재량권 확대
정책결정 개혁방안	정치·행정 구분	내부시장, 시장적 유인	협의, 협상	실험	기업형 정부
공익기준	안정성, 평등	저비용	참여, 협의	저비용, 조정	창의성, 활동주의
조정방안	상의하달식 명령통일	보이지 않는 손	하의상달	조직개편	관리자의 자기이익
오류수정	절차적 통제	시장적 신호	정치적 신호	오류의 제도화 방지	보다 많은 오류 수용
공무원제 개혁방안	실적제	시장기제로 대체	계층제 축소	임시고용, SES	내부규제 철폐
책임확보	대의정치	시장에 의존	소비자불만에 의존	-	사후통제 의존

183. 유비쿼터스 정부(U-Government)에 대한 설명으로 옳지 않은 것은?
<2009 지방수탁 7급>

① 언제 어디서나 개인화되고 중단 없는 정보·서비스를 제공함으로써 부가적인 가치를 제공하는 정부이다.
② 개인의 관심사, 선호도 등에 따른 실시간 맞춤정보 제공으로 시민참여도가 제고되어 궁극적으로 투명한 정책결정과 행정처리가 가능해진다.

③ 행정서비스가 추구하는 가치는 고객 지향성, 지능성, 실시간성, 형평성 등으로 요약된다.

④ 인터넷 기반 온라인 서비스의 강화에 초점을 맞춘 웹(web) 2.0 시대의 미래형 전자정부이다.

해설 ··

웹 3.0 시대의 정부임. <답 ④>

≪유비쿼터스 정부(u-government): 웹 3.0 시대의 정부≫

(1) 의 의

㉠ 웹 3.0 시대의 정부: 웹 3.0은 이용자가 원하는 정보를 찾아주는 시멘틱 웹(Semantic Web) 기반의 지능형 웹으로, 미래는 사물과 장소가 센서와 무선 네트워크로 연결되어 비즈니스와 개인의 의사결정을 도와주는 리얼-월드 웹(Real-World Web) 시대를 말한다. 이러한 웹 3.0 시대의 정부는 언제 어디서나 이용자가 원하는 정보를 찾아 개인별 맞춤서비스가 가능한 유비쿼터스 정부, Government 3.0으로 진화될 전망이다.

㉡ 유비쿼터스 정부: 유비쿼터스(ubiquitous)란 시간과 장소, 컴퓨터나 네트워크 여건에 구애받지 않고 자유롭게 네트워크에 접속할 수 있는 정보기술(IT) 환경 또는 그 패러다임을 의미한다. 유비쿼터스 정부는 지식과 정보를 전방위적으로 조직하고 누구나 원하는 때에 원하는 곳에서 지식과 정보를 획득할 수 있게 함으로써 사회적 가치체계를 향상시키고 경제적 부를 재창출하는 기반을 구축하는 정부를 의미한다. 다시 말해 유비쿼터스 정부는 언제 어디서나 개인화되고 중단 없는 정보·서비스를 제공하여 전통적인 정부보다 나은 부가적인 가치를 제공하는 정부를 말한다.

(2) 특 징

㉠ 유비쿼터스 정부는 단순한 정보기술(IT) 기반의 네트워크를 넘어서 행위자 중심의 네트워크를 창출해야 한다. 즉, 시멘틱 웹(Semantic Web)의 활용으로 모든 정부서비스를 개인의 환경과 선호도에 따라 개인화·지능화하여 제공할 것으로 전망된다. 시멘틱 웹은 컴퓨터가 정보자원의 뜻을 이해하고, 논리적 추론까지 할 수 있는 차세대 지능형 웹을 의미한다.

㉡ 네트워크로 연결된 정보기기와 센서 등을 통해 개인의 생활기록(life log)을 저장·분석하여 지능화된 개인별 맞춤 서비스를 제공한다. 개인의 관심사, 선호도 등에 따른 실시간 맞춤정보 제공으로 시민참여도가 제고되어 궁극적으로 투명한 정책결정과 행정처리가 가능해진다.

㉢ 정보시스템과 디바이스(device) 간, 애플리케이션(application) 간의 링크 자동설정, 데이터 위치와 상관 없이 통합 검색 등이 가능해 데이터와 서비스의 가상통합(virtual integration)이 가능해진다. 가상통합이란 기관간 기능 연계와 정보공유가 언제 어디서나 어떠한 형태로든 가상공간에서 필요에 따라 완전하게 이루어지는 상태를 말한다.

㉣ 부처내 네트워크를 구축하는 것이 전자정부의 핵심 과제였다면, 부처간 네트워크를 고도화하고 각 부처의 전면적인 업무혁신을 도모하는 것은 유비쿼터스 정부의 중심적 과제가 될 것이다.

㉤ 단순한 대민서비스의 향상을 목적으로 하는 전자정부를 넘어서 대민서비스를 정부의 업무와 지식정보네트워크로 전환시켜 사회적 가치의 창출을 목적으로 해야 한다.

(3) 인터넷 진화에 따른 정부서비스의 패러다임의 변화

구분	1995 ~ 2000년	2005 ~ 2010년	2015 ~ 2020년
	World Wide Web	Web 2.0	Web 3.0(Real-World Web)
	Government 1.0	Government 2.0	Government 3.0 (U-Government)
접근성	정부 중심	시민 중심	개인 중심
	First-stop-shop (단일 접속 창구)	One-stop-shop (정부서비스 중개기관을 통해서도 접속)	My Government (개인별 정부서비스 창구)
서비스	일방향 정보제공	양방향 정보제공	개인별 맞춤 정보제공
	제한적 정보제공	정보공개 확대	실시간 정보공개
	서비스의 시공간 제약	모바일 서비스	중단 없는 서비스
	공급자 위주 서비스	정부·민간 융합 서비스	개인별 맞춤형 서비스
	서비스의 전자화	신규 서비스 가치 창출	서비스의 지능화
채널	유선인터넷	무선인터넷	유무선 모바일기기 통합
업무통합	단위 업무별 처리	프로세스 통합(공공·민간의 협업)	서비스 통합
기반기술	브라우저 웹 저장	브로드 밴드 Rich Link/Content Models	시멘틱 기술 센서 네트워크

출처: 위계점, 2010, 7급 알파플러스 행정학 pp.1206-1209.

184. 우리나라 현행 제도상 사회적 기업에 대한 설명으로 옳은 것은? <2011 지방수탁 7급>

① 이익을 재투자하거나 그 일부를 연계기업에 배분할 수 있다.

② 재화 및 서비스의 생산·판매 등 영업활동을 하여야 한다.

③ 정부는 매년 사회적 기업의 활동실태를 조사하고 육성계획을 수립·추진하여야 한다.

④ 설립 초기의 일정기간 동안에는 유급근로자를 고용하지 않고 무급근로자만으로 운영할 수 있다.

해설

① 사회적 기업은 영업활동을 통하여 창출한 이익을 사회적 기업의 유지·확대에 재투자하도록 노력하여야 하며, 연계기업은 사회적 기업이 창출하는 이익을 취할 수 없다(사회적 기업 육성법 제3조). ③ 고용노동부장관은 사회적 기업의 활동실태를 5년마다 조사하고, 사회적 기업 육성 기본계획을 5년마다 수립하여야 한다. ④ 사회적 기업의 인증요건으로 유급근로자를 고용하여 재화와 서비스의 생산·판매 등 영업활동을 수행할 것이 규정되어 있다.

<답 ②>

185. 고용노동부의 인증을 받고 활동하고 있는 사회적 기업에 관한 설명으로 옳지 않은 것은? <2011 국회 8급>

① 사회적 기업이란 사회적 목적을 우선적으로 추구하면서 영업활동을 수행하는 조직이다.

② 우리나라의 사회적 기업은 취약계층에 대한 일자리 문제해결과 사회서비스 수요에 대한 공급확대 방안으로 시작되었다.

③ 사회적 기업으로 인증받기 위해서는 민법상 법인 · 조합, 상법상 회사 또는 비영리단체 등 대통령령으로 정하는 조직형태를 갖추어야 한다.

④ 자원봉사자로만 구성된 비영리조직이라도 사회적 기업으로 인증받을 수 있다.

⑤ 사회적 기업은 다양한 이해관계자가 실질적으로 참여하는 민주적인 의사결정구조를 갖추어야 한다.

✍ 해설

사회적 기업은 취약계층에게 사회서비스 또는 일자리를 제공하거나 지역사회에 공헌함으로써 지역주민의 삶의 질을 높이는 등의 사회적 목적을 추구하면서 재화 및 서비스의 생산 · 판매 등 영업활동을 하는 기업을 말한다. 따라서 사회적 기업은 유급근로자를 고용하여 영리활동을 해야 한다. 다만, 사회적 기업에는 일자리 제공형과 서비스 제공형이 있는데 일자리 제공형의 경우 근로자의 30% 이상이 취약계층이라야 하고 서비스 제공형의 경우 서비스수혜자 중 30% 이상이 취약계층이라야 한다. <답 ④>

≪사회적 기업(social enterprise)≫

(사회적 기업육성법, 2007.1 시행, 2012.2.1 일부 개정)

(1) 의 의

① 사회적 목적(취약계층에게 사회적 서비스 제공 혹은 일자리 제공)을 추구하면서 영업활동(재화 및 서비스의 생산판매 등 수익 창출)을 수행하는 조직으로, 빵을 팔기 위해 고용하는 것이 아니라 고용하기 위해 빵을 파는 기업이다. '사회적 기업 육성법'에 의하면 사회적 기업은 취약계층(자신에게 필요한 사회서비스를 시장가격으로 구매하는 데에 어려움이 있거나 노동시장의 통상적인 조건에서 취업이 특히 곤란한 계층)에게 사회서비스(교육, 보건, 사회복지, 환경 및 문화 분야의 서비스, 그 밖에 이에 준하는 서비스) 또는 일자리를 제공하거나 지역사회에 공헌함으로써 지역주민의 삶의 질을 높이는 등의 사회적 목적을 추구하면서 재화 및 서비스의 생산 · 판매 등 영업활동을 하는 기업을 말한다.

② 사회적 기업은 유급근로자를 고용하여 영리활동을 수행한다는 점에서 자원봉사자들로만 구성되는 비정부기구(NGO)와는 구분된다.

(2) 인증 요건: 다음의 요건을 모두 갖추어야 한다.

① 민법에 따른 법인 · 조합, 상법에 따른 회사 또는 비영리민간단체 등 대통령령으로 정하는 조직 형태를 갖출 것

② 유급근로자를 고용하여 재화와 서비스의 생산 · 판매 등 영업활동을 할 것

③ 취약계층에게 사회서비스 또는 일자리를 제공하거나 지역사회에 공헌함으로써 지역주민의 삶의 질을 높이는 등 사회적 목적의 실현을 조직의 주된 목적으로 할 것(구체적인 판단기준은 대통령령으로 정한다).

- 일자리 제공형: 근로자의 30% 이상이 취약계층
- 서비스 제공형: 서비스 수혜자의 30% 이상이 취약계층

④ 서비스 수혜자, 근로자 등 이해관계자가 참여하는 민주적인 의사결정구조를 갖출 것
⑤ 영업활동을 통하여 얻는 수입이 대통령령으로 정하는 기준 이상일 것
⑥ 일정한 정관이나 규약 등을 갖출 것
⑦ 회계연도별로 배분 가능한 이윤이 발생한 경우 이윤의 3분의 2 이상을 사회적 목적을 위하여 사용할 것(상법에 따른 회사인 경우만 해당)

(3) 지원: 고용노동부장관은 사회적 기업의 설립·운영에 대해 다음의 지원을 할 수 있다.
① 경영지원: 경영·기술·세무·노무(勞務)·회계 등의 분야에 대한 전문적인 자문 및 정보 제공 등 지원
② 교육훈련 지원: 전문 인력의 육성, 근로자의 능력향상을 위한 교육훈련 지원
③ 시설비 등의 지원: 국가 및 지방자치단체는 부지구입비·시설비 등을 지원·융자하거나 국·공유지를 임대지원
④ 공공기관의 우선 구매: 공공기관의 장은 사회적 기업이 생산하는 재화·서비스를 우선 구매해야 함
⑤ 조세감면 및 사회 보험료의 지원: 조세특례제한법 등에 따라 국세 및 지방세 감면 지원 가능
⑥ 재정 지원: 예산범위 안에서 인건비, 운영경비, 자문 비용 등 지원

186. 다음에 제시된 역사적 사실들이 갖는 공통적 의미는?
<2009 국가 7급>

· Johnson 대통령의 Great Society Program
· Roosevelt 대통령의 New Deal 정책

① 시장기능의 강화 ② 행정부의 사회적 가치배분권의 강조
③ 작지만 강한 행정부 ④ 규제완화와 행정의 민주화

해설

흑인폭동, 베트남전에 대한 반전데모 및 강제징집에 대한 저항 등으로 큰 혼란에 빠져 있던 1960년대 미국 사회에 Johnson 행정부는 '위대한 사회의 건설'이라는 기치를 내걸고 다양한 사회복지정책을 추진하였는데, 이는 사회적 적실성 및 처방성을 중시하는 신행정론과 관련되며, Roosevelt 대통령의 뉴딜정책(New Deal Policy)은 1930년대 경제대공황을 계기로 행정국가화 경향이 확대·강화되던 시기에 시장의 문제를 해결하기 위한 균형인자(balancing factor)로서 정부의 기능을 강조하던 입장이다. 위의 역사적 사실들은 행정부의 사회적 가치판단 기능을 강조한다. <답 ②>

187. 신공공서비스론(New Public Service)에 대한 설명으로 적절하지 않은 것은? <2012 지방수탁 9급>

① 민주주의 이론, 비판이론, 포스트모더니즘 등이 인식론적 토대이다.
② 공익은 공유하고 있는 가치에 대하여 대화와 담론을 통해 얻은 결과물

이다.
③ 시장의 가격 메커니즘과 경쟁의 원리를 적극적으로 도입한다.
④ 내외적으로 공유된 리더십을 갖는 협동적인 구조가 바람직하다.

해설

신공공서비스론(New Public Service)은 시장의 가격 메커니즘과 경쟁의 원리에 입각한 신공공관리론을 비판하며 등장한 이론이다. <답 ③>

188. 전통적 행정론, 신공공관리론 및 신공공서비스론의 주요 특징에 관한 설명 중 가장 옳지 않은 것은? <2011 경찰간부후보생>

① 전통적 행정론에서는 정치와 행정을 구분하며, 공무원들은 중립성과 전문성을 가지고 정치권에서 결정된 정책을 집행하고 서비스를 제공하는 노젓기(rowing) 역할을 강조하고 있다.
② 신공공관리론에서는 공공부문에 경쟁을 도입하고, 공무원들은 기업가정신을 발휘하여 투입보다 성과달성에 노력하며 고객보다는 일반시민들의 요구에 대응하는 것을 강조하고 있다.
③ 신공공서비스론에서는 정부의 역할을 방향잡기(steering)보다는 시민들에게 힘을 실어주고 시민에게 봉사하는 정부의 역할을 강조하는 모형으로서 정부규모의 일방적 축소를 지양한다.
④ 신공공관리론은 공익을 개인적 이익의 집합을 반영한 것으로 보는 반면, 신공공서비스론은 공동의 가치에 대한 담론의 결과를 공익으로 본다.

해설

신공공관리론에서는 공공부문에 경쟁을 도입하고, 공무원들은 기업가정신을 발휘하여 투입보다 성과달성에 노력하며, 일반시민들보다는 고객의 요구에 대응하는 것을 강조하고 있다. 신공공관리론에서는 국민들을 납세자나 일방적인 서비스 수혜자가 아닌 정부의 고객으로 인식한다. 이러한 고객 지향성 또는 고객주의에 의거하여 고객이 가치를 부여하는 결과의 산출, 서비스의 질 관리, 고객에 대한 서비스 선택권 부여 등을 강조하고 있다. 신공공서비스에서는 고객이 아닌 시민에 대해 봉사하라는 점을 강조한다. <답 ②>

189. 클러스터(cluster)에 대한 설명이 아닌 것은? <2005 강원 9급>

① 시너지 효과를 발생시킨다. ② 비용절감 및 정보교류에 유리하다.
③ 지역성을 고려하지 않는다. ④ 실리콘밸리가 대표적 사례이다.

해설

클러스터(duster)란 관련기관(기업, 대학, 연구소 등)이 정보와 지식의 공유를 통하여 새로운 지식과 기술을 창출하는 등 시너지 효과를 보기 위하여 일정한 장소에 밀집되어 있는 것으로서 지역적 특화성을 고려한 것이다. <답 ③>

190. 균형발전 정책과 관련한 내용 중 옳지 않은 것은?

① 혁신도시는 공공이 주도하는 산-학-연 유기적 네트워크적 도시로서 자족적 기능을 갖춘 도시이다.
② 민간이 주도하는 기업도시의 추진주체에게는 토지수용권 등 다양한 혜택이 주어진다.
③ 기업도시의 유형은 산업교역형, 지식기반형, 관광레저형, 혁신거점형이 있다.
④ 클러스터는 지리적 집중에 따른 시너지 및 혁신효과를 창출하는 산업공간으로서 정보지식의 네트워크 구축이 필요한 반면, 광역적 수행이 필요하므로 지역성은 중요하지 않다.
⑤ 혁신클러스터는 경제협력개발기구(OECD)가 제시한 개념으로서 지식생산조직이 혁신의 주체가 되는 클러스터를 의미한다.

해설

클러스터는 지역특성적인 산업잠재력에 기초하므로 지역성은 반드시 고려되어야 한다. 미국의 실리콘밸리도 강우량이 적어 습도가 낮아 전자부품업종에 적합하다. <답 ④>

191. 다음 공공서비스에 관한 설명 중 틀린 것은 모두 몇 개인가?

<2011 경찰간부후보생>

㉠ 공공서비스는 배제성과 비경합성의 특성을 가져 무임승차와 시장실패의 문제를 초래할 수 있으므로 정부가 적절히 규제할 수 있는 제도적 장치를 마련해야 한다.
㉡ 일정한 구역 내에서 특정 공공서비스를 제공하는 권리를 민간조직에 인정하는 공공서비스 공급방식은 외부계약(Contracting-out)이다.
㉢ 미국에서 널리 채택되고 있는 Next Steps 방식은 1단계로 공기업화한 다음 2단계로 민영화하거나 별도의 집행기관을 설치하여 일정기간 기능을 수행한 후 민영화하는 방법이다.
㉣ 공공서비스구매권제(voucher system)는 공급자를 다양화하여, 고객들로 하여금 공급자를 자유롭게 선택할 수 있도록하여 경쟁을 촉진시키고 서비스의 질을 향상시키려는 제도이다.
㉤ 영국의 최고가치정책(Best Value)은 의무경쟁입찰제가 전환된 형태로서 중앙정부가 주도적으로 추진하는 하향식 접근의 성격이 강하다.

① 1개 ② 2개 ③ 3개 ④ 4개

해설

㉣과 ㉤은 맞고, ㉠㉡㉢은 옳지 못하다.
㉠ 공공서비스(공공재)가 아니라 공유재에 해당하는 설명이다. 공공서비스는 비배제성과

비경합성의 특성을 가져 무임승차와 시장실패의 문제를 초래할 수 있으므로 정부가 적절히 규제할 수 있는 제도적 장치를 마련해야 한다. 배제성과 비경합성의 특성을 가지는 것은 요금재이다. 요금재는 대가를 지불하지 않는 소비자를 배제할 수 있기 때문에 시장기구를 통해 서비스를 공급할 수 있는 여지가 많다. 여기에는 전기, 가스, 상하수도, 도로 등과 같은 사회기반시설 등이 속한다. 요금재의 상당 부분을 정부가 공급하는 이유는 자연독점으로 인한 시장실패에 대응해야 하기 때문이다. 요금재가 상출하는 독점이익의 왜곡을 방지하기 위해 공공기관이나 공기업에서 담당한다. 하지만, 현실적으로 공기업의 비효율성이 정부실패로 지적되고 있어 요금재에 대해 민간기업의 참여가 활성화되어 있다. ㉡ 일정한 구역 내에서 특정 공공서비스를 제공하는 권리를 민간조직에 인정하는 공공서비스 공급방식은 면허(허가, franchise) 방식이다. ㉢ Next Steps 방식은 미국이 아니라 1988년 영국 Next Steps Program에 의해 실시된 책임집행기관(executive agency)에 대한 설명이다. ㉣ 공공서비스구매권제(voucher system)는 정부가 직접 물품이나 서비스를 제공하는 대신에 시민들에게 서비스 구입 부담을 완화시키기 위해 금전적 가치가 있는 쿠폰을 교부하는 방식이다. 시민들은 구입증서를 활용하여 어느 조직으로부터 서비스를 제공받을 것인가를 스스로 선택할 수 있다는 장점을 가진다. 소비자 중심의 맞춤형 사회서비스가 강조되면서 주요 국가들은 노인, 장애인, 그리고 보육정책 중심으로 다양한 형태의 바우처 수단의 활용을 확대하고 있다. ㉤ 영국은 2000년도부터 '의무경쟁 입찰제도'를 '최고가치 정책'으로 전환했다. 최고가치정책(Best Value)은 서비스를 단순히 저렴한 비용으로 제공하는 것만이 능사가 아니라는 점을 강조하고 있다. 공공서비스는 그 품질에서도 최고의 가치를 지향해야 한다는 것이다. 이 정책에 따라 지방자치단체의 모든 공공서비스에 대해 중앙정부가 매년 성과평가를 실시하고 일정 수준에 미달되면 지자체의 서비스공급 권한을 축소하고 우수 지자체에 대해서는 재정지원과 서비스공급에 대한 책임 권한을 이양해 주는 중앙정부가 지방정부를 대상으로 추진한 하향식 개혁이었다. <답 ③>

<저자약력>

박 응 격

연세대학교 행정학과 졸업(행정학사)
서울대학교 행정대학원 졸업(도시계획학석사)
독일 SPEYER 행정대학원 졸업(행정학박사)
국토해양부 중앙도시계획위원
행정고등고시위원 및 지방행정고등고시위원
한·독사회과학회장
동아일보 객원논설위원
한양대학교 행정학과 교수
동 지방자치대학원장
동 지방자치연구소장
한국지방자치학회 이사
현: 한양대학교 명예교수

주요저서

서구연방주의와 한국, 인간사랑,
2006(대표저자)
독일사회복지론, 엠-에드, 2005(대표저자)
지방행정론[요점정리 및 문제해설], 제4판,
신조사, 2003
독일지방정부론, 엠-에드, 2003(대표저자)
유럽연합정부론, 엠-에드, 2002(대표저자)
독일연방정부론, 백산자료원, 2001(대표저자)
행정학강의, 박영사, 1995
현대행정학, 대왕사, 1988
신행정론(역서), 대왕사, 1983

이 용 진

한양대학교 대학원 행정학과 졸업(행정학석사)
한양대학교 행정문제연구소 연구원
독일 프리드리히 나우만 재단 장학생
독일 포츠담(Potsdam)대학교 행정학 박사과정 수료
독일 포츠담(Potsdam)대학교 지방자치연구소 연구원
한국행정연구원 위촉연구원

현대 지방자치론[객관식 문제해설]

2012년 7월 20일 초 판 제1쇄인쇄
2012년 7월 25일 초 판 제1쇄발행

공저자 박응격·이용진
발행인 이 명 재
발행처 **신 조 사**
서울특별시 마포구 염리동 161-5 201호
전 화 (02) 713-0402 FAX (02) 713-0403
등 록 1994. 7. 4, 제17-179호(倫)
E-mail: sinjosa@sinjosa.co.kr http: //www.sinjosa.co.kr

공저자와 협의하여 인지첩부를 생략함

파본은 바꿔드립니다.

정가 28,000원

ISBN 978-89-92841-54-2